KB200932

데이비드 노글의

세계관

그 개념의 역사

WORLDVIEW

데이비드 노글의

세계관
그 개념의 역사
WORLDVIEW

지은이 데이비드 K. 노글
옮긴이 박세혁
펴낸이 김혜정
기획위원 김건주
교정지원 강민영
디자인 홍시 송민기
마케팅 윤여근, 정은희
출간일 초판 1쇄 발행 2018년 11월 5일
초판 3쇄 인쇄 2024년 3월 20일
발행처 도서출판 CUP
출판신고 제2017-000056호(2001.06.21.)
주소 (04549) 서울특별시 중구 을지로 148, 803호 (을지로3가, 중앙데크플라자)
전화 02) 745-7231
팩스 02) 6455-3114
이메일 cupmanse@gmail.com
홈페이지 www.cupbooks.com

ISBN 978-89-88042-92-2 03230 Printed in Korea.

* 파손된 책은 구입하신 서점에서 교환해 드리며 책값은 뒤표지에 있습니다.

세계관
그 개념의 역사
WORLDVIEW

데이비드 노글 지음 | 박세혁 옮김

The History of a Concept

모든 인간은 세계관적 존재다!

칸트 이후 최고의 지적 담론

CUP

WORLDVIEW

The History of a Concept

David K. Naugle

그 가치가 진주보다 더한(잠 31:10) 디미와

궁전의 양식대로 아름답게 다듬은 모퉁잇돌(시 144:12)로 자란 코트니,

세상이 감당하지 못하는(히 11:38) 부모님 데이브와 비벌리 노글,

형제보다 더 친밀한(잠 18:24) 친구이기도 한 동생 마크 노글에게

이 책을 바친다.

차례

세계관에 대한 철학적 고찰

10

491~548

결론적 고찰

11

549~577

부록

583~627

추천의 글

손봉호 | 고신대학교 석좌교수, 서울대학교 명예교수

"세계관"에 대해서 이제까지 출판된 책들은 거의 다 기독교적 세계관을 제시하고 주장하고 변증하는 것들이다. 그러나 노글의 이 책은 세계관이란 개념 자체를 역사적, 철학적, 신학적으로 설명하고, 추적하고, 분석하는 전문 학술서이고, 이제까지 이 개념에 대해서 제시된 것 가운데 가장 상세하고 포괄적이며 책임 있는 연구서다. 그러나 단순히 중립적인 입장이 아니라 (세계관을 바로 이해하면 그런 중립적 관점은 불가능하다) 확신을 가진 개혁주의적 입장에서 이 개념에 접근한다. 물론 기독교적 세계관을 제시한 거의 모든 학자들의 주장도 상세히 소개하고 나아가서 천주교와 동방정교회의 입장도 분석한다.

현대 사회의 다원주의적 문화 상황은 "세계관"에 대해서 관심을 기울이지 않을 수 없게 한다. 아직도 세계관과 무관한 "객관적"이고 "중립적"인 입장이 가능하다고 믿는 것은 이미 시대착오적이다. 생각하는 기독 지성인이라면 세계관에 대해서 어느 정도의 이해가 있어야 할 것이고, 한국 기독교계에서도 이에 대한 관심이 확산되고 있다. 세계관에 대해서 좀 더 깊이 알아보려는 이들에게 이 책은 책임 있는 안내서와 배경이 될 것이다.

신국원 | 총신대학교 교수

세계관이 안경이라면 기독교 세계관은 성경의 진리를 렌즈로 하는 특수한 안경이다. 창조–타락–구속이라는 삼중렌즈를 가진 특수한 안경에 비유할 수도 있다. 멀리 16세기 종교개혁자 요한 칼빈에게서 시작된 이 비유는 기독교 세계관의 본질을 잘 보여준다. 20세기 최고의 선교사인 레슬리 뉴비긴이 성경은 바라볼 책이 아니라 "통해서 보아야 할" 책이라고 한 것도 이 안경 비유의 개정판이라고 할 수 있다. 이렇듯 기독교 세계관에 관한 논의들은 그 내용에 대한 것이나 사용법에 집중되어 있었다. 반면 이 책은 기독교 세계관의 역사를 세밀하게 보여주고 있다. 기독교 세계관을 공부하는 이들이 모두 궁금해하는 주제이지만, 어디서도 이 책만큼 그것이 어떤 과정을 거쳐서 우리에게 주어졌는지를 보여주지 못했다. 기독교 세계관은 물론이고 세계관 자체는 학문적 성격이라기보다는 상식과 전인격적인 앎과 삶의 틀이라고 해야 할 것이다. 그럼에도 불구하고 그것은 분명히 개념적으로 규정되고 논의되며 발전되어 온 것이 사실이다. 그리고 거기에는 성경적이며 신학적인 논의와 함께 철학적, 사회적, 문화적 배경이 분명히 있었다. 그 점을 이 책만큼 자세히 보여주는 일은 이제껏 누구도 하지 않았다. 그런 의미에서 이 책은 세계관 논의에서 아쉬웠던 부분을 채워주는 중요한 해설서의 역할을 해 주고 있다. 나아가 기독교 세계관에 대해서만 아니라 광범위한 "세계관" 개념에 관한 보다 깊은 이해를 가지고자 하는 이들에게 큰 도움을 줄 것이다.

제임스 사이어 | 《기독교 세계관과 현대사상》(IVP)의 저자

지난 30년 동안 세계관이라는 분석틀은 그리스도인들이 세계를 이해하는 중요한 방식이 되었다. 하지만 지금까지 이 개념의 역사나 철학적 뿌리를 분석한 책이 없었으며, 아마도 이는 방대한 연구가 필요했기 때문일 것이다. 이제 우리 모두가 데이빗 노글에게 빚을 지게 되었다. 이 탁월한 연구서는 표준적인 참고 자료가 될 것이다.

알버트 월터스 | 리디머대학교 교수

세계관에 관한 노글의 이 책은 역작이다. 이 개념의 역사에 대한 훌륭하고 통찰력이 넘치는 개관을 제공하며 이 개념이 현재 수많은 학문 분야에서 광범위하게 사용되고 있음을 보여줄 뿐만 아니라 오늘날 문화에 적극적인 관심을 기울이는 기독교를 위해 이 개념이 중요하다는 점을 설득력 있고도 신학적으로 탄탄한 근거를 갖춘 방식으로 논증해 낸다. 이 책은 다양한 학문 분야, 특히 역사와 철학, 신학에 대한 탁월한 이해를 읽기 쉬운 문체로 담아냈다. 나는 이 책이 칸트 이후의 지적 담론에서 핵심적인 범주를 차지하게 된 이 주제를 다룬 최고의 연구서라고 생각한다. 또한 조지 마스든이 '기독교 학문이라는 도발적인 관념'이라고 부른 것의 탁월한 본보기이기도 하다.

최태연 | 백석대학교 교수

기독교 세계관을 개념적으로 정확히 알고 싶은 독자에게 꼭 필요한 책이다. 기독교 세계관 개념을 이만큼 학문적으로 정확하게, 그리고 포괄적으로 연구한 책은 아직 나오지 않았기 때문이다. 이 책은 기독교 세계관의 개념이 흔히들 알고 있는 대로 19세기 후반 개신교 복음주의나 개혁주의 학자들 – 오어, 카이퍼, 클락, 헨리, 도여베르트, 쉐퍼 – 의 전유물이 아니라는 사실을 알려 준다. 기독교 세계관은 요한바오로 2세 같은 로마 가톨릭 신학자와 동방 정교회 신학자인 슈메만도 즐겨 사용한 개념이다. 또한 이 책은 기독교 세계관 개념을 학제적으로 연구한 최초의 책이다. 저자는 세계관 개념의 역사를 먼저 문헌학적으로 살펴 본 다음, 철학과 자연과학과 심리학과 사회학과 분야에서 이 개념이 어떻게 사용되었는지를 자세하게 서술한다. 특히 철학에서 세계관 개념의 전개는 정말로 흥미롭다. 세계관 개념은 19세기 독일관념론의 마지막 주자 헤겔과 정신과학의 설립자 딜타이, 실존철학자 니체와 키에르케고어 뿐만 아니라, 20세기에 들어와 유럽철학에 새 길을 열었던 후설, 야스퍼스, 하이데거에게도 중요한 철학적 문제였다. 더불어 노글은 독일철학과 대척점에 위치한 영미 분석철학의 주요 철학자인 비트겐슈타인과 데이비슨을 다룬다. 이를 통해 밝혀진 흥미로운 사실은 서로 다른 신학과 철학들이 세계관 개념에서 만난다는 사실이다. 네덜란드의 개혁신학자 카이퍼와 독일의 현상학자 후설과 영국의 분석철학자 비트겐슈타인과 미국의 과학철학자 토마스 쿤이 만난다. 이 책의 가장 큰 미덕은 저자의 서술이 대단히 명쾌하고 역자의 번역이 정확하고 유려하다는 점이다.

양희송 | 청어람ARMC 대표

이 책은 "세계관"의 백과사전이다. 기독교 세계관 논의는 노글의 책을 전후로 나누어지게 될 것이다. 그의 작업을 통해 우리는 비로소 세계관 개념의 역사와 계보를 총체적으로 파악할 수 있는 자리에 도달했다. 그 덕분에 우리가 사용하는 개념과 논리, 경험적 기반이 어디서 온 것인지를 물을 수 있고, 신뢰할만한 근거를 갖고 답할 수 있게 되었다. 오랫동안 이런 책이 나오기를 기다렸기에 노글의 작업은 너무나 반가왔고, 그의 저작이 우리말로 번역된 것은 몇 배로 더 기쁜 일이다.

"기독교 세계관"은 그동안 매우 협소한 지형에서만 논의되는 주제였다. 개신교 복음주의권 내에서도 주로 칼빈의 사상을 따르는 그룹이 이 논의를 주도했다. 거기에는 장점도 있지만 단점도 분명히 있다. 기독교 역사의 다양한 신앙적 전통을 넉넉히 아우르는 폭을 보여주지 못했고, 기독교권 바깥의 철학, 사회학, 인류학, 심리학, 자연과학, 종교학 등의 장에서 펼쳐지는 지적 담론과 비판적 대화를 펼치고 상호 배움의 기회를 열어가는 일에도 소극적이거나 방어적이기 쉬웠다. 우리는 이제 노글의 책을 통해 세계관 개념의 역사와 계보학적 안목을 펼쳐볼 수 있는 기회를 갖게 되었다. 앞으로 펼쳐질 논의의 지평은 한차원 격상된 층위에서 이루어질 수 있을 것이다. 이제는 누구라도 "세계관"을 논하는 작업이 갖는 다차원적 함의를 인식하지 않을 수 없을 것이고, 그로 인해 학술적으로 훨씬 더 책임있는 태도를 형성하게 되고, 실천적으로는 더욱 종횡무진할 수 있는 자원을 장착하게 되었다. 한국의 독자들에게 이런 "지적 개안"의 경험을 만끽하도록 권하고자 한다.

유경상 | CTC 기독교교육센터 대표

기독교 세계관 운동은 그동안 많은 그리스도인에게 신앙생활뿐만 아니라 삶의 모든 영역에서도 그리스도인답게 살아야 함을 도전했고 실제로 삶의 변화를 일으키는 데 큰 도움을 주었다.

"자기의 뿌리를 알지 못한다면 자신이 어디를 향해 나아가는지조차 알 수 없다"는 말이 있다. 다시 말해 역사를 제대로 이해할 때 분명한 정체성과 비전을 가질 수 있다. 이러한 성찰이 제일 시급한 영역 중 하나가 바로 지금의 기독교 세계관 운동일 것이다. 이 책은 기독교 세계관 운동의 뿌리가 무엇인지, 그 뿌리가 어떻게 다양한 가지로 뻗어 나무로 성장해 왔는지에 대한 큰 그림을 보여 준다. 특히 기존의 기독교 세계관 도서들이 다루지 않았던 세계관 개념과 개념사에 대한 철저한 연구를 통해 기독교 세계관 운동에 대해 더 근원적이면서 입체적인 조명을 할 수 있다는 점은 이 책이 지닌 중요한 가치이다. 이 책을 통해 보게 된 그 뿌리 덕분에 21세기 기독교 세계관 운동의 방향을 모색해 볼 수 있는 것은 저자의 큰 공헌이 아닐 수 없다.

본서가 세계관 개념을 다루는 이론서임에도 불구하고 읽는 동안 마음이 뜨거워지는 이유는 저자가 단지 세계관을 연구하는 학자일 뿐 아니라 대학생들이 기독교 세계관을 기르는 데 애쓰던 사역자이었기 때문일 것이다.

기독교 세계관 운동의 맹목적인 지지자가 아니라 그 위험성과 유익함을 충분히 고려하며 균형을 잃지 않으려는 모습에도 큰 도전을 받는다. 이 책이 기독교 세계관 운동의 불씨를 다시 활활 타오르게 하는 계기를 마련할 것을 기대한다. 청년 시절에 기독교 세계관의 도전과 열정을 경험했지만 지금은 시들해져 있어 그 첫 마음을 회복하기를 원하는 사람들과, 앞으로 자신의 삶과 일터에서 기독교 세계관 운동가로 살아가기를 꿈꾸는 사람들과 함께 이 책을 읽고 밤새도록 수다 떠는 날이 곧 오기를 기대한다.

윌리엄 에이브러햄 | 남감리교대학교 퍼킨스신학대학원 교수

대단히 명쾌하고도 간결한 이 책에서 데이빗 노글은 근대 신학과 철학의 지하실에서 돌아다니던 개념을 꺼내 이를 밝은 빛 아래에 드러냈다. 세계관의 개념을 설명한 이 책은 모든 점에서 탁월하다. 어조는 명민하며, 구성은 아름답고, 정교한 연구로 잘 짜여 있으며, 훌륭한 통찰로 가득하고, 적절한 사료에 깊이 뿌리를 내리고 있다. 세계관이라는 사상에 관심이 있는 모든 사람이 반드시 읽어야 할 책으로서 이 분야의 심한 연구 공백을 메우는 동시에 영어로쓴 이 주제에 관한 표준적인 책이 될 것이다.

스티븐 에번스 | 베일러대학교 교수

그리스도인 학자들에 의해 자주 사용되고 있지만 세심하게 혹은 그 역사에 주의를 기울이는 방식으로 분석된 적이 거의 없는 근본적 개념에 관한 중요한 연구서이다.

세계관에 대하여...

그럼에도 불구하고 한 사람에 관해 가장 실질적이며 중요한 요소는 여전히 그의 우주관이라고 생각하는 사람들이 있다. 나 역시 그런 사람 중 하나다. 집주인이 하숙생을 고를 때 그의 수입을 아는 것이 중요하지만, 우리는 그의 철학을 아는 것이 더 중요하다고 생각한다. 적과 싸움을 앞둔 장군에게는 적의 수를 아는 것이 중요하지만 우리는 적의 철학을 아는 것이 훨씬 더 중요하다고 생각한다. "우주의 이론이 어떤 영향을 주는가?"라고 묻기보다는 긴 안목으로 보아 "다른 어떤 것이 그 이론에 영향을 주는가?"라고 물어야 한다고 생각한다.

체스터턴, 《이단자들》(*Heretics*)

세계관이 어떤 사람에 관해, 그리고 문화를 구성하는 사람들에 관해 가장 중요한 것임을 아직 깨닫지 못한 사람들이 있다. 그들은 완벽한 논리로 세계관으로부터 시작되는 연쇄적인 상황들에 대해 깊이 생각해 보아야 한다. 보편적인 것들을 거부하면 경험을 초월하는 모든 것을 거부하게 된다. 경험을 초월하는 모든 것을 거부하면, 이에 관해 일버무릴 방법을 찾기는 하겠지만 진리를 거부할 수밖에 없다.

리처드 위버, 《생각은 결과를 낳는다》(*Ideas Have Consequences*)

하지만 이것은 … 우주의 변화에 관한 그 어떤 인간의 관념도 섭리에 대한 믿음의 대상이신 하나님을 대신할 수 없음을 의미한다. 인간은 그런 관념을 만든다. 인간은 그렇게 하지 않을 수 없다. 그렇게 하지 않으면 어떤 실천적 지향이나 결정도 불가능하다. 이를 금지할 방법을 찾기 어렵다. 이렇게 하는 것은 인간으로서 그의 삶의 본질에 속한다. 모든 사람은 적어도 자신의 삶과 자신에게 가장 가까운 사람의 삶에 대한 관념이 있다. 이것은 자신의 통찰과 이해, 판단에 따라 자신이나 다른 누군가의 삶과 일이 지금까지 어떠했고 앞으로 어떨 것으로 생각하는지, 혹은 지금까지 어떠해야 했고 앞으로 어떠해야 한다고 생각하는지에 관한 이미지다. 선과 악, 옳고 그름, 행복과 불행 등 창조된 존재에 대한 다양한 판단을 내리는 그의 특수한 개념은 이 과정에서 당연히 중요한 역할을 한다. 한 사회, 예를 들어 교회나 특수한 형태의 교회, 한 나라나 일군의 나라들, 혹은 인류 역사 전체의 삶, 과정에 대한 이미지가 존재한다. 도덕적 혹은 도덕과 무관한 기준, 기술적, 문화적, 정치적 기준 등 특정한 기준이 그것을 형성하는 사람을 지배하고 그로 하여금 진보나 쇠퇴, 형성이나 개혁, 변형을 주장하도록 만들며, 과거에 대한 그의 판단과 미래에 대한 그의 기대와 열망, 두려움을 결정한다. 이를 형성하는 사람에 대한 동일한 전제에 관해 이런 이미지는 훨씬 더 광범위한 의미를 지닌다. 이런 이미지들은 어쩌면 일종의 진화로서, 또는 온 존재의 영원한 움직임과 그 법칙과 우연성에 대한 분석과 묘사로서 인간에게 알려진 것 모두를 아우르며 선하신 하나님을 포함할 수도 있다. 이 총체적 의미 안에서 마땅히 자신의 위치를 요구하실 수 있는 선하신 하나님을 반항적으로, 혹은 기쁜 마음으로 배제할 수도 있다. 이는 이 이미지를 형성하는 사람이 그분에 대해 어떤 생각을 하고 있는가에 달려 있다. 인간이 사물의 과정에 대해 이런 크고 작은 관념을 만든다는 것에 대해서는 누구도 반대할 수 없다. 이에 대해 찬성할 이유는 많다. … 우리가 주장하는 바는 이런 관념이 섭리에 대한 믿음의 대상이신 하나님을 결코 대체할 수 없다는 것이다.

카를 바르트, 《교회 교의학》(*Church Dogmatics*) III/3 (§11.48.2)

다시 말하거니와 어떤 사람이 가진 관점은 그에 관한 가장 중요한 사실이다. 누가 칼라일이나 쇼펜하우어, 스펜서의 이성에 관심이 있겠는가? 철학은 한 사람의 내밀한 성품의 표현이며, 우주의 온갖 정의는 우주에 대해 의도적으로 채택된 인간 성품의 반응일 뿐이다.

윌리엄 제임스, 《다원적 우주》(*A Pluralistic Universe*)

《세계관, 그 개념의 역사》를 감수하며…

_ 양승훈 | 밴쿠버기독교세계관대학원(VIEW) 원장

한국에서의 기독교 세계관 운동은 1980년을 전후해 시작되었다. 처음에 세계관 운동은 당시의 시대적 요청과 더불어 몇몇 해외 저자들이 집필한 기초적인 세계관 서적들이 국내에 번역, 보급된 것에 의해 촉발되었다. 이 때 읽었던 책들의 저자들로는 헤르만 도여베르트(Hermann Dooyeweerd), 카를 헨리(Carl Henry), 프랜시스 쉐퍼(Francis Schaeffer), 제임스 사이어(James Sire), 아더 홈즈(Arthur Holmes), 브라이언 왈쉬(Brian Walsh), 리처드 미들턴(Richard Middleton), 알버트 월터스(Albert Wolters) 등을 들 수 있다. 후에는 찰스 콜슨(Charles Colson), 낸시 피어시(Nancy Pearcey) 등 후발 주자들의 책들도 많은 사람이 읽었다. 이들은 기독교 세계관 운동을 전 세계 복음주의권으로 확산한 대표적 인물들이다.

대중적인 세계관 서적을 출간한 사람들이 대부분 영어권 저자들이어서 처음에는 대학원생들과 젊은 기독 학자들처럼 영어를 읽을 수 있는 소수의 사람들이 세계관 운동에 참여했다. 하지만 외국 저자들의 책들이 번역되기 시작하면서 점점 더 많은 사람이 세계관 분야의 책을 읽기 시작했고, 1990년을 전후해 국내 저자들에 의한 세계관 서적들도 조금씩 등장하면서 일반 성도들 사이에서도 기독교 세계관에 대한 의식이 확산되었다.

이제 한국에서 세계관 운동이 시작된 지도 근 40여 년의 세월이 흘렀다. 그동안 국내외 저자들의 노력으로 기초적인 세계관 서적들은 어느 정도 보급되었다고 할 수 있다. 이들의 저작들을 통해 삶의 전 영역은 아니지만 교육, 문학, 정치, 경영, 직업, 예술, 과학(철학) 등 몇몇 영역에서는 기독교 세계관적 적용이 시도되고 있다. 특히 여러 영역 중에서도 교육은 기독교 세계관적 적용이 가장 활발하게 이루어지는 영역이 되었다. 의료윤리, 과학철학, 일터신학 등은 세계관적 적용이 비교적 활발하게 이루어지는 주제들이라고 할 수 있다.

하지만 지난 40여 년의 기독교 세계관 운동과 관련해 여전히 아쉬운 점은 좀 더 폭넓고 심도 있는 세계관 교재들이 별로 없다는 점이다. 다음 세대 세계관 분야의 지도자들을 교육할 수 있는 적절한 교재가 없다는 말이다. 그런 의미에서 본서는 기독교 세계관 분야의 고급 독자들을 위한 책이라고 할 수 있다. 본서는 세계관 개념의 역사에서 시작해 기독교 세계관을 철학적으로, 신학적으로 성찰하는 책이다. 사실 본서는 저자의 박사학위 논문이기 때문에 영어가 모국어인 사람들에게도 쉽지 않은 책이다. 그럼에도 이 시점에서 본서는 꼭 필요한 책이다. 세계관 운동을 더 넓은 영역으로 확장하고, 나아가 다양한 상황과 시대적 요구에 부응하기 위해서는 끊임없는 세계관 분야 연구자들의 노력이 필요하기 때문이다.

본서는 부제에서 언급한 것처럼 세계관이라는 개념의 역사를 신학적, 철학적, 자연과학적, 사회과학적 측면에서 추적하고 있다.

1장은 오늘날 개신교 진영의 세계관 운동의 배경을 추적하고 있다. 특히 1장은 지난 수십 년 동안 복음주의권에서 이루어진 세계관 운동을 일목요연하게 요약한다. 한국 그리스도인들은 1장에서 익숙한 세계관 운동의 지도자들을 만날 수 있을 것이다. 사실 좁은 의미의 세계관 운동의 배경을 추적하려면 1장의 내용만으로도 충분하다. 지난 100여 년 동안 개혁주의 전통의 개신교가 세계관 운동의 중심에 있었기 때문이다. 하지만 저자는 세계관의 개념을 개혁주의 신학, 신칼뱅주의 전통에서만 찾지 않는다.

저자는 2장에서 또 다른 기독교의 분파라고 할 수 있는 로마 가톨릭과 동방 정교회의 세계관을 다룬다. 그리고 저자는 1, 2장에서 다룬 주요 교단적 전통에서의 세계관 개념의 문제를 9장에서는 좀 더 신학적으로 다룬다. 한 가지 아쉬운 점은 20세기 세계관 운동의 부흥기와 관련해 매우 중요한 것이 정교회의 창조에 대한 강조인데, 저자는 다만 그들의 성례전적인 세계관을 살펴보는 데 그치고 있다는 점이다. 구속신학에 대한 과도한 강조로 인해 교회가 내세주의적 신학에 경도되었고, 이로 인해 교회와 그리스도인들이 세상에 대한 책임을 다하지 못했다는 반성에서 세계관 운동이 시작되었다는 점을 생각한다면, 개신교회에 비해 "창조의 회복" 혹은 "회복된 창조"(Creation Regained)를 강조했던 동방교회의 전통을 다루지 않는 것은 다소 아쉬운 점이라고 할 수 있다.

이어 저자는 3~6장에서 철학의 영역에서 본 세계관 개념의 역사를, 10장에서 세계관과 철학의 몇몇 주요 영역과의 관련성을 다룬다. 당연히 저자는 세계관 개념의 진원지가 되었던 19, 20세기 독일의 관념주의, 실존주의 철학자들을 중심으로 세계관의 문제를 살펴보고 있다. 비트겐슈타인(Ludwig Wittgenstein)의 실증주의 비판은 20세기 새로운 과학철학 운동으로 이어진다. 순수 철학에서의 세계관 개념은 7장에서 과학철학의 주요한 토픽들을 다루면서 좀 더 구체적인 형태로 드러난다. 세계관의 문제가 비교적 객관성을 담지할 수 있다고 생각했던 과학의 분야에서조차 중요하다는 것이 드러나면서 세계관과 무관한 영역이 없음이 분명해진 것이다.

본서의 8장에서는 가장 극명하게 세계관적 충돌이 목격되는 사회과학 분야에서의 세계관 문제를 다룬다. 사회과학 중에서도 저자는 특히 심리학, 사회학, 문화 인류학 등의 영역에서 세계관 문제를 주요한 학자들을 중심으로 살펴보고 있다. 또한 이데올로기의 세기라고 할 수 있는 20세기를 지나면서 편향된, 혹은 나쁜 세계관으로서의 이데올로기 비판, 20세기 중 · 후반을 지나면서 본격적으로 등장한 해체주의와 같은 포스트 모더니즘 문화 속에서 세계관 개념이 로고스 중심주의(logocentrism)가 아닌가 하는 비판은 세계관의 개념을 더 분명하게 드러내고 나아가 세계관 개념을 정당화하는 데 기여했다고 생각한다.

이처럼 세계관 개념의 역사를 신학적, 철학적, 각 학문적 영역에서 살펴보는 것은 학문적 관점에서만 중요한 것이 아니라 오늘날 기독교 세계관 운동을 이해하는 데 매우 중요하다. 세계관 개념의 등장과 형성 과정을 이해할 때 우리는 오어(James Orr)나 카이퍼(Abraham Kuyper) 등의 세계관 운동의 초기 지도자들이 왜 기독교 신앙을 세계관으로 이해하는 것이 그렇게 중요하다고 주장했는지를 이해할 수 있다. 또한, 세계관 개념을 역사적으로 이해할 때 오늘날 그리스도인과 교회가 세상과 어떤 관계 속에서 살아가야 하는지를 파악할 수 있다. 그런 의미에서 본서는 세계관 운동의 심층적 이해를 돕는 매우 중요한 책이라고 할 수 있다.

본서는 추천자가 재직하고 있는 밴쿠버기독교세계관대학원(VIEW)의 WVS 600 Philosophical Foundation of Christian Worldview 강좌의 주교재 중 하나로 사용할 예정이다. WVS 500 Worldview Foundations 강의를 수강한 학생들을 대상으로 개설될 WVS 600 강의를 통해 한 차원 높은 세계관 분야의 2차, 3차 저작들이 등장하기를 기대한다. 사실 본서의 저자 노글 교수님은 2016년 봄학기에 VIEW에서 강의하시기로 예정되어 있었는데 아쉽게도 강의를 개설하기 얼마 전에 갑작스런 건강상의 문제로 강의가 취소되었다. 하나님께서 노글 교수님의 건강을 회복시켜 주셔서 VIEW 모든 식구들이 노글의 강의를 수강하는 축복을 누리게 될 날을 손꼽아 기다린다.

추천자는 여러 해 전부터 본서를, 부분적이지만 WVS 500 강의의 교재로 사용하면서 이 책이 번역되면 얼마나 좋을까 하고 생각했다. 하지만 책의 내용이 쉽지 않아서 적절한 역자를 구하는 것은 쉽지 않은 일이었다. 다행히 CUP에서 좋은 역자를 발굴해 어려운 작업을 해 주셨다. 여러 해 동안 본서가 출간되기를 손꼽아 기다린 사람으로서 몇몇 분에게 감사의 말씀을 전하고 싶다. 어려운 재정 상황에서 수요가 많지 않은 책을 출간하기로 결정한 CUP 김혜정 대표님과 쉽지 않은 책을 번역하느라 수고하신 역자 박세혁 님께 감사드린다. 또한 본서를 교재로 한 VIEW 연구 모임의 대표로 수고한 이은표 목사님(SFC), 연구회를 위해 집을 개방하신 황성연 박사님(JOY), 그리고 참여한 김준재(SFC), 문만석, 배철진, 윤영배, 이교진, 이연우 목사님, 허성백 선교사님(ESF), 김철희 간사님(IVF)께 감사드린다.

아무쪼록 본서가 한국 교회에서 일어나고 있는 기독교 세계관 운동의 든든한 신학적, 철학적 기초를 제공하는, 그래서 기독교 세계관 운동을 한 차원 높이는 징검다리 역할을 할 수 있기를 기대한다.

아더 홈즈의 서문

_ 아더 홈즈 | 휘튼대학 철학과 교수 역임

내가 '세계관과 인생관'이란 말을 처음 들었던 때는 제2차 세계대전 직후였다. 군대에서 거의 5년을 보낸 후 기독교적 관점에서 삶을 바라보고 살려고 노력했던 나는 마침내 대학에 입학했다. 나는 나의 스승 한두 분이 전제에 관해 관심을 기울였으며 '기독교 세계관'이란 용어를 종종 사용한다는 것을 알아차렸다. 이보다 더 시의적절할 수가 없었다. 이제 막 끝난 끔찍한 갈등(막사에서 벌였던 논쟁을 포함해서)은 삶에 관해 충돌하는 관점을 드러냈다. 반세기가 넘게 지난 지금도 국제 문제, 문화 전쟁, 생명 윤리, 모든 학문 분야, 아니 우리가 생각하고 행동하는 모든 것과 관련해 세계관에 대한 이견은 계속되고 있다.

세속화를 다룬 조지 마스든(George Marsden)의 탁월한 연구서인 《미국 대학의 영혼》(*The Soul of the American University*)과 다원적인 대학에서 기독교의 관점도 수용되어야 한다고 주장하는 그의 후속작인 《기독교적 학문 연구@현대 학문 세계》(*The Outrageous Ideas of Christian Scholarship*, IVP 역간)에 대한 최근의 반응은 이 점을 전면에 부각시켰다. 기독교 학문의 정당성을 주장하면서 마스든은, 세계관과 상관없는 중립적 추론이라는 계몽주의 신화에 대해 효과적인 방식으로 의문을 제기했다. 그리스도인 학자들은 오랫동안 기독교가 진지한 학문에 대해 적대적이지 않고, 오히려 그것에 대해 동기를 부여하며, 지성을 밝히고, 새로운 연구 방법을 개척하며, 모든 것을 의미 있는 총체로 묶어준다고 주장해 왔다. 최종적 분석에서 모든 진리는 하나님의 방식과 그분의 일을 다룬다. 하지만 근대성의 주문에 걸려 있는 세속 학계는 종교적 관점에서 이뤄진 학문을 허용해야 한다는 주장을 도저히 받아들일 수 없다고 생각했다. '오직 이성만으로'라는 원리 때문에 결코 이를 허용할 수 없다는 것이다.

그리스도인들만이 지적 중립성에 대한 근대성의 주장을 거부하는 것은 아니다. 포스트모던적 지성은 근대적 지성에 맞서 자신을 규정하며, 그 근거가 성별이든, 인종이든, 다른 무엇이든, 관점의 다원성을 위한 식탁에서 한 자리를 요구하고 있다. 그러나 그리스도인의 반론은 포스트모던적이기보다는 전근대적(premodern)이다. 그것은 믿음이 이해를 추구한다는 점에서, 그리고 하나님의 지혜가 진리의 객관적 자리이자 인간의 모든 지식을 가능하게 하는 궁극적 원천이라는 점에서 기본적으로 아우구스티누스적이다. 그러나 데이비드 노글이 지적하듯이, 세계관이라는 용어는 19세기 관념론의 낭만주의적 흐름과 그 후예인 20세기 초의 생철학(*Lebensphilosophie*) 전통에서 기원했다. 이 언어는 사회과학에서, 다양한 신학 전통에 속한 그리스도인들 사이에서 널리 수용되었으며, 그것의 적절성에 관한 논의도 활발하게 이뤄졌다. 이런 이유만으로도 세계관 개념에 관한 철저한 연구는 충분히 가치 있는 일이다.

그러나 이 책은 다른 이유로도 중요하다. 기독교 세계관 입문서는 이 개념의 기원을 간략하게만 논하는 경우가 많고, 내가 아는 한 영어권에는 이런 종류의 철저한 연구서가 없다. 포스트모더니즘의 출현으로 인해 기독교 신앙과 세계관 개념의 유사점과 차이점을 면밀히 검토하기에 시의적절하고 효과적인 시점을 맞았다. 이 책은 변증가들에게, 삶의 의미에 관해 이야기하고자 하는 신학자들에게, 자신의 분야와 사회 속에서 작동되는 세계관에 관해 명확히 알고자 하는 학생들에게, 세계관적으로 사유하는 능력을 길러 주고자 노력하는 그리스도인 교사들에게 중요하다. 서양 문명은 철저하게 세속화되어 있으며, 기독교는 문화와 과학, 학문과 대체로 무관하다고(혹은 무관해야 한다고) 간주되며, 사사롭고 내면적인 문제로 축소되고 말았다.

데이비드 노글은 열정적인 연구를 통해 이 문제를 다룬다. 이 책에서 철학과 역사를 다룬 장들은 200년의 철학사를 간추리고 있으며, 신학과 사회과학에서 제기된 물음에 대해 길게 답하면서 그 문제의 핵심을 파고든다. 두고두고 읽어야 할 책이다.

저자 서문 _ 데이비드 노글

아마도 지금은 (교회적으로, 문화적으로, 전 지구적으로) 세계관 개념의 역사를 살펴보고 이에 대해 신학적으로, 철학적으로 성찰하기에 적합한 때일 것이다. 그 이유는 첫째, 지난 몇십 년 동안 복음주의 교회 일각에서 세계관에 대해 폭발적인 관심을 기울였기 때문이다.[1] 칼 헨리(Carl Henry)와 프랜시스 쉐퍼(Francis Schaeffer), 제임스 사이어(James Sire), 아더 홈즈(Arthur Holmes), 브라이언 왈쉬(Brian Walsh), 리처드 미들턴(Richard Middleton), 알버트 월터스(Albert Wolters), 찰스 콜슨(Charles Colson)과 낸시 피어시(Nancy Pearcey)를 비롯해 여러 작가가 많은 그리스도인에게 세계관적 사유와 그것의 중요성을 소개해 왔다. 이런 관심의 흐름은 가톨릭교회와 정교회에도 어느 정도 나타났다. 모든 부류의 그리스도인이 사회문화적 현상뿐 아니라 겉으로 드러난 인간의 신념과 행위가 의식적으로든 무의식적으로든 더 심층적이며 근본적인 삶의 원리와 관념에 뿌리를 두고 있으며 이를 표현하는 경우가 많다는 것을 깨닫고 있다. 더구나 세계관은 그리스도인으로 하여금 성경적 계시가 삶의 모든 영역을 아우를 뿐만 아니라 영향을 줄 수 있음을 인식하도록 해 줌으로써 풍성한 해석을 제공했다. 그 덕분에 그리스도인들은 그들의 신앙을 완전히 꽃 피우지 못하도록 막았던 환원론적인 신앙관을 피할 수 있었다. 또한, 세계관은 교회의 사역과 그리스도인의 삶, 변증학, 전도, 선교, 교육과 학문, 그 밖의 수많은 사회문화적 관심사에 대해서도 뚜렷한 적용점을 만들어 냈다. '세계관적으로 사유하며' '기독교 지성'을 형성하고 삶의 모든 영역에 대한 성경적 관점을 개발한다는 목적이 시대적 상황과 부합하였고, 이런 맥락에서 세계관 개념은 복음주의권 안에서(어쩌면 복음주의권 너머로) 일종의 혁명처럼 번져 나갔다. 따라서 이 개념의 배경과 본질에 관한 연구가 마땅히 필요해 보인다.

둘째, 수많은 대안적 세계관의 존재가 현대 문화를 규정하는 특징이기 때문이다. 우리는 다문화적이며 다원적인 시대에 살고 있다. 다채로운 우주관이 제시되어 있는 지금의 상황은 고전적, 기독교적 서양의 기본적인 지적 통일성과 대조를 이룬다. 전통적 사상에서는 형이상학적, 도덕적 진리가 존재하며 세계를 바르게 이해하고 그 안에서 살아가야 한다고 주장했다. 그러나 르네상스와 계몽주의 이래로 상황은 바뀌었다. 인간은 모든 포괄적인 존재론과 인식론의 권위를 거부하고, [영국의 낭만주의 시인 퍼시 셸리(Percy B. Shelley)의 "공인받지 못한 세계의 입법자"라는 말을 뒤집어 말하면] 자신을 자율적으로 세계의 **공인된** 입법자로 확립했다. 이제 인간은 자신이 원하는 대로 실재를 개념화하고 삶의 본질을 형성하는, 본질적으로 하나님께 속한 특권을 요구하고 있다. 따라서 종교적, 철학적 다양성이란 강렬한 문화적 현상의 대두를 설명하는 세계관 개념이 나타난 것도 전혀 놀라운 일이 아니다. 미국 연방대법원도 이러한 다원주의적 사고방식을 반영하여 《가족계획협회 대 케이시 사건》(*Planned Parenthood v. Casey*, 1992)에서 모든 사람은 "실존과 의미, 우주, 인간 생명의 신비에 관한 자기 나름의 관념을 정의할 권리"를 지닌다고 주장했다.[2] 그 결과 사람들이 삶의 의미와 목적에 관해 근본적으로 다른 언어로 말하는 일종의 방언 현상(heteroglossolalia: 원래는 말하는 이가 외국어로 말하는데 듣는 사람들이 자기네 말로 알아듣는 현상을 가리키는 방언의 한 종류를 가리키는 용어-역주)이 계속해서 퍼지고 있다. 이런 환경 때문에 사람들은 이를테면 "바람에 흔들리는 갈대"가 되고 말았다(눅 7:24). 관용을 소중하게 여기지만, 이 유일한 미덕이 일관되게 적용되는 경우는 거의 없다. 간단히 말해서, 포스트모던의 공론장은 인지적으로 조화를 이루지 못하며 도덕적으로 불협화음을 내는 혼돈 직전의 상황이다. 따라서 현재 우리가 처한 문화적 대혼란을 이해하고자 한다면, 그것을 잘 해명해 주는 핵심 개념, 즉 인간이 실재를 묘사하는 다양한 방식을 강조하는 세계관의 지적 이력에 대해 더 잘 알고 있어야 한다.

셋째, 2001년 9월 11일 뉴욕시와 워싱턴 D.C.에서 일어난 끔찍한 사건 이후 많은 사람이 현재의 전 지구적 상황을 이해하기 위한 한 방법으로서 '문명의 충돌'이란 논제를 제기해 왔다. 이 논제와 관련된 가장 대표적인 인물은 하버드의 정치학 교수인 새뮤얼 헌팅턴(Samuel P. Huntington)이다. 그는 《외교》(*Foreign Affairs*, 1993)에 기고한 유명한 글과 그의 책 《문명의 충돌》(*The Clash of Civilizations and the Remaking of World Order*, 1996)에서 거의 예언자적(그리고 논쟁적) 주장을 펼친다.[3] 헌팅턴의 기본 주장은 냉전 이후 지정학적 세계에서 인간들 사이의 가장 중요한 차이점과 갈등의 원인이 이제는 이데올로기적이거나 정치적, 경제적이지 않다는 것이다. 차이점과 갈등의 원인은 문화적이다. 그는 이렇게 말한다. "민족과 국가들은 인간이 직면한 가장 근본적 물음, 즉 우리는 누구인가에 대한 물음에 답하려고 노력하고 있다. 그들은 인류가 이 물음에 답해 온 전통적 방식대로, 즉 그들에게 가장 의미 있는 것을 참조해서 답하고 있다."[4] 대부분의 사람에게 가장 의미 있는 것은 그들의 조상과 언어, 역사, 가치, 관습, 제도, 특히 종교다. 따라서 현재 벌어지는 문화 전쟁(지역적 차원이든, 국가적 차원이든, 국제적 차원이든)의 핵심에는 세계관의 충돌이 자리 잡고 있다. 때때로 이 충돌은 언어의 수준을 넘어선다. 인간 실존을 개념화하는 경쟁적 방식 사이의 갈등은 점점 더 잔학해지고 있다. 이런 급박한 상황만으로도 세계관 개념에 관한 연구는 충분히 정당화된다.

하지만 피터 버거(Peter Berger)의 말처럼 현재의 정치적 상황의 중심에 자리 잡고 있는 이러한 "의식의 충돌"은 아주 오래전부터 역사의 드라마에서 결정적 요인이기도 했다. 제1원리들에 대한 싸움이 인간의 조건을 특징짓는다. 리처드 위버(Richard Weaver)가 가르쳤듯이 관념은 결과를 낳는다. 하지만 인류 역사의 핵심에 자리 잡고 있는 이데올로기의 불화에 관해 성찰하고자 할 때 고려해야 할 실재의 더 심층적인 차원이 존재한다. 기독교 유신론의 관점에서 세계관의 충돌은 모든 것에 대한 진리가 걸려 있는, 하나님의 나라와 사탄의 왕국 사이의 숨겨진 영적 싸움에서도 핵심 역할을 한다. 이 두 왕국 사이에 모든 시대에 걸친 모든 사람의 정신과 마음, 따라서 삶과 운명을 놓고 엄청난 규모의 싸움이 치열하게 벌어지고 있다. 최종적으로 인간이 하나님과 자신, 우주, 그 안에서 자신의 위치를 이해하는 방식보다 더 중요한 것은 없으므로 세계관 전쟁이 선의 세력과 악의 세력 사이에서 벌어지는 갈등의 핵심이란 사실은 전혀 놀랍지 않다. 그러므로 인간의 삶에서 이처럼 중추적인 역할을 하는 개념을 깊이 들여다보는 일은 특히나 가치가 있어 보인다.

하지만 세계관 연구를 시의적절한 것으로 만드는 이런 요인들을 제쳐두더라도, 그동안 무시를 당했던 이 개념은 그 자체로서 늦었지만 주목할 만한 가치가 있다. 물론 종교적이며 철학적인 세계관들을 다룬 훌륭하고 읽기 쉬운 글이 많다. 또한, 다양한 분과 학문의 연구에 이 개념이 등장하기도 한다. 독일어권 학자들은 세계관(즉 *Weltanschauung*)의 이력을 매우 광범위하게 연구해 왔다. 하지만 영어권에서는 다양한 분과(신학과 철학, 종교, 자연과학, 사회과학 등)에서 다룬 세계관 관련 문헌을 충분히 수집하고 포괄적, 체계적 방식으로 연구한 글이 없었다. 이 점에 관해 영미 학계는 상당한 공백이 존재하는 셈이다. 그러므로 이 책은 세계관 개념에 대한 광범위한 학제 간 연구를 통해 이런 상황을 뒤집고자 한다. 나는 이 책이 사상사에서 누락된 것처럼 보이는 부분을 메울 수 있기를 바란다.

이제 이 책의 기본 주제를 명확히 밝히고자 한다. 이 책은 일차적으로 지적, 문화적 풍경을 장식해 온 "다양한" 세계관들을 조사하는 책이 **아니다.** 나는 간접적인 방식을 제외하고는 유신론과 이신론, 자연주의, 범신론, 다신론 등의 기본적 세계관에 대해 논하기 위해 노력하지 않을 것이다. 다시 말해서, 이 책은 종교적 혹은 철학적 다원주의에 관한 연구가 아니다. 오히려 이 책은 "한 지적 개념"에 관한 역사적 연구다. 나는 이 개념의 이론적 발전 과정에서 그리스도인들을 비롯해 다양한 사상가들이 세계관을 어떻게 다뤄 왔는가에 초점을 맞출 것이다. 따라서 이 책에서 주로 드러내고자 하는 것은 세계관이란 **개념** 자체다. 기독교를 비롯해 경쟁적 신념 체계들에 대한 논의를 찾는 이들은 대체로 실망할 것이며 다른 책을 살펴보아야 할 것이다.[5]

이러한 근본 목적을 염두에 두었을 때, 이 책의 전반적인 구조와 기본적 주장은 무엇일까? 1장에서 나는 먼저 복음주의 개신교 내의 "세계관의 경이"에 대해 살펴볼 것이다. 나는 기독교 세계관 사유의 수원지를 스코틀랜드 장로교 신학자 제임스 오어(James Orr)와 네덜란드 개혁교회의 르네상스적 인물 아브라함 카이퍼(Abraham Kuyer)에서 찾을 수 있다고 주장한다. 나는 이 선구적 사상가들의 공헌에 초점을 맞추고 이 중요한 주제에 관한 그들의 사상을 살펴볼 것이다. 그런 다음 고든 클락(Gordon H. Clark)과 칼 헨리(Carl F. H. Henry), 헤르만 도여베르트(Herman Dooyeweerd), 프랜시스 쉐퍼(Francis A. Schaeffer)의 활동을 통해 어떻게 세계관이 믿음에 대한 포괄적 접근 방식으로 인기를 얻게 되었는지를 서술할 것이다. 2장에서 나는 로마 가톨릭과 동방 정교회 내의 "세계관의 경이"에 대해 살펴볼 것이다. 여기에서는 기독교 휴머니즘에 대한 카롤 보이티와(Karol Wojtyla, 교황 요한 바오로 2세)의 전망도 간략히 검토할 것이다. 실재에 대한 가톨릭과 정교회의 해석은 강력한 성례전적, 예전적 경향을 띠며, 이 주제에 관한 복음주의권의 표준적인 성찰을 유익한 방식으로 보충해 준다.

세계관 개념이 이 세 주요한 기독교 전통에 주목할 만한 영향을 미쳤기 때문에 나는 이 개념의 기원과 역사적 발전을 이해할 필요가 있다고 주장한다. 따라서 3장에서는 세계관의 철학적 역사를 다룬다. 여기서는 임마누엘 칸트(Immanuel Kant)의 《판단력 비판》(*Critique of Judgment*, 1790)에서 '세계관'(*Weltanschauung*)이란 용어가 처음 사용되었으며 그 후 독일과 유럽, 영어권에 급속히 확산되었음을 강조할 것이다. 4~6장에서 이 개념을 다룬 서양의 주요 사상가들을 살펴봄으로써 19세기와 20세기의 세계관의 철학사를 서술할 것이다. 여기에는 헤겔(G. W. F. Hegel)과 쇠렌 키에르케고어(Søren Kierkegaard), 빌헬름 딜타이(Wilhelm Dilthey), 프리드리히 니체(Friedrich Nietzsche), 에드문트 후설(Edmund Husserl), 카를 야스퍼스(Karl Jaspers), 마르틴 하이데거(Martin Heidegger), 루트비히 비트겐슈타인(Ludwig Wittgenstein), 도널드 데이비슨(Donald Davidson), 포스트모더니스트들(자크 데리다[Jacques Derrida]와 미셸 푸코[Michel Foucault] 등)이 포함된다. 7~8장에서 나는 세계관의 학제적 역사에 주목하고 자연과학(마이클 폴라니[Michael Polanyi]와 토머스 쿤[Thomas Kuhn])과 사회과학(심리학: 지그문트 프로이트[Sigmund Freud]와 카를 융[Carl Jung]; (사회학: 카를 만하임[Karl Mannheim], 피터 버거(Peter Berger), 토머스 루크만(Thomas Luckmann], 카를 마르크스[Karl Marx], 프리드리히 엥겔스[Friedrich Engels]; 인류학: 마이클 키어니[Michael Kearney]와 로버트 레드필드[Robert Redfield])에서 이 개념이 각각 어떤 역할을 했는지 살펴볼 것이다.

이를 통해 세계관이 최근 사상사에서 특별한 위치를 차지하고 있음을 알 수 있다. 그러나 이 용어가 지적 여정에서 특정한 의미를 차지하게 되었기에 기독교 내부의 일부 비판자들은 이 개념이 복음주의적 형태의 성경적 기독교를 표현하는 방식으로써 적합한지에 관해 우려를 제기했다. 따라서 9장 "세계관에 대한 신학적 고찰"에서 나는 세계관에 대한 기독교적 관점을 제시하고자 했다. 여기서는 세계관 이론 자체의 사회학적 상대성을 강조하고, 세계관을 객관성과 주관성, 죄와 영적 전쟁, 은총과 구속의 교리에 대한 올바른 관점과 연결함으로써 이 개념에 대한 성경적 이해를 제시할 것이다. 10장은 이런 맥락에서 세계관에 대한 철학적 성찰을 다룬다. 나는 세계관을 기호학적 현상, 특히 그 안에서 사람들이 생각하고(이성), 해석하고(해석학), 인식하는(인식론) 강력한 틀을 확립하는 서사 기호의 체계로 이해하는 것이 가장 적합하다고 주장할 것이다. 11장 "결론적 고찰"에서 나는 교회가 세계관을 사용하는 방식을 비판적으로 평가하면서 세계관의 위험과 유익을 철학적, 신학적, 영적으로 지적할 것이다. 마지막으로 부록에서는 세계관에 대한 복음주의권의 성찰에 기여한 문헌을 요약해서 소개하고 이 주제를 다룬 기독교 서적의 목록을 제공할 것이다.

이 책 전체에서(하지만 특히 9장에서) 나는 세계관이 인간 마음의 불가피한 기능이며 하나님의 형상(*imago Dei*)인 인간의 정체성에서 핵심 역할을 한다고 주장한다. 이 책 전체에서 이 주제를 직간접적으로 발견할 수 있을 것이다. 또 프롤로그와 에필로그에서는 C. S. 루이스(C. S. Lewis)의 《나니아 연대기》(*The Chronicles of Narnia*)에서 발췌한 에피소드를 근거로 삼아 이 주제를 설명했다.

그리스도인으로 살아오면서 나는 세계관 전반, 특히 기독교적 혹은 성경적 세계관에 관심을 기울여 왔다. 세 곳의 특별한 기독교 공동체가 여러 해 동안 이 주제에 관한 나의 사유를 길러 주었다. 나는 열일곱 살이던 1970년 10월, 텔레비전으로 방송된 빌리 그레이엄 전도 집회(Billy Graham Crusade)를 보던 중 그리스도인이 되었다. 한두 주가 지나서 나는 고등학교 3학년이 되었고, 학교에서 영 라이프 클럽(Young Life Club)에 참여하게 되었다. 다음 열두 달 동안 경험한 영적 성장 덕분에 1970년대에 5년 이상 텍사스주 포트워스(Fort Worth)에 있는 영 라이프 지도자 모임에서 활동했다. 이 탁월한 기독교 공동체에서 나는 기독교 세계관 개념을 처음 접했고, 그것을 깊이 생각하고 신실하게 실천하라는 권면을 받았다. 정말 좋은 시절이었다!

1980년대가 시작될 무렵 나는 구약 히브리어 전공, 신약 그리스어(희랍어) 부전공으로 신학석사 학위를 받았다. 졸업하고 1년이 지났을 때 나는 한 성서교회(Bible church)의 파송을 받아 알링턴의 텍사스대학교(University of Texas at Arlington)에서 공동 캠퍼스 사역자로 일했고, 같은 학교에서 겸임 교수로 종교학 과목을 가르치기도 했다. 그러는 사이에 나는 성경신학과 조직신학 전공으로 박사 과정을 시작했다. 하지만 학위 과정을 마칠 무렵 나는 세대주의적 전천년설로부터 언약신학, 개혁

신학으로 중대한 패러다임의 전환을 경험했다. 과학 혁명을 경험한 과학자처럼 나는 다르게 세계를 바라보고 다르게 살기 시작했다. 새로 발견한 이 전통에 속한 사상가들에 대해 배우면서 기독교 세계관에 대한 이해가 단단해지고 깊어졌다. 특히 나는 '창조, 타락, 구속'의 도식이 성경의 얼개이며 역사 안에서 일하시는 하나님의 경륜의 기초임을 깨달았다. 그때부터 지금까지 나의 상상력은 바로 이 성경적 세계관에 사로잡혀 있다. 따라서 내가 단독으로 캠퍼스 목회를 이끌게 되었을 때, 당연히 나의 목회적 사명은 '대학생들이 기독교 세계관을 기르도록 돕는 것'이라고 생각했다! 우리가 "모퉁잇돌"이라고 불렀던 캠퍼스 옆에 있는 크고 낡은 2층 건물에 본부를 둔 이 번성하던 대학생 공동체에서 우리는 삶의 모든 것에 대한 그리스도의 주 되심을 진지하게 받아들인다는 것이 무엇을 뜻하는지를 열심히 배우고 실천하려고 노력했다. 그때도 정말 좋은 시절이었다!

1990년대가 시작될 무렵 나는 신학박사(Th. D.) 학위를 받았다. 하지만 신학적 패러다임 전환 때문에 나는 8년 반을 섬기던 교회에서 사임할 수밖에 없었다. 실직 상태로 한 계절이 지난 후 나는 댈러스침례교대학교(Dallas Baptist University)에 임용되어 철학과를 세우고, 퓨 칼리지 소사이어티(Pew College Society)를 이끄는 특권을 누렸다. 학교에서 가장 훌륭하고 똑똑한 학생들로 이뤄진 공동체에서 나는 하나님의 은총으로 그들이 성경적 세계관을 형성하도록 권면하는 일을 계속했다. 우리는 정규 강의를 통해, 수련회와 초청 강연, 학생 대상 학회, 영화의 밤을 비롯한 다양한 과외 활동을 통해 이 목적을 실현하기 위해 노력해왔다. 수많은 학생이 창조/타락/구속의 시나리오를 발견하고 그들의 존재에 근원적인 변화가 일어나 그들의 삶에 그 열매가 맺히는 경험을 하는 것을 바라보는 것은 정말로 보람 있는 일이었다. 지금이야말로 정말 좋은 시절이다!

하지만 조금만 과거로 돌아가 보자. 실직 상태에서 일을 찾으며 새로운 섬김의 기회를 모색하던 중 나는 알링턴의 텍사스대학교 인문학 박사 과정에 입학했다. 파트타임 학생으로서 과정을 마치기까지 9년이 걸렸다. 하지만 나의 공부는 마침내 세계관 개념의 역사와 이론에 관한 논문으로 마무리되었으며, 그 논문이 이 책의 출발점이었다. 이제 나는 논문과 이 책이 나올 수 있도록 도와준 모든 분들께 기쁜 마음으로 감사의 말을 전하고자 한다. 먼저 몹시 힘들지만 보람 있었던 이 과정을 마칠 수 있도록 탁월하게, 그리고 너그럽게 인도해 준 논문 심사위원들 (현재 텍사스 A&M 대학교에 재직 중인) 잰 스웨링언(Jan Swearingen), 팀 머호니(Tim Mahoney), 찰스 너스바움(Charles Nussbaum), 톰 포터(Tom Porter), 해리 리더(Harry Reeder)에게 감사드린다.

나는 리디머대학교(Redeemer University College)의 알버트 월터스(Albert Wolters)에게 큰 빚을 졌다. 나는 그의 글, "세계관 사상과 철학의 관계에 관하여"(On the Idea of Worldview and Its Relation to Philosophy)[6]에 영감을 받아 이 주제를 연구하기 시작했다. 월터스 교수의 논문에는 세계관 개념의 역사를 다룬 (한 페이지도 되지 않는) 아주 짧은 항목이 포함되어 있으며 같은 주제를 다룬 미출간 원고도 언급되어 있었다. 친절하게도 그는 나에게 그 원고를 한 부 보내 주었으며, 그 원고는 나에게 헤아릴 수 없을 정도로 귀한 자료가 되었다. 해마다 미국종교학회/성서학회 모임에서 논문의 진척 상황을 물어봐 주었던 그에게 감사의 마음을 전한다!

이 책의 원고를 읽고 수많은 유익한 논평을 해 준 제임스 사이어(James Sire)와 아더 홈즈(Arthur Holmes), 스티브 가버(Steve Garber)에게 감사드린다. 특히 이 책의 머리말을 써 주었을 뿐 아니라 여러 해 동안 나를 도와주고 격려해 준 아더 홈즈에게 감사드린다. 또한, 가톨릭과 정교회 전통의 세계관에 관한 장에 도움을 준 팀 머호니에게 감사드린다. 원고 상당 부분을 읽고 형식과 문법의 오류를 바로잡아 준 댈러스침례교대학교의 영문과에 재직 중인 동료 교수 데보라 맥칼리스터(Deborah McCollister)에게 감사드린다. 서론을 읽고 논평해 준 나의 친구이며 〈댈러스 모닝 뉴스〉(*The Dallas Morning News*)의 종교 부문 부편집자인 폴 버클리(Paul R. Buckley)에게도 고마움을 전한다. 특히 연구 초기에 방대한 분량의 참고문헌을 수집하고 간추리는 데 도움을 준 나의 연구 조교인 조이 맥캘라(Joy McCalla)에게 감사드린다. 또 2000년 가을에 안식 학기를 보낼 수 있도록 도와준 댈러스침례교대학교에 감사드린다. 그 안식 학기가 없었다면 이 책을 마무리하기가 훨씬 더 어려웠을 것이다. 그리고 어드먼스 출판사(William B. Eerdmans Publishing Company)의 편집자들, 특히 존 포트(Jon Pott)와 제니퍼 호프먼(Jennifer Hoffman)에게 고마움을 전한다. 그들은 나와 함께 일하며 탁월한 능력으로 이 책을 마무리할 수 있도록 도와주었다.

또한, 말과 기도로 나를 격려하고 지지해 준 수많은 친구와 동료들, 특히 브렌트 크리스토퍼(Brent Christopher)와 그렉 켈름(Greg Kelm), 게일 라이넘(Gail Linam), 캐리(Carey)와 팸 무어(Pam Moore), 롭 무어(Rob Moore), 존 플로츠(John Plotts), 마이크 로사토(Mike Rosato), 토드 스틸(Todd Still), 프레드 화이트(Fred White), 마이크 윌리엄스(Mike Williams)에게 진심으로 감사드린다. 댈러스침례교대학교의 철학과와 퓨 칼리지 소사이어티의 학생들(과거와 현재의)은 캠퍼스에서 친밀한 영적, 학문적 공동체를 이뤘으며 나에게 이 책의 진행 과정을 종종 묻기도 했다. 나만큼이나 이 책이 나오기를 고대했던 그들에게 진심으로 고마움을 전한다.

이 책을 쓰는 동안 나에게 사랑과 격려, 인내와 희생을 베풀어 준 사랑하는 나의 가족, 아내 디미(Deemie)와 딸 코트니(Courtney)에게 진심으로 감사한다. 또한, 그 동안 나에게 무조건적인 사랑을 베풀었으며 이 책을 쓰는 동안 응원을 아끼지 않은 나의 부모님 데이브(Dave)와 비벌리 노글(Beverly Naugle), 동생 마크 노글(Mark Naugle)에게도 진심으로 감사의 말을 전한다. 이 책을 그들 모두에게 바친다.

무엇보다도, 이 책을 쓰면서 드렸던 수많은 기도에 응답하신 성부, 성자, 성령 하나님께 감사와 찬양을 드린다. 이 책이 모든 점에서 그분을 기쁘시게 하고, 그분의 거룩한 이름을 영화롭게 하고, 그분의 교회와 세상에 유익이 되기를. "영원하신 왕 곧 썩지 아니하고 보이지 아니하고 홀로 하나이신 하나님께 존귀와 영광이 영원무궁하도록 있을지어다. 아멘"(딤전 1:17).

데이비드 노글

프롤로그

C. S. 루이스의 《마법사의 조카》 속 앤드루 삼촌

《마법사의 조카》(*The Magician's Nephew*)의 핵심에는 나니아의 창조에 관한 이야기가 자리 잡고 있다. 하지만 이 이야기는 두 종류의 전혀 다른 마음을 지닌, 두 종류의 전혀 다른 사람들의, 전혀 다른 두 삶의 방식으로 해석된다. 디고리(Digory)와 폴리(Polly)는 마법의 반지를 통해 우연히 사악한 제이디스(Jadis) 여왕을 런던으로 데려오고, 여왕은 아마추어 마법사이자 밀교 숭배자인 디고리의 삼촌인 앤드루를 포섭한다. 아이들은 마녀를 그가 여왕 노릇을 하던 고향 땅 찬(Charn)으로 돌려보내려고 노력한다. 하지만 그들은 사악한 여왕과 앤드루 삼촌, 다정한 런던의 마부와 그의 말 스트로베리와 함께 우연히 나니아에 도착한다. 그때는 마침 아슬란이 나니아를 창조하던 순간이었다. 그들이 도착했을 때는 텅 빈 세상이었으며 아무것도 없는 것 같았다. 하지만 어둠 속에서 한 목소리가 상상할 수 있는 가장 아름다운 음성으로 노래하기 시작했다. 곧바로 머리 위의 암흑에 별이 빛났고, 별들도 작은 목소리로 함께 노래하기 시작했다. 큰 목소리가 최고조에 이르렀을 때 태양이 기쁘게 웃으며 태어났다! 갓 태어난 태양의 신선한 빛 속에 사자 아슬란이 있었다. 노래함으로써 새로운 세상이 존재하게 만드는 아슬란은 거대하고 갈기털이 무성하며 밝게 빛났다. 그가 계속 노래하는 동안 들판은 푸르러지고 나무가 생겨나고 꽃이 피어났다. 그런 다음 풀이 덮인 넓은 땅이 냄비에 든 물처럼 보글보글 끓어오르자 크고 작은 동물들이 나왔다. "까악까악 까마귀 소리, 구구구 비둘기 소리, 꼬끼오 수탉 소리, 히힝 말 울음소리, 음매 음매 소 울음소리, 매애애 염소 울음소리, 히이힝 당나귀 울음소리, 멍멍 짖는 개 소리, 우렁찬 코끼리 소리가 너무 커서" 사자의 노래가 거의 들리지 않을 지경이었다.[1] 그런 다음 엄숙한 침묵 속에 섬광이 나타났고 아슬란이 이렇게 선언했다. "나니아여, 나니아여, 나니아여, 깨어나라. 사랑하라. 생각하라. 말하라. 걷는 나무들이 되어라. 말하는 짐승들이 되어라. 거룩한 물이 되어라"(116쪽). 그리고 피조물들은 한목소리로 대답했다. "아슬란님, 만세. 우리는 듣고 순종하겠습니다. 우리는 깨어났습니다. 우리는 사랑합니다. 우리는 생각합니다. 우리는 말합니다. 우리는 압니다"(117쪽). 그리고 아슬란은 그들에게 이렇게 말한다. "피조물들아, 내가 너희에게 너희 자신을 주노라. … 내가 너희에게 이 땅, 나니아를 영원히 주노라. 내가 너희에게 숲과 열매, 강을 주노라. 내가 너희에게 별을 주고, 내가 너희에게 나 자신을 주노라"(118쪽). 첫 번째 농담과 안전보장위원회의 구성 이후 마침내 나니아의 창조가 완성되었다.

그러나 하지만 이 영광스러운 사건에 대해 마부와 아이들이 받은 인상과 비교해 보면 앤드루 삼촌의 관점은 완전히 달라 보였다(나니아의 창조를 싫어했던 제이디스 여왕의 관점에 대해서는 말할 것도 없다). 이 사건 전체에 대해 그는 어떤 인상을 받았으며, 그는 왜 이토록 다른 반응을 보였을까?

그 목소리를 처음 듣고 별들이 빛나고 태양의 첫빛이 드러났을 때, 마부나 아이들처럼 앤드루 삼촌도 입이 쩍 벌어졌지만, 그들처럼 기뻐서 그랬던 것은 아니다. 그는 그 목소리를 좋아하지 않았다. 무릎이 덜 덜 떨리고 이가 딱딱 맞부딪쳤다. 두려워서 도망칠 수도 없었다. "쥐구멍에라도 들어가서라도 그 소리를 피할 수 있었다면 그렇게 했을 것이다"(100쪽). 그는 그들이 끔찍한 세계, 가장 불쾌한 장소에 있다는 마녀의 말에 맞장구를 쳤으며, 자신이 더 젊었더라면 총으로 사자를 쏘아 죽이려 했을 것이라고 말했다. 마녀처럼 그는 뭔가를 죽이겠다는 생각밖에 할 수 없었기 때문이다. 그러나 예외가 하나 있었다. 땅에 떨어진 옛 가로등의 조각에서 새 가로등이 자라나는 이 마법의 세계에 관해 그가 가치 있다고 생각한 유일한 것은, 이 땅이 미국보다 훨씬 더 큰 상업적 가능성을 지니고 있다는 점이었다. 기차와 전함의 조각을 묻으면 새 기차와 전함이 자라날 것이다. "돈 한 푼도 들이지 않고 영국에 가져다가 제값을 받고 팔면 돼. 나는 백만장자가 될 거야"(111쪽). 그럼에도 그가 가장 혐오하는 것은 사자의 노래였다. 그 노래는 그가 생각하거나 느끼고 싶지 않은 것을 생각하고 느끼게 했다. 그래서 그는 그 노래가 추악한 울부짖음일 뿐이라고 자신을 설득했다. 진리를 억누르고 자신을 실제보다 더 어리석은 사람으로 만들려고 할 때, 앤드루 삼촌처럼 당신은 종종 성공을 거두기도 한다. "그는 아슬란의 노래가 그저 으르렁거리는 소리로만 들렸다. 이윽고 아무리 듣고 싶어도 다른 어떤 소리도 들을 수 없게 되었다. 마침내 사자가 '나니아여, 깨어나라'라고 말했을 때 그는 아무 말도 알아듣지 못했다. 그저 으르렁거리는 소리만 들었을 뿐이다. 그리고 짐승들이 대답할 때도 그는 '멍멍, 으르렁, 컹컹, 아웅' 하는 소리로만 들렸다. 그리고 짐승들이 웃었을 때는 여러분도 상상할 수 있을 것이다. 앤드루 삼촌에게 그것은 지금까지 일어난 그 어떤 일보다도 끔찍하게 느껴졌다. 굶주리고 성난 짐승들이 그렇게 끔찍하고 살기등등한 울음소리를 내는 것을 그는 평생 들어본 적이 없었다"(126쪽).하지만 왜

앤드루 삼촌은 아슬란이 노래로 나니아를 창조하는 것을 그렇게 무서운 방식으로 해석했을까? 왜 그는 마법에 걸린 이 세계에 대해 이토록 다른 관점을 가지고 있었을까? 루이스는 그 이유를 이렇게 설명한다.

"당신이 보고 듣는 것은 당신이 서 있는 곳에 따라 매우 달라지기 때문이다. 또 그것은 당신이 어떤 종류의 사람인가에 따라 달라지기도 한다"(125쪽).

앤드루 삼촌은 그가 어떤 사람이고 어디에 있는가에 따라 모든 것을 다르게 보았고 아슬란의 목소리를 들을 수 없었다. 그리고 사자가 말했다. "내가 말을 해도 그에게는 그저 으르렁거리고 울부짖는 소리로만 들리겠지. 아담의 아들들아, 너희는 너희에게 유익이 될 수 있는 모든 것을 이토록 교묘하게 너희 스스로 차단해 버리는구나!"(171쪽).

세계관의 경이 I

개신교 복음주의

1

기독교를 하나의 세계관으로 이해하는 것[1]은 근래의 교회사에서 이뤄진 가장 중요한 발전 중 하나다. 기독교 세계관을 칼 헨리(Carl Henry)의 표현처럼 "성경 계시의 합리적 일관성을 드러내는 유신론적 체계"[2]로 신학적으로 이해하든지, 창조, 타락, 구속의 전반적 서사로 받아들여, 지난 150년 동안 기독교를 하나의 세계관으로 바라보는 시각이 두드러지게 나타났다. 기독교 세계관이 이렇게 인기를 얻은 이유 중 하나는 그것이 하나님의 말씀에 근거해 실재를 종합적으로 설명하려고 시도하기 때문이다. 근대가 시작된 이후 세속화하는 현대 문화의 힘은 거의 불가항력적이었고, 교회와 신앙에 대한 교회의 이해에 중대한 영향을 미쳤다. 기독교가 아우르는 포괄적인 범위는 금세 잊혔고, 유신론적 관점은 공적 삶에서 배제되었으며, 신앙의 본질은 개인적 경건의 문제로 축소되었다. 제2차 세계대전의 격랑 속에서 도로시 세이어즈(Dorothy Sayers)는 "우리는 기독교를 우주의 해석으로 보아야 한다는 생각을 놓쳐버리고 말았다"고 안타까워했다.[3] 이런 최근의 상황 속에서 세계관이란 개념이 일종의 구조에 나선 것이다. 세계관은 교회에 신앙의 통전적 성격, 우주적 차원, 보편적 적용에 대한 참신한 관점을 제공한다. 그뿐 아니라 기독교 세계관이 지닌 설득력과 지적 일관성, 실용적 효과 때문에 세계관은 그리스도인 개개인에게도 적용 가능할 뿐 아니라 적극적인 문화적,

학문적 참여를 위한 견고한 기초를 제공하기도 한다.

"세계관"이란 말은 비교적 최근에 생겨났다. 그런데 신앙에 대한 이처럼 거대하고 체계적인 전망은 오래 전부터 있어 왔다. 이것은 특별한 계보를 지니며, 당연하게도 성경과 하늘과 땅의 창조자이자 구속자이시며 주권으로 만물을 다스리시는 삼위일체 하나님에 대한 성경적 교리까지 거슬러 올라간다. 많은 교부와 중세 신학자 및 철학자들, 특히 아우구스티누스와 아퀴나스에 의해 발전된 것이다. 개혁자 루터와 칼뱅에 의해, 그리고 그들의 계승자들인 영국과 미국의 청교도들에 의해 성경적인 방식으로 심화되었다. 기독교에 대한 이러한 포괄적인 해석은 종교개혁 전통의 흐름을 통해 북미 복음주의 공동체로 전해져 하나의 세계관으로 이해되었다. 그리고 그 자체로 주목할 만한 영향을 미쳤다. 이 장에서 우리는 이런 영향력의 역사를 살펴보고, 복음주의 전통 안에서 처음으로 기독교를 하나의 세계관(*Weltanschauung*)으로 이해한 사람이 누구였으며, 그것이 어떤 영향을 미쳤는지 알아볼 것이다.

개신교 복음주의권의 초기 세계관 사상가들

복음주의 개신교인들이 공유하는 세계관 전통의 원류를 거슬러 올라가면 두 가지 주요한 원천을 확인할 수 있다. 두 원천 모두 제네바 개혁자 장 칼뱅(John Calvin, 1509~1564)이란 신학적 수원지에서 흘러나온다.[4] 첫째는 스코틀랜드 장로교회의 신학자이며 변증학자, 목회자, 교육자인 제임스 오어(James Orr, 1844~1913)다. 둘째는 네덜란드 신칼뱅주의 신학자이자 정치가인 아브라함 카이퍼(Abraham Kuyper, 1837~1920)다. 이 중요한 두 사상가는 19세기 중엽부터 말까지 유럽 대륙의 지성계에서 유래한 개념을 사용해 개혁주의 기독교 사상의 흐름 안에 세계관이란 용어를 소개했다. 이들은 창조적인 노력으로 기독교가 활짝 꽃필 수 있게 해 근대 세계의 도전에 정면으로 맞설 수 있도록 해 주는 견고하고 체계적인 실재에 대한 전망으로 성경적 신앙을 이해해야 한다고 주장하기 시작했다. 이들의 뒤를 이어 고든 클락(Gordon Clark), 칼 헨리(Carl Henry), 헤르만 도여베르트(Herman Dooyeweerd), 프랜시스 쉐퍼(Francis Schaeffer)를 비롯한 선구적 제자들이 꾸준히 등장해 생각하는 그리스도인들이 철저히 성경적인 인생관의 중요성을 깨달을 수 있도록 돕기 위해 노력했다. 복음주의권 안의 "세계관의 경이"를 살펴보기 위해 먼저 제임스 오어의 사상을 해설하고자 한다.

제임스 오어

제임스 패커(J. I. Packer)에 따르면, 전투적 기질의 몸집이 크고 건장하며 박식한 이 교수는 "위대한 전통의 기독교"를 주창하는 "역사적 유산을 소중히 여기는 신학자"였다.[5] 글렌 스코지(Glen Scorgie)는 오어에 대한 이러한 기본적 판단에 동의하면서, 그에 대한 자신의 연구서에서 그의 일차적인 신학적 기여는 "정통 복음주의의 핵심 교리와의 연속성을 주창한 것으로 가장 잘 설명할 수 있다"라고 논증한다.[6] 삶의 거의 모든 분야에서, 특히 종교와 철학, 과학에서 근대주의 혁명이 일어나던 그 시대에 이것이 필요했다. 오어가 사는 동안 서양에는 문화적 격변이 일어났다. 이 격변은 C. S. 루이스(C. S. Lewis)가 "유럽의 비기독교화"라고 부른 과정을 거쳐서 "구 유럽" 혹은 "구 서양 문화"의 상실과 "후기 기독교" 시대의 도래로 귀결되었다.[7] 서양 기독교 세계의 이 결정적 전환기에 오어는 기독교 신앙을 보여주고 방어해야 할 막중한 책무를 느꼈고 이 책무를 완수하기 위해 그는 세계관(*Weltanschauung*) 전략을 택했다. "학문적 신학 연구의 장려"를 명시적인 목적으로 내걸었던, 에딘버러 연합장로교신학대학(United Presbyterian Theological College)의 첫 번째 커 강연(Kerr Lectures)에 초대를 받았을 때, 오어는 기독교 신앙을 하나의 총체적 세계관으로서 제시할 기회를 얻었다.[8] 이 강연을 준비하는 데는 3년이 걸렸다. 강연은 1891년에 했으며, 1893년에는 《하나님과 세계에 대한 기독교적 관점》(*The Christian View of God and the World*)이란 제목으로 출판되었다.[9] 그에게 주목할 만한 신학자이자 변증학자라는 명성을 안겨준 이 책을 많은 이가 그의 대표작으로 꼽는다. 이 책에서 그는 1장과 여러 개의 미주에서 일반적으로는 세계관(*Weltanschauung*)이란 개념에 대해, 구체적으로는 기독교 세계관이란 개념에 대해 논했다.

1장의 첫 부분에서 오어는 자신의 책의 독특한 제목을 설명한다. 19세기 독일 신학에 대단히 익숙했던 그는 학문적인 신학책들, 특히 종교철학을 다루는 거의 모든 책에서 세계관(*Weltanschauung*)과 같은 뜻을 지닌 세계상(*Weltansicht*)이란 용어와 마주쳤다. 오어에 따르면, 이 용어들에 해당하는 영어 단어는 물리적 본질을 연상시키는 경향이 있지만, 독일어에서는 "특정한 철학이나 신학의 관점에서 지성적으로 사물을 하나의 총체로 파악하고자 할 때, 그것에 대해 취하는 가장 광범위한 관점"을 뜻하는 전문 용어였다. 오어는 기독교 신앙이 그런 관점을 제공하며 그것이 지닌 삶에 대한 가장 고귀한 원칙과 관점을 "하나의 질서 잡힌 총체"로 발전시킨다고 보았다.[10] 그는 기독교 교리를 개별적으로 방어하는 것도 그 나름대로 의의가 있지만, 세계관 개념을 통해 기독교 전체를 하나의 체계로 다룰 수 있다고 믿었다. 더 나아가 19세기 말에 반기독교적 시대정신(zeitgeist)이 점점 강해지던 상황을 고려할 때 "기독교에 대한 공격으로부터 기독교를 효과적으로 방어해 내고자 한다면 포괄적인 방법이 대단히 시급하다"고 생각했다. 실재에 대한 참신하고 일관된 기독교적 정의의 제시가 필요했다. 얼마 지나지 않아서 아브라함 카이퍼 역시 되풀이했던 이에 관한 오어의 생각은 더 자세히 설명할 만한 가치가 있다.

> 기독교가 직면해야 할 반대는 더 이상 특정 교리나 자연과학과 모순된다고 생

각하는 점에 국한되지 않는다. … 그것은 세계와 그 안에서 인간의 위치를 인식하는 방식 전체, 자연적 사물과 도덕적 사물을 포함해, 우리도 그 일부를 이루고 있는 사물의 체계 전체를 인식하는 방식에로 확장되었다. 그것은 세부사항에 대한 반대가 아니라 원리 자체에 대한 반대다. 이런 상황 때문에 방어선도 마찬가지로 확대되어야만 한다. 공격당하는 것은 사물에 대한 기독교적 관점 전반이며, 이 공격에 가장 성공적으로 대응하는 방법은 사물에 대한 총체적인 기독교적 관점을 설명하고 옹호하는 것이다.[11]

오어는 이런 확신에서 이 책을 썼다. 동시대의 지성과 효과적으로 대화할 수 있는 방식으로 기독교를 제시하고 옹호하고자 한다면, 흔히 하듯이 단편적인 방식으로 기독교를 소개해서는 안 된다. 서양의 형이상학적 기초에 근원적 변화가 일어나고 있었기에 새로운 전략이 필요했다. 세계관(*Weltanschauung*)이란 독일어의 최신 개념이 그 열쇠를 제공했다. 오어의 책이 말해 주듯 그의 목표는 **하나님과 세상에 대한 기독교적 관점**을 체계적으로 제시하는 것이었다.

더 나아가 오어에 따르면 실재에 관한 기독교적 관념은 하나의 초점을 지닌다. 즉 그것은 예수 그리스도라는 인격체에 기반을 두고 있다. "**성육신에 초점을 맞춘**"이라는 책 제목의 부제는 이 점을 가리킨다. 세계관 전체가 역사적, 정통적 기독론과 결합되어 있다. 성경에서 그리는 예수를 믿는 것에는 거기에 덧붙여진 수많은 신념이 포함되며 이는 사물을 보는 전반적 관점을 형성한다. "온 마음을 다해 예수를 하나님의 아들로 믿는 사람은 거기에 더해지는 훨씬 더 많은 신념에 헌신한다. 그는 기독교 안에서만 발견되는 하나님에 대한 관점, 인간에 대한 관점, 죄에 대한 관점, 구속에 대한 관점, 인간의 운명에 대한 관점에 헌신한다. 이것은 순전히 철학적이거나 과학적인 관점에서 만들어진 이론과 두드러진 대조를 이루는 하나의 '세계관'(*Weltanschauung*), 즉 '기독교적 세계관'을 형성한다."[12]

오어는 예수께서 우주에 관한 특정한 관념, 즉 구약에 기초하며 자신 안에서 성취되었고 동시대의 인본주의적 관점과 전적으로 구별되는 우주관을 고수하셨다고 정확히 주장한다. 예수 그리스도에 대한 성경적 신앙은 논리적으로 그분의 세계관(*Weltanschauung*)에 대한 헌신을 포함한다. 따라서 이 스코틀랜드 신학자에게 기독교는 그리스도 중심적 세계관이었다. 그는 이 세계관이 절정에 이른 근대성의 도전 때문에 불가피해진, 신앙에 대한 혁명적이며 변증적으로 적합한 접근 방식이라고 생각했다.

기독교가 하나의 전반적 세계관이란 자신의 주장을 뒷받침하기 위해 오어는 계속해서 세계관(*Weltanschauung*)이란 개념의 역사를 자세히 살펴본다. 처음에 이 개념과 단어는 어디에서 왔을까? 이 물음에 답하기 위해 오어는 임마누엘 칸트와 그가 제시한 세계 개념(*Weltbegriff*)에서 이 용어의 기원을 찾는다. 이 용어는 순수 이성이 인간 경험 전체를 세계 전체, 즉 *Weltganz*의 통일성으로 묶어 낸다는 생각을 담는다. 1장에 부치는 "노트 A"(Note A)에서 오어는 역사적 연구를 계속 이어가면서 칸트가(피히테와 셸링 역시도) 세계관(*Weltanschauung*)을 자주 사용하지는 않지만, 그가 철학에서 코페르니쿠스적 전환(주관을 대상에 일치시킴으로써 대상을 객관적으로 인식할 수 있다는 전통적 형이상학의 주장에 반대해, 오히려 주관의 선험적 형식이 대상을 인식할 수 있게 한다는 칸트의 주장-역주)을 이뤄냄으로써 이 용어가 사용될 수 있는 추진력을 제공했으며 세계가 돌고 있는 중심인 인간의 정신에 초점을 맞추게 했다고 지적한다. 헤겔 역시 한 사람의 종교나 철학적 지식과 그의 세계관(*Weltanschauung*)과의 관계를 탐구하면서 이 용어를 사용했다. 19세기 중엽부터는 이 용어가 실재를 설명하는 다양한 대안들인 유신론적, 무신론적, 범신론적 세계관 등을 뜻하는 말로 자주 사용되기 시작했다.[13] 그 결과 오어는 "지난 이삼십 년 사이에 이 단어(*Weltanschauung*)가 종교와 철학의 심오한 질문을 다루는 모든 종류의 책에 매우 자주 사용되고 있으며, 이제는 필수불가결한 용어가 되었다"고 자신 있게 주장할 수 있었다.[14] 그런 다음 그는 역사적, 이론적으로 세계관(*Weltanschauung*)을 다룬 독일어 저작들을 열거함으로써 (또한, 사람들이 이 용어에 별로 주목하지 않는다는 사실에 놀라워하면서) 이 용어의 역사에 대한 간략한 서술을 마무리한다. 여기서 그는 알브레히트 리츨(Albrecht Ritschl)의 신학 안에서 이 용어의 역할을 특별히 언급하기도 한다.

오어는, 이 용어가 최근에 사용되기 시작했지만, 세계관의 존재는 인간의 사고 자체만큼이나 오래된 것이라고 믿는다. 정교함의 정도에는 차이가 있지만, 역사상의 모든 종교와 철학에서 세계관을 찾아볼 수 있다. 우주와 신들의 기원에 관한 고대의 설명 속에는 조야한 수준의 세계관이 자리 잡고 있다. 소크라테스에 이전 철학에 이르러 더 세련된 형태의 세계관이 등장한다. 《사물의 본성에 관하여》(*De rerum natura*, 아카넷 역간)에서 루크레티우스(Lucretius)는 이런 자연주의 세계관을 계승한다. 또한 콩트(Comte)의 인류교는 "지식과 행동이 결합되어 있으며 단일한 인생관으로 체계화된" 동시대적 세계관(*Weltanschauung*)의 좋은 예다.[15]

하지만 오어는 더 깊이 파고든다. 그는 세계관을 형성하게 한 원인이 무엇인지 묻는다. 그는 이 물음에 대한 답은 인간의 본성과 생각하고 행동하는 타고난 능력 안에 깊이 자리 잡고 있다고 생각한다. **이론적으**

로 인간 정신은 단편적 지식에 만족하지 않고 실재에 대한 온전한 이해를 추구한다. 세계관은 사실과 법칙, 일반화, 궁극적 물음에 대한 대답을 하나로 묶어내 우주에 대한 통일된 이해를 얻고자 하는 정신의 열망 때문에 만들어진다. 우주를 정의하기를 거부하는 불가지론자의 태도 이면에도 실재에 대한 통일된 이론, 혹은 오어가 "무의식적 형이상학"이라고 부른 것이 숨어 있다.[16] **실천적으로** 인간은 천성적으로 삶에 관한 '왜, 어디에서, 어디로'라는 물음에 대한 답을 찾고 싶어 한다. 세계관은 사람들을 그들 주변의 세상에 대해, 삶의 궁극적 문제에 대해 정향하는 틀을 찾고자 하는 정신의 노력에 의해 만들어진다. 이런 실존적 추구의 탐색에 대한 불가지론적, 자연주의적 응답은 각각 허무주의와 전통적인 도덕적, 사회적 책임을 위한 기초의 제거에서 절정에 이른다. 오어에 따르면, 그럼에도 세계관은 세상에 관해 생각하고 그 안에서 행동해야 하는 인간의 성향에 근거한 불가피한 실체다.[17]

오어는 경험에 근거해 형이상학을 혐오하는 19세기 말의 분위기에도 불구하고 "체계로서 세계나 우주에 대한 일반적 이론을 형성하고자 하는 경향"이 자신의 시대만큼 "강하던 때가 없었다"고 주장한다.[18] 이는 인간 본성의 변치 않는 특징 때문이기도 하고 우주 안에 충만한 통일성의 놀라운 과학적 발견 때문이기도 하다. "따라서 우리는 모든 곳에서 보편적 관점을 얻어내고자 하는 노력을 확인할 수 있다."[19]

하지만 오어는 이런 철학적 성찰과 기독교의 전통적 관점 사이에 존재하는 긴장을 느꼈다. 신앙은 이런 정교한 이론화와 사변적 질문과 무슨 관계가 있을까? 그는 이것이 학문 체계도 아니고 철학 자체도 아님을(이 둘 안에 담긴 진리와 조화를 이루기는 하지만) 깨달았다. 오히려 이것은 신적 계시에 기초해 구원을 다루는 역사적 종교다. 이런 강조에도 불구하고 기독교와 앞에 열거한 주제들 사이의 접촉점은 다른 종교나 철학과 마찬가지로 기독교가 **그 자체의 특수한 세계관을 지니고 있다**는 점이라고 오어는 믿는다. 그러나 실재에 관한 기독교의 해석은 인격적이며 거룩하고 자기를 계시하시는 하나님과 구속의 교리에 기초한다. 세계관(*Weltanschauung*)으로서 기독교는 삶의 세부사항과 목적을 유신론적으로 설명하고 만물을 질서 잡힌 전체 속으로 통합시킨다. "모든 종교가 그렇듯이 기독교는 기독교라는 종교가 존재하는 이유에 대한 고유의 해석을 내놓아야 한다. 또한 자연적, 도덕적 질서를 고찰하고 설명하는 그 나름의 방식이 있어야 하며, 세계의 목적, 즉 느리고 고통스러운 수고를 통해 '피조물 전체가 그것을 향해 움직이는, 먼 훗날 하나님이 일으키실 사건'에 대한 나름의 관념을 제시한다. 기독교는 궁극적 원리, 즉 하나님을 준거로 자연적 세계와 도덕적 세계를 최고의 통일성 안에 결합하기 때문에 하나의 '세계관'을 포함한다."[20]

조금 지나서 오어는 《기독교적 관점》(*The Christian View*)의 전반적 목적을 설명하며, 이 과정에 통일된 세계관이 기독교에서 필수불가결한 요소임을 설명한다.

> 특징과 일관성, 고유의 통일성을 지닌 기독교적 관점이 있으며, 그것은 그들에게 대항하는 이론과 추측과는 선명한 대조를 이룬다. … 이 세계관은 이성과 실재에 영향을 받고, 역사와 경험이라는 심판대 앞에서 자신을 충분히 정당화할 수 있다. 나는 사물에 대한 기독교적 관점이 침해될 수 없고, 단편적으로 수용되거나 거부될 수 없는 논리적 총체를 이룬다는 것을 증명하기 위해 노력할 것이다. 또한 그 통일성 안에서 서거나 무너질 뿐, 전적으로 다른 토대 위에 서 있는 이론과의 결합이나 타협을 시도하면 고통을 당할 뿐임을 보여주

기 위해 노력할 것이다.[21]

오어는 기독교를 세계관(*Weltanschauung*)으로 접근할 때의 몇 가지 이점을 열거한다.

첫째, 이 전략은 기독교와 철저한 반초자연주의에 의해 통합된 근대적 우주론들 사이의 차이를 두드러지게 드러낸다.[22]

둘째, 세계관 사유는 기적에 관한 논쟁의 틀을 바꾼다. 이 논의는 특정한 기적 사건이나 초자연적 현상에 관한 문제가 아니다. 오히려 초자연적 종교로서의 기독교의 본질에 관한 문제이며, 우주를 자연주의로 이해해야 하는가 유신론으로 이해해야 하는가에 관한 문제다. 다시 말해서, 기적에 관한 논쟁은 궁극적으로 그 기초를 이루는 세계관에 관한 논쟁이다.

셋째, 세계관 사유는 반대 관점에 대한 기독교의 접근 방식을 바꾸어 놓는다. 다른 철학과 종교에서 발견된 진리에 놀라거나 이를 전적으로 부인할 필요가 없다. 하나님의 섭리 때문에 그런 진리가 거기에 있는 것이다. 그 진리와 화해를 이루기 위해 기독교에 수정을 가할 필요도 없다. 그 대신 기독교는 다른 전망이 지닌 참된 통찰이 비록 그 본래의 원천으로부터 단절되어 있기는 하지만 소중히 여긴다. 기독교 세계관(*Weltanschauung*)은 모든 진리를 그리스도와 통합하고 다시 연합해 살아 있는 총체로 만드는 더 심오한 체계다.

그리고 마지막으로, 세계관은 구약과 신약을 하나로 묶어낸다. 기독교는 전적으로 새로운 것이 아니며, 구약의 풍성하고 구체적이며 독특한 관점에 의존하고 그것을 완성한다.[23] 따라서 기독교는 유일신론과 명확성, 통일성, 도덕적 성격, 목적론 때문에 다른 모든 종교와 구별되며,

오직 신적 계시에 기초해서만 설명할 수 있는 완전한 인생관을 확립한다.[24] 오어에게 이런 것들은 기독교를 하나의 총체적 세계관으로 이해할 때 얻을 수 있는 다양한 이점들이다.

하지만 오어의 기획에 대한 잠재적 비판자들이 있었고, 그들은 주로 두 가지 반론을 제기했다.

첫째는 감정의 신학을 옹호하고 종교를 마음의 상태와 정서와 동일시하는 이들(특히 프리드리히 슐라이어마허와 그를 따르는 이들)이다. 따라서 그들은 영성에서 인지적 요소를 완전히 제거하고, 지적인 기독교 세계관(*Weltanschauung*) 같은 것이 존재함을 부인한다. 이런 반대에 대해 오어는 자세한 답변을 제시한다. 요약하면, 그는 이런 입장이 몇 가지 거짓 전제에 기초하고 있으며, 종교의 본질 자체를 오해하고 있다고 주장한다.[25] 오어는 종교적 삶, 특히 교리에 대한 강조라는 독특한 성격을 지닌 기독교의 종교적 삶에 꼭 필요한 관념적 요소를 강조한다. 따라서 그는 "강력하고 안정적인 종교적 삶은 지적 확신이란 토대 위에서만 세워질 수 있다. 그러므로 기독교에서는 마음뿐 아니라 지성도 다룬다"고 주장한다.[26] 그러므로 감정의 신학은 설득력 있는 기독교 세계관을 만들고자 하는 기획을 결코 무너뜨릴 수 없다.

둘째, 오어는 성경에 기초한 세계관의 존재를 부인하면서도 종교적 세계관과 이론적 세계관 사이를 명확히 구별하는 대륙 신학의 전통, 특히 알브레히트 리츨 학파를 반박한다. 칸트주의에 뿌리를 내린 이들은 지식의 영적 영역과 객관적 학문의 영역을 구분하고, 인격적 가치에서 실증적 사실을 분리해 낸다. 이런 이분법에 기초해 모든 기독교 세계관은 자동으로 주관성과 실천성의 범주로 분류되며, 인식론적으로 신뢰할 만한 것이 될 자격을 잃는다. 오어는 종교적 지식과 이론적 지식이 엄밀히 말해 동일한 것은 아니며, 목적과 본질, 대상의 차이도 매우 중요하다는 점을 인정한다. 그러나 그는 이런 인식론적 이원론을 반박하면서 진리에 대한 통전적 관점과 인간 정신의 통일된 작용을 옹호한다. 탁월한 아우구스티누스주의의 방식으로 신앙과 이성을 다시 연합하며, "신앙은 지식, 즉 그 내용에 대한 반성적이며 학문적 이해를 추구하지 않을 수 없다"[27]고 주장한 오어는 기독교 세계관을 구성하는 과정에 대한 지적 신뢰성을 회복시킨다. 그는 "그러므로 나는 기독교 '세계관'(*Weltanschauung*)에 관해 말하는 것이 정당하며, 우리는 그것과 이론적 지식의 관계에 대해 연구하는 것을 금지당하지 않는다고 결론내린다"[28]고 말한다.

몇몇 호의적이지 않은 비판자들, 특히 그의 동료 학자들은 오어의 신학적 공헌이 미미하다고 선언해 왔다.[29] 이것 자체가 미심쩍은 판단이다. 그러나 적어도 한 가지 측면[세계관(*Weltanschauung*)과 기독교를 연관시키고자 하는 노력]에서 그의 공헌은 지속적인 가치를 지니고 있다. 패커(J. I. Packer)가 주장했듯이, 《기독교적 관점》은 "영국에서 다양한 근대주의자들에 맞서 기독교 세계관과 인생관을 본격적으로 제시하고자 했던 첫 번째 시도"였다.[30] 기독교 신앙은 내적 통합성과 합리적 일관성, 경험적 신빙성, 실존적 힘이라는 특징을 가진 성경적 진리의 진정성을 스스로 입증하는 그리스도 중심적 체계로 이해될 수 있다. 이 사실을 보여주었다는 것이 그의 가장 특별한 공헌 중 하나다. 그 시대의 경향을 읽고 있었기에 오어는 기독교 세계관(*Weltanschauung*)이 교회와 서양 세계의 영혼을 두고 근대적 자연주의와 우주적인 차원의 영적, 지적 전투를 벌이고 있음을 알았다. 이 모든 것을 결정하게 될 이 문화 전쟁에서 진전을 이루고자 한다면 반드시 기독교를 실재의 모든 양상을 아우르는 포괄적인 신념 체계로 제시해야만 했다. 그는 일종의 대중주의자로서 하나님의 백성에게 자신들의 세계관의 위엄을 인식하고, 그것의 언약적 요구에 부응해 신실하게 살고, 인류의 유익과 하나님의 영광을 위해 그것을 온전히 선포하라고 촉구했다. 오어는 '세계관적' 신학자였으며, 역사적 정통주의와의 연속성 안에서 포괄적이며 체계적인 세계관으로서의 기독교라는 유산을 복음주의권에 물려주었다.

고든 클락과 칼 헨리

고든 클락(Gordon H. Clark)과 칼 헨리(Carl F. H. Henry)는 오어의 세계관을 직접 상속한 것처럼 보인다. 개신교 복음주의 관점에서 글을 쓰는 전문 철학자였던 고든 클락(1902~1986)은 그의 전성기에 "기독교 성경과 조화를 이루는 기독교 세계관(*Weltanschauung*)을 발전시키기 위해 노력한 20세기 미국 철학자들의 좌장"으로 인식되었다.[31] 가장 잘 알려진 그의 저서, 《인간과 사물에 대한 기독교적 관점》(*A Christian View of Men and Things*)은 제목부터 오어의 작업과의 연속성을 시사한다.[32] 서론에서 클락은 이전 시대에 이 스코틀랜드 신학자의 책이 널리 읽혔음을 인정한다. 하지만 제목이나 이런 인정보다 더 중요한 것은 자신에 앞서 오어가 그랬듯이 클락도 자연주의가 실재에 대한 총체적 설명으로서 근대정신을 포위하고 있음을 인식했다는 사실이다. 기독교가 이런 도전에 성공적으로 맞서고자 한다면, 기독교를 포괄적인 차원에서 설명하고 방어해야만 했다. 단편적 접근 방식만으로는 부족하다. 클락은 오어의 접근 방식을 반향하는 언어로 자신의 전략을 설명한다.

> 그러므로 기독교는 만물에 대한 포괄적 관점을 지니고 있으며, 더 나아가 기독교 자체가 그런 관점이라고 말할 수도 있다. 기독교는 세계, 즉 물질적 세계와 영적 세계를 모두 질서 잡힌 체계 안으로 이끈다. 따라서 다른 철학자들의 반대에 맞서 기독교를 방어하고자 할 때 단 하나의 적합한 방법은 종합적

인 방법이다. 특정한 논점을 방어하는 것도 대단히 중요하지만, 이런 개별적인 방어로는 불충분하다. 이런 세부 사항에 더해 그것이 전체와 어떻게 조화를 이루는가를 보여 주는 큰 그림도 필요하다.[33]

클락은 자신의 책에서 이 큰 그림을 제시하며, 역사와 정치, 윤리, 과학, 종교, 인식론 분야에서 당대의 논의를 분석하고 각각에 대한 기독교적 관점을 제시한다. 그는 가장 포괄적이며 일관되고 의미 있는 철학 체계를 선택하고 지지해야 한다고 확신했다. 그가 말했듯이, "우리는 가장 전도유망한 제일 원리를 선택해야만 한다. 우리가 그런 선택을 할 권리를 누가 부인할 수 있겠는가?"[34] 클락에게 기독교는 분명하고 논리적인 선택이었다.

오어의 세계관 전통은 칼 헨리(1913~2003)에게도 영향을 주었다. 그는 학생 시절 오어의 책을 읽고 나서 신앙을 총체적 "세계관과 인생관"으로 이해하고 방어하는 것에 매혹되었다.[35] 헨리는 자서전에서 "나에게 기독교적 맥락에서 실재와 삶에 대한 강력하고도 포괄적인 관점을 제공한 책은 휘튼대학에서 졸업반을 위한 유신론 과목의 교과서로 사용된 제임스 오어의 역작 《하나님과 세계에 대한 기독교적 관점》이었다"라고 회고한다.[36] 헨리를 통해 전문 신학자들과 복음주의 대중 사이에서 세계관 사상 전반과 특히 기독교 세계관이 널리 알려졌다. "그는 언제나 큰 그림을 강조했다"고 케네스 캔처(Kenneth Kantzer)는 말한다. "무엇보다도 그는 총체적인 기독교 세계관과 인생관에 대해 분명하고 효과적으로, 일관되고 종합적으로 사고하려고 노력했다."[37] 따라서 헨리는 그의 걸출한 작품인 《신, 계시, 권위》(*God, Revelation, and Authority*)에서 세계관이란 틀을 중심으로 논의를 전개한다. 또한 그는 같은 주제를 다룬 더 대중적인 책도 여러 권 저술했다.[38] 이런 저작에서 그는 현대 문화에 점증하는 이교화를 저지하기 위해 삶의 모든 범위를 아우르는 기독교적 관점의 부활을 주장한다. 1998년까지도 헨리는 수많은 비판자에 맞서 기독교 세계관 개념을 옹호했다.[39] 흔히 현대 미국 복음주의 신학자들의 좌장으로 인정받는 헨리는 완전한 세계관과 인생관으로서의 기독교를 주장하는 데 큰 영향력을 행사했다.

이처럼 기독교를 포괄적이며 체계적인 세계관(*Weltanschauung*)으로 이해하고자 하는 노력은 스코틀랜드의 위대한 장로교 신학자 제임스 오어의 삶과 사상에서 기원했다. 세계관 사상은 이 수원지에서 철학자 고든 클락과 신학자 칼 헨리의 저서를 통해 북미 복음주의 주류로 꾸준히 흘러들어 왔다. 한편 오어의 시대에 유럽 대륙에서도 점차 저명해지고 있던 네덜란드의 교회 지도자이자 정치인에 의해 비슷한 주장이 전개되고 있었다. 그는 기독교 세계관 사상이 현대 복음주의 교회에 전해진 두 번째 주요한 지적 관문이었다.

아브라함 카이퍼

적들에게는 "열 개의 머리와 백 개의 손을 가진 적수"로, 친구들에게는 "하나님이 우리 시대에 주신 선물"로 불렸던[40] 아브라함 카이퍼(1837~1920)는 진정한 르네상스인이었고, 지적으로도 실천적으로도 천재적인 인물이었다. 모세와 같은 활력을 지닌 저명한 언론인이자 정치가, 교육가, 신학자였던 그는 특히 1880년에 암스테르담자유대학교(Free University of Amsterdam)를 설립하고 1901년부터 1905년까지 네덜란드 총리를 지낸 것으로 유명하다. 그의 주목할 공헌으로는 실재와 삶, 사상, 문화의 모든 양상에 대한 성경적 하나님의 주권에 초점을 맞춘 개신교 종교개혁자들(일차적으로는 칼뱅)의 신학에서 유래한 강력한 영적 전망을 꼽을 수 있다. 그가 자유대학교 봉헌식에서 행한 취임 연설의 절정부에서 부르짖었듯이 "인간 실존의 모든 영역에서 **만물**의 주재이신 그리스도께서 '내 것!'이라고 외치지 않는 것은 하나도 없다."[41] 카이퍼는 이 신학적 원리에서 자신의 삶을 다 바쳐 이루고자 했던 목표, 즉 네덜란드 교회와 국가의 갱신에 대한 영감을 얻었다. 그는 자주 인용되는 구절에서 그 목표를 이렇게 묘사했다.

> 하나의 갈망이 내 삶의 열정을 지배해왔다. 하나의 고귀한 동기가 내 정신과 영혼에 박차를 가해왔다. 그리고 이것이 나에게 부과하는 거룩한 필연성에서 도피하려는 마음을 품기 전에 내 목숨이 끝나기를! 그 갈망은 바로 이것이다.

> 세상의 모든 반대에도 불구하고 하나님의 거룩한 규례가 사람들의 유익을 위해 다시 한번 가정과 학교, 국가 안에 세워지는 것이다. 즉 이 나라의 양심 안에 성경과 피조물이 증언하는 주의 규례가 새겨져서 마침내 이 나라가 다시 하나님께 영광을 돌리는 것이다.[42]

이것은 후에 '카이퍼주의'로 알려지는 전통의 특징이며, 세계관 개념은 그가 신앙에 대한 이러한 포괄적 전망을 표현하기 위해 사용하는 도구가 되었다. 시간이 지나면서 카이퍼는 하나님에 대한 순종과 불순종 모두가 삶에 대한 특정한 신념이나 형태, 즉 세계관과 같지는 않더라도 밀접하게 결합되어 있음을 깨달았다. 우상 숭배와 종교적 반항으로 특징지어지는 비기독교적 세계관이 삶의 모든 영역에 걸쳐 작동한다면, 마찬가지로 기독교 역시 하나님을 예배하고 모든 것에서 그분의 뜻에 순종하게 하는, 실재에 대한 포괄적 전망으로 제시되어야 한다.[43] 카이퍼가 최고의 권력을 누렸을 때, 그는 바로 그런 기회, 즉 자신이 사랑하는 칼뱅주의가 단순한 교회 조직이나 교조적 종교가 아니라 모든 것을 아우르는 세계관(*Weltanschauung*)임을 논증할 기회를 얻었다. 1898년에 그는 프린스턴대학교의 유명한 스톤 강연(Stone Lectures)에 초대를 받았다. 이 강연과 강연 내용을 담은 책 《칼뱅주의 강연》(*Lectures on Calvinism*)은 복음주의 개신교인들이 기독교를 세계관으로 이해하고자 할 때 두 번째로 영향력이 큰 자료가 되었다.[44]

최근 카이퍼 학자들의 공통된 의견에 따르면, 이 네덜란드의 박식한 학자는 생애 초기부터 세계관 개념을 알고 있었으며 심지어 가끔 이 단어를 사용하기도 했다. 그런데 프린스턴에서 이 저명한 강연에 초대를 받고 나서야 비로소 이 개념을 신중하게 정의하고 칼뱅주의적으로 사용하기 시작했다. 피터 헤슬람(Peter Heslam)의 주장이 옳다면, 카이퍼가 출간된 지 얼마 되지 않았던 제임스 오어의 책 《하나님과 세계에 대한 기독교적 관점》을 읽었던 것이 전환점이 되었으며, 그로 인해 세계관(*Weltanschauung*)을 명확히 깨닫고 강연 전체의 초점을 완전한 신념 체계로서의 칼뱅주의에 맞추었다.[45] 실제로 세계관에 관한 두 사상가 사이에는 두드러진 유사성이 존재하며, 이 주제에 관해 카이퍼가 오어의 사상을 적지 않게 원용한 것으로 보인다.[46] 아래에서는 카이퍼의 첫 번째 스톤 강연 "삶과 체계로서의 칼뱅주의"(Calvinism as a Life–System)를 살펴봄으로써 이 주제에 관한 그의 기본 사상을 간략히 소개하고자 한다. 이 강연을 기점으로 세계관(*Weltanschauung*) 개념은 그의 사상과 저술에서 항구적 구성요소가 되었다.[47]

카이퍼는 먼저 유럽과 북미가 공유하는 공통의 문화적, 종교적 유산을 강조한다. 하지만 그가 지적하듯이, 두 대륙에서 존경을 받던 기독교 전통에 맞서, 특히 프랑스 대혁명과 다윈주의 진화론, 독일 범신론의 악한 영향력을 통해 "근대주의라는 폭풍이 맹렬하게 일어났다." 자신보다 먼저 오어가 그랬듯이, 카이퍼는 유럽과 북미에서 현재의 문화적 상황이 그가 "삶의 체계"라고 불렀던 두 대립하는 세계관 사이의 사활을 건 투쟁으로 규정되고 있다고 이해한다. "이 두 **삶의 체계**는 서로 사투를 벌이고 있다. 근대주의는 자연적 인간의 자료로부터 그 나름의 세계를 구축하고 자연의 자료로부터 인간을 구성하려고 한다. 반면에 그리스도께 무릎을 꿇고 그분을 살아 계신 하나님의 아들로, 곧 하나님으로 예배하는 모든 이들은 '기독교 유산'을 구하는 데 전념한다. 이것이 유럽 내의 투쟁이고, 북미 내의 투쟁이다."[48]

카이퍼는 서양 세계의 영혼을 차지하기 위해 벌이는 이 중요한 투쟁에서 전통적 변증학의 역할을 비관적으로 바라본다. 그는 신앙을 방어하는 그런 접근 방식은 기독교의 대의를 "단 한 발짝도" 진전시키지 못한다고 지적하며, 그의 책 뒷부분에서는 건물 전체가 기초부터 흔들리고 있는데 비뚤어진 창틀을 바로잡으려고 노력하는 사람에 빗대어 그런 접근 방식이 "쓸모없다"라고 말한다.[49] 다시 말해서 변증가들은 더 근본적이며 광범위한 문제에 전념해야 하며, 이것이 바로 카이퍼가 하고자 한 일이다. 따라서 오어가 자신의 강연에서 제안했듯이, 카이퍼는 단편적인 변증 방식을 포괄적인 기독교 세계관(*Weltanschauung*)으로 발전시켜 모든 것을 아우르는 근대주의와 맞서는 전략으로 대체해야 한다고 주장한다. "명예롭게 승리의 희망을 품고 이 싸움을 싸우고자 한다면, **원리**에 맞서 **원리**를 제시해야 한다. 우리는 근대주의 안에 모든 것을 아우르는 **삶의 체계**가 지닌 거대한 힘이 우리를 공격한다고 생각해야만 한다. 또한, 우리가 똑같이 포괄적이며 광범위한 힘을 지닌 삶의 체계 안에 든든히 서 있어야 함을 깨달아야 한다. 그리고 이 강력한 삶의 체계를 우리 자신이 고안하거나 공식화해서는 안 되며 역사 안에 드러난 대로 받아들이고 적용해야 한다."[50]

마지막 강연인 "칼뱅주의와 미래"(Calvinism and the Future)에서 카이퍼는 이 점을 훨씬 더 명확하고 강력히 재진술한다.

> 모든 나무가 뿌리를 가지고 있는 것과 마찬가지로, 모든 삶의 표현 아래에는 하나의 원리가 숨어 있다. 이 원리들은 서로 연결되어 있으며, 하나의 근본 원리 안에 공통된 뿌리를 내리고 있다. 그리고 이 근본 원리로부터 우리의 인생관과 세계관을 구성하는 지배적 사상과 개념의 총체적 복합체가 논리적, 체계적으로 만들어진다. 그 원리에 확고하게 기반을 두고 그 웅장한 구조 안에서

> 정합성을 유지하는 통일된 세계관과 인생관을 지닌 근대주의가 이제 기독교와 맞서고 있다. 그리고 이 치명적인 위험에 맞서고자 할 때 그리스도인인 여러분은 이 모든 것에 대항해 여러분 자신의 원리에 기초해 확고하게 세워지고 똑같은 명확성과 동일한 논리적 정합성을 갖춘, 여러분 자신의 인생관과 세계관을 제시하지 않고서는 여러분의 예배당을 제대로 지켜낼 수 없을 것이다.[51]

물론 카이퍼는 근대성의 세력에 맞서는 전쟁을 시작하기에 적합한 유일한 기독교의 표현을 모호한 형태의 개신교에서 찾으려고 해서는 안 된다고 생각했다. "우리는 기독교의 원리에 대한 이러한 표현을 칼뱅주의 안에서 찾을" 수 있다. 그에 따르면 칼뱅주의는 다른 어떤 전통보다 더 일관되고 효과적인 종교개혁 신학을 발전시켜 왔다.[52] 하지만 카이퍼는 분파적, 신조적(confessional), 교파적 의미에서 이렇게 주장하는 것이 아니다. 학문적 용어로서 교회뿐 아니라 사상과 삶의 전 영역에 대해 그것이 지닌 함의를 밝히고자 하는 것이다. 따라서 그는 칼뱅주의를 총체적인 삶의 체계로 제시하고(강연 1), 종교와 정치, 과학, 예술의 영역에서 그 함의를 밝히고(강연 2~5), 그것이 미래 세계에서 해야 할 역할을 제안한다(강연 6). 이런 방식으로 이해하고 진술한다면 칼뱅주의 기독교는 이교주의와 이슬람, 로마 가톨릭, 근대주의를 비롯한 인간 사상의 다른 위대한 체계와 어깨를 나란히 할 수 있으며, 문화 패권을 놓고 벌이는 영적, 지적 전쟁에서 효과적으로 싸울 수 있을 것이다.[53]

물론 카이퍼는 칼뱅주의가 단지 한 교회의 관점이나 종교적 전통에 그치지 않고 하나의 세계관이라는 자신의 주장을 입증하고 싶었다. 이를 위해 그는 세계관의 본질에 관한 몇 가지 이론적 성찰을 제시한다. 그는 인간 실존의 세 가지 일차적 관계, 즉 하나님과 인간, 세계와의 관계에 대한 통찰을 제공함으로써 칼뱅주의가 다른 신뢰할 만한 신념 체계들처럼 모든 세계관(*Weltanschauung*)이 충족해야 하는 조건들을 충족할 수 있음을 논증한다. 카이퍼는 각 영역에 대한 칼뱅주의적 관점을 상술하고, 칼뱅주의의 입장을 철학적, 종교적 경쟁자들의 입장과 대조하고, 다음과 같은 간결한 요약을 통해 자신의 결론을 제시한다.

> **하나님에 대한** 우리의 관계: 목회자나 교회와 독립적으로, 영원하신 분과 인간의 직접적 사귐.
>
> **인간에 대한** 인간의 관계: 인간으로서 각 사람이 지닌 가치의 인정. 하나님의 형상을 따라 창조되었기에 각 사람은 가치를 지니고 있고, 따라서 하나님과 행정관 앞에서 모든 사람이 평등함.
>
> **세계에 대한** 우리의 관계: 온 세상에서 은총에 의해 저주가 억제되고 있으며, 세계의 삶에 관해 그 독립성을 존중해야 하고, 우리는 모든 영역에서 하나님이 자연과 인간의 삶 속에 숨겨두신 보물을 발견하고 그 잠재력을 계발해야 한다고 인정함.[54]

모든 세계관은 이 관계들에 대해 각각의 설득력 있는 입장을 제시해야 한다. 칼뱅주의 역시 그래야 한다. 카이퍼는 칼뱅주의가 그런 입장을 성공적으로 제시하기 때문에 기독교는 "잘 정의된 원리와 모든 것을 아우르는 삶의 체계를 보유하고 있다고 영광스럽게 주장할" 수 있다고 오어가 그랬듯이 단언한다.[55]

근대성이라는 삶의 체계와 기독교라는 삶의 체계 사이의 경쟁은 카이퍼가 자신의 강연에서 다룬 모든 사회적, 문화적 영역에서 나타나고 있다. 그러나 이 경쟁 관계는 과학 분야에서, 즉 일반적으로 독일인들이 학문(*Wissenschaft*)이라고 부르는 이론화의 영역에서, 구체적으로는 생명의 기원에 관한 논쟁에서 특히 첨예하게 나타난다. 그는 문화 전쟁의 이 양상이 종교와 과학 자체의 싸움이 아니라 과학적 연구에 대한 두 가지 구별되는 접근 방식의 기초를 이루는 두 경쟁하는 삶의 체계 사이의 싸움이라고 주장한다. 우주가 진화의 작용 때문에 그 다양한 잠재력이 실현되는 통상적인 상태에 있다고 주장하는 **정상론자들**(normalists)에 의해 대변되는 세계관이 있다(자연주의). 다른 한편으로는, 과거에 근본적인 장애가 발생했으며 본래의 목적에 맞게 회복시킬 수 있는, 되살리는 힘에 의해서만 그것을 치유할 수 있으므로 우주가 비정상 상태에 있다고 주장하는 **비정상론자**(abnoramalists)들에 의해 대변되는 세계관이 있다(유신론). 따라서 기원에 관한 논쟁은 엄밀히 말해 종교와 과학 사이의 논쟁이 아니라 각각 독특한 동기와 전제를 지닌 두 집단이 실제로 행하는 과학의 기초를 이루는 두 삶의 체계 사이의 논쟁이다.[56] 카이퍼의 말처럼 "정상론자와 비정상론자의 과학 사이의 차이는 다른 연구 결과가 아니라 한쪽의 **자의식**과 다른 쪽의 자의식을 구별시키는 부인할 수 없는 차이에 기초한다."[57]

또 다른 글에서 카이퍼는 기본적으로 두 부류의 사람이 있으므로 두 종류의 과학이 있다고 주장한다. 사람들 사이의 차이는 **중생**(palingenesis), 즉 영적 거듭남에 대해 그들이 어떤 관계를 맺는가에 따라 결정된다. 기독교 세계관을 지닌 거듭난 사람들은 대체로 유신론적 과학 해석을 만들어 내며, 비기독교적 세계관을 지닌 거듭나지 않은 사람들은 우상숭배적인 과학을 만들어 낸다. 카이퍼는 터무니없는 결론을 피하고자 자신의 입장을 정교하게 가다듬지만, 그럼에도 인간 의식의 내용을 근본적으로 바꾸어 놓으며 세계관을 재형성하는 **중생**의 경험에 의해 우주를 해석하고 과학을 추구하는 방식에 결정적 차이가 발생한다고 분명히 주장한다. 그는 개혁신학을 다룬 책에서 "대립"(antithesis)으로 잘 알려진 자신의 관점을 이렇게 요약한다.

> 그러므로 두 부류의 사람이 존재한다는 점은 아무리 강조해도 지나치지 않다. 두 부류 모두 인간이지만, 한 부류는 [**중생** 때문에] 다른 부류와 내면적으로 다르며, 따라서 자신의 의식으로부터 생겨나는 다른 내용을 느낀다. 따라서 두 부류는 다른 관점에서 우주를 마주하며, 다른 충동 때문에 움직인다. 그리고 두 부류의 **사람**이 있다는 사실은 필연적으로 두 종류의 인간 **삶**과 두 종류의 **과학**이 존재한다는 사실로 귀결된다. 그러므로 **과학의 일치**라는 관념을 절대적 의미로 받아들인다면 이 관념은 중생이란 사실을 부인함을 암시하며, 따라서 원칙적으로 기독교에 대한 거부로 이어진다.[58]

카이퍼에 따르면 과학이란 솔기 없는 옷은 과학에 대한 동질적 접근방식을 불가능하게 만드는 영적 거듭남의 경험으로 갈기갈기 찢어졌다. 과학적 이성이 모든 사람에게 동일한 것은 아니다. 그것은 과학자가 종교적으로 거듭났는가 그렇지 않은가에 따라 달라진다. 어떤 객관적이며 공유된 결론으로 귀결되는 중립적, 과학적 합리성이란 존재하지 않는다. 오히려 과학 이론은 과학자나 이론가의 종교적 배경과 철학적 지향 때문에 규정되는 하나의 기능이다.[59] 이처럼 기독교적이든 아니든 개별적 세계관들이 넓은 의미의 과학의 핵심을 이룬다. 과학의 가장 근본적인 전제를 확립하고 철학적, 종교적으로 다양한 과학자들 사이에서 빈번히 발생하는 갈등을 설명할 수 있는 요소는 다른 어떤 것보다도 세계관이다.

요약하자면, 아브라함 카이퍼는 복음주의 교회에 칼뱅주의적 기독교 세계관이라는 유산을 물려주었다. 이것은 창조, 타락, 구속이라는 핵심 관념에 초점을 맞추는 신앙에 대한 풍성한 설명이고 다음과 같은 중요한 몇 가지 주제에 관한 특징을 보여 준다. 첫째는 하나님의 구속의 "은총이 자연을 회복한다"라는 사상이다. 즉 예수 그리스도께서 성취하신 구원은 그 범위가 우주적이며 피조물 안의 모든 것을 그 본래의 목적에 맞게 갱신한다. 둘째는 하나님이 주권적이시며 그분의 율법과 말씀으로 우주와 그 안에 있는 삶의 모든 양상에 질서를 부여하시고("영역 주권"), 따라서 각각에 대해 특수한 정체성을 부여하고 피조물의 놀라운 다양성을 보존하며 한 실존의 영역이 다른 영역에 대해 그분의 주권을 찬탈하는 것을 방지하신다는 주장이다. 셋째는 하나님의 영광과 인류의 유익을 위해 하나님이 역사 안에서 피조물의 점진적 발전을 인간의 근본 책무로 삼으셨음을 보여주는 창세기 첫 장들에 기록된 "문화 명령"에 대한 전폭적 긍정이다. 마지막으로 영적 "대립"이란 개념이 있다. 즉 인류는 예수 그리스도의 구속과 그분의 왕 되심을 인정하는 그리스도인들과 이를 인정하지 않는 비그리스도인으로 분명히 나뉜다. 이런 차이는 인간 실존의 모든 영역에서 삶의 지향에 관한 함의를 지닌다. 따라서 인간 사상과 문화의 모든 영역의 변화와 발전을 포함하는, 영적으로 예민하며 통전적인 기독교 해석이 카이퍼의 전망의 핵심에 자리 잡고 있다.[60]

여기에 덧붙여 이 탁월한 네덜란드 신학자의 신칼뱅주의 세계관 전통의 두 측면을 간략히 요약할 필요가 있다. 첫째, 기독교를 하나의 완전한 세계관으로 이해하는 카이퍼의 접근 방식은 그에게 전통적 변증 전략에 대한 대안을 제공했다. 앞에서 언급했듯이, 그는 인간 정신이 진리의 문제에 관해 객관적으로 판단하는 능력을 갖추고 있다는 전제에 기초해 신앙의 개별 양상을 변호하려 하는 합리주의적, 증거주의적 접근 방식을 순진하다고 평가한다. 이것은 근본 전제가 먼저 이성과 증거를 이루는 것에 대한 정신의 지각에 영향력을 미친다는 것을 인식하는 방법에 따라 대체되어야 한다. 기초를 이루는 세계관이라는 더 근본적 차원에서 변증의 전투에 임해야 한다. 따라서 카이퍼는 신앙을 완전한 삶의 체계나 근본적인 해석 원리로 제시하는 것이 중요함을 강조했다. 우주의 기원과 의미에 관한 문제를 다루기 때문이다. 전통적 변증학에 대한 카이퍼의 비판과 세계관 접근 방식에 대한 그의 옹호는 오늘날까지도 계속되는 증거주의자와 전제주의자들 사이의 논쟁을 촉발시켰다.[61]

둘째, 앞서 논한 공헌을 다른 방향으로 확장하면서, 세계관 개념은 카이퍼에게 광범위한 의미에 과학적, 학문적 활동을 비판하는 장치를 제공했다. 카이퍼는 인간의 이성은 중립적으로 작동하지 않으며, 모든 사고와 행동을 조건 짓는 일군의 선행적 전제에 영향을 받으면서 작동한다는 것을 보여 주었다. 이런 깨달음은 학문의 중립성과 객관성이라는 근대적 이상에 대한 강력한 비판으로 이어졌다. 모든 이론화가 선험적인 신앙적 헌신으로부터 나온다는 것을 인정한다면, 이는 또한 기독교 사상가들이 유신론적 신념에 기초해 자신 있게 자신의 학문 활동을 수행할 수 있게 해 준다. 이런 통찰이 최근 다양한 분야에서 기독교 학문의 부흥을 만들어 내는 데 중대한 영향을 미쳤음은 아무리 강조해도 지나치지 않다.[62] 따라서 조지 마스든(George Marsden)은 "복음주의 [학문] 공동체 안에서 느슨하게 카이퍼주의적 전제주의라고 부를 수 있는 접근 방식이 승리했다(혹은 거의 승리했다)"고 신중하게 말한다.[63] 그러므로 세계관 변증, 그리고 이론형성에 대한 전제주의적 비판은 카이퍼 세계관(*Weltanschauung*) 유산의 두 가지 추가적 양상을 이룬다.

세계관 관점에 입각한 칼뱅주의 기독교에 대한 이런 관념을 카이퍼의 후예들(네덜란드 신칼뱅주의자 혹은 카이퍼주의자들)이 계승해 다음 세대에 전해 주었다. 결국, 이것은 그들과 더불어 대서양 건너편으로 전해져서 북미 이민 공동체를 이룬 그들 사이에서 중요한 주제가 되었다. 미시간주 그랜드 래피즈의 캘빈대학(Calvin College)과 캐나다 온타리오주 토론토의 기독교학문연구소(ICS, Institute for Christian Studies)는 카이퍼주의적 이상과 세계관 사유가 번성해온 곳으로, 이 전통에서 태어났다. 이 전통은 이 신앙 공동체에서 미국 복음주의권 주류로 퍼져 갔으며 그 안에서 중대한 영향력을 발휘했다. 그러나 신학 분야와 놀랍도록 풍성한 결실을 보았던, 이 전통에 영감을 받은 기독교 철학 분야에서 활약한 2세대 카이퍼주의자들을 통해 더 즉각적인 영향력을 확인할 수 있다.[64] 그의 동료와 그를 계승했던 사람들, 특히 헤르만 바빙크(Herman Bavinck, 1854~1921)[65]와 2세대 기독교 철학자인 폴런호번(D. H. T. Vollenhoven, 1892~1978)[66], 가장 두드러지게는 폴런호번의 처남인 헤르만 도여베르트(Herman Dooyeweerd, 1894~1977)가 그의 업적에 견줄 만한 공헌을 했다. 카이퍼의 미국인 제자 중에서는 코넬리우스 반 틸(Cornelius Van Til, 1895~1987)이 카이퍼주의적 전제주의를 가장 탁월하게 대표하는 인물이다.[67] 카이퍼의 지적 후예 중에서 그 누구보다도 독특한 힘과 통찰력으로 그의 전망을 발전시키고 전수했던 도여베르트에 관해 조금 더 자세히 살펴볼 필요가 있다.

헤르만 도여베르트

1926년부터 1965년까지 자유대학교에서 법학교수로 재직한 헤르만 도여베르트는 20세기 신칼뱅주의자들 중에서 가장 창의적이며 영향력이 큰 철학자였을 것이다. 처음부터 문화와 학문의 개혁은 칼뱅주의 세계관에 기초해 이뤄져야 한다고 주장했던 그는 법학과 정치 이론, 철학 분야에서 2백 권 이상의 책과 글을 써서 칼뱅주의 전통을 이어가고 확장시켰다. 영어로 번역된 그의 대표작은《이론적 사유에 대한 새로운 비판》(*A New Critique of Theoretical Thought*, 1953~1958)이란 두꺼운 책이다.[68]

세계관에 대한 그의 사상은 두 단계로 나눌 수 있다. 첫 단계에서 그는 삶과 사상을 그 기저에 자리 잡은 세계관(*Weltanschauung*)의 산물로 가정하는 카이퍼주의 노선을 따랐다. 하지만 나중에 그는 인간이 만들어낸 모든 것이 더 심층적인 세계관의 표현인가에 관해 의문을 품기 시작했다. 그리고 세계관 같은 추상적이고 지적인 개념보다 영적이며 종교적인 요인이 사물의 형태를 결정하는 데 더 중요한 역할을 한다고 믿게 되었다. 결국, 그는 카이퍼주의 모형과 관련된 낭만적 총체성을 거부했고, 그렇게 함으로써 이론적 사유에 대한 **새로운** 비판을 제시했다.[69]

도여베르트에 따르면, 그리스도인 철학자의 첫 번째 과제는 모든 이론적 활동과 문화적 노력을 결정짓는 종교적 조건을 드러내는 것이다. 야콥 클랍베이크(Jacob Klapwijk)가 설명하듯이, 그는 모든 인간의 노력은 세계관이 아니라 마음의 영적 헌신에서 나온다고 보았다.

> 도여베르트는 모든 철학과 이론이 반드시 어떤 세계관의 문화적, 역사적 유산을 그 전제 조건으로 삼는다고 결론 내리지 않는다. 오히려 그는 철학과 이론의 유일한(그리고 필수적) 전제 조건은, 죄에 빠졌으며 여전히 그 상태에 있거나 하나님의 영에 의해 거듭나고 회복된 인간 마음의 궁극적 조건과 헌신이라고 결론 내린다. 따라서 철학과 이론의 토대에는 세계관의 역사적 다원성이 존재하는 것이 아니라 서로 대립하는 두 개의 '종교적' 토대–동기만 있을 뿐이다. 이런 '종교적' 대립, 즉 하나님께로 회심한 사람과 하나님을 회피하는 사람의 대립이 모든 삶과 사상에 대해 결정적이다.[70]

계몽주의 기획에 따르면 이성은 자유롭고 독립적인 지위를 누리며 이성에 의한 발견의 객관성을 위태롭게 할 수 있는 일체의 요인, 곧 사회적, 문화적, 경제적, 종교적 요인에 의한 오염이나 결함 없이 과학적 과제를 수행할 수 있다. 그런 이유로 이론적 사유는 전적으로 자율적이며 다른 요인에 영향을 받지 않는다. 그러나 도여베르트는 **이론적 사유의 자율성**이라는 이 교의가 세계관에 의한 방해 때문이 아니라 신념의 내용과 마음의 성향 때문에 터무니없는 소리일 뿐이라고 주장한다. 도여베르트가 마음은 인간 실존의 종교적 근원이라는 성경적 진리를 발견했을 때, 그의 사유에 중대한 전환이 일어났다. 그는 이성의 지배라는 관념을 거부했다. 그는 이렇게 설명한다. "종교적 뿌리를 발견한 것이 내 사상의 중대한 전환점이 되었다. 그에 따라 나 자신의 노력을 포함해, 기독교 신앙과 인간 이성의 자족에 대한, 또 믿음에 근거한 철학을 내적으로 종합하는 것에 대한 모든 노력의 실패를 새로운 시각에서 보게 되었다."[71]

이런 발견의 함의 때문에 도여베르트는 모든 학문이 종교적 토대를 지닌다는 주장을 통해 임마누엘 칸트가 시작한 혁명보다 더 큰 규모의 철학 혁명이 시작된다고 주장한다.

> 이 핵심적인 기독교적 관점에 근거해 나는 대단히 급진적 성격을 지닌 철학 사상의 혁명이 필요하다고 생각했다. 피조물의 종교적 근거와 마주할 때, 이른바 '자연적' 양상과 '영적' 양상 모두에서 세속적 우주 전체를 이 준거점과 연결하는 것을 문제 삼을 수밖에 없다. 이 근본적인 성경적 관념과 비교할 때, 세속적 실재의 '자연적 양상'을 칸트의 '선험적 주체'와 같은 이론적인 추상 관념에 대해 상대적으로 만드는 이른바 '코페르니쿠스' 혁명이 무슨 의미를 지닐까?[72]

칸트는《순수 이성 비판》(*Critique of Pure Reason*)에서 독립적 객체 중심에서 주관적 지성의 선험적 범주로 강조점을 이동시킴으로써 서양 합리주의 전통을 뒤집었지만, 도여베르트는 인간 지성의 보편적이며 선험적인 범주로부터 인간 마음의 보편적 감정으로 강조점을 전환했다. 이론과 실천은 지성이 아니라 의지의 산물이며, 머리가 아니라 마음의 산물이다. 도여베르트는 이런 제안을 하면서 칸트와 달리 종교가 가장 근원적 차원에서 선험적이라는 전제에 기초해 "이론적 사유에 대한 새로운 비판"을 시작했다. 종교는 더 이상 이성의 한계 안에 있지 않고, 삶의 모든 것이 그렇듯이 이성이 종교의 한계 안에 있다. 도여베르트는 종교는 통각의 선험적 통일성을 부여함에 있어서 이성보다 우선한다고 생각한다. 이론 내의, 그리고 이론 사이의 긴장과 갈등은 학문적 판단이나 세계관의 다양성 때문이 아니라 서로 경쟁하는 종교적 신념 때문에 일어난다. 이론 자체는 과학과 종교의 근본적 갈등에 대해 판단을 내릴 능력이 없다. 이론적 사유에 대한 새로운 종교적 비판을 통해서 지적 논쟁을 해결하지는 못하더라도 적어도 해명은 할 수 있을 것이다.[73]

도여베르트가 이론의 본질과 세계관의 성격을 결정하는 "종교적 근본 동인"(*grondmotief*)이라고 부른 것을 구성하는 것은 마음의 상태다. 이 네덜란드 교수에 따르면 두 개의 근본적인 종교적 근본 동인, 즉 "인간 실존의 핵심에서 작동하는 두 개의 핵심 원동력"이 존재한다. 하나는 거룩함의 영으로부터 나오며, 다른 하나는 배교의 영으로부터 나온다. 성령의 근본 동인은 하나님의 말씀인 계시로부터 유래하며 성경을 이해하기 위한 핵심, 즉 "창조, 타락, 성령의 교통 안에서 예수 그리스도에 의해 이뤄진 구속의 동인"이다. 배교의 근본 동인은 참 하나님으로부터 멀어져 우상 숭배에서 절정에 이른다. "종교적 역동(능력)으로서 이것은 인간의 마음을 배교의 방향으로 이끌고 피조물을 신격화하는 근원적 요인이다. 이것은 이론적 사유에서 상대적인 것을 절대화하는 근원적 요인이다. 이러한 종교적 근본 동인은 그 우상 숭배적 성격 때문에 대단히 다양한 내용을 받아들일 수 있다."[74]

따라서 이런 근거로 도여베르트는 세계관이 마음이란 토양에 가장 깊이 뿌리내리고 있는 것이 아니라고 결론 내린다. 오히려 그것은 종교나 신앙이다. 마음의 종교가 원인이며, 철학과 세계관은 그 인지적 결과다. 세계관과 철학은 종교라는 부모의 지적 자녀로서 나란히 존재한다. 도여베르트는 철학과 "인생관 및 세계관" 사이의 유사점과 차이점을 설명하고, 이 둘 모두의 기원을 인간의 정서적 핵심에 자리 잡은 근본적 충동에서 찾는다.

참된 인생관과 세계관은 본질적으로 우리 우주의 의미의 총체성을 지향하기 때문에 의심할 나위 없이 철학과 대단히 유사하다. 인생관과 세계관은 아르키메데스의 점(움직일 수 없는 확실한 지식의 기초, 모든 지식을 떠받치고 있는 근본적인 토대를 일컫는 말 – 역주)을 암시한다. 철학처럼 종교적 근본 동인을 지닌다. 철학과 마찬가지로 우리 자아의 종교적 헌신을 요구하며, 그 나름의 사유 태도를 지닌다. 그러나 그 자체로 **이론적** 성격을 갖지는 않는다. 그것의 총체성에 대한 시각은 이론적이지 않고 **선이론적**이다. 실재를 의미의 추상적 양상이 아니라 이론적 방식으로 분석할 수 없는 개별성의 전형적인 구조 안에서 인식한다. 세계관은 '철학적 사상가'라는 특별한 범주에 국한되지 않고 가장 단순한 사람들을 포함해 모두에게 적용된다. 그러므로 [카이퍼처럼] 기독교 철학을 철학적으로 정교한 인생관과 세계관으로만 보는 것은 전적으로 잘못된 일이다. 그렇게 하는 것은 둘 사이의 관계를 근본적으로 오해하는 것이다. 하나님의 말씀으로서의 계시는 그리스도인에게 기독교 철학같이 상세한 인생관과 세계관을 제공하지는 않지만, 그 관점 모두에 핵심적이며 기초적인 동인[마음] 안의 출발점으로부터의 **방향성**을 제공한다. 하지만 이 방향성은 **근원적**이며 **통합적**인 방향성으로서 모든 것을 결정한다. 이는 **배교적인** 종교적 동인이 철학과 인생관 및 세계관에 제공하는 방향성과 전망도 마찬가지다.[75]

도여베르트는 세계관과 철학 모두 총체성에 대한 상호적 관심, 아르키메데스적 토대, 종교적 근본 동인을 비롯해 몇 가지 공통점을 지닌다고 생각한다. 그러나 차이점도 존재한다. 철학은 전문적 사상가로 이뤄진 특별한 집단에 의해 고안된 추상적, 이론적 체계이다. 하지만 모든 사람, 가장 우둔한 사람도 세계관을 가지고 있다. 이 세계관은 체계적 공식화가 없기에 그 속성상 선이론적이다. 도여베르트는 철학과 세계관 모두가 종교적 근본 동인의 산물이며 공통된 뿌리를 공유하는 다양한 종류의 인지적 현상으로서 서로 나란히 존재하기 때문에, 카이퍼와 달리 기독교 철학을 근원적인 성경적 세계관의 정교한 표현으로 이해하지 않는다는 점을 명확히 한다.[76] 도여베르트에게 세계관은 철학적 체계가 아니다. 후자는 이론적 사상으로서 철학은 삶과 분리되어 있으며 심지어는 삶과 대립하는 반면, 세계관은 삶이나 삶의 전개와 직접 맞닿아 있으므로 그런 분리와는 무관하다. 기독교 계시는 이미 만들어진 세계관이나 잘 개발된 체계적 철학을 제공하지 않지만, 근원적이며 모든 것을 결정하는 방식으로 둘 모두에 방향성을 제공한다. 마찬가지로, 믿지 않는 사람의 핵심에 자리 잡은 배교의 영도 비기독교적 세계관이 나타나게 만든다. 어떤 경우든, 여기서 도여베르트가 말하듯이 인간 마음의 내용(모든 사상과 행동의 단일한 근거)이 실존의 핵심이다. 그것은 실천적으로는 세계관을 통해, 이론적으로는 철학과 과학을 통해 실재에 대한 한 사람의 이해를 규정하는 궁극적 요소다. 그러나 도여베르트는 성령의 근본 동인과 창조, 타락, 구속의 주제(성경적 세계관의 본질)를 너무나도 밀접하게 동일시하기 때문에 그의 관점과 카이퍼의 관점 사이에 얼마나 큰 차이가 있는지 의문을 품지 않을 수 없다. 아마도 그가 문제에 관해 너무 세밀한 주장을 한 것인지도 모른다. 근본 동인과 세계관의 기본적 내용 사이의 구분선은 면도날처럼 얇기 때문이다.

프랜시스 쉐퍼

프랜시스 쉐퍼(1912~1984)의 역할을 인정하지 않는다면, 세계관 사유에 중대한 공헌을 한 복음주의 사상가들에 관한 이 논의는 불완전한 논의가 되고 말 것이다. 20세기 중반 이후 나 자신을 비롯해 수많은 그리스도인이 쉐퍼의 글을 통해 세계관 훈련을 받았다. 모든 사람이 세계관을 가지고 있으며, 도랑을 파는 사람이든 전문적 사상가든 세계관 없이 살아가는 사람은 아무도 없다는 그의 주장은 이제는 상식이 되었다. 철학은 유일하게 불가피한 활동이 되었다.[77] 또한 삶 전체를 아우르는 기독교에 대한 그의 풍성한 해석에 대해 많은 사람이 독특한 매력을 느꼈으며, 기독교적 관점에 입각한 다양한 문화적 이슈에 대한 그의 논의는 수십 년 동안 반지성적 분위기가 팽배했던 복음주의권에 새로운 바람을 일으켰다.

복음전도자이자 대중적인 기독교 변증가였던 쉐퍼는 근대 문화가 상대주의로 흘러가는 것을 깊이 우려했다. 그가 보기에, 자율적 인간은 자신을 준거점으로 삼아 자신의 지적 자원을 가지고 논리적인 삶의 해석을 제공하는 지식과 의미, 가치의 체계를 창조하려고 한다. 이것은 하나님의 계시를 멀리하고 인본주의적 합리주의로 나아가는 서양의 인식론적 대전환을 상징한다. 하지만 결국 근대적 인간은 이처럼 포괄적인 사유 체계를 만들어낼 수 없음을 깨달았고 "절망의 선" 아래로 떨어졌다. 이런 상황에서 모순율(law of noncontradiction)이 폐기되었고, 절대 원리가 부인되었으며, 실용적 상대주의가 태어났다. 근대 세계에서는 자연이 은총을 "먹어 치웠고" 철저한 세속주의가 사회적, 문화적, 정치적 삶의 모든 영역에 깊이 뿌리내리게 되었다. 의미와 목적을 추구하는 20세기 주민들은 현대적 삶의 권태에 대한 대안으로서 셀 수 없을 정도로 다양한 "상층부" 경험에 의지할 수밖에 없었다(유명한 쉐퍼주의). 쉐퍼는 이러한 인간의 심오한 갈망을, 그리고 철학과 예술, 음악, 대중문화와 같은 다양한 분야와 심지어는 신학과 교회에서 그 갈망을 충족하고자 하는 부질없는 시도를 생생하게 묘사해내는 데 탁월한 능력이 있었다.

이러한 공허와 절망이라는 시대적 맥락 속에서 스위스 선교사로서 라브리 공동체(L'Abri Fellowship)를 설립했던 그는 기독교 세계관을 근대의 세속적 삶이 지닌 심층적 딜레마에 대한 신뢰할 만한 유일한 대안으로 제시했다. 제임스 사이어(James Sire)가 지적했듯이 쉐퍼는 존경할 만한 열정이 넘치는 인물이었으며, 그중에 가장 중요한 것은 성경 안에 제시된 "참 진리"의 포괄적인 체계를 향한 열정이었다.[78] 《이성에서의 도피》(생명의말씀사 역간)에서 쉐퍼는 "나는 하나의 체계로서 성경적 체계를 사랑한다"[79]고 말하며, 《거기 계시는 하나님》(생명의말씀사 역간)에서는 그 이유를 설명한다. "기독교의 체계(성경 전체에서 가르치는 바)는 사상의 통일성이다. 기독교는 그저 수많은 단편적 정보가 아니다. 시작과 끝이 있는 진리의 온전한 체계이며, 이 체계는 실존의 현실을 마주하는 우리 앞에 놓인 모든 질문에 당당히 대답할 수 있는 유일한 체계다."[80]

로널드 내쉬(Ronald Nash)가 지적했듯이, "쉐퍼는 … 사람들이 세계관에 근거해 기독교와 기독교의 경쟁자들을 이해하는 것이 얼마나 중요한지를 이해할 수 있도록 도와주었다. 기독교는 그저 사람들에게 어떻게 용서받을 수 있는가를 알려 주는 종교가 아니다. 기독교는 총체적인 세계관이자 인생관이다. 그리스도인은 자신의 신앙이 인간 삶 전체에 관해 중요한 할 말이 있다는 것을 깨달아야 한다."[81] 쉐퍼는 그의 저서 중 첫 세 권을 통해 성경적 세계관(*Weltanschauung*)에 관한 자신의 이해를 서술했다. 3부작 《거기 계시는 하나님》과 《이성에서의 도피》, 《거기 계시며 말씀하시는 하나님》(*He Is There and He Is Not Silent*)은 그의 사상의 중심을 이루며, 그의 다른 모든 저작은 마치 바큇살처럼 기독교적 전망에 대한 그의 생각을 확장한다.[82] 쉐퍼를 통해 복음주의자들의 한 세대 전체가 인간 실존 전체에 관해 기독교적으로 사유하기 시작했다(그리고 계속해서 사유하고 있다). 성경적 신앙과 그 신앙의 개인적, 지적, 문화적 함의에 대한 포괄적이며 체계적인 이해를 개발하는 데 꾸준한 관심을 기울일 수 있도록 한 것에 대해 그들은 쉐퍼에게 감사하지 않을 수 없다.

한 번 더 생각해 보기

스코틀랜드 장로교 신학자 제임스 오어의 선구적 노력과 네덜란드 신칼뱅주의자 아브라함 카이퍼의 엄청난 노력에 자극을 받아 복음주의권 안에 기독교를 하나의 세계관으로 이해하고자 하는 주목할 만한 운동이 시작되었다. 두 사람의 영향력 아래서 고든 클락과 칼 헨리, 헤르만 도여베르트, 프랜시스 쉐퍼의 도움을 받아 종교적 전통 안에서 이뤄진 이론적 성찰과 실천적 관심은 매우 주목할 만하다. 사실 '세계관'의 역사 전체에서 개신교 복음주의자들보다 이 개념에 더 꾸준히 주목하고 더 적극적으로 활용한 철학 학파나 종교 공동체는 없었다.[83] 복음주의 신앙의 맥락에서 적용된 세계관 개념은 대단히 다양한 분야에 적용되었다. 실제로 세계관은 그리스도인의 삶과 지성, 신학과 철학, 성서학, 선교와 전도, 현대 문화, 기독교 고등교육과 같은 영역을 포함해 실천 영역에서 학문 영역에 이르기까지 수많은 중요한 분야에 적용되었다.[84]

하지만 세계관에 대한 복음주의자들의 이러한 큰 관심은 몇 가지(구체적으로는 세 가지) 중요한 질문을 제기한다.

첫째, "세계관"이란 용어의 정의는 무엇인가? "기독교 세계관"이란 표현을 사용할 때(이 문제에 관해 정확히 말할 수 있다면) 이것은 정확히 무엇을 의미하는가? 이러한 정의의 문제를 둘러싸고 상당한 혼란과 논쟁이 존재하지만, 이 용어를 접하고 사용할 때 가능한 한 정의를 분명히 해두는 것이 중요하다.

둘째, 왜 복음주의에서는 세계관 사상을 유독 선호하고, 신앙에 관한 성찰에 이 개념을 이토록 자주 사용해 왔을까? 피터 헤슬람은 "세계관"이 근대성의 용어에 속한다고 지적했다.[85] 어쩌면 이 문화적 사고방식의 객관주의나 주관주의가 복음주의와 일종의 유사성을 갖기 때문에 이 용어가 폭넓게 사용되었을 수도 있다. 복음주의가 근대 문화의 경향에 순응(혹은 항복)한 것은 부분적으로는 이 개념을 적극적으로 수용했기 때문이 아닐까? 또는 '세계관'이 인간 본성에 깊이 자리 잡은 무언가를 건드리기 때문에 세계관에 대한 매료도 더 중대한 원인에 근거한 것은 아닐까?

셋째, 다양한 함의를 지닐 가능성이 있는 이 용어의 배경을 고려할 때 복음주의자들이 신앙의 본질에 대한 왜곡 없이 이 용어를 사용할 수 있을까? 이 용어를 사용할 때 미묘한 어감의 차이를 전달할 수 없으므로 성경적 기독교의 핵심과 본질을 제대로 표현할 수 없는 것일까? 아니면 이것은 심각한 결함 없이 신앙의 참된 범위와 내용, 본질을 훌륭히 전달할 수 있는 개념일까? 여기서는 이 물음에 대해 답할 수 없지만, 우리는 이 개념의 역사를 살펴볼 때 이 물음을 명심하고자 한다.[86]

세계관의 경이 II

로마 가톨릭과 동방 정교회

2

개신교 복음주의자들은 기독교 세계관이나 성경적 세계관 사상이 그들의 독점적 소유물이라고 착각하는 경향이 있다. 사실 로마 가톨릭과 동방 정교회 안에도 이런 사유가 독특한 방식으로 존재한다. 따라서 이 장에서 우리는 어떻게 이 두 전통이 세계관 개념이나 이와 비슷한 주제를 전유해 각각의 신앙에 대한 그들의 전망을 표현해 왔는지를 살펴볼 것이다.

로마 가톨릭

세계관이라는 개념이 개신교 복음주의자들 사이에 폭넓게 사용된 것에 비해 로마 가톨릭 교인들에게는 성직자와 지식인을 포함해 이 개념이 그다지 관심을 얻지 못한 것 같다. 이 말은 가톨릭 서적에서 드물게 나타나며, 최근에 나온 한 참고 도서에 따르면 바티칸의 교리성은 "세계관이란 주제에 대해 직접 견해를 밝힌 적"이 없다.[1] 이 말이 명시적으로 사용된 적이 별로 없으며 관련된 교회의 공식 문헌이 없음에도 불구하고 세계관 개념과 비슷한 내용은 가톨릭의 사상과 삶에 많이 나타나 있다. 적어도 한 책에서, 그 저자는 세계관의 관점으로 가톨릭 신앙을 소개한 적이 있다. 거기서 요한 바오로 2세를 "세계관적" 교황이라 언급한 것은 전적으로 타당하다. 트렌트 공의회 이후로, 이 특정한 책에 대한 개관과 많은 사람들이 가장 중요한 교황의 직으로 생각하는 것이 무엇인지 살펴보는 것은 무엇이 가톨릭 세계관(*Weltanschauung*)인지에 대한 핵심적 내용을 보여줄 것이다.[2]

세계관으로서의 가톨릭 신앙

로렌스 커닝햄(Lawrence Cunningham)은 그의 책 《가톨릭 신앙 입문》(*The Catholic Faith: An Introduction*)에서 가톨릭 교인이 된다는 것은, 민주당원이 되는 것처럼 한 정당의 당원이 되는 것이나 로터리 클럽처럼 사교 모임에 참여하는 것과는 다르다고 말한다. 스스로 가톨릭 그리스도인을 자처한다는 것은 "세상 안에서 존재하는 한 방식이며, 그 자체가 특정한 관점으로 세상을 바라보는 방식이다. 가톨릭이라고 불리는 존재 방식이 전적으로 독특하지는 않더라도 최소한 가톨릭 신앙의 특징을 이루는 바라봄의 방식을 강화해야 한다."[3] 커닝햄은 모든 사람이 삶의 의미를 이루는 일군의 전제에 지배를 받기 때문에 가톨릭 교인이 세상을 바라보는 방식, 혹은 바라보아야 하는 방식을 결정하는 근본 신념을 서술하고자 한다. 이를 위해 그는 네 핵심 주제에 대해 논한다.

선물로서의 세상

모든 주요 종교와 마찬가지로 기독교는 기원의 문제에 관심을 기울인다. 창세기의 첫 장들과 하나님과 세상의 관계에 대한 이 장들의 설명은 이 근본 주제에 관한 교회의 관점을 이루는 일차적 자료 역할을 한다. 커닝햄에 따르면, 네 핵심 항목으로 간결하게 요약될 수 있는 창조 교리가 가톨릭 세계관의 토대다. 첫째, 세상은 자기충족적이거나 자명하지 않고, 모든 실재에 대한 궁극적 준거점이신 자유롭고 너그러우신 하나님에 의해 창조되었다. 둘째, 가톨릭의 창조관은 범신론과 정령신앙의 관점을 거부하며, 무한하신 하나님과 그분의 유한한 피조물 사이의 질적 차이를 주장한다. 셋째, 하나님의 세상은 매우 선한 세상이며, 이는 물질세계를 실제로 존재하는 악 또는 신적인 실재를 감추고 있는 환영이라고 비난하는 견해와 분명한 대조를 이루는 관점이다. 넷째, 인간 활동의 영역으로서의 세상은 인간에게 선물로 주어졌으며, 따라서 감사함으로 그 선물을 받아들이고 청지기로서 그 선물을 잘 돌보려고 노력해야 한다.

커닝햄에 따르면, 이 네 주제를 결합하면 중요한 함의가 드러난다. 이 네 주제는 경이와 감사를 불러일으키며, 자연 신학에 대한 가톨릭 견해의 토대를 제공하고, 그리스도의 성육신(가톨릭 신학과 경험의 핵심을 이루는 교리)을 위한 기초를 이룬다. 그리스도인들은 세상 속에서, 인간 역사 안에서 그들의 입장을 가져야 하고, 세상을 부인하고 삶을 부인하는 모든 태도를 피해야 하고, 피조물들이 창조주에 대해 성례전적으로 말한다는 것을 인식해야 한다. 결국 "최선의 가톨릭 신앙은 가장 공개적으로 세상을 긍정하고 성례전적이며 성상적(iconic)이고 현세적이다."[4] 더 나아가 하나님의 형상과 모양인 사람은 창조의 절정에 자리 잡고 있으며, 그 본질적 존엄성에 기초해 인간을 비인간화하는 모든 영향력에 맞서며 세상을 더 나은 곳으로 만들기 위해 노력해야 한다. 오늘날 문화에 만연한 허무주의의 주장과 달리 하나님의 창조세계는 은총과 의미로 가득 차 있다.[5]

세상 속의 죄

세상 속에 있는 헤아릴 수 없을 정도로 많은 악과 고통을 가톨릭 세계관은 어떻게 설명하는가? 이 물음에 대해 답하지 않는다면 피조물의 선함에 대한 앞의 주장은 공허하게 들릴 것이다. 이에 대한 답으로 커닝햄은 "간략히 말해 가톨릭 세계관의 다른 한 면은 죄의 현실에 주의를 기울여야 한다"고 주장한다.[6] 그러나 영속적 조건으로서의 죄와 개별 행위로서의 죄를 구별해야 한다. 문제의 원인을 말해주는 창세기 3장의 타락 이야기는 원형적 남자와 여자가 타율과 자율이라는 양극 사이에서 갈등했으며 후자에 굴복한 결과 "원죄"라고 불리는 악을 향한 성향을 물려받게 되었음을 보여 준다. 이 타락의 뿌리로부터 인간의 삶을 황폐하게 만든 개별적 악의 행위들이 나온다. 그러므로 "도덕적 악은 인간의 조건인 동시에 모든 인간 실존의 불가피한 사실"이라고 커닝햄은 말한다.[7] 한 개인의 차원에서 각 사람의 삶을 보아도 이것이 참이라는 것을 알 수 있다. 또한, 국가와 지역 사회 안에 있는 타락한 괴물들을 통해서도 이 악이 드러난다. 구조적으로 타락하여 그 목적을 성취하는데 실패한 기관들을 통해서도 드러난다. 이 죄의 상태를 치유하는 그리스도 안의 구속이 없다면, 인간 본성에 대한 전적으로 부정적인 관점을 받아들이기 쉬웠을 것이다. 그러나 가톨릭 세계관은 견고한 균형을 유지한다. 과도한 낙관론이나 절망적인 비관론 모두에 굴복하지 않으며, 선한 창조, 비극적 타락, 예수 그리스도 안의 소망으로 가득찬 구속이라는 주제에 기초한 현실주의적 관점을 받아들인다.

기독교 현실주의

커닝햄에 따르면 이것이 가톨릭 세계관의 세 번째 주요 양상이다.[8] 이것은 하나님의 선물인 피조물의 선함과 원죄의 불가피한 현실과 결과 사이에 존재하는 긴장을 공정하게 다루고자 노력하는 중재적 입장이다. 가톨릭 세계관은 여러 중요한 분야에서 이렇게 균형 잡힌 관점을 견지한다. 가톨릭 교인들은 세상에 대한 태도에서 세상을 포기하지도 예배하지도 말아야 한다고 생각하며, 인간에 대해서는 완벽하지도 않고 전적으로 타락하지도 않았다는 태도를 취한다. 악은 대단히 현실적이지만 의미와 목적을 파괴하지는 않는다는 태도를 취한다. 예수에 대해서는 그분이 온전히 하나님이시며 온전히 인간이라는 태도를 취한다. 진정한 인간에 관해서는 그것이 육신적 차원과 영적 차원 모두를 포함한다는 태도를 취한다. 문화적 환경에 대해서는 그리스도인이 그 안에서 살아갈 뿐 아니라 의미 있는 기여를 해야 한다는 태도를 취한다. 그러므로 가톨릭 세계관의 이런 현실주의적 양상을 통해 잠재적 대립을 극복하고 조화로운 믿음의 양식을 형성하는 실질적 종합으로 이끌고자 한다. 통전성에 대한 이런 이해 안에서 참된 공교회성을 확인할 수 있다.

시간의 경험

일부에서는 기독교를 비역사적이고 비공간적 종교라고 오해한다. 하지만 기독교는 창조 안의 역사의 흐름과 그 안에서 일어나는 독특한 사건들(하나님의 위대한 행위)에 대한 강조로 특징지어진다. 그래서 가톨릭 세계관은 시간, 즉 과거와 현재, 미래의 중요성을 강조한다. 과거와 현재는 대단히 중요하게 연결되어 있다. 현재는 오늘날 그리스도인의 삶을 풍성하게 해주는 자원으로서 성경과 교회의 역사 안에서 일어난 과거의 사건을 회상할 기회를 제공한다. 커닝햄에 따르면, "교회가 행하는 모든 것은 앞서 지나간 신앙 공동체의 기억 안에 흠뻑 젖어 있다." 기독교의 기억을 함양하고자 하는 이런 노력은 역사적 교회와의 연대를 이해할 수 있도록 도와주며, 현대의 그리스도인들이 신약 신앙을 함께 물려받은 공동 상속자로서 과거의 성도와 교통하고 있음을 깨닫게 해 준다. 교회는 지금 여기의 것일 뿐 아니라, 공간 안에 단일체로 존재하며 시간에 걸쳐 발전해 가는 약동하는 영적 실체(유기적인 그리스도의 몸)이기도 하다. 성만찬을 행할 때 과거와 현재, 미래가 기억과 임재, 기대를 기념하고 축하함으로써 결합된다. "이 빵을 먹고 이 잔을 마실 때, 우리는 주 예수께서 영광 중에 오실 때까지 주의 죽으심을 선포합니다."[9] 물론 장차 그리스도께서 영광 중에 다시 오실 때를 기다린다는 것은 수동적이거나 게으른 태도를 취한다는 말이 아니다. 오히려 그리스도인들은 마치 겨자씨처럼 하나님의 나라가 온전히 자랄 때까지 이미 시작된 이 나라를 가꾸는 일에 전념해야 한다.

따라서 커닝햄과 다른 많은 이들에게 가톨릭 신앙은 하나의 세계관, 삶에 대한 독특한 관념이자 참다운 **하비투스**(habitus), 즉 세상 속에서 존재하는 방식이다. 그것은 하나님의 선물로서 창조로부터 시작되었으며, 죄의 문제를 인정하고, 예수 그리스도의 사역 안에서 성취된 구속의 소망을 인식한다. 이것은 모순되어 보이는 교리들이 균형과 조화, 온전함을 이루게 하는 현실주의적 신앙관이다. 시간을 특별히 강조해 과거에 이뤄진 하나님의 일을 기억하고, 현재 복된 소식을 기리고 선포하며, 미래에 승리하신 그리스도께서 이 땅에 다시 오실 것이라고 기대한다.[10]

그러나 그의 논의에 암시되기는 했지만, 커닝햄이 구체적으로 언급하지 않은 가톨릭 세계관(*Weltanschauung*)의 또 다른 특징이 있다. 신학적 가르침들이 "기독교 신앙의 기초와 다양한 관계를 맺는다"고 주장하는 "진리의 위계"에 관한 가톨릭의 신념을 존중한다면,[11] 창조와 죄, 현실주의, 시간에 관한 앞의 모든 논의의 기초에는 삼위일체 교리가 자리 잡는다. 하나님이 실체나 본질, 본성에서 한 분이시지만, 서로 관계를 맺으시는 세 신적 위격(성부, 성자, 성령)으로 실재하신다는 가르침이 가톨릭의 가르침과 경험의 핵심에 자리 잡고 있다. 성 삼위일체라는 계시된 진리는 교회의 역동적 신앙의 뿌리일 뿐 아니라 하나님이 어떻게 역사 안에서 그분의 완벽한 계획을 성취하시는지를 이해하는 데도 핵심적이다. 그러므로 이 교리가 가톨릭 세계관의 핵심이다. 최근에 출간된 《가톨릭교회 교리서》(*Catechism of the Catholic Church*)에서는 이 교리의 중요성을 설명하며 이것을 역사 안에서 이뤄지는 하나님의 구속의 목적과 연결한다.

> 지극히 거룩한 삼위일체의 신비는 바로 그리스도인의 믿음과 삶의 핵심적인 신비다. 이는 하느님 자신의 내적 신비이므로, 다른 모든 신앙의 신비의 원천이며, 다른 신비를 비추는 빛이다. 이는 "신앙 진리들의 서열" 중 가장 근본적이고 본질적인 교리다. 구원의 역사는 바로 성부, 성자, 성령이신 참되고 유일한 하느님께서 당신을 알리시고, "죄에서 돌아서는 인간들과 화해하시고 그들을 당신과 결합하시려는" 길과 방법의 역사이지 그밖에 다른 것이 아니다.[12]

이처럼 강력한 삼위일체적 토대 위에 확립된 서방 기독교와 가톨릭 세계관의 풍성한 유산은 더욱더 선명하게 드러난다. 하지만 이 교리들이 신비에 싸여 죽은 언어로 전달되고 다른 기독교 전통에서 그랬듯이 압도하는 세속성에 의해 어두워졌던 때가 있었다. 그러나 지난 50년 동안 제2차 바티칸공의회를 시작으로, 특히 요한 바오로 2세의 탁월한 지도력을 통해 강력한 방식으로 현대 세계의 주목을 받고 있다.

'세계관적' 교황

제임스 패커는 제임스 오어의 변증 전략을 포스트모던 시대를 위한 본보기로 제시하면서 G. K. 체스터턴과 C. S. 루이스, 프랜시스 쉐퍼를 비롯한 저명한 20세기 사상가들의 이름을 언급한다. 이들은 모두 어떤 의미에서 오어를 계승한다. 그런 다음 패커는 거의 즉흥적인 방식으로 이렇게 덧붙인다. "현재의 교황(요한 바오로 2세)이 오어의 후계자로 불리기에 충분한 자격이 있다고 주장할 수도 있다." 패커에 따르면 오어와 이 교황을 비롯한 그의 후계자들은 현실에 대한 철저히 성경적인 그림을 강력하게 제시하고 있으며, 이것이 바로 포스트모더니티의 소용돌이 한가운데 기독교의 갱신을 위해 필요한 것이다. 그것은 "가장 현실주의적이며 합리적으로 실재를 보는 전적으로 기독교적인 관점의 전면적이며 명확하며 강력한 선언"이다.[13] 따라서 그런 의미에서 패커에게 이 교황은 "새로운 오어"다. 그뿐 아니라 가톨릭 철학자 마이클 노박(Michael Novak)은 현대 문화의 잔해를 쓸어내고 삶에 대한 성경적 전망을 위한 여지를 마련하고자 하는 이 교황의 야심을 칼 헨리나 프랜시스 쉐퍼와 같은 복음주의 사상가들의 유사한 작업과 비교한 바 있다.[14] 개신교와 가톨릭의 이런 성찰을 모두 받아들인다면, 카롤 요제프 보이티와(1920~2005, 246대 로마 주교)가 진정으로 '세계관적' 교황이라고 말하는 것도 타당할 것이다. 그는 삶의 모든 영역에 가톨릭 신앙이라는 자원을 적용하고자 했으며, 인간의 존엄성을 강조하고 교회 안에서 지속적 개혁을 이루고 전 세계적으로 인간 문화의 변혁을 이루기 위해 노력했다. 그는 "근본적 그리스도인"('뿌리'를 뜻하는 라틴어 **라딕스**[radix]의 문자적 의미에서)으로 불렸다. 즉 그는 단순히 **참된 것**이 존재한다고 믿으며 예수 그리스도(진리이신)께서 모든 인간 삶의 물음에 대한 최종 답이라고 믿었던 사람이다. 이 토대 위에 그는 "위대한 지적 창의성과 공적 영향력을 지닌 복음적 교황직"을 수행했으며, 그 결과 아마 "16세기 종교개혁과 반종교개혁 이후 가장 중요한 교황"이 되었다.[15] 이 사람의 특출함과 영향력을 어떻게 설명할 수 있을까?

보이티와는 폴란드에서 자랐으며 나치와 공산당 치하의 공포와 야만성 속에서 어린 시절을 보냈다. 거기서 그는, 유토피아의 꿈을 약속했지만 수많은 사람의 자유와 존엄을 빼앗고 문화적 악몽만을 초래했던 다양한 인본주의적 이데올로기의 파괴적 결과를 직접 목격했다. 이 과정에서 보이티와는 서양의 근본 위기가 바로 인간의 본성에 관한 잘못된 사상 때문이라고 직관적, 경험적, 철학적 차원에서 확신하게 되었다. 따라서 제2차 바티칸공의회가 진행되는 중에도 보이티와는 바로 이 주제를 다룬 책을 기획해서 집필하고 있었다. 앙리 드 뤼박(Henri de Lubac) 신부에게 보낸 편지에서 그는 인간의 곤경에 대한 깊은 관심에서 출발한 그의 기획의 본질을 설명한다.

> 아주 드물게 생긴 여가에 나는 내 마음이 끌리는 일, 즉 인격체의 형이상학적 의미와 신비를 밝히는 일에 몰두하고 있다. 나는 오늘날의 논쟁은 이 차원에서 벌어지고 있다고 생각한다. 우리 시대의 악은 일차적으로 각 인격체의 근원적 독특성의 상실과 분쇄를 뜻한다. 이 악은 도덕적 질서의 문제이기에 앞서 무엇보다도 형이상학적 질서의 문제다. 이 무신론적 이데올로기들이 획책

하는 이러한 해체에 맞서서 우리는 메마른 반론을 제시하기보다는 인격체라는 불가침의 신비에 대한 일종의 '개요'를 제시해야 한다.[16]

보이티와는 나치와 공산주의 체제의 냉혹한 통제 아래 고통당하는 이들의 역경에 대해 염려했을 뿐 아니라, 서양의 개인주의와 이기적 자본주의라는 과잉에 사로잡혀 노예로 살아가는 이들 역시 고통당하고 있음을 깨달았다. 보이티와는 장소를 막론하고, 세속적이며 무신론적 전제에 기초한 다양한 정치적, 경제적 체제로 인해 인격체의 참된 본성과 고귀함이 철저히 배반당하고 있다고 보았다. 놀라운 과학적, 기술적, 경제적 진보에도 불구하고 20세기는 도덕적으로나 영적으로 황무지였으며, 그것이 인류에 미친 영향은 그야말로 재앙이었다.

어떻게 해야 할까? 앞의 인용문은 보이티와의 능숙한 전략을 드러낸다. 그 전략은 무엇보다도 먼저, 현재의 위기에 대한 해독제를 도덕적 선전에서 찾고자 해서는 안 된다. 인간성에 관한 물음은 일차적으로 윤리에 관한 물음이 아니기 때문이다. 둘째, 인격체의 가치에 대한 주장을 무기력하게 떠들어대기만 하는 "메마른 반론"에서 그 해독제를 찾으려고 해서도 안 된다. 오히려 이것은 포괄적인 무신론 이데올로기들에 기초한 일차적으로 형이상학적인 문제이므로, 실재에 대한 광범위하고도 강력한 해석을 내놓을 수 있는 유일한 방법은 똑같이 포괄적이며 설득력 있는 철학, 즉 "인격체라는 불가침의 신비에 대한 일종의 '개요'"를 통해 그것과 맞서는 것이다. 다시 말해서, 보이티와는 자신보다 앞서 오어와 카이퍼가 내놓은 주장과 같은 방식으로 세상과 그 안에서 살아가는 인간의 영혼을 놓고 벌이는 싸움을, 재구성된 형이상학에 기초해 벌여야 한다는 것을 알았다. 즉 인간의 위엄을 떠받치는 유신론적 인생관을 새롭게 표현해내고 거기에 기초해 이 싸움을 벌여야 한다. 따라서 보이티와는 현대 휴머니즘의 위기에 대한 유일하게 적절한 대응은 가톨릭 기독교 휴머니즘이라고 주장하기 시작했다.

교황이 된 그는 세 근본 신념을 토대로 자신의 주장을 펼쳤다. 첫째, 인간은 본질적으로 예외 없이 진리를 추구하는 철학적 갈망과 삶의 궁극적 물음에 대한 답을 발견하고자 하는 욕망으로 특징지어진다. "모든 남자와 여자는 어떤 의미에서 철학자이며 그들의 삶을 지도하는 자신만의 철학적 관념이 있다"고 이 교황은 신앙과 이성에 관한 회칙(《신앙과 이성》[*Fides et Ratio*])에서 말한다.[17] 한 인격체는 "진리를 추구하는 존재"로 정의할 수 있다.[18] 이런 종류의 철학적 활동을 장려하는 것(특히 삶에 대한 총체적인 관점을 형성하기 위해 가톨릭 신앙이 신앙과 이성이라는 쌍둥이 자원을 활용하도록 권장하는 것)이 이 교황의 삶의 지속적인 특징을 이뤘다. 그는 이런 기획에 낙관적이었으며, "거룩한 성경 안에서 탁월한 철학적 밀도를 지닌 인간과 세상에 대한 전망을 만들 수 있는 암시적, 명시적 요소를 발견할 수 있다"고 확언했다.[19] 따라서 이 교황에 따르면 철학적 형성은 핵심적이며 피할 수 없는 인간적인 활동이다.

이것은 자연스럽게 보이티와의 두 번째 근본 확신으로 이어진다. 그것은 인간 문화가 특정한 철학적, 종교적 헌신에 기초하며 그것의 자연스러운 결과라는 확신이다. 용어 자체가 암시하듯이, 우리가 자주 잊어버리지만, 문화(culture)는 궁극적으로 **예배**(cult)의 산물이다. 사람들이 어떻게 생각하고 무엇을 예배하는가가 그들이 무엇을 만들고 어떻게 사는가를 결정한다. 그러므로 문화는 사건을 안내하고 운명을 결정하는 엔진이다. "이 교황은 역사를 형성하는 모든 요인 중에서 문화가 가장 중요하다고 확신한다. 사람들이 세계를 이해하려고 애쓰는 방식, 좋은 삶을 정의하는 방식, 그들이 지키며 살기 원하는 도덕적 전망을 가르치는 방식, 이것이 문화의 내용이다"라고 리처드 존 뉴하우스(Richard John Neuhaus)는 설명한다.[20] 그러므로 문화는 인간 조건의 근원적 원인이다.

교황의 세 번째 근본 신념은 앞에서 열거한 두 신념의 논리적 귀결이다. 문화가 인류의 타고난 철학적, 종교적 충동으로부터 출발해 역사를 만들어가는 결과물이라면, 인간 경험을 더 나은 방향으로 바꾸기 위해서는 문화적 차원에서, 그리고 그것을 구성하는 기본 개념들에 있어서 근원적 변혁이 일어나야 한다. 그러므로 인간 해체라는 근대의 문제에 대한 교황의 확고한 해법은 문화적 변화, 즉 그 문화의 궁극적 원천인 철학과 종교를 변화시키는 것이다. 두려움의 힘에 맞서는 적극적 저항을 위한 공간이 있을 수도 있지만, 보이티와는 그런 노력이 정치적, 사회적 질병의 근본 원인이 아니라 증상만 다루는 것일 뿐이라고 생각한다. 그러므로 가장 근원적 차원의 변화를 위해서는 실재를 개념화하고 인간 실존의 틀을 규정하는 말(인간적인 말과 신적인 말)을 통한 궁극적 의미의 변형이 필요하다. 따라서 보이티와는 실재의 더 심층적 차원을 겨냥하면서, 가톨릭 토양에서 자란 활기찬 기독교 휴머니즘의 선포와 실천을 통해, 동시대 인간의 불행에 책임이 있는 교묘히 숨어 있는 이데올로기들을 대체하고자 노력한다. 그는 이처럼 참신하고 포괄적인 삶에 대한 전망을 서양 문화의 새로운 기초로, 참된 소망의 샘으로 제시했다.

보이티와의 거대하고 풍성하게 개발된 기독교 인본주의 이해는 제한된 지면에서 제대로 설명하기가 불가능하다. 그 명칭이 암시하듯이 이것은 철저하게 그리스도 중심적이며, 성육신하신 주의 인격과 사역에 초점을 맞춘다. 그 자신의 말로 최대한 압축해 보면, 교황의 관점의 핵심은 "그리스도 안에서, 그리스도를 통해 인간이 자신의 존엄성과 자신이 들린 높이, 자신의 인간성의 탁월한 가치, 자신의 실존의 의미를 온전히 깨닫게 되었다"라는 것이다.[21] 성육신하신 그리스도의 신비로부터 시작된 세계와 인격체의 존엄성에 대한 관점은 삶의 총체성을 아우르는 함의를 지닌 교황의 기독교 인본주의적 세계관의 모퉁잇돌이다.

바로 이 주제가 보이티와가 크라쿠프(Kraków)의 대주교로서 제2차 바티칸공의회(1962~1965)에서 강력하게 주창한 대로 그 유명한 아조르나멘토(*aggiornamento*), 곧 근대 세계의 도전에 대응하기 위한 가톨릭 신앙의 현대화다.[22] 바로 이 주제가 가톨릭 신자들의 신학적 의식과 실천적 태도를 형성하고자 하는 목적으로 그가 썼던 공의회에 관한 책 《갱신의 원천》(*Sources of Renewal*)을 떠받치고 있다.[23] 바로 이 주제가 그의 교황직 전체의 핵심에 자리 잡고 있으며, 그는 자신의 열세 번째 교황 회칙 중 "인간의 구원자"(*Redemptor Hominis*)라는 제목의 첫 번째 회칙 첫머리에서 이 주제를 대담하게 선언한다.[24] 이 주제는 동시대의 삶의 위기에 대한 참 해결책으로서, 온 세상에 그리스도의 복음을 전하기 위한 "전도의 새로운 봄날"에 대한 그의 소망을 담고 있다.[25] 마지막으로 이 주제는 교황이 기다리는 희년, 즉 인간 실존의 모든 범위와 관련해 기독교 인본주의의 의미를 탐구하는 세 번째 천 년의 시작을 기뻐하는 위대한 교회 갱신 운동이다.[26]

20세기의 가장 영향력 있는 지도자 중 한 사람이었던 교황 요한 바오로 2세는 이러한 혁명적 철학에 근거해 "소망의 문턱을 넘으면서"라는 확신 있는 선언문에서 인류 역사의 다음 천 년으로 들어가는 것이 가능하다고 선포했다.[27] 왜냐하면, 기독교 복음 안에서 세상의 참 이야기, 삼위일체 하나님(성부, 성자, 성령)의 존재, 하나님이 주신 선물인 선하고 영광스러운 피조물, 하나님의 형상(*imago Dei*)인 인격체의 영예와 존엄, 인간의 불행을 설명하는 타락의 비극, 신이며 인간이신 예수 그리스도의 성육신과 구속을 통해 죄 사하심과 삶의 갱신에 관한 이야기가 들어 있기 때문이다. 인격체의 존엄성을 철저히 강조하는, 성경에 기초하고 풍성한 전통을 이어받은 이러한 인생관은, 노년이 되어서도 일출을 보기 위해 새벽에 일어났던, 영적으로 민감한 교황의 세계관적 지향이었다.[28]

동방 정교회

동방 정교회 신학자이자 예전학자인 알렉산더 슈메만(Alexander Schmemann, 1921~1983)은 서방 교회와 동방 교회 사이의 의미 있는 대화에도 불구하고, 서방 그리스도인들이 정교회를 거의 이해하지 못하고 있으며 특히 그 기초를 이루는 세계관을 제대로 이해하지 못한다고 지적했다. 그는 이렇게 말한다. "동방 기독교와 서방 기독교 사이에 교회 일치를 지향하는 만남이 반세기 이상 지속되고, 공식적으로는 '대화' 상태임에도 내가 보기에는 서방 그리스도인이 정교회를 온전히 이해하기가 여전히 어려운 것 같다. 공식화된 정교회의 교의나 교리를 이해하기 어렵다기보다는 근본적 세계관, 즉 교의나 교리의 이면에 자리 잡고 있으며 그것의 살아 있는 '실존적' 맥락을 이루는 경험을 이해하기가 어렵다는 말이다."[29]

이처럼 서방 교인들이 정교회를 이해하지 못하는 까닭이 정교회가 세계관 개념을 덜 강조하기 때문은 아니다. 제임스 코넬리스(James Counelis)는 "정교회 신학에서 전통적으로 세계관에 근거해 말하지 않았다"라고 바르게 지적하면서도 "세계관(*Weltanschauung*)이 정교회의 신학 작업의 핵심"이라고 말한다.[30] 성육신에 관한 로마 가톨릭의 논의 안에 세계관이 암묵적으로 자리 잡고 있듯이, 그 사상은 정교회 안에도 존재한다. 슈메만이 지적하듯이, "위대한 신성과 인성의 통일의 신비", 즉 신이며 인간이신 그리스도 교리에 관한 동방 교회 내부의 논쟁 안에는 "참된 기독교 '인본주의', 즉 세상에 대한 기독교적 관점에 대한 뿌리와 전제"가 자리 잡고 있다.[31] 그러나 정교회 안에서 세계관 형성이라는 추상적인 기획에 관해 다소간 침묵했던 데는 그럴 만한 이유가 있다.

정교회와 세계관

서방의 기독교 사상가들은 신학 작업이 합리적, 학문적 성격을 지닌다고 자명하게 전제한다. 이미 교부 시대부터 교회의 삶과 예배와는 다소 분리된 학문 활동을 추구하는 경우가 많았다. 신학은 분석적 연구로서, 하나님과 세상에 대한 그분의 관계에 관한 성경의 명제를 해석하는 데 초점을 맞추고 그것을 하나의 체계적인 총체로 조직화한다. 이처럼 학문을 지향하는 모형이 가톨릭과 개신교의 신학적 의식 안에 굳건히 자리 잡고 있다.

하지만 정교회에서는 이 기획을 다르게 이해한다. 17세기부터 19세기까지 정교회가 신학 작업을 위해 서방의 사유 방식, 특히 스콜라주의와 고백주의의 신학 방법을 받아들인 결과 '서방에 의한 교회의 포로 상태'라고 알려지게 된 상황을 초래되었다. 교부 시대라는 토양에서 그 뿌리를 뽑아내고 신앙과 그 예전의 신비라는 토대를 버리자, 최소한 일시적으로는 거짓 형태의 정교회 신학이 만들어졌다.[32] 그러나 그 독특한 성격에 충실하기 위해서는 세계관을 포함해 정교회의 신학 작업은 예전적 예배라는 경험에 닻을 내리고 있어야 한다. 대니얼 클렌데닌(Daniel Clendenin)이 지적하듯이, "서방 교인들은 신학을 도서관의 책에서 배우지만, 정교회는 예배당에서 행하는 예전과 예배에서 배우는 것이 특징이다."[33] 티모시 웨어(Timothy Ware)는 정교회에 관한 대중적인 입문서에서 이러한 역사적 접근 방식을 심층적으로 설명한다.

> 종교에 대한 정교회의 접근 방식은 근본적으로 하나님께 드리는 예배의 맥락에서 교리를 이해하는 예전적 접근 방식이다. '정교회'라는 말이 바른 믿음과 바른 예배 모두를 뜻하는 것은 우연이 아니다. 이 둘은 뗄 수 없다. 그래서 비잔틴 교회는 이렇게 평가되어 왔다. "그들에게 교리는 성직자가 이해하고 평신도에게 해설하는 지적 체계가 아니라, 무엇보다도 먼저 예전적 기림을 통해 땅 위의 만물을 하늘에 있는 것들과의 관계에서 바라보는 관점이다." 게오르기 플로로프스키(Georges Florovsky)의 말처럼, "기독교는 예전적 종교다. 교회는 무엇보다도 먼저 예배하는 공동체다. 예배가 먼저고, 교리와 권징은 그 다음이다." 정교회에 관해 알고자 하는 사람은 책을 읽기보다는 … 예전에 참여해야 한다. 빌립이 나다나엘에게 말했듯이 "와서 보라"(요 1:46).[34]

이 예전적 방식은 신학을 하는 것뿐 아니라 정교회 세계관을 개발하고 이해하는 데에도 직접적인 영향을 미친다. 이것은 오어와 카이퍼, 도여베르트 같은 개신교 신학자들과 심지어는 교황의 더 추상적이며 체계적인 방법과는 상당히 거리가 먼 접근 방식이다. 슈메만은 동방 교회의 패러다임을 활용해 예전에서 유래했고 삶에 대한 성례전적 관점을 만들어내는 정교회 세계관(*Weltanschauung*)의 고전적 진술을 제시했다. 이 전망의 핵심 주제들은 간략히 살펴볼 만한 가치가 있다.

성례전적 세계관

《세상에 생명을 주는 예배》(*For the Life of the World: Sacraments and Orthodoxy*)의 서문에서 슈메만은 일차적으로 대학생 독자를 대상으로 쓴 이 책의 목적이 "'기독교 세계관', 즉 정교회의 예전적 경험에서 유래한 세상과 인간의 삶에 대한 접근 방식을 … 약술하는 것"이라고 말한다.[35] 정교회 정신에 충실한 슈메만의 목표는 정교회 신학이나 세계관의 추상적 설명, 또는 형식적 분석을 제시하는 것이 아니라 세상과 하나님 나라를 바라보는 성례전적 방식이 교회의 예배하는 경험을 통해 길러진다는 것을 보여주는 것이다. "답은 깔끔한 지적 이론을 통해서가 아니라 무엇보다도 예배를 통해, 교회를 교회 되게 하는 예전(*leitourgia*), 곧 세상의 성례전과 하나님 나라의 성례전(**그리스도 안에서** 우리에게 주어진 선물)을 통해, 우리에게 드러내고 전해주는 교회의 살아 있고 깨어지지 않은 경험을 통해 우리에게 주어진다고 나는 확신한다"(8쪽).[36]

따라서 그는 2장에서 정교회 예전의 정점(성만찬)을 설명하고, 3장에서 성례전을 통해 새롭게 경험하는 하나님 나라의 원리를 삶의 갱신에 어떻게 적용할 수 있는지를 보여준다. 4, 5, 6장에서 그는 하나님 나라를 삶의 모든 양상으로 확장하기 위한 토대로서 세례와 결혼, 치유의 예전에 대해 논한다. 그는 교회를 향해 세상의 현실을 증언하고 그것을 변화시키는 일에 집중하도록 부르심을 받았음을 상기시키며 이 책을 마무리한다. 그러나 이 모든 논의는 슈메만이 정교회 세계관의 틀을 소개하는 첫 장의 맥락 안에 자리 잡고 있다. 첫 장에서 그는 삶을 바라보는 정교회 관점에 대한 맥락으로서 창조, 타락, 구속과 관련된 인간의 제사장적 역할에 초점을 맞춘다.[37]

슈메만은 먼저 "사람이란 바로 그가 먹는 것이다"라고 말했던 루트비히 포이어바흐(Ludwig Feuerbach)를 인용하면서 그다지 특별할 게 없어 보이는 음식이란 주제를 드러낸다. 이 경구를 통해 독일의 유물론 철학자인 포이어바흐는 인간이 육체적 피조물, 사실상 먹는 것의 산물에 불과하다는 생각을 전달하려고 했다. 그러나 슈메만은 사실 그가 자신도 모르게 가장 종교적인 인간관을 정확히 짚어냈다고 말한다. 성경의 창조 이야기에서 인간은 무엇보다도 먼저 굶주린 존재로 그려지며, 온 세상이 그 앞에 먹거리로 제공된다. 번성하고 피조물을 정복하라는 명령 바로 다음으로 땅이 내는 것을 먹거리로 삼으라는 명령을 받는다(창 1:29). 슈메만은 이 사상을 이렇게 설명한다.

> 인간은 살기 위해 먹어야 한다. 세상을 자기 몸 안으로 받아들여 그것을 자신으로, 살과 피로 변화시켜야 한다. 실로 인간은 그가 먹는 바이며, 온 세상은 인간에게 모든 것을 아우르는 하나의 잔칫상으로 주어졌다. 그리고 이 잔치의 이미지는 성경 전체에서 삶을 나타내는 핵심 이미지로 남아 있다. 그것은 창조 때 삶의 이미지였고, 종말과 성취 때에도 삶의 이미지일 것이다. "… 너희로 내 나라에 있어 내 상에서 먹고 마시[게 하려 하노라]."(11쪽)

슈메만이 설명하듯이 그가 음식처럼 부차적인 것처럼 보이는 주제로부터 출발한 까닭은 삶 자체의 본질에 관한 기초적인 물음에 답하고자 했기 때문이다. "우리는 어떤 삶에 관해 말하는가? 그리스도인으로서 그리스도께서 세상의 생명을 위해 죽으셨다고 고백할 때 어떤 **삶**을 설교하고 선포하고 선언하는가? 어떤 삶이 그리스도인의 **사명**의 동기인 동시에 시작이자 목표인가?"라고 그는 묻는다(11~12쪽). 그리스도께서 풍성한 **삶**을 주시는 것은 분명하다. 하지만 그것은 정확히 무엇일까?

이 물음에 대해 전형적으로 두 가지 근본적인 대답이 제시된다고 슈메만은 주장한다. 첫째, 어떤 이들은 그리스도께서 주시는 삶은 교회와 연결되어 있으며 세상의 일상적 삶과 분리된, 독특하게 종교적이며 영적인 삶이라고 믿는다. 둘째, 다른 이들은 그리스도께서 주시는 삶이 세상과 연결된, 독특하게 인간적이며 문화적인 삶이며 세상을 새롭게 하는 것이 교회의 일차적인 책무라고 믿는다. 니버의 범주를 적용하자면 양쪽은 '극단의 교회'를 대표한다. 첫 번째 집단은 "근본주의자들"로 이뤄지며 마니교적인 "문화와 대립하는 그리스도" 정서를 구현한다. 이들에게는 종교가 유일하게 의미 있는 것이다. 두 번째 집단은 자유주의적인 "문화의 그리스도" 사고방식을 표상하는 "문화주의자들"로 이뤄진다. 이들에게는 세상이 유일하게 의미 있는 것이다.[38]

슈메만에 의하면, 이렇게 상반되는 집단이 제시하는 대답은 부적합하다. 왜냐하면, 성경 어디에도 서방의 (전 세계가 그렇지는 않더라도) 종교의식 안에 이토록 만연해 있는 이원론적 범주를 찾아볼 수 없기 때문이다. 따라서 그리스도께서 위해서 죽으신 이 **삶**의 본질에 관한 물음은 그대로 남아 있다. "우리가 우리 삶을 '영성화'하든지, 우리의 종교를 '세속화'하든지, 사람들을 영적 잔치로 초대하든지, 그들과 더불어 세속적 잔치에 참여하든지, 하나님이 그것을 위해 그분의 독생자를 주셨다고 우리가 말하는 세상의 실제 삶은 여전히 우리의 종교적 영향력으로부터 절망적으로 벗어나 있다"(13쪽).

이 곤경을 극복하기 위해 슈메만은 이 두 전통적 범주에 대한 세 번째 대안을 제시한다. 그리스도께서 **영적** 삶이나 **세속적** 삶을 위해서가 아니라, 세상의 전적인 **성례전적인** 삶을 위해서 죽으셨다. 이를 설명하기 위해 그는 교회의 예전에서 인류가 만물의 제사장으로서 표현되고 있음을 제시한다.

피조물의 제사장인 인간

앞서 언급했듯이 성경은 처음부터 인간을 굶주린 존재로 그리며 **온** 세상은 인간 앞에 그의 필요를 채워주는 양식으로 제시된다. 슈메만이 지적하듯이, 세상이 하나님의 피조물이며 음식은 그분이 주신 선물이기에, 흔히들 순전히 자연적인 문제로만 이해하는 먹는 행위는 하나님과 사귐을 나누는 경험으로 변화된다. 따라서 성과 속의 이분법이 파괴된다. 하나님의 피조물이라는 선물을 받아서 누릴 때, 그리스도인은 하나님과의 사귐을 누리는 동시에 그분에 대한 지식을 얻는다. 영적이며 물질적인 세상이 서로 밀접하게 결합되고 둘 사이의 모든 인위적 구별이 제거된다. 하나님은 물질세계를 반대하지 않으시며, 물질세계는 하나님을 반대하지 않는다. 물질세계는 하나님의 피조물이므로 그분의 임재와 공급의 원천이자 계시로 물질세계를 이해해야 한다.

> 성경에서 인간이 먹는 음식, 그가 살기 위해 [말 그대로] 먹는 세상은 하나님에 의해 주어졌으며, **하나님과의 사귐으로** 주어졌다. 인간의 음식으로서의 세상은 '물질적인' 무언가가 아니며, 물질적 기능에 한정되지도 않고, 따라서 인간이 하나님과 관계를 맺는 구체적으로 '영적인' 기능과 구별되거나 대립적이지

않다. 존재하는 모든 것은 하나님이 인간에게 주신 선물이며, 이 모든 것은 인간이 하나님을 알게 하고 인간이 하나님과 생명의 사귐을 누리게 하려고 존재한다. 이것은 음식이 되어 인간을 위한 생명이 된 하나님의 사랑이다. 하나님은 그분이 창조하신 모든 것이 **복되게 하시며**, 성경적 언어로 이것은, 그분이 모든 피조물을 그분의 임재와 지혜, 사랑과 계시의 상징이자 수단으로 삼으셨다는 뜻이다. "너희는 여호와의 선하심을 맛보아 알지어다"(14쪽).

분명히 슈메만은 세상이 포이어바흐의 유물론으로 환원될 수 없다고 생각했다. 오히려 그는 창세기의 창조 기사를 근거로 하나님의 피조물인 세상과 거기에 수반되는 모든 성례전적 함의를 놀라운 방식으로 재발견한다. 피조물인 세상은 가장 심층적이며 본질적인 차원에서 창조자에 관해 말한다. "그 총체로서 우주이든, 그 삶과 생성으로서 시간과 역사이든, 세상은 하나님의 **현현**, 즉 그분의 계시와 임재, 능력의 수단이다. 다시 말해, 하나님이 세상의 존재에 대한 합리적으로 이해할 만한 원인이라는 사상을 '제기할' 뿐 아니라, 참으로 그분에 관해 '말하고' 그 자체로서 하나님에 대한 지식과 그분과의 사귐을 위한 필수적 수단이 된다. 그리고 그것이 피조물의 참 본질과 궁극적 운명이다"(120쪽).

이것이 세상의 본질이라면 인간은 세상과 어떤 관계를 맺어야 하는가? 피조물과 관련해 인간의 올바른 역할은 무엇인가? 제사장직에서 그 답을 찾을 수 있다. 하나님은 음식에 대한 필요로 상징되는 삶의 모든 굶주림이, 하나님 자신의 표지이자 상징인 매우 선한 세상의 물질을 통해 충족될 수 있도록 인간을 만드셨다. 세상과 세상의 공급이라는 이 선물에 대한 올바른 대답은 제사장적 대답이다. 즉 인간의 참 본성을 성취하는 예배 행위를 통해 그것을 주신 하나님께 감사하고 그분을 찬양하는 것이다. 물론 사람은 '생각하는 존재'이며 '만드는 존재'이지만, 더 심층적으로는 예배하는 존재다. 세상이라는 선물을 감사히 받아들이고 그것을 하나님 안의 삶으로 변화시킬 때 사람들은 이 우주적 피조물의 성례전의 제사장이 된다.

> '호모 사피엔스'(지혜로운 인간), '호모 파베르'(도구를 만드는 인간), … 그렇다. 하지만 무엇보다도 먼저 '호모 아도란스'(예배하는 인간)이다. 첫째, 인간의 기본적 정의는 그가 제사장이라는 것이다. 그는 세상 한가운데 서서 하나님을 찬양하는 행위를 통해, 하나님에게서 세상을 받고 그것을 하나님께 바침으로써 세상을 하나로 만든다. 그리고 이 성만찬으로 세상을 채움으로써 그는 삶, 즉 그가 세상에서 받은 삶을 하나님 안의 삶, 곧 그분과 사귐으로 변화시킨다. 세상은 '물질'로, 모든 것을 아우르는 하나의 성만찬의 재료로 창조되었고, 인간은 이 우주적 성례전의 제사장으로 창조되었다(15쪽).

죄로 인한 제사장적 삶의 상실

피조물의 성례전적 성격과 그 안에서 인간이 맡은 제사장적 역할에 관한 정교회의 이러한 이해를 고려할 때, 슈메만은 창세기 3장에 기록된 죄로 인한 인간의 타락을 어떻게 바라볼까? 이 재앙적 행위의 의미와 결과는 무엇인가? 그의 말처럼 타락이 다시 한번 음식이란 주제에 초점을 맞추고 있다는 점은 놀랍지 않다. 이 세상의 첫 부부는 하나님의 명령을 어기고 선과 악을 알게 하는 나무의 금지된 열매를 먹었다. 그러나 이 행위의 참 의미는 아담과 하와가 단순히 선을 넘어서 하나님의 명령을 위반했다는 것이 아니다. 오히려 타락은 하나님의 임재와 공급의 표지인 세상에 대한 거부와 제사장으로서의 인간의 소명에 대한 부인을 뜻한다. 그들이 창조주와 분리된 채 세상 그 자체를 욕망했다는 뜻이다. 그들은 세상과 세상이 주는 빵만으로 살고자 했다. 더 이상 세상을 하나님의 세상으로 보지 않는다. 그것은 피조물로서가 아니라 그저 '자연'으로서 거기에 있다. 다시 말해서, 창세기 3장에 기록된 인류의 타락은 실재에 대한 성례전적, 계시적 관점의 상실을 뜻한다. 슈메만은 이렇게 설명한다.

> 그 나무의 열매는 그것이 다른 무엇을 뜻하든지, 동산 안의 다른 모든 열매와 달랐다. 그것은 인간에게 선물로 주어지지 않았다. 그것은 하나님이 주시지 않았고 복되게 하지도 않으셨다. 그것을 먹으면 오직 그것하고만 교통하고 하나님과는 교통할 수 없는 저주를 받게 된다. 그것은 세상을 그 자체로서 사랑하는 것을 상징하는 이미지이며, 그것을 먹는다는 것은 삶 자체를 목적으로 삼고 살아가는 것을 상징하는 이미지다. … 인간은 세상을 사랑해 왔지만, 그 자체를 목적으로 삼았고 하나님 앞에 정직하지 않았다. 인간은 너무도 꾸준히 그렇게 함으로써 결국 '공중에 있는' 무언가가 되었다. 따라서 인간이 세상을 명료하지 않은 곳으로, 하나님의 임재로 가득하지 않은 곳으로 경험하는 것은 당연한 일이다. 세상이라는 하나님의 선물에 감사하는 삶을 살지 않는 것은 당연한 일이다. 세상이 성례전적이지 않은 것은 당연한 일이다(16쪽).

인간은 '성례전적으로', 즉 세상과 세상이 주는 선물을 하나님이 주셨음을 인정하고 깊이 감사하며 살아야 했다. 그러나 타락한 인류는 제사장 역할을 다하며 그런 이해와 감사 가운데 살아갈 능력을 상실했다. 세상에 대한 인간의 의존과 세상의 수용은 '폐쇄 회로'가 되었다. 세상은 그 준거점으로서 하나님이 아니라 그 자체를 가리킬 뿐이며, 그 결과 사람들은 예배하고 감사하며 살지 못했다.

죄의 상태에 빠진 인간들은 여전히 굶주린 존재다. 그들은 여전히 세상이 공급하는 것에서 필요를 충족하려고 한다. 사람들은 자신이 그들 너머나 외부에 있는 것(음식, 공기, 물, 다른 사람들 등)에 의존할 수밖에 없음을 안다. 하지만 하나님으로부터 소외된 상태에서 세상에 관해서만, 세상의 관점에 따라서만 그 사랑과 굶주림을 충족하고자 한다. "음식 자체가 생명의 근원이라고 생각하는 사람에게 먹는다는 것은 죽음과의 교통이다." 세상을 자율적으로, 그 자체로 가치를 삼아서 추구할 때 그것은 모든 가치를 상실한다. 타락으로 "인간은 성례전적 삶을 상실했고, 생명 자체의 생명, 즉 생명을 '생명'(Life)으로 변화시키는 능력을 상실했다. 인간은 더 이상 세상을 위한 제사장이 아니라 세상의 노예가 되고 말았다"(17쪽).

> 우리가 보기에 … '원죄'는 일차적으로 인간이 하나님께 '불순종'했다는 것이 아니다. 죄는 인간이 그분에 대해, 오직 그분에 대해서만 굶주리기를 그치고, 자신의 삶 전체가 하나님과 사귐을 나누는 성례전으로서의 온 세상에 의존해 있다고 보기를 그쳤다는 것이다. 인간이 자신의 종교적 의무를 소홀히 했다는 것이 죄가 아니다. 죄는 인간이 종교의 관점에서 하나님을 생각하는 것, 즉 그분이 생명에 반대한다고 생각하는 것이다. 인간의 진정한 타락은 비성례전적 세상 속에서 비성례전적 삶을 산다는 것이다. 인간의 타락은 영적인 것과 물질적인 것 사이의 균형을 무너뜨리고 하나님보다 세상을 더 좋아하는 것이 아니라, 세상을 의미와 영이 가득한 '하나님 안의 삶'으로 변화시켜야 했음에도 불구하고 세상을 물질적인 것으로 만들었다는 것이다(18쪽).

구속을 통한 제사장적 삶의 회복

슈메만은 '피조물'을 하나님의 임재와 축복의 성례전으로, 인간을 그 제사장으로, 타락을 이 둘 모두의 상실로 이해한다. 그렇다면 그는 예수 그리스도 안의 구속을 어떻게 이해하는가? 우리가 예상할 수 있듯이, 구속은 삶에 대한 성례전적 관점의 회복과 그 안에서 우리의 제사장 역할의 갱신과 관계가 있다. 하나님은 인류를 혼란스러운 갈망에 사로잡힌 노예 상태에서 셀 수 없이 많은 욕망과 굶주림에 압도된 채 최종적인 만족이 없는 상태에서 살아가도록 내버려 두지 않으셨다. 인간은 자신 안에 있는 신비로운 필요와 굶주림의 의미를 찾기 위해 힘겹게 노력해 왔다. 하나님은 인간이 그분의 마음을 좇도록, 그분을 위해 창조하셨다. 따라서 예수 그리스도의 인격이라는 빛과 복음을 통해서만 이런 굶주림의 원천과 만족을 찾을 수 있다.

> 철저하게 성취와는 거리가 먼 상황에서 하나님이 결정적으로 행동하셨다. 인간이 어둠 속에서 낙원을 향해 더듬더듬 나아갈 때 그분이 빛을 보내셨다. 그분은 잃어버린 사람을 되찾기 위한 구조 작전으로 그렇게 하신 것이 아니다. 오히려 **그것은 처음부터 그분이 해오신 일을 완성하기 위해서였다.** 하나님은 그분이 정말로 어떤 분이시며, 인간의 굶주림이 인간을 어디로 몰아가는지를 이해할 수 있게 하시려고 행동하셨다.
>
> 하나님이 보내신 빛은 그분의 아들이었다. 세상의 어둠 속에서 꺼지지 않고 계속 빛났으며 이제는 완전히 밝게 보이는 바로 그 빛이다(18쪽).

여기서 그리스도의 사역이 구조 작전이 아니라 "처음부터 그분이 해오신 일을 완성하는 것"이라는 점에 주목하라. 하나님은 처음부터 무슨 일을 해오셨는가? 그 일이란, 그분의 임재와 사랑의 표지와 상징이 된 세상의 창조가 아니었을까? 그분의 피조물이라는 선물이 인간 마음의 굶주림을 충족시키는 것은 바로 하나님 안에서가 아닐까? 영혼의 필사적인 갈망은 결국 하나님을 가리키는 게 아닐까? 인간의 마음은 삶의 축복에 감사하기를 갈망하지 않을까? 종교의 긴 역사는 단편적인 방식으로 하나님을 향한 인간의 동경을 가리키지 않을까? 그리스도 안에서 모든 종교는 끝났다. 그분이 모든 종교적 열망과 모든 인간의 굶주림에 대한 최종적 해답이기 때문이다. 그분 안에서 인간이 잃어버린 참 삶이 회복되었다. 새 피조물이 되는 구속은 "그리스도 안에서 삶(온전한 삶)이 인간에게 되돌아왔으며, 다시 성례전과 사귐으로 주어졌고, 성만찬이 되었음"을 뜻하기 때문이다(20~21쪽). 구속을 통해 세상은 하나님의 피조물로 회복되었고, 인간은 그 제사장적 소명을 재개한다. 그리스도는 세상에 이 삶을 주시려고 죽으셨다.

물론 음식이란 수단을 통해 이처럼 그리스도 안에 있는 삶의 거룩한 형식으로의 회복을 기리고, 심지어 누리는 것은 놀랍지 않다. 슈메만에 따르면, 우리는 예수께서 자신을 전적으로 내어 주시는 행위의 유익을 거룩한 식사, 즉 성만찬을 통해 받아들인다. 제단에서 올려 드리고 그분을 기억하면서 받은 빵과 포도주라는 성례전의 요소는 성례전적 경험 전체를 구현한다. 인간의 삶은 잔치로 차려진 피조물, 즉 음식에, 빵과 포도주에 의존한다. 인간은 우주적 성만찬에 참여하도록 창조되었으며, 하나님 안에서 삶의 변화를 누린다. 성찬의 요소를 받을 때 그리스도인들은 이 요소가 피조물 전체의 본질을, 즉 하나님의 임재를 드러내고 그분을 알게 해주는 그분의 선물임을 깨닫는다. 이 음식과 이 세상, 이 삶을 하나님께 바치는 것이 인간의 제사장적, 성만찬적 역할이자 그 성취다. 이 예전에서 세상과 인간 정체성의 참 의미(정교회 세계관의 핵심이자 본질)가 드러난다.

한 번 더 생각해 보기

'세계관'이란 말은 가톨릭이나 정교회의 영적, 신학적 어휘에서 특별히 두드러지지는 않는다. 그럼에도 두 전통 안에는 세계관(*Weltanschauung*)으로서의 기독교 이해를 표현하고자 하는 충동이 깊이 자리 잡고 있다. 커닝햄은 자신이 이해하는 가톨릭 사상의 본질을 요약하기 위해 이 개념을 명시적으로 활용한다. 기독교 인본주의에 대한 교황의 주장 속에는 예수 그리스도와 성육신과 인간의 존엄성을 중심으로 한 가톨릭의 포괄적인 우주 해석이 자리를 잡고 있다. 동방 정교회의 정신은 신학적 추론에 강하게 반대하기 때문에 정교회 세계관을 명제적으로 진술하는 경우는 드물다. 하지만 그렇다고 해서 이 전통 안에 그런 진술이 전혀 없다는 뜻은 아니다. 교회의 예전 안에서 그 원천을 찾을 수 있으며, 이 원천으로부터 슈메만은 성례전적, 제사장적 삶에 대한 정교회의 이해를 탁월하게 제시했다.

복음주의 개신교와 가톨릭, 정교회라는 세 위대한 기독교 전통 사이에 존재하는 심각한 차이를 최소화하지 않으면서, 이 세 전통은 기독교 세계관(*Weltanschauung*)에 관해 많은 것을 공유한다. 교회의 역사에서 각자의 전통은 특정한 강점과 약점을 가지고 있다. 그리스도의 몸으로서, 우리는 실재에 대한 진정한 기독교적 비전을 확립하려는 각자의 노력(그것은 범위와 균형에 있어서 어쩔 수 없이 제한을 받을 수밖에 없다.)에서 약점을 보완하기 위해 서로의 강점을 활용하는 것이 가장 지혜롭다. 리처드 포스터가 보여 주었듯이, 성령께서 우리 자신의 전통과 다른, 하나님을 예배하는 다양한 전통 안에서 오랜 세월에 걸쳐 일하고 계신다고 인정한다면,[39] 우리가 서로한테서 배우지 말아야 할 이유는 전혀 없어 보인다. 이런 개방성은 우리가 기독교 세계관을 명확히 진술하고자 노력할 때 발생하는 공백을 채워 가는 데 도움을 줄 수 있다. 이런 종류의 협력을 지지하면서 에이버리 덜러스(Avery Dulles, S. J.)는 다양한 집단이 "서로를 풍성하게 하는 에큐메니즘을 추구하고 서로에게 얼마나 많이 주고받을 수 있는지를 묻자"라고 제안한다. "각 집단이 믿음 안에서 주장하는 바는 **오이쿠메네**(*oikoumene*) 전체를 위해 그들이 간직하고 있는 것으로 볼 수도 있다."[40]

이 책의 첫 두 장이 보여주었듯이, 창조, 타락, 구속이라는 성경의 전반적 구조를 받아들인다는 점에서 이 세 전통 사이에는 주목할 만한 공통분모가 있다. 개신교 복음주의자들은 성경의 권위와 우선성을 강조하며, 따라서 이 세 주제의 성경적 의미와 문화적 함의를 체계적인 방식으로 제시하는 데 노련했다. 가톨릭과 정교회 전통은 같은 개념의 영적, 신학적 의미를 성례전적, 예전적 방식으로 표현해내는 데 뛰어났다. 만약 교회가 모든 그리스도인의 믿음을 깊고 풍성하게 하는 "포괄적이며 보편적인 기독교 세계관"을 누리고자 하며 "허무주의와 향락주의에 취한 문화"에 효과적으로 개입할 수 있으려면, **놀랄 것도 없이** 두 양상, 즉 성경적/문화적 양상과 성례전적/예전적 양상 모두가 똑같이 필요하다.[41]

하지만 다른 어떤 기독교 전통보다 세계관 개념을 광범위하게 활용한 집단은 개신교 복음주의권이었다. 세계관을 복음주의**의** 특징이라고 말하는 것은 지나친 표현일지도 모르지만, 분명히 **그 안에서**, 특히 개혁주의 맥락에서 이 개념이 두드러진 특징으로 나타난다. 성경적 신앙의 포괄적이며 일관성을 갖춘 관점을 전달하는 수단으로 중요하게 사용된다는 것을 고려할 때, 사상사에서 이 세계관 개념의 기원과 역할에 관해 알아보는 것이 중요하다. 이것이 바로 다음 여섯 장에서 우리가 하고자 하는 바다.

세계관의 문헌학적 역사

3

제임스 오어는 1891년에 행한 커 강연을 기초로 출간한 《하나님과 세계에 대한 기독교적 관점》에서 세계관(*Weltanschauung*)에 관해 "이 용어의 역사가 아직 기술되지 않았다"라고 말했다.[1] 오어는 19세기 후반 학계에서 명성을 얻은 이 개념에 진지한 관심이 부족하다는 사실에 놀라워한다. 그가 말했듯이, "지난 20, 30년 동안 이 말은 종교와 철학에 대한 더 수준 높은 질문을 다루는 모든 종류의 책에서 대단히 자주 사용되었으며, 없어서는 안 될 정도가 되었다."[2] 이 말이 당시에 가장 선호하는 용어 중 하나였음에도 이 용어의 문헌학적 역사는 아직 연구가 이뤄지지 않은 상태였다.

그러나 적어도 Wortgeschichte(용어의 역사)와 Begriffsgeschichte(개념이나 사상의 역사) 분야를 다루는 독일어권 학자들 사이에서는 그렇지 않다.[3] 그들은 독일어 용어의 역사적 연구에 많은 에너지를 투입했고, 이런 노력이 자연과학과 사회과학, 인문학, 철학과 신학의 핵심 용어와 개념의 배경과 용례에 관한 정보의 금광을 제공했다. 19세기 말 20세기 초 일상적 담론과 학문적 담론 양쪽에서 세계관(*Weltanschauung*)의 인기가 정점에 이르렀을 때, 마침내 이 용어는 눈여겨볼 만한 관심을 끌기 시작했고, 이런 관심은 지금까지 계속되고 있다.

세계관에 관한 용어 연구

세계관(*Weltanschauung*)의 역사를 자세히 다룬 독일 학자들의 영향력 있는 연구 중 적어도 일곱 사례는 언급할 만한 가치가 있다. 연대기 순으로 볼 때, 세계관(*Weltanschauung*)에 대한 첫 번째 연구 중 하나는 세계관 분야에 관한 알베르트 곰베르트(Albert Gombert)의 논평에서 찾을 수 있다(1902년과 1907년).[4] 자주 언급되는 알프레트 괴체(Alfred Götze)의 1924년 글 "유포리온 논문"(Euphorion-Artikel)은 영향력이 훨씬 더 컸다. 이 논문은 1945~1946년에 프란츠 도른자이프(Franz Dornseiff)가 내놓은 이 용어에 대한 간략한 연구와 그림 형제로부터 시작된 《독일어 사전》(Deutsches Wörterbuch)에 1955년판에 실린 이 개념에 대한 긴 분석을 위한 기초가 되었다.[5]

헬무트 마이어(Helmut G. Meier)가 쓴 탁월한 박사 학위 논문 "세계관: 개념의 역사와 이론에 대하여"는 1967년 발표되었다.[6] 이 논문은 현재까지 독일어로 쓴 세계관(*Weltanschauung*) 개념의 역사와 이론에 관한 가장 철저한 연구서일 것이다. 먼저 마이어는 사상사(Begriffsgeschichte) 분야와 관련된 이론적 문제를 검토한다. 그런 다음 세계관(*Weltan-schauung*)에 관한 세계사 연구의 현재 상황을 간략히 살펴본다. 그는 앞에서 인용한 세계사 자료를 분석할 뿐 아니라 독일어와 영어를 비롯한 다양한 외국어로 된 철학 사전에 실린 세계관(*Weltanschauung*) 항목을 검토한다. 다음으로 칸트와 피히테, 셸링, 헤겔 등이 이 개념을 어떻게 사용했는가에 초점을 맞추면서 독일 관념론과 낭만주의의 맥락에서 세계관(*Weltanschauung*)이란 용어의 사용을 깊이 있게 살펴본다. 그리고 나서 그는 19세기 중엽까지 다양한 사상가들이 이 용어를 어떻게 활용했는지를 조사한다. 개인적, 주관적 전망으로서의 세계관에 대해 살펴본 후 마이어는 부록으로 세계관(*Weltanschauung*)과 이데올로기 사이의 관계에 대해 논한다. 계속해서 그는 철학과 종교 분야에서 이 용어의 용례를 살펴본다. 마지막 장에서는 릴(Riehl)과 곰페르츠(Gomperz), 리케르트(Rickert), 후설(Husserl), 딜타이(Dilthey), 야스퍼스(Jaspers)에 초점을 맞추며 "세계관 철학"(*Weltanschauung-Philosophie*)의 구조와 기능에 대해 논한다. 이 논문은 (분석의 깊이와 광범위한 주석, 긴 참고문헌 목록을 고려할 때) 세계관(*Weltanschauung*) 연구에 매우 귀중한 공헌을 했다.

1980년에는 독일어로 쓴 세계관 '지침서'가 출판되기도 했다. 이 책에는 베르너 베츠(Werner Betz)가 쓴 "'세계관'이란 용어의 역사에 대하여"라는 매우 유익한 글이 실려 있다.[7] 이 연구서에서 저자는 앞에서 언급한 저작들이 다루는 주제 대부분을 다룬다. 용어 연구에 더해 이 책에서는 정치 이론과 비밀의 종교, 생활 개혁 분야에서 세계관 개념이 어떻게 사용되는지도 살펴본다. 이 책의 마지막에는 아르민 몰러(Armin Mohler)가 모은 30쪽이 넘는 방대한 참고문헌 목록이 실려 있다. 이 참고문헌 목록은 다양한 분야에서 "세계관에 관한 책이 홍수처럼 쏟아져 나오고 있음"을 보여준다.[8]

가장 최근 연구로는 1997년 발표된 안드레아스 마이어(Andreas Meier)의 글이 있다. 여기서 그는 세계관(*Weltanschauung*)이란 용어가 19세기에 생겨났다고 지적한다. 그러나 다음 논의를 통해 드러나는 것처럼 이 용어는 사실 18세기 말에 만들어졌고, 이 논문에서 보여주듯이 19세기 독일과 유럽 전역에서 두드러지게 사용되었다.[9]

세계관(*Weltanschauung*)이란 용어의 역사를 추적한 이러한 독일어 저작들에 영어로 된 두 자료를 추가할 수 있다. 바로 알버트 월터스의 논문들이다. 알버트 월터스(Albert M. Wolters)는 "사상사에서의 '세계관': 예비적 고찰"('Weltanschauung' in the History of Ideas: Preliminary Notes)이란 대단히 유익한 미발표 원고를 썼다.[10] 용어의 기원과 세계관(*Weltanschauung*)의 지성사를 추적하면서 월터스는 괴체와 도른자이프, 카인츠(Kainz), 《독일어 사전》에 크게 의존한다. 그는 개인적 세계관과 과학, 철학 사이의 관계에 특히 초점을 맞춘다.

또한 월터스가 "세계관 사상과 철학의 관계에 대해"라는 제목으로 발표한 논문은 학문으로서의 철학과 개인의 가치 체계로서의 세계관 사이의 관계라는 주제를 다룬다.[11] 많은 독일 사상가들의 다양한 세계관(*Weltanschauung*) 이해를 기초로 삼아 월터스는 "세계관과 철학"의 관계를 분류한다. 그에 따르면 세계관은 철학을 "반대하거나" "왕좌에 앉히거나" 철학과 "나란히 서거나" 철학을 "산출하거나" 철학과 "동일하다."[12] 개인의 세계관과 전문적 철학의 관계는 역사적으로 중요한 문제였으며, 월터스의 모형은 이 용어의 역사에 대한 그의 연구와 더불어 이 중요한 주제를 성찰하기 위한 유익한 출발점을 제공한다. 그러나 그의 연구를 제외하면 영어권 학자들이 지적 개념으로서의 세계관(*Weltanschauung*)의 역사에 관심을 기울인 사례가 거의 없다. 바라건대 이 책이 이런 결핍을 바로잡는 데 일조했으면 한다.

세계관(Weltanschauung)을 처음으로 사용한 임마누엘 칸트

한스-게오르그 가다머(Hans-Georg Gadamer)는 역동적인 "괴테(Goethe)의 세기"에 세계관(*Weltanschauung*)을 포함해 "우리가 여전히 사용하는" 다양한 "핵심 개념과 용어"가 "특별한 성격을 얻게" 되었다고 말한다.[13] 문화적으로 비옥했던 이 기간에 임마누엘 칸트는 영향력이 매우 큰 인물이었다. 이 탁월한 프로이센의 철학자는 1790년에 출판된 《판단력 비판》(*Critique of Judgment*)이란 책에서 세계관(*Weltanschauung*)이란 용어를 만들어낸 것으로 널리 인정받고 있다.[14] 이 용어는 인간 정신의 지각 능력을 강조하는 칸트의 전형적인 주장 속에 등장한다.

> 그럼에도 불구하고 인간 정신에 주어진 무한을 모순 없이 생각할 수 있으려면 이를 위해 감각을 초월하는 능력이 요구된다. 왜냐하면 스스로는 어떤 직관도 허락하지 않으면서도 단순한 현상으로서의 세계직관(*Weltanschauung*)에 토대로 놓여있는 누메논(본체, noumenon)의 이념을 통해 감각세계의 무한함은 순수한 지성의 추정 안에서 하나의 개념으로 파악되기 때문이다. 그러므로 이러한 무한함은 수학적 추정 안에 있는 수 개념을 통해서는 결코 그 전모가 파악될 수 없다.[15]

이 인용문의 맥락에서 "겉으로 드러난 것"이나 "감각 세계" 같은 다양한 구절은 칸트에게 세계관(*Weltanschauung*)이란 말이 세계에 대한 감각적 지각을 의미할 뿐임을 암시한다. 예를 들어, 월터스는 앞의 인용문에서 처음으로 사용된 세계관(*Weltanschauung*)이란 말에는 특별한 의미가 없다고 생각한다. "이 말은 칸트가 우연히 만들어 낸 말로, Weltbeschauung(세계에 대한 조사나 검사), Weltbetrachtung(세계에 대한 숙고나 성찰), Weltansicht(세계에 대한 관점이나 의견)과 같은 기존 복합어와 비슷하다. 그뿐 아니라 이 말은 감각적 지각이라는 일반적인 의미에서 세계에 대한 직관(Anschauung)을 뜻할 뿐이다."[16] 이것은 마르틴 하이데거가 이 용어를 사용하는 칸트의 방식에 대해 해석한 것이기도 하다. 하이데거는 칸트가 감각계(mundus sensibilis)와 관련해, 즉 "감각에 주어진 세상을 관조한다는 의미에서 세계직관"이라는 뜻으로 세계관(*Weltanschauung*)이란 말을 사용했다고 지적한다.[17] 이 말을 만들어 낸 후 칸트는 이 용어를 단 한번만 사용한 것처럼 보이며 그에게는 이 용어가 그다지 중요하지 않았지만, 이 용어는 인식하는 존재로서 인간의 관점에서 우주에 대한 지적 인식을 가리키는 말로 금세 자리 잡았다. 칸트가 인식과 의지의 능력을 지닌 자아를 우주의 인식적, 도덕적 중심으로 강조하면서 철학 분야에서 일어난 코페르니쿠스적 혁명은 세계관 개념이 번성할 개념적 공간을 만들어 냈다. 칸트의 후계자들은 이 용어를 채택했으며, 세계관이란 개념은 이내 독일과 유럽의 지성계에서 널리 사용되는 개념으로 자리 잡았다.

독일어와 다른 유럽 언어에서 세계관(Weltanschauung)의 용례

이 용어는 처음 생겨난 후 수십 년 동안, 특히 독일 관념론과 낭만주의 전통에 속한 많은 주요 사상가의 영향력 아래서 널리 사용되었다. 가장 먼저 칸트의 진보적인 후계자였던 요한 고틀리프 피히테(Johann Gottlieb Fichte, 1762~1814)가 이 용어를 즉시 채택했다.[18] 그는 이 용어가 처음 등장한 칸트의 《판단력 비판》(1790)이 나온 후 불과 2년이 지난 뒤에 출판된 《모든 계시에 대한 비판 시도》(*An Attempt at a Critique of All Revelation*, 1792)에서 세계관(*Weltanschauung*)이란 용어를 처음 사용했다. 이 책에서 피히테는 감각계에 대한 지각이라는, 칸트가 사용한 이 용어의 기본적 의미를 채택했다. 그는 도덕적 자유와 자연적 인과성 사이의 긴장을 조화시키며 경험적 세계를 지각하는 방법의 역할을 하는 "더 높은 입법원리"에 관해 말한다. "우리가 이 원리를 한 세계관(einer Welt Anschauung)의 기초로 받아들인다면, 이 원리에 의해 하나의 동일한 결과를 완전히 필수적인 것으로 인식할 수 있을 것이다. 이 결과는 감각계와 관련해 우리에게 도덕법에 따라서는 **자유로운** 것처럼 보일 것이며, 이성의 인과성에 기인할 때는 본질상 **우연적인** 것으로 보일 것이다."[19]

피히테는 계속해서 하나님이 도덕적 영역과 자연적 영역의 결합을 위한 기초이시며, 이 두 영역의 일치가 신적 "세계관"의 토대라고 주장한다. 따라서 하나님은 사물들의 본성에 관해 아무런 근본적 차이도 없다고 보신다. "그러므로 그분 안에서 두 원리가 결합되며, 그분의 세계관(Welt Anschauung)의 기저에는 이 두 원리가 서로 의존하는 그 원리가 자리잡고 있다. 그러므로 그분께는 아무것도 자연적이지 않으며 아무것도 초자연적이지 않고, 아무것도 필연적이지 않으며 아무것도 우연적이지 않고, 아무것도 잠재적이지 않으며 아무것도 실재적이지 않다."[20]

피히테는 이 새로운 용어를 무기로 확보하고 1794년에 쾨니히스베르크(Königsberg)로부터 예나(Jena)로 이주했다. 그리고 1799년에 이르면, 그보다 나이어린 동료인 프리드리히 빌헬름 요제프 폰 셸링(Friedrich Wilhelm Joseph von Schelling, 1775~1854) 역시 이 용어를 채택한다. 하지만 마르틴 하이데거가 지적하듯이, 셸링에 이르면 이 단어의 의미가 바뀐다. 셸링은 이 용어에 "존재의 우주를 이해하고 해석하는 의식적인 방식일 뿐 아니라 자기실현적이며 생산적인 방식"이라는 통상적인 의미를 부여했다.[21] 철학의 목적에 대한 셸링의 이해에 비춰볼 때 이것은 충분히 이해할 만하다. 그는 《철학 서한》(*Philosophical Letters*, 1795)에서 "모든 철학의 주된 과제는 세계의 실존이라는 문제를 푸는 것이다"라고 주장한다.[22] 셸링은 특히 생애 마지막 단계에서 이 문제가 실존적 질문에 대한 답을 요구한다고 생각했다. 이후 하이데거는 이 문제를 《존재와 시간》(*Being and Time*)의 주제로 발전시켰다. 셸링은 다음과 같이 질문한다. "사람들은 내가 이 마지막 필사적 질문을 던지게 했다. 왜 무언가가 존재하는가? 왜 아무것도 없지 않은가?"[23] 암묵적이기는 하지만 셸링은 세계관 자체가 세계의 실존과 의미라는 물음에 대한 답이며, 실존이라는 궁극적 물음에 대한 대답을 간략하게라도 제시한다. 이것이 셸링이 1799년에 쓴 《사변적 형이상학의 개념에 관해》(*On the Concept of Speculative Metaphysics*)에 암시된 의미로 보인다. 이 글에서 그는 지성을 위한 두 가지 선택지에 대해 논한다. "지성에는 두 종류가 있다. 하나는 맹목적이며 무의식적인 지성이며, 다른 하나는 자유로우며 생산적 의식을 지닌 지성이다. 세계관 안에는 생산적 무의식이 자리 잡고 있으며, 관념적 세계의 창조에는 의식이 자리 잡고 있다."[24] 따라서 세계관(*Weltanschauung*)은 무의식적 지성의 산물이다. 그것은 마비되어 있지만 여전히 작동하는 정신에 의해 지각된 세계에 관한 잠재의식적 인상을 가리킨다. 반면에 "관념적 세계"를 만들어내는 지성은 그 작동과 내용을 충분히 자각한다. 따라서 칸트가 처음 사용한 이 용어의 일차적 의미는 우주에 대한 감각적 경험에 초점이 맞춰졌지만, 셸링에 이르면 우주에 대한 지성적 지각으로 그 초점이 이동한다.

세계관은 처음부터 깊이 뿌리를 내렸고, 특히 프리드리히 슐라이어마허(Friedrich Schleiermacher, 1799), 슐레겔(A. W. Schlegel, 1800), 노발리스(Novalis, 1801), 장 폴(Jean Paul, 1804), 헤겔(G. W. F. Hegel, 1806), 요제프 괴레스(Joseph Görres, 1807), 요한 볼프강 폰 괴테(Johann Wolfgang von Goethe, 1815) 등 수많은 저명한 지식인들 사이에서 가지를 뻗어 갔다.[25] 19세기 첫 20년 동안 이 용어를 주로 사용한 사람들은 독일의 신학자, 시인, 철학자들이었지만, 19세기 중엽에 이르면 역사가 랑케(Ranke), 음악가 바그너(Wagner), 신학자 포이어바흐(Feuerbach), 자연과학자 알렉산더 폰 훔볼트(Alexander von Humboldt)의 작업을 포함해 다양한 분야에서도 이 용어가 사용되기에 이른다. 알렉산더의 형인 독일의 언어철학자 빌헬름 폰 훔볼트(Wilhelm von Humboldt) 역시 1836년에 언어가 특정한 세계관을 표현한다고 주장하면서 이 단어를 사용했다. "언어들 사이의 차이는 소리와 기호의 차이가 아니라 세계관 자체의 차이다"라고 그는 주장했다.[26] 19세기에 세계관(*Weltanschauung*)이란 용어는 매우 큰 인기를 끌었으며, 따라서 1890년대에 오어는 "없어서는 안 될 정도"라고 말할 수 있었다.[27] 아브라함 카이퍼뿐 아니라 오어 역시 포괄적인 칼뱅주의 역사관에 대한 그들 각자의 전망을 제시하기 위해 세계관이란 편리하고 강력한 개념을 활용했다는 점은 놀랍지 않다. 월터스가 지적하듯이 독일의 사상가들 사이에서 두드러진 역할을 했던 세계관(*Weltanschauung*)은 철학이란 개념과 나란히 짝을 이뤘다. "19세기에 이 단어는 교양 있는 독일어의 표준적 어휘가 되었다. 이 말은 '철학'이란 용어와 나란히 놓이게 되었으며, 카이퍼스(K. Kuypers)의 말처럼 이제 철학은 '특히 독일어 용법에서 분류하기 어려운 정체성을 지닌 세계관이란 용어를 가장 가까운 이웃으로 받아들이고 있다.'"[28]

20세기 초 세계관이란 말의 인기가 정점에 이르렀다. 수많은 책과 글에서 이 말을 제목에 사용했다. 예를 들어, 마이어의 논문에 실린 참고문헌에는 제목에 세계관(*Weltanschauung*)이 포함된 독일어 문헌이 약 2천 개 포함되어 있으며, 그중 다수는 20세기 초에 출간된 것이다.[29]

이뿐 아니라 1911년에는 세계관적(*Weltanschauungliche*)이라는 형용사가 만들어졌으며, 이 신조어에 자극을 받아 언어학자들은 세계관(*Weltanschauung*)이란 용어 자체의 기원을 찾기 시작했으며, 결국 이 말을 칸트가 처음 만들어냈음을 발견했다. 19세기 독일의 관념론과 낭만주의 조류 안에서 세계관은 적절한 용어였으며, 더 나아가 카인츠의 말처럼 핵심 개념(Herzwort)이었다.[30] 이 용어는 우주의 본질을 이해하고자 하는 인간의 갈망을 예리하게 표현했다. 따라서 세계관(*Weltanschauung*)은 인간의 핵심적인 관심사를 집어냈기 때문에 "이미 전성기를 맞은 개념"이었다.[31]

세계관(*Weltanschauung*)은 독일 지식인들뿐 아니라 유럽 전역과 외부 사상가들의 상상력까지 사로잡았다. 특히 로망스어군(포르투갈어, 에스파냐어, 프랑스어, 이탈리아어 등 라틴어에서 유래한 언어-역주)의 작가들이 이 말을 외래어로 차용하거나 슬라브어와 게르만어를 쓰는 작가들이 번역 차용(calque, 외국어 구절의 낱말을 동일한 의미의 자국어로 바꾸는 표현하는 방식-역주)한 것을 보면, 이 용어가 언어학적으로 성공을 거두었음을 알 수 있다. 게르만어족의 경우 덴마크어와 노르웨이어에서는 verdensanskuelse가 이 말과 같은 의미를 지니는데, 월터스는 이 말을 쇠렌 키에르케고어가 만들어냈을 것으로 생각한다. 그는 이 말과 더불어 독일어의 Lebensanschauung(인생관)에 해당하는 덴마크어 livsanskuelse를 만들어 함께 사용했다.[32] 그러나 베츠는 덴마크의 시인이자 철학자인 파울 묄러(Paul Møller)가 1837년에 verdensanskuelse를 처음 사용했다고 추적한 바 있다.[33] 스웨덴어에서는 världsåskådning이란 말을 만들어 냈고, 아이슬란드어에서는 heimsskodun을 사용하며, 네덜란드에서는 wereldaanschouwing이나 wereldbeschouwing이란 복합어를 활용해왔는데, 이 말에서 아프리칸스어(17세기 네덜란드어가 기초를 이루는 남아프리카 공화국의 공용어 중 하나-역주)의 wêreldbeskouing과 프리슬란트어(네덜란드의 북부 프르슬란트 지방에서 사용되는 언어-역주)의 wrâldskoging이 파생되었다.[34]

슬라브어의 경우 폴란드어에서는 swiatopoglad를 사용하며, 러시아어에서는 mirovozzrenie를 사용하는데 이 말은 소비에트의 공식 번역 문헌에서 '세계 전망'으로 옮겨졌다.[35]

로망스어군에서 세계관(*Weltanschauung*)은 많은 프랑스어와 이탈리아어 철학 사전에 외래어로 등재되었다. 이탈리아어 사전인 《철학 백과사전》(*Enciclopedia Filosofica*, 1958)에서 기우소(L. Giusso)는 이 용어를 정확히 번역하기가 어렵다는 점을 지적하면서도 이 말의 정의를 제시한다. "이 용어는 이탈리아어로 번역하기 어렵지만 세계에 대한 전망이나 직관, (더 적절히는) 관념을 뜻한다."[36]

프랑스어 사전인 《프랑스어 알파벳과 유사어 사전》(*Alphabétique et Analogique de la Langue Française*, 1994)에서는 *Weltanschauung*을 외래어로 소개하면서, 프랑스어 문헌에서는 1930년 장 그르니에(Jean Grenier)가 처음으로 이 말을 썼다고 밝힌다. 철학 용어로 분류된 이 말은 "삶에 대한 관념과 관련된 세계에 대한 형이상학적 관점"으로 정의된다.[37] *Weltanschauung*이 프랑스어 철학 사전에 소개된 몇몇 사례는 눈여겨볼 만하다. 《새로운 철학어휘 사전》(*Nouveau Vocabulaire Philosophique*, 1956)에서 퀴빌리에(A. Cuvillier)는 "이 말이 우주와 삶에 대한 관념"을 뜻한다고 주장한다. 졸리베(R. Jolivet)는 《철학의 어휘》(*Vocabularie de la Philosophie*, 1957)에서 이 말을 "세계에 대한 전망", "세계에 대한 일반적 관점", "세계에 대한 포괄적 관점", "세계와 관련된 실천적 태도"로 번역한다. 풀키에(P. Foulquié)는 《철학 용어 사전》(*Dictionnaire de la langue philosophique*, 1962)에서 세계관(*Weltanschauung*)을 "세계에 대한 직관적 관점"으로 번역해야 한다고 주장하면서 이 개념을 "모든 사람이 삶에 대해 가지고 있는 관념에 관한 형이상적 주장의 총합"으로 정의한다. 같은 사전에서 방쿠르(R. Vancourt)는 세계관(*Weltanschauung*)이 "지성과 감성, 행동의 관점에서 바라본 우주에 대한 개인의 포괄적 반응"과 관계가 있다고 주장한다.[38]

이 간략한 조사를 통해서 세계관이 마치 발이 달린 개념처럼 유럽 전역으로 퍼져 나가 다양한 언어적, 문화적 맥락에 자리 잡았음을 분명히 알 수 있다. 이 용어의 점증하는 중요성을 감안하면, 이 용어가 오랫동안 대륙 안에 고립된 채 남아 있는 것은 불가능했다. 곧 이 용어는 도버 해협을 건너 영국으로 전해졌으며, 대서양을 가로질러 미국으로 수출되었다. 따라서 이제는 영미권에서 이 용어가 어떻게 사용되었는지 살펴보아야 한다.

Weltanschauung과 영어권의 세계관

영어권에서 세계관(*Weltanschauung*)은 외래어와 번역 차용 모두 수용되었다. 《옥스퍼드 영어 사전》(*Oxford English Dictionary*, 1989)에는 외래어로 *Weltanschauung*를 다룬 별도 항목이 있으며, 이 단어가 '세계'를 뜻하는 독일어 Welt와 '직관'을 뜻하는 Anschauung에서 유래했다고 설명한다.[39] 《옥스퍼드 영어 사전》에서는 이 용어를 "삶에 대한 특별한 철학이나 관점, 한 개인이나 집단이 가지고 있는 세상에 대한 관념"으로 정의하며, 영어로는 'world-view'로 번역해야 한다고 서술한다. 이 사전에 따르면, 영어에서 세계관(*Weltanschauung*)이란 말은 1868년에 윌리엄 제임스(William James)가 썼고 페리(R. B. Perry)가 《윌리엄 제임스의 사상과 특징》(*The Thought and Character of William James*, 1935)에서 인용한 편지에 처음 등장했다. "나는 당신이 … 그리스 '세계관'(*Weltanschauung*)의 특징이 낙관주의라고 했던 것을 기억한다." 이 사전에서는 1978년까지 영어에서 세계관(*Weltanschauung*)이란 말이 사용된 다른 예도 제시한다. 특히 흥미로운 것은 1934년에 보드킨(M. Bodkin)의 책 《시의 원형적 양식》(*Archetypal Patterns in Poetry*)에서 이 말을 사용한 경우다. 그는 "한 사람의 철학은 … 그의 세계관(*Weltanschauung*, 실재에 대한 개인적 전망이나 관점)이다"라고 썼다.

《옥스퍼드 영어 사전》에서는 'world-view'를 번역 차용으로 매우 간략히 다룬다.[40] 이 단어는 'world' 항목의 스물여섯 번째 표제에 기록되어 있으며, *Weltanschauung*과 동의어라는 설명이 덧붙여져 있다. 여기서 'world-view'는 "세상에 대한 성찰, 삶에 대한 관점"이라고 간결하게 정의된다. 영어에서 이 단어가 처음으로 사용된 문헌은 1858년에 마티노(J. Martineau)가 쓴 《기독교 연구》(*Studies of Christianity*)로서, 이 책에서 그는 "[성 바울의] 세계관의 심오한 통찰"에 관해 언급했다. 두 번째로 등장하는 문헌은 1906년에 나온 케언스(D. S. Cairns)의 《근대 세계의 기독교》(*Christianity in the Modern World*)로, 여기서 그는 "그 핵심적인 복음이나 세계관에서도 기독교는 헬레니즘을 수용해야 했다"라고 주장한다.

임마누엘 칸트가 《판단력 비판》에서 이 말을 처음 사용한 지 68년이 지나 *Weltanschauung*이란 말은 'world-view'라는 번역으로 영어권에 유입되었다. 10년이 지나서 독일어 용어가 영미권 학자들 사이에서 통용되기 시작했다. *Weltanschauung*과 'world-view'는 19세기 중반 처음 쓰인 후 널리 사용되었으며, 영어권에서 사유하는 사람들의 사고와 어휘 안에서 중요한 용어로 자리 잡았다.

*Weltanschauung*과 'worldview'를 사실상 어디서나 발견할 수 있다는 점에 비춰볼 때 놀라운 사실은 영어로 된 철학 백과사전과 사전에서 이 말에 대해 거의 관심을 기울이지 않았다는 것이다. 비교하자면, 세계관(*Weltanschauung*)에 관한 심층적인 논의는 철학보다는 사회과학과 신학 참고 도서에서 더 많이 찾아볼 수 있다.[42] 예를 들어, 여덟 권으로 이뤄진 《철학 백과사전》(*Encyclopedia of Philosophy*, 1967)에서는 곳곳에서 산발적으로 이 개념을 간략히 논의하지만, *Weltanschauung*이나 'worldview'에 별도의 항목을 할애하지는 않았다.[43] 최근에 나온 《케임브리지 철학 사전》(*Cambridge Dictionary of Philosophy*, 1995)에는 'worldview' 항목이 없으며, *Weltanschauung* 항목에서는 이 개념을 매우 간략히 언급하고 있

는 빌헬름 딜타이를 다룬 항목을 참조하라고 말한다.[44] 《옥스퍼드 철학 사전》(*Oxford Dictionary of Philosophy*, 1994)에서도 *Weltanschauung*에 관해 "전반적인 세계관, 포괄적인 철학"이라고 간단한 정의만 제시할 뿐이다.[45] 《옥스퍼드 철학 편람》(*Oxford Companion to Philosophy*, 1995) 역시 간결한 정의와 짧은 참고문헌 목록만 덧붙이고 있다. 앤터니 플루(Antony Flew)의 《철학 사전》(*A Dictionary of Philosophy, 1979*)에서는 이 개념에 별로 관심을 기울이지 않은 채 "우주와 인간이 그것과 맺는 관계에 관한 일반적 견해"라고 정의한다. 하지만 세계관과 철학과의 관계에 관해서는 중요한 주장을 제시한다. "대개 이 용어는 그 지지자들의(순전히 이론적 태도와 신념이 아니라) 실천적 태도와 신념에 영향을 미치는 철학에 적용된다."[46] 마지막으로, 그리고 아마도 가장 놀랍게는, 최근에 나온 《러틀리지 철학 백과사전》(*Routledge Encyclopedia of Philosophy*, 1998)의 경우, 다른 주제들은 꼼꼼히 다루고 있음에도 개념으로서의 'worldview'나 *Weltanschauung*에 관한 논의를 전혀 제시하지 않는다. 그저 세계관의 몇 사례(즉 데카르트적, 생태학적, 뉴턴적 세계관)만 언급하고, "역사의식"과 세계관 형성에서 언어의 중요성과 같은 연관된 개념을 인용할 뿐이다. *Weltanschauung*은 무시해도 될 정도로 비중 없이 한 차례 언급될 뿐이다.[47]

이런 참고 도서에서 세계관(*Weltanschauung*)에 대해 별로 관심을 기울이지 않는다는 사실은 영미 철학 담론에서 이 개념이 상대적으로 중요하지 않다고 결론 내리기 쉽다(아마도 대륙의 용례와 비교하자면 그럴지도 모른다). 그럼에도 다양한 분과의 수많은 사상가들이 이 용어를 자주 사용하고 있다는 점은, 영어권 철학자들이 이 용어를 무시하고 있다는 사실과 조화를 이루지 않는 것처럼 보인다. 관심이 부족하다고 해서 영미권에서 *Weltanschauung*과 'worldview'가 가지고 있는 역할이나 의미가 축소되는 것은 아니다. 유럽에서 이식된 개념 중에서 '철학'의 첫 사촌으로서 가치 있는 인생관을 체계적으로 진술하고자 하는 인간의 본질적 갈망을 적절히 포착해낸 *Weltanschauung*만큼 큰 성공을 거둔 개념은 거의 없다.

한 번 더 생각해 보기

1790년에 칸트가 《판단력 비판》에서 이 말을 처음 사용한 이후 세계관(*Weltanschauung*)은 현대 사상과 문화에서 핵심 개념 중 하나가 되었다. 이 용어의 역사가 영어권에서는 대체로 무시되어 왔지만, 이 말의 역사와 개념의 역사를 연구한 탁월한 독일어권 학자들이 이 용어의 배경을 철저히 조사한 바 있다. (대표적으로) 알프레드 괴체와 베르너 베츠의 탁월한 연구와 《독일어 사전》(*Deutsches Wörterbuch*)에 등재된 항목, 헬무트 마이어의 포괄적인 논문은 이 용어의 순례 여정을 탁월하게 그려냈다. 이 매력적인 개념은 독일의 토양에 깊이 뿌리를 내렸지만, 대륙을 건너 빠르게 이식된 후 놀라운 개념의 번식력을 보여주고 있다. 인간의 핵심적 관심사를 적절히 표현하는 예리한 관념이 생겨난 지 70년이 채 되지 않아서 이 용어는 영미권의 담론에 진입했으며, 유럽 대륙에서 그랬듯이 해협과 대양 건너편에서도 풍성한 열매를 맺었다. 이 용어가 거둔 성공을 생각할 때, 영어권 철학자와 학자들 사이에서 이 개념의 역사와 이론에 대한 성찰이 부족하다는 사실은 놀랍다. 19, 20세기 철학과 자연과학, 사회과학 분야에서 이 개념이 사용된 역사를 다루는 연구는 이런 상황을 바로잡는 데 도움이 될 것이다.

세계관의 철학적 역사

19세기

4

세계관(*Weltanschauung*)이란 용어가 과거에 어떻게 사용되었는지 살펴보는 것보다 중요한 일이 있다. 기독교 사상에서 이 용어가 두드러진 역할을 했다는 점에 비추어 이 용어를 더 명확히 이해하기 위해서는, 시간을 조금 거슬러 올라가 19세기 유럽 철학사에서 세계관이 어떤 역할을 했는지 살펴봐야 한다. 이를 위해서 이 장에서는 헤겔과 쇠렌 키에르케고어, 빌헬름 딜타이, 프리드리히 니체의 사상에서 이 개념이 어떤 역할을 차지했는지에 초점을 맞추고자 한다.

헤겔 사상 안의 '세계관'

강력하고 광범위한 발전을 통해 "40년이란 짧은 기간(1780~ 1820년) 동안 독일의 지성은 철학적 세계관(*Weltanschauung*)이란 풍성한 체계를 만들어냈다. … 이것은 다른 어떤 시대보다 압축된 공간 안에서 이뤄진 발전이다."[1] 게오르크 빌헬름 프리드리히 헤겔(1770~1831)의 사상과 연구는 이 시기에 놀라운 지적 성취를 이루는 데 중요한 공헌을 했다. 그의 대학 졸업장에는 그가 철학을 제대로 이해하지 못했다고 적혀 있지만, 헤겔은 "철학사에서 만날 수 있는 가장 장엄하고 인상적인 우주관을 인류에 제공했다."[2] 그는 세계관(*Weltanschauung*)이란 개념을 흥미로운 방식으로 사용했다. 또한, 그는 자신의 체계를 통해 절대정신이란 개념뿐 아니라 "대안적인 개념 틀"을 제공했다고 말할 수 있다.[3]

헤겔은 일찍부터 세계관(*Weltanschauung*)이란 말에 관심을 보였다.[4] 1801년 예나에서 교수로 재직하기 시작한 첫해 그는 《피히테와 셸링 철학 체계의 차이》(*The Difference between Fichte's and Schelling's System of Philosophy*)라는 첫 저서를 출간했다. 헤겔은 이 책에서 "철학함과 철학 체계의 관계"를 다루면서 이 말을 처음 사용했다. 이성은 변증법적 운동을 통해 객관적이고 주관적인 대립을 종합해 무한하며 진정으로 실재적인 세계관을 형성한다. 헤겔은 이렇게 말한다. "그렇다면 이성은 객관적 총체와 그 반대의 주관적 총체를 결합해 무한한 세계관(unendlichen Weltanschauung)을 형성하며, 그것의 확장은 가장 풍요하며 가장 단순한 동일성으로 축소된다."[5] 헤겔의 학문적 경력이 시작된 때로부터 세계관(*Weltanschauung*)은 변증법 사상의 틀 안에 중요한 사상을 담아내기 위해 그가 선택한 용어였다.

헤겔은 《정신현상학》(*Phenomenology of Mind*)에서 '세계관'을 더 중요한 의미로 사용한다. 1807년에 출간된 이 책은 그의 철학 체계의 핵심적 특성을 제시한다. 이 책의 주제는 **가이스트**(Geist), 즉 정신의 의식에 대한 전기다. 의식에 대한 칸트의 분석에는 모든 합리적 정신을 결정하는 범주의 조합이 단 하나 있는데, 이는 단일한 기본적 세계관을 가능하게 한다. 하지만 헤겔은 《정신현상학》에서 다양한 형태의 의식이 존재한다고 본다. 야콥 뢰벤베르크(Jacob Loewenberg)는 이 책이 "반복적으로 나타나는 다양한 인생관, 즉 감각적 인생관과 지적 인생관, 정서적 인생관과 성찰적 인생관, 실천적 인생관과 이론적 인생관, 신비적 인생관과 현세적 인생관, 회의적 인생관과 교조적 인생관, 경험적 인생관과 사색적 인생관, 보수적 인생관과 급진적 인생관, 이기적 인생관과 사회적 인생관, 종교적 인생관과 세속적 인생관"을 다룬다고 묘사했다.[6] 헤겔은 체계적인 방식으로 이처럼 다양한 의식의 예상되는 전망을 검토한다. 그 중 하나를 "세계에 대한 도덕적 관점"이라고 부르는데, 그 내용을 이렇게 설명한다.

> 이런 종류의 특별한 성격에서 시작해 **도덕적 세계관**(moralische Weltanschauung)이 형성되고 확립되며, 이 관점은 도덕의 암시적 양상과 명시적 양상을 연관시키는 과정으로 이뤄진다. 이 연관성은 자연과 도덕(그 목적 및 행동) 사이의, 또 다른 면에서는 유일한 본질적 사실로서 의식적인 의무감과 자연(독립성과 그 자체의 본질적 의미를 완전히 결여한) 사이의 철저한 상호적

인 무차별성과 특정한 독립성을 전제한다. **도덕적 세계관**(Die moralische Weltanschauung), 즉 도덕적 태도는 이처럼 전적으로 대립되고 모순된 전제들 사이의 이런 관계 안에서 현재 발견되는 계기들의 발전으로 이뤄진다.[7]

가다머는 여기서 헤겔이 세계관(*Weltanschauung*)이란 말을 "칸트와 피히테가 기본적인 도덕적 경험을 도덕적 세계 질서로 확대하도록 요청하는 용어"로 사용한다고 주장한다.[8] 이 말은 삶에 대한 실천적 관점이 지닌 힘, 도덕적 관심과 의무의 긴장으로 충만한 의식적 태도라는 뜻을 담고 있다. 이것은 헤겔이 이 책에서 형식적인 철학 체계라기보다는 "우주 안에서 살고 우주를 바라보는 방식"으로서 검토하는 수많은 관점 중 하나다.[9] 헤겔의 현상학은 절대정신이 역사 안에서, 종말론적 자기 이해를 향한 변증법적 여정에서, 인간의 사상과 문화를 통해 자기를 구체화하는 다양한 세계 모형에 대한 개별적인 인식을 포함한다. 그러나 역사의 길을 따라 삶에 대한 대안적 이론들이 개발되고 대립되고 종합된다. 세계관(*Weltanschauung*) 개념은 역사 과정 안에서 절대정신의 인지적 산물로서 그의 철학의 이런 양상을 담아내기에 매우 적합했다.

헤겔은 《철학사 강의》(*Philosophy of History*)에서 개인과 국가의 의식 모두 안에 세계관이 자리 잡고 있다고 주장한다. 개인적으로 각 사람은 나름의 종교적 관점뿐 아니라 특징적인 세계관을 가지고 있을 수도 있다. 그는 "모든 사람이 사물을 전반적으로 바라보는 특유의 방식(Weltanschauung)을 지니고 있는 것과 마찬가지로 자신의 특징적인 종교를 가지고 있을 수 있다"[10]고 주장했다. 이 책 뒷부분에서 헤겔은 한 나라 전체의 관점에 관해 말하면서 이 용어를 사용한다. 힌두교 신관에 대한 거침없는 해석("천박함과 무분별함으로 타락한" 신관이란)을 제시한 다음 그는 그런 신학을 통해 "우리는 **인도인의 우주관**(indischen Weltanschauung)을 일반적으로 이해할 수 있다"라고 말한다.[11] 다시 한번 우리는 세계관(*Weltanschauung*)이 실재의 본성에 관해 한 국가나 인종이 공유하는 실존의 성격에 관한 다양한 사고방식을 지칭하기에 적합한 용어이며 특정한 개인의 지성에 영향을 미친다는 것을 알 수 있다. 빈센트 맥카시(Vincent McCarthy)의 주장처럼, "헤겔에게 세계관(*Weltanschauung*)은 특정한 시대, 특정한 국가의 세계관이며 시인들도 공유하는 관점이다. 따라서 세계관은 한 사람이 다른 이들과 같은 시대와 사회에 참여함으로써 자동적으로 습득하는 일반적이며 공유된 관점이다. … 헤겔에 따르면 세계관은 절대정신이 외부 세계에 전개되는 것을 파악함으로써 얻은 이해다."[12]

헤겔은 《종교 철학 강의》(*Lectures on the Philosophy of Religion*)에서 세계관(*Weltanschauung*)과 철학이나 종교의 관계에 대해 설명한다. 종교가 인간 본성의 본질적인 요소라고 주장한 다음, 그는 종교와 세계관 사이의 관계에 관한 질문을 던지며 철학이 이 관계의 본질을 설명할 책임이 있다고 말한다. "종교는 인간에게 본질적인 요소이며 그의 본성에 대해 이질적인 감정이 아니다. 하지만 종교와 우주에 대한 인간의 일반적 이론(*Weltanschauung*) 사이의 관계가 핵심적인 문제이며, 철학적 지식은 바로 이것과 연결되어 있고, 본질적으로 이 문제를 다룬다."[13]

하지만 먼저 철학과 세계관 사이의 관계를 해명할 필요가 있다. 맥락이 암시하듯이 '의식의 형태들'과 '시대의 원리들'인 세계관을 철학 자체와 혼동해서는 안 된다. 하지만 이들 사이의 계속되는 접촉과 투쟁, 대립 때문에 이 관계도 명확히 해명할 필요가 있다. 주도적 학문으로서 철학은 자신의 본질을 해명하고, 세계관과의 관계를 설명하고, 세계관과 종교의 관계를 진술해야 한다. 이 순서가 명확해졌을 때 종교 철학 분과는 그 나름의 용어로 논의를 진행할 수 있다. 그러므로 헤겔은 구체적인 구분을 하고나서 인간의 이러한 근본적 관심사와 세계관 사이의 관계를 설명한다.

그는 《철학사 강의》(*Lectures on the History of Philosophy*)에서도 세계관을 몇 차례 언급하지만,[14] 이 개념은 미학에 관한 그의 《미학 강의》에서 중요한 역할을 한다.[15] 프랜시스 쉐퍼는 "예술가는 작품을 만들며, 그 작품은 예술가의 세계관을 보여 준다"라고 말한 적이 있다.[16] 이는 헤겔이 지닌 관점의 골자이기도 하다. 예를 들어, 그는 절대정신이 세계관(*Weltanschauung*)과 그것을 표현하는 예술 안에서 동시에 드러나는 과정에 관해 이야기한다. 그는 "자연과 인간, 하나님에 대한 분명하지만 포괄적인 의식으로서 세계에 대한 일련의 **명확한 관점**(*Weltanschauungen*)이 그 자체로 예술적 형태를 부여하므로 이 과정 자체가 정신적이며 보편적인 과정이다"[17]라고 주장했다. 이는 시대가 다르면 세계관과 예술을 통한 그 표현도 다르다는 뜻이다. "한 세계관을 표현하는 예술은 다른 세계관을 표현하는 예술과 다르다. 그리스 예술은 기독교 예술과 다르다. 다른 종교로부터 다른 예술 형식이 나타난다."[18] 예술은 한 시대의 "내용의 내적 본질"을 표상하도록 요청을 받는다. 헤겔은 낭만주의 예술에 관한 논의를 시작하면서 "세계에 대한 **새로운 전망**(neuen Weltanschauung)과 새로운 예술 형식 안에서 드러난 낭만적 사고방식을 먼저 설명해야만 했다.[19] 따라서 헤겔에게 예술의 사명은 그 시대의 정신을 드러내는 것이다. 세계를 바라보는 방식이 예술 안에 엮여 들어가 있으며 예술에 의해 드러난다.[20]

구체화된 세계관으로서 예술은 특히 극작가나 서정시를 노래하는 사람뿐 아니라 서사시와 서정시를 쓰는 시인을 통해 드러난다. 서사시 장르에 관해 헤겔은 이렇게 말한다. "따라서 서사시의 고유한 내용과 형식은 **전체적 세계관**(gesamte Weltanschauung)이자 자기를 객관화하는 형태 안에서 실제 사건으로 제시되는 국가 정신의 객관적 현시다." 다시 한 번 헤겔은 서사시에 관해 단언한다. "그렇게 볼 때 서사시의 발전되고 완결된 형태는 구체적 행동의 특별한 내용뿐 아니라 **세계관 전체**(Totalität der Weltanschauung)에도 담겨 있으며, 서사시는 그것의 객관적 실현을 표현하려고 한다." 서사시에 적용되는 것은 서정시에도 적용된다. 헤겔은 이렇게 말한다. "그러므로 일반적 관점, **삶에 대한 전망**(einer Weltanschauung)의 근본적 기초, 삶의 결정적 관계에 대한 더 심층적인 관념이 서정시에서 제외되지 않으며, 이 주제의 상당한 부분은 … 이러한 새로운 종류의 시의 형식에도 담겨 있다." 마지막으로 헤겔은 서사시와 서정시 시인이 실재에 대해 더 광범위하고 집단적인 전망을 전하는 통로이지만, "특히 서정시를 노래하는 사람은 자신의 마음과 삶에 대한 **주관적 전망**(*subjektive Weltanschauung*)을 표현한다[21]고 주장했다. 따라서 개인적으로 극작가를 통해서든, 집단적으로 서정시인이나 서사시인을 통해서든, 시와 다른 예술 형식은 세계관의 표현이다. 그리고 이는 곧 다양한 역사적 순간과 운동 안에서 정신이 구체화된다는 것을 뜻한다.

헤겔의 저작 안에는 세계관(*Weltanschauung*) 개념이 분명히 드러나 있다. 그는 세계관 이론 자체에는 꾸준한 관심을 기울이지 않았지만(이 과제는 결국 빌헬름 딜타이가 맡게 된다), 이 용어를 자주 사용했다. 그가 국제적으로 명성을 얻은 덕분에 이 관념은 그렇지 않았다면 누리지 못했을 중요성을 부여받게 되었다. 헤겔에게 세계관은 역사의 변증법 안에 드러난 절대정신의 현상이다. 인간학적으로 보면 세계관은 실재의 기본틀로서의 인간 의식의 분위기와 지각, 태도, 상태가 된다. 그러므로 "대안적 관념의 틀이란 개념이 헤겔 이후 우리 문화의 평범한 말이 되었다"라는 리처드 로티(Richard Rorty)의 주장은 옳다.[22] 세계관은 철학이나 종교와 구별되어야 한다. 개인적으로 세계관을 지니기도 하고, 국가가 공동체적으로 세계관을 지니기도 한다. 세계관은 예술과 중요한 관계를 유지하며, 예술은 다양한 인생관을 드러내고 옹호하기 위한 매개 역할을 하는 경우가 많다. 헤겔의 철학 때문에, 헤겔이 세계관(*Weltanschauung*)이란 말을 사용했기 때문에 우리는 마이클 어마스(Michael Ermarth)와 더불어 "근대 독일 지성사는 상당 부분 세계관 개념의 성격과 복잡성을 중심으로 전개된 것으로 볼 수 있다"라고 말할 수 있다.[23] 따라서 헤겔은 19세기 유럽 지성계에서 세계관(*Weltanschauung*)이 예리한 개념으로 자리 잡는 데 중요한 역할을 했다.

쇠렌 키에르케고어 사상 안의 '세계관'과 '인생관'

앞에서 논했듯이 세계관(*Weltanschauung*) 개념은 대륙의 사상가들 사이에서 급속히 퍼져서, 지적 고향인 독일에서 멀리 떨어진 스칸디나비아 지역까지 빠르게 전해졌다. 구체적 사항은 확실하지 않지만, 쇠렌 키에르케고어(1813~1855)는 1838년 무렵 이 용어를 듣고 받아들였다. 그는 이 용어의 덴마크어 역어를 만들었고, 그가 처음 발간한 책에서 이 말을 사용했다. '세계관'이나 이와 짝을 이루는 '인생관'은 그의 철학적 성찰과 개인적 삶에서 중요한 역할을 했다. 맥카시가 지적하듯이, 특히 두 번째 개념은 키에르케고어의 실존주의 사상의 심층적 차원까지 관통하고 있다.

> 인생관은 개인이 자신을, 자신의 '전제'와 자신의 '결론'을, 자신의 조건과 자신의 자유를 이해해야 하는 의무와 그 중요성을 강조한다. 각 사람은 삶의 의미에 관해 스스로 대답할 수 있어야 하며, 따라서 그를 대신해 미리 준비된 답변을 제공하는 시대의 정신을 단순하게 받아들여서는 안 된다. 그럴 뿐 아니라 삶의 철학으로서 인생관은 오로지 사상으로부터 나온 기성의 학문적 철학에 도전한다. 인생관과 그에 대한 자신의 정의를 강조함으로써 키에르케고어가 제안하는 새로운 철학은 더 이상 초연한 사상이 아니라 경험의 의미에 대한 성찰과 이에 대해 일관된 관점에서 이뤄진 진술이다. 인생관이 새로운 철학함의 유일한 양상인 것은 아니지만, 한때 철학의 정체성이라고 주장했던 지

혜 추구의 핵심을 차지하게 될 것이다.[24]

키에르케고어의 사상에서 '세계관'과 '인생관'의 중요성을 생각할 때, 그가 이 용어들을 고안하고 사용한 것에 관한 전문적인 정보를 언급해 두는 것이 좋겠다. 키에르케고어가 채택한 *Weltanschauung*의 덴마크어 역어는 verdensanskuelse이다. 그의 전집에 수록된 용어 색인에 따르면 이 단어는 그의 글에서 다섯 번밖에 등장하지 않는다.[25] 키에르케고어에게 더 중요한 용어는 독일어 *Lebensanschauung*에 해당하며 영어로는 'lifeview'로 번역되는 *livsanskuelse*(인생관)이다. 키에르케고어는 이 용어를 무려 143차례나 사용했다. 이 숫자는 그의 글에서 '철학'이란 말이 등장하는 횟수의 두 배가 넘는다.[26] 키에르케고어가 만든 *livsanskuelse*와 *verdensanskuelse*라는 덴마크어 단어는 1838년에 출간된 그의 책 《아직 살아 있는 사람의 글 중에서》(*From the Papers of One Still Living*)에서 처음 사용되었다.[27] 그는 *verdensanskuelse*(세계관)보다 *livsanskuelse*(인생관)이란 말을 선호했다. 그가 이 두 용어를 동의어로 사용한 경우가 몇 차례 있지만, 인생관이란 말이 그의 철학의 실존적 성격을 가장 잘 포착해 냈기 때문이다.[28] 그것을 위해 살고 죽을 수 있는 진리를 찾는 것을 삶의 목적으로 삼았던 사람으로서(키에르케고어의 이른바 **길레라이어 일기문**[Gilleleje Entry]) 그는 바로 *livsanskuelse*, 즉 그가 총체적 인간 자아가 될 수 있게 해 주는 심층적이며 만족스러운 인생관을 찾았던 것처럼 보인다. 이 주제를 다룬 그의 글 중 몇몇 구절을 살펴봄으로써 이 풍성한 개념에 대한 키에르케고어의 이해와 세계관의 역사에 대한 그의 기여를 확인할 수 있을 것이다.[29]

한 비평가가 "너무 긴 신문 기사"라고 불렀던[30] 키에르케고어가 쓴 40쪽 분량의 《아직 살아 있는 사람의 글 중에서》(1838년)는 '인생관'(*livsanskuelse*)에 관한 성찰로 가득 차 있다. 이 책은 한스 크리스티안 안데르센(Hans Christian Andersen)의 세 번째 소설 《가난한 바이올리니스트》(1837년)에 대한 신랄한 비평이다. 키에르케고어에 따르면 인생관은 긍정적으로나 부정적으로나 소설의 필수 불가결한(conditio sine qua non) 조건이다. 그는 인생관이 문학적 균형을 잡아주는 역할을 한다는 점을 이렇게 설명한다. "인생관은 소설 안에서 섭리와 같다. 소설에 더 심층적인 일치를 부여하며, 소설이 그 내부에 무게 중심을 지니게 해준다. 인생관은 소설이 작위적이거나 목적 없는 것이 되지 않게 해준다. 어떤 예술 작품에서든 내재적으로 목적이 존재하기 때문이다. 하지만 그런 세계관이 없을 때, 소설은 시적 감흥을 희생시켜 어떤 이론(교조적인 단편소설)을 암시하려고 하거나 저자의 살과 피와 유한하게, 혹은 우발적으로 접촉할 뿐이다."[31]

불행히도 안데르센의 소설에는 이런 인생관이 없었다. 세계관의 결여를 지적하면서 키에르케고어는 인생관의 본질을 설명하고 두 가능한 대안, 즉 스토아주의와 기독교가 있다고 말한다.

> 안데르센에게 인생관(livsanskuelse)이 전혀 없다고 말할 때, … 인생관은 추상적이며 중립적인 태도로 고수하는 순수한 관념이나 명제의 총합 이상이다. 그 자체로 언제나 독립적인 단위를 이루는 경험 이상이다. 그것은 곧 경험의 변화다. 그 자체로 [한 사람의] 모든 경험에 의해 획득된 흔들리지 않는 확실성이다. 그것은 모든 현세적 관계(단순한 인간의 관점, 예를 들어 스토아주의)에 익숙해져서 더 심층적인 경험과 계속 분리되어 있을 수도 있고, 하늘(종교적인 것)을 지향해 그 안에서 천상적인 것과 지상적 실존 모두에 대해 핵심적인 것

을 발견하고 "사망이나 생명이나 천사들이나 권세자들이나 현재 일이나 장래 일이나 능력이나 높음이나 깊음이나 다른 어떤 피조물이라도 우리를 우리 주 그리스도 예수 안에 있는 하나님의 사랑에서 끊을 수 없으리라"라는 참된 확신을 얻었을 수도 있다.[32]

이 인용문에는 두 가지 주목해볼 점이 있다. 첫째는 지성주의적이며 경험주의적인 인생관 정의를 거부하면서 놀랍게도 인생관을 "경험의 변화"라고 묘사한 점이다. 인생관을 단순한 경험과 동일시해서는 안 되지만, 인생관은 인격의 변화와 자기 확실성으로 이어지는 경험을 통해 얻어진다. 둘째, 이런 침착한 확신과 변화된 상태는 두 종류로 나타날 수 있다. 하나는 스토아주의처럼 현세적이며 인본주의적일 수도 있고, 기독교처럼 더 심층적이며 천상적일 수도 있다. 중요한 것은 전자가 아니라 후자를 옹호하는 키에르케고어가 스토아주의와 기독교를 세계관의 선택지라고 부른다는 점이다.

바로 이런 맥락에서 키에르케고어는 모든 사람이 인생관을 얻는 것은 아니라고 지적한다. 이는 삶 자체의 간섭 때문이거나 아무런 성찰 없이 고통에 몰두하기 때문이다. 그러나 키에르케고어는 이런 걸림돌이 극복되었다고 가정하면서 인생관 형성의 기본에 대해 설명한다. "만약 인생관이 어떻게 나타나는지 묻는다면, 우리는 자기 인생이 실패하도록 내버려두지 않고 가능한 한 삶에서 일어나는 개별 사건들의 균형을 유지하려고 노력하는 사람에게는 그가 가능한 모든 특수한 사항을 이해하지 못하더라도 이해의 열쇠를 얻게 해주는, 삶에 관한 비상한 깨달음의 순간이 반드시 찾아올 것이라고 대답한다. 다우브(Daub)의 말처럼 관념(Idea)을 통해 거꾸로 삶을 이해하는 순간이 반드시 찾아온다."[33]

여기서 인생관은 한 사람의 실존에서 **카이로스**(kairos)의 순간에 주어진 "삶에 관한 비상한 깨달음"으로 묘사된다. 그것은 모든 것을 이해하게 해주지는 않지만 모든 것을 이해할 수 있는 열쇠(즉 틀이나 윤곽)를 제공한다. 삶은 미래를 향해 나아가지만, 그것은 거꾸로만 이해될 수 있으며, 인생관, 즉 관념(Idea)을 소유함으로써 사적이며 공적인 깨달음을 얻을 수 있다.

따라서 키에르케고어는 자신의 첫 책에서 인생관이란 주제를 처음 소개했다. 이 책은 일차적으로 문학 비평서지만, 맥카시가 지적하듯이 그는 "서사시라는 목적뿐만 아니라 무엇이 천상적 실존과 지상적 실존 모두에 핵심적인가를 이해하기 위해 필요한 성숙하고 진지한 인생관"에도 관심을 기울였다.[34]

두 권으로 이뤄진 《이것이냐 저것이냐》(*Either/Or*, 1843)에서 키에르케고어는 두 실존 단계, 즉 심미적 실존과 윤리적 실존을 대립시킨다. 한쪽에는 고집스러운 심미주의자인 요하네스 클리마쿠스(Johannes Climacus), 혹은 A가 있으며, 그의 관점은 이 책의 1부에 나타나 있다. 다른 한쪽에는 윤리적 관점을 대표하는 빌리암 판사(Judge William), 혹은 B가 있다. 2부에는 A에 대한 그의 비판이 이어진다. 《이것이냐 저것이냐》의 핵심은 두 대안적 인생관, 즉 심미적 삶과 윤리적 삶 사이의 대결이다. 이 두 책의 편집자이자 심판인 빅토르 에레미타(Victor Eremita)는 "A의 글에는 심미적 인생관에 대한 다양한 접근 방식이 담겨 있다. … B의 글에는 윤리적 인생관이 담겨있다"고 지적한다.[35] A와 B 사이의 이런 극적인 대립 관계로부터 추상적으로는 '인생관'에 관한, 구체적으로는 '인생관들'에 관한 키에르케고어의 귀중한 통찰이 드러난다.

추상적 차원에서 빌리암 판사는 요하네스 클리마쿠스에게 인생관이

'자연적 필요'일 뿐 아니라 절대적으로 '필수적인' 무엇이기도 하다고 주장한다. 클리마쿠스처럼 심미적으로 사는 사람은 즉각적인 경험에 몰입하므로 깨닫거나 이해하지 못하더라도 인생관을 가지고 있다. 빌리암은 클리마쿠스에게 "모든 인간은 아무리 재능이 부족해도, 삶에서 지위가 아무리 낮아도 인생관, 즉 삶의 의미와 목적에 관한 관념을 공식화해야 할 자연적 필요가 있다"라고 알려준다. 오만한 클리마쿠스는 자신만큼 삶을 즐길 능력이 없어 보이는 열등한 심미주의자들과 자신을 구별하려 하지만, 빌리암은 그가 '그들과 어떤 공통점, 대단히 필수적인 공통점(즉 인생관)'을 지니고 있으며, 사실 그들과 그의 차이는 전적으로 비본질적인 것이라고 그에게 알려 준다.[36] 그러므로 인생관은 핵심적인, 해석학적, 목적론적 물음과 결합되어 있다. 인생관의 추구는 인간에게 자연적이면서도 필수적이다. 인생관과 인간 실존을 떼려야 뗄 수 없다.

더 나아가 빌리암은 인생관 물음에 대한 적극적인 대답이 윤리의 요소와 결합해 인간의 안정적인 우정을 위한 기초를 형성한다고 주장한다. "우정을 위한 절대 조건은 인생관의 일치다"라고 빌리암은 단호하게 선언한다. 우정을 위한 이러한 토대는 독특한 이점을 지닌다. "한 사람이 이것을 지니고 있다면 모호한 감정이나 정의할 수 없는 공감을 우정의 기초로 삼고자 하는 유혹을 느끼지 않을 것이다. 그 결과 그는 하루는 친구가 있다가도 다음 날에는 친구가 없어지는 터무니없는 상황을 경험하지 않을 것이다." 더 나아가 많은 이가 철학적 '체계'를 가지고 있지만 그들의 형식적 추론에서는 윤리적 요소가 눈에 띌 정도로 결여되어 있다고 빌리암은 선언한다. 반대로 "인생관에서 윤리적 요소는 우정을 위한 필수적 출발점이 되며, 우정을 이렇게 바라봐야 비로소 그것은 의미와 아름다움을 획득한다." 따라서 빌리암은 '인생관의 일치가 우정

을 이루는 요소'라고 결론 내린다.[37]

키에르케고어는 다른 글에서 인생관이 우정을 위한 기초일 뿐 아니라, 부모가 되기 위한 전제 조건이자 아이들을 기독교적으로 교육하기 위한 필수 요건이라고 지적한다. 전자에 관해, 자녀는 어머니에게서 젖을 기대하는 것과 마찬가지로 아버지로부터 삶의 의미를 배울 권리가 있다. 젖 먹이기가 어머니 됨의 본질적 구성요소이듯이 인생관을 소유하고 전달하는 일은 아버지 됨의 본질적 구성요소다.

> 아버지가 되기 위해서는, 당신의 자녀가 당신에게 생명을 빚진 존재로서 삶의 의미에 관해 물을 때 당신이 기꺼이 옹호하고 권할 수 있는 인생관을 가질 수 있을 정도로 성숙해야 한다고 생각하지 않는가? 혹은 젖처럼 자연이 주는 것이 어머니가 맡은 특별한 책임에 속한 것이라면, 어머니가 되고자 하고 누군가의 욕망을 충족시키고자 하면서 자녀가 필요한 것을 갖추기를 꺼리는 것은 혐오스러운 일이 아니겠는가? 하지만 자녀는 아버지에게 인생관을 요구할 권리가 있다.[38]

우정과 자녀 양육은 이처럼 인생관 문제와 결합되어 있다. 교육도 마찬가지다. 《기독교세계 공격》(*Attack upon "Christendom"*)에서 키에르케고어는 이름뿐인 기독교 가정의 자녀들이 부모로부터 인생관을 포함해 구별된 기독교 교육을 받지 못하고 있다고 탄식한다. "자녀 교육을 통해 아이들이 형식적 훈련을 하고 몇 가지를 배우기는 하지만, 어떤 부모도 기독교의 독특한 개념과 사상에 따라 그분에 관해 말하기는커녕, 어떤 종교적 인생관도 전하려고 하지 않으며, 기독교적 인생관을 전하는 데는 더더욱 관심이 없다"고 그는 불평한다.[39] 키에르케고어에게 기독교 사상에 흠뻑 젖은 인생관을 전해주는 일은 신앙이 있다고 자부하는 가정에서 필수불가결한 교육적 의무 사항이다.

《이것이냐 저것이냐》에서도 그는 심미적인 것과 윤리적인 것이란 넓은 제목을 붙일 수 있는 많은 구체적인 인생관에 초점을 맞춘다. 서로 논쟁을 벌이는 가운데 빌리암 판사는 요하네스 클리마쿠스에게 후자의 심미적 관점이 '사람은 인생을 즐겨야 한다'라는 단 하나의 명제로 압축된다고 말한다. 어떤 인생관은 삶을 즐기기 위한 조건이 개인의 **내부에** 있다고 생각되는 건강과 아름다움, 재능에 초점을 맞춘다.[40] 삶을 즐기기 위한 조건이 개인의 **외부에** 있다고 생각하는 다른 인생관은 부와 명예, 타고난 신분, 낭만적 사랑 등에 집중한다.[41] 여기에 더해 빌리암은 클리마쿠스에게 끊임없이 쾌락을 추구하면 결국 절망과 슬픔, 비탄에 빠지고 말 것이라고 설득하기 위해 노력한다.[42] 그러므로 빌리암의 궁극적 목적은 클리마쿠스로 하여금 그의 인생관이 결코 참 만족을 줄 수 없고, 따라서 심미적 인생관을 버리고 윤리적 인생관을 택해야 함을 확신하게 하는 것이다. "결국, 당신은 아무런 인생관도 가지고 있지 않다. 당신은 인생관과 비슷한 무언가를 가지고 있으며, 이것은 당신의 삶에 일종의 평정을 허락한다. 하지만 이것이 삶에 대한 확고하며 강력한 확신이라고 착각해서는 안 된다. 당신은 여전히 향락이라는 환영을 좇고 있는 사람과 비교함으로써만 평정을 얻는다"[43]

빌리암 판사의 주장은 분명하다. 미학적인 것의 범주에는 실현 가능한 인생관이 전혀 없다. 키에르케고어가 안데르센이 그의 소설에서 인생관을 무시했다고 비판했듯이, 빌리암 판사는 요하네스 클리마쿠스의 삶에 인생관이 없다고 비판한다. 심미적인 것으로부터 윤리적인 것으로 전환해야만 그를 지탱해 줄 새로운 관점을 얻을 수 있다는 말이다. 심미적으로 살 것인지, 아니면 윤리적으로 살 것인지의 선택은 그의 몫이다.

그러나 실존의 윤리적 영역은 종교적 영역이라는 마지막 단계 바로 앞에 있는 영역일 뿐이다. 《인생길의 여러 단계》(*Stages on Life's Way*, 1845)[44]에서는 심미적 영역에서 종교적 영역으로 전환이 이뤄지는 인생관의 위기를 확인할 수 있다. 이야기는 퀴담(Quidam)의 일기인 "유죄인가, 무죄인가?(키에르케고어의 《여러 단계》에 실린 "다양한 사람들의 연구" 중 하나)"에 적혀 있다. 이야기는 깨어진 관계를 다룬다. 삶의 기본 범주에 관해 성찰하던 중 퀴담은 자신의 인생관을 쇄신해야 함을 깨닫고, "비상한 조명의 순간"에 그 근본 전제가 종교적이어야 함을 알게 된다. 그는 설교자의 말을 들으며 깨달음을 얻는다. "그다음 핵심 주제는 각 사람이 자신 안에 주님의 길을 준비한다는 것이다. 물론 이것에 관해 말해야 하며, 바로 그때 인생관이 세워질 수 있다." 퀴담은 심미적인 것의 붕괴에 대한 해법은 실존의 종교적 단계에서 찾을 수 있다고 생각했다. 이 주장은 《여러 단계》에 실린 "유부남"이 주장을 펼치는 "결혼에 관한 성찰"이란 제목의 또 다른 글에도 제시되어 있다. "해법은 윤리적 전제 위에 구축된 종교적 인생관, 말하자면 사랑에 빠지기 위한 길을 내고 모든 외부적, 내부적 위험에 맞서 사랑을 지켜낼 수 있는 인생관이다."[45] 종교적 영역은 그보다 앞선 실존의 영역을 대체하지 않으며, 오히려 그 모든 것을 흡수하고 구속(救贖)한다. 따라서 인생길의 여러 단계에서 종교적 인생관이 최종적이며 모든 것을 아우른다.

《주체적으로 되는 것》(*Concluding Unscientific Postscript*, 지식을 만드는 지식 역간)이 키에르케고어의 인생관 이론에 공헌한 바는 상대적으로 미약하지만, 한 가지 예외가 있다. 인생관을 "그리스적 원리"와 연결하는 요하네스 클리마쿠스의 주장과 관계가 있는 것으로, 그 원리는 암묵적으로 항구적인 질문을 제기한다. 철학이란 무엇인가? "실존의 차원에서 자신을 이해하는 것이 그리스적 원리다. 그리스 철학자의 가르침이 때로는 아무 내용도 보여주지 않더라도 그 철학자에게는 한 가지 이점이 있다. 그는 절대로 희극적이지 않다. 요즘 누군가가 스스로 자신의 인생관이라고 부르는 것의 깊이를 실존적으로 표현하고 실존적으로 연구하면서 그리스 철학자처럼 산다면, 그는 광인으로 간주될 것임을 나는 잘 알고 있다. 그러도록 내버려 두라."[46]

그리스적 원리나 그와 유사한 세계관은 추상적 사상과 정반대다. "추상적 사상은 구체적인 것을 추상적으로 이해하려 하지만, 주관적 [인생관] 사상가는 거꾸로 추상적인 것을 구체적으로 이해해야 한다."[47] 초기 그리스 철학에서 가장 훌륭한 철학자들(키에르케고어는 역사에서 플라톤 이전의 소크라테스를 예로 든다)은 "성찰에 근거한 진정한 인간 실존 안에서 '지혜에 대한 사랑'과 자신을 이해하고자 하는 욕망"을 추구했다.[48] 이것은 인생관 철학의 과제이기도 하다. 그러나 소크라테스의 시대에 실존주의적 경향을 지닌 그리스 철학이 퇴조하고 플라톤적 관념론의 추상화가 부상한 것처럼, 클리마쿠스의 시대에 인생관 철학은 헤겔적 관념론에 의해 방해를 받아왔다. 학문적인 강단 철학(플라톤적, 헤겔적, 또는 다른 종류의)이 인간 실존의 정서와 철저히 분리되었기 때문에, 그것은 오히려 '희극적인 것', 즉 우스운 것이 되었다. 그러나 초기 그리스 철학과 인생관 철학은 고대나 현대의 전문 철학자나 사변적 사상가들에게 비웃음을 받을지도 모른다. 하지만 인간 실존과의 심층적이며 실존적인 만남 때문에 절대로 희극적이거나 우습지 않다. 클리마쿠스의 시대에 인생관을 연구하고 모색하면서 그리스 철학자처럼 살고 생각하는 것은 광기이며, 순전히 미친 짓처럼 보일지도 모른다. 그런 조소에 대해 클리마쿠스는 어떻게 반응하는가? "그러도록 내버려 두라." 그렇다면 참된 철학이란 무엇인가? 클리마쿠스는 참된 철학을 고전기 "그리스적 원리 속에서", 그리고 자신의 시대의 "인생관 철학"에서 찾을 수 있다고 주장한다. 간단히 말해서, 인생관(*livsanskuelse*)의 진지한 추구와 개발이 지혜에 대한 참된 사랑이며, 이것이 추상적 사상의 희극을 대체해야 한다.

이런 놀라운 성찰을 통해 쇠렌 키에르케고어는 세계관과 인생관 개념을 스칸디나비아에 소개했다.[49] 그는 헤겔적이며 사변적인 세계관 개념보다 실존주의적 인생관을 선호했으며, 세상 속에서 존재하는 대안적 방식(심미적, 윤리적, 종교적)을 일컫는 방식으로서, 또 기독교적 관점에서든, 비기독교적 관점에서든 삶 자체의 의미와 목적을 관통하는 주제로서 이 개념을 사용했다. 키에르케고어는 인생관이 문학과 우정, 자녀 양육과 교육에 필수적이라고 생각했다. 인생관의 추구가 철학, 즉 전문적 철학사상의 추상화를 능가하는 지혜에 대한 참된 사랑의 핵심이다. 그러나 이 주제에 대한 그의 성찰은 체계적이지 않고 우발적이었다. 한편 다시 대륙으로 돌아가 보면, 빌헬름 딜타이라는 이름의 독일 철학자가 세계관 개념의 중요성을 이미 인식하고 이를 인간 과학의 인식론을 해명하기 위한 핵심 요소로 삼고 있었다. 다음으로는 그의 사상의 풍성함과 그 역사적 의미를 자세히 살펴보고자 한다.

빌헬름 딜타이 사상 안의 '세계관'과 '인생관'

호세 오르테가 이 가세트(José Ortega y Gasset)가 "19세기 후반의 가장 중요한 철학자"[50]라고 불렀던 빌헬름 딜타이(1833~1911)는 정신과학(*Geisteswissenschaften*) 이론과 역사학의 방법론 문제에 대한 공헌, 해석학 분야의 창조적인 연구로 가장 잘 알려져 있다. 그러나 세계관에 대한 그의 선구적이며 체계적인 논의도 간과해서는 안 된다. 다른 많은 이들처럼 마이클 어마스는 세계관에 대한 딜타이의 성찰이 독특한 기여를 했으며 그의 철학에서 이 개념이 중요한 위치를 차지한다는 것을 인식했다.

> 세계관 문제를 종합적, 이론적으로 진술한 사람은 딜타이였다. 이 분야에서 그는 후대에 다른 많은 분야의 학자가 연구할 지적 지형을 개척하고 지도로 그렸다. 그의 저작들은 세계관의 기원과 연결, 비교, 발전을 전면적으로 다룬다. 그의 세계관론 혹은 '학'(*Weltanschauunglehre*, 때로는 *Wissenschaft der Weltanschauung*)은 이 사상의 변두리 영역으로 취급되는 경우가 많지만, 실제로는 근본 요소 중 하나이며 그 자체로 주의 깊게 분석할 필요가 있다.[51]

임마누엘 칸트가 자연 과학을 위한 객관적 인식론을 제시하려고 한 것처럼, 세계관에 대한 딜타이의 성찰은 인문학을 위한 객관적 인식론을 공식화하려는 그의 전반적인 노력의 일환이었다. 그는 학문적 진리와 객관적인 역사적, 문화적 지식의 가능성에 가장 관심이 많았지만, 그의 사유는 그가 "생생한 체험"이라고 불렀던 실제 삶의 문제에 뿌리를 내리고 있었다. "모든 참된 세계관은 삶-가운데-서있음으로부터 생겨나는 직관이다"라고 딜타이는 주장했다.[52] 삶 자체가 해명이 필요한 수수께끼다. 한 사람의 얼굴을 얼핏 보고 나서 그가 어떤 사람인지 추측해 보려는 것처럼 수수께끼 같은 삶의 겉모습은 더 깊이 연구하고 싶은 마음을 불러일으킨다. 삶의 비밀을 이해하려고 노력하는 사려 깊은 사람들은 언제나 우주적이며 개인적인 문제에 몰두할 것이다.

> 모든 시대의 인류는 똑같이 신비로운 모습을 한 경험이라는 수수께끼를 마주한다. 우리는 그 특징을 흘끗 보기도 하지만, 그 이면의 영혼에 대해서는 짐작만 할 뿐이다. 이 수수께끼는 언제나 세계 자체와 이 세계 안에서 내가 무엇을 해야 하는가, 그 안에서 내 삶은 어떻게 끝날 것인가 하는 물음과 유기적으로 결합되어 있다. 나는 어디에서 왔는가? 나는 왜 존재하는가? 나는 어떻게 될 것인가? 이것은 모든 물음 중에서 가장 일반적인 물음이며 나와 가장 밀접한 관계가 있는 물음이다. 천재 시인과 예언자, 사상가는 모두 이 물음에 대한 답을 찾고자 한다.[53]

인간은 대체로 의문문 형식으로 삶을 살아간다. 기원과 행동, 목적, 죽음, 특히 세계 안에서 인간의 운명에 관한 물음은 시인과 철학자, 예언자 모두의 관심사다. 따라서 딜타이는 키에르케고어 전통에 속한 실존주의자처럼 "인간이 사는 그대로의 삶을 이해하는 것, 그것이 오늘날 인간의 목표다"라고 주장했다.[54]

딜타이에 따르면 삶을 이해한다는 목적은 사실 영속적이며, 절대주의적인 용어로 삶의 윤곽을 밝혀내려는 보편적인 형이상학적 충동을 통해 표출되었다. 역사의식의 대두는 이 보편적인 형이상학적 체계가 대단히 제한적이고 상대적이며, 그것을 만든 사람들의 역사적 특수성과 기질에 따른 기능일 뿐임을 논증한다. 최종 분석에서 형이상학적 체계는 아무리 권위 있고 장엄해 보여도 거짓이었다. 형이상학의 역사는 사실 철학적 실패의 역사다. 앞으로도 형이상학의 모든 시도가 같은 운명을 맞게 될 것이다.[55]

딜타이는 보편적 타당성을 주장하는 전통적 형이상학 체계 대신 세계관이라는 메타 철학(metaphilosophy)을 제안한다. 그는 시와 종교, 형이상학의 기반이며 이들을 통해 표현된 삶에 대한 기본적 태도를 분석하고 비교한다. 그는 이 메타 철학적 기획을 '철학의 철학'(*Philosophie der Philosophie*)으로, 세계관'론'이나 '학'(*Weltanschauung*lehre)으로 불렀다. 이런 혁신적 철학 작업, 세계관에 관한 역사적 연구를 통해 생생한 체험의 맥락에서 인간 지성이 우주의 신비를 이해하려고 노력하는 것을 해명할 수 있다는 말이다. "세계관 이론의 책무는 종교와 시, 형이상학의 역사적 전개를 분석함으로써 인간 지성이 세계와 삶의 수수께끼와 어떤 관계를 맺는지를 체계적으로 보여주는 것이다"라고 딜타이는 주장했다.[56] 딜타이에 따르면, 세계관을 조사함으로써 전통적 형이상학의 절대주의적 오류를 피할 수 있고, 부분적이나마 끊임없이 탐구하는 인간 정신이 축적해온 우주의 본질에 대한 통찰을 보여줄 수 있다.

딜타이의 세계관 이론은 그의 해석학적 철학과 연결되어 있는 만큼 인문학(정신과학)에 대한 그의 기획이라는 맥락에서 가장 잘 이해할 수 있다.[57] 그럼에도 그의 세계관 이론은 그 자체로도 흥미로우며 독립적으로 연구할 만한 가치가 있다. 세계관에 대한 딜타이의 성찰은 그의 저작

중 주로 세 곳에서 발견되며[58] 영어로 번역된 《전집》(*Collected Writings*) 8권에서 가장 표준적인 전거를 찾을 수 있다.[59] 딜타이를 "세계관 이론의 아버지"라고 부를 만하다는 것을 보여주는 이 글은 크게 네 부분으로 나눠서 분석해 볼 수 있다.

체계의 충돌

딜타이에 따르면 "철학 체계의 무정부 상태"(17쪽)는 대체로 끈질긴 회의주의 때문이다. 상호 배타적이며 저마다 보편적 타당성을 주장하는 형이상학 체계들이 다수 존재한다는 역사적으로 증명된 사실이 견딜 수 없을 만큼의 긴장을 만들어 낸다. 철학사는 이 긴장을 악화시킬 뿐이다. 우주에 대한 그리스적 해석들 사이의 경쟁, 그리스도인과 이슬람교도 사이의 갈등, 아베로에스(Averroes)와 아리스토텔레스를 따르는 이들 사이의 논쟁, 르네상스를 통한 그리스, 로마 사상의 부흥, 새로운 기후와 문화를 발견했던 시대, 여러 나라를 두루 여행한 이들의 보고는 모두 "인간이 지금까지 확고하게 지녔던 신념에 대한 확신"을 소멸시키는 데 기여했다. 딜타이에 따르면, "어떻게 사물이 서로 연관되어 있는지"를 논증하기 위한 이론적 체계를 만들고자 하는 인간의 충동에도 불구하고 "이런 체계들은 하나하나가 다른 체계를 배제하며 논박하고, 그 어떤 체계도 자신을 온전히 입증해내지 못한다"(17~18쪽). 이 역사를 바라보면 모든 새로운 철학 체계의 도래에 관해 냉소적 감정이 섞인 '흥미로운 호기심'이 생겨난다. 누가 그것을 믿으려 할까? 그것은 얼마나 오래 지속될까?

"철학 체계의 무정부 상태"를 인정하는 것보다 전통적 형이상학에 더 치명적인 타격을 가하는 것은 "인간의 역사의식의 꾸준한 성장"이 지닌 의미다(19쪽). 역사주의가 형이상학을 살해한 것이다. 모든 것을 아우르는 진화론이 생물학적 삶과 역사적 삶 모두에 일관되게 적용되자, "특정한 본성을 부여받은 단 한 종류의 인류"만 존재한다는 오랜 서양의 신념에 근거한 자연법 전통은 진화론에 의해 희생재물이 되고 말았다. 딜타이는 계몽주의 시기에 "전형적 인간이라는 오래된 관념이 상실되고 진화 과정으로 변환되었다"라고 말한다. 이 진화론이 "모든 역사적 삶의 형태가 상대적임을 인정하는" 태도와 결합되었을 때, 그 결과로 "서로 연결된 개념을 통해 설득력 있게 세계를 해석할 수 있었던 모든 개별 철학의 절대적 타당성에 대한 신념"이 파괴되고 말았다(19~20쪽). 역사주의라는 강력한 원리가 보편타당성을 주장하면서 경쟁하는 형이상학 모델들의 문제를 해결했다. 즉 이것들 **모두**가 부침하는 역사적 과정의 산물이다. 따라서 딜타이가 보기에 형이상학은 죽었다. 어떤 종류의 세계관이든 성공하고자 한다면, 역사에 비추어 경험에 근거해, 삶 자체에 뿌리를 내리고 반성하는 것으로부터 시작해야만 한다. 인간 실존을 이해하고자 하는 인간본연의 요구를 충족하기 위해 딜타이는 세계관학을 제안하며, 이를 통해 소멸된 형이상학적 절대주의와 역사적 상대주의라는 허무주의 사이에서 중도를 걸으려고 한다. 하지만 먼저 세계관이란 무엇이며, 어디에서 왔고, 어떻게 생겨나는가? 딜타이는 삶의 본질과 세계관에 대한 이론적 성찰을 통해 이 물음에 답한다.

삶과 세계관

삶의 의미가 세계관 형태로 파악되어야 한다면, 먼저 "모든 세계관의 궁극적 근거가 삶 자체"라는 것을 인정하는 데서 출발해야 한다. 딜타이가 거의 신성화하는 것처럼 보이는 이 "삶"은 한 개인의 개인적 삶이 아니라 객관적으로 드러난 삶, 어디에서나 "동일한 특성과 공통의 특징"을 지닌 삶이다. 일상적 경험의 특수한 요소(벤치, 나무, 집, 정원)는 "이 객관화를 통해서만 의미를 지닌다"(21~22쪽). 이렇게 객관화된 삶의 경험이 세계관의 출발점이다. 생활세계, 즉 *Lebenswelt*가 세계관, *Weltanschauung*을 낳는다.

각 개인이 저마다 다르게 삶을 경험함에도 인간 실존의 불변성 때문에 "모든 인간은 삶의 경험의 근본 특성을 공유할" 수밖에 없다. 예를 들어, 부패할 수밖에 없는 삶의 운명과 죽음이라는 정해진 사실은 모든 사람에게 "삶의 의미"를 결정짓는 요소다. 이런 한계를 고려할 때, 공동체적 차원에서 일종의 인식적 확실성을 제공하는 일련의 유형과 전통, 습관이 나타난다. 물론 이런 확실성은 정확한 방법과 원리를 활용하는 학문적 확실성과는 분명히 다르다. 그러나 "경험적 의식"에 뿌리를 둔 "고정된 관계의 체계"와 "삶의 경험의 틀"은 의미 지평의 가능성을 열어둔다. 따라서 세계관 형성은 형식과 자유의 역설에 참여한다. 해석의 자유는 현실의 한계에 의해 제약을 받는다(22~23쪽).

더 철학적인 성향을 지닌 이들은 조건과 모순, 변화로 가득 차 있는 삶을 "수수께끼"라고 생각한다고 딜타이는 주장한다. 죽음의 확실성, 자연 과정의 잔인함, 보편적인 무상함, 그 밖의 수많은 요인 앞에서 과거와 현재의 지성인들은 이러한 불가해한 신비를 이해하려고 노력해 왔다. 그러므로 세계관은 "삶의 수수께끼"를 풀어보고자 하는 노력이다

(23~24쪽).

경험의 소용돌이로부터 인간은 필연적으로 삶과 세계에 대한 태도를 만들어 가며, 궁극적으로 보편적인 태도나 기분이 확립된다. 새로운 경험 때문에 이런 태도에는 일정한 흔들림이 존재하지만, 그럼에도 "서로 다른 개인들 안에는 그들의 성격에 따라 일정한 태도가 우세하게 나타난다"고 딜타이는 믿는다(25쪽). 삶에 대한 이러한 다양한 태도(즉 기쁨과 안정감, 종교성, 무상함 등으로 특징지어지는)는 크게 낙관주의와 비관주의 두 부류로 나눌 수 있다. 모든 세계관을 규정하고 그 내용을 구성하는 이런 "삶의 기분"(*Lebensstimmung*)에도 미묘한 차이가 있다. 세계에 대한 태도와 낙관주의나 비관주의의 성향은 한 개인의 성격의 표출이며, 이것이 세계관 형성의 기본 법칙을 이룬다.

세계관은 성격에 의해 형성될 뿐 아니라 인간 안의 "내재적인 심리적 질서"를 반영하는 "동일한 구조"를 지니기도 한다. 다시 말해서, "세계관은 심리적 삶의 구조를 표현하는 통일성을 추구하는 경향이 있다." 인간 정신에는 세 구조적 측면이 존재(지성, 감정, 의지)하기 때문에 세계관에도 세 구조적 측면이 존재한다. 첫째, 딜타이의 분석에 따르면 그것은 정신을 "인지 단계의 불변 법칙"의 산물인 우주에 대한 그림, 즉 세계상(*Weltbild*)을 만드는 것으로부터 시작된다. 세계상은 존재하는 것의 묘사, 즉 "실재의 연결성과 참 존재"를 정확히 포착해 낸 일군의 개념과 판단들이다. 둘째, 세계상과 심리적 경험에 대한 불변의 법칙에 근거해 삶의 "유효한 가치"가 형성된다. 사물과 사람, 다른 현상들은 그것의 지각된 가치에 따라 가치가 있거나 가치가 없다고 간주된다. 유익하다고 간주되는 것은 승인되며, 해롭다고 간주되는 것은 거부된다. "따라서 조건과 개인, 사물은 실재 전체와의 관계 안에서 그 중요성을 획득하며, 이 전체는 충만한 의미로 채워진다." 셋째는 가장 높은 이상, 가장 위대한 선, 그리고 세계관(*Weltanschauung*)에 활력과 힘을 불어넣는, 삶의 행위를 위한 최고 원리로 이뤄진 "의식의 높은 차원"이다. "이 단계에서 세계관은 창의적이며 형성적이고 진정으로 개혁적인 것이 된다." 그 결과는 "포괄적인 삶의 계획, 최고의 선, 최고의 행위 규범, 사회뿐 아니라 개인의 삶까지도 형성하는 이상"이다(25~27쪽). 따라서 딜타이는 세계관의 형이상학적, 공리적, 도덕적 구조가 인간 심리의 구성요소(각각 지성, 감정, 의지)로부터 도출된다고 생각한다. 구성과 내용에 있어서 거시적 전망은 우주의 어둠을 밝히고자 하는 미시적 인간의 내적 구조를 본질적으로 반영한다.

하나의 세계관이 아니라 수많은 세계관이 존재한다. 딜타이에 따르면 다수의 세계관이 존재한다는 점은, 세계관이 아주 다른 종류의 인간들에 의해 아주 다른 조건 아래서 만들어졌다는 단순한 사실을 통해 설명할 수 있다. 생존을 위해 투쟁하는 수없이 다양한 종류의 동물이 존재하는 것과 마찬가지로, "인간 세계에는 다양한 세계관의 구조가 성장하고, 인간 지성에 대한 지배력을 확보하기 위해 각축을 벌인다." 진화하는 모든 것이 그렇듯이 이 투쟁은 적자생존의 법칙을 따른다. 삶과 세계에 대한 설득력을 갖춘 유용한 모형은 보존되고 완벽히 다듬어지지만, 다른 것들은 제거된다. 풍성한 다양성에도 불구하고 세계관은 인간 지성의 구조에 뿌리를 내리고 있어 "구조적 동일성"을 유지한다. 그럼에도 문화의 다양성, 역사적 시대의 계승, 민족과 개인의 심성의 변화는 "역사의 특정한 시기와 그 상황 속에서 두드러지게 나타나는, 삶의 경험과 정서, 그리고 특정한 세계관 안에 들어 있는 관념의 조합이 끊임없이 바뀌고 있다"라는 사실을 통해 설명할 수 있다(27~29쪽). 다시 말해서, 세계관은 내적으로 요동하면서 일관되거나 일관성 없이 관념과 가치와 행동을 더하거나 뺄 수도 있다. 딜타이는 이러한 대안적 관념 체계를 비교하고 분석할 때 세계관의 유형론이 드러난다고 지적한다. 적합한 역사적 방법을 적용하기만 한다면 세계관의 유형과 그 변이형을 확인할 수 있다.

딜타이는 이런 논의를 하나의 핵심 주장으로 요약한다. 간략히 말해, 세계관은 인간의 심리적 실존으로부터, 즉 지성적으로는 실재를 지각함으로써, 정서적으로는 삶에 대한 평가를 통해, 의지적으로는 의지의 적극적 수행에서 생겨난다. 인간은 수 세기에 걸쳐 고되고 어려운 과정을 통해 자신의 타고난 능력을 이렇게 발휘함으로써 일차적인 목표인 안정성을 염두에 두고 삶에 대한 전망을 공식화해 왔다. 하지만 궁극적인 아이러니는 "인류가 이 길 위에서 전혀 진보를 이루지 못했다"는 것이다. 세계관 사이의 경쟁에서는 어떤 승자도 없었다. 딜타이는 세계관 자체가 "논증할 수도 없고 파괴할 수도 없는 것"이기 때문에 앞으로도 승자가 없을 것이라고 예상한다(29~30쪽). 세계관은 대체로 신앙의 기능이며, 그 누구도 두 번 발을 들이지 못했고, 어쩌면 한 번도 발을 들이지 못한 삶이라는 역동적으로 흐르는 강물에 닻을 내리고 있다. 인간 경험의 불안정성과 역동성으로부터 세계관은 종교적, 시적, 형이상학적으로 표현된다.

종교적, 시적, 형이상학적 세계관들

종교인과 시인, 형이상학자들은 제한된 실존의 영역을 차지하고 있는 이들의 세계상을 왜곡하는 삶의 경제적, 사회적, 법적, 정치적 구조가 가하는 속박으로부터 다행히 자유로운 상태다. 이런 문화적 건축자들이 살아가는 더 순수한 자유의 영역으로부터 "가치와 힘을 지닌 세계관"이 생겨나고 자라난다(31쪽). 비록 자유 안에서 잉태되었지만, 세계관은 그것을 만들어 낸 지성인들의 성향에 따라 종교적이거나 시적이거나 형이상학적인 지향을 획득한다.

종교적 세계관

딜타이에 따르면, 보이지 않거나 볼 수 없는 세계의 힘과 그런 힘을 달래고 그런 힘과 소통하고자 하는 시도를 통해, 종교적 예배 형식이 시작되었고 종교적 삶이라는 근본 범주가 만들어졌다. 한 "특별한 종교적 천재"의 노력을 통해 종교 사상과 경험의 다양한 양상들이 통합되었으며, 이렇게 "집중된 종교 경험"에 영감을 받아서 종교 사상이 성문화하게 된다. 이런 배경에 비추어 딜타이는 종교적 세계관을 이렇게 설명한다. "보이지 않는 것과의 이런 관계로부터 실재에 대한 해석, 삶에 대한 평가, 실천적 행위에 대한 이상이 생겨난다. 이 모든 것이 비유적인 담화와 신앙의 교리 안에 담겨 있다. 그것은 삶의 전반적인 질서에 의존한다. 그것은 기도와 명상을 통해 발전된다. 처음부터 이 세계관들은 그 안에 자애로운 존재들과 사악한 존재들 사이의 갈등, 우리의 감각적 이해에 따른 실존과 감각을 초월하는 더 높은 세계 사이의 갈등을 담고 있다(34쪽).

딜타이는 종교적 세계관의 세 가지 주된 유형을 구별한다. (1) 일종의 관념론을 주장하는 "보편적 이성의 내재"를 강조하는 세계관, (2) 범신론에 해당하는 "영적인 모두이며 하나"를 강조하는 세계관, (3) 유신론적 함의를 지닌 "창조하는 신적 의지"를 강조하는 세계관에 대해 말한다. 딜타이는 종교적 세계관이 형이상학의 선구자이기는 하지만 형이상학이란 철학 분과와 결코 혼합되거나 통합되지는 않는다고 지적한다. 그럼에도 그는 유대-기독교의 가르침이 유일신론적 자유의 관념론으로 이어졌고, 모두 하나라는 개념이 신플라톤주의자들인 브루노와 스피노자, 쇼펜하우어의 형이상학적 범신론을 예비했고, 본래의 유일신론이 유대와 아랍, 기독교 사상가들의 스콜라적인 신학으로 전환되었으며 이는 다시 데카르트와 볼프, 칸트의 철학(이신론)과 그에 대항하는 19세기의 사상가들(자연주의)의 철학을 발전시켰다고 말한다. 종교적 세계관은 형이상학과의 융합을 방해하는 독특하게 영적인 성격, 특히 흔들리지 않는 인식적 확신과 초월적 세계의 고수라는 특성을 항상 지닌다. 딜타이는 이러한 내재적 지향이 "성직자적 기교"(35쪽)의 역사적 산물임이 입증되었음에도 관념론의 긴장을 보존했고 가혹한 금욕주의의 훈련을 유도했다고 지적한다. 따라서 딜타이는 종교적 세계관이 지나치게 도덕적으로 엄격하며 지나치게 개인에게 제한된다고 평가한다. 인간 정신은 해방되어 삶과 세계를 더 활기차게 끌어안아야 한다. 시적 세계관이 바로 그런 예다. 종교는 천상적인 것에 초점을 맞추지만, 예술은 지상적인 것에 깊이 뿌리를 내리고 있다.

시적 세계관

초기 단계 예술은 종교적 삶의 보호 아래 발전되었지만, 역사의 흐름 속에서 점점 더 해방되었으며 "예술가의 질서 잡힌 삶은 그 충만한 자유를 획득했다"(36쪽). 회화와 음악의 역사가 예증하듯, 예술에 의해 산출된 세계관의 구조(자연주의적, 영웅적, 범신론적)는 이 자유와 독립을 보여준다.

헤겔과 비슷한 방식으로 딜타이는 모든 예술 중에서 시가 언어를 매체로 사용하기 때문에 모든 세계관과 독특한 관계를 맺고 있다고 주장한다. 서정시이든, 서사시이든, 극시이든 시는 "보고 듣고 경험한 모든 것"을 말로 표현하고 재현한다(37쪽). 시는 다양한 기능을 한다. 현실의 무게로부터 사람들을 해방시키고, 환상의 비행을 통해 새로운 세상과 풍경을 열며, 가장 중요하게는 (욥기에서 횔덜린의 **《엠페도클레스》**[*Empedocles*]에 이르기까지 다양한 작품에 표현되어 있듯이) 삶의 보편적 기분을 표현한다. 시를 실재에 대한 과학적 이해와 결코 혼동해서는 안 된다. 오히려 시는 관계의 맥락 속에서 사람들과 사건들, 사물들의 의미를 드러내며, 그렇게 함으로써 삶의 수수께끼를 해명한다. 최초의 신조와 습관으로부터 삶을 해석하고 해명하는 어려운 과제로 넘어가는 문화적 발전 과정과 유사하게, 시 문학은 사회가 그 성숙의 단계에 맞게 적합한 방식으로 자기를 표현하기 위해(서사시에서 극으로, 또 소설로) 고안되었다.

그러나 가장 중요한 점은 시가 삶에서(종교처럼 보이지 않는 영역이 아니라) 기원했다는 사실이다. 따라서 시는 특정한 사건이나 사물, 사람의 묘사를 통해 인생관을 드러낸다. 다시 말해서 시는 시인들과 더불어 시인들의 다양한 세계관을 표현하는 수단이다. "삶은 시를 통해 언제나 새로운 모습으로 재현된다"라고 딜타이는 말한다. "작가는 삶을 바라보고 평가하고 창의적으로 새롭게 만드는 무한한 기회를 보여 준다"(38쪽).

이렇게 시적으로 묘사된 인생관의 예로는 어떤 것이 있을까? 딜타이에 따르면, 스탕달(Stendhal)과 발자크(Balzac)의 작품은 자연주의의 해석을 제시하며, 괴테의 시구는 일종의 바이털리즘(생기론)을 드러내고, 코르네유(Corneille)와 실러(Schiller)의 작품은 도덕적 전망을 표상한다. 각각의 삶의 질서는 그에 맞는 시적 장르와 짝을 이루며, 따라서 각 장르는 위대한 세계관 유형 중 하나를 담고 있다. 따라서 시의 내용과 장르를 통해 발자크와 괴테, 실러가 삶에 대한 이해를 표현해 내는 위대한 성취를 이루었음을 인정해 주어야 한다(38~39쪽).

마지막 분석에 따르면 시는 (세계관의 매개체로서) **실재**에 대한 특정한 해석을 문화 전체에 확산하고 인간 사이에 퍼트리는 중요한 전도의 통로다. 그러므로 종교적 세계관으로부터 시적 세계관으로, 또 형이상학적 세계관으로 넘어가는 과정이 존재한다.

형이상학적 세계관

시와 종교라는 원천으로부터 안정성에 대한 욕망과 이성의 요구에 자극을 받아 학문적으로 뒷받침을 받는 형이상학이 나타난다. 종교가 기초를 놓고 시가 표현을 제공한다면, 형이상학은 "세계관의 이 새로운 형식에 독특한 구조를 부여하는 보편적으로 참된 지식을 획득하고자 하는 의지"다(40쪽). 형이상학적 관점이라는 맥락 안에서 작업하는 철학자들은 명제를 고안해 내고 방어하며, 이를 인간 사회의 가장 중요한 측면에 철저히 적용한다. 모든 사상의 체계와 연관된 모든 역사적 첨가물은 순전히 우연적인 것으로 간주되어 재빨리 제거된다. 다시 한번 목적은 "삶의 수수께끼를 질서 정연하게 해결할 수 있는 단일하고 논증 가능한 관념적 총체"를 확립하는 것이다(42쪽). 하지만 형이상학적 체계 사이의 심각한 차이가 명백해 보이며, 그 때문에 이를 분류하고자 하는 시도가 생겨난다. 그중 가장 기초적인 것은 관념론과 실재론 사이의 구분이다.

이 시점에서 딜타이는 이 차이를 해명하며 그의 세계관 이론을 뒷받침하는 개념으로 되돌아간다. "그것은 역사의식이라는 개념이다." 이 열쇠를 통해 형이상학적 진보의 부재와 형이상학적 체계 사이의 갈등을 이해할 수 있다. 따라서 우리는 완전한 순환을 확인할 수 있다. 딜타이는 역사주의가 "개념적 완성을 향한 모든 형이상학의 노력에도 불구하고 통일된 체계라는 목적을 향해 단 한 걸음도 나가지 못했음을 보여준다. 역사의식을 통해 우리는 형이상학적 체계들의 갈등이 삶에 기초한 것이 아니라 삶의 경험 안에, 그리고 삶의 문제를 향한 특정한 입장에 깊숙이 들어가 있음을 깨달을 수 있을 뿐이다"라고 말한다. 형이상학은 결코 순수한 사고의 산물이 아니며 삶의 끈적끈적함으로부터, 그것을 만든 사람들의 성격과 관점으로부터 나온다. 딜타이에 따르면, 위대한 형이상학자들은 "보편적 타당성을 지닌다고 주장하는 관념의 체계에 자기 삶의 특정한 성향을 각인시켰다. 그 체계 안의 전형적인 요소는 그들의 성품과 동일하며 그들의 삶의 특정한 질서 안에서 표현된다"(44쪽). 딜타이는 이 점을 잘 보여주는 예로 스피노자와 피히테, 에피쿠로스, 헤겔을 언급한다. 그러나 역사와 인간 주체의 부침 속에서 생겨난 수많은 형이상학적 관점을 분류해야 할 필요가 있다. 딜타이는 이 일을 하기에 적합한 방법은 하나밖에 없다고 생각한다. 곧 서술적 역사와 비교다. 그는 그 이유를 이렇게 설명한다.

> 세계관의 유형을 이해하고자 한다면 역사를 공부해야 한다. 이 점에 관해 역사에서 배울 수 있는 가장 중요한 교훈은 삶과 형이상학이 어떻게 연결되어 있는지를 이해하는 것이며, 이 체계의 핵심을 파악하기 위해서 삶을 꿰뚫어 보는 것이고, 전형적인 태도를 보여 주는 위대한 체계의 상호 연관성을 인식하는 것(우리가 그것을 어떻게 한정하거나 분류하는가와 관계없이)이다. 고려해야 할 유일한 점은, 삶을 더 깊이 들여다보고 형이상학의 위대한 의도를 따르는 법을 배우는 것이다. (50쪽)

물론 딜타이에게는 삶의 다양한 해석을 비교하고 대조할 해석학적 기준이 필요할 것이다. 이 과제를 위해 주관적으로 선택되고 사용된 모든 기준이 역사적 상대성을 띠기 때문에 딜타이는 자신의 주장이 "대단히 잠정적일 수밖에 없음"을 인정한다(50쪽). 이런 제약에도 불구하고 그의 연구는 역사에 대한, 따라서 삶 자체에 대한 심층적인 통찰을 제공한다. 이것은 삼중적인 세계관 유형론으로 이어진다.

자연주의, 자유의 관념론, 객관적 관념론

딜타이는 괴테와 다른 이들에 의해 영향을 받고 19세기 말 20세기 초 유행하던 유형론에 영향을 받아서 세계관의 유형론을 제시했다. 그는 세계관의 세 가지 기본적 형태, 즉 자연주의와 자유의 관념론, 객관적 관념론을 구별했다. 몇몇 해석자들은 이 삼중적 유형론이 각각 몸(자연주의), 정신(자유의 관념론), 몸과 정신의 상호 관통(객관적 관념론)의 주도권을 반영한다고 지적한다.[60] 각 유형은 합리적 구조뿐 아니라 조직하는 중심으로서 삶 전체에 대한 태도를 대표한다. 또한, 이 유형들은 일관성을 지니며 안정적이지만 폐쇄적이거나 정태적이지는 않다. 수정을 야기하는 내적 변증법에 의해 진동하기 때문이다. 따라서 딜타이는 이런 세계관 유형을 굳어진 것으로 취급하지 않는다. 세계관 유형을 역사를 해명하기 위한 수단으로, 일종의 발견의 장치로, 연구를 돕는 잠정적 보조기구로, 삶을 더 깊이 들여다보기 위한 수단으로 제시한다. 이런 세계관 유형과 같은 모든 장치는 새로운 통찰과 재해석에 대해 항구적으로 열려 있어야 한다. 그럼에도 불구하고 딜타이의 역사 연구를 통해 세 가지 세계관(*Weltanschauung*) 모형이 등장한다.[61]

자연주의

딜타이에 따르면, 세계관으로서 자연주의는 인간이 자연에 의해 결정된다는 주장에 근거한다. 자연 세계의 경험과 인간 몸의 신체적 본능이 우주 자체의 모습을 이해하는 데 결정적이다. 이 틀에서 삶의 목적은 몸의 필요를 충족시키는 것이며, 인간 경험의 다른 모든 특징은 감각적 삶의 지배적인 요구와 비교하면 부차적일 뿐이다. 우주 전체의 속성 때문에 이러한 압도적인 신체적 경험이 존재하며, 이 경험이 자연주의적 세계관을 형성한다. 이로써 자연은 실재의 총합으로 간주된다. 자연의 외부에는 그 어떤 것도 존재하지 않으며, 지적 경험과 인간 의식조차도 자연적 원인으로 설명할 수 있다. 딜타이는 자신의 논의에서 자연주의의 두 근본적 양상, 즉 감각주의적 인식론과 기계론적 형이상학에 초점을 맞춘다.

첫째, 자연주의적 인식론은 감각주의에 기초를 둔다. 인식은 신체적으로 결정된 인지과정으로부터 도출되며, 더불어 모든 가치와 목적은 신체적 쾌락 혹은 고통의 경험에 의해 평가된다. "영혼의 자연주의적 습성의 직접적인 철학적 표현"인 감각주의(54쪽)는 이 패러다임에서 인식론과 가치론, 도덕의 기초가 된다. 그러나 오래 전에 프로타고라스(Protagoras)가 논증했듯이, 인지에 관한 감각주의는 상대주의로 귀결된다. 이런 상대성에 맞서 자연주의는 그 나름의 전제에 기초해 인지와 인식의 학문을 확립해야만 한다. 고대 세계에서는 카르네아데스(Carneades)가 이 문제를 놓고 씨름했으며, 18세기에는 데이비드 흄(David Hume)이 그랬다. 최근의 실증주의 맥락에서는 감각주의를 모든 형이상학적 연결로부터 분리하며, "감각할 수 있는" 세계의 "탁월하고 명쾌한" 앎을 성취할 수 있는 실증적인 인식의 수단의 일부로 간주했다(57쪽).

둘째, 원자론으로부터 시작된 자연주의 형이상학은 일차적으로 기계론적이다. 즉 세계를 법칙에 따르는 기계로 보고 물리적인 관점에만 입각해 세계를 이해한다. 이념, 운동의 원인, 지성적 사건 모두가 우주라는 기계 장치의 기능으로 환원되며, 한때 종교와 신화, 시적 허구가 제공했던 활력적인 효과가 전적으로 제거된다. 간단히 말해, "자연은 그 영혼을 잃어버렸다"(57쪽). 기계론자의 책무는 움직이는 분자로 이뤄진 우주로부터 지성적 삶의 모형을 끌어내는 것이다. 고대 세계에서는 에피쿠로스(Epicurus)와 루크레티우스(Lucretius)가 이를 탁월한 방식으로 해냈고, 후대에는 홉스(Hobbes)와 포이어바흐, 뷔히너(Buechner), 몰레쇼트(Moleschott)가 이 일을 했다. 18세기에 이런 기계론적 형이상학은 자연주의와 합리주의를 철저히 고수하며, 모든 초월적 가치와 목적을 거부하고, 점점 커지는 정치적 힘을 사용해 미신과 종교의 흔적을 모조리 지워내고 교회의 폭정을 전복하고자 했다.

자연주의가 깊이 배어 있는 내적 변증법은 자연에 대한 지각과 의식의 자기 지각 사이의 모순으로부터 생겨난다. 딜타이는 "인간은 자신의 열정 때문에 이 [자연의] 과정의 노예(약삭빠르게 계산하는 노예)다. 그러나 … 그는 지성의 힘 때문에 자연보다 우월하다"라고 말한다(58쪽). 프로타고라스가 제공한 전제를 근거 삼아 아리스티포스(Aristippus)는 자신의 쾌락주의 사상에서 인간은 감각의 노예라는 주제를 논했으며, 데모크리토스(Democritus)와 에피쿠로스, 루크레티우스(특히 그의 시 《사물의 본성에 관하여》[*De rerum natura*, 아카넷 역간])는 "정신의 평정"이란 개념을 통해 지성이 인간에게 부여한 이점을 강조했다(59쪽). 따라서 물질을 통해서만은 자율적인 의식을 설명하기가 어렵고, 따라서 자연주의의 내적 변증법은 자연주의를 다른 패러다임으로 기울게 했다. 하지만 비가시적인 것을 모조리 거부하는 자연주의적 세계관은 "시적 사상과 문학, 시"에 강력한 영향력을 행사했다(60쪽).

자유의 관념론

자연주의가 물리적 세계와 인간 몸의 경험에 그 기원을 두고 있다면, 자유의 관념론은 정신과 의식이라는 진리로부터 시작된다. 그것은 위대한 고대 아테네 철학자들의 발명품이다. 이 세계관은 놀라운 지지자들을 거느리고 있다. 아낙사고라스(Anaxagoras), 소크라테스, 플라톤, 아리스토텔레스, 키케로(Cicero), 기독교 변증가와 교부들, 둔스 스코투스(Duns Scotus), 칸트(Kant), 야코비(Jacobi), 멘 드 비랑(Maine de Biran), 베르그송(Bergson)과 그 밖의 프랑스 사상가들이 바로 그들이다. 딜타이가 명확히 설명하듯이, 정신적, 영적 의식이라는 축을 중심으로 펼쳐져 있는 이러한 삶의 전망을 지지하는 이들은 모든 형태의 자연주의와 범신론을 맹렬히 반대한다.

첫째, 이 세계관은 다른 모든 종류의 실재로부터 분리되어 있으며 독립적인 정신의 주권적 우월성이라는 생각의 부산물이다. 정신은 자유롭고 어떤 형태의 물리적 인과 작용에도 영향을 받지 않는다. 정신의 자유는 그 자신과 다른 모든 것과의 관계에서 사람들을 윤리적 의무감으로 연결시키며 내적 자유를 유지시키는 인간 공동체의 기초이기도 하다. 이 사상의 기반으로부터 하나님 또는 정신(Spirit), 즉 "절대적인 개인적 혹은 자유로운 원인"과의 관계에 있어서 구속 받지 않으며 책임을 져야 할 개인이란 개념이 도출된다(63쪽). 하나님은 세계와 분명히 분리되어 있지만 이 사상의 지지자들은 하나님과 세계의 상호관계를 다양하게 이해해 왔다. 기독교에서는 무로부터(*ex nihilo*) 세계를 창조하신 인격적 하나님에게 초점을 맞춘다. 반면에 칸트는 하나님을 순수 실천 이성의 필연적 요청이라고 주장함으로써 초월을 설명했다.

둘째, 이 세계관은 다양한 방식으로 형이상학적으로 진술되었다. 아티카 철학에서는 "질료를 세계로 변형시키는 형성적 지성"에 관해 말했다. 플라톤은 감정에 영향을 받지 않는 이성의 힘으로 초월적 실재를 이해할 수 있는, 자연으로부터 자유로운 지성을 상정했다. 아리스토텔레스도 자신의 윤리학에서 동일한 개념을 근거로 삼았다고 딜타이는 말한다. 기독교는 피조물을 섭리로 다스리고 통치하시는 창조주, 소통이 가능한 아버지로 하나님을 이해하는 전망을 주창한다. 독일의 초월 철학, 특히 실러(Schiller)는 끝없이 추구하는 의지에 의해 정립되고 그 의지를 위해서만 존재하는 이상적 세계를 찬미함으로써 자유의 관념론을 완성한다.

실러는 이 세계관을 주창하는 시인이었으며, 칼라일(Carlyle)은 예언자이자 역사가였다. 이 세계관(*Weltanschauung*)의 내적 변증법은 정신이나 영혼이 현실 세계를 위해 빈약한 토대만을 제공하기에 그것만으로는 충분하지 않다는 사실을 통해서 표현된다. 딜타이는 "영웅적 인간의 형이상학적 의식처럼 이것[자유의 관념론]은 파괴될 수 없으며 모든 위대한 활동적 인간 속에서 다시 생명을 얻는다. 그러나 보편적으로 타당한 방식으로 그 원리를 정의하거나 과학적으로 증명할 수는 없다"라고 설명한다(65쪽). 따라서 경험에 의해 전달되는 실재세계의 저항을 수용해야만 한다. 자연주의가 지성을 자연적 실재로 환원하는 경향이 있는 것처럼, 주관적 관념론은 자연적 실재를 지성으로 환원하는 경향이 있다. 따라서 두 모형 안에 있는 근심어린 대립으로부터 내적 변증법이 등장한다. 정신적 영역과 자연적 영역을 통합하거나 종합하는 실재에 대한 대안적 견해가 필요하다. 이것이 딜타이가 제안하는 최종적 세계관의 천재적 형태다. 그가 객관적 관념론이라고 부르는 이 세계관은 범신론의 색채를 띤 만물에 대한 관점이다.

객관적 관념론

딜타이의 관점에서 객관적 관념론은 정신과 경험적 실재를 하나의 직관적으로 통합된 총체로 바라봄으로써, 자연주의와 주관적 관념론을 통합하려고 한다.[62] 미학과 관조는 딜타이가 전통 형이상학의 주요 요소를 구성한다고 평가하는 이 전망의 생성적 속성이다. 다시 한번 이 관점의 주창자들이 진정한 철학과 문학의 명예의 전당에 들어가 있다. 크세노크라테스(Xenocrates), 헤라클레이토스(Heraclitus), 파르메니데스(Parmenides), 스토아 철학자들, 조르다노 브루노(Giordano Bruno), 스피노자(Spinoza), 샤프츠베리(Shaftesbury), 헤르더(Herder), 괴테, 셸링, 헤겔, 쇼펜하우어(Schopenhauer), 슐라이어마허가 바로 그들이다. 거칠게 말해서 범신론의 옹호자인 이들은 세계가 우주 안에 무한하게 자신을 흩뿌려 놓으신 하나님의 펼쳐짐이라고 가르친다. 우주의 모든 사물은 그것이 속한 전체를 반영한다. 일원론적 체계에서는 비록 개별적 존재자가 가치를 지니며 대우주 전체를 반영하기는 하지만, 개별적인 것이 전체 안으로 고양된다. 자유의 관념론을 지지하는 이들이 자연주의와 객관적 관념론을 비판하는 것과 마찬가지로, 객관적 관념론의 주창자들은 이렇게 잘 정의된 기준을 가지고 자연주의와 자유의 관념론을 소리 높여 비판했다.

자연주의는 지성적 사실을 사물의 기계적 질서에 예속시킴으로써 규정된 인상이다. 자유의 관념론은 의식의 사실에 토대를 두고 있다. 자연주의에서 몸의 우위와, 자유의 관념론에서 영혼의 우위가, 객관적 관념론에서 몸/영혼의 결합을 통해 통합된다. 객관적 관념론은 또한 관조와 감각 경험을 일종의 보편적 공감으로 결합하여 그 체계를 만들어 낸 사상가들의 삶의 구조를 토대로 삼는다. 이로써 실재의 총체는 체계를 만들어 낸 사람들의 가치와 활동, 사상으로 가득 차 있으며 그것들에 의해 생동한다. 살아 있는 존재의 감각은 전 우주로 확장된다. 영혼의 구조는 모든 존재의 신적 정합성과 결합된다. 괴테는 어느 누구와도 다른 방식으로, 시를 통해 이러한 세계관 개념을 표현했다.

객관적 관념론에서는 통일성과 정합성의 원리 덕분에 삶의 모든 불일치가 하나의 조화로운 전체 안에서 화해를 이룬다. 실존의 모순에도 불구하고 실재하는 모든 것의 가장 내밀한 핵심이 존재한다. 그러한 모순은 마치 사다리처럼 실존과 가치가 전체적으로 연결된다는 것을 깨닫게 해주는 지점을 향해 올라간다. 객관적 관념론은 모든 부분이 통일되고 조화롭게 하나로 결합되어 있는 것으로서, 모든 것을 일시에 총체적으로 파악한다고 생각한다.

형이상학적으로 말해, 우주 안의 사물은 두 방식으로 지각될 수 있다. 첫째는 외부적인 물리적 연관성 안에서 감각적 대상으로 지각하는 것이다. 둘째는 우주의 부분들과 신적 중심 사이의 관계라는 내적 의미에서 정합성을 지닌 대상으로 지각하는 것이다. 따라서 딜타이에 따르면 "이런 유사성의 의식이 [객관적 관념론의] 주된 형이상학적 특징이며, 인도인과 그리스인, 독일인의 종교성 안에 똑같이 내재해 있다"(72쪽). 모든 것은 전체의 일부이며, 관조와 직관은 궁극적으로 "살아 있으며 신적이고 내적인 복합체"로서의 신적 행위라는 관점에서 이해해야 한다(73쪽). 이 동일한 원리에 기초해서 완전한 결정론이 나온다. 모든 부분은 필연적으로 전체에 의해 질서 잡히고 결정되기 때문이다.

이 모델이 만든 내적 변증법은 정신이 실재를 통합된 전체로 파악하려고 시도하지만 실제로는 개별자만을 파악할 수 있다는 사실에서 생긴 긴장으로부터 도출된다. 정반대의 권유에도 불구하고 전체는 여전히 파악하기 어려운 이상으로 남아 있다. 자연주의가 정신을 자연적 실재로 환원하고, 주관적 관념론이 자연적 실재를 정신으로 환원하는 경향이 있듯이, 객관적 관념론은 정신과 물질을 결코 온전히 파악될 수 없는 전체로 결합시킨다. 딜타이는 다분히 회의적인 태도로 "궁극적으로 모든 형이상학 체계 중에서 영혼의 조건과 세계관 말고는 아무것도 남지 않는다"라고 말한다(74쪽).

요약

딜타이는 철학적 체계와 인류의 역사적 조건에 대한 점증하는 인식 사이에 모순이 존재함을 인정했기 때문에 최종적으로 실재의 본질을 정의하는 절대적, 과학적, 형이상학적 이론은 존재하지 않는다는 회의적인 결론을 내린다. 다시 말해서, 형이상학은 답을 갖고 있지 않다. 하지만 사용 가능한 것은 세계관(인간과 역사의 경험이라는 우연적 요소에 근거하며 삶의 수수께끼를 풀고자 노력하는 세계관)이다. 세계관은 지성적, 정서적, 의지적 측면에서 인간 영혼의 구조를 반영할 뿐 아니라 그 형성에 있어서 세계관을 주창하는 사람의 낙관적 혹은 비관적 기분에 영향을 받기도 한다. 세계관은 인류의 종교적, 시적, 형이상학적 충동을 표현하는 수단이며, 자연주의와 자유의 관념론, 객관적 관념론이란 세 가지 기본 유형으로 분류될 수 있다. 각각은 실재의 특정한 양상을 파악하고 있다고들 주장한다. 그러나 그 어떤 것도 전체적인 이야기를 들려주지는 못한다. 그러므로 딜타이에 따르면 한 사람이 자리 잡고 있는 귀퉁이를 세계 전체로 착각해서는 안 된다.

이 모든 것에 비추어 일부 비판자들은 딜타이가 자신의 문화를 형이상학적, 인식론적 상대주의의 손아귀에서 구해 내지 못했다고 주장한다. 사물의 본질에 관해 말하자면 신이 보는 관점도, 그 용어의 본래 의미에 따른 순수한 테오레인(*theorein*: 그리스어로 '보다'라는 뜻으로서 이론[theory]이란 말의 어원–역주)도, 역사적 백내장에 걸리지 않은 맑은 시각도, 순수 보편적 이성도 존재하지 않는다. 딜타이의 말처럼, "알고자 하는 모든 노력은 인식하는 주체와 그의 역사적 지평이 맺는 관계에 의해 제약을 받는데, 이 제약은 특정한 지평에 따라 그 범위가 제한된 사실들의 특정한 그룹에 해당된다. 이해하고자 하는 모든 노력에서 그 대상은 특정한 관점에서만 존재한다. 그러므로 그것은 대상을 보고 아는, 특수하게 상대적인 방식이다."[63] 그러므로 세계관 개념은 진리와 사물의 궁극적 본질에 관해 불가피한 회의론을 만들어 낸다. 이 점에 비추어 도발적이고도 강력한 근원적 질문이 제기된다. "이 상대성의 소용돌이 안에서 개인은 무엇을 할 수 있을까?"[64] 프리드리히 니체의 사상은 이 딜레마에 대한 급진적인 반응이다. 관점주의라는 그의 개념은 딜타이의 세계관론이 지닌 상대주의적 함의를 논리적 결론으로 이끌어 간 것처럼 보인다.

프리드리히 니체 사상 안의 '세계관'과 관점주의

프리드리히 니체(1844~1900)는 칸트의 코페르니쿠스 혁명에 의해 시작된 서양 철학 내 경향들의 절정이었다. 니체는 강력한 자아, 전능한 정신, 철저한 역사주의, 생물학적 진화론, 급진적 상대주의 등의 주제가 하나님이라는 신화의 죽음을 뜻한다고 생각했다. 하나님의 존재는 거의 2천 년 동안 서양 문명을 뒷받침해 왔지만, 이제는 그 버팀목이 무너졌다는 말이다. 니체는 이 경향들을 한데 묶어 낸 인물이었을 뿐 아니라 철학적 구조선 함대[초인(*Übermenschen*)], 디오니소스주의, 모든 가치의 초월, 은유적 언어주의, 유미주의)를 건설한 사람이기도 하다. 그는 이를 통해 서양에서 범람하는 허무주의의 홍수에 위협을 받고 있던 근대인들을 구원하려고 했다. 니체는 서양 사상이 표류할 수밖에 없음을 예리하게 이해했고, 새로운 시대를 위한 대담한 제안을 내놓았기 때문에, 19세기의 종착점(*terminus ad quem*)일 뿐 아니라 20세기의 출발점(*terminus a quo*)이기도 했다.

자신의 시대에 대한 니체의 평가의 핵심에는 세계관(*Weltanschauung*)과 관점주의(perspectivism)라는 연관된 개념이 자리 잡고 있었다. 기독교의 쇠락과 관념론 철학의 궁극적 붕괴는 형이상학적 준거점 역할을 하는 모든 종류의 초월적이거나 지적인 범주가 제거되고, 자연과 계속되는 역사적 과정만이 세계와 인간의 삶을 이해하기 위해 두 초점으로 남게 되었음을 뜻했다. 그 결과 19세기 자연주의와 역사주의가 니체의 사상을 위한 무대를 마련했다. 피터 레빈(Peter Levine)은 그가 고전문헌학자로서 역사적 다양성을 깨닫게 된 후 "문화들 혹은 세계관들(*Weltanschauungen*)이라고 불렸던 것이 실제로 존재하는 것들의 산물이자 결과물, 혹은 단순한 '파동'일" 뿐이라고 결론 내렸다고 생각한다. 니체는 각 문화나 세계관이 "일관되고 동질적이며 명확하게 한계가 정해진 가치의 체계를 포괄한다"라고 보았다.[65] 니체는 문헌학을 연구하던 중 역사주의를 접하게 된 결과 그토록 강력한 상대주의로 기울었다. 이는 임마누엘 칸트와 랄프 왈도 에머슨(Ralph Waldo Emerson)에게 받았던 영향 때문이기도 하다.

칸트와 더불어 니체는 인간 지성이 대상을 구성하는 특성과 활동에 대해 확신했다. 니체는 칸트의 선험적 범주가 만들어 내는 판단이 어떻게 가능한가를 묻는 대신 그것이 왜 필요한가를 물음으로써 칸트의 선험적 범주를 받아들였다.[66] 니체에게 판단은 그것이 참이기 때문이 아니라(사실, 그것은 아마도 참이 아닐 것이다) 인간의 보존과 생존을 위해 필수 불가결하므로 필요하다고 보았다. 관념적 구조는 인간에게 꼭 필요한 것이다. 더 나아가 니체는 칸트가 제시한 범주가 유일한 범주라고 생각하지 않았다. 그는 자유를 찬양하고 디오니소스적 상상력을 받아들였기 때문에 세계에 대한 정신의 작용이 끊임없이 창조적이라고 주장했다. 메리 워녹(Mary Warnock)에 따르면, 그는 "세계에 대한 우리의 기여, 정말로 우리가 구성한 세계는 하나의 사실이다. 하지만 [칸트와는] 다른 방식으로 그것을 구성할 수도 있다"라고 믿었다.[67] 다중적 인식의 길을 허용하는 이 입장은 칸트의 물 자체(*Ding an sich*) 개념(그는 이 개념이 "참을 수 없는 큰 웃음꺼리밖에 되지 않을 것"이며 "사실은 공허하며 아무런 의미도 없는 것처럼 보인다"고 생각했다)[68]에 대한 니체의 거부와 결합해 그가 다중 논리가 가능한 현실을 더 철저히 인정하도록 했다.

니체의 철학적 발전에 강력한 추진력을 제공한 사람은 놀랍게도 랄프 왈도 에머슨(1803~1882)이었다. 니체는 26년이 넘는 시간 동안 에머슨의 글을 꾸준히, 호의적인 태도로 읽었다.[69] 세상과 인간의 상호작용에 주관적 요소가 미치는 강력한 영향력에 대해 묘사하고 있는 에머슨의 수필 "경험"은 니체에게 큰 영향을 미쳤다. 에머슨은 우리의 기질이 "환상의 체계 안으로 완전히 진입해 우리가 볼 수 없는 유리 감옥 안에 우리를 가둠"으로써 우리의 세계관에 심층적으로 영향을 미친다고 주장했다.[70] 따라서 에머슨은 "우리가 직접적으로가 아니라 매개적으로 볼 뿐이며 이처럼 색이 입혀져 있고 왜곡시키는 렌즈를 바로잡거나 그 오류의 양을 계산할 방법이 우리에게는 없다"라고 선언했다.[71] 창조적인 주관적 렌즈와 다양한 개인의 기질이 다른 수많은 조건과 결합해 인간이 세계를 해석하고 그 안에서 작동하는 방식을 철저하게 규정한다. "따라서 우주가 우리의 색깔을 입을 수밖에 없고, 모든 객체는 주체 안으로 잇달아 함몰될 수밖에 없다"라고 에머슨은 결론 내린다.[72]

니체는 칸트와 에머슨의 영향아래 자연주의와 역사주의에서 주장하는 선험성을 받아들여서 '세계관'에 관한 자신의 사상을 체계화했다. 레빈은 "니체가 사상적 발전의 초기 단계에 세계관 (*Weltanschauung*)에 의존했으며" "그것이 없었다면 이후 단계도 뒤이어 나타나지 않았을 것"이라고 주장한다.[73] 니체는 이 말을 상당히 자주 사용했다. 독일어로 된 니체 전집을 컴퓨터로 검색해 보면 *Weltanschauung*이란 단어를 쉰 차례(두 번은 u를 하나만 표기함), 복수형인 *Weltanschauungen*을 한 차례, ('세계관'의 역어인) *Weltansicht*을 다섯 차례, *Weltbild*(세계상)을 스물네 차례 사용했음을 알 수 있다.[74] 그는 '세계관'을 오히려 평범한 방식으로 실제 세계에 대한 하나의 관점과 삶에 대한 기본 관념으로 정의했던 것처럼 보인다. 그는 이름과 민족, 종교, 시대, 인종, 형이상학 등을 세계관(*Weltanschauung*)과 자주 연관시킨다. 예를 들어, 그는 헬라적, 디오니소스적, 기독교적, 헤겔적, 기계론적 인생관에 대해 말한다.[75] 이런 구절이 등장하는 본문을 살펴보면, 니체가 세계관(*Weltanschauung*) 자체의 본질에 관해 성찰하는 데는 별로 많은 시간을 할애하지 않았음을 알 수 있다. 하지만 그의 철학의 본질에 비추어 세계관에 대한 그의 이해를 간략히 설명하는 것은 가능하다.

니체는 세계관이 특정한 지리적 위치와 역사적 맥락 안에서 살아가는 사람들이 의존하고 지배당하는 문화적 실재이며, 사람들은 이 문화적 실재의 산물이라고 생각한다. 그는 "모든 살아 있는 존재가 하나의 지평 안에서만 건강하고 강해지고 번성할 수 있다"라는 일반적 법칙을 주장한다.[76] 세계관(*Weltanschauung*)은 이처럼 사람들의 생각과 신념, 행동을 구조화하는 이처럼 필수적이며 잘 정의된 한계를 제공한다. 그 지지자들의 관점에서 세계관은 이론의 여지가 없으며 모든 것을 판단하는 궁극적 기준을 제공하고, 모든 사유에 대한 척도를 제시하며 진선미에 대한 기본적 이해를 만들어 낸다. 니체는 세계관이 문화 상호간의 소통을 불가능하게 만들지는 않더라도, 어렵게 만드는 통약불가능(incommensurable)한 구조물인 경우가 많다고 본다.

니체에 따르면 세계관은 사물화된 관념(reifications)일 뿐이다. 사회구성적 맥락 속에서 자신들의 전망이 자연과 하나님, 법이나 그밖의 인정된 권위에서 유래했다고 주장하는 사람들이 주관적으로 만들어 낸 관념이다. 하지만 그들은 그들 자신이 이런 세계 모형을 만든 존재임을 망각한다. 한 세계관의 이른바 '진리'는 확립된 관습(언어적 관행과 습관의 산물)

일 뿐이다. 일반적 진리의 본질에 관한 물음에 대한 니체의 대답은 모든 세계관의 진리 주장에 관한 물음에도 동일하게 적용될 수 있다.

"그렇다면 진리란 무엇일까?"라고 묻고 나서 그는 이렇게 도발적으로 대답한다. "은유와 환유, 신인동형론의 기동 부대, 다시 말해 강화되고 치환되고 시적, 수사적으로 윤색되었으며, 오래 사용된 결과로 사람들에게 확고하며 정통적이고 강제적인 것처럼 보이는 인간관계의 총합이다. 진리는 환상이지만 사람들은 그것이 환영임을 망각해 버렸다. 그것은 닳아빠져서 감각적 힘을 상실한 은유, 이제는 그림이 다 지워져 버려서 동전이 아니라 금속 조각에 불과한 동전이다."[77]

다시 말해서, 한 인간 공동체의 역학 관계로부터 말이 확립되고 개념이 확정되며 진리가 규정된다. 세계관은 진정성을 가장하지만, 인간 생존을 위해 필요한 인공적 구성물일 뿐이다. 니체가 분명히 말하듯, "**진리**는 특정한 종류의 생명체(인간)가 존재하기 위해 없어서는 안 될 **특정한 종류의 오류**일 뿐이다."[78] 참 진리란 없으며, 주관적 투사, 언어적 관습, 습관적 사고, 물화된 문화적 모형이 있을 뿐이다. 모든 세계관은 궁극적으로 허구다.

참 진리란 존재하지 않는다고 주장하는 니체와 그의 시대가 반드시 답해야 하는 물음은 세계관(*Weltanschauung*)적 역사주의에 내재한 형이상학적, 인식론적, 도덕적 허무주의 앞에서 어떻게 의미 있는 삶을 살 것인가에 관한 물음이다. 세계관(*Weltanschauung*)과 밀접히 관련된 관점주의에 관한 니체의 성찰에 비춰 볼 때 이 질문은 훨씬 더 중요해진다. 세계관처럼 관점주의 역시 거대한 차원에서 바라본 세계를 비롯해 가능한 모든 대상에 대한 개인의 독특한 해석에 초점을 맞춘다. '세계'에 대한 한 사람의 '관점'은 그 사람의 세계관, 즉 세계 관점이기 때문이다. 로

빈 스몰(Robin Small)은 "관점주의란, 세계가 언제나 특정한 관점 안에서 이해된다는 뜻이다. 따라서 모든 지식은 한 관점을 다른 관점과 구별시켜 주는 일군의 전제에 따라 실재를 해석한 것이다"라고 간결하게 말한다.[79] 그러므로 세계관과 관점주의 사이에는 공통점이 있다.

완전한 관점주의는 니체 철학의 핵심이다. 그의 저작은 모든 인지와 지각이 관점에 입각한 것이라고 주장하는 아포리즘과 선언으로 가득 차 있다. 예를 들어, 《도덕의 계보》(*The Genealogy of Morals*)에서 니체는 "관점으로부터 보기, 관점으로부터 '알기'가 있을 뿐이다. 우리가 무언가에 대해 감정을 **더 많이** 표현할수록, **더 많은** 다른 시선들을 향할수록, 그것에 대한 우리의 '관념,' 우리의 '객관성'은 더 완전해질 것이다"라고 주장한다.[80] 따라서 일관된 관점주의는 진정한 객관성을 익살거리로 만든다. 오직 특정 관점에서만 보고 안다는 사실은 "사실은 없고 오직 해석만 존재한다"는 사실을 함축한다.[81] 니체에게 객관적 인격체란 존재하지 않으며, 따라서 객관적 관점 역시 존재하지 않는다. 주관적 인격체와 그와 관련된 관점이 존재할 뿐이다. 그러므로 사상은 인간 본능의 산물이다. 니체는 "우리는 **세계를 해석해야만** 한다"라고 말한다.[82] 모든 해석의 노력(예술적, 학문적, 종교적, 도덕적)은 "지배적 본능의 증상"이다.[83] 니체의 구절을 다른 맥락에서 사용해 보자면, "무흠한 지각"(immaculate perceptions: 마리아의 무흠 수태설[immaculate conception]에 빗댄 언어유희-역주)이란 존재하지 않는다.[84] 혹은 니체가 한 편지에 적었듯이, "단 하나의 복된 해석"이란 존재하지 않는다.[85] 따라서 결론은, 순수한 사실은 존재할 수 없고 수백 가지의 해석과 감정, 추측, 직감, 견해, 직관이 존재할 뿐이라는 것이다. "우리의 생각과 우리의 가치, 우리의 예와 아니오, 우리의 만약과 그러나는 나무가 열매를 맺는 것처럼 필연적으로 우리한테

서 나오기" 때문이다.[86]

따라서 자아와 세계, 다른 모든 것에 대한 견해에 관해 인류는 수많은 다른 언어로 말한다. 여기서 이질적 언어가 존재한다는 사실은 세계 해석의 무한한 가능성을 반영한다. 종교적인 언어를 활용한 언어유희로 니체는 이것을 우리의 "새로운 '무한성'"이라고 불렀다.[87] 니체는 바다가 전통적 진리로부터 떨어져 나와 세계관과 관점주의 탐색을 위한, 거대하지만 동시에 두려움을 불러일으키는 기회를 묘사하기에 적합한 은유라고 생각했다. "무한의 지평에서, 우리는 육지를 떠나 항해를 시작했다. 우리는 이미 뒤에 있는 다리를 불태웠다. 우리는 멀리 왔으며 뒤에 있는 육지를 파괴했다. 작은 배야, 이제 조심해! 네 옆에는 큰 바다가 있어. … 오, 마치 육지가 더 많은 **자유**를 제공하기라도 했던 것처럼 육지를 그리워해도 더 이상 '육지'는 없어."[88] 육지 없는 바다로 떠나는 이 여정이 세계관(*Weltanschauung*)과 관점주의에 대한 니체의 교리의 핵심이다.

한 번 더 생각해 보기

이 장에서 우리는 19세기의 탁월한 네 사상가의 사상 속에서 세계관(*Weltanschauung*)이 차지하는 위치를 살펴보았다. 헤겔의 관념론에서든, 키에르케고어의 실존주의에서든, 딜타이의 역사주의에서든, 니체의 관점주의에서든, 세계관이란 개념은 이 다양한 담론의 우주 안에서 보금자리를 찾았다. 이들 각각은 기독교적 관점에서 바라본 세계관 사상에 관해 중요한 질문과 문제를 제기한다.

헤겔은 대안적인 틀로서 세계관이 역사에 자리 잡고 있으며 문화적으로 의미 있는 절대정신의 현상이며, 그 각각은 미학적으로 표현된다고 생각했다. 우주에 관한 진리(최종적 세계관)는 마지막 때에 종말론적 실현을 기다리고 있다. 하지만 다수의 개념체계의 생산과 혼란스러운 영향력의 원인을 그 자신을 성취하는 절대정신이란 철학적 환상에서 찾기보다는 통치자들과 권세들, 어둠의 세상의 주관자들, 하늘에 있는 악의 영들에서 찾는 것이 성경적으로 더 옳지 않을까(엡 6:12을 보라)? 오래 전에 아우구스티누스가 지적했듯이, 역사 과정의 핵심에는 악마의 영 내지 권세와 성령 사이의 싸움, 궁극적으로 인간의 도성 혹은 하나님의 도성에 충성하는 이 두 세력을 지지하고 대리하는 인간들 사이의 싸움이 자리 잡고 있다. 성경적 관점에서 해석할 때, 헤겔의 역사 철학은 경쟁하는 세계관들을 중심으로 벌어지는 영적 전쟁으로 역사적 과정을 이해하는 입장에 대한 관심을 불러일으킨다(이에 관한 더 자세한 논의는 9장을 보라). 또한, 그는 예술이 어떻게 다양한 지성(intellectus)의 강력한 의사소통 매체 역할을 하는가에 관해서도 생각해 볼 수 있게 해 준다. 미적 충동은 적어도 부분적으로는 삶에 대한 특정한 전망의 표현을 지향한다. 그렇다면 기독교 예술가들은 어떻게 역사라는 무대 위에서 자신들의 자리를 차지하고 세련되고 강력한 방식으로 세상에 대한 성경적 전망을 가장 효과적으로 전달할 수 있을까? 마지막으로 헤겔의 종말론적 지향은 세계관의 견지에서 역사의 종말에 대한 기독교적 의미를 성찰해 볼 것을 촉구한다. 성경적 종말은 모든 경쟁하는 권위에 대한 하나님의 주권을 입증할 뿐 아니라 우주 전체의 신적 기원과 성례전적 성격, 영광스러운 운명을 드러냄으로써 경쟁하는 종교적, 철학적 설명을 무너뜨리지 않겠는가? 역사의 마지막에는 하나님의 존재와 우주의 참된 본질, 인간의 정체성, 삶의 목적 등 수천 년 동안 논쟁해 온 문제들이 마침내 해결될 것이다.

키에르케고어에게 인생관은 인간 실존의 핵심이다. 그가 인생관, 특히 기독교적 인생관을 형성하는 기획을 중요하게 여겼다는 주장은 충분한 근거가 있어 보인다. 이 일은 어떤 진정한 그리스도인도 피할 수 없는 일이다. 하지만 인생관을 형성하라는 그의 권고는 이 노력의 내용과 방법, 결과에 관한 중요한 질문을 제기한다. 기독교 인생관에서는 삶의 의미와 목적을 어떻게 정의하는가? 삶에 관한 비상한 깨달음으로서 인생관은 어떻게 형성되며, 이 과정은 어느 정도까지 주권적인 하나님의 은혜로운 활동에 의존하는가? 기독교 진리에 기초한 인생관을 발전시킬 때 어떤 개인적, 공동체적 유익을 얻을 수 있는가? 키에르케고어의 범주를 사용하자면, 성경에 기초한 인생관은 문학과 우정, 자녀 양육과 교육 등에 어떤 영향을 미치는가? 키에르케고어는 인생관의 심층적이며 실존적인 성격과 추상적, 학문적 사상의 냉담함을 날카롭게 구별한다. 인생관 형성 기획은 신학과 철학이란 전문 분야와 어떻게 다른가? 키에르케고어가 주장하듯이, 더 나아가 그것이 이런 학문 분야를 대체해야 하는가? 그렇지 않다면 인생관, 세계관과 철학, 신학 사이의 관계를 어떻게 설명해야 하는가? 키에르케고어는 기독교 세계관을 인식론적으로 정당화하는 것에 비관적이었다. 성경에 기초한 전망을 방어할 수 있을까? 방어할 수 있다면 어떻게? 아니면 그것은 정말 "신앙의 도약"인 것일까? 학문적 신학과 철학의 가치를 부정하고, 기독교 계시의 인식적 신뢰성을 축소하는 키에르케고어의 태도가 심각한 문제를 일으키지만, 기독교 인생관을 발전시키는 실천적이며 실존적인 책무를 옹호하는 키에르케고어의 주장은 긍정적으로 받아들여져야 한다.

딜타이에게 세계관은 역사적으로 만들어진 실재에 대한 관점이다. 그의 성찰은 우리가 역사주의의 문제와 그것과 연관된 상대주의의 문제를 직시하게 한다. 다양한 인지 능력을 부여받은 인간이 역사의 부침 안에 자리 잡고 있다는 사실은, 삶의 수수께끼를 풀고자 하는 인간의 관념적 노력에 매우 상대적인 성격을 부여하는 것처럼 보인다. 기독교를 비롯해 모든 세계관이 이 블랙홀로 빨려 들어가는가? 역사 **안에서** 일어나는 모든 것이 역사**로부터** 기인하는가? 모든 내세적 실재를 제거하고 역사 과정을 절대화하는 인생관을 전적으로 받아들인다면 이 물음에 대해 긍정으로 답해야만 한다. 반대로 자신을 스스로 드러내거나 외부로부터 혹은 위에서 아래로 뜻을 전하는 초월적 원리나 인격체를 향해 문을 열어 둘 때 역사주의적 상대주의가 최종 결정권을 갖는다는 것을 부인하는 게 가능해진다.

딜타이의 성찰은 역사가 인간 의식을 형성하는가 그렇지 않은가가 문제가 아니라, **어떻게 무슨** 내용으로 규정하는가가 문제임을 명확히 한다. 이것은 심지어 신적 계획과 의도인 것처럼 보인다. 하나님은 구별된, 즉 거룩한 역사의 특정한 줄기–구속사(*Heilsgeschichte*)–를 통해 자신을, 그리고 창조와 구속이라는 그분의 사역을 이스라엘과 교회에 계시하기로 작정하셨다. 그러므로 한편으로, 유대–기독교 세계관의 형성을 위해서는 거룩한 역사의 이 독특한 흐름과의 접촉과 그것의 수용(직접적으로, 즉 신적 계시를 통해서든, 이 계시에 의해 형성된 역사적, 문화적 맥락에의 참여를 통해서든)이 필수적이다. 이 연쇄는 다음과 같다. 신성한 혹은 거룩한 역사가 일반 역사를 규정하며, 이는 다시 의식 형성을 규정한다. 다른 한편으로 이러한 유대–기독교 계시나 그것에 의해 규정된 역사적, 문화적 맥락과 분리되거나 그것을 거부한다는 것은, 성경에 근거한 인생관을 형성하지 못하도록 배제하고 있음을 뜻한다. 동시에 이는 역사적 과정의 상대적 힘에 제한되어 있음을 뜻하며, 그 자체가 타락한 세상 속에서 반역하는 인류에 대한 하나님의 심판을 뜻할지도 모른다. 그리스도인들은 의식 형성과 세계관 형성에 대해 역사가 수행하는 역할에 관한 한 딜타이의 입장에 동의할 수 있을 것이다. 역사는 문화적 소통의 불가피한 맥락이다. 그러나 역사적 삶의 흐름과 변화 속에서 실재의 본질에 대한 안정적인 관점을 제공하는 신적 계시에 비추어, 그리스도인들은 상대주의에 관한 딜타이의 주장을 일종의 심판의 표지로 분명히 재해석할 것이다.

니체에게 하나님은 죽었으며, 자연만 존재할 뿐이고, 역사가 지배한다. 이를 근거로 그는 세계관을 인위적이지만 궁극적으로 무질서하고 도무지 길을 찾을 수 없는 세상 속에서 인간의 생존을 위해 필수적인, 사물화된(reified) 문화적 구성 개념으로, 삶에 대한 특유한 관점으로 이해했다. 기독교 공동체는 그의 노골적인 무신론과 철저한 자연주의, 급진적인 역사주의에 분명히 반대한다. 그리스도인들은 니체의 대안으로서 삼위일체 교리와 매우 선한 하나님의 창조, 역사를 신적 계시의 무대로 보는 관점을 제시할 것이다. 그럼에도 불구하고 그리스도인들은 사물화와 관점주의에 관한 그의 통찰 중 일부에 대해서는 개방적인 태도를 취할 것이다. 기독교 세계관도 신학에 기반을 둔 것처럼 보이지만, 사실은 그저 관습적일 뿐인 다양한 요소를 포함할 수 있지 않을까? 이를 인식할 때, 그리스도인들이 믿는 바(*credenda*)와 그들이 세상 속에서 행동하는 방식(*agenda*)에는 어떤 변화가 이뤄질 수 있으며 이뤄져야 할까? 니체가 말하는 사물화라는 주제는 중요한 교정 수단 역할을 하여 그리스도인들이 삶에 대한 그들의 기본적 이해에 있어서 더 성경에 충실해질 수 있도록 도와줄 수 있다.

니체는 관점주의에 관해 극단적 입장을 취했지만, 그의 입장은 필수적인 통찰을 담고 있다. 즉 그리스도인들을 포함해 모든 인간은 사물을 비스듬히 바라본다. 다시 말해서, 성경적이든 아니든 모든 사람이 세계관을 가지고 있다. 이것은 특정한 일군의 렌즈를 통해, 혹은 특별한 관점에서 우주와 그 안에 있는 모든 것을 바라본다는 말이다. 균형을 유지할 때 이 입장은 근대주의의 교조주의와 포스트모더니즘의 회의주의라는 양극단을 피할 수 있으며, 인식의 과정에서 객관주의적 요인과 그것의 역할을 다 인정하는 일종의 비판적 실재론으로 귀결될 수도 있다. 인식의 대상이 되는 실제 세계가 존재하지만, 우리는 언제나 이 세계를 우리 자신의 관점에서 이해한다. 성경에서도 이런 인식론을 뒷받침하는 것처럼 보인다. 바울이 말했듯이, "우리가 지금은 거울로 보는 것 같이 희미"하다(고전 13:12). 그러므로 니체의 관점주의를 적절히 수정한다면 세계관의 인식론적 의미에 대한 유익한 통찰을 제공할 수도 있다(이에 관해서는 10장의 추가적인 논의를 보라). 이제는 20세기 철학 안에서 세계관의 역할에 대해 생각해 볼 차례다.

세계관의 철학적 역사

20세기 I

5

20세기에는 세계관이란 주제에 대한 철학적 성찰이 심화된 것처럼 보인다. 다채로운 철학 전통을 대표하는 수많은 주목할 만한 사상가들이 다양한 관심과 목적을 가지고 세계관(*Weltanschauung*) 개념에 직접 주의를 기울였다. 이에 관한 자료가 너무나도 방대해서 이 시기 동안 이 개념의 역사를 두 부분으로 나눠 살펴보고자 한다. 이 장에서는 세계관을 과학적 철학과 구별했던 에드문트 후설의 두드러진 공헌에 대해 살펴볼 것이다. 그런 다음 심리학적인 지향을 띠는 세계관에 관심이 있었던 카를 야스퍼스에 대해 알아볼 것이다. 그리고 마지막으로 후설의 관심을 일정 부분 공유하는 동시에 세계관을 순전히 근대적인 구성 개념으로 설명하고자 했던 마르틴 하이데거의 사상에 대해 살펴볼 것이다. 다음 장인 6장에서는 루트비히 비트겐슈타인과 도널드 데이비슨, 몇몇 포스트모던 사상가들의 사상을 살펴봄으로써 20세기에 대한 검토를 계속해 나갈 것이다. 먼저 에드문트 후설에 대해 알아보자.

에드문트 후설의 '세계관'

에드문트 후설(Edumund Husserl, 1859~1938)은 헤겔의 절대정신의 관념론 철학의 부산물이며 세계관 철학에 내재한 역사주의라는 상대주의가 서양 문화의 자연과학과 인문학이 직면한 심각한 위기를 가져온 책임이 있다고 생각했다. 유럽 문명 자체가 약화된 학문적 근거에 의존하는 만큼 그것은 위험에 처해 있으며 보강할 필요가 있다. 이런 유해한 영향력을 상쇄하기 위해 후설은 세계관의 상대주의에 맞서 엄밀한 학문으로서의 철학을 방어하는 획기적인 논문을 썼다. 또한, 그는 전능해 보이는 역사주의가 지닌 진리를 파괴하는 힘으로부터 근대 사상을 구해내기 위해 생활세계(*Lebenswelt*)라는 개념을 만들어 냈다. 이런 각각의 주제에 대해 살펴볼 때 20세기 초 세계관(*Weltanschauung*)의 역사에 후설이 어떤 기여를 했는지 이해할 수 있다.

'세계관'에 대한 후설의 거부와 엄밀한 학문으로서의 철학에 대한 옹호

후설은 그의 논문 "엄밀한 학문으로서의 철학"에서 빌헬름 딜타이의 상대주의와 회의주의를 예리하게 비판했다.[1] 이 비판 이후 두 저명한 사상가는 서신을 교환하는 관계를 맺게 되었으며, "이를 통해 우리는 20세기 벽두에 일어난 철학의 의미심장한 사건 속에 즉각 휘말리게 되었다."[2] 후설의 비판에 대해 "세계관 이론의 아버지"는 글로 대응했는데,

여기서 딜타이는 자신이 "직관주의자도 아니고 역사주의자도 아니며 회의론자도 아니라고" 강력히 주장했다.[3] 그는 후설이 너무 작은 것으로부터 너무 많은 것을 결론 내렸다고 확고히 믿었다. 하지만 후설의 논문은 학문성을 약화시키는 여러 힘, 특히 자연주의와 세계관 역사주의에 대항해 철학의 학문적 성격을 옹호한다는 점에서 "현상학의 선언문"으로 간주해 왔다.[4] 이 글의 논지는 후설의 현상학적 의제의 여러 양상을 제시할 뿐 아니라, 세계관 개념이 얼마나 관심을 끌게 되었으며 후설의 관점에서 이 개념이 학문으로서의 철학에 대한 객관주의적 이해에 얼마나 위협이 되었는지를 보여 주는 놀라운 사례가 되기도 한다.

후설에 따르면, 역사를 보면 철학이 학문적 기준을 항상 성공적으로 충족하지 못한 것은 분명하지만, 철학은 처음부터 엄밀하고 정확한 작업이라고 주장되어 왔다. 이런 부족함을 바로잡기 위해서 후설은 현상학적 방법을 철학의 궁극적 소명에 대한 해결책으로 제시한다. 후설이 촉구한 엄밀성은 너무나도 극단적이어서 철학만이 다른 모든 학문, 자연과학과 인문학을 위한 토대를 제공할 수 있다고 주장할 정도였다. 이렇게 함으로써 후설은 철학을 모든 사상의 토대로 삼아 다양한 학문의 공격으로부터 철학을 구하고자 했을 뿐 아니라, 모든 학문을 전적으로 철학에 의존하도록 만들려고 했다.[5]

이 과제를 완수하기 위해 후설은 20세기 초 널리 퍼져 있던 두 위협, 즉 자연주의와 세계관(*Weltanschauung*) 철학으로부터 이 학문을 구해 내야 했다. 자연주의의 본질에 대해 논하고 의식이나 관념과 관련된 자연주의의 함의를 논박한 다음, 그는 세계관 문제로 관심을 돌린다. 후설에 따르면, 세계관 철학은 "헤겔의 형이상학적 역사철학을 회의적 역사주의로 변형시킨 결과"다(168쪽). 자연주의가 환원론적 심리주의

(psychologism)로 학문을 위태롭게 한 것처럼, 세계관 역사주의는 치명적인 인식적 상대주의로 철학과 다른 이론 작업을 폐기할 위험이 있다. 따라서 후설은 역사주의 자체의 위험에 대해 대응하고, 세계관 철학의 본질을 설명함으로써 이것을 강력한 철학, 특히 자신이 주창하는 현상학적 방법을 사용하는 철학과 대비시키고자 했다.

후설은 역사주의의 본질을 비판하면서 먼저 딜타이를 인용해 "철학적 체계들의 불일치의 문제보다도 역사의식의 형성이 세계의 정합성을 설득력 있게 표현하고자 했던 모든 철학의 보편적 타당성에 대한 신념을 더 철저히 파괴한다"고 설명한다(186쪽). 후설은 역사의식이, 생성하고 소멸하는 수많은 세계관의 형성에 영향을 준다는 딜타이의 주장에 동의한다. 문제는 역사주의의 원리가 모든 이론적 노력을 약화하는 방식으로 적용되는가이다. 세계관처럼 역사에 매어있는 학문은 끊임없이 변화하는 상태에 있다. "그런 이유로 학문은 객관적 타당성이 없는가?" 역사주의는 학문의 관점이 지속적으로 변하고 있다는, 논박할 수 없는 사실을 근거로 그렇다고 답할 것이다. 이것은 학문의 관점이 수많은 역사적 요인에 영향을 받고 있어 보편적으로 타당하지 않다는 것을 암시한다. "그렇다면 학문적 견해가 언제나 변하기 때문에 우리가 단순히 문화적으로 형성된 실체가 아닌, 객관적으로 타당한 실체로서의 학문에 관해서는 말할 권한이 없다는 뜻일까?"라고 후설은 묻는다. 이에 대해 그는 이렇게 결론 내린다. "일관되게 밀고 나간다면 역사주의는 극단적으로 회의적인 주관주의로 귀결될 것임을 쉽게 알 수 있다"(186쪽).

이제 후설은 명민한 방식으로 역사주의의 자기 파괴적 성격을 논증한다. 역사주의가 참이라면 동시에 그것은 거짓일 수밖에 없다. 역사주의의 원리 역시 역사적 힘의 산물이며 따라서 상대적일 수밖에 없기 때문이다. 그 원리가 상대적이라면 그것은 학문의 객관적 타당성을 부인하기 위해 절대적으로 사용될 수 없다. 후설은 "일반적 차원에서 역사적 학문이 절대적 타당성의 가능성을 반박하는 논리를 전개할 수 없다면, 개별적 차원에서 절대적(즉 과학적) 형이상학이나 다른 모든 철학의 가능성을 반박하는 논리도 전개할 수 없다"라고 말한다(187쪽). 더 나아가 긍정적으로 보아서 철학적 비판에 의해 그 객관적 타당성을 논박할 수 있는 개념이 존재한다면, 객관적 근거를 확보할 수 있는 영역도 존재해야만 한다. 후설의 말에 따르면, "모든 올바르고 진정으로 타당성 있는 비판은 그 자체가 진전을 위한 수단을 제공하며, 올바른 목표를 가리키고, 그렇게 함으로써 객관적으로 타당한 학문임을 말해 준다." 그런 근거로 후설은 역사주의가 "인식론적 실수"라고 주장하지만, 그렇다고 해서 그가 넓은 의미에서의 역사의 가치를 인정하지 않는다는 말은 아니다.

이렇게 역사주의에 대한 거부를 명확히 한 후 후설은 세계관 철학을 설명하고 평가함으로써 이를 학문으로서의 철학과 대조시킨다. 후설은 세계관(*Weltanschauung*) 철학이 "역사적 회의주의의 자식"이지만, 그 목표가 "철저하고 통합적이며 모든 것을 아우르고 모든 것을 관통하는 인식에 대한 우리의 필요를 최대한 충족시킨다는 점에서는 모든 개별 학문을 그 토대로 본다"라고 지적한다(188쪽). 하지만 학문적 지식을 인식의 왕국에 어느 정도 받아들인다고 해서 그것이 진정한 학문적 구성물이 되는 것은 아니다. 대개 세계관 철학자들은 이 사실을 기꺼이 받아들이며 심지어 이를 자랑으로 여긴다고 후설은 지적한다. 그들은 역사주의가 학문적인 세계 인식을 사실상 불가능하게 만들었기 때문에 세계관 형성이 선택할 수 있는 유일한 종류의 철학이라고 기쁘게 지적한다.

더 나아가 세계관 형성의 동기들은 그것들에 있는 비학문적 성격을 드러낸다. 그것들은 성취하려는 고유한 목적론적 기능, 즉 '지혜'의 획득이다. 후설이 보기에는 모든 경험과 교육, 가치(이론적, 가치론적, 실천적)가 '지혜'와 동의어인 세계관 안에 하나로 통합되어 있다. "특히 높은 차원의 가치와 관련해 '지혜'(세계의 지혜, 세계와 삶의 지혜)라는 구식 용어가 존재하며, 무엇보다도 이제는 '세계관'과 '인생관' 혹은 간단히 *Weltanschauung*라는 표현이 즐겨 사용된다"고 그는 말한다(189쪽). 더 나아가 그는 지혜나 세계관의 발전은 한 개인, 곧 고립된 사람이 성취하는 게 아니라고 말한다. 오히려 그런 성취는 "문화 공동체와 시대가 이루는 것이다." 그리고 이런 표현은 "어떤 결정된 개인의 문화와 세계관(*Weltanschauung*)뿐 아니라 그 시대의 문화와 세계관"이 이런 성취를 이루는 것이라고 표현될 수 있다(189~190쪽). 이 점은 분명히 헤겔의 영향을 받은 것으로 보인다.

세계관 사유의 일차적 가치이며 목표인 '지혜'의 소유는 위대한 철학자들에게도 여전히 모호하며 개념화되어 있지 않다. 따라서 개념적 서술, 논리적 발전, 다른 학문 분야의 내용과의 융합이 필요하다. 이런 지적 정교화의 과정을 거쳐 세계관은 삶의 수수께끼에 "비교적 완벽한" 대답을 제시하는 본격적인 세계관(*Weltanschauung*) 철학으로 변형된다. 후설은 이렇게 설명한다.

> 시대의 필수적인, 따라서 가장 설득력 있는 문화적 동기가 개념적으로 파악될 뿐 아니라 논리적으로 전개되고 사상으로 표현될 때, 그렇게 얻은 결과가 추가적인 제도와 통찰과의 상호작용 속에서 과학적 통일성과 일관된 완결성을 갖출 때, 처음에는 개념화되지 않았던 지혜가 특별히 확장되고 고양되는 발전이 이뤄진다. 위대한 체계 안에서 삶과 세상의 수수께끼에 대한 상대적으로

> 가장 완벽한 대답을 제공하는 세계관(*Weltanschauung*) 철학이 만들어진다. 다시 말해서, 이 철학은 경험과 지혜, 단순한 세계관과 인생관이 불완전하게 대처할 수밖에 없는, 이론적이며 가치론적이고 실천적인 삶의 모순에 대한 해결책과 만족스러운 설명을 제공한다(190쪽).

성숙한 어른이 미숙한 아이보다 낫듯이 세계관(*Weltanschauung*) 철학은 단순한 세계관(*Weltanschauung*)보다 낫다. 그뿐 아니라 세계관 철학은 칭찬할 만한 목표, 즉 능력과 지혜로 규정되는 이상적 인간의 형성을 지향한다. 후설은 이 고상한 인간론의 전망을 이렇게 설명한다. "그렇다면 각 사람이 이런 각각의 지향점에 관해 가능한 한 '노련하고' '지혜로운' 사람이 되기 위해, 따라서 '지혜를 사랑하는 사람'이 되기 위해 노력해야 함은 분명하다. 이런 생각에 따라 노력하는 모든 사람은 가장 근원적 의미에서 '철학자'다."

수많은 탁월한 요소가 세계관(*Weltanschauung*) 철학을 대단히 매력적이고 추천할 만한 것으로 만든다. 그것은 이상적 인간상, 완벽한 지혜, 꼭 필요한 능력과 밀접하게 연관되어 있다. 한 시대의 집단의식 안에 자리를 잡으며, 따라서 객관적 타당성을 지닌 듯한 분위기를 풍긴다. 그러므로 후설에 따르면, 세계관(*Weltanschauung*) 철학은 "그 시대의 가장 가치 있는 인물들을 위한 대단히 중요한 문화적 힘이다"(190쪽). 이런 방식으로 후설은 세계관 형성이라는 생각에 특별한 중요성과 가치를 부여한다. 비록 세계관은 전문적인 학문을 통해 형성되지는 않지만, 여전히 학문과 관련이 있다. 그것은 인격적이고 실천적 행동을 통해 형성되지만 합리성을 추구한다. 어떤 것도 이러한 형태의 철학을 적절한 것으로 추천하는 노력이나 또는 전심으로 이런 철학을 추구하려는 노력을 방해하면 안 될 것 같다.

그러나 한 가지는 제외된다. 참된 철학이란 관념에 관해 후설은 다른 더 고등한 가치, "다시 말해, 철학적 학문의 가치"가 충족되어야 한다고 주장한다. "우리 시대의 수준높은 학문의 문화"에 기초해, "객관화된 엄밀한 학문의 강력한 힘"에 비추어 후설은 "실천적 철학으로서의 세계관과 객관적으로 타당한 학문으로서의 철학이 "분명히 분리되어 왔으며 지금부터 영원까지 분리되어 있을 것"이라고 주장한다(191쪽).[6] 이런 주장을 통해 근대적인 '사실/가치'의 이분법이 극명하게 드러난다. 과거에는 모든 역사적인 철학이 지혜와 학문이 나뉠 수 없도록 섞여 있는 세계관(*Weltanschauung*) 철학이었다. 세계관의 실용적 태도와 학문적 이성이 혼합되어 일종의 구별되지 않는 철학적 합금이 만들어졌다. 그러나 "엄격한 학문의 시간을 초월한 보편성"이 도래한 이후 상황이 급격히 변했다. 유한하며 개인적이고 시간의 제약을 받으며 변동하는 세계관과, 무한하며 집단적이고 영원하며 변하지 않는 학문 사이의 명확하고 중요한 구별이 이제는 꾸준하게 유지되어야 한다. "따라서 세계관 철학과 학문적 철학은 특정한 방식으로 서로 관련이 있지만 혼동해서는 안 되는 두 사상으로 분명히 구별되어야" 한다고 후설은 결론 내린다(191쪽).

하지만 학문적 철학은 약속 어음으로 여겨야 한다. 수천 년 동안 수많은 세계관(*Weltanschauung*) 철학이 존재했지만, 과거나 현재의 어떤 철학도 엄격한 학문의 요건을 충족하지 못했다. 그렇다면 어떤 종류의 사상가가 학문적 철학을 발전시켜야 할 과제를 완수할 수 있을까? 혹은 완수해야 할까? 후설에 따르면 어떤 쪽을 추구할 것인가에 관한 결정은 사람의 기질의 다양한 유형에 일차적으로 근거를 두고 있다. 어떤 이들은 본성상 압도적으로 이론적이고, 학문적 철학의 발전이란 엄격한 책무를 수행하기에 특별히 적합하다고 그는 말한다. 흥미롭게도 그는, 이런 성향은 한 개인의 삶에 대한 총체적 전망에 근거하며 그 전망의 표현일지도 모른다고 지적한다. 반대로 다른 사람들, 예를 들어 예술가와 신학자, 법률가들은 심미적이며 실천적 성격을 지니며, 세계관 철학의 비이론적이며 실천적 영역을 더 지향할 것이다. 그럼에도 실제 삶에서 이 두 유형의 기질이 완벽히 구별되는 것은 아니라고 후설은 지적한다.

하지만 두 유형의 철학의 발전에 관한 문제는 개인의 성향에 비추어서 보아야 할 뿐 아니라 '문화적으로 무엇이 관건이냐?'라는 관점과 영원한 이상으로서 인류의 발전이란 관점에서 바라보아야 한다. 여기서 후설이 고려하는 질문은 이것이다. 학문적 철학의 발전이 모든 학문 활동의 객관적 타당성과 확실성을 보장하기 위한 토대를 제공할 수 있기까지, 인간 역사와 문화는 얼마나 오래 기다릴 수 있으며 혹은 기다려야 할까? 이런 학문이 삶과 실재에 대한 최종적 이해를 위해 필수적이라면, 인류는 그들의 활동을 위한 견고한 철학적 기초를 확립하는 과정을 지연시킬 여유가 있을까? 서양은 더 이상 기다릴 수 없다고 후설은 말한다. 지금 유럽 학문과 문명의 위기는 일종의 즉각적 대응을 요구한다.

그러나 어떤 사람들은 몇 가지 요인 때문에 세계관을 지속적으로 발전시키는 것이 여전히 일차적 과제라고 생각한다. 첫째, 엄격한 학문은 부분적으로 발전된 이론 체계만을 제공할 뿐이므로, 이를 구체적으로 해석할 필요가 있다. 둘째, 엄격한 학문조차 궁극적 지향과 관점을 드러내는 직관(*Anschauungen*)의 도움을 받아 작동된다(여기서 토마스 쿤[Thomas Kuhn]의 포스트모던 과학철학의 전조를 확인할 수 있다). 셋째, 엄격한 학문의 설명으로도 삶의 신비와 수수께끼는 여전히 풀리지 않은 채로 남아 있다[로체(Lotze)가 말했듯이, "세계의 과정을 계측하는 것이 그것을 이해하는 것을 뜻하지는 않는다"(193쪽)]. 마지막으로, 시대의 참을 수 없는 영적 궁핍과 실존적 위기를 고려할 때, 가장 지혜로운 행동 방향은 세계를 해명하고 삶에 의미를 부여하는 관점을 피난처로 삼는 것이다. 시급히 해결해야 하는 실용적인 이유들을 고려한 나머지 후설은 세계관을 형성하는 일이 더 긴박히 필요한 일로 생각해, 엄밀한 학문으로서의 철학을 가장 먼저 확립해야 한다는 주장을 포기하는 것처럼 보인다. "[학문적 철학의 발전을] 기다릴 수 없음은 분명하다. 우리는 견해를 밝혀야 한다. 현실에 대한(우리에게 의미가 있는 삶의 현실에 대한) 우리의 태도 안에 있는 부조화를 조화롭게 만들어 학문적이지는 않더라도 합리적인 '세계-인생관'을 확립하는 일에 박차를 가해야 한다. 세계관(*Weltanschauung*) 철학자가 이 일에 큰 도움을 준다면 우리는 그것을 감사해야 하지 않을까?"(193쪽).

그러나 이 물음에 대한 후설의 솔직한 대답은 철저한 부정이다. 이전의 실용적 이유들이 아무리 강력하더라도 후설은 타협을 단호히 거부한다. 엄밀한 학문으로서의 철학을 발전시키는 일은 세계관 철학을 발전시키는 데 시간을 소비하는 것보다 우선해야 한다. 후설은 "시간을 위해 영원을 희생시켜서는 안 된다. 우리의 결핍을 완화하기 위해 결핍에 결핍을 더해 우리 후대에 결국에는 뿌리 뽑을 수 없는 악을 물려줄 권리가 우리에게는 없다." 현재의 위기가 학문에 뿌리를 두고 있지만, 후설은 올바르게 확립되고 실행된 학문만이 이 위기를 극복할 수 있다고 확신한다. 학문의 힘에 대한 그의 믿음은 특별하다. 따라서 그는 엄격한 학문적 철학의 발전을 문화적 최우선 과제로 추구하는 것을 열정적으로 옹호하며, 이로써 세계관 형성을 열등한 지위로 강등시킨다.

이런 악이나 그와 비슷한 모든 악에 대해서는 단 하나의 해결책만이 있다. 즉

> 학문적 비판과 그에 더해 근본적 학문이다. 이는 아래(구체적 사실)로부터 떠오르며 확실한 토대에 기초하고 가장 엄격한 방법에 따라 발전된 철학적 학문이다. 세계관(*Weltanschauung*)은 논쟁에 참여할 수 있다. 그러나 학문만이 결정을 내릴 수 있으며, 그 결정은 영원의 흔적을 남긴다. 따라서 철학의 새로운 변모가 어떤 방향을 띠든지 그것은 엄격한 학문이 되고자 하는 의지를 절대로 포기해서는 안 된다. 오히려 이론적 학문으로서 세계관(*Weltanschauung*)을 지향하고자 하는 실천적 열망에 반대해야 하며, 이런 열망으로부터 자신을 의식적으로 분리해야 한다.

세계관(*Weltanschauung*)과 학문적 철학을 화해시키거나 조화하려는 모든 시도를 후설은 단호히 거부한다. 그는 둘 사이의 경계를 희미하게 하는 것은 "학문적 충동을 누그러뜨리고 약화할 뿐이며 지적 정직성을 완전히 결여한 겉만 번드르르한 학문을 조장할 뿐"이라고 믿는다. "이에 관해서는 어떤 타협도 있어서는 안 된다." 사실, 후설에 따르면 세계관 사유는 단 하나의 책임밖에 없으며, 그 책임은 자신을 모든 학문의 흔적과 완전히 단절하고 옆으로 비켜서는 것이다. "따라서 해야 할 일은 하나밖에 없다. 세계관(*Weltanschauung*) 철학 자체는 스스로 학문이라는 주장을 정직하게 포기해야 하며, 동시에 학문적 철학의 발전에 혼란을 가하고 방해하는 것(무엇보다 이것은 본래의 의도에 정면으로 배치된다)을 중단해야 한다"(194쪽). 이런 일이 일어난다고 가정하면 결국 철학은 학문의 언어를 획득할 것이며, 많은 찬사를 받았지만 부적합했던 '난해함'이라는 특성을 제거할 것이다. 후설에게 난해함은 '세계관'의 특성이지만, 논리적 질서와 합리적 형식은 강력한 학문(과 근대성)의 표지다. 그가 품고 있는 사라지지 않는 소망은 강력한 "철학이 난해함의 차원을 극복하고 마침내 학문적 명료성의 차원에 도달할 것"이라는 것이다. 그는 자기 시대의 성취에도 불구하고 "가장 필요한 것은 철학적 학문," 즉 "가장 엄격하며 확정적인 인식으로" 구성된 학문이라고 열렬히 믿고 있다(196쪽). 이 기준에 따르면, 세계관(*Weltanschauung*) 철학, 즉 역사적 상대성에 의해 규정되며 개인적이고 실용적인 것을 지향하는 철학은 철학 공동체에서 즉시, 그리고 영원히 추방된다.

그러므로 후설은 엄밀한 학문으로서의 철학이라는 자신의 개념에서 서양의 위기에 대한 유일한 해결책을 찾아야 한다고 생각한다. 물론 이 엄밀한 학문적 철학은 선험적 현상학과 동일시되며, 이를 통해 모든 철학 논쟁이 해결되고 세계관의 상대성이 극복되며 모든 학문의 기초가 확립된다. 철저한 학문으로서의 현상학은 모든 인간 지식을 위한 절대적 근거, 즉 세계를 움직일 수 있는, 아마도 더 정확히 표현하면, 세계를 기술(記述)할 수 있는 아르키메데스 점을 제공할 것이다. 후설은 자신의 연구 계획이 전제가 없는 연구라고 주장한다. "괄호 치기" 혹은 "판단 중지"(*epoche*)로 알려진 현상학적 환원을 통해 모든 형이상학적, 학문적 전제를 배제하며, 여러 세기에 걸쳐 내려온 "침전된" 사상을 "보류하고", 무의식적으로 흡수하는 "자연적 태도"를 "작동 중지"해야 한다. 이것은 의식과 그것의 가능한 지향적 대상을 객관적으로 현상학적으로 기술(해석이 아니라)하기 위함이다. 아더 홈즈가 말하듯이, "후설은 시간을 초월한 타당성을 지닌 항구적 철학, 역사적 감정이입을 통한 학문이 아니라 엄격한 기술(記述)적 학문을 원한다. "사실 자체를 향해"가 그의 표어가 되었으며, 기존의 모든 학문적 이론과 세계관을 괄호 안에 묶음으로써 그는 성찰 이전의 의식의 생활세계 안에 있는 보편적이며 본질적인 구조를 추구한다."[7] 이것이 에드문트 후설의 명확한 주장이었다. 그는 철학과 학문을 확실하고 분명한 토대 위에 세우기 위해 특별한 노력을 기울였다.

하지만 그의 생애 말기에 후설은 자신의 철학적 기획의 성공 가능성뿐 아니라 그 개념적 가능성에 대해서도 심각하게 의심했던 것으로 보인다. 아더 홈즈는 그가 실존주의자들이 말하는 "생활세계"를 인식함에 따라 "철학 사상이 본질적으로 역사적인 성격을 지닌다는 것"을 인정하게 되었다고 주장한다.[8] 후기 후설은 철학의 절대적 성격에 대한 자신의 이해를 포기하거나 수정했을까? 그의 마지막 책 중 한 권에 붙인 부록과 그의 "생활세계"(*Lebenswelt*) 개념에서 이런 물음에 대한 답을 찾을 수 있다.

생활세계와 세계관

그가 사망하기 2년 전 출간된 《유럽 학문의 위기와 선험적 현상학》(*Crisis of European Sciences and Transcendental Phenomenology*)에 수록된 흥미로운 아홉 번째 부록에서 후설은 철학을 엄밀한 학문으로 확립하고자 하는 싸움에서 패배했음을 인정하는 것처럼 보인다. "학문으로서의 진지하고 엄밀한, 실로 자명하게 엄밀한 학문으로서의 철학, **그 꿈은 끝나 버렸다.**"[9] 후설에 따르면, "그 꿈"이 끝나 버린 까닭은 유럽에서 비학문적인 세계관(*Weltanschauung*) 철학이 승리했으며, 그것이 인간이 만들어 낼 수 있는 유일한 종류의 지적 장치인 것처럼 보이기 때문이다. 후설은 "종교적 불신앙의 물결처럼 학문적 분과이기를 거부하는 철학의 강력하며 끊임없이 강해지는 물결이 유럽 사회를 집어삼키고 있다"고 서술했다.[10] 유럽 대륙에 범람하던 이 세계관 철학이란 홍수의 본질에 대한 그의 설명은 길게 인용할 만한 가치가 있다.

> 철학이 실존[Existenz]을 위해 투쟁하는 인간, 유럽의 문화적 발전 속에서 자신을 자율의 지위로 고양시킨 인간, 학문 덕분에 자신이 무한하여 그에 수반되는 운명의 지평 안에 서 있다고 이해하는 인간을 위한 작업이란 확신이 지배적으로 자리 잡게 되었다. 자율적 인간의 세계-성찰은 필연적으로 알 수 없고 실천적으로 습득할 수 없는 무언가로서의 초월로 귀결된다. 인간은 자신의 자리인 인식과 감정의 지평에서 출발하여 특정한 추측에 도달할 수 있으며, 이로써 **그의 세계관으로서** 그에게 추측으로 믿는 절대자의 인도 아래 추측과 행동 규범에 대한 개인적 확신을 그에게 제공하는, 특정한 방식의 믿음을 스스로 만들어 낼 수 있다. 또한, 이런 자세는 비슷한 방향을 지향하는 사람들의 집단에 공동의 이해와 상호 발전과 비슷한 무언가를 제공한다.
>
> 따라서 세계관은 본질적으로 개인의 성취, 일종의 개인의 종교적 신앙이다. 하지만 그것은 전통적 신앙, 계시종교의 신앙과는 다르다. 모든 인간에 대해 구속력이 있으며 모든 인간에게 전달할 수 있는 무조건적 진리를 전혀 주장하지 않기 때문이다. 절대자에 관한 학문적 진리가 가능하지 않듯이, 모든 인간에 대해 전적으로 타당한 **세계관적** 진리를 확립하는 것은 불가능하다. 그런 모든 주장은 합리적, 즉 학문적 토대 위에서만 절대자에 관한, 그리고 절대자와 인간의 관계에 관한 인식이 가능하다는 뜻이다.[11]

이런 근거로 후설은 철학의 미래가 "위험에 처해 있다"라고 결론 내린다. 이런 상황이 지속적인 철학 작업에 관한 물음에 시급성을 부여했다. 《위기》에 실린 이 부록에 대한 엔조 파치(Enzo Paci)의 주석에 따르면, 후설이 제기하는 구체적인 질문은 이것이다. "우리는 현상학적 주관성이란 의미가 아니라 상대주의적 의미에서 개인적 철학에, '세계관' 철학 혹은 '주관적' 철학으로서의 철학에 굴복해야 하는가?[12] 다시 한번 이 물음에 대한 답은 부정인 것처럼 보이며, 후설이 항복하기를 거부한 이유를 생활세계(*Lebenswelt*)라는 그의 개념 속에서 찾을 수 있다.

그의 저작에서 *Lebenswelt*라는 개념은 모호하기로 악명이 높다.[13] 혼란스러워 보이는 개념, 적어도 복합적이며 다층적인 개념인 "생활세계"는 해독하기가 매우 어렵다. 하지만 우리는 다음과 같은 질문을 통해 생활세계라는 단어의 비교적 명확한 의미의 한 측면을 이해할 수 있다. 세계 자체와 세계에 대한 다양한 관념을 명확하고 적합하게 구별해 낼 수 있을까?[14] 일단의 전제와 학문적 설명 이전에 존재하는 의식의 대상으로 주어진 독립적인 세계가 있을까? 후설은 그렇다고 답하며 이 선험의 영역을 가리켜 "생활세계"라고 부른다. 그는 이렇게 설명한다. "생활세계는 항상 미리 주어진 세계, 즉 항상 미리 존재하는 것으로서 유효하지만, 어떤 보편적인 목적을 추구하는 연구에는 유효하지 않은 세계다. 모든 목적은 그것을 전제한다. 학문적 진리로 그것을 알고자 하는 보편적 목적조차도 그것을 미리 전제한다. [학문적] 작업 과정 안에 이미 존재하는 세계로서, [분명히] 그럼에도 불구하고 그 나름의 방식으로 존재하는 세계로서 항상 새롭다."[15]

생활세계(*Lebenswelt*)는 일체의 개념화에 앞서 본연의 상태로 존재한다.[16] *Lebenswelt*는 직관 속에 즉각적으로 존재한다.[17] 의식의 대상으로서 존재하며 현상학적으로 이해된 주체에 의해 구조화되거나 구성된다. 그것은 혼돈이 아니며 일반적 구조를 지닌다. 따라서 생활세계 자체는 상대적이지 않고 절대적이다.[18] 생활세계는 "하부 토양" 역할을 하며, 그것이 지닌 여러 "논리 이전의 타당성"은 논리적, 이론적 진리를 위한 토대 기능을 한다.[19] 따라서 후설에 따르면 모든 객관적 학문 이론은 생활세계를 토대로 삼고 그것을 지시한다.

> 논리적 의미에서(보편적으로 받아들여지는: 서술적 이론과 '그 자체로서 명제'이며 '그 자체로 진리'로서 '논리적' 기능을 하도록 의도된, 그런 의미에서 진술 체계의 총체로서의 학문) 객관적 이론은 생활세계와 그에 속한 본원적 증거 안에 뿌리를 내리고 있으며 근거를 두고 있다. 그 덕분에 객관적 학문은 우리가 학자로서 또 학자의 공동체 안에서 언제나 살고 있는 세계를 가리킨다. 즉 일반적인 생활세계를 향한다.[20]

후설은 실재론적이거나 칸트적 의미가 아니라 선험적 현상학의 관점에서 *Lebenswelt*의 객관적 기층에 호소한다. 그렇게 해서 엄밀한 학문으로서의 철학을 **세계관적** 역사주의의 상대화하는 힘으로부터 구해 내려고 노력하는 것이다.[21] 카(Carr)가 말하듯이, "생활세계는 역사적으로 상대적인 현상이 **아니라** 그런 모든 현상 이면에 언제나 존재하는 근거다. 학문적 해석이 그로부터 시작되고 언제나 그것을 전제로 삼는 세계다."[22] 생활세계가 세계관과 학문 모두가 의존하는, 선행적 실재이며 의식의 객관적 영역이라는 사실은, 후설로 하여금 학문적 철학이 객관적이며 보편적이고 시간을 초월한 타당성을 주장할 수 있다고 주장할 수 있게 해 준다.

어쨌든 세계관의 철학사에 대한 후설의 전반적 공헌에 관해 가장 중요한 것은 그가 세계관(*Weltanschauung*)과 엄밀한 학문으로서의 철학을 명확히 구별하고자 했다는 점이다. 후설은 역사주의와 치명적인 자연주의를 유럽 학문과 문명의 위기의 주된 원인으로 보았다. 모든 이론적 활동을 위해 공유된 객관적 준거점으로서의 생활세계라는 매력적인 개념은, 세계관(*Weltanschauung*) 철학의 점증하는 인기가 초래한 상대주의의 위협을 극복하는 데 필요한 그의 최종 열쇠였다. 후설은 철학의 과제를 철저하게 학문적 관점에서 이해하는 그의 견해에 있어서는 타의 추종을 불허했다.

세계관 구조의 선입관과 주관적 성격에 맞서 전제 없는 학문적 철학을 확립하고자 하는 후설의 영웅적 노력에 관해 가장 큰 아이러니는 그의 철학 작업 전체가 하나의 세계관으로 분류될 수 있다는 주장일 것이다. 다른 후설 해석자들과 더불어 카는 전제 없는 철학을 확립하고자 하는 그의 시도가 패배할 수밖에 없는 성격을 지닌다고 지적한 바 있다. 그는 현상학도 역사 안에 자리를 잡고 있으며, 다른 모든 모형이나 체계와 마찬가지로 삶과 세계에 대한 제한된 접근 방식의 한 사례라고 지적했다. 그는 이렇게 예리한 분석을 제시한다.

> 후설은 세계와 세계-의식의 구조를 현상학적으로 파악하는 데 방해가 되는, 역사적으로 습득된 선입관을 배제하려고 노력했고 실제로 배제했다고 주장하지만, 더 심층적 차원에서는 생활세계에 대한 그의 설명 안에 그런 선입관을 드러내고 있는 것처럼 보인다. 그리고 … 역사적으로 습득된 것이든 다른 방식으로 습득된 것이든 선입관을 극복하려는 동기 자체가 역사적 선입관, 즉 가다머가 "선입관에 대립하는 선입관"이라고 부른 것의 표현이다. 철학을 세계관(Weltanschauung)으로, 즉 어떤 역사적 시기의 세상에 대한 관점의 최고의 표현으로 보는 이들에 따르면, 후설의 철학도 다른 모든 철학과 동일한 입장으로 귀결되는 것처럼 보인다.[23]

인간의 모든 철학 작업과 사상이 그렇듯이, 후설의 작업도 역사적 경계와 준거틀 안에 자리 잡고 있다. 따라서 잰 사나(Jan Sarna)가 주장하듯이, "무전제성(presuppositionless)에 대한 후설의 요구는 실현 불가능하며, 기존의 학문과 인간 경험의 역사 위에 서 있는 이론, 즉 모든 세계관의 영향력으로부터 자유로운 이론을 만들어 내는 것은 불가능하다"는 것이 분명하다.[24] 모든 사유와 행동이 이런 역사적, 정신적 패러다임 안에서 이뤄질 수밖에 없음을 고려할 때 이에 대한 철학적 설명과 더불어 심리학적 분석도 필수적이다. 카를 야스퍼스는 《세계관의 심리학》(*Psychology of Worldviews*)에서 그런 분석을 수행했다. 그러한 그의 연구는 20세기 세계관(*Weltanschauung*) 역사에서 중요한 다음 단계를 차지한다.

카를 야스퍼스의 '세계관'

카를 야스퍼스(Karl Jaspers, 1883~1969)는 그의 중요한 초기 저서인 《세계관의 심리학》(1919)을 통해 세계관 역사에 기여했다.[25] 이 책에서 야스퍼스의 목표는 "개인의 정신적 삶을 형성하며 그의 정신적 표현의 형식적 특징을 결정하는" 다양한 준거틀을 설명하는 것이다.[26] 야스퍼스는 이런 준거틀을 세계관(*Weltanschauung*)이라고 부르며, 세계관이 "**주관적으로는** 경험과 능력, 확신으로서, **객관적으로는** 대상으로 나타난 세계로서, 인간 안에 궁극적이며 완전한 것"을 표상한다고 설명한다.[27] 따라서 야스퍼스는 두 각도에서 세계관에 관한 질문에 접근한다. 주관적 측면에서 그는 "태도"(*Einstellungen*)라는 제목 아래 세계관(*Weltanschauung*)을 논하며, 객관적 측면에서는 "세계상"(Weltbilder)으로서의 세계관을 살펴본다. 태도는 세계를 능동적, 관조적, 합리적, 심미적, 감각적, 금욕적으로 혹은 다른 방식으로 경험하는 정신적 실존의 형식적 경향과 구조다. 그것은 본유 관념이나 어린 시절 경험의 산물이며 심리학적 분석의 대상이다. 반면에 세계상은 "개인이 소유한 객관적인 정신적 내용의 총체"다.[28] 이런 기본적 태도를 통해 개인은 객관적 세계와 만나고, 그것에 대한 정신적 그림을 만든다. 태도와 세계상의 결합이 세계관을 이룬다.[29]

어떤 이들은 야스퍼스의 책을 존재의 현재 상태에 대한 깊은 불만을 일으키고자 하는 니체주의적인 심리학 논문으로 본다. 니체와 비슷하게 야스퍼스는 "세계관(*Weltanschauung*)에 관한 처음이자 마지막 질문은 삶 전체에 대해 '예'라고 하는가, 아니면 '아니오'라고 하는가"의 질문이라고 믿는다.[30] 다른 이들은 이 책을 "딜타이 심리학의 후계자"라고 보며, 또 다른 이들은 삶의 여정의 여러 단계와 실존의 영역에 관한 키에르케고어의 사상과 비슷하다고 주장한다. 더 나아가 야스퍼스의 책에는 헤겔의 《정신현상학》의 영향이 두드러지게 나타나며(헤겔의 책을 길게 논하는 부분이 포함되어 있다), 마지막에는 "칸트의 관념 이론"이란 제목의 부록이 수록되어 있기도 하다.[31] 야스퍼스는 저마다 세계관(*Weltanschauung*)의 철학사에 기여했던 다양한 사상가들의 영향을 받아 이 책을 썼다. 야스퍼스 자신도 헤겔과 키에르케고어, 니체가 《세계관의 심리학》에 담긴 자신의 성찰의 선구자라고 인정한다.

> 본원적 세계관들(Weltanschauungen)에 관한 질문이 제기될 때, 때로는 심리학이란 이름을 붙이지 않은 채로 이런 종류의 심리학을 발전시킨 사상가들의 위대한 전통이 드러난다. 헤겔의 《정신현상학》, 또한 무엇보다도 1914년 이후 내가 공부해 온 키에르케고어, 그 다음으로는 니체가 나에게는 계시와도 같았다. 이들은 인간 영혼의 구석구석과 그것의 가장 깊은 원천에 대해 보편적인 동시에 대단히 구체적인 통찰을 표현해 냈다.[32]

야스퍼스는 철학적 자서전에서 심리학에 관한 자신의 초기 강의에 대해 이야기하면서, 세계관의 심리학을 다룬 이 책이 자신에게 가장 중요하다고 말했다. 그것은 아마도 그가 당시에는 몰랐지만, 이 책이 결국에는 철학에 대한 그의 접근 방식의 기초가 되었기 때문일 것이다.[33] 이 책에 대한 야스퍼스의 애초 의도는 철학적인 것이 아니라 심리학적인 것이었다. 야스퍼스에 따르면, 가장 고결한 의미에서 철학은 예언자적이어야 하며 사람들에게 세계관을 제공해야 한다. 반면에 심리학은 "철학적 관점들을 살펴봄으로써 그 가능성을 이해하는 것"에 불과하다.[34] 어떤 이들은 이 책을 "사람들이 자유롭게 고를 수 있도록 세계관들(*Weltanschauungen*)을 전시해 놓은" 책으로 보지만, 야스퍼스는 다르게 설명한다. "사실 이 책은 누구에게나 있는 모든 가능성의 확인이며 어떤 사상, 어떤 체계, 어떤 지식도 예상하지 못하는 '실존적' 결단이 이뤄지는, 가능한 최대의 영역에 대한 해명이다"라고 그는 말한다. 야스퍼스는 예언자적 철학은 어떻게 살아야 하는가를 가르치는 문제에서 종교의 대체물로 제시될 수 있는 삶의 관점을 진술하는 것을 목적으로 삼아야 하지만, 자신의 책 《세계관의 심리학》을 저술한 목적은 자기 성찰의 가능성을 해명하고 개인적 방향 설정의 수단을 제시하는 데 그쳤다고 생각했다.

그러나 야스퍼스는 과거를 돌아보면서 자신 안에 있는 충동이 "심리학을 빙자해" 사실 전체를 철학적으로 성찰하도록 만들었음을 깨달았다. 따라서 "나의 《세계관의 심리학》(*Psychologie der Weltanschauungen*)에서 나는 내가 무엇을 하고 있는지를 분명히 알지 못한 채 이미 철학을 하고 있었다"라고 그는 말했다.[35] 한참 시간이 지난 뒤에야 그는 그때 자신이 "후에 이른바 현대 실존주의라고 불리는 사조의 최초의 저술"을 쓰고 있었음을 깨달았다. "인간의 위대함을 깨닫고자" 했던 야스퍼스는 《세계관의 심리학》의 핵심 논지를 이렇게 설명한다.

> 인간에 관한 관심, 사상가가 가진 자신에 관한 관심, 철저하게 정직하고자 하는 노력이 결정적이었다. 나중에 명료한 의식과 광범위한 포괄성으로 나타난

거의 모든 근본적 질문이 제시되었다. 세계에 대해서는, 인간에게 세계란 무엇이냐는 물음, 인간의 상황과 인간의 한계상황에 대해서는 결코 피할 수 없는 것(죽음, 고통, 기회, 죄책, 갈등)에 관한 물음, 시간에 대해서는 그것의 의미의 다층적 성격에 관한 물음, 자아를 창조하는 과정에서 자유의 움직임에 관한 물음, 실존(Existenz)에 관한 물음, 허무주의와 껍데기에 관한 물음, 사랑에 관한 물음, 실재와 진리의 드러남에 관한 물음, 신비주의의 길과 관념의 길에 관한 물음 등이다. 하지만 말하자면 이 모든 것은 인상적으로 파악되었고 체계적으로 제시되지 못했다. 이 전체의 분위기는 내가 성공적으로 서술하기에는 너무 포괄적이었다. 이 분위기는 이후 나의 사유의 토대가 되었다.[36]

이 책 자체로 눈을 돌려보면, 먼저 세 개의 주요 장이 변증법적으로 구성되어 있으며, 각각의 장 역시 세 부분으로 이뤄져 있음을 알 수 있다. 하지만 이것은 명제와 반명제 사이의 긴장이 종합으로 지양되는 헤겔적 변증법은 아니다. 야스퍼스의 변증법에서는 세 번째 요소가 핵심이며 다른 두 요소의 원천이다. 세 번째 요소가 가장 덜 객관적이며 이해하기 쉽다. 그것으로부터 더 구체적이며 이해하기 쉬운 첫 번째와 두 번째 요소가 나온다. 야스퍼스의 논의의 "첫 번째" 요소는 태도(*Einstellungen*)와 관계가 있으며, "두 번째" 요소는 세계상(*Weltbilder*)으로 이뤄진다. 태도와 세계상 모두가 "정신의 삶"(*Das Lebens des Geistes*)이라는 세 번째 시원적 원천에 기초한다.[37] 야스퍼스의 삼단 형식의 인과관계를 이해하기 위해서 나는 거꾸로 정신의 삶을 먼저 살펴보고자 한다. 정신의 삶은 서로 결합해서 세계관을 형성하는 세계상과 태도의 원천이다.

"정신의 삶"을 이해하기 위해서는 "정신의 유형"을 이해해야 한다. 그리고 "정신의 유형"을 이해하기 위해서는 먼저 야스퍼스가 "제한," "경계," 혹은 "한계" 상황(*Grenzsituationen*)이라고 부른 것을 먼저 살펴보아야 한다.[38] "한계상황"이란 개념은 이 책에서 야스퍼스의 가장 중요한 공헌 중 하나다. 이 개념은 인간이 언제나 일정한 상황 속에 있으며 갈등과 고통, 죄책, 죽음에서 벗어난 채 살아갈 수 없다는 상식적 생각을 담고 있다. 이러한 한계상황에 대한 사람들의 다양한 반응은 여러 "정신의 유형"을 범주화하기 위한 기초를 제공한다. 어려운 삶의 현실은 다른 유형의 인간 정신이 이러저러한 방식으로 안정이나 토대를 추구하게 만든다.[39] 따라서 야스퍼스에 따르면, "정신-유형의 본질에 관해 묻는 것은 인간이 어디에 피난처를 찾는지를 묻는 것이다."[40] 어떤 이들은 회의주의와 허무주의를 피난처로 삼는다.[41] 다른 이들은 제한된 것이나 유한한 것(*Begrenzten*), 합리주의, 권위주의, 절대적 가치관, 혹은 야스퍼스가 보호하는 "껍데기"(*Gehäuse*)라고 부르는 것에서 피난처를 구한다.[42] 저자 자신을 포함하는 세 번째 집단은 "무한한 것"이나 "무제한한 것"을 향한다(*Der halt im Unendlichen*).[43]

"껍데기"라는 도발적 개념에 관해 야스퍼스는 "한계상황"을 만날 때 중대한 변화 과정이 시작된다고 말한다. "전에는 객관적으로 자명한 삶의 형식과 세계관, 신념, 사상이란 딱딱한 껍데기로 덮여 있던 상황인 한계상황에 대한 의식적 경험과 제한 없는 성찰이란 변증법적 움직임이 이전에는 자명해 보였던 껍데기의 해체로 귀결되는 과정을 촉발한다." 하지만 야스퍼스는 계속되는 논의를 통해 조개가 껍데기 없이 살 수 없듯이 인간도 껍데기 없이는 살 수 없다고 지적한다. 따라서 삶의 과정에서 한계상황에 직면하면 하나의 껍데기가 제거되고 다른 껍데기로 대체될 뿐이다. 야스퍼스는 "따라서 삶의 과정은 껍데기의 해체와 형성을 모두 포함한다. 해체되지 않으면 딱딱함이 자리 잡는다. 하지만 껍데기가 없다면 파괴되고 말 것이다"라고 말한다.[44]

한계상황에 직면할 때 정신의 유형은 언제나 형식과 혼돈 사이에 벌어지는 싸움에 휘말린다. 다양한 정신의 유형은 모든 것을 일종의 통일성이나 총체성으로 묶어 내려고 노력하지만, 그런 노력은 쓸모없다. 야스퍼스는 이것을 불가능한 "대립의 종합"(antinomial synthesis)이라고 부른다. 형식과 혼돈, 대립의 종합의 관계에 관해 야스퍼스는 세 정신 유형이 있다고 말한다. 첫째, 혼돈의 인간은 충동과 기회, 자기 이익에 기초해 살아간다. 둘째, 실용적 인간은 기능과 효율에 초점을 맞춘다. 셋째, 악마적 인간은 분열된 삶의 창조적 긴장 속에서 자신을 발견한다.[45]

정신적인 삶의 마지막 특징은 그가 "신비적인" 것의 길과 "관념"의 길이라고 부른 것이다. 신비적인 것의 길에서는 통일성과 총체성을 찾기 위해 주체–객체의 이분법을 돌파한다. 관념의 길에서는 이 총체성을 해체하고 논리적 규제원리와 심리적 힘이라는 관념에 근거해 세계와 영혼, 삶 자체를 바라본다.[46]

어떤 경우든 정신의 삶과 다양한 정신 유형, 세계상 사이에는 인과 관계가 존재한다. 세계상은 정신의 삶의 능력을 **객관화**한 것이다. 삶의 한계상황에 대한 다양한 정신 유형의 반응은 "객관적" 세계 관념으로 구체화된다. 삶과 세계상 사이에는 일종의 공생 관계가 존재한다. 이 둘은 함께 자란다. 실재에 대한 이미지는 철저하게 흡수되어 다른 모든 특성과 마찬가지로 그 사람의 일부가 된다. 자아가 그것의 영향력이나 그것이 어떻게 형성되는지를 언제나 자각하지는 못하지만, 그것은 자아를 이루는 구성요소다. 그것은 꼭 선택된 것은 아니지만 삶 자체의 기능이다. "소크라테스가 영혼 불멸이 존재하는 것처럼 살았던 것처럼, 내가 어떤 관념을 가지고 살고 있다는 사실로부터 내가 그것을 선택했음을 알 수 있다. 내가 선택한 것은 … 바로 이 삶이다."[47] 세계상과 경험에는 부침이 있다. 언제나 변하며 언제나 깊어지고 언제나 발전하지만, 최종적 총체성에는 결코 도달하지 못한다.[48]

야스퍼스는 세 종류의 세계상이 있다고 말한다. 그것은 감각적-공간적 세계상과 심리적-문화적 세계상, 가장 독특하며 포괄적인 형이상학적 세계상이다.[49] 야스퍼스에 따르면, 형이상학적 세계상에는 두 유형, 즉 신화적-악마적 세계상과 철학적 세계상이 있다. 신화적-악마적 세계상은 전설적이거나 비현실적인 성격을 지닌다. 철학적 세계상은 권위나 계시에서 파생되지 않았고, 주체성이나 객체성의 경험의 절대화에 기원을 둔다. 주체성의 절대화는 일종의 유심론(spiritualism)이나 관념론을 만들어 내며, 객관성의 절대화는 일종의 유물론이나 자연주의를 만들어 낸다.[50] 따라서 궁극적 삶의 상황과의 조우는 다른 정신 유형이 다른 방식으로 반응하게 하고, 다른 정신 유형의 다양한 반응은 다채로운 세계 관념을 만들어 낸다. 이것이 세계관(*Weltanschauung*)의 객관적 양상이다.

야스퍼스에 따르면 세계관의 주관적 양상은 정신적인 삶의 능력을 주관화한 "태도"나 정신적 구조 안에서 발견된다. 이런 태도는 인간 행동을 위한 강력한 원천과 동기 부여가 된다. 행동에서 정점에 이르는 이런 태도는 심리학적으로 관찰하고 보편적인 것으로서 연구할 수 있다. 야스퍼스는 다시 한번 세 부류의 태도, 즉 객관적, 자기 성찰적, 열정적 태도를 제안한다.[51] 여러 객관적 태도 중 하나인 "합리적" 태도는 불안정과 혼돈, 우연에 직면해 관계와 명료성, 통일성을 확립하고자 한다. 합리적 태도는 지각에 의해 강화되지만, 경화되어 생기가 없어질 수도 있다. 직관적이며 심미적인 태도로 가득 차 있으므로 결코 나뉠 수 없지만, 사물의 총체성도 이해할 수 없다. 합리적인 태도는 지식을 제공하는 학문적 범주와 경험적 범주로 다시 나눌 수 있으며, 야스퍼스는 이것이 성장과 운동을 뒷받침하는 변증법이라고 말한다.

자기 성찰적 태도 중에서 가장 중요한 것은 "순간"(*Augenblick*)이다. 야스퍼스는 이에 관해 키에르케고어의 《이것이냐 저것이냐》에 의존하고 있음을 인정하면서 순간이나 기회의 태도에서 구체적이고 현재적이며 직접적인 실재가 강조되고 시간은 지속성과 끊임없는 연속으로, 영원의 한 원자로 경험된다고 주장한다. 야스퍼스의 말에 따르면, 시간은 "정신의 삶 속의 바로 그 실재, 절대적 실재다. 경험된 운동은 살아 있는 것, 살아 있는 현재, 실재의 총체성, 단 하나밖에 없는 구체적인 것의 최종적이고 생생하며 즉각적인 양상이다.[52]

이 두 선행하는 태도는 세 번째 태도, 즉 "열정"으로부터 파생되었으며 그것의 기능이다. 열정은 세 주관적 태도 중에서 가장 포괄적이지만 가장 적게 이해된 태도다. 열정적 태도는 합리적 태도와 자기 반성적 태도 안에서 드러나며 다양하고 구체적 삶의 형식, 즉 성, 과학, 예술, 인간관계를 통해 표현된다.

따라서 야스퍼스에게 세계관은 객관적 관점과 주관적 관점의 융합이다. 주관적 양상에서 세계관은 삶의 구체성과 행동의 형식을 통해 표현되는 삼중적 인간 태도로부터 파생된다. 객관적 양상에서 세계관은 실재에 대한 특정한 이미지나 이해를 표현하는 세 부류의 세계상으로부터 도출된다. 태도와 세계상의 결합으로서의 세계관은 (허무주의, 개인주의, 합리주의, 낭만주의, 회의주의 등과 같이) 주기적으로 대체되어야 하는 껍데기가 될 수도 있지만, 언제나 유동적이며 가변적이고 변하며 발전한다. 보호하는 틀로서 세계관은 인간이 한계상황의 공포로부터 자신을 보호하는 수단이다. 그리고 본래 이런 한계상황이 다양한 정신 유형이 삶에 대한 특정한 전망을 만들어 내고 다양한 내적 성향을 기르도록 부추기던 조건이었다. 세계관은 인간이 그것 없이는 살아남을 수 없는 무언가다.[53]

영-브륄은 야스퍼스가 《세계관의 심리학》이 자신을 "근원적 깨달음"으로 이끈 작품이라고 말했다고 묘사한다.[54] 이런 깨달음 때문에 이 책은 그의 후기 실존 철학을 위한 토대가 되었다. 이 책이 출판된 시점부터 줄곧 세계에 대한 묘사와 전망의 복수성이 그의 철학 기획의 핵심이었다. 이 책을 통해 그는 실재를 객관적, 보편적으로 설명하려고 하는 전통적 철학과 결별했다. "보편적 상대주의"에 대한 자신의 인식에 비추어 그는 대화를 중단시킨다고 보았던 모든 형태의 교조주의에 대항하는 철학 작업에 열정을 집중했다. 따라서 세계관이 참된 학문적 철학과 반대된다고 비판했던 후설과, 세계관이 한계상황과의 조우에 대한 인간의 자연적 반응이라고 찬사를 보냈던 야스퍼스의 입장은 흥미로운 대비를 이룬다. 세계관에 대한 이런 상이한 관점은 마르틴 하이데거의 기여를 살펴보기 위한 필수적인 맥락을 제공한다. 이제 이들에 이어 하이데거가 20세기의 세계관 철학사의 발전에 어떤 공헌을 했는지 알아보도록 하자.

마르틴 하이데거의 '세계관'

서양의 지적 전통에서 마르틴 하이데거(Martin Heidegger, 1889~1976)만큼 철학 지형을 급속하게 혹은 철저하게 바꾸어 놓은 인물도 드물다. 초기 희랍 철학자들과 스콜라 신학 전통의 영향 아래, 쇠렌 키에르케고어와 프리드리히 니체, 카를 야스퍼스, 에드문트 후설과 같은 획기적인 사상가들의 뒤를 이어 하이데거의 철학, 특히 그의 대표작인 《존재와 시간》(*Being and Time*, 1927)은 존재의 본질에 관한 존재론적 질문과 주체성, 역사성, 인간 현존재(Dasein)의 해석학적(즉 자기를 해석하는) 본질에 대한 실존적 분석을 다뤘다. 이처럼 광범위한 관심사를 가지고 있던 하이데거는 세계관(*Weltanschauung*) 철학의 본질과 역할에 대한 성찰에도 놀라울 정도의 시간과 노력을 기울였다. 이 핵심 주제에 대한 그의 관심은, 그가 실존적 분석을 통해 "세계관과 같은 무언가가 현존재의 본질적 성격에 속한다"는 확신을 하게 되었다는 사실을 통해 설명될 수 있을 것이다.[55]

이 주제에 관한 하이데거의 성찰은 세 가지 주요 구성요소로 이뤄져 있다. 첫째는 그가 제1차 세계대전 후 프라이부르크대학교(Freiburg University)로 돌아온 직후였던 1919~1920년경에 썼던 카를 야스퍼스의 《세계관의 심리학》에 대한 중요한 서평이다. 둘째는 적어도 세 편의 글에서 후설을 떠올리게 하는 방식으로, 세계관(*Weltanschauung*)의 상대주의와 철학이 엄밀한 학문적 작업이어야 한다는 생각 사이의 대립에 주의를 촉구하고자 했던 그의 노력이다. 셋째는 세계관이나 세계상 개념이 근대의 독특한 개념이라고 주장했던 "세계상의 시대"(The Age of the World Picture)라는 제목의 중요한 논문이다. 야스퍼스의 책에 대한 그의 서평을 살펴보고자 한다.

야스퍼스의 《세계관의 심리학》에 대한 서평

하이데거가 "카를 야스퍼스의 《세계관의 심리학》에 대한 서평"(Critical Comments on Karl Jaspers' *Psychology of Worldviews*)[56]이란 논문을 쓸 때, 그는 원래 – 독일에서 실존 철학(*Existenzphilosophie*)으로 알려진 운동을 촉발시킨 – 이 중요한 책의 서평을 쓰려고 계획했었다. 이 비판적 에세이의 타자 원고는 1921년 6월 야스퍼스와 후설, 리케르트(Rickert)에게 "사적인 서한"으로 전달되었다. 그러나 1969년 야스퍼스가 사망한 후 그의 문서 안에서 이 글의 원고가 발견된 1972년까지 발표되지 않았다.[57] 하이데거는 자신이 철학계에서 아직 저명한 학자가 아니라는 이유로 인해 이 글을 발표하지 않기로 했다. 그는 약 50년이 흐른 다음에야 이 글이 야스퍼스의 철학에 대한 비판적 글을 모은 책에 실리는 것을 마지못해 허락했다. 이 글은 세계관과 관련된 문제를 다룰 뿐 아니라 여러 해가 지난 다음 그의 유명한 저서 《존재와 시간》에 나타날 하이데거의 중요한 주제 다수의 전조를 담고 있기에 대단히 중요하다.[58]

글 자체는 대략 네 부분으로 나눌 수 있다.[59] 첫 번째 부분에는 야스퍼스의 책에 대한 평가와 일차적 비판을 담고 있다(70~76쪽). 두 번째 부분에서는 "실존 현상"과 한계상황이란 개념에 초점을 맞춘다(76~89쪽). 세 번째 부분에서 하이데거는 실존 현상 분석을 위한 새로운 출발점을 제시함으로써 자신의 주장을 펼치기 시작한다(89~94쪽). 네 번째 부분에서는 첫 번째 부분에 제시했던 찬사와 비판을 반복한다(94~99쪽). 부록에서는 야스퍼스가 수정판을 낸다면 개선하기를 권하는 몇 가지 점을 제시한다(99~100쪽).

하이데거의 비판은 야스퍼스의 방법론과 다양한 인간학적 전제에 대한 그의 무비판적 수용에 집중된다. 예를 들어, 첫머리에서 하이데거는 "방법론적 수단의 선택과 방식과 적용"이 야스퍼스가 분석하고자 하는 동기와 일치하는지 묻는다. 물론 그가 진단하고자 하는 바는 인간의 정신적, 심리적 삶, 즉 "인간의 궁극적 본성과 총체성, … 전인성에 대한 인간의 몰두"로 정의된 세계관의 철학적 심리학이다. 또한, 하이데거는 "이런 동기와 경향 자체"가 야스퍼스의 목적을 완수하기에 "충분할 정도로 철저히 파악되었는지"를 묻는다. 왜냐하면, 야스퍼스는 서양의 존재론적 전통으로부터 물려받은 인간에 대한 특정한 선이해를 순진하게 받아들이기 때문이다. 하이데거에 따르면 인간의 참 본성과 야스퍼스가 가정하는 인간의 본성 사이에는 중요한 차이가 있다. 인간 정체성("나는 누구인가")에 관한 물음과 관련해 하이데거는 "우리가 표면적으로 가지고 있는 것과 우리가 존재하는 것에 대한 물음이 예비적 고찰로서 먼저 확정되어야 하며, 야스퍼스의 연구에는 바로 이것이 빠져 있다"라고 지적한다.[60]

더 나아가 야스퍼스는 인간 삶의 "근원적 현상"이 실존의 궁극적 모순을 이루는 주관성과 객관성의 분리라고 생각한다. 또한, 이런 분리가 야스퍼스 책의 기본적 구조를 이룬다. 첫째로 인간 정신의 **주관적** "관여"를 다루며, 둘째로는 이러한 정신의 관여와 짝을 이루는 **객관적** 세계상을 논한다. 하이데거에 따르면, 이처럼 주체와 객체를 나누는 두드러진 이분법의 기저에는 야스퍼스가 무비판적으로 받아들이는, 정신적 삶에 대한 영향력이 큰 일군의 전제가 자리 잡고 있다. 하이데거의 말처럼 "출발점에서부터 명확한 방식으로 서술된 정신에 대한 선이해가 미리 주어져 있으며 영향을 준다." 하이데거에 따르면, 이런 전제가 야스퍼스가 전개하는 분석의 범위 안에 드러날 수밖에 없다. "진정한 심리학이 우리로 하여금 '인간이란 무엇인가'를 이해할 수 있도록 해주어야 한다면, … 이 심리적, 정신적 삶의 총체성의 … 존재론적 의미에 관한 선이해가 이 과제의 선결 조건과 적절한 범위 안에 포함된다. 인간의 삶을 명확히 하는 방법에 관한 선이해도 여기에 포함되며, '가능성'과 같은 것이 나타날 수 있는 삶의 기본적 의미에 관한 선이해도 포함된다."[61]

핵심은 야스퍼스가 속한 주관주의 전통의 선이해가 인간 실존의 기본 성격과 가능성에 대한 구체적 분석을 통해 드러나야 한다는 것이다. "거기에 있는 존재" 혹은 현존재(Dasein)가 논의되는 대상, 특히 총체성과의 연관성 속에서 현존재의 정신적 삶이라면, 정신의 해석 행위와 실존적 성격 자체를 문제 삼기 전까지는 그것에 대한 단순한 심리적 설명이 결코 적합하지 않을 것이다. 야스퍼스는 존재하는 것을 묘사하는 데 그쳐서는 안됐다. 먼저 그는 그 자체[현존재]를 문제 삼는 … 근원적 질문"을 던져야 했다.[62] 야스퍼스가 이런 전제를 자세히 살펴보고 이런 방법의 문제를 의식적으로 검토하기 전까지 진정한 진보는 불가능하다.

실존 현상에 관해 하이데거는 야스퍼스가 "한계상황"이라고 부른 것에 대한 그의 설명이 그의 책 전체에서 "가장 강력한" 요소라고 주장한다. 야스퍼스가 말하는 인간 실존의 투쟁을 드러내는 세 한계상황(우연과 죽음, 죄책) 중에서 하이데거는 특히 죽음에 대한 그의 분석을 높이 평가하며, 이 부분을 결국 《존재와 시간》에도 포함한다. 하지만 그는 야스퍼스의 논의에 심각한 약점이 있다고 생각하는데, 이번에도 역시 "선이해의 문제"를 지적한다. 더 나아가 하이데거는 야스퍼스가 실존을 설명하면서 칸트와 키에르케고어의 철 지난 형이상학에 의존하는 것이 부적합하다고 비판한다. 따라서 그는 실존의 현상학 분석을 위한 새로운 출발점이 필요하다고 주장한다.[63]

야스퍼스의 책에 대한 서평의 가장 긴 분량을 차지하는 부분에서 하이데거는 "온전하고 구체적이며 역사적이고 현사실적(factical) 자아"로부터 시작하는 실존 분석을 위한 방법을 제안한다. 이것이 바로 야스퍼스가 현재의 심리학의 특정 교리를 암묵적으로 받아들였기에 제대로 해내지 못한 것이다. 하이데거에 따르면, 자신이 제안하는 새로운 방법에서는 "구체적인 자아를 문제의 출발점으로 삼고 그것을 현상학적 해석의 근본적 차원, 즉 삶의 실질적 경험과 연관된 차원에서 다루며, 그렇게 함으로써 구체적인 자아를 '주어진 것'으로 간주함"으로써 야스퍼스의 약점을 극복한다.[64] 이 부분에는 그가 제안한 방법을 실행할 수 있는 몇몇 과제에 대한 논의도 포함되어 있다.

하이데거는 《존재와 시간》에서 야스퍼스를 세 차례 언급하는데, 모두 그의 책 《세계관의 심리학》을 논하고 있다. 세 번째 인용에서는 야스퍼스가 "가장 뛰어난 통찰력으로" 이 주제의 "실존적(*existentiell*) 현상"을 설명했던 키에르케고어의 논지를 확장해 "전망의 순간"을 분석한 부분을 언급한다.[65] 첫 번째와 두 번째로 야스퍼스를 언급한 부분은, 하이데거가 중요하게 여기는 야스퍼스의 "세계관의 유형"에 관한 그의 논의에서 실존에 대한 분석, 특히 "한계상황"의 개념이 중요함을 보여 준다. 예를 들어, 하이데거는 한계상황으로서의 죽음에 대한 자신의 분석을 빌헬름 딜타이와 루돌프 웅거(Rudolf Unger), 게오르크 짐멜(Georg Simmel)

의 분석뿐 아니라 "특히" 세계관에 관한 책에 담긴 카를 야스퍼스의 분석과 비교한다. 따라서 그는 이렇게 말한다. "야스퍼스는 자신이 제시한 '한계상황'의 현상, 즉 '태도'와 '세계상'의 모든 유형론을 초월하는 근본적 중요성을 지닌 현상을 죽음에 대한 실마리로 받아들인다."[66] 더 나아가 하이데거는 개방성과 본래성, 염려(care)라는 관점에서 현존재의 실존적 "상황"을 논하면서 주된 특징과 상호 연관성 속에서 현사실적 실존적(*existentiell*) 가능성을 기술하는 일과 실존적 구조에 따라 그것을 [존재론적으로] 해석하는 일이 실존론적(existential) 인간학의 과제에 속한다"고 주장한다.[67] 이것이 세계관에 관한 책에서 야스퍼스가 취한 방향이라고 그는 지적한다. 다시 한번 하이데거는 이 책의 일차적 가치가 다양한 정신적 구조의 논의가 아니라, 현존재의 실존론적 분석과 한계상황에 대한 설명에 있다고 생각한다.

그는 "여기서는 '인간이 본질적으로 어떤 존재가 될 수 있는가?'라는 관점에서 '인간이란 무엇인가?'라는 물음을 던지고 그 물음에 답한다. … '한계상황'의 기본적인 실존론적–존재론적 의미가 그런 방식으로 밝혀진다. 이 책을 '세계관의 유형'에 대한 참고 서적으로만 '사용'한다면 그가 말하는 '세계관의 심리학'의 철학적 의미를 완전히 놓치고 말 것이다"라고 주장한다.[68] 이처럼 하이데거는 방법과 전제에 관해 야스퍼스에 대해 비판적임에도 인간 조건에 대한 그의 혁신적 분석을 높이 평가하며, 그의 책에 제시된 세계관 분석에 대해서는 부차적으로만 관심을 기울일 뿐이다.

하이데거의 학문적 철학 사상과 세계관 문제

하이데거와 세계관(*Weltanschauung*)을 고찰하는 이 시점에 떠오르는 질문은 그가 평생 몰두했던 바로 그 질문이기도 하다. 철학이란 무엇인가? 철학은 삶의 의미와 목적을 명확히 드러내고, 세계관과 마찬가지로 어떻게 살아야 하는가에 관한 실천적 조언을 제공하는 활동인가? 아니면 정확함과 엄밀함에 관심을 기울이는 강력한 활동, 학문적 철학처럼 분명하고 시간을 초월하며 보편적인 원리를 제시하는 학문 분야인가? 하이데거는 적어도 세 편의 글에서 이런 물음에 대한 자신의 확고한 신념을 제시했다. 첫째, 가장 초기의 성찰은 1919년 2월 7일에 시작해 4월 11일에 끝난 "전시학기"(*Kriegsnotsemester*: KNS) 동안 프라이부르크대학교에서 행한 "철학 사상과 세계관 문제"(The Idea of Philosophy and the Problem of the Worldviews)라는 제목의 강의에서 찾아볼 수 있다.[69] 그는 《현상학의 근본 문제들》(*The Basic Problems of Phenomenology*)에서 이 논의를 이어간다. 이 책은 1927년 여름 마르부르크대학교(University of Marburg)에서의 강의를 담고 있다.[70] 마지막으로 그는 1928년 마르부르크에서 행한 여름 학기 강의록을 엮어서 낸 《논리학의 형이상학적 기초》(*The Metaphysical Foundations of Logic*)의 11절에서 이 문제를 간략히 다뤘다.[71] 하이데거가 이 세 저작에서 철학에 관한 물음을 지속적으로 다룬 이유는 이렇다. 여러 세계관의 확산에 의해 현존재의 진정한 형이상학에 대한 위협이 제기되었고, 그가 세계관(*Weltanschauung*) 철학이란 위험 요소와 학문적인 존재론을 구별해 내고자 열망했기 때문이다. 앞서 언급한 첫 두 책을 분석해 보면 이 목적을 성취하기 위한 그의 전략이 분명히 드러날 것이다.[72]

1919년의 KNS에서 하이데거는 "철학 사상과 세계관의 문제"를 집중적으로 다뤘다. 그는 자신의 지도교수인 에드문트 후설의 전통에 서서 철학과 세계관이 다른 두 종류의 작업이라고 주장하면서 포문을 연다. KNS 강의에서 그는 "궁극적 인간의 [세계관] 물음과 전혀 연관성이 없는 … 전혀 새로운 세계관 개념"을 진술하겠다고 밝힌다.[73] 철학이 진정한 "근원적-학문"(Ur-science)이란 개념을 주창하기 위해 그는 철학의 제일 원리와 주제, 방법, 목적이라는 관점에서 이 학문을 새롭게 정의해야 했다. "세계관의 문제"라는 배경에 비춰볼 때만 그의 건설적 대안을 이해할 수 있다. 그러므로 그는 이 논문의 첫 부분에서 세계관과 철학을 연관시킬 수 있는 세 가지 방식을 먼저 논한다.

첫째, 하이데거는 역사적으로 말해 철학과 세계관이 사실상 하나이며 동일하며 "모든 위대한 철학은 하나의 세계관에서 최고조에 이른다"라고 주장한다.[74] 유서 깊은 철학의 과제는 실재에 대한 최종적 해석과 삶의 이상을 제시하는 것이었다. 사물에 대한 포괄적 관점에서 경험적 영역을 초월하는 진선미의 가치까지 고려 대상으로 삼는다. 그러므로 모든 철학은 궁극적으로 세계관 철학이다.

그러나 근대 학문의 주장들이 이런 직접적 동일시를 약화했으며, 결국 이것은 이 두 영역의 관계를 바라보는 두 번째 방식으로 귀결되었다. 근대 인식론에서는 경험의 영역 너머에 존재하는 실재와 원인을 인간이 이해할 **능력이 없다고** 단정한다. 엄밀한 학문적 절차에 의해 증명될 수 있는 전제만이 지식으로 간주된다. 그러므로 근대적인 비판 의식이라는 맥락에서 학문적 철학은 학문적 세계관을 위한 기초가 되었으며 그 세계관에서 절정에 이른다. 다시 말해, 정당성을 갖추기 위해 철학적으로 잉태된 세계관은 학문적으로 이해되어야만 한다. 세계관과 철학은 여전히 동일시되지만, 학문적 토대에 의존해야 한다.

하이데거에 따르면 철학/세계관 관계를 표현하는 데 이 두 가능성만 존재하는 것은 아니다. 세 번째 방식에서는 이 둘을 연관시키기를 거부하고, 이 둘이 본질적으로 양립 불가능하며 반드시 이 둘을 분리해야 한다고 주장한다. 하이데거에 따르면, 세계관에서 정점에 이르는 철학에서 비판 이전의 전통과 비판적 전통은 실천적이든 학문적이든 이제는 "완전한 실패"일 뿐임을 인정해야 한다. 철학의 과제는 세계관을 구축하는 것이 아니며, 심지어는 비판적이거나 방법론적으로 정교한 세계관을 구축하는 것도 아니다. 세계관은 철학에 대해 "이방인"이며, 사실 그 성격상 "비철학적"이고, 철학의 참된 정체성에 대한 주요한 걸림돌일 뿐이다. 그러므로 하이데거는 대안을 제시한다. 철학의 정의에 관한 물음에 대한 그의 대답은 "시원적 학문"으로서의 현상학이란 그의 개념 속에서 찾을 수 있다. 한 학생이 기록했지만, 공식 강의록에서는 제외된 "즉석" 논평에서 하이데거는 세계관의 문제와 대비해 철학의 참된 사상을 어떻게 이해하는지 설명한다.

> 현상학은 삶 자체에 관한 연구다. 삶의 철학은 겉으로 드러난 모습에도 불구하고 사실 세계관의 정반대다. 세계관은 문화의 삶에서 특정한 시점에 삶을 객관화하고 고정한 것이다. 그와 대조적으로, 현상학은 결코 닫히지 않고, 삶 자체에 대한 절대적 몰입에서 언제나 잠정적이다. 현상학 안에서는 어떤 이론도 논박되지 않으며, 참된 통찰과 거짓 통찰 사이의 논쟁만 있을 뿐이다. 참된 통찰은 삶 자체에 대한 정직하고 꾸밈없는 몰입에 의해서만 획득할 수 있으며, 궁극적으로 이것은 개인 삶의 진정성을 통해서만 가능하다.[75]

이 강의의 도입부에서 철학과 세계관을 동일시해 온 서양의 전통을 해체하고 철학의 구조 재편을 촉구한 다음, 하이데거는 이 강연의 나머지 부분에서 시원적이며 학문적인 현상학적 철학의 윤곽을 그려 보인다. 여기서 그의 목표는 이런 형태의 철학이 세계관(*Weltanschauung*)과 관련된 철학과 전혀 다른 종류임을 보여 주는 것이다.

약 8년이 지난 1927년에도 하이데거는 철학에 대한 자신의 독특한 전망을 고수했고 계속해서 세계관과 예리하게 분리했다. 이런 성찰의 원천은 《현상학의 근본 문제들》에서 찾을 수 있다. 이 책은 철학/세계관의 구별을 제시할 뿐 아니라 세계관(*Weltanschauung*)의 간략한 역사를 소개하고 이 용어에 대한 하이데거 자신의 정의를 제시하기 때문에 중요하다. 그는 반드시 철학을 명시적으로 "학문적 철학"이라고 불러야 하는 까닭을 설명함으로써 논의를 시작한다. 철학을 세계관이나 그것의 타락시키는 영향력으로부터 분리하기 위해 이런 추가적 표현을 사용할 필요가 있다고 그는 말한다. "'학문적 철학'에 대해 이야기하는 까닭은 무엇보다도 순수하고 단순한 학문으로서의 성격을 위태롭게 할 뿐 아니라 심지어 부정하는 철학에 대한 관념이 만연해 있기 때문이다. 철학에 대한 이런 관념은 동시대적일 뿐 아니라 철학이 학문으로서 존재해 온 시간 동안 줄곧 학문적 철학의 발전과 나란히 존재해 왔다."[76]

그런 다음 하이데거는 세계관(*Weltanschauung*) 철학이 무엇인지를 설명하고 이것을 학문적 철학과 대비시킨다. "이 관점에서 [세계관] 철학은 이론적 학문일 뿐 아니라 사물들과 그것들 사이의 관계, 그에 대한 우리의 태도와 우리의 시각에 대한 실천적 지침을 제공하고 실존과 그 의미에 대한 우리의 해석을 규제하고 지도해야 한다. 철학은 세계와 삶에 관한 지혜이다. 오늘날 통용되는 표현을 사용하자면, 철학은 하나의 세계관(*Weltanschauung*)을 제공하도록 해야 한다. 따라서 학문적 철학은 세계관으로서의 철학과 대비를 이룬다."

인간의 성찰에서 세계관 개념이 중요한 역할을 해왔기에 하이데거는 이 개념을 조사하지 않을 수 없다고 느끼고, 계속해서 세계관(*Weltanschauung*)이란 용어의 역사를 살펴본다. 그는 이 책의 3장에서 소개한 자료를 매우 간략히 다룬다. 그는 칸트와 괴테, 알렉산더 폰 훔볼트에게는 이 단어가 감각적인 세계에 대한 지각, 즉 "감각에 주어진 세계에 대한 관조라는 의미에서 세계-직관"을 뜻한다고 지적한다(4쪽). 셸링에 이르면 그 의미가 바뀌는데, 그는 "감각-관찰이 아니라 무의식적 지성이기는 하지만 지성"이라는 뜻으로 이 말을 사용한다. 하이데거는 셸링을 통해 세계관(*Weltanschauung*)이 "존재자의 우주를 파악하고 해석하는 의식적일 뿐 아니라 자기실현적이며 생산적인 방식"이라는 통상적인 철학적 의미를 획득했다고 믿는다. 더 나아가 이 용어는 다수의 저명한 독일 사상가들에 의해 "도덕적 세계관"(헤겔)과 "시적 세계관"(괴레스[Görres]), "기독교 및 종교적 세계관"(랑케[Ranke]) 등을 비롯해 "사실 안에서 나타나고 형태를 갖추는 여러 다른 가능한 세계관"을 가리키는 말로 자주 사용되었다(5쪽).[77] 또한 다양한 세계관 모형에 대한 이런 관찰과 언급에 기초해 하이데거는 세계관(*Weltanschauung*)이 대중적 담화에서 어떻게 사용되는지를 설명한다.

> 지금까지 열거한 세계관의 형식과 가능성으로부터 이 용어의 의미가 자연적인 것의 구조에 대한 관념일 뿐 아니라 동시에 인간 현존재와 따라서 역사의 의미와 목적에 대한 해석이라는 점이 분명히 드러난다. 세계관은 언제나 인생관을 포함한다. 세계관은 세계와 인간 현존재에 대한 전적으로 포괄적인 성찰로부터 나오며, 이것은 다시 다양한 방식으로, 개인 안에서 명시적, 의식적으

> 로 혹은 이미 널리 퍼져 있는 세계관을 수용함으로써 일어날 수 있다. 우리는 그런 세계관 안에서 자라며 서서히 그 세계관에 익숙해진다. 우리의 세계관은 환경(민족, 인종, 계급, 문화의 발전 단계)에 의해 결정된다. 따라서 그렇게 개인적으로 형성된 세계관은 모두 자연적 세계관으로부터, 특정한 시점에 각 현존재에 더 혹은 덜 명시적으로 부여된 세계에 대한 다양한 관념과 인간 현존재의 결정으로부터 생겨난다. 우리는 개인적으로 형성된 세계관이나 문화적 세계관을 자연적 세계관과 구별해야 한다(5~6쪽).

계속해서 세계관의 특징을 설명하면서 하이데거는 세계관이 그저 이론적 인식의 문제에 그치지 않으며, 마치 한 조각의 인지적 정보인 것처럼 단순히 기억 안에 저장되지 않는다고 지적한다. 세계관은 인간의 일을 규정하고 지침과 힘을 제공하는 역동적 실재다.

> 오히려 그것은 더 혹은 덜 명시적, 직접적으로 지금 일어나는 삶의 문제를 규정하는 일관된 확신의 문제다. 세계관은 그 의미에 있어서 주어진 시대의 특정한 동시대적 현존재와 관계가 있다. 현존재와의 이런 관계 속에서 세계관은 그것에 대한 안내자이며 압력을 받는 힘의 원천이다. 세계관이 미신과 편견에 의해 결정되든, 순수하게 학문적 지식과 경험에 근거하든, 아니면 흔히 그렇듯이 미신과 지식, 편견과 냉철한 이성의 혼합물이든지, 그것은 모두 같은 것으로 귀결된다. 본질적인 것은 아무것도 바뀌지 않는다.

세계관 논의로부터 도출한 가장 중요한 요소는, 세계관이 언제나 실제 삶에, 즉 "사려 깊은 성찰과 태도-형성의 실질적 가능성에 일치해 인간의 특정한 현사실적 실존"에 근거를 두는 것이며, "따라서 이 현사실적 현존재를 위해서 생겨난다. 세계관은 각 경우에 현사실적 현존재로부터, 그것과 더불어, 그것을 위해 역사적으로 존재하는 무언가다"(6쪽). 다시 말해서, 세계관은 순수한 사유의 산물이 아니라 인간 경험의 역동으로부터 나온다.

더 나아가 하이데거는 이론적으로 확립되지 않은 미완성의 세계관(즉 현사실적이며 역사적인 세계관)과 이론적으로 확립된 철학적 세계관(*Weltanschauung*)을 구별한다. 지적으로 정교한 세계관은 실재의 제한된 측면에 초점을 맞추는 학문과 구별되어야 할 뿐 아니라, 대체로 비이론적인 채로 남아 있는 실재에 대한 예술적, 종교적 해석과도 구별되어야 한다. 역사적으로 말해, 철학적 세계관은 철학이란 분과의 우연한 부산물이 아니라 그것의 목적이자 본질이다. "철학이 세계관 형성을 그 목표로 삼는다는 것은 의심할 여지가 없어 보인다"라고 하이데거는 말한다. 세계관의 철학적 형성은 학문의 내용과 규칙 모두를 활용하는 학문적 작업으로 이해되기도 한다. 또한 세계관의 발전이란 이 과제가 분과로서의 철학의 본질과 가치에 대한 대중적 이해를 규정한다. 학문적인 철학이 삶의 궁극적인 문제에 대해 일관된 세계관(*Weltanschauung*)을 발전시키는 한 그 일은 가치 있다고 간주된다.

그는 철학을 학문적으로 추구하는지와 상관없이 철학의 목적은 언제나 동일하게 세계관 형성이라고 지적한다. 따라서 "'학문적 철학'과 '세계관으로서의 철학' 사이의 구별은 사라진다. 둘은 함께 철학의 본질을 이루며, 따라서 궁극적으로 강조되는 바는 세계관의 과제다"(7쪽).

그러나 이 시점에서 하이데거는 자신의 논의의 전환점을 맞으며 앞서 했던 구별로 되돌아간다. 자신의 역사적 분석에 정면으로 반대하는 내용을 전개하면서 하이데거는 다소 갑작스럽게 "세계관 형성은 철학의 과제일 수 없다"라고 주장한다. 이제 "철학"이란 용어가 더 이상 이전과 같은 방식으로 사용되지 않고 기술적인 방식으로 사용된다. 이 시점부터 하이데거는 자신이 주창하는 근본적 존재론의 틀 안에서 "철학"이라고 말할 때 **그가 뜻하는** 바를 설명하려고 노력한다. 그의 개념은 전통적 관점과 연관된 전제와는 전혀 다른 일군의 전제에 기초해 있다. 하이데거의 가설은 철학과 존재의 관념 사이의 관계를 중심으로 전개된다. "철학이 이런저런 특수한 존재자의 자격으로서 어떤 존재와 긍정적인 방식으로 연관되어 있지 않다는 전제, 즉 철학이 하나의 존재자를 문제 삼지 않는다는 전제하에서만 … 세계관 형성이 철학의 과제에 속하지 않는다는 주장은 타당하다"라고 하이데거는 설명한다. 전통적으로 사상가들은 세계관을 추구함에 있어서 언제나 다양한 종류의 존재자를 고찰의 대상으로 삼았다. 따라서 그는 "존재에, 존재한다는 사실에, 존재하는 것의 총체에 관심을 기울이지 않는다면 철학이 무엇에 관심을 기울여야 하는가?"라고 묻는다(10쪽). 그러나 하이데거의 관점에 따르면, 전통 철학에서 했던 존재의 분석은 철학의 실제 영역에서 다루어지지 않았다. 대신 그는 우리가 먼저 폭넓은 보편적 의미에서 존재 자체를 이해해야만 특정한 존재자들을 이해할 수 있다고 주장한다. 엄밀히 말해서 철학은 존재 자체를 다루는 학문이며, 따라서 존재의 해석인 세계관에 대한 전제 조건이다. 따라서 하이데거는 "존재가 철학의 고유하고 유일한 주제"라는 관점을 옹호하는 주장을 펼친다(11쪽). 그런 다음 그는 존재의 철학이 존재들의 세계관 철학과 분명히 구별되어야 한다고 되풀이해서 강조한다. 그런 까닭에 세계관 철학은 하이데거가 정의하는 참된 철학의 영역과 분리된다.

철학은 존재에 대한, 존재의 구조와 가능성에 대한 이론적, 개념적 해석이다. 철학은 존재론적이다. 대조적으로 세계관은 존재자들에 대한 인식의 정립이며 존재자들을 향한 정립하는 태도다. 세계관은 존재론적이지 않고 존재자적(ontical)이다. 세계관 형성은 철학의 과제 범위를 벗어나는데, 이는 철학이 불완전한 조건 아래 있거나 세계관과 관련된 물음에 대해 모두가 동의할 수 있도록 보편적으로 합리적인 답을 주기에 불충분하기 때문이 아니다. 세계관 형성이 철학의 과제 범위를 벗어나는 까닭은 철학이 세계관을 형성하는 과제를 부인한다는 결함 때문이 아니라 독특한 우선순위 때문이다. 철학은 존재의 모든 정립(positing), 심지어는 세계관에 의해 행해진 정립이 이미 **본질적으로** 전제해야만 하는 바[즉 존재]를 다룬다(12쪽).

하이데거에게 "세계관 철학"이란 표현은 엄밀히 말해서 모순어법적(oximoronic)이다. 세계관은 존재자들에 관한 구체적인 사실들의 정립이다. 철학은 그와 다르다. 즉 존재 자체에 초점을 맞춘다. 존재의 학문인 철학은 "그 자신의 [역사적] 자료를 통해 보편적 존재론이라는 주장을 정당화해야 한다"(12쪽). 따라서 다른 목표를 추구하는 세계관과 철학은 분리되어 있어야 한다. 그러므로 "엄밀한 학문으로서의 철학"이란 후설의 주장이 이처럼 독특한 하이데거의 성찰을 통해 다시 태어났다.

세계상의 시대

아마도 야스퍼스는 《세계관의 심리학》에 담긴 자신의 주장을 시간을 초월해 보편적으로 적용 가능한 것으로 만들고자 했을 것이다. 그러나 세계관을 주관적인 동시에 객관적으로 인간에 대한 궁극적이며 총체적인 것에 관한 사상이라고 말한 야스퍼스의 설명에 나오는 시공간을 초월한 적용 가능성을 마르틴 하이데거는 반박했다. 그의 "세계상의 시대"라는 글은 적어도 부분적으로는 야스퍼스의 작업에 대한 반응으로 보는 것이 가장 적합할 것이다.[78] 하이데거는 세계관을 인간 현존재의 본질적 심리학에 뿌리를 내린 편재(遍在)한 현상으로 받아들이는 대신, 인간이 주체로 인식되고 세계가 해석 대상(객체)으로 제시될 때만 세계관, 더 정확히는 세계상(*Weltbild*)이 가능하다고 확신한 것처럼 보인다. 실제로 이러한 주체/객체의 이원론이 사람들이 생각하고 살아가는 심리 형태(gestalt)에 대한 야스퍼스의 분석의 기초다. 하이데거의 관점에 따르면, 실재에 대한 이런 이분법은 세계상을 만들어 낼 뿐 아니라 존재의 본질과 현존재 자체의 정체성을 희미하게 만들기도 한다. 따라서 하이데거는 자신의 철학적 기획 전반에 대한 변론으로서, 또한 자신이 주창하는 인본주의를 옹호하면서, 세계상이란 현상을 근대라는 시공간에 국한되는, 오해를 불러일으키는 형이상학의 산물로 간주해야 한다고 생각했다. 그의 주장은 도발적이며, 다음과 같은 형태를 띤다.

하이데거는 먼저 존재하는 바에 대한 모든 시대의 해석과 그 시대의 진리를 이해하기 위한 근거로서의 형이상학의 중요성을 설명한다. 또한, 모든 것을 지배하며 모든 시대에 독특한 형태를 부여하는 형이상학적 토대에 대해 성찰하고 면밀하게 조사할 용기가 필요하다고 본다(115~116쪽). 하이데거는 근대를 규정하는 다섯 가지 본질적 특성이 있다고 주장한다. 그것은 곧 학문, 기술, 미학으로서의 예술, 문화, 신들의 상실이다.[79] 그가 알고 싶어 하는 것은 어떤 형이상학 프로그램과 그에 동반되는 진리관이 이 다섯 가지 결정적 특성을 낳게 되었는가이다. 그의 전략은 동시대 학문의 본질을 조사하고 어떤 형이상학적 태도와 인식론이 이 기저에 자리 잡고 있는지를 알아보는 것이다. 이것을 찾아낼 수 있다면 그는 근대 전체의 철학적 토대를 파악하게 될 것이다(116~117쪽).

이 조사를 통해 하이데거는 근대 학문의 예측과 엄격함, 방법론과 지속적 활동이 그것을 하나의 연구 프로그램으로 변형시킨다고 결론 내린다(117~126쪽). 또한, 연구로서의 학문은 명제적 진술의 필요성을 요구하며, 그 활동 전체가 존재하는 모든 것의 객관화를 뜻한다. 하이데거는 근대 학문이 하나의 연구 프로그램으로 될 수 있게 만든, 사물의 형이상학적 객관화에 책임이 있는 사람이 르네 데카르트(René Descartes)라고 본다. 그의 형이상학적 틀은 니체에 이르기까지 시대를 지배했다. 하이데거는 자신의 관점을 이렇게 주장한다. "진리가 진술의 확실성으로 변형될 때, 그리고 그럴 때만 학문에 도달한다. 데카르트의 형이상학에서 최초로 존재하는 것이 진술의 객관성으로 정의되었으며, 진리가 처음으로 진술의 확실성으로 정의되었다. … 니체를 비롯해 근대 형이상학 전체는 데카르트가 준비한 존재와 진리에 대한 해석 안에 자리 잡고 있다"(127쪽).

하이데거는 학문을 위한 형이상학적 토대를 확인하면서 근대 전체를 뒷받침하는 기초를 밝혀 냈다. 근대성의 핵심에는 인간의 자유와 자율이 자리 잡고 있다. "근대의 본질은 인간이 자신을 해방함으로써 중세의 속박으로부터 자신을 해방한다는 사실에서 확인할 수 있다"고 그는 주장한다(127쪽). 이런 해방과 더불어 객관주의와 집단주의와 역동적 상호작용을 유지하는 혁명적 주관주의와 개인주의가 도입된다. 그러나 중요한 점은, 이 과정에서 "인간이 주체가 되기 때문에 인간의 본질 자체가 바뀐다"라는 것이다. 이것은 피상적 변화가 아니다. 오히려 일종의 코페르니쿠스 혁명이 일어나고, 그 결과 인류는 존재하는 모든 것의 중심이자 근거가 된다. 인간이 일차적이며 유일한 실질적인 주체가 될 때, 그는 "존재하는 모든 것이 그 존재와 진리의 방식의 근거로 삼는 바로 그 존재가 된다. 인간은 존재하는 것의 관계적 중심이 된다." 그러므로 근대성의 특징은 인간 자아를 모든 것을 규정하는 주체로 높이는 태도이며, 이는 각각 칸트와 피히테, 셸링, 헤겔의 관념론에서 확인할 수 있다.

인간이 이처럼 급진적인 방식으로 자신에 대한 인식을 변형시켜 스스로 형이상학적 중심이 되었을 때, 사물 전체에 대한 인식 역시 바뀐다. 따라서 하이데거는 묻는다. "이런 변화가 어디에서 나타나는가? 그와 더불어 근대의 본질은 무엇인가?"(128쪽). 그의 대답은, 이런 변화가 근대성의 주된 특징인 "세계상"이란 개념을 통해 나타난다는 것이다. 하이데거는 "세계상"의 성격에 대해 논하면서 자신이 뜻하는 바를 분명히 한다. 그는 "세계상은 본질적으로 이해하면 세계에 대한 하나의 그림이 아니라, 그림으로 생각되고 파악된 세계다. 존재하는 것, 즉 세계 전체는 그것이 처음 존재하고, 그것을 재현하고 설명하는 인간이 확립하는 방식으로 오로지 존재 안에 있는 것으로 지금 이해되고 있다"라고 주장한다(129~130). 따라서 상으로서의 세계는 대상(객체)으로서의 세계, 인식과 재현의 대상으로서의 세계, 쓰고 버릴 수 있는 대상으로서의 세계다. 따라서 인간의 자아는 주체로서, 세계를 대상으로 알고 해석하는 이로서, 지배받고 소유되기 위해 있는 세계를 사용하고 버리는 이로서 인식된다(데카르트). 하이데거가 나중에 설명하듯이, 세계를 상이나 객체로서, 자아를 주체로서 인식할 때 그에 대한 설명으로서 세계관이 만들어진다.

인간(주체)이 세계(객체)를 상으로 인식하는 이런 관계는 그리스도인과 그리스인들 모두에게 완전히 낯설다. 이런 관계는 그리스도인들에게 하나님에 대한 존재의 유비(*analogia entis*)로서 창조 질서 안에서 특별한 지위를 갖는다고 보았던 그들의 이해를 변경하기에 낯설다. 또한 그리스인들에게는 인간을 파악하는 존재(Being)의 우선성에 대한 그들의 이해를 수정하기에 낯설다. 그러나 근대적 세속주의는 인간을 존재의 직관으로부터도, 기독교 계시 안에 명확히 드러난 신적 계획 안에서 인간의 위치로부터도 자신을 해방했다. 최고의 주체로서의 이런 새로운 자율적 관점으로부터 근대적 인간은 존재에 의해 이해되기보다는 존재를 이해하려고 노력해 왔다. 또한 자연의 청지기가 되기보다는 자연을 지배하려고 노력해 왔다. 이러한 새로운 해방의 맥락에서 인간은 다른 모든 것보다 우선하지만, 결국은 다른 것들 가운데 하나가 되었다. 인간 역시 세계의 일부, 상으로서의 세계의 일부, 다른 모든 것처럼 재현하고 설명하고 바라보아야 할 세계의 일부가 되었다. "세계가 상이 되었다는 것은 인간이 존재하는 것 가운데 있는 주체(*subiectum*)가 된 사건과 동일한 사건이다"라고 하이데거는 말한다(132쪽).[80]

따라서 하이데거에 따르면, 이처럼 인간을 존재하는 것 가운데 있는 주체로 재인식하는 것은 몇 가지 중요한 함의를 지닌다. 첫째, 그것은 인간이 자신과 다른 모든 것을 규정하거나 설명해야 할 뿐 아니라 세계를 정복하거나 지배하려고 노력하기도 해야 함을 뜻한다. 따라서 "여기서부터 인간 능력의 영역은 존재하는 것 전체에 대한 지배력을 획득하기 위한 목적으로 측정하고 실행해야 할 영역을 뜻하는 인간의 존재 방식이 시작된다"(132쪽). 둘째, 그것은 인간이 언제나 개인주의로 치달을 위험이 있는 주관주의(subjectivism)와 정치(body politic)에 대한 책임을 수반하는 공동체주의 사이에서 자아와 사회의 역학 관계를 놓고 씨름해야만 한다는 뜻이다. 사회 안에서 주체가 되는 법을 배우는 것은 독특하게 근대적인 과제다. "인간이 본질적으로 이미 주체일 때만 개인주의라는 의미에서의 주관주의의 도착에 빠질 가능성이 존재한다. 그러나 동시에 인간이 주체로 **남아 있을** 때만 개인주의에 맞서고 공동체를 지키고자 하는 적극적인 투쟁이… 의미가 있다." 셋째, 그것은 근대사의 핵심적 사건의 출현, 즉 인본주의 혹은 인간학의 대두와 발전을 뜻한다. "다시 말해서, 세계가 인간에 의해 더 광범위하고 더 효과적으로 정복되고, 객체가 더 객관적으로 보일수록, 주체(*subiectum*)는 더 주체적으로, 즉 더 끈질기게 일어나며 세계에 대한 관찰과 가르침이 더 맹렬하게 인간에 대한 이론으로, 인간학으로 전환된다. 세계가 상이 되는 것에서 인본주의가 처음 나타난다는 것은 전혀 놀랍지 않다."

하이데거는 인본주의나 인간학이라는 말로 무엇을 뜻하는지 분명히 밝힌다. 그것은 자연과학이나 신학의 우산 아래 들어가는 것으로 인식되어서는 안 된다. 오히려 그것은 본질상 철저히 세속적이다. "그것은 존재하는 모든 것을 그 총체성 안에서, 인간의 관점으로부터, 인간과의 관계 속에서 설명하고 평가하는 인간의 철학적 해석을 지칭한다." 따라서 인간은 세계 자치의 본질과 그것을 바라보는 방식을 비롯해 만물의 척도다. 인간은 실존의 중심에 서 있으며 실재의 총합을 설명하고 평가한다. 인간은 세계의 저자가 된다.

이는 인간의 주체됨과 세계의 객체됨의 네 번째이자 마지막 함의로 직결된다. 이것은 이 논문에서 하이데거의 핵심 논점 중 하나다. 이것은 세계상의 시대로서의 근대가 세계관의 시대이기도 하다는 명제다. 그는 계몽주의 이래로 인간학적 인본주의가 서양을 지배한 것은, 세계관의 견지에서 우주에 접근한 것을 통해 일차적으로 표현되었다고 주장한다.

따라서 그는 "18세기 말에 시작된, 세계에 대한 해석을 점차 배타적으로 인간학에만 근거를 두는 경향은 존재하는 것 전체와의 관계에 있어서 인간의 근본 입장이 세계관(*Weltanschauung*)으로 정의된다는 사실을 통해 표현된다"라고 말한다(133쪽). 그는 계몽주의(*Aufklärung*) 이래로 "세계관"이란 용어가 어휘의 표준적 일부가 되었다고 지적한다. 세계가 상이 되자마자 인간은 바라보고 해석해야 할 대상(객체)으로서 세계에 접근했기 때문이다. 하지만 "세계관"이란 용어는 오해되기 쉽다. 이 말은 19세기에 흔히 사용된 것처럼 단순히 세계에 대한 수동적 관조나 "인생관"을 가리키지 않는다. 이 말은 인간이 세계를 어떻게 상으로 바라보게 되었는지를 드러내며, 철저히 인간학적이거나 인본주의적 함의를 지닌다. 하이데거는 이렇게 설명한다. "이렇게 [잘못 이해한 의미]에도 불구하고 '세계관'이란 표현이 존재하는 모든 것 가운데서 인간의 위치를 가리키는 말로 자리 잡았다는 사실은, 인간이 주체(*subiectum*)로서의 자신의 삶을 다른 관계의 중심들보다 우선하는 것으로 만들자마자 세계가 결정적으로 상이 되었음을 보여 주는 증거다. 이는 곧 존재하는 모든 것은 그것이 이 [인간의] 삶 안으로 받아들여지고 그것을 다시 가리키는, 즉 실천되고 삶의 경험이 되는 정도와 범위 안에서만 존재 안에 있다고 간주된다는 뜻이다."

따라서 하이데거에 따르면, "근대의 근본적 사건은 상으로서의 세계의 정복이다." 인간은 주체로서의 역할을 수행하면서 세계를 상으로, 대상(객체)으로, 그가 자신 앞에 재현하고 세워 놓는 구축된 이미지로 인식해 왔다. 이런 식으로 인간은 "척도를 제공하고 존재하는 모든 것을 위한 지침을 마련하는 그 특별한 존재"가 될 수 있는 지위를 차지하기 위해 애쓴다(134쪽). 실재의 정점에 자리한 인간은 우주를 통치하고 지배하려고 하며, 그것을 자기 뜻대로 해석하고 배치하려고 한다. 이렇게 높아진 인간의 지위가 여러 세계관의 공식화로 표현될 때, 그 사이에서 가장 두드러진 세계관들 사이에 갈등이 벌어질 가능성이 존재한다. 그러므로 우주적 지배를 추구하는 세계관들 사이의 갈등이 뒤따른다. "[인간의] 이러한 지위가 세계관으로 확립되고, 체계화되고, 진술되기 때문에 존재하는 것에 대한 근대적 관계는 그 결정적 발전에 있어서 세계관의 대결이 되고 만다. 그리고 이것은 임의의 세계관들 사이의 대결이 아니라 가장 극단적인 인간의 근본적 지위를 이미 차지하고 있으며, 그것도 가장 단호한 태도를 취하는 세계관들 사이의 대결이다"(134~135쪽).

이러한 경쟁하는 세계관들 사이의 싸움에는 학문까지도 동원된다. 왜냐하면 학문은 지구에 대한 자아의 지배를 확립하기 위한 핵심 수단(*organon*)이기 때문이다. "세계관들 사이의 이런 싸움을 위해 인간은 만물을 계산하고 계획하고 만드는 무제한적 능력을 동원한다. 연구 프로그램으로서의 학문은 이렇게 세계 안에 자아를 확립하는 절대적으로 필수적인 형식이다. … 이러한 세계관들 사이의 싸움을 통해 근대는 가장 결정적이며, 아마도 가장 오래 지속될 근대 역사의 단계에 진입한다"(135쪽).

이렇게 하이데거는 논문을 마무리하면서, 근대인이 갈망하지만 세계상의 시대가 모호하게 만든 존재의 본질에 관한 짧은 성찰을 덧붙인다. 이 부분에서 하이데거에게 남아 있는 아퀴나스주의의 잔재가 드러나는 것처럼 보인다. 왜냐하면, 세계관들의 존재 자체가 그와 그의 철학 기획에 이처럼 중대한 문제를 제기하고 있기 때문이다. 그는 존재의 회복을 추구하지만, 객관주의적 관점에서 세계를 상으로 설명하는 태도가 이런 인식을 가로막기 때문이다. 세계관은 존재와의 만남을 저해할 뿐 아니라, 그의 강의에서 보았듯이 학문 분과로서의 철학의 본질과 혼동되는 경우도 많다. 이런 후자의 상황을 명확히 하기 위해 하이데거는 세계관 철학의 역사를 추적하며, 그것과 자신이 주창하는 근본적 존재론이라는 학문적 방법을 신중하게 구별한다. 그러므로 하이데거는 두 전선에서, 즉 방법으로서의 또 내용으로서의 세계관 개념 모두에 반대한다.

하지만 세계관(*Weltanschauung*)에 대한 하이데거의 반감에는 아이러니가 있다. 앞서 살펴보았듯이, 에드문트 후설은 엄밀하고 전제가 없는 학문으로서의 현상학적 철학을 옹호했지만, 많은 이는 그의 제안이 [역사적] 맥락에 의존하며 중요한 근대적 가정에 기초해 있다고 주장해 왔다. 그는 자신이 지닌 세계관 틀의 영향력으로부터 자신이나 자신의 사상을 해방할 수 없었다. 마르틴 하이데거의 작업에 대해서도 똑같이 지적할 수 있다. 세계관(*Weltanschauung*) 철학에 대한 강력한 비판에도 불구하고, 또 그가 존재의 추구에서 순전히 학문적이며 근본적인 존재론을 확립하고자 했음에도 불구하고, 그의 기획 전체가 20세기 초의 삶의 정황(*Sitz im Leben*)뿐 아니라 그 자신의 자서전과 세계관에 의해 규정되는 것처럼 보인다.

바로 이 주제에 관한 중요한 논문인 "일과 세계관"(*Weltanschauung*)에서 위르겐 하버마스(Jürgen Habermas)는 "[하이데거]의 작업 자체가 얼마나 그 철학적 내용에 있어서 우리 독일인들이 '*Weltanschauung*', 즉 이데올로기적으로 물든 세계관이라고 부르는 것으로부터 침투된 요소에 의해 영향을 받았는지, 그리고 받았다면 얼마나 받았는지에 관한 문제"를 다룬다.[81] 이 글에서 하버마스는 "하이데거의 철학과 세계사적 상황에 대한 그의 정치적 인식 사이의 내적 연관성이 존재하는지"를 알아보기 위해 그가 《의사소통 행위 이론》(*Theory of Communicative Action*)에서 제시한 세계관(*Weltanschauung*)으로서의 이데올로기에 대한 설명을 원용한다(189쪽). "일과 사람 사이에 단절을 설정할 수 없다"라고 믿기 때문에 하버마스는 1929년 무렵부터 "하이데거의 사상은 철학 이론과 이데올로기적 동기 사이의 **융합**을 드러낸다"고 강력하게 주장한다(203, 191쪽). 그는 "이데올로기가 《존재와 시간》의 철학으로 침입해 들어갔으며" "우리의 저자가 이미 젖어 있던 시대 정신이 이 핵심 저작 안에 드러나 있다"라고 말한다(192, 190쪽). 다른 이들도 이와 비슷한 판단을 내린다. 예를 들어, 리처드 월린(Richard Wolin)은 《존재와 시간》의 역사적 의존성이 설득력 있게 입증된다면 이 책의 "존재론적" 권위가 상당히 축소될 것이라고 지적한다. 그는 "《존재와 시간》은 역사적인 문서로, 분명한 역사적 상황과 특정한 지적 계보의 산물로 이해되어야 한다"라고 주장한다.[82] 《존재와 시간》 안에 들어 있는 진술조차도 하이데거의 기획 전체에 대한 이론 이전의 헌신의 영향력을 암시하는 것처럼 보인다. 사실상 이런 사실을 받아들이면서 하이데거는 이렇게 묻는다. "하지만 본래적 실존의 명확한 존재적(ontic) 해석, 현존재의 현사실적 이상이 현존재의 실존에 대한 우리의 존재론적(ontological) 해석의 기초가 되지 않는가? 과연 그렇다." 계속해서 하이데거는 "철학이 결코 그 '전제들'을 부인하려고 해서는 안 되지만 그렇다고 단순히 받아들일 수도 없다. 철학은 그런 전제들을 인식하고, 전제 자체와 그 전제의 근거를 점점 더 정교하게 발전시킨다"라고 인정한다.[83] 키실(Kisiel)은 하이데거의 이런 질문과 논평이 "모든 세계관을 능가한다고 주장하는 철학의 뿌리 자체를 오염시킬 수 있는 오래된 세계관의 판도라 상자를 열어 젖히기" 때문에 언제나 해석자들을 당혹스럽게 만들어 왔다고 지적한다.[84]

그렇다면 후설과 마찬가지로 하이데거의 철학 역시 자신의 세계관

(*Weltanschauung*)을 "능가"하는 데 실패했음이 분명하다. 아마도 그는 나이가 들수록 이 점을 더 분명히 인식했을 것이다. 어쩌면 그는 삶의 수수께끼를 풀기 위해 외부의 도움이 필요함을 인정했을지도 모른다. 아마도 그래서 죽기 10년 전쯤 이렇게 말했는지도 모른다. "오직 신만이 우리를 구원할 수 있다."[85]

한 번 더 생각해 보기

20세기 철학의 '세계관' 역사의 전반부는 매우 강렬했다. 이 장에서 살펴본 세 사상가의 통찰은 세계관(*Weltanschauung*) 개념에 관심을 갖는 기독교 사상가들이 고찰해야 할 중요한 질문을 제기한다. 개인적, 가치 지향적 성격을 지닌 세계관과 강력하면서 사실에 입각한 학문으로서의 철학을 구별하고자 했던 후설의 노력에 기초해 우리는 두 가지 질문을 던질 수 있다. (1) 그리스도인은 세계관 사상을 학문적 철학이나 신학과 어떻게 연결해야 하며, 자신의 기독교 세계관(*Weltanschauung*)을 과학과 학문 전반의 성과와 어떻게 연결할 수 있는가? (2) 그리스도인은 성경적 세계관이 참된 지식으로서 인식론적으로 신뢰할 만하다고 생각해야 하는가? 아니면 그저 인식적 신뢰성이 없는 개인적 가치 체계나 삶에 대한 관점으로 보아야 하는가? 또한, 기저에 자리 잡은 객관적 실재로서의 "생활세계"라는 후설의 개념과 해석이 설득력을 지닌다면, 실재에 대한 기독교적 해석과 실제로 존재하는 것 사이의 연관 관계의 본질에 대해 우리는 묻지 않을 수 없다. 사물의 본질에 대한 기독교적 해석은 어느 정도까지 하나님의 피조물의 참된 본성과 부합하는가? 어떤 근거로, 어떻게 부합하는가?

카를 야스퍼스는 《세계관의 심리학》에서 정신적 틀로서의 세계관을 집중적으로 성찰했다. 이 책에서 그는 삶의 한계상황에 대한 인간 정신의 반응을 주관적 삶의 태도와 객관적 세계상의 형성과 연결하고자 했다. 야스퍼스의 개념은 몇 가지 질문을 제기한다. (1) 어떤 점에서 세계관이 일반 심리학에서 중요하며, 삶에 대한 기독교적 전망은 그리스도인의 정신 상태에 어떤 영향을 미쳐야 하는가? (2) 성경적 세계관은 삶의 비극에 직면한 사람에게 어떤 이론적, 실천적 도움을 주는가? (3) 그리스도인이 실존의 공포에 직면할 때 어떻게 그런 경험이 성경적 세계관(*Weltanschauung*)에 부합하는 생각과 행동을 하도록 도울 수 있는가?

마르틴 하이데거는 야스퍼스의 한계상황 개념을 높이 평가하며 학문적 존재론과 가치지향적인 세계관 철학을 구별하는 동시에 근대가 세계상의 시대라고 주장했다. 데카르트 사상의 영향 때문에 인간 주체를 세계를 그려야 할 대상(객체)으로 바라보는 생각하는 존재로 이해하게 되었다는 것이다. 하이데거는 이런 이원론이 존재와의 만남을 제대로 이해하지 못하게 만든다고 주장한다. 그의 도발적 사상은 이런 질문으로 이어진다. (1) 근대적 발명품으로서의 세계관 개념은 그리스도인들이 주체/객체의 이분법과 세계에 대한 이원론적 관계를 받아들이도록 강요하는가? (2) 그렇다면 세계관 개념은 학문적, 기술적으로 범주화하고 정복해야 할 대상으로 피조물을 대하는 부적합하며 공격적인 접근방식을 조장하는가? (3) 이러한 세계 내 존재 방식은 어떻게 그리스도인들이 피조물의 성례전적 성격과 그것과의 연대, 청지기로서 그것을 돌보아야 할 책임을 인식하지 못하도록 막았는가? (4) 그리스도인들은 근대의 영향력 때문에 실재와 관계를 맺는 객관화된 방식으로서 세계관 어휘를 사용하게 된 것일까?

세계관의 철학적 역사

20세기 II

6

20세기 세계관의 철학적 역사에는 모든 사람이 저마다 관심을 가질 만한 무언가가 존재하는 것 같다. 지금까지 우리는 후설의 현상학과 야스퍼스의 초기 실존주의, 하이데거의 기초존재론이라는 맥락에서 이 역사를 분석했다. 이제는 언어철학자, 분석철학자, 포스트모던 철학자들이 세계관을 어떻게 다루었는지를 살펴보고자 한다. 세계관은 루트비히 비트겐슈타인이 제시한 삶의 양식과 언어놀이 개념 안에 잘 자리 잡고 있다. 도널드 데이비슨은 분석철학의 관점에서 개념체계라는 생각 자체를 비판한다. 그리고 포스트모던 사상가들은 다양하고 흥미로운 이유로 이 범주를 폐기했다. 세계관 개념은 지난 백 년 동안 일어난 가장 중요한 철학적 발전의 핵심에 자리 잡은 것처럼 보인다. 이제 오스트리아에서 태어난 영국인 철학자 루트비히 비트겐슈타인의 사상에서 세계관이 어떤 역할을 했는지 알아보자.

루트비히 비트겐슈타인의 '세계관'과 '세계상'

앞장에서 설명했듯이 후설과 하이데거는 세계관(*Weltanschauung*)이란 개념을 단호히 거부했지만, 루트비히 비트겐슈타인(Ludwig Wittgenstein, 1889~1951)은 (적어도 그의 생애 후기에는) 인생관과 세계관의 철학자라고 주장할 만하다. 여러 사상가에게 영향과 영감을 받고, 문법 규칙의 관습적 성격과 다양한 삶의 양식의 복수성을 스스로 인식했기에, 니콜라스 가이어(Nicholas Gier)가 지적하듯이 비트겐슈타인은 "세계관(*Weltanschauung*)의 방향으로 완전히" 선회했다.[1] 그러나 그는 전형적이지 않은 방식으로 이 방향으로 선회했다.[2] 비트겐슈타인은 결코 데카르트적 틀 안에서 또 다른 형이상학적 세계관이나 사물의 참된 본질에 관한 철학적 주장을 제시하려고 하지 않았다. 그는 인간 주체의 정신이 해석된 객체로서의 세계에 관한 생생한 표상을 제시하는 근대적 접근법을 거부했다. 오히려 비트겐슈타인은 인식을 위한 절대적 기초를 요구하며 그 결과 세계 자체를 소외시키는 세계에 대한 계몽주의적 전망을 전복하고자 했다. 그는 하이데거가 설명했던 '주체-객체'의 의미에서의 세계상의 시대에 종말을 고하고자 했다. 그의 야심은 인간을 이 그림에 대한 예속, 심지어는 이전에 자신이 주장했던 언어의 그림 이론까지 포함해 모든 고정된 그림에 대한 예속으로부터 인간을 해방하고자 했다. 그는 이 그림을 가리켜 "우리를 사로잡고 있는 그림"이라고 말하기도 했다.[3] 그런 의미에서 그의 철학의 목표는 "파리에게 파리를 잡아 가두는 병에서 탈출하는 법을 알려 주는 것"이었다.[4] 이 탈출에 성공하기 위해 그는 확실한 토대와 정확한 언어적 진술(재현)을 강조하는 낡은 근대주의적 시나리오를 새로운 "그림", 이를테면 입증될 수 없는 삶의 양식과 비재현적 언어놀이로 이뤄진 비-데카르트적이며 비트겐슈타인적인 새로운 종류의 세계상(*Weltbild*)으로 대체하려고 노력했다. 간단히 말하면, 그는 인간이 세계를 "바라보는" 방식을 바꾸기 원했다. "나는 이 그림을 당신 눈앞에 내놓고 싶다. 이 그림을 **받아들인다**는 것은 당신이 주어진 상황을 다르게 바라보는 경향을 갖게 됨을 뜻한다. 즉 그것을 **이러한** 일련의 다른 그림들과 비교하는 경향을 갖게 된다는 뜻이다. 나는 당신이 **바라보는** 방식을 바꾸어 놓았다."[5]

비트겐슈타인은 인간이 바라보는 방식을 바꾸려고 노력하면서 서양 사상의 새로운 시대를 열었다. 플라톤이 존재론을, 데카르트가 인식론을 일차적 관심사로 삼았던 반면 비트겐슈타인은 문법과 언어를 지배 원리로 지목했다. 서양 철학의 주요한 패러다임 전환은 대략 플라톤적 존재의 형상적 세계로부터, 데카르트적인 인식의 주관 내적 세계로, 다시 비트겐슈타인적인 말로 표현할 수 있는 의미세계(sayable-world of meaning)로 이어진다. 그의 혁신은 의미를 존재나 인식보다 더 기초적인 근원적 범주로 받아들인다는 것이다. 따라서 비트겐슈타인에 따르면, 존재와 인식이 있다면, 이 둘은 모두 하나의 삶의 양식 안에 잘 자리 잡은 문법과 언어의 기능에 의해 결정되는 그 기능 자체다.[6] 이런 주제들이 비트겐슈타인적 세계관(*Weltanschauung*) 논의의 특징을 이룬다. 이제 그에 관해 살펴볼 차례다.

비트겐슈타인과 세계관

비트겐슈타인은 세계관(*Weltanschauung*)이란 말을 거의 사용하지 않았으며(통틀어 여섯 차례밖에 사용하지 않았다), 어쩌면 그 말을 멀리하기 위해 노력했을지도 모른다. 후기에 그가 주창한 다원주의와 상대주의 철학이란 맥락에 볼 때 그 이유는 아마도 세계관이 형이상학을 연상시키기 때문이며 (적어도 이 용어를 이해하는 한 가지 방식에 따르면) 형이상학은 사물의 본질에 관한 진리의 구현이란 주장이 있기 때문일 것이다. 이 개념에 대한 이런 해석은 그의 책 《논리철학 논고》(*Tractatus Logico-Philosophicus*)에서 이 용어를 언급하는 부분에서 분명히 드러나는 듯하다. 여기서 그는 자연주의라는 근대적 세계관을 수용하는 최근의 태도와 유신론과 숙명론이란 이전의 "신성불가침이고" 구체화된 세계관에 대한 낡고 완고한 신념을 비교한다.

> 6. 371 세계에 대한 근대적 관념[세계관(Weltanschauung)] 전체는 이른바 자연법칙이 자연 현상에 대한 설명이라는 환상에 근거를 두고 있다.
>
> 6. 372 따라서 오늘날 사람들은 과거 시대에 신과 운명을 대하듯이 자연법칙을 침해할 수 없는 무언가처럼 취급한다.[7]

실재에 대한 불가침한 관념으로서의 세계관은 세계를 바라보는 분명하고 확실한 방식으로 이해되어야 한다. 세계관은 피상적이기는커녕 대단히 심층적 차원에 자리 잡고 있으며 한 민족 전체의 성격과 문화의 기저를 이룬다. 따라서 비트겐슈타인은 나치 독일에서 세계관이나 삶을 바라보는 방식으로서의 '유머'가 사라졌다고 주장하면서, 대단히 심층적이며 핵심을 관통하는 무언가가 상실되었다고 지적한다. "유머는 기분이 아니라 세계를 바라보는 방식[세계관(*Weltanschauung*)]이다. 따라서 유머가 나치 독일에서 억제되었다고 말하는 것이 옳다면, 그것은 사람들이 명랑하지 않다거나 그런 종류의 기분을 느끼지 못했다는 뜻이 아니라 훨씬 더 심층적이고 중요한 무언가를 잃어버렸다는 뜻이다."[8]

비트겐슈타인은 독일 역사가이자 생철학자인 오스발트 슈펭글러(Oswald Spengler, 1880~1936)의 사상에 영향을 받아 이처럼 세계관(*Weltanschauung*)을 심층적이며 중요한 무언가로 이해했다. 슈펭글러는 세계관이 "세계(우주)에 대한 그림", 즉 "의식 전체, 되어 가는 것과 이미 된 것, 삶과 경험된 것"을 이해하는 틀이 되는 실재에 대한 패러다임이나 모형이라고 주장한다.[9] 이렇게 세계관을 사물을 바라보고 해석하고 연결 짓는 큰 맥락으로 보는 포괄적 관점은 비트겐슈타인의 《프레이저의 "황금 가지"에 관한 소견들》(*Remarks on Frazer's "Golden Bough"*)에 실린 한 단락에 분명히 드러나 있다. 비트겐슈타인은 세계관에 대한 자신의 정의가 슈펭글러의 영향을 받았음을 인정하면서 사물의 포괄적이며 "명쾌한 제시"로서의 세계관이 "근본적"이라고 주장한다.

> "그리고 이 모든 것이 어떤 알려지지 않은 법칙을 가리킨다"라는 것이 프레이저가 수집한 자료에 관해 우리가 하고 싶은 말이다. 나는 이 법칙을 하나의 가설로 제시할 수도 있다. … 하지만 사실에 입각한 자료를 제시함으로써 한 부분에서 다른 부분으로 쉽게 넘어가고 그것을 명확히 이해할 수 있게 할 수도, 그것을 "명쾌한" 방식으로 보여 줄 수도 있다.
>
> 우리에게 명쾌한 제시라는 관념은 … 근본적이다. 그것은 우리가 사물에 관해 글을 쓰는 형식, 우리가 사물을 바라보는 방식을 가리킨다. (우리 시대에 전형적인 것처럼 보이는 일종의 "세계관"[Weltanschauung]. 슈펭글러.)

이 명쾌한 제시는 우리가 "연관성을 이해한다"라는 사실을 지칭하는 그런 이해를 가능하게 한다. 따라서 **매개하는 연결 고리**를 찾는 것이 중요하다.[10]

의심할 나위 없이 세계관은 사람들이 사물을 보고 연결 지을 수 있도록 해 주는, 상황을 규정하는 현상이다. 그러나 비트겐슈타인은 전통적인 입장에 수정을 가한 자신의 철학관이나 언어관을 사람들이 하나의 세계관으로 오해하지 않기를 바랐다. 이 점은 인간이 자신이 하는 말을 분명히 이해하지 못할 때 철학적 문제가 발생한다고 주장하는 《철학적 탐구》의 문구를 통해 매우 명확히 드러난다. 비트겐슈타인은 언어의 명료성이 필요하다고 주장하면서 자신의 제안을 하나의 세계관(*Weltanschauung*)으로 오해할 수도 있다고 우려한다.

122. 우리가 이해하지 못하는 주된 원인은 우리의 말에 대한 **명확한 관점**을 지니고 있지 못하기 때문이다. 우리의 문법에는 이런 종류의 명료성이 없다. 명료한 진술(재현)은 '연관성을 볼' 수 있게 해 주는 바로 그런 이해를 만들어 낸다. 따라서 **매개하는 사례**를 찾아 내고 만들어 내는 것이 중요하다.

명료한 진술(재현)이란 개념은 우리에게 근본적으로 중요하다. 그것은 우리가 내놓는 설명의 형식, 우리가 사물을 바라보는 방식을 결정한다. (이것이 '세계관'[Weltanschauung] 일까?)[11]

"이것이 '세계관'[*Weltanschauung*]일까?"라고 물을 때 비트겐슈타인은 언어와 의미를 통해 세계에 접근하는 자신의 방식과 본격적인 세계관 사이에 구분선을 그으려는 것처럼 보인다. 그는 자신의 언어주의가 하나의 경쟁적인 패러다임으로 여겨지거나 실재를 설명하는 더 근대주의적인 방식의 하나로 이해되기를 원치 않는다. 마지막으로 출판된 저서 《확실성에 관하여》(*On Certainty*)에서 비트겐슈타인은 자신의 철학적 전망을 기꺼이 *Weltbild*, 즉 세계상이라고 부르지만, 그것을 세계관(*Weltanschauung*)으로 부르는 것은 받아들일 수 없다고 생각한다. 주디스 제노바(Judith Genova)의 견해에 따르면, 비트겐슈타인에게 "'세계관(*Weltanschauung*)이란 그것이 바라보는 **하나의** 방식이라는 지위를 망각하고 자신을 바라보는 **유일한** 방식이라고 과시하는 것"이었기 때문이다. "세계관은 너무 진지하게 자신이 우리 신념의 궁극적 설명이자 토대인 것처럼 생각한다. 반면에 세계상(*Weltbild*) 개념은 인식의 놀이를 완전히 피해간다."[12] 이것이 바로 비트겐슈타인이 피하고자 했던 놀이다. 그는 자신의 철학이 세계를 바로잡고자 하는 또 하나의 사상 체계로 해석될 수 있음을 인식했다. 그러나 이런 목적을 위해 구축된 세계관과의 모든 연관성은 그의 참된 목적을 약화시킬 것이다. 에드워즈가 주장하듯이, 이는 "특정한 세계관(*Weltanschauung*), 즉 철학의 난제에 대한 대답은 곧 하나의 철학적 주장의 선전과 변호가 되어야 한다고 전제하는 세계관의 유혹에 넘어가는" 것을 뜻한다. "물론 이것은 비트겐슈타인이 그토록 격렬히 거부하는 전제다. 이 전제는 데카르트적 관념 자체에 근거를 둔 지성과 말의 문자화의 필연적 결과일 뿐이기 때문이다."[13] 비트겐슈타인이 기꺼이 인정하는 바는, 삶과 세계의 수수께끼에 대한 근대주의적 해법으로 전형적으로 세계관 안에 표현되는 것이 아니라 상호배타적인 세계상, 삶의 양식, 언어놀이의 복수성이라는 사실이다. 이런 까닭에 비트겐슈타인은 하나의 동일한 세계에 대한 세계관들의 투쟁이 비경쟁적인 언어적 실재의 다양성에 의해 대체되는, 근대로부터 포스트모던으로의 이행에서 핵심이 되는 인물이다. 따라서 비트겐슈타인은 모두가 상대적이며 어느 하나도 다른 것에 대한 특권이 부여되지 않는 복수의 개념체계들에 초점을 맞추는 철학에 대한 새로운 접근법의 설계자가 되었다. 이처럼 그의 목표는 사람들이 세계를 다르게, 즉 실제로 존재하는 대로가 아니라 그들의 사회언어적 맥락 안에서 그들에게 주어진 대로 바라볼 수 있게 하는 것이다. 이러한 일군의 비트겐슈타인적 주제들이 세계관의 역사에 대한 그의 공헌을 이해하는 데 핵심적이다.

비트겐슈타인: 삶의 양식(Lebensform)과 언어놀이(Sprachspiel)

물론 잘 알려진 대로 비트겐슈타인이 《논리철학 논고》에서 제시한 '실증적' 언어철학과 《철학적 탐구》에 표현된 그의 최종적인 '분석적' 전망 사이에는 심오한 차이가 있다. 비트겐슈타인은 주목할 만한 철학적 참회를 하면서 언어의 본질에 대한 생각을 바꾸고 완전히 다른 접근 방식을 채택했다. 핀치는 다음의 두 명제를 통해 언어에 관한 비트겐슈타인의 사유의 여러 단계를 간결하게 요약한 바 있다.

> (1) **이름**의 형식과 구조를 통해 **대상**의 형식과 구조를 묘사하는 **논리적 그림**으로서의 언어
>
> (2) 수없이 많은 다른 종류의 **말의 사용**을 통해 **다른 인간 활동**과 통합된 **인간 활동**으로서의 언어[14]

비트겐슈타인의 후기 관점을 요약한 두 번째 진술에서 언어와 긴밀하게 결합된 다른 인간 활동은 그가 "삶의 양식"(*Lebensform*)이라고 부른 것이며, 삶의 양식과 연관된 수없이 많은 다른 종류의 **말의 사용**은 비트겐

슈타인이 "언어놀이"(*Sprachspiel*)이라고 명명한 것이다. 삶의 양식과 언어놀이라는 관념은 비트겐슈타인의 후기 철학의 핵심 개념이다.[15]

노먼 말콤(Norman Malcomb)이 "아무리 강조해도 지나치지 않다"라고 말했던[16] "삶의 양식"이란 개념은 이해하기가 매우 어려운 표현이다. 이 개념의 정확한 의미를 파악하기 위한 많은 글이 지금까지 발표되었다. 하지만 여기서 우리의 목적은 이 문제에 관한 거대한 논의에 뛰어드는 것이 아니라 《철학적 탐구》에 다섯 차례 등장하는 이 구절이 어떻게 사용되었는지를 해명하고, 이것이 "언어놀이"라는 개념과 얼마나 긴밀하게 연관되어 있는지를 보여 주는 것이다. 그런 다음 나는 다음 부분에서 삶과 언어에 대한 이런 해석이 비트겐슈타인이 자신의 마지막 책 《확실성에 관하여》에서 제시했던 개념인 *Weltbild*, 즉 세계상이라고 부르는 것을 말한다고 주장할 것이다.

《철학적 논고》에서 삶의 양식과 언어놀이를 처음으로 언급할 때, 두 관념은 너무도 밀접하게 연관되어 있어서 사실상 같은 것처럼 보인다. "19. 전투에서는 명령과 보고만으로 구성된 언어를 상상하기가 쉽다. (혹은 예와 아니오로 답하는 질문과 표현만으로 구성된 언어. 그리고 수많은 다른 언어.) 그리고 언어를 상상하는 것은 삶의 양식을 상상하는 것을 뜻한다."[17]

바로 이 주장을 하면서 비트겐슈타인은 두 가지 구별되는 언어의 용례를 상정한다. 첫째는 명령을 내리고 보고를 하는 군대의 상황이고, 두 번째는 물음에 대해 예 혹은 아니오로 답할 수 있는 소크라테스식 문답법의 상황이다. 그런 다음 그는 독자들에게 상상력을 사용해 전투나 질의의 언어를 사용하는 것이 어떤 삶의 양식을 암시하는지 생각해 보라고 요청한다. 명령과 보고의 언어를 떠올리는 것은 전투 행위를 떠올리는 것이며, 예와 아니오의 언어를 떠올리는 것은 질문을 던지는 행위를 떠올리는 것이다. 이것은 가능한 언어놀이와 삶의 양식의 두 예일 뿐이다. 비트겐슈타인은 수많은 다른 언어 사용과 다양한 언어놀이가 있음을 잘 알고 있으며, 그가 지적한 대로 이것들은 가만히 있지 않고 금세 사라져 버린다. "23. 하지만 얼마나 많은 종류의 문장이 존재하는가? 단언과 질문, 명령? **수없이 많은** 종류가 있다. 우리가 '상징', '단어', '문장'이라고 부르는 것을 사용하는 수없이 많은 다른 종류의 방식이 있다. 그리고 이 복수성은 한 번에 최종적으로 주어진, 고정된 무언가가 아니다. 이를테면, 새로운 유형의 언어, 새로운 언어놀이가 생겨나고, 다른 것들은 구식이 되어 잊혀 간다(우리는 수학 내의 변화를 통해 이에 대한 **대략적인 그림**을 확인할 수 있다)."[18]

이런 주장을 하면서 비트겐슈타인은 언어놀이를 삶의 양식이란 맥락 안에 자리 잡게 할 뿐 아니라 삶의 양식을 정의하는 매우 유익한 논평을 한다. 그는 계속해서 이렇게 말한다. "여기서 '언어놀**이**'라는 용어를 사용하는 목적은 언어 말하기가 **활동**(activity), 즉 삶의 양식의 **일부**라는 사실을 전면에 부각하고자 함이다."[19] 언어놀이는 삶의 양식과 동일하지 않고, 그것의 한 부분 혹은 양상이다. 삶의 양식 자체를 하나의 '활동'으로 이해해야 한다. 이를 감안해 핀치는 "삶의 양식이 한 집단의 구성원들이 공유하는, 확립된 [의미 있는] 행동의 유형"이라고 주장한다.[20]

더 나아가, 의미 있는 행동으로 특징지어지는 이 근본적인 삶의 양식이 한 집단의 사람들이 무엇이 참이고 거짓인지를 결정할 수 있게 해 준다. 그런 결정은 발화된 언어의 기능인 것처럼 보이지만, 사실은 인간 실존의 더 기초적이며 근원적인 모형에 대한 상호 인정에 기초해 있다. 비트겐슈타인은 이렇게 설명한다. "241. '그렇다면 인간의 합의가 무엇이 참이고 무엇이 거짓인지를 결정한다는 말인가?' 참이거나 거짓인 것은 인간이 하는 말이다. 그리고 그들이 사용하는 언어로 그에 관해 합의한다. 그것은 견해가 아니라 삶의 양식에 관한 합의다."[21]

표면적으로는 참과 거짓을 구별하는 인식적 책무가 인간이 관습에 의해 합의하는 것에 관한 문제인 것처럼 보인다. 모국어를 사용해 인간이 합의해서 말하는 것은 곧 그들에게 참이나 거짓이 된다. 그러나 이런 문제에 대한 그들의 상호적 이해의 실질적 토대는 그들이 겉으로 드러낸 견해나 말이 아니라 세계 안에서 존재하는 방식에 대한 그들의 공통된 합의와 헌신이다. 삶의 공유된 행위와 그것의 의미에 대한 이해가 인식론의 기초다.

희망이란 현상과 언어를 터득한 이들이 하는 말에 표현된 그 관용적 의미조차도 비트겐슈타인이 수수께끼처럼 "복잡한 삶의 양식"이라고 부른 것과 결합되어 있다. "말할 수 있는 사람만이 희망할 수 있을까? 언어의 사용을 터득한 사람만이 그럴 수 있다. 다시 말해서, 희망이란 현상은 이 복잡한 삶의 양식의 유형이다(한 개념이 인간이 손으로 쓴 글씨의 한 특징을 가리킨다면, 그것은 글씨를 쓰지 않는 사람에게는 적용되지 않는다)."[22]

말하기의 독특한 맥락과 방식을 공유하는 집단의 구성원들에 의해 의미 있게 표현된 것으로는 희망이 유일한 것은 아니다. 그와 더불어 어쩌면 놀랍게도 수학과 색에 대한 이해 역시 마찬가지다. 계산과 색에 관한 언어놀이의 기저에는 이전에는 보편적이라고 가정했던 특정한 삶의 양식에 대한 수용이 자리 잡고 있다.

받아들여야 하는 것, 주어진 것은, 말하자면 **삶의 양식**이다.

사람들이 색에 대한 판단에 있어서 일반적으로 동의한다고 말하는 것이 타당

> 할까? 동의하지 않는다면 어떻게 될까? 어떤 꽃을 보면서 한 사람은 빨갛다고 말하고 다른 사람은 파랗다고 말한다면 어떨까? 하지만 우리는 무슨 권리로 이런 사람들이 말하는 '빨강'과 '파랑'이란 말을 '색을 나타내는 말'이라고 부르는 것일까?
>
> 그들은 이런 말을 사용하는 법을 어떻게 배울까? 그들이 배우는 언어놀이는 우리가 '색을 나타내는 말'의 사용이라고 부르는 그것일까? 분명히 여기에는 정도의 차이가 존재한다.
>
> 그러나 이런 생각은 수학에도 적용되어야 한다. 완전한 합의가 존재하지 않는다면 사람들은 우리가 배우는 기술을 배우려고 하지 않을 것이다. 그것은 인정할 수 없을 정도로 우리의 것과 다를 것이다.[23]

비트겐슈타인의 《철학적 탐구》에서 기록된 이 다섯 인용문을 근거로 삶의 양식이란 개념이 **더** 기초적인 범주라는 결론을 내릴 수 있다. 언어놀이는 그것보다 훨씬 뒤에 있지 않으며 그것과 나눌 수 없을 정도로 얽혀 있다. 어쩌면 이는 비트겐슈타인이 삶 자체를 가장 기초적인 범주로 받아들였기 때문일 것이다. 결국, 앞서 언급한 대로 그는 삶의 철학자였다. 미출간 원고인 《대 타자본》(*Big Typescript* [§213])에 일상 언어철학의 아버지인 그는 이런 경구를 남겼다. "우리가 **삶에 대한** 통제가 아니라 언어에 대한 통제를 포기할 때, 철학의 과제가 생겨난다."[24] 따라서 비트겐슈타인에게는 "삶의 철학(*Lebensphilosophie*)이 언어철학(*Sprachsphilosophie*)보다 우선한다"라고 가이어는 요약한다.[25] 이런 삶의 우선성에도 불구하고 언어는 여전히 모든 삶의 양식과 중대하고도 유기적으로 연결되어 있으며, 그것의 활동과 내용의 현현이나 표현이다. 삶과 언어는 같은 동전의 양면이다. 삶–속의–언어와 언어–속의–삶은 살아 있는 한 사회언어적 공동체의 맥락 속에서 존재하는 사람들이 무엇을 진선미로 여기는가를 결정짓는다. 특정한 삶의 양식에 속한 구성원이 된다는 것(그 활동에 참여하며, 그 언어를 배우고 말하며, 그 문화를 받아들인다는 것)은 세계를 만들고 소유하고 공유한다는 뜻이다. 삶의 양식들과 그 각각의 언어놀이는 세계의 근본 특징과 범주, 즉 비트겐슈타인이 '세계상'(*Weltbild*)이라고 부른 것을 구현하고 표현한다. 그는 마지막 책인 《확실성에 관하여》에서 이 중요한 개념을 깊이 있게 논한다.

비트겐슈타인과 '세계상'(*Weltbild*)

《확실성에 관하여》에서 비트겐슈타인의 일차적 목적은, 인식론적으로 흔들리지 않는 토대가 가능하며 인간이 몸을 입은 정신이란 관념(정신/신체의 이원론)이라는 두 가지 주된 주장에 근거한 데카르트적인 삶의 패러다임을 비판하는 것이다. 더 나아가 "상식의 옹호"와 "외부 세계의 증거"를 통해 회의주의를 극복하고자 했던 무어(G. E. Moore)의 시도도 데카르트적 틀 안에서 이뤄진 만큼, 이 책에서는 무어의 작업 역시 비트겐슈타인에게 비판의 대상이다. 그러나 비트겐슈타인은 단순히 또 하나의 경쟁적인 세계관(*Weltanschauung*)을 합리적 고려 대상으로 제시함으로써 동일한 데카르트적 함정에 빠지는 실패를 범하지 않는다. 오히려 그는 사물을 바라보는 새로운 방식을 만들어 낼 일종의 형이상학적 방법으로 이미 전제된 데카르트적 모형을 비판하기를 원한다.[26] 그는 *Weltbild*(세계상)이란 개념을 통해 이 작업을 수행한다. 이 용어는 비트겐슈타인의 저작 중에서 이 책에만 등장한다(모두 여섯 차례). 그 결과는 후에 '비트겐슈타인의 신앙주의'(Wittgensteinian fideism)라고 알려지는 입장, 즉 삶과 언어, 문화, 의미의 입증할 수 없는 모형으로 구성된 세계에 대한 접근 방식이다. 물론 《철학적 탐구》에 제시된 비트겐슈타인의 다원주의에 따르면 사람들이 세계를 바라보고 그 안을 헤쳐나가는 맥락을 제공해 주는, 인식론적으로 정당화될 수 없는 수많은 삶의 양식과 언어놀이가 존재한다. 《확실성에 관하여》에서도 같은 주제를 다룬다. 핀치가 설명하듯이, 이 책의 핵심 내용은 당연히 받아들여지는 틀과 '세계관의 사실들', 즉 비트겐슈타인 자신이 세계상(*Weltbild*)이라고 지칭한 것에 초점을 맞춘다.

> 《확실성에 관하여》에서는 세계관을 위한 틀로써 기능하는 사실의 역할에 대해 논한다. 그것은 **틀 사실**(framework facts)이라고 부를 수 있다. 어떤 점에서는 다른 사실과 비슷하지만 다른 점에서는 다른 사실과 전혀 비슷하지 않기 때문이다. 그것은 … 우리의 생각과 우리의 언어, 우리의 판단, 우리의 행동의 기초가 되는 사실이다. (또 다른 이름으로 불러보자면) 이런 **세계관적 사실**에는 우리가 상식이라고 부르는 다양한 층위가 포함된다. 여기에는 우리가 당연하게 받아들이며, 우리의 모든 물음과 연구뿐 아니라 우리의 언어 활동을 위한 배경을 제공하는 수많은 것들이 포함된다. 그 사실들은 다른 여러 사실 중에서도 무엇이 의심스러운 것인지, 혹은 무엇이 마땅히 의심할 만한 지를 결정하기 때문에 우리가 의심하지 않는 사실이다. 그것은 말하기와 행동하기의 방식으로 무엇이 받아들여지거나 합의될 것인지를 확립한다.[27]

그러나 이러한 틀 사실 혹은 세계관/세계상적 '사실'은 비트겐슈타인이 《논고》에서 말하는 실증적 혹은 절대적 사실(실재와 세계 내에서의 활동에 관한 진리의 궁극적 토대 역할을 하는 사실)이 아니다. 오히려 이런 세계상

(Weltbild)적 사실은 의심받지 않으며, 비트겐슈타인 자신의 은유에 따르면, 생각하고 행동하는 특정한 방식의 "축"이자 "강바닥", "발판", "경첩" 역할을 한다.[28] 이렇게 "현실"을 만들어 내는 구체화된 세계상은 그것을 지지하는 이들에게 그들이 살아가고 움직이고 자신의 존재를 유지하는, 일종의 유사 형이상학을 형성한다.

이 개념을 논하는 《확실성에 관하여》의 본문을 살펴봄으로써 세계상의 본질에 대한 비트겐슈타인의 관점의 여러 특징을 확인할 수 있다. 먼저, 매우 기초적인 차원에서 하나의 세계상(*Weltbild*)은 한 사람이 세계를 바라보고 지각하며, 그것의 근본적 성격을 이해하는 방식을 형성한다. 비트겐슈타인이 지적하듯이, 무어는 지구와 밀접한 관계를 맺고 산다고 주장했다. 비트겐슈타인은 다음의 이유 때문에 그 주장에 동의할 수밖에 없다. 즉 세계를 그리는 자신의 방식 안에는 그런 주장을 반박할 수 있는 것이 아무것도 없다. 사실 모든 사람이 지구와 밀접한 관계를 맺고 살며, 비트겐슈타인은 자신의 세계상을 근거로 그렇다는 것을 알고 있다.

> 93. 무어가 '알고 있는' 바를 제시하는 주장은 모두가 그런 종류이므로 **왜** 누군가가 그와 반대로 믿어야 하는지를 상상하기가 어렵다. 예를 들어, 무어가 평생 지구와 밀접한 관계를 맺고 살았다는 주장이 그렇다(다시 한번 나는 무어에 관해 이야기하는 대신 나 자신에 관해 말하겠다. 무엇이 내가 그와 반대로 믿도록 유도할 수 있을까?). 내가 보고 들은 모든 것은 어떤 사람도 지구를 벗어나 산 적이 없다는 확신을 준다. 세계에 대한 나의 그림[Weltbild] 안에서 그 어떤 것도 그 반대를 지지하지 않는다.(14~15e쪽)

이와 같은 맥락에서 비트겐슈타인은 "[그가] 태어나기 … 전에 지구가 존재했는지" 묻는 아이에게 자신의 기본적 세계상, 특히 지구의 나이에 관한 생각을 알려 주는 상황을 가정해 보라고 말한다. 이런 물음에 답하며 그가 태어나기 오래전부터 세계가 존재했다는 자신의 확신을 주장할 때, 비트겐슈타인은 "그것을 묻는 사람에게 세계에 대한 하나의 그림[*Weltbild*]을 전달하고" 있다고 생각한다. 하지만 그는 이어서 자신의 대답의 확실성에 대해 의문을 제기하는 흥미로운 진술을 한다. "내가 정말로 확실성을 가지고 질문에 답한다면, 무엇이 나에게 그런 확실성을 부여하는가?"(§233 [pp. 30~31e]). 이 질문은 어린애 같은 물음에 대한 그의 대답에 동반되는 확실성이 그에게 없다고 말하는 것처럼 보인다. 이는 두 번째 중요한 논점으로 이어진다. 세계상(*Weltbild*)은 실재에 대한 근본적 재현 혹은 그림일 뿐 아니라, 실재에 대한 믿음이며 그 믿음은 어떤 검증 과정의 결과가 **아니라는** 사실을 받아들이는 것이다. 오히려 세계상은 한 사람의 **삶의** 맥락으로부터 물려받은 것이며, 그 결과 《철학적 탐구》에서 삶의 양식이 그렇듯이 무엇이 참이고 거짓인지를 분별하기 위한 전제된 배경 역할을 할 뿐이다. "94. 하지만 나는 그것이 옳다고 자신을 확신시킴으로써 나의 세계상[*Weltbild*]을 얻지 않는다. 또한, 그것이 옳다고 확신하기 때문에 세계상을 지니고 있는 것도 아니다. 아니다: 그것은 내가 참과 거짓을 구별할 때 기준으로 삼는 물려받은 배경일 뿐이다"(15e쪽).

우리는 세계상을 검토하거나 증명하거나 선택하지 않으며 주어진 환경 속에서 살아감으로써 어린 시절에 그저 "삼킬" 뿐이다(§143 [p. 21e]). 그런 까닭에 위대한 화학자 라부아지에(Lavoisier)도 자신이 창조하거나 고안하지 않고 아주 어렸을 때 습득한 세계상에 근거한 "서술 규범"으로 받아들인 특정한 전제에 따라서 실험을 수행했다. 이제 그것은 그의 연구의 검토되지 않은 전제 역할을 한다.

> 167. 우리의 경험적 명제가 모두 같은 지위를 갖지 않는다는 것은 분명하다. 그런 명제를 제시한 다음 그것을 경험적 명제로부터 서술 규범으로 전환시킬 수 있기 때문이다.
> 화학 연구에 대해 생각해 보라. 라부아지에는 실험실에서 물질을 가지고 실험하고 가열할 때 이런저런 상황이 발생한다고 결론 내린다. 그는 다른 때 다른 결과가 나올 수도 있다고 말하지 않는다. 그는 명확한 세계상[Weltbild]을 견지해 왔다. 물론 그는 이 세계상을 발명하지 않았고 어렸을 때 습득했을 뿐이다. 이것이 가설이 아니라 세계상[Weltbild]이라고 말하는 까닭은 그의 연구를 위한 당연한 토대이며 그 자체로서 눈에 띄지 않기 때문이다. (24e쪽)

라부아지에의 전제는 "눈에 띄지 않을" 뿐 아니라 결국에는 "시험을 통해 입증되지도 않는다." (과학을 포함해) 모든 인간 활동의 토대가 되는 근본 전제는 일정 기간 조사의 대상이 될지도 모른다. 하지만 비트겐슈타인이 수사적으로 묻듯이, "시험은 끝나지 않는가?" 그의 답에는 의심의 여지가 없다. 그가 말하듯이, "어려운 일은 우리의 믿음이 근거가 없음을 깨닫는 것이다"(§164와 §166 [p. 24e]). 이 주장이 비트겐슈타인의 신앙주의의 핵심을 포착하고 있다. 따라서 세계상은 모든 질문과 주장을 위한 시험 되지 않고 근거가 없는 "토대" 역할을 한다. 학교에서 배우는 기초 지식조차도 참이거나 거짓이라고 말할 필요가 없는 세계상(*Weltbild*)이란 입증되지 않은 토대에 의존해 정당성을 부여받는다. "162. 일반적으로 나는 교과서에, 예를 들어 지리 교과서에 실린 내용을 참으로 받아들인다. 왜? 나는 이렇게 답한다. 이 모든 사실은 100번 이상 확인되었다. 하지만 그렇다는 걸 내가 어떻게 알까? 그렇다는 증거는 무엇인가? 나는 세계상(*Weltbild*)을 지니고 있다. 그것은 참인가, 거짓인가? 무엇보다도 이것이 내가 하는 모든 질문과 주장의 토대다. 그것을 진술하는 명제들이 모두 동일하게 시험 대상이 되지는 않는다"(23~24e쪽).

특정한 "사실들"이 옳다고 받아들여지는 까닭은 그것들이 기저를 이루는 세계상과 조화를 이루기 때문이다. 그리고 세 번째로 세계상의 명제들은 일종의 통제 "신화" 기능을 한다. 이 신화적 명제들은 놀이, 즉 이론적 조사나 공부를 통해서가 아니라 놀이를 함으로써 실천적으로 습득하는 놀이의 규칙과 유사하다. 세계상 신화와 연관된 명제 중 일부는 고정되고 삶의 방식 전체를 안내하는 "경로"나 "강바닥" 역할을 한다. 물론 어떤 명제가 경로나 강바닥 역할을 하고 어떤 명제가 그것에 의해 통제를 받는지 분간하기 어려울 때도 있다. 비트겐슈타인은 이렇게 설명한다.

> 95. 이 세계상(Weltbild)을 묘사하는 명제들은 일종의 신화의 일부일 수도 있다. 그리고 그것들의 역할은 놀이의 규칙과 비슷하다. 그리고 이 놀이는 명시적인 규칙을 배우지 않고도 순전히 실천을 통해 습득될 수 있다.
>
> 96. 경험적 명제의 형식을 띠는 어떤 명제들은 굳어져서, 아직 굳어지지 않고 유동적인 경험적 명제를 위한 경로 역할을 한다고 상상해 볼 수 있다. 그리고 이 관계는 시간이 지남에 따라 바뀌어 유동적인 명제가 굳어지고, 굳어진 명제가 유동적으로 변하기도 한다.
>
> 97. 신화는 다시 유입 상태로 바뀔 수도 있으며, 생각의 강바닥이 이동할 수도

있다. 하지만 나는 강바닥 위 물의 흐름과 강바닥 자체의 이동을 구별한다. 하지만 둘 사이가 선명하게 분리되는 것은 아니다. (15e쪽)

만약 세계상이 일종의 신화(서로 간에는 논리적 정합성을 지니지만 현실 세계와는 상응하지 않는 주제를 지닌 이야기들)라면, 삶에 대한 이런 전망을 설명하고자 하는 시도는 진리를 추구하는 과학적 혹은 철학적 논증의 문제가 아니라 설득의 문제일 것이다. 따라서 마지막으로 세계상은 수사적으로 선전되며 믿음으로 받아들여진다. 비트겐슈타인은 설득의 수사가 활용되는 상황을 상상한다. "262. 아주 특별한 환경에서 자라 지구가 50년 전에 생겨났다고 배웠고, 따라서 그렇게 믿는 사람이 있다고 상상해 볼 수 있다. 우리가 그를 교육할 수 있다. 지구는 오래전에… 등등. 우리는 그에게 우리의 세계상[*Weltbild*]을 전해 주려고 노력해야 한다. 이것은 일종의 **설득**을 통해 이뤄질 것이다"(34e쪽).

바로 다음 항목에서 비트겐슈타인은 맥락을 벗어난 것처럼 보이는 진술을 한다. 아리송하게도 그는 이렇게 적는다. "263. 그 학생은 자신의 교사들과 교과서들을 **믿는다**"(34e쪽). 이전 항목(§262)에 비춰볼 때, 그는 여기서 모든 "지식", 심지어는 전통적으로 "진리"로 여기는 정보의 저장소인 학교 교과서를 통해 전달되는 지식조차도 이를테면 설득이 만들어낸 믿음의 문제라고 말하려고 하는 것은 아닐까? 그러므로 비트겐슈타인의 입장에서는 세계상을 논리적 정합성을 얻기 위해 경쟁하는 인식론적으로 타당한 구성 개념이 아니라, 실재를 조직화하는 방식으로 받아들이도록 효과적으로 제시되어야 할 믿음의 그물망으로 이해해야 한다. 최종적 분석에서 어떤 세계상에 관해 할 수 있는 말은 이것이 우리의 정체성이며, 우리가 이해하는 바이고, 우리가 행하고 바라는 것뿐이라는 것이다.

따라서 《확실성에 관하여》에 나타난 세계상에 관한 비트겐슈타인의 논의를 통해 네 가지 기본적 주제가 드러난다. 첫째, 세계상(*Weltbild*)은 어떤 사람이 세계와 그것의 기본적 성격을 바라보고 인식하는 방식을 형성한다. 둘째, 세계상(*Weltbild*)은 어떤 입증 과정의 결과로써 선택한 것이 아니라 그 사람의 환경으로부터 물려받은 것이며, 그 결과 모든 사유와 행동, 판단, 생활을 위한 전제된 토대 역할을 한다. 셋째, 세계상을 구성하는 이야기들은 일종의 통제 신화의 기능을 한다. 마지막으로, 세계상은 수사적으로 선전되며 믿음으로 받아들여진다. 이런 다양한 특징들을 고려할 때, 세계상과 내재된 언어놀이를 지닌 삶의 양식은 거의 같은 것처럼 보인다. 사실상 제노바도 이 연관성을 주저 없이 지적한다. "삶의 양식이란 개념은 … 세계상(*Weltbild*)과 동의어다." 또한, 그는 "후자는 전자가 더 객관적으로 명명하기를 바라는 바를 더 주관적으로 말하는 방법을 제공한다"고 말한다.[29] 하지만 이 해석이 옳다면, 비트겐슈타인에게는 세계관(*Weltanschauung*) 개념 자체가 세계상(*Weltbild*)보다 더 객관적인 구성 개념이다. 사실 비트겐슈타인은 세계관(*Weltanschauung*)을 데카르트 시대의 잔재로 여겨 거부했으며, 삶의 양식과 세계상을 받아들여 삶과 언어와 의미에 근거한, 철학에 대한 분석적 접근 방식의 트레이드마크로 삼았다.

물론 아이러니는 후설과 하이데거, 세계관의 필요성을 폐기하고자 했던 다른 모든 이들처럼 비트겐슈타인 역시 실재와 세계가 실제로 어떤 모습인가에 관한, 합리적으로 결정된 입장을 가질 수밖에 없었다는 점이다.[30] 실제로 비트겐슈타인은 말과 그것의 사용과 의미에 근거해서 정확히 '언어적' 세계관(*Weltanschauung*)이라고 정확히 부를 만한 것을 받아들인다. 하지만 아이러니가 발생한다. 그는 언어의 사용이 사실은 실재와 전혀 무관하다고 주장하기 위해 실재와 연관되어 있다고 가정하는 언어를 사용한다. 그는 사다리의 필요성을 부인하기 위해 언어라는 사다리를 타고 지붕으로 올라갔다. 그렇다면 그의 체계는 그저 또 하나의 바라보는 방식이 아니라 유일한 방식이 된다. 그의 주장의 자기모순적인 성격에도 불구하고, 세계를 바라보는 그의 새로운 (배타적인) 방식은 철학의 핵심 과제에 대한 중대한 수정(그의 손에서 이 과제는 그 목적과 범위가 상당히 축소되고 만다)으로 귀결된다. 비트겐슈타인의 신앙주의에서 바라보면, 철학은 스스로 "엄밀한 학문"이라고 생각하지 말았어야 했다. 그런 이해는 절망적일 정도로 퇴보적이며 순진해 보인다. 그것을 일종의 치료 요법으로 간주하는 편이 더 낫다. 콘웨이의 설명처럼, 비트겐슈타인은 철학이 "실재 자체에 접근하려고 무한히 노력하기"보다는 "우리가 인간 세계를 모사해서 그에 잘 대처하는 방법을 생각해 내도록 도울 수 있다"라고 생각했다. "철학은 우리가 자신과 다른 삶의 양식에 관해 배움으로써 사회적 관습과 실천, 세계상에 대한 의식적이며 비판적인 인식을 함양할 수 있다."[31] 철학에 대한 이런 접근 방식은 일상 언어 분석에 대한 관심을 촉발했을 뿐 아니라, 서사학과 해석학, 기호학, 수사학 같은 영역에서 삶의 양식과 언어놀이와 연관해서 언어와 그 의미와 사용에 초점을 맞추는 다양하고 새로운 유사 철학적 추구로 이어졌다.

도널드 데이비슨의 '개념체계'

우리 시대의 형이상학자인 동시에 심리철학자와 언어철학자인 도널드 데이비슨(Donald Davidson, 1917~2003)은 동시대의 흐름을 역행하면서 상대주의적 개념체계 및 그에 수반되는 교리를 비판한다. 그의 분석은 칸트가 세계의 구조로부터 지성의 구조로 초점을 전환했을 때 시작되었으며, C. I. 루이스가 지성의 구조로부터 개념의 구조로 초점을 전환했을 때 지속되었고, 이제는 개념의 구조를 계속해서 과학과 철학, 예술, 지각, 일상 담화의 몇몇 상징체계로 전환하고 있는 근대 철학의 주류"를 거스른다.[32] 중세 스콜라주의라는 유신론적 시대에 살았던 신학자와 철학자들은, 인간 지성은 하나님이 설계하시고 그분이 자신의 법칙으로 지배하시는 세상이라는 객관적인 외부 구조에 종속되어 있는 것으로 이해했다. 칸트가 우주적 구조로부터 지성적 구조로 초점을 전환할 때조차도 이 위대한 철학의 코페르니쿠스는 사람들이 공유하는 지성의 범주에 기초해 세계를 파악하는 단 하나의 체계만을 허용했다. 그러나 데이비슨이 지적하듯이, "체계와 내용의 이원론이 명시적이 될 때, 대안적인 개념체계의 가능성이 명백해진다."[33] 실제로 루이스는 자신의 책 《정신과 세계질서》(*Mind and the World Order*, 1929)에서 이 관점을 옹호한 인물이다. 이 책에서 그는 "우리의 인식 경험 속에서는 두 요소가 존재한다. 즉 감각 자료처럼 정신에 제시되거나 주어지는 즉각적 자료와 사유 활동을 재현하는 형식이나 구성, 해석이다"라고 주장한다.[34] 따라서 루이스는 철학 본연의 과제는 정신이 경험을 조직화하는 이러한 근본 개념을 확인하는 것, 즉 "정신이 그것에게 주어진 내용에 적용하는 그러한 범주적 기준을 드러내는 것"이어야 한다고 믿는다.[35] 이런 논리에 근거해 대안적 개념체계라는 관념과 그와 더불어 개념적 상대주의의 결의가 부상하게 된다.

근대 철학의 핵심에 자리 잡은 개념체계와 상대주의에 관한 이런 주장들이 바로 데이비슨이 자신의 도발적인 논문에서 주의깊게 평가하고자 하는 바다. 이런 교리를 받아들이는 이들은 흔히 "도식주의자들"(Schemers)이라고 불리는데, 이들은 "세계유형"(굿먼[Goodman])과 "패러다임"(쿤[Kuhn]), "범주적 틀"(쾨르너[Körner]), "언어적 틀"(카르납[Carnap]), "이데올로기"(만하임[Mannheim]), "삶의 양식"(비트겐슈타인)과 같은 개념체계를 표현하는 다양한 동의어를 사용해 왔다.[36] 이 책의 논의와 관련해서 "세계관"(worldview)과 *Weltanschauung*은 개념모형과 밀접하게 동일시된다. 예를 들어, 조셉 런조(Joseph Runzo)는 "'개념체계'라는 관념이 '세계관'과 동일하다"고 분명히 주장한다.[37] 니콜라스 레셔(Nicholas Rescher)도 비슷한 견해를 드러내며 "사실의 영역에서 작동하는 개념체계는 언제나 세계관(*Weltanschauung*), 즉 세계 안에서 사물이 작동하는 방식에 관한 관점과 상호연관이 있다"라고 주장한다.[38] 따라서 "개념체계"와 세계관(*Weltanschauung*)의 연관성 때문에 전자의 가능성에 대한 데이비슨의 비판에는 후자에 관한 분석도 포함된다. 개념체계에 관한 데이비슨의 망설임의 근거를 이해하기 위해서는 그의 유명한 기념강연 "개념체계라는 관념에 관하여"(On the Very Idea of a Conceptual Scheme)를 살펴볼 필요가 있다.[39]

데이비슨의 "개념체계라는 관념에 관하여"

논문의 주장 자체는 매우 어렵지만, 데이비슨의 전반적인 목표는 분명하다. 서론에서 그는 자신의 목적이 "다른 언어 또는 개념체계가 다른 방식으로 실재를 '나누거나' 실재에 '대처한다'라는 주장의 가능성"에 대해 검토하는 것이라고 밝힌다.[40] 일반적 해석 방식을 사용하면 세계를 범주화하기 위해 서로 다른 지성적 장치를 사용한다는 생각이 무력해진다. 그러므로 **대안적** 개념체계는 사실 존재하지 않는다. 이뿐 아니라 더욱 강하게 데이비슨은 "만약 우리가 명증하게 해석되지 않는 자료가 존재한다는 관념을 거부한다면, 체계와 내용의 이원론을 위한 여지는 완전히 사라진다"(xviii쪽)고 주장한다. 이 이원론이 없다면 개념적 상대주의 역시 소멸된다. 왜냐하면 복수의 체계와 체계화되기를 기다리는 무언가가 동시에 존재해야만 개념적 상대주의가 가능하기 때문이다. 데이비슨에게 이것은 인간 해석 이전의 객관적 세계의 상실을 의미하지 않는다. 오히려 그는 "언어가 세계에 대한 우리의 지식이 통과해야만 하는 스크린이나 여과 장치가 아님"을 보여 주고자 할 뿐이다. 따라서 그의 주장은 "다른 언어의 개념 장치가 판이하게 다르다는 생각이 전혀 타당하지 않다"라는 것이다. 만약 그렇다면, 세계에 대한 중요한 (거의 실재론적인) 결론이 도출될 수 있다. 즉 "우리 세계관의 일반적 개요는 옳다. 우리가 개인적, 공동체적으로 잘못 파악하는 부분이 많지만, 대부분에 관해서는 우리가 옳다는 전제에서만 그렇게 말할 수 있다." 따라서 언어와 존재론에 관해 말할 때 "우리는 사물에 대한 우리 자신의 그림을 구경하고 있는 것이 아니다. 우리가 존재한다고 여기는 것은 많은 부분 실제로 존재하는 것이다"(xix쪽). 사물은 인식되며, 따라서 언어와 실제 존재에 관한 개념 사이에는 기본적 합의가 존재한다.[41]

데이비슨은 개념체계와 그로부터 파생한 개념적 상대주의를 설명하면서 이 논문의 본론을 시작한다. 그는 세계관 개념과 매우 밀접하게 상응하는 말로 개념체계를 정의하면서, 이 둘 사이의 통약불가능성에 대한 주장을 부각시킨다. "개념체계는 … 경험을 조직화하는 방식이다. 그것은 감각 자료에 형식을 부여하는 범주 체계다. 그것은 개인과 문화, 시대가 계속 흘러가는 장면을 바라보는 관점이다. 그러나 한 체계에서 다른 체계에로의 전환이 존재하지 않을지도 모르며, 이 경우 한 사람을 특징짓는 신념과 욕망, 희망, 지식의 단편들을 포함하는 체계가 다른 체계를 받아들이는 사람에 대해 어떤 진정한 대응물도 가지지 않는다."

전혀 공통점이 없는 이런 개념체계들의 인식론적 함축은 개념적 상대주의다. 즉 데이비슨이 설명하듯이 "실재 자체가 체계에 대해 상대적이며, 한 체계 안에서 실재적이라고 간주하는 것이 다른 체계에서는 그렇지 않을 수도 있다"라는 관념이다(183쪽). 이것은 "과격하며" "낯설고" 심지어 "흥미진진한" 이론이거나 데이비슨이 단언하듯이 만일 최소한 그것이 진정으로 지성적이거나 논리적 정합성을 갖춘 것이라면 그럴 것이다. 그러나 그 기저에 자리 잡은 파괴적인 역설 때문에 그렇지 않다. "개념적 상대주의의 주요한 은유, 즉 서로 다른 관점들의 은유가 그 안에 놓인 역설을 폭로하는 것으로 보인다. 다른 관점들은 그 뜻이 서로 이해되지만, 그것들을 구분할 공통의 조정 체계가 존재할 때만 그러하다. 하지만 공통의 체계가 존재한다는 것은 극단적인 양립 불가능성의 주장과 모순을 이룬다. 나는 우리가 개념적 모순에 한계를 설정하는 것이 필요하다고 생각한다"(184쪽).

개념적 상대주의의 역설을 형성하며 개념적 대립에 한계를 설정하는 공통의 체계는 언어와 그것의 번역 가능성이다. 데이비슨은 자신의 "번역 방법"에 근거해 한 언어가 다른 언어로 성공적으로 번역될 수 있으며, 따라서 언어로 인식된 개념체계들 역시 서로 번역될 수 있음을 보여준다. 그렇다면 이들 사이의 근원적 차이는 사라진다. 언어와 마찬가지로 개념체계들도 오해의 여지없이 비슷한 무언가를 담고 있으며, 따라서 그들 사이의 근원적 모호함이 설령 제거되지는 않더라도 축소될 수 있다. 다른 글에서 그는 "개념적 상대주의를 개념체계와 도덕 체계, 혹은 그와 연관된 언어들이 엄청나게 (서로 이해하지 못하거나 측정불가능하거나, 영원히 합리적 해결이 불가능할 정도로) 다를 수 있다는 생각을 뜻한다면, 나는 개념적 상대주의를 거부한다"고 주장했다.[42] 그가 이를 거부하는 이유는 개념체계의 합류를 위한 기초를 확립하는 "번역 기준"과 언어 사이의 유비 때문이다. 데이비슨은 이렇게 설명한다. "우리는 언어를 갖는 것을 개념체계를 갖는 것과 연관시키는 논리를 받아들일 수 있다. 이 연관성은 이렇게 이해할 수 있다. 만약 개념체계가 다르면, 언어도 다르다. 하지만 한 언어를 다른 언어로 번역할 방법이 있다면 다른 언어를 말하는 이들이 한 개념체계를 공유할 수도 있다. 그러므로 번역 기준을 연구하는 것이 개념체계의 동일성의 기준에 초점을 맞추는 방법이다"(184쪽).

따라서 데이비슨의 전략은 "개념체계를 언어와 동일시하고, 하나 이상의 언어가 동일한 체계를 표현할 가능성의 여지를 허용함으로써 개념체계를 번역 가능성 일군의 언어들과 동일시하는 것"이다(185쪽). 한편으로, 만약 언어와 개념체계들이 모두 상호 번역 가능하다면, 이것들은 근원적으로 대체 가능한 것이 아니라 유사한 것이다. 다른 한편으로, 언어들이 상호 번역할 수 없다면, 어떤 언어도 개념체계가 아니다. 그것들은 전적으로 측정불가능해야 한다. 그러나 언어들 사이의 번역 가능성의 전적 실패, 심지어는 부분적 실패를 주장하는 것이 사실상 불가능하므로 상호 배타적인 개념체계를 주장하는 것도 불가능하다. 만약 그렇다면 개념적 상대주의 자체도 부정된다. 따라서 데이비슨이 논문의 균형을 맞추기 위해 한 일은 "발생할 것으로 예상되는 두 종류의 경우, 즉 번역 가능성의 완전한 실패와 부분적 실패를 검토하는 것"이다(185쪽). 하지만 그는 언어적 번역의 완전한 실패나 부분적 실패가 존재하지 않음을 증명할 수 있으므로 **대안적** 개념체계들이라는 생각 자체가 부정될 수밖에 없다.

데이비슨의 비판의 핵심에는 그가 경험주의의 "제3교의"라고 부른 개념체계와 경험적 내용의 이분법, 즉 앞서 언급한 루이스가 높이 평가했던 바로 그 구별이 자리 잡고 있다. 데이비슨의 주장은 본질적으로 콰인(W. V. O. Quine)의 고전적 논문 "경험주의의 두 독단"을 확장한 것이다.[43] 콰인이 논박하는 경험주의의 첫 번째 독단은 분석적 진리와 종합적 진리 사이의 전통적 구별, 즉 사회학적이며 순환적인 논리에 의해서만 유지되는 형이상학적 신앙고백에 기초한 경험주의자들의 비경험적 주장이다. 콰인이 기만적이라고 폭로하는 두 번째 독단은 그가 "환원론"이라고 부른 것이다. 즉 이것은 다른 명제와 신념으로부터 고립된 경험적 수단을 통해 단일하며 독립된 진술의 진리를 입증하려는 시도다. 경험주의와 분석철학의 이러한 근본적 주장에 맞서 콰인은 한 명제를 지지하거나 논박하는 증거가 어떤 경험이 수용되거나 거부되어야 하는가, 경험이 어떻게 해석되어야 하는가, 그 함의는 무엇인가에 관한 전제를 포괄하는 하나의 신념체계 전체에 의존한다고 주장한다. 더 나아가, 분석적 진리와 종합적 진리 사이의 구별과 환원론에 관한 이 두 독단은 "근본적으로 동일하다"고 콰인은 주장한다. 왜냐하면, 분석적 진술에서는

"언어적 요소만 중요"하지만, 종합적 진술의 진리는 환원론의 경우와 마찬가지로 "언어 외적 사실"이나 경험에 의존하기 때문이다.[44] 경험주의의 이 두 가지 독단의 소멸에도 불구하고 데이비슨은 재 가운데서 불사조가 나타나듯 세 번째 독단, 즉 개념체계와 경험적 내용의 이원론이란 독단이 생겨났다고 주장한다. 데이비슨은 이 새로운 이원론이 "분석-종합의 구별과 환원론이란 지지할 수 없는 독단을 상실한(즉 우리가 각 문장마다 고유한 경험적 내용을 배정할 수 있다는 실현 불가능한 관념을 제거한) 경험주의의 토대"라고 주장한다(189쪽). 물론 체계와 내용의 이 이원론은 개념적 상대주의를 만들어 낸 이원론이며, 데이비슨은 이 이원론의 취약성을 논증하는 책무를 떠맡았다. 그가 말하듯이, "나는 체계와 내용의 이원론, 조직화하는 체계와 조직화되기를 기다리는 무언가를 나누는 이원론이 논리적 타당성도 없고 옹호될 수도 없다고 주장하고자 한다. 그 자체가 경험주의의 독단, 즉 세 번째 독단이다"(189쪽).[45] 이전 두 독단과 마찬가지로 세 번째 독단 역시 실패할 수밖에 없다. 분석적 진리와 개념체계 사이에, 그리고 종합적 진리와 경험적 내용 사이에 존재하는 본질적 연관성 때문에, 이미 경험주의자들이 분석적 진리와 종합적 진리 사이의 참된 구별을 유지할 수 없다는 사실은 개념체계와 경험적 내용의 분리를 유지하는 것도 대단히 어렵게 만든다. 간단히 말해서, "분석적 진리와 종합적 진리 사이의 구별이 무너진다면, 개념체계와 경험적 내용의 이분법 역시 흔들릴 수밖에 없다. 그러나 경험주의의 첫 두 독단의 소멸에도 불구하고 세 번째 독단은 어쨌든 살아남았다. 데이비슨이 보여 주듯이, 워프(Whorf)와 쿤, 파이어아벤트(Feyerabend), 심지어 콰인 자신도 체계-내용의 이원론에 대한 설득력 있는 변론을 내놓았다(190~191쪽). 그럼에도 데이비슨은 개념체계에 관한 이 세 번째 독단이 첫 두 독단과 같은 운명을 맞을 때까지 절대 만족하지 않는다.

체계-내용의 구별에 대한 데이비슨의 반대는 이 관계를 기술하기 위해 사용된 다양한 은유에 대한 공격의 형태를 띤다(191~195).[46] 첫 번째 은유에서 개념체계나 언어는 일련의 경험이나 실재, 우주, 세계, 자연을 **조직화**하거나 **체계화**하거나 **분류**하는 것이라고 설명한다. 그러나 데이비슨에 따르면, 하나의 대상이 다른 대상들을 포함하거나 그것들로 구성되지 않는다면 그 대상을 조직화할 수 없다. 예를 들어, 옷장을 정리하는 사람은 '옷장' 자체를 정리하는 게 아니라 그 안에 있는 물건들을 정리한다. 그러나 (세계 안에 있는) 동일한 사물을 조직화하는 두 개념체계나 언어는 그 동일한 대상을 개체화하는 공통의 존재론을 지니고 있어야만 한다. 따라서 다른 언어들이 동일한 실재를 조직화하고 그것에 관해 논할 때, 언어들 사이의 번역 가능성을 허용하므로 대체가능한 다른 개념체계나 언어가 존재한다는 전제가 무너지고 만다. 더 나아가 대체로 성공적인 번역의 배경은 지엽적인 번역 불가능성을 이해할 방법을 제공한다. 데이비슨의 주장의 핵심은 이것이다. 언어가 세계 안에 있는 사물을 조직화한다는 은유는 익숙한 관용구로의 번역 가능성을 수반하며, 대체 가능한 개념체계라는 관념을 뒷받침하지 않는다.

두 번째 은유에서는 개념체계와 언어가 경험의 재판정, 즉 순간적인 나타남, 표면적 자극, 감각적 촉발, 감각 자료 또는 주어진 바를 **조정**하거나 **예측**하거나 **설명**하거나 **직면**한다고 설명한다. 따라서 **조직**에 관한 이야기에서 **조정**에 관한 이야기로 전환될 때, 따라서 데이비슨은 감각의 **조직**에서 **조화**에 관한 이야기로 전환될 때 언어의 일차적 지시장치로부터 문장 전체로의 전환도 함께 일어난다고 주장한다. 용어들이 아니라 문장이 무언가를 예측하고 처리하고 다루며, 명제들의 결합체로서의 경험의 재판정에 직면한다. 그래서 어떤 이론의 문장이 모든 가능한 감각적 증거(실제적, 잠재적, 현재적, 미래적)에 부합한다고 말하는 것은 그 이론이 참이라고 말하는 것과 거의 마찬가지다. 이론 A와 이론 B 모두가 증거에 부합하며, 따라서 참이지만, 두 개의 전혀 다른 개념체계나 언어에 속한다면, 아마도 이론 A와 B 사이의 번역은 실패할 것이다. 두 이론 모두 그 나름의 맥락에서는 참일 테지만, 서로 번역될 수는 없을 것이다. 그러나 진리의 이론에 대한 타르스키(Tarski)의 시험에 따르면, 진리라는 관념은 번역과 분리될 수 없다. 다시 말해서 진리는 번역을 포함한다. 데이비슨이 말하듯, "[타르스키의] 규약 T(Convention T)는 진리라는 관념이 사용된 방식에 관한 우리의 최선의 직관을 구현하기 때문에, 그 시험이 진리라는 관념과 번역이란 관념을 분리할 수 있는 가정에 의존한다면, 어떤 개념체계가 우리의 개념체계와 근원적으로 다른가를 알아볼 수 있는 희망이 별로 없어 보인다"(195쪽). 따라서 이 은유는 번역을 수반하는 진리 관념을 희생시키거나 어떤 이론이 증거에 부합하며 따라서 참이라는 판에 박힌 관념을 제시할 뿐이다. 어떤 경우이든 이 두 은유 모두 한 언어나 개념체계를 다른 언어나 개념체계로 번역하는 가능성을 주장하며, 만약 그렇다면 경험주의 세 번째 독단, 즉 대안적인 개념체계와 경험적 내용의 분리라는 독단도 무너지고 만다. 하지만 데이비슨이 결론 내리듯, 이것이 세계나 객관적 진리의 상실을 뜻하지는 않는다. 오히려 둘 사이의 접촉을 재확립한다.

> 해석되지 않은 실체, 즉 모든 체계와 과학 외부에 있는 무언가라는 관념에 대한 의존을 포기한다고 해서 우리가 객관적 진리라는 관념까지 버리는 것은 아니다. 오히려 그와 반대다. 체계와 실재의 이원론을 받아들일 때 우리는 개념

적 상대성과 체계와 관련된 진리를 얻는다. 그 독단이 없다면 이런 종류의 상대성은 결국 무너지고 만다. 물론 문장들의 진리는 언어와 여전히 연관되어 있지만, 이는 가능한 한 객관적이다. 체계와 세계의 이원론을 포기할 때, 우리는 세계를 포기하지 않고, 우리의 문장과 견해를 참 혹은 거짓으로 만드는 익숙한 대상과의 직접적인 접촉을 재확립한다(198쪽).

논문의 마지막 부분인 이 문장에서 데이비슨은 현재의 기획을 하나의 부분집합으로 아우를 가능성이 더 큰 기획을 암시한다. 그는 순전히 그리고 단순히 개념체계라는 생각 자체에 의문을 제기하는 것보다 더 큰 목표를 추구하는 것처럼 보인다. 이런 주장들이 일부를 이루는 그의 더 심층적인 전략은 자아의 본질에 대한 근대주의적 전제에 도전하고 인간 주체와 우주의 관계 자체를 변형시키는 것이다. 앞의 인용문은 이를 암시한다. 여기서 데이비슨은 일종의 "객관적 진리"를 회복하고 세계 안의 익숙한 대상과의 "직접적인 접촉을 재확립"하려고 노력한다고 말한다. 이를 위해서는 인간의 인식의 본질에 대한 새로운 이해와 철학적 인간학의 중대한 전환이 필요하다.

"주관성의 신화"라는 논문에서 데이비슨은 해석되지 않은 경험과 조직화하는 개념체계의 근대주의적 구분이란 "심각한 실수"가 "정신을 내적 지각의 수동적이면서도 비판적인 관찰자로 생각하는 본질적으로 정합성이 없는 견해로부터 생겨났다"고 주장한다.[47] 물론 이처럼 정합성 없는 인간 정신의 이해는 데카르트에 뿌리를 두고 있으며, 근대성을 규정하는 특징일 뿐 아니라 근대의 철학적 문제, 곧 개념체계라는 미숙한 관념보다 더 중대한 문제를 초래한 근본 원인이기도 하다. 데이비슨은 한 걸음 뒤로 물러서면서 이렇게 주장한다. "체계-내용의 이원론이 근대철학의 문제를 지배하고 규정해 왔다고 말하는 대신에 객관과 주관의 이원론을 이해하는 방식이 문제였다고 말할 수도 있다. 이런 이원론들은 공통의 기원을 지닌다. 그것은 곧 그 나름의 사적 상태와 대상을 지닌 정신이라는 관념이다." 데이비슨이 평가하기에 요구되는 것, 발전 과정 중인 것은 "정신과 세계의 관계를 이해하는 근본적으로 수정된 관점"이다.[48] 그런 의미에서 데이비슨은 만연한 근대주의 인간학을 거부하고 인간 주체와 외부 객체를 연결하는 새로운 방법을 요청한, 선구자와 같은 인물이다.

데이비슨의 말은 마르틴 하이데거의 주장을 분명히 반향한다. 즉 정신에 대한 데카르트적 모형과 재현주의의 지배를 받는 근대는 세계상의 시대일 뿐 아니라 개념체계의 시대가 되었으며, 실천적으로 이 둘은 하나이며 동일한 것이라는 말이다. 말파스(J. E. Malpas)가 예리하게 지적하듯이, "어느 정도까지는 개념체계에 대한 데이비슨의 비판은 '세계상' … 그림으로 인식되고 파악된 세계라고 부른 것에 대한 하이데거의 훨씬 더 광범위한 공격과 유사하다."[49] 이미 살펴보았듯이, 하이데거는 세계를 객관적 그림으로 인식하고 파악할 때 세계관(*Weltanschauung*) 개념이 부각된다고 보았다. 비슷하게 데이비슨은 세계가 조직적 체계에 의해 분석되기를 기다리는 무언가로 제시될 때, 개념체계라는 관념이 나타난다고 보았다. 그러나 데이비슨과 하이데거 모두에게, 객관적 우주를 대면하여 언어와 주관적 정신의 개념에 기초해 그 본질을 파악하는 자율적 인간이란 관념은 인간의 본질적 성격이나 세계와 만나고 세계 안에 존재하는 보통의 방식과는 모순을 일으킨다. 이에 관해 프랭크 패럴(Frank Farrell)은 데이비슨과 하이데거의 공통된 관심사와 둘 사이의 명확한 유사성을 잘 포착해 낸 바 있다.

> 데이비슨처럼 하이데거는 근대 철학의 문제를 초래한 주관성의 구조에 대해 재고하려고 노력한다. 그는 독립된 위치에서 객체로 이뤄진 세계를 구성하고 질서 지우고 그 유형을 투사하는 능력을 지닌 주체라는 관념을 거부한다. 생각이란 이미 세계에 '속해 있음'을 통해서, 그것이 그 성격을 드러내도록 허용함으로써 이뤄지는 것이다. 생각하거나 경험하는 존재로서 나의 행위가 실질적 내용을 지닐 수 있는 것은 세계를 "향해서 존재할" 때, 즉 그 환경 안에 자리 잡고 있을 때뿐이다. 언어는 어떤 개념체계나 다른 무언가의 구현체라기보다는 사물 자체가 나타날 수 있는 '개방성'이다. 우리는 소외된 주체가 사물과의 접촉을 회복하도록 노력할 필요가 없다. 왜냐하면, 주체는 그 본질에 의해서 언제나 사물과 접촉하고 있기 때문이다.[50]

하이데거와 데이비슨 모두 유사하게 근대적 인간학과 그 객관주의 인식론 및 자율적 지향성에 의해 세계상과 개념체계의 시대가 만들어졌다는 근거로 설득력 있는 주장을 제기한다. 물론 하이데거는 세계상이란 개념을 존재(Being)와의 본래적이고 실존론적인 공유로 대체하기를 원했고, 데이비슨은 개념체계를 인식과 의미에 대한 통전적인 이론으로 대체하고자 했다. 하이데거와 데이비슨의 주장을 우리의 논의 주제와 결합하면, 세계관, 즉 *Weltanschauung*이란 개념 자체가 독특하게 근대적인 사물이라고 주장하는 것이 가능해 보인다. 이 개념은 일차적으로 주관적 해석에 의한 자연의 근본적 이해, 세계와 그 안에 있는 모든 것의 활동에 대한 근본적 이해이므로 근대 철학의 토양에 깊이 뿌리를 내리고 있는 관념이다. 데이비슨의 비판자들은 그의 제안에 어떻게 반응했을까?

데이비슨의 개념체계 비판에 대한 반론

물론 데이비슨을 비판하는 이들도 없지 않았으며, 그들은 모두 이런 저런 방식으로 체계와 내용에 대한 구별의 가능성에 관한 문제를 다뤄야만 했다.[51] 크라우트(Kraut)는 매우 흥미로운 비교를 제시하면서 "체계-내용의 구별은 '내부-외부'의 구별과 다르지 않다. 이것은 배제하기 어려운 본질적인 구별이다. 하지만 이것은 모든 사람이 사는 공간에서 어쩔 수 없이 배제된 영역에 우리를 거의 참여하지 못하게 한다"라고 말한다.[52] 이와 유사하게 개념체계와 경험적 내용의 이분법 역시 참된 것이며, 자의식을 가지고 언어를 사용하는 인간이, 반드시 하나의 세계를 차지하고 그것을 파악한다는 사실은 이런 이분법을 피할 수 없게 하는 것 같다. 체계와 내용의 구별은 유지되지만, 이 둘은 내부-외부처럼, 같은 동전의 양면처럼, 다른 비유로 한 비행기의 두 날개같이 절대 분리되지 않는다. 따라서 크라우트는 세계를 가르고 조직하고 잘라내는 이미지를 지닌 개념체계를 잘못된 인식론으로 취급해서는 안 된다고 생각한다. 개념체계의 내용은 인간의 본연적 성향에 따라 해석자가 선호하는 존재론에 부합할 것이다. 그는 이렇게 자신의 의견을 피력한다. "대안적 개념체계의 가능성은 이론 사이의 적지 않게 분명하고 식별 가능한 차이의 가능성에 상응한다. 이런 차이는 전면적인 번역의 실패를 초래하지 않는다. 오히려 그럼에도 매우 흥미로운 존재론적 결과, 도식주의자들이 모든 곳에서 자신들의 은유로 포착하려는 그런 종류의 결과를 만들어낸다."[53]

인간이 실재를 규정하는 수단이 되며, 그로부터 생각하고 살아가고 세계를 해석하고 경험하는 개념체계는, 조지 레이코프(George Lakoff)와 마크 존슨(Mark Johnson)이 논증하듯이 "상당 부분 은유의 문제"다.[54] 따라서 개념체계의 복수성은 하나의 패러다임에 배타적이며 직접 번역이 불가능한, "우리가 그것에 따라 살아가는 은유"에 부여된 다양한 내용 에서 드러난다.

니콜라스 레셔(Nicholas Rescher)는 이를 보완하면서 어떤 사람의 언어로의 번역 가능성이 무엇이 언어임을 입증하는 본질적 기준이며, 따라서 개념체계의 존재를 위한 일차적 지표라는 데이비슨의 주장이 과도하다고 생각한다. 오히려 해석 가능성이란 더 약한 요구에 초점을 맞춰야 했다는 것이다. "그러나 실제 **번역**에 초점을 맞추는 것이 잘못되었다고 생각할 만한 타당한 이유가 있다. 이 영역에서 핵심 범주는 분명 **번역**이 아니라 **해석**이다. '그들이 언어를 가지고 있다'라고 간주할 근거는 (반드시) 우리가 그들이 말한 바를 우리의 언어로 문자적으로 번역할 수 있다는 사실이 아니라 그들이 한 말을 우리가 **해석**할 수 있다(풀어쓰기나 '설명' 등을 통해 그들의 말을 어떤 식으로든 이해할 수 있다)는 사실이다."[55] 레셔는 다른 언어로의 번역 가능성이 개념체계의 존재를 위한 기준이라고 고집할 때 체계들 사이에 존재하는 진정한 차이가 실제로 어떻게 작동하는가를 확인하기 어려워진다고 주장한다. 그가 말하듯이 "이런 체계들은 풀어쓰기와 에둘러 말하기(즉 해석)의 자료가 필수적일 곳에서, 그런 범위만큼 다르다"(327쪽). 따라서 그는 개념체계가 정말로 근원적으로 다르다고 생각한다. 왜냐하면 "한 [체계가] 다르게 말할 뿐 아니라 전혀 다른 것을 말하기 때문이다." 그는 이렇게 설명한다. "다양한 체계와 관련된 것은 세계 안에서 사물이 존재하는 방식에 관해 사실(사실이라고 **주장하는** 것들)을 개념화하는 다른 방식이다. 다른 개념체계들은 다른 이론들을 구현하며, '같은 것들'에 관한 다른 이론뿐 아니라 … 다른 것들에 관한 다른 이론을 구현한다. 한 개념체계로부터 다른 개념체계로 전환하는 것은 어떤 점에서 주제 자체를 바꾸는 것이다. 오래된 같은 문제에 관한 싸움이 아니다"(331쪽).

따라서 레셔는 대안적 개념체계는 개념적으로 측정불가능하며, 한 체계 안의 핵심 주제와 물음, 논제가 다른 체계 안에서는 전적으로 통용되지 않는다고 주장한다. 그의 핵심 주장은 "다른 개념 틀 사이의 차이는 불일치의 문제라기보다는 … 서로를 이해하지 못하고 상호 접촉이 없다는 문제다. … [따라서] 개체 간의 차이의 핵심은 논제가 겹치지 않는다는 사실, 즉 한 개체가 말하는 바가 다른 개체의 범위 바깥에 존재한다는 사실이다"(333쪽). 그러므로 대안적 개념체계는 하나의 현실이며, 데이비슨이 주장하듯이 한 체계에서 다른 체계로의 상호 번역에 의해서가 아니라, 체계들 사이의 참된 차이가 충분히 드러날 수 있는 방식으로 상호 해석이 가능하기 때문에 대안적 개념체계의 존재가 확인된다.

세계관과 더불어 개념체계는 근대 세계의 지적 구성물의 불가피한 일부일 수밖에 없는 것으로 보인다. "결국, 대안적 개념체계라는 사상을 거부하는 태도에는 약간 비정상적인 점(사람들이 실제로 말하고 행하는 바에 대해 자기 생각을 닫아버리는 사람의 비현실주의를 떠올리게 하는 무언가)이 있다"(324쪽). 그리고 사람들이 생각하고 행동한다는 것은 세계를 분석하는 개념체계를 형성하는 것이다. 그러나 최근 근대에서 포스트모던으로 넘어오면서 이런 의미 체계의 의미가 크게 바뀌었다.

'세계관'과 포스트모더니티

전근대 시대에 평균적인 서양인, 특히 그리스도인에게는 하나님과 성경 안에 있는 그분의 계시에 기초해 우주와 우주에 관한 사실, 그 가치를 포괄적으로 이해할 수 있다는 확신이 있었다. 근대에는 인간이 자신과 자신이 지닌 인식의 방법으로부터 시작해 세계를, 세계의 가치까지는 아니더라도 세계의 사실을 이해할 수 있다고 확신하게 되었으며, 그에 따라 무게중심이 하나님에게서 인간으로, 성경에서 과학으로, 계시에서 이성으로 이동했다. 포스트모던 시대에는 객관적이며 전능한 인식자로서의 인간에 대한 확신이 깨어졌고, 우주의 사실이나 가치에 관한 진리를 **확정할** 수 있다는 희망이 무너져 버렸다. 그 결과는 장-프랑수아 리오타르(Jean-François Lyotard)의 유명한 말처럼 "메타 담론에 대한 불신,"[56] 풀어서 말하면 세계관이나 실재에 대한 거대한 해석이 참되며 믿을 수 있고 전파해야 한다는 주장에 대한 불신이 일어났다. 포스트모던인에게 남아 있는 것은 사회적, 언어적으로 구성된 수많은 의미 체계뿐이며, 각각은 특권을 주장하거나 패권을 누릴 수 없고 철저히 관용되어야 한다. 하이데거의 강연 제목을 비틀어 보면, 포스트모더니즘은 세계**상**의 시대이며 "**말하기 방식**의 측정불가능한 다원성"에 의해 특징지어진다.[57] 흐리피윤(Griffioen)과 마우(Mouw), 마샬(Marshall)이 설명하듯이, 그 결과 곤경에 처한 다원주의는 세계관 이후 시대의 도래를 촉발했다. "이처럼 노골적인 다원주의는 더 이상 세계관 사이의 갈등(*Streit der Weltanschauungen*)으로 묘사할 수 없다. 세계관은 같은 '세계'에 대한 [합리적] 설명으로서 경쟁할 때만 서로 갈등을 벌일 수 있다. [포스트모더니즘]의 … 극단적 다원주의에는 단일한 '세계'가 존재하지 않는다. 세계관만큼이나 많은 세계가 존재할 뿐이다. 이제 우리는 세계관들의 시대의 종말에 진입하고 있을지도 모른다."[58]

포스트모더니즘의 도래가 세계관의 종말을 알리는가?[59] 이 물음에 답하기 위해 나는 포스트모더니즘의 몇 가지 중요한 양상을 검토할 것이며, 이를 통해 세계관의 철학사에 관한 탐구를 마무리할 것이다.

자크 데리다의 로고스중심주의와 현전의 형이상학 해체

세계관 체계가 실재의 정확한 재현을 목표로 삼는 언어와 연결된다면, 그것은 자크 데리다(Jacques Derrida, 1930~2004)의 해체 기획의 주된 목표물이 된다. 이 작업은 언어(특히 실재론적 언어이론)를 겨냥하며, 언어가 실재를 정확하고 객관적으로 재현할 수 있는 능력에 대해 심각한 의심을 제기한다. 월터 트루엣 앤더슨(Walter Truett Anderson)이 지적하듯이, 데리다와 같은 해체주의자들은 "진리를 말하기가 얼마나 어려운지"를 보여 주고 싶어한다.[60] 따라서 일단 해체된 세계관은 일체의 확실한 형이상학적, 인식론적, 도덕적 의미가 제거된 언어적 기표의 자기 지시적 체계로 축소되고 만다.

데리다는 "로고스중심주의"(logocentrism)라고 이름 붙였던 서양의 지적 전통의 근본을 이루는 개념을 집중적으로 공격한다. 명칭이 암시하듯, 의미와 진리의 신뢰할 만한 매개체로서의 말하기와 글쓰기에 관한 서양의 이론에서 말(로고스)이 핵심적인 자리를 차지해 왔다. 이 유서 깊은 전통에 따르면, 기표로서의 말은 본문의 상징적 장치 너머의 외부의(ad extra) 실재를 가리킨다. 이 외부의 실재는 언어라는 도구를 통해 모든 의미와 진리를 위한 토대이자 최종적 준거점 역할을 한다. 회의론을 제거하면서 객관적 실재의 본질을 확정하고 말이란 매개체를 통해 그 본질을 전달할 수 있는 인간 정신의 능력에 대한 상당한 확신이 존재해 왔다. 테리 이글턴(Terry Eagleton)은 이런 논제에 대한 데리다의 공격에 대해 논평하면서, 서양 지성이 오랜 시간에 걸쳐 로고스 중심적이었으며, 인간의 모든 사상, 언어, 경험의 확고한 기초 역할을 할 궁극적인 것을 계속해서 찾아왔다고 설명한다.

> 그것은 다른 모든 기호에 의미를 부여할 기호("초월적 기표")와 우리의 모든 기호가 가리키는 것으로 간주할 수 있는 견고하고 의심의 여지가 없는 의미("초월적 기의")를 열망해 왔다. 이 역할을 위한 수많은 후보들(신, 이데아, 세계정신, 자아, 본질, 물질 등)이 가끔 자신을 내세웠다. 이런 개념들은 각각 우리의 사상과 언어의 체계 전체를 확립하려고 하므로 스스로 그 체계를 넘어서야 하며 언어적 차이의 작용에 영향을 받지 않아야 한다. 그것이 질서를 부여하고 고정하고자 하는 바로 그 언어에 휘말려서는 안 된다.[61]

궁극적인 것("초월적 기표")의 무게를 견디는 언어의 추구는 당연히 궁극적인 것의 존재 자체("초월적 기의")를 암시한다. 다시 말해서, 서양의 로고스중심주의는 데리다가 "현전의 형이상학"이라고 부른 것, 즉 형이상학적으로 실재하는 무언가의 있음 혹은 현존과 밀접한 관련이 있다. 브라이언 왈쉬(Brian Walsh)와 리처드 미들턴(J. Richard Middleton)이 설명하듯이, "우리가 가지고 있는 진리의 개념체계 안에 존재한다고 가정된 것은 언어와 생각 이전에 존재하며, 우리가 우리의 언어와 생각을 활용해 적절하게 파악하고 있는 실재하는 **소여(所與)**로 간주된다. 즉 서양의 지적 전통에서는 … 실재를 너무도 정확히 반영하고 재현하기 때문에 사물이 실제로 존재하는 반영을 **거울처럼 그대로 비출** 뿐이라고 주장한다."[62] 이처럼 정확히 재현된 형이상학적 현존은 개념적 구조의 좌표를 결정하는 중심 역할을 하며, 따라서 대안적 가능성을 가지고 철학적 놀이를 할 여지를 제한한다. 데리다가 설명하듯이, "이 중심의 기능은 구조를 정향(定向)하고 그것의 균형을 맞추고 그것을 조직화할 뿐 아니라 … 무엇보다도 조직하는 원리가 구조의 놀이라고 부를 수 있는 것을 제한하게 만든다."[63]

이렇게 서양의 형이상학 전통 전체(고전, 중세, 근대)와 언어가 실재를 참되게 흉내 내거나 모방할 수 있다는 확신이 바로 데리다가 전복하려는 바다. 급진적인 니체적 관점주의를 채택하며 데리다는 로고스중심주의와 현전의 형이상학의 교리들을 폐기한다. 그는 인간이 언어적으로 실재에 접근할 수 있는지, 혹은 심지어는 언어 이전, 관념 이전의 실재에 대한 인식이 가능한지에 대해 여전히 확신하지 못한다. 중심이나 접근 가능한 중심이 존재하지 않는다면, "신, 이데아, 세계정신, 자아, 본질, 물질 등"이 존재하지 않는다면, 모든 것이 언어이고 기표와 그 해석의 자유로운 놀이일 뿐이다. "텍스트" 외부에는 아무것도 존재하지 않는다. "읽기는 … 정당하게 텍스트를 넘어서서 그것이 아닌 무언가를, 지시 대상(형이상학적, 역사적, 심리전기적 실체)이나 언어 외부에서, 즉 일반적 쓰기의 외부에서 우리가 그 말에 부여하는 의미에서 그 내용이 발생할 수 있고 발생했을 수 있는 텍스트 외부의 기표를 지향할 수 없다. … 텍스트 외부에는 아무것도 없다."[64]

언어가 최종적 진리나 실재를 모방적으로 재현할 수 없고 자기 지시적 체계로서만 존재한다면, 그것은 임의적일 수밖에 없다. 단어의 의미는 그것이 한 언어 체계 안에서 차지하는 위치를 말해 주는 기능을 갖는다. 있다고 하더라도 몇 안 되는 경계들이 독자들이 텍스트 안에서 발견하거나 텍스트에 기인했다고 생각되는 의미나 해석의 유형에 제한을 가하는 언어의 장 안에서 벌어지는 가능성의 자유로운 놀이가 존재할 뿐이다. 말은 한없이 모호하며 사실상 정의하기가 불가능한 미끄러지는 대상이다. 데리다에 따르면, 말은 고정된 혹은 구체적인 정의가 없기에 '의미'는 언어 체계의 역학 안에서 단어들이 다른 단어들과 **차이**(*differ*)를 드러내는 방식을 통해 떠오를 뿐이며, 모든 최종적 의미화나 해석의 가능성은 끊임없이 **지연**(*defer*)되어야만 한다.[65]

이 모든 것의 결론은 서양 사상가들이 형이상학적으로 **존재**한다고 생각했던 것, 즉 언어를 통해 접근 가능한 근원적 실재가 사실은 형이상학적으로 **부재**한다는 것이다. 그것을 신봉하는 이들이 실재하는 세계와 접촉할 수 있게 해 준다고 주장했던 신념 체계들은 순전히 인간이 만들어 낸 허구에 불과하다. 궁극적인 형이상학적 준거점으로서의 "초월적 기의"가 존재하지 않는다면, 이른바 "초월적 기표"의 무한한 조작만이 가능해진다. 해체는 "의미화의 놀이를 무한히" 확장할 뿐 아니라[66] 개념체계와 그것이 고안되고 유지되는 "비담론적 힘"과 "비개념적 질서"의 전복과 폐기로 이어진다.

> 해체는 스스로 제한하거나 중립화로 즉각 이행할 수 없다. 그것은 … 고전적 대립의 전복과 체계의 전반적 폐기를 실행해야 한다. 이런 조건 아래서만 해체는 그것이 비판하며, 그 역시 비담론적 힘의 장이기도 한 대립의 장에 개입할 수단을 제공할 수 있다. 이뿐 아니라 각 개념은 체계적 연쇄에 속하며, 그 자체로 술어들의 체계를 이룬다. 그 자체로 존재하는 형이상학적 개념은 없다. 개념적 체계에 대한 작업(형이상적이든 아니든)이 존재한다. 해체는 한 개념에서 다른 개념으로의 이행이 아니라 개념적 질서와 그 개념적 질서를 표현하는 비개념적 질서의 전복과 폐기다.[67]

이는 곧 서양의 지적, 문화적 유산의 정체를 폭로하는 것과 다름없다. 즉 그것은 (적어도 데리다에 따르면) 사기일 뿐이다. '다양한 개념체계는 어떤 인식론적, 형이상학적 가치를 지니는가? 2천 년 동안 서양 사상을 작동시킨 세계관과 문화적 체계는 어떤 상태에 있는가?'라고 묻는다면, 이렇게 답할 수밖에 없다. 우리는 그것을 사물의 자연적 질서라고 주장하고 우리 스스로 그것을 만들어 냈음을 망각했지만, 해체의 과정을 통해 그것이 우리 스스로 만든 구성물임이 드러났다. 우리는 우리 세계의 건축가들이며 우리 자신의 실재를 만들어 낸 장인들이다. 따라서 해체의 목적은 우리가 이런 "물화"(reifications)의 오류를 바로잡도록 하는 것이다. 물화는 피터 버거(Peter Berger)와 토마스 루크만(Thomas Luckmann)이 세심하게 검토하고 부각시킨 포스트모던 담론의 핵심 개념이다.

피터 버거와 토마스 루크만의 '물화' 개념

버거와 루크만은 "객관적 실재로서의 사회"를 논하면서 제도화의 역사적 다양성에 대한 관찰에 근거하여 제도적 질서가 객관화되는 방식에 중요한 문제를 제기한다. "하나의 제도적 질서 혹은 그것의 일부를 어느 정도까지 비인간적인 사실성(non-human facticity)으로 이해해야 할까?"[69] 이것은 "사회적 실재의 물화"에 관한 물음이다. 그들은 이 개념을 이렇게 정의한다.

> 물화는 비인간적인 혹은 초인간적일 수도 있는 차원으로 이해된 인간 현상이다. 달리 말하면, 물화는 인간의 산물이 아닌 다른 어떤 무엇(자연의 사실, 우주 법칙의 결과, 신적 의지의 표현)인 것처럼 이해된 인간 활동의 산물이다. 물화는 인간이 인간 세계의 생산자임을 망각할 수 있음을 암시하며, 더 나아가 생산자인 인간과 그의 생산물 사이의 변증법이 의식에서 제거됨을 암시한다. 물화된 세계는 그 정의에 의해 탈인간화된(dehumanized) 세계다. 인간은 그것을 자신의 생산 활동을 통해 자신이 만들어 낸 것(opus proprium)이 아니라 낯선 사실, 즉 자신이 통제할 수 없는 낯선 행위(opus alienum)로 경험한다.[70]

물화는 의식의 양태, 즉 사물에 관해 생각하는 방식으로서 "객관화된 세계가 인간의 활동으로 이해될 가능성을 상실하고 비인간적이며, 인간화될 수 없으며, 움직일 수 없는 사실성으로 고정될" 정도로 극단화된 인간 세계의 객관화다. 인간적 의미는 더 이상 세계를 만들거나 창조하는 것으로 인식되지 않고 사물의 본질 안에 내재된 것으로 간주된다. 아이러니는 사람들이 그들 자신과 생산자로서의 그들의 지위를 부인하는 문화적, 사회적 실재를 만들어 낼 수 있다는 것이다. 사람들이 세계를 생산하거나 만들어 냈음을 기억해 내고 심지어는 이런 상황을 뒤집을 수 있을까? 버거와 루크만은 "결정적인 물음은 아무리 객관화되었을지라도 사회적 세계가 인간이 만들어 낸 것이라는, 따라서 인간이 그것을 다시 만들 수 있다는 의식을 여전히 유지하고 있는가다."[71] 조지 버나드 쇼(George Bernard Shaw)의 《카이사르와 클레오파트라》(*Caesar and Cleopatra*)에 나오는 이 구절은 불행히도 이런 의식을 상실한 사람을 예리하게 묘사하고 있다. "테오도투스(Theodotus), 그를 용서하시오. 그는 야만인이며, 자신의 부족과 섬의 관습이 자연법칙이라고 생각하고 있소."[72] 하지만 이 딱한 야만인은 그 자체로 안정에 대한 깊은 동경과 진리에 대한 갈망을 드러내는 물화에 대한 인간의 보편적 성향을 대변하고 있을 뿐이다.

버거와 루크만은 제도적 질서 전체와 그 구성요소들(예를 들면, 결혼)을 물화의 관점에서 이해할 수 있다고 지적한다. 사회적 역할 역시 물화의 주요한 후보들이다(예를 들면, 남편, 아버지, 장군, 대주교, 이사회 의장, 깡패, 교수형 집행인, 유대인). 이 책의 목적과 관련해 특히 중요한 것은, 버거와 루크만이, 물화가 이론 이전과 이론적 구성 개념 모두에 공통적이라고 주장한다는 사실이다. 이론 이전의 물화는 주로 평범한 사람들의 머릿속에서 일어난다. 애초에 사회적 질서에 대한 그들의 이해는 존재론적으로나 역사적으로 대단히 물화되어 있다. "원래가 그런 법이고 그대로 일어난 거야." 복잡한 이론 체계가 이런저런 사회적 상황 안에 자리 잡은 이론 이전의 물화에 그 원천을 두고 있을 수도 있지만, 그 역시 절대적인 것으로 물화된다.[73] 따라서 사람들이 제도와 관습, 사회적 역할, 신화, 법, 신념 체계를 만든 후에 늘 하는 일이 있다. 즉 그들은 자신들이 그것을 만들어 냈음을 잊어버리고 그들이 만들어 낸 것임을 전혀 알지 못하는 세계 속에서 살아간다.[74]

포스트모더니즘, 특히 데리다의 해체주의의 많은 부분은 개인과 사회가 그들이 세계를 만들어 냈으며 그 세계가 전혀 초월적이거나 항구적이거나 자연적이거나 초자연적이지 않음을 깨닫게 만드는 작업에 초점을 맞춘다. "해체는 물화를 폭로함으로써 허무주의적 의미에서 파괴하는 것이 아니라 후기의 (그리고 분해되고 있는) 근대의 문화 속에서 긍정적인 치료제 역할을 하고자 한다. 우리는 우리가 만들어 낸 것들을 직시하고 그것에 책임을 져야 한다."[75] 버거와 루크만에 따르면, 자신에 대해 외재적인 의식의 비-물화는 자신에 대해 내재적인 의식의 부분적 비-물화의 한 가능으로서, 문화의 역사와 개인의 전기 안에서 후반에 이르러서야 일어나는 사건이다.[76] 그렇기에 문화 전체와 개인이 역사와 개인의 경험의 후반부에 이를 때까지 물화의 사실과 오류를 인식하지 못하는 것도 놀라울 것이 없다.

따라서 세계관이 언어가 실제로 존재하는 실재에 관한 진리를 전달할 수 있는 능력에 대한 확신과 연결되는 한, 로고스 중심주의를 해체하려는 데리다의 프로그램과 현전의 형이상학(metaphysique de la presence)에 대한 그의 비판은 그런 세계관을 무력화하는 것처럼 보일 수도 있다. 어떤 세계관도 실재를 반영하지 않는다. 그러므로 버거와 루크만에 따르면, 포스트모던의 맥락에서 세계관을 비롯한 모든 지적 구성물은 그 실체 그대로, 즉 자신이 문화적으로 만들어 낸 것조차 잊어버리는, 심각한 지적 기억 상실증을 앓고 있는 인간이 만들어 낸 것으로 인식되어야 한다. 따라서 모든 세계관은 물화로, 즉 최종 분석에서 외부의 실재나 객관적 진리와 전혀 연결되어 있지 않은, 인간이 만들어 낸 자기 충족적 개념체계로 인식되어야 한다. 이뿐 아니라 세계관은 깊은 역사를 지닌 가짜 지식이자 구성 개념으로서 권력과 사회적 억압의 도구 역할을 하고 있기도 하다.

미셸 푸코와 에피스테메, 계보학, 권력

"니체의 가장 위대한 제자"로 불리는 미셸 푸코(Michel Foucault, 1926~1984)는 역사가이며 철학자, 문학 비평가였지만, 물론 근대적 의미에서 그랬다는 뜻은 아니다.[77] 스스로 밝히듯이 그의 철저한 연구의 목적은 "우리 문화에서 인간이 주체로 만들어지는 다양한 방식의 역사를 만들어 내는 것"이었다.[78] 인간의 삶을 형성하는 데 작용하는 수많은 문화적 힘이 그의 일차적 연구 대상인 것처럼 보인다. 에드워드 사이드(Edward Said)가 설명하듯이, "그는 사회를 가두고 지배하고 통제하고 정상으로 만드는 지식과 자아의 기술을 연구하고 폭로했으며, 이런 기술이 한계나 기준도 없이 통제할 수 없는 충동을 만들어 낸다는 것을 보여 주고자 했다." 그뿐 아니라 "인간의 죽음을 주장하는 철학자"로서 푸코는 "인문학과 사회과학 연구의 바탕을 이루는 정체성과 주체성이라는 [근대적] 인간학의 모형을 해체했다."[79] 푸코는 인간이 사회 안에서 기능하는 방식이 그가 자유롭고 독립적인 데카르트적 자아이거나 고립된 예술가, 재능 있는 개인, 훈련된 전문 직업인이기 때문이 아니라 이데올로기와 훈육, 담론, 그리고 모든 사람의 생각과 말, 행동에 질서를 부여하는 선험적 규칙을 자세히 규정하는 **에피스테메**(*episteme*)의 힘 때문이라고 주장한다. 푸코는 이런 규칙들에 관한 규칙들을 고안했으며, 그것이 권력을 작동시키는 기제임을 폭로했다. 특히 푸코는 병원이나 정신병원과 같은 제도를 통해서나 성의 역사를 통해 구현된 이런 지식의 지배체제에 관해, 푸코는 어떤 환상도 용납하지 않는다.[80] 그의 분석에서 세계관 개념은 어떤 역할을 했을까?

에피스테메 개념은 푸코의 사상에서 핵심적인 자리를 차지하며, 적어도 처음에는 세계관과 가족 유사성을 지닌 것으로 보인다. 파멜라 메이저-포이츨(Pamela Major-Poetzl)은 이런 주장을 하면서 "**담론**과 **에피스테메**라는 용어는 더 흔히 사용되는 **학문분과**와 **세계관**이란 용어에 대한 독특한 표현으로 간주되는 경우가 많다"라고 말한 바 있다.[81] 푸코의 글에, 특히 《말과 사물》(*The Order of Things*)에 이런 주장을 뒷받침하는 내용이 있는 것처럼 보인다. 많은 독자가 이 책을 17, 18세기의 지적 산물의 기저에 자리 잡은, 기초적이며 근본적인 범주인 고전적 **에피스테메**에 대한 해설로 해석해 왔다. 예를 들어, 푸코는 이렇게 쓴다. "어떤 한 문화에는, 어떤 한 시점에는, 이론으로 표현되었든지 실천을 통해 조용히 표현되었든지, 모든 지식의 가능성의 조건을 규정하는 단 하나의 **에피스테메**가 언제나 존재한다."[82] 푸코에게 지식의 체계는 복합적인 구조물이며, 세계관과 유사한 **에피스테메**는 이 복잡한 구조물의 일부다. 《지식의 고고학》(*The Archaeology of Knowledge*)에서 푸코는 "**에피스테메**가 세계관과 비슷한 것, 각각에 동일한 규범과 공리를 강요하는 지식의 모든 분과에 공통된 역사의 한 조각, 특정한 시기의 인간들이 벗어날 수 없는 특정한 생각의 구조, 이를테면 어떤 익명의 사람에 의해 단번에 영원히 작성된 방대한 법조문과 비슷하다고 의심해 볼 수 있다"라고 말한다.[83] 이 문장은 흥미롭다. 푸코 자신이 **에피스테메**와 세계관 모두를 설명하며 이 둘 사이에 밀접한 연관이 있다고 말하기 때문이다. 이 둘 모두 벗어날 수 없는 일군의 규칙과 규제, 추론의 방법, 사고의 유형, 공식적 지식의 모든 유형을 생성하고 통제하는 일군의 법칙을 포함한다.

동시에 푸코는 하나의 중요한 인지적 층위로서의 **에피스테메**를 세계관과 동일시해서는 안 된다고 말함으로써 문제를 복잡하게 만든다. 《지식의 고고학》 서론에서 그는 《말과 질서》에는 정교한 방법론이 없어서 그의 "분석이 문화 전반에 수행되었다"라는 인상을 줄 수도 있음을 인정한다.[84] 하지만 이것은 오해다. 뒤에 나온 《말과 질서》의 영어판에서 푸코는 이 책의 본래 목적이 "고전주의 일반을 분석하거나 세계관(*Weltanschauung*)을 추구하는 것이 아니라 엄격히 '지역적인' 연구"였다고 주장한다.[85] 또한, 《지식의 고고학》(그가 부분적으로 《말과 사물》을 비롯한 이전 저작을 바로잡는 책이라고 여겼던)에서 푸코는 자신의 "목적은 역사에 구조적 분석의 형식을 부과하기 위해 문화적 총체성의 범주(세계관이든, 이상적 유형이든, 한 시대의 특정한 정신이든)를 사용하는 것이 아니라고" 명확히 주장한다.[86] 따라서 푸코는 **에피스테메**를 자신의 역사적 방법론의 한 양상으로서의 세계관(*Weltanschauung*)과 분리한다. 신념의 지역화된 보이지 않는 층위로서의 **에피스테메**를 확인하고자 하는 그의 연구를 실재에 대한 포괄적인 설명과 혼동해서는 안 된다.

이런 용어상의 모호함에도 불구하고 푸코가 폭로하려고 했던 것은 **에피스테메**라는 이 근원적이며 결정적인 장이다. 또한, 그는 전형적인 역사적 연구가 아니라 유명한 "고고학"과 "계보학"이란 방법을 통해 이를 드러내려고 했다. "그는 **무엇이** 알려져 있는가(역사)나 **왜** 지식이 가능한가(인식론)에 초점을 맞추기보다는 **어떻게** 지식의 장이 구성되는가(고고학)를 연구했다."[87] 그는 지식의 구조뿐 아니라 그것의 계보(계보학)를 알고 싶어 했다. 프리드리히 니체의 《도덕의 계보》에 영감을 받아 푸코는 이 개념을 "우리로 하여금 투쟁에 대한 역사적 지식을 확립하고, 오늘날 이 지식을 전술적으로 활용하도록 하는 학문적 지식과 지역적 기억의 결합"이라고 잠정적으로 정의했다. 이런 계보학적 조사를 통해 주체화된 지식이 확인되고 공개되고 작동된다.[88] 적절한 때가 되면 고고학적 설명 방법은 계보학으로 대체되지만, 그럼에도 푸코는 이 둘이 계속해서 서로 연결되어 작동하기를 원했다.[89]

에피스테메에 대한 고고학적, 계보학적 연구는 권력이란 주제에 대한 푸코의 성찰과 밀접히 결합되어 있다. 그는 독자들에게 인간이 탈출의 가능성이 전혀 없이 언어 구조와 지식의 지배 체제 안에 갇혀 있는 세계의 모습을 제시한다. 인간의 모든 담론은 권력 놀이이며, 모든 사회적 질서는 억압적이고, 모든 문화적 환경은 폭압적이다. 푸코의 우주에는 역사의 상대성과 지배의 역학에 얽매이지 않는 특권적, 초월적 담론이란 존재하지 않는다. 세계는 권력에 대한 의지로 가득 차 있으며, 그것에 의해 변질되지 않은 사회적 관계란 없다.[90] 모든 담론적 실천은 특정한 권력의 정치, 인식의 독재를 암시한다. 푸코가 설명하듯이, "진리는 권력 외부에 존재하지 않고, 그 자체로 권력이 없는 진리란 없다."

> 진리는 이 세상의 것이다. 그것은 다양한 형태의 속박에 의해서만 만들어진다. 그리고 그것은 권력의 효과를 유발한다. 각 사회는 그 나름의 진리의 지배 체제, 진리의 "전반적 정치"를 지닌다. 이것은 곧 참되다고 받아들이며 참된 것으로서 기능하는 담론의 유형, 사람들로 하여금 참된 진술과 거짓 진술을 구별할 수 있게 해 주는 장치와 사례, 각각이 승인을 받는 수단, 진리의 획득에서 가치를 부여하는 기술과 절차, 진리로 간주되는 바를 말할 책임을 맡은 사람들의 지위 등이다.[91]

지식은 세계를 만들어 내는 담론과의 연관성 때문에 권력과 연결되어 있기도 하다. 담론이 만들어 내는 세계는 현재의 권력 체제가 이롭다고 생각하는 제도와 지식, 실천의 세계다. 정말로 지식은 권력을 가진 이들을 위한 것이다. 그러므로 푸코는 지식이 특정한 전략으로부터 독립적이며 공동선에 기여한다는 생각을 버리라고 권한다. 오히려 그는 이렇게 고백한다.

> 우리는 오히려 권력이 지식을 생산한다는 것과 … 권력과 지식이 직접 서로를 내포한다는 것을 인정해야 한다. 그리고 지식의 장을 이루는 서로 연관된 구조가 없는 어떤 권력 관계도, 그와 동일한 권력 관계를 전제하거나 구성하지 않는 어떤 지식도 존재하지 않는다는 것을 인정해야 한다. 그러므로 이러한 "권력-지식 관계"는 권력 체제와의 관계에서 자유롭거나 자유롭지 않은 지식 주체에 기초해서 분석되어서는 안 된다. 반대로 인식하는 주체, 알려지는 대상, 지식의 양태를 권력-지식의 근본적 상호 내포와 그 역사적 변형의 결과로 이해해야 한다. 간단히 말해서, 지식의 형식과 가능한 영역을 결정하는 것은 권력에 대해 유용하거나 권력에 대해 저항하는 지식의 주체의 활동이 아니라 권력-지식, 즉 그것을 반박하고 그것을 구성하는 과정과 투쟁이다.[92]

인식적 구성개념으로서의 세계관 역시 권력-지식 관계 안에 내포되어야 한다. 삶과 실재에 대한 전망으로서, 사상과 가치, 행동을 결정하는 세계관을 그저 중립적인 관념의 틀로 이해해서는 안 된다. 세계관은 특정한 사회정치적 의제와 권력의 요새에 기여하기 위해(이를테면, 유신론은 교회를 위해, 자연주의는 마르크스주의와 다윈주의를 위해) 존재한다. 회의적인 푸코의 관점에서 세계관은 권력집단의 언어적 구성물일 뿐이다. 그것은 부재하는 실재의 구조이며, 사회적 억압을 위한 효과적 도구 역할을 한다.

억압의 효과적인 도구 역할을 하는, 사람들을 두려워하게 만드는 실재에 관한 가설인 모든 세계관은 인식론적 질서에 대한 푸코의 이론과 아무리 잘 들어맞는다고 할지라도 "특정한 시기에 … 공식화된 체제를 나타나게 하는 담론적 실천을 결합하는 관계의 총합"과 연결되어야만 한다.[93] 또한 세계관은 고고학적, 계보학적 연구의 대상이 되고, 이를 통해 그 지적 구조와 인식적 원천을 드러내야 한다. 그런 연구는 세계관이 "누구의 정의와 누구의 합리성"에 복무하는지를 밝혀 낼 것이다. 고르기아스(Gorgias)와 프로타고라스(Protagoras)의 정신을 되살려 내며 푸코는 사실상 이렇게 말하는 셈이다. 아무것도 존재하지 않는다. 만약 무언가 존재한다면 그것은 인간이 생각하거나 이해할 수 없다. 설령 이해할 수 있더라도 이해한 바를 표현할 수 없다. 설령 표현할 수 있더라도 언제나 더 강력한 쪽의 이익에 부합하는 담론적 실천을 통해서 표현될 뿐이다! 최종 분석에서 푸코의 포스트모던적 결론은 이러하다. 세계관은 언어의 갑옷으로 완전무장한, 궁극적 실재에 대한 가짜 해석에 불과하다.

따라서 포스트모던의 맥락 안에서 세계관의 중대한 재구성이 진행되었다. 자크 데리다에 따르면, 로고스 중심주의적인 사상과 신념체계인 세계관이 외부 실재와 연결되지 않는 자기지시적 상징체계임을 폭로하기 위해 그것을 해체해야만 한다. 철학적 주장을 위한 객관적 준거점이란 서양의 유서 깊은 전통에도 불구하고 형이상학적 부재를 제외하고는 우주를 개념화하는 세계관 "텍스트" 외부에는 아무것도 존재하지 않는다. 그러므로 세계관은 정교한 물화일 뿐이다. 버거와 루크만에 의하면, 물화는 인식된 객관성에 기초한 질서 잡힌 개념체계로 이해할 수 있지만, 위험스럽게도 인간이 그것을 만들어 냈음을 망각하고 말았다. 미셸 푸코는 세계관을 **에피스테메**라고 부르는 일차적 질서의 인식적 층위의 연관된 산물로 설명하면서 세계관을 더 강한 집단, 즉 힘을 추구하는 집단의 이익에 복무하는 지식/권력 관계의 일부로 이해하기 위한 토대를 제공했다. 이런 체계의 기원과 내용에 대한 철저한 고고학적 분석과 계보학적 조사를 통해 그것의 참된 본질이 드러날 것이며, 그것이 자아와 인간 실존의 근본 범주를 형성하는 데 어떤 역할을 하고 사회적으로 작동하는지 밝혀질 것이다. 따라서 근대에서 포스트모던으로의 이행은 세계관(*Weltanschauung*) 개념의 본질과 성격을 이해하는 데에도 주목할 만한 변화를 초래했다.

한 번 더 생각해 보기

루트비히 비트겐슈타인과 도널드 데이비슨, 포스트모더니스트들은 세계관 문제에 관한 기독교적 성찰에 어떤 종류의 질문과 논제를 제기하는가? 후설이나 하이데거와 달리 비트겐슈타인은 (그의 초기 언어관에도 불구하고) 사물의 본질을 묘사하는 모든 실증주의적 접근 방식을 거부하며, 세계에 대한 모든 그림은 다양한 삶의 양식에 근거한, 검증될 수 없는 언어놀이로 이뤄져 있다고 주장했다. 어떤 살아 있는 패러다임이나 그와 연관된 말하기 방식도 참되지 않지만, 그의 접근 방식은 여전히 다양한 사회적 세계에 대한 의식적인 인식을 장려하고 자기 이해를 강화했다. 그러므로 비트겐슈타인의 세계상(*Weltbild*) 개념은 그리스도인이 생각해 볼만한 여러 질문을 촉발한다. (1) 기독교적 삶의 양식의 특징은 무엇이며 그와 연관된, 아마도 성경에 기초한 독특한 어휘나 말하기 방식이 존재하는가? (2) 다양한 기독교적 삶의 양식과 언어놀이가 어떻게 서로 다르며, 왜 그럴 수 있는가? (3) 기독교적 세계상은 인식적으로 변호될 수 있는가? 그렇다면 어떻게 그러한가? 그것은 수많은 다른 종교와 철학과 통약가능한 순수하게 신앙적인 헌신인가? 다시 말해서, 기독교는 비트겐슈타인의 신앙주의라는 함정을 벗어날 수 있는가? (4) 마지막으로 비트겐슈타인 자신의 철학적 성찰의 배후에는 어떤 세계관이 자리 잡고 있는가?

도널드 데이비슨은 언어의 번역가능성에 기초해 대안적인 개념체계라는 생각 자체의 오류를 폭로한다. 이 과정에서 그는 자신이 경험주의의 세 번째 독단이라고 보았던 근대주의적인 주체/객체 이원론을 무너뜨리고자 하며, 하이데거처럼 아는 이와 알려진 바를 다시 연결하고자 한다. 생각해 볼 물음은 다음과 같다. (1) 기독교적 가르침의 어떤 양상이 대안적 개념체계의 존재를 위한 기초를 확립할 수 있을까? 인간 마음의 종교적 구성과 내용에 관한 교리가 어떻게 실재에 대한 다양한 해석의 기초가 될 수 있을까? (2) 대안적 개념체계 사이에, 예를 들면, 기독교와 자연주의나 범신론 사이에 정말로 실질적인 차이가 없을까? 기독교적 개념체계와 그 경쟁자들의 개념체계의 전반적 내용에서 독특한 점은 무엇인가? (3) 많은 점에서 인간의 역사는 문화적 헤게모니를 장악하기 위해 경쟁하는 대안적인 개념체계들의 역동적 상호 작용이 아닐까? 역사의 핵심과 인간의 마음에서 일어나는 영적 싸움을 세계에 대한 참된 관념과 거짓 관념 사이의 갈등, 우주의 의미에 대한 대안적 해석 사이의 갈등으로 정의할 수는 없을까?

마지막으로, 포스트모더니스트들은 언어가 실재의 무게를 뒷받침한다는 전통적인 서양의 확신을 공격해 왔고, 그 과정에서 진리의 언어 외적 영역에 대한 접근 가능성을 부인해 왔다. 모든 세계관은 물화, 즉 인간이 만들어 낸 산물이며, 인간의 관계에서 정치적으로 더 강한 쪽의 이익에 복무한다. 포스트모더니티는 몇 가지 질문을 제기한다. (1) 포스트모더니즘은 그 주장의 근거로서 자연주의적 세계관을 전제하지 않는가? (2) 모든 세계관의 정합성에 대한 포스트모던적 부인은 그 자체가 세계관이며, 따라서 자기방어적이지 않은가? (3) 기독교 세계관(*Weltanschauung*)은 언어의 본질과 특히 계시의 도움을 받아 텍스트 너머의 실재에 대해 접근할 가능성에 대해 어떤 함의를 지니는가? (4) 이 계시에 기초해 기독교는 하나님의 존재와 우주의 성례전적 본질과 의미,

하나님의 형상(imago Dei)으로서의 인간의 존엄성, 성령의 능력을 통해 예수 그리스도의 사역 안에서 이뤄진 포괄적인 구속의 소망을 선포함으로써 포스트모더니즘보다 더 훨씬 더 나은 이야기, 아니 참된 이야기를 들려줄 수 있지 않을까?

세계관의 학제적 역사 I

자연과학

7

세계관 개념의 역사에 대한 우리의 논의는 계속되고 있지만, 이제는 다른 맥락에서 논의를 이어가고자 한다. 앞의 네 장에서는 이 용어의 문헌학과 철학의 역사를 다뤘다면 이제부터는 여러 학문에서 이 용어를 어떻게 사용하는지 살펴보고자 한다. 이 개념은 철학이란 고향에서 다양한 분야, 특히 자연과학과 사회과학으로 이주해 자리를 잡았다. 세계와 그 안에서의 인간의 위치를 지각하는 기본 방식이 자연과 사회의 영역을 이해하는 방식에 영향을 미친다면, 이들 분야에서 세계관의 중요성은 아무리 강조해도 지나치지 않다. 따라서 이 장에서는 세계관이란 개념이 자연과학의 본질과 방법에 대한 이해에 어떤 영향을 직간접적으로 미쳤는지 살펴보고자 한다. 이 조사에서는 먼저 두 탁월한 사상가의 혁명적 사상을 살펴볼 것이다. 첫째는 근대의 과학적 전통에 맞서 모든 지식이 게슈탈트와 비슷한 틀에 의해 형성되고 통제되며 암묵적인 동시에 인격적이라고 주장하는 마이클 폴라니다. 그런 다음 자연과학의 정상 작동 상태와 특별한 혁명 상태에서 세계관과 유사한 패러다임이 어떤 역할을 하는가에 관한 토마스 쿤의 이론을 논할 것이다. 다음 장에서는 사회과학으로 관심을 돌려 세계관을 방법론적 도구와 연구 대상으로 삼았던 심리학과 사회학, 인류학 분야의 저명한 사상가들을 살펴볼 것이다. 이렇게 자연과학과 사회과학 분야에서 세계관의 역사를 살펴봄으로써 이 주요한 개념이 광범위한 영향을 미치고 특별한 역할을 했음을 이해할 수 있을 것이다.

마이클 폴라니가 주장하는 자연과학의 암묵적 차원과 인격적 지식

유대계 헝가리인 과학자 마이클 폴라니(Michael Polanyi, 1891~1976)가 높이 평가받던 화학 연구로부터 인식론과 과학철학 연구로 관심을 전환한 때는 (파괴에 '논리적'이란 수식어를 붙일 수 있다면) "파괴의 논리"[1]에 의해 특징지어지던 시대였다. 유럽의 시민들에게 말할 수 없는 참상을 경험하게 했던 유럽 문명의 파괴를 직접 목격하면서 그는 이런 물음을 던질 수밖에 없었다. "왜 우리는 유럽을 파괴했는가?"[2] 여론의 영적, 지적 분위기가 심각하게 전환되자, 수천 년 동안 유럽이 기초로 삼았던 도덕적 토대가 허물어지고 말았다. 이러한 관점의 급격한 변화에 의해 파괴적 허무주의의 물결이 들이쳤다. 프리드리히 니체의 명쾌한 철학적 예언처럼 이것은 "보증되지 않은"[3] 우주 속에서의 삶이 초래한 결과였다. 구체적인 문제는 세계를 바라보는 특수한 방식, 인간적이며 도덕적인 토대로부터 분리된 객관주의적 과학관에 기초해 세계를 바라보는 방식에 있다고 폴라니는 생각했다. 그가 말했듯이, "근대인에 대한 과학의 주된 [파괴적] 영향력은 기술의 발전에서 기인한 것이 아니라 과학이 우리의 세계관에 미친 영향에서 기인했다."[4] 폴라니가 유럽의 재앙이 과학과 기술 자체의 탓이라고 본 것은 아니다. 가장 해로운 문제는 세계에 대한 근대 과학의 이미지, 서양의 사고방식을 규정한 특정한 종류의 과학적 전망이었다. 따라서 그는 자신의 지적 능력을 실험실에 쏟아 붓는 대신 인식론적 성찰, 특히 과학적 지식의 본질과 정당화에 관련된 문제에 집중했다. 그의 가장 중요한 저서인 《인격적 지식》(*Personal Knowledge*)의 서문에서 설명하듯이, 그가 하고자 하는 작업은 "과학적 초연함이란 [근대적] 이상"에 대한 비판이다. 왜냐하면 이것은 "과학의 영역을 훌쩍 뛰어넘어 우리의 전반적인 전망을 왜곡하기" 때문이다. 그 대신 그는 범위와 적용에 있어서 매우 폭넓은 "지식에 대한 대안적 이상"을 제시하고자 한다.[5] 실제로 폴라니가 주창한 것은 "인격적 지식"이란 일반적 이상이었으며, 그에 따르면 이것은 "모든 인식의 행위 안으로 알려지는 바를 인식하는 사람의 열정적 공헌이 투입되며, 이 계수는 단순한 불완전함이 아니라 그의 지식의 핵심 구성요소다."[6] 또한 그는 자신의 핵심 논제에 이런 주장을 덧붙인다. "인간으로서 우리는 불가피하게 우리 안에 자리 잡은 하나의 중심으로부터 우주를 바라보고 인간 상호작용이란 필요성에 의해 형성된 인간 언어를 사용해 그것에 관해 말해야 한다. 세계에 대한 우리의 그림으로부터 우리의 인간적 관점을 엄격히 제거하려는 모든 시도는 부조리로 귀결될 수밖에 없다."[7]

이것은 일종의 급진적인 종류의 코페르니쿠스 혁명이었다. 물론 근대적 관점에서 이것은 전적으로 비정통이며 근본적 모순일 뿐이다. "참된 지식은 비인격적이며, 보편적으로 입증되고, 객관적이라고 여겨지기" 때문이다.[8] 그러나 그가 전폭적으로 수용했던 게슈탈트 심리학의 성과에 도움을 받아 폴라니는 자신의 혁명적 교리의 정합성을 입증해 낼 수 있었다. 그의 교리는 과학 작업을 변형시켰지만 포기하지 않았으며, 인간적 차원을 아우르기는 했지만 주관주의에 굴복하지도 않았고, 실재와 만나는 새로운 방식을 제시하기는 했지만 실재를 희생시키지도 않았다. 재인간화된 인식론에 대한 헌신이라는 중심을 둘러싸고 폴라니는 이를 구체화하는 일련의 "연관된 신념"을 구축한다. 그는 인간의 인식의 과정을 포괄적으로 재정의하는 과정에서 드러날 유럽의 세계관에 대한 새로운 처방전이 나타나기를 바랐다. 이제 이 책의 주제인 세계관과 관련된 그의 이론의 몇 가지 특징에 대해 논하고자 한다.

무엇보다도 먼저, 폴라니는 모든 지식이 암묵적이거나 암묵적 차원에 근거해 있다는 의미에서 인격적 지식이라고 주장한다. 빙하에 비유하자면, 인식에 대한 전형적 설명은 수면 위로 드러난 것에만 초점을 맞춘다. 그러나 폴라니의 관점에서 인식의 더 큰 부분은 숨겨져 보이지 않는다. 이를테면 그것은 수면 아래에 있다. 하지만 그것은 인식의 과정을 규정하는 데 엄청난 영향을 미친다.[9] 생각의 보이지 않는 배경 구조가 존재하며, 따라서 "**우리는 말할 수 있는 것보다 더 많은 것을 알고 있다.**"[10] 이 개념은 근대적 객관주의에 대해 이의를 제기하며 그것의 잠재적 위험도 지적한다. "근대 과학의 명시적 목적은 엄격하게 초연하며 객관적인 지식을 확립하는 것이다. 이 이상에 미치지 못하는 모든 것은 제거해야 할 잠정적인 불완전함으로 취급될 뿐이다. 하지만 암묵적 생각이 모든 지식의 필수불가결한 부분을 형성하며, 따라서 지식의 인격적 요소를 다 제거한다는 이상이 사실상 모든 지식의 파괴를 겨냥하는 것으로 생각해 보라. 정확한 과학이라는 이상은 근본적으로 잘못된 것이며 파멸적인 오류의 원천일 가능성이 있다고 밝혀질 것이다."[11]

분명히 폴라니의 관점에서 암묵적 차원이란 논제가 참이라면 이는 중대한 의미를 지닌다. 그것이 참이라면, 암묵적 측면을 비롯한 지식의 참된 모형은 지배적인 객관주의 패러다임에 공격을 받아 파괴될 수도 있음을 뜻한다. 그리고 암묵적 요소가 없는 이 지배적인 객관주의 패러다임이 사실은 기만이며 여러 오해의 잠재적 근원이라는 뜻일 것이다. 따라서 폴라니는 암묵적 차원에 근거한 인식의 과정의 복합적인 모형을 제시하며, 지배적인 모형이 지닌 한계를 지적한다. 제한된 지면에서 복잡한 내용을 제대로 설명할 방법은 없다. 하지만 간략한 요약은 가능할 것이다.

폴라니가 보기에 인식은 알려진 것들을 이해하는 인간의 적극적이며 능숙한 행위다. 이것은 두 층위에서 작동된다. 첫째, 그가 "초점 의식"(focal awareness)이라고 부른 것이 존재한다. 이것은 아는 사람이 직접 관심을 기울이는 과업이나 문제, 의미이며, 아는 사람으로부터 멀리 떨어져 있는 것처럼 보일 수 있으므로 이를 "원심항"(distal term)이라고 부르기도 한다. 둘째, 그가 "보조 의식"(subsidiary awareness) 혹은 "근접항"(proximal term)이라고 부른 것으로서, 여기서는 실천적 혹은 이론적 통찰을 성취하고자 하는 과업에서 특정한 일군의 실마리나 도구들이 종속된다. 이러한 실마리와 도구들은 인식의 과정에서 사용되는 것들이지만, 그 자체로서 관찰되지는 않는다. 인식하는 사람은 이런 것들에 의존하지만 (피아노 연주자나 골프 치는 사람, 목수가 아는 것처럼) 그의 의식과 수행에 급격한 변화가 없는 한 거기에 초점을 맞추지는 않는다. 이런 것들은 구조 아래에 있으며, 본질상 암묵적이고, 사람이 몸 안에서 살아가듯이 받아들이는 일군의 전제들이다. 사실 이런 것들은 세계가 알려지는 도구로서 몸의 확장으로 기능하며, 따라서 인식하는 사람의 존재 자체에서 일어나는 변화와 관계가 있다. 이런 실마리와 도구 때문에, 즉 보조 의식의 활동 때문에 이해 행위는 가정을 기초로 이뤄진다는 점에서 무비판적이며, 다시는 같은 방식으로 볼 수 없다는 점에서 비가역적이다. 어떤 경우든 사람들은 보조 의식에 의존하고 초점 의식에 주의를 기울임으로써 인식할 수 있다. 그러므로 폴라니의 대안적인 인식론적 전망은 실재에 접근하는 최선의 방법으로서 객관적 요인과 주관적 요인을 결합시킨다. 그는 이렇게 설명한다.

> 모든 이해 행위에서 인식하는 사람의 **인격적 참여**가 그러하다. 그러나 그렇다고 해서 우리의 이해가 **주관적**인 것은 아니다. 이해는 자의적 행위나 수동적 경험이 아니라 보편적 타당성을 주장하는 책임 있는 행위다. 그런 인식은 숨겨진 실재와의 접촉을 확립한다는 의미에서 정말로 **객관적**이다. 이 접촉은 확정되지 않은 범위의 아직 알려지지 않은 (또 어쩌면 아직 인식될 수 없는) 참된 함의들을 예상하기 위한 조건으로 정의된다. 개인적인 것과 객관적인 것의 이러한 융합을 인격적 지식으로 설명하는 것이 타당해 보인다.[12]

모든 지식은 인격적이며 숨겨진 혹은 "암묵적" 차원을 지니기 때문에, 지식 자체의 본질을 파악하고자 할 때 그런 특징을 고려해야만 한다. 폴라니는 자신의 새로운 모형이 인식과 존재 사이의 연관성을 단절시키고, 진리에 대한 책임감을 제거하고, 세계와 인간을 포함한 그 안에 존재하는 객체를 가치와 무관하게 조작하는 과학적 객관주의의 파멸적 영향력을 상쇄할 수 있기를 바랐다.

둘째, 믿음이 지식을 위한 토대를 확립한다는 고대의 아우구스티누스적 모형에 근거를 둔다는 점에서, 폴라니는 모든 지식이 인격적 지식인 까닭은 지식이 보증이기 때문이라고 주장한다. 이 탁월한 교부는 첫 번째 비판-이후 철학(post-critical philosophy)을 제시한 인물이었지만, 폴라니는 그에게 두 번째 비판-이후 철학을 확립할 것을 또다시 요청한다. "근대인은 선례가 없다. 하지만 이제 우리는 우리의 인지 능력의 균형을 회복하기 위해 성 아우구스티누스로 돌아가야 한다. 주후 4세기의 성 아우구스티누스는 최초로 비판-이후 철학(post-critical philosophy)을 시작함으로써 그리스 철학사를 종결시켰다. 그는 모든 지식이 은총의 선물이며, 우리는 선행하는 신념의 인도를 받아 이 은총의 선물을 추구해야 한다고 가르쳤다. [믿지 않는다면 이해할 수 없을 것이다](*nisi credideritis, non intelligitis*)."

이러한 아우구스티누스적 접근 방식이 1천 년 동안 유럽을 지배했다. 그러나 계몽주의의 도래와 더불어 믿음이 인식의 원천이라는 교리가 쇠퇴하고, 인간 정신의 합리적 경험적 능력에 대한 점증하는 확신으로 대체되었으며, 그 결과 근대적인 비판 철학이 생겨났다. 폴라니는 존 로크(John Locke)를 이러한 새로운 관점의 본보기로 제시하며 그의 《관용에 관한 편지》(*Third Letter on Toleration*, 책세상 역간)를 인용한다. "아무리 믿음의 확신이 굳건하고 크더라도 그것은 여전히 믿음이며 지식이 아니다. 확실성이 아니라 신념이다. 이것은 계시종교의 문제에 관해 우리에게 최고로 허용하는 사실의 본질이다. 따라서 계시종교의 문제는 믿음의 문제라고 불린다. 지식에 못미치는 우리 마음의 신념이 이런 진리에 관해 우리의 태도를 결정한다"(266쪽).

17, 18세기에 이러한 다수 의견이 점차 세력을 얻게 된 결과, "신념은 너무나도 철저히 불신을 받게 되었고 … 결국 근대인은 자신의 신념이 주는 명시적 진술을 받아들일 수 있는 능력을 상실하고 말았다. 모든 신념은 주관적 상태, 즉 지식의 보편성에 미치지 못하는 불완전한 상태로 축소되었다"(266쪽). 하지만 폴라니의 기획은 보증의 상태를 인식과정을 위한, 인간적으로 불가피한 원천으로 회복시키는 것이다. "이제 우리는 신념이 모든 지식의 원천임을 다시 한번 인식해야 한다. 암묵적 동의와 지적 열정, 한 언어와 문화적 유산의 공유, 비슷한 생각을 지닌 공동체에의 소속, 이런 것들이 우리가 사물을 터득할 때 의존하는, 사물의

본질에 대한 우리의 전망을 규정하는 충동들이다. 아무리 비판적이거나 독창적이라고 하더라도 이러한 보증의 틀 외부에서 작동할 수 있는 지성은 없다."

물론 이러한 신앙의 틀은 자명하지 않으며, 그것이 지닌 확실성도 그것에 대한 확고한 믿음으로부터만 나온다. 하지만 인간 존재의 핵심으로서 이것은 철두철미한 객관주의에서 벗어날 수 있는 길을 제공하며, 모든 주장과 모든 형태의 지식보다 선행하며, 이를 통제하는 일군의 신념을 이룬다. 그러므로 이것은 이해를 추구하는 믿음이며, 이해를 추구할 때 일종의 비판적 대화를 통해 믿음 자체가 도전받기도 한다. 이러한 아우구스티누스의 원칙을 환기하면서 폴라니는 이렇게 말한다. "모든 주제를 검토하는 과정은 그 주제에 관한 탐구인 동시에 우리가 그 주제에 접근하는 관점을 이루는 우리의 근본 신념에 대한 주석, 즉 탐구와 주석의 변증법 … 이라고 말할 수 있다. 이 과정에서 우리의 근본 신념은 계속해서 재검토되지만, 그 신념의 기본 전제의 범위 안에서만 재검토된다"(267쪽). 다시 말해서, 믿음은 언제나 인식의 기초다. 그러나 인식을 추구할 때 그 믿음은 언제나 시험을 받는다. 그러나 믿음이 제공하는 경계 안에서만 시험을 받는다. 이 논제에 의지해 폴라니는 먼저 믿지 않는다면 알 수도, 이해할 수도 없다고 주장한다. 믿음은 인식에 이르는 열쇠이며 암묵적 차원의 핵심 구성요소다. 믿음은 모든 사람에게 통합하는 중심이며, 따라서 인격적 요소는 모든 인식 행위와 밀접하게 연결되어 있다.

셋째, 인격적 지식의 암묵적 차원과 보증적 성격 때문에 진리를 추구하는 일은 언제나 하나의 순환 안에서 수행되며, 따라서 위험을 수반하고 겸손을 유도한다. 그러나 이는 주관주의 안에 매몰되는 것을 뜻하지 않는다. 폴라니는 모든 지식 추구 활동에 대하여 하나의 독립적인 준거점이 존재한다고 확고하게 믿는다. "알고자 하는 노력을 이끄는 것은 진리를 향한 의무감, 즉 실재에 복종하고자 하는 노력이다"라고 그는 말한다(63쪽). 사실 실제로 문제가 발생하는 것은 사상가들이 순전히 객관적 태도로 이 객관적 실재에 접근하려고 할 때다. 과학적 전망과 거기에 수반되는 인격적 무관심을 받아들이는 이들은, 폴라니가 "객관주의의 딜레마"라고 부른 것, 즉 헌신하는 목표에 이르기 위해 헌신을 포기하라는 요구에 직면한다! "따라서 반성하는 인간은 모든 헌신을 불신하게 만드는 비인격성의 요구와 재헌신하도록 부추기는 결단의 충동 사이의 해소되지 않는 갈등 안에 갇히고 만다"(304쪽). 어떤 이들은 이런 요구에 부응하려고 노력하다가 결국 그들의 삶을 공적/직업적 영역과 인격적/사적 영역으로 나눠 버리고 만다. 전자의 영역은 무관심의 노력으로 특징지어지며, 후자는 인격성에 무제한의 자유를 부여한다. 이러한 파괴적인 인격적 이분법과 공적/직업적 자아 몰수의 허망한 시도에 대한 대안은 인간 신념의 불가피한 편재성을 인식하고 추론 과정의 순환적 성격을 인정하는 것이다. 여기에는 위험이 존재한다. 하지만 아는 존재인 인간에게 다른 어떤 대안이 남아 있는가? "**나는 관련된 위험에도 불구하고 진리를 추구하고 내 감정을 진술해야만 한다.** … 우리의 궁극적 신념에 대한 모든 탐구는 그것 자체의 결론을 전제함으로써만 논리적으로 일관될 수 있다. 그것은 의도적으로 순환적이어야만 한다"(299쪽, 강조는 폴라니의 것). 이것은 사람들이 자신들의 전제를 말로 분명히 표현하기 어려운 삶의 맥락으로서 무비판적으로 받아들이고 그 전제와 자신을 동일시한다는 폴라니의 인식과 크게 다르지 않다. "일군의 전제를 받아들이고 이를 우리의 해석 틀로 사용할 때, 우리는 몸 안에서 사는 것처럼 그 전제 안에서 살아간다고 말할 수 있다”(60쪽). 인간의 인식의 모든 행위와 현장에는 헌신에 기초한 피할 수 없는 순환성이 수반되므로 모든 인식의 행위는 일정한 위험을 전제한다. 인간의 한계와 편견 때문에 사물은 철저히 혹은 객관적으로 알려질 수 없다. 그리고 인간의 한계와 편견은 아는 존재인 인간이 자신의 한계와 헌신에 일치하는 방식으로만 알 수 있다는 뜻이다. 따라서 폴라니의 체계는 독특한 인식적 겸손을 요구하며, 그 역시 그런 겸손을 보여 준다. 자신의 기획 전체에 관해서도 그는 객관성이란 환상을 명시적으로 부인하며, 그것의 뿌리와 보증이 자신의 확신에 기초하고 있다고 인정한다. “인격적 지식은 지적 헌신이며, 그 자체가 내재적으로 위험하다. 틀릴 수 있는 주장만이 이런 종류의 객관적 지식을 담고 있다고 말할 수 있다. 책 안에 발표된 모든 주장은 나 자신이 인격적으로 헌신하는 바다”(viii쪽).

이처럼 폴라니는, 보조 의식 차원에서는 우리가 말할 수 있는 것보다 더 많이 아는 것이 사실일지라도, 초점 의식 차원에서는 우리가 실제로 아는 것보다 더 많이 말하지 않도록 주의해야 한다고 암시하고 있다. 인격적 지식은 본질적으로 순환적이고 위험하며 겸손하다.

넷째 그리고 마지막으로, 인격적 지식은 (그것의) 암묵적 차원과 보증적 특성, 순환적 본질 때문에(간단히 말해 인격적 지식이 이처럼 다른 형식과 기능을 지니기 때문에) 대안적 교육이란 수단을 통해 전달되어야만 한다. 객관적인 지식은 전통적인 객관적 방법을 따라 다른 이들에게 전달될 수 있다. 하지만 인격적 지식, 특히 예술의 형식을 띠는 인격적 지식은 다르며, 참으로 인간적인 차원과 관련이 있다. 폴라니에 따르면, “상세하게 설명될 수 없는 예술은 미리 정해진 규칙을 따라 전달될 수 없다. 이를 위한 규칙이 존재하지 않기 때문이다. 그것은 장인이 도제에게 본보기를 보여야만 전수될 수 있다.” 인격적 본보기를 통해 인격적 지식을 습득하는 과정을 그는 이렇게 설명한다.

> 본보기를 통해 배운다는 것은 권위에 복종하는 것이다. 당신은 당신의 스승이 무언가를 행하는 방식을 신뢰하기 때문에 그 효율성을 분석하고 자세히 설명할 수 없을지라도 그를 따른다. 스승을 지켜보고 그를 본보기 삼아 그가 하는 방식을 모방함으로써 도제는 무의식적으로 예술의 규칙을 습득하며, 여기에는 장인 자신도 명시적으로 알지 못하는 것도 포함된다. 이런 숨은 규칙은 무비판적으로 자신을 다른 사람을 모방하는 것에 내려놓는 사람만이 습득할 수 있다. 인격적 지식을 보존하기 원하는 사회는 전통에 복종해야 한다.(53쪽)

때가 되면 이런 도제는 전문가다운 기술을 터득한다. 이 기술은 “교훈이 아니라 본보기를 통해서만 전수될 수 있다. … 장인의 안내를 받으며 오랜 경험을 거쳐야만 한다”(54쪽). 이뿐 아니라 이 과정 전체는 “우리의 지적 열정의 공민적 계수(係數)”에 의해서만, 즉 그 사회에 풍성한 문화적 삶을 제공하는 지적 열정을 존중하고 장려하는 사회의 지지와 육성에 의해서만 유지될 수 있다. 폴라니가 보기에 핵심은 인식하는 존재로서의 인간이 같은 생각을 지닌 공동체 안에서 “함께 살아가는 즐거움”(conviviality)에 참여한다는 것이다. 그가 말하듯이, “우리가 진리를 신봉한다는 것은 우리가 진리를 존중하며 진리를 존중한다고 믿는 사회를 신봉한다는 것을 암시한다고 이해할 수 있다. 진리와 지적 가치 일반에 대한 사랑은 그런 가치를 장려하는 사회에 대한 사랑으로 다시 나타날 것이다”(203쪽). 그러므로 객관주의 인식론이 조장하는 비인격적 교육과 급진적 개인주의에 맞서서 인격적 본보기에 의한 배움과 인격적 지식의 인식론에 의해 촉진되는, 함께 살아가는 즐거움을 누리는 공동체의 중요성에 대한 강력한 헌신이 존재한다.

마이클 폴라니는 분명히 다른 장단에 맞춰 걸어갔다. 너무나도 대담하게 그 길을 걸었다. 매우 간략히 우리는 그가 말하는 인격적 지식이 암묵적이며 보증적이고 순환적이라는 것과 이 지식을 다른 이들에게 전하기 위해서는 독특한 교육 방법이 필요하다는 것을 살펴보았다. 젤윅(Gelwick)은 그의 독특한 공헌을 이렇게 설명한다. 폴라니는 전통과 혁신 사이의 창의적인 관계를 만들어 냈으며, 인식자와 세계 사이의 통일성을 강조했고, 과학을 다른 인간 예술들과 창의적으로 결합했으며, 세계와 인류 사이의 결속을 강화했고, 역사를 고귀한 도덕적 목적의 드라마로 보는 관점을 제시했다.[13] 전반적으로 그의 목적은 성상파괴적이었지만, 그는 건설적 목표를 염두에 두고 있었다. 진정으로 그는, 무자비한 객관주의 과학자들에 의해 유럽 문명을 파괴했던 그 이미지들을 깨뜨리려 했다. 동시에 그는 서양 문명과 인류 전체가 인격적 지식이라는 문명화하는 주제에 부합하는 방식으로, 자신과 주변 세계를 알 수 있는 새로운 세계관(*Weltanschauung*)이란 렌즈를 만들기 위해 부지런히 노력했다. 해리 프로쉬(Harry Prosch)의 말처럼, "그러므로 폴라니는 우리가 인식론과 과학철학에 대한 그의 새롭고 더 바른 이해를 삶과 인간, 인간의 활동에 대한 우리의 관점에 적용할 때 그의 처방이 어떤 결과를 낳는지 보여 주려고 노력했다."[14]

폴라니의 중요한 공헌은 후대 사상가들에게도 영향을 미쳤다. 사실 과학 작업의 암묵적 성격에 대한 폴라니의 이해와 "패러다임"이란 토마스 쿤의 혁명적 개념 사이에는 주목할 만한 합류 지점이 존재한다. 사실 쿤은 1961년 옥스퍼드대학교에서 열린 "과학 변화의 구조"(The Structure of Scientific Change)라는 제목으로 열린 토론회의 강연에서 폴라니 덕분에 패러다임이란 개념을 주장하게 되었다고 설명한다. "폴라니는 내가 아는 한 과학의 양상에 관해 가장 광범위하고 발전된 논의를 제공했으며, 이를 통해 나는 [패러다임이라는] 낯설어 보이는 용어를 사용하게 되었다. 폴라니는 자신이 과학적 지식의 '암묵적 요소'라고 부르는 바가 연구에서 필수불가결한 역할을 한다는 점을 거듭 강조한다. 이것은 과학자들이 연구 대상의 문제에 적용하지만, 진술되지 않고 아마도 진술할 수 없는 요소다. 이것은 교육이 아니라 주로 본보기와 실천을 통해서 습득하는 요소다."[15]

이제는 쿤이 폴라니의 통찰을 어떻게 활용했는지 생각해 볼 것이다. 이를 통해 우리는 자연과학에서 지속적이며 정상적인 작용뿐 아니라 주요한 인식적 변화의 구조를 이해할 때 세계관 혁명이라고 부를 만한 내용을 살펴볼 것이다.

토마스 쿤이 주장한 과학철학 내의 패러다임 혁명

토마스 쿤(Thomas Kuhn, 1922~1996)의 책 《과학 혁명의 구조》(*The Structure of Scientific Revolutions*)는 과학과 과학철학 분야에 떨어진 폭탄과 같았다.[16] 사람마다 자신의 관점에 따라 다르게 받아들이겠지만, 아직도 피해 보고나 승리 선언이 이어지고 있다. 패러다임 전환으로서의 과학혁명이란 쿤의 개념은 놀라울 정도로 (논쟁적이면서도) 영향력이 컸다. 그것은 권위와 합리성, 특히 근대과학의 본질에 대한 전면 공격과 다름없었다. 과학이 현대사회에서 최고의 인식적, 문화적 권위임을(혹은 권위였음을) 기억한다면 이것은 사소한 문제가 아니다.[17] 쿤의 폭탄은 칼 헴펠(Carl Hempel)과 루돌프 카르납(Rudolf Carnap), 카를 포퍼(Karl Popper)와 같은 저명한 인물들이 발전시키고 확산시켰으며, 1960년대 초까지 지배적인 관점이었던 논리실증주의와 관련된 근대과학의 이론들에 대해 대단히 파괴적인 영향을 미쳤다.[18] 인식적 실재론과 보편적인 과학 언어, 진리의 대응설과 같은 주제를 강조하는 과학철학이라는 이 전통적인 분과의 본질적 교의를 메리 헤시(Mary Hesse)는 다음과 같이 요약한 바 있다.

> 원칙적으로 과학 언어로 철저히 묘사할 수 있는 외부 세계가 존재한다. 관찰자인 동시에 언어 사용자인 과학자는 사실과 일치하면 참이고 그렇지 않으면 거짓인 명제로 세계의 외적 사실을 포착한다. 이상적으로 과학은 참 명제들이

> 사실과 일대일 대응관계를 맺는 언어 체계다. 이런 사실에는 숨겨진 실재나 속성, 과거 사건, 멀리 떨어진 곳에서 일어난 사건을 다루기 때문에 직접 관찰할 수 없는 사실도 포함된다. 이렇게 숨겨진 사건은 이론으로 설명되며, 이론은 관찰로부터 추론된다. 즉 세계의 숨겨진 부분을 설명하는 방식은 관찰 가능한 것으로부터 발견될 수 있다. 과학자로서 인간은 세계와 분리되어 존재하며 그것에 관해 객관적으로, 편견 없이 실험하고 이론화할 수 있다.[19]

폴라니를 벼랑 끝으로 밀어낼 수 있는 이런 설명으로부터 실증주의적 과학은 인식적 정확성과 증거에 초점을 맞추는 논리적인 언어 체계를 수단으로, 과학이론과 명제를 표현하는 객관적, 합리적 인간 관찰자가 그 물리적 구조를 확인할 수 있는 분리된 외부 세계를 강조한다. 명백히 과학적 연구에 대한 이런 접근 방식은 철저히 비역사적이며 모든 심리사회적 차원을 고려하지 않는다. 쿤과 그의 동료들은 이렇게 과학의 영역에서 역사를 제거하는 것에 대해 주저하고, 과학사로부터 얻은 통찰을 통해 이 분과를 재구성하려고 한다.[20] 그가 《과학 혁명의 구조》의 첫 문장에서 주장하듯이, "역사를 일화나 연대표 이상을 담고 있는 것으로 이해한다면 그것은 지금 우리가 사로잡혀 있는 과학에 대한 이미지를 결정적으로 바꿔놓을 수 있다."[21] 다시 말해서, 신뢰할 만하며 타당한 과학사의 사례들이 실증주의자들이 과학에 부여한 형식적 이론과 방법을 따른 적이 거의 없거나 명백하게 어겼음을 보여 준다면, 역사적 사례의 가치나 공헌을 거부하기보다는 실증주의 과학의 지배적 관념을 수정하거나 대체하는 것이 더 나을 것이다.[22] 쿤은 실증주의라는 정통이 도전을 받고 과학사의 명령에 따라 조정되어야 한다고 주장한다. 이런 접근 방식은 과학의 정상적 작동과 특별한 변화 모두에 영향을 미치는, 과학적 합리성에 대한 더 복잡하지만 점점 더 인간적인 이미지를 만들어 낸다. 이처럼 새롭게 등장한 인문화 되고 역사화 된 과학철학은 "스팍"(좀처럼 감정을 드러내지 않고 이성적인 태도를 유지하는 스타 트랙의 등장인물—역주)을 닮은 예전 과학철학처럼 논리적으로 깔끔하고 인식론적으로 정리되어 있지는 않지만, 인간이 실제로 존재하는 것처럼 과학자들에게도 진실이다.

과학철학에서 역사의 중요성에 대한 강조는 원래 제임스 코넌트(James Conant)가 쿤에게 전해 준 것이다.[23] 그리고 앞서 살펴보았듯이, 마이클 폴라니의 "인격적 지식"과 "암묵적 차원"이란 관념[24]은 쿤으로 하여금 유명한 패러다임 이론을 만들게 했고, 그리하여 에드윈 헝(Edwin Hung)이 "세계관 혁명"(Weltanschauung Revolution)이라고 부른 것을 촉발시켰다.[25] 과학 연구와 과학적 이성의 본질은 그것이 언제나 하나의 패러다임 혹은 세계관이란 관할 영역 안에서만 수행된다는 깨달음에 의해 혁명적인 변화를 겪는다. "패러다임을 받아들인다는 것은 포괄적인 과학적, 형이상학적, 방법론적 세계관을 받아들이는 것이다."[26] 헝은 어떻게 쿤의 관점에서 패러다임의 세계관이 과학 연구의 본질을 결정하는지를 설명한다. "쿤에 따르면, 패러다임은 과학 실천에서 결정적인 역할을 한다. 그것은 자료의 적실성과 관찰의 내용, 문제의 중요성, 해법의 수용을 결정한다. 아니, 이보다 훨씬 더 많은 일을 한다. 패러다임은 가치와 기준, 방법론을 제공한다. 간단히 말해서, 각 패러다임은 과학이 수행되어야 하는 방식을 결정한다. 그것은 하나의 세계관(*Weltanschauung*)이다."[27]

따라서 토마스 쿤은 지성이나 감각 관념이 세계를 만드는 적극적 행위자라고 생각하는 일종의 신칸트주의적 구성주의자로서, 과학 연구의 핵심에 세계관과 비슷한 패러다임이 자리 잡고 있다고 주장한다. 이로써 그는 새로운 후기실증주의적 과학철학을 창시했다. 패러다임의 중심적 역할에 대한 발견은 과학철학을 급진적, 혁명적으로 변화시켰다. 이 혁명의 몇몇 핵심 특징에 대해 살펴볼 필요가 있다.[28]

먼저, 패러다임은 정상과학(normal science)을 지배한다. 하지만 패러다임이란 무엇인가? 토마스 쿤이란 이름과 "패러다임"이란 용어는 거의 동의어가 되었다. 그를 유명하게 만든 이 개념은 인기가 있을 (혹은 있었을) 뿐 아니라 악명 높을 정도로 파악하기 어렵다. 사실 그는 이 개념을 널리 알리고 난 후에 상당한 수정을 가했다.[29] 원래 쿤은 패러다임을 "일정 기간 과학에 종사하는 이들의 공동체에 모형 문제와 해법을 제공하는, 보편적으로 인정되는 과학적 성취"로 이해했다.[30] 패러다임을 과학적 성취와 동일시할 때 아마도 그는 두 가지 방식으로, 첫째는 대단히 일반적인 세계관의 차원에서성취와 관련된 내용(법칙, 방법, 형이상학), 둘째는 과학공동체 안의 성취의 **기능**(정상 과학의 작동을 위한 합의를 이루는 모범적 규칙과 규제)이란 차원에서 과학적 성취가 지배 모형의 역할을 한다고 보았던 것 같다.[31] 그렇다면 패러다임은 과학적 성취로서 일상적인 과학적 실천의 기본 전제와 경계 역할을 하는 특정한 내용으로 이뤄진다. 나중에 《구조》의 1970년판 후기에서 쿤은 패러다임 이론을 해명하면서 이를 "전문분야 행렬"이라고 불렀다. "'전문분야'라고 한 것은 특정한 학문의 종사들이 공유하는 바를 가리키기 때문이고, '행렬'이라고 한 것은 각각 추가적인 구체화가 있어야 하는 다양한 종류의 질서 잡힌 요소들로 구성되기 때문이다."[32] 쿤은 상징적 일반화, 다양한 형이상학 모형에 대한 공유된 헌신(예를 들어, 열과 지각 가능한 현상), 과학적 가치(예를 들어, 정확성, 단순성, 일관성, 개연성 등), 그리고 모범적인 문제 해법 등 전문분야 행렬을 이루는 적어도 네 개의 구성요소를 언급한다. 패러다임 자체와 마찬가지로 전문분야 행렬은 경험적 관념을 나타내는 용어를 제공하며, 연구 계획의 선택을 특정하고, 과학적 해법의 수용 가능성을 결정한다. 역사적 사례에 뒷받침을 받고 실험 활동에 대한 관찰을 근거로 삼아서 쿤은 "정상 과학"이 패러다임에 따라 수행된다고 결론 내린다.

> 역사적으로든 현대의 실험실에서든 자세히 조사했을 때, [정상과학의] 연구는 자연을 패러다임이 제공하는, 미리 만들어져 있고 비교적 불가변적인 상자 안에 욱여넣으려는 시도처럼 보인다. 정상 과학의 목적은 결코 새로운 종류의 현상을 이끌어 내는 것이 아니다. 그 상자와 맞지 않는 것들은 전혀 보이지 않는 경우가 많다. 정상 상황에서 과학자들이 새로운 이론을 고안하는 것을 목표로 삼지도 않는다. 그들은 다른 이들이 고안한 이론에 대해 관용적이지 않은 태도를 취하는 경우가 많다. 오히려 정상 과학의 연구는 패러다임이 이미 제공한 현상과 이론을 명확히 설명해 내는 것을 목표로 삼는다.[33]

프로크루스테스(Procrustes: 침대 길이에 맞도록 사람의 몸을 잡아 늘이거나 잘라 냈다는 그리스 신화 속의 강도-역주)의 전통에 따라 정상 과학은 자연을 지배적인 과학 패러다임의 차원에 억지로 끼워 맞출 때가 많다. 패러다임은 색안경처럼 과학자들이 보는 모든 것에 색을 입힌다. 다른 비유를 사용하자면, 패러다임은 야구 경기의 심판과 같다. 심판들은 (과학이라는) 운동장에서 벌어지는 모든 행동을 통제하지만, 누구도 그들에게는 주의를 기울이지 않는다. 헝이 말하듯이, "패러다임은 쿤에 따르면 과학, 즉 정상 과학의 추구에 필수적인 세계관(*Weltanschauung*)과 관념 틀을 제공한다."[34]

그러나 흥미롭게도 과학 혁명 자체도 패러다임이 지배하는 정상 과학의 수행으로부터 발생한다. 호이닝언-휘네(Hoyningen-Huene)의 말처럼, "정상 과학은 혁명을 위한 구체적이고 핵심적인 출발점 역할을 하는 중대한 비정상 상태를 만들어 낸다. 중대한 비정상 상태는 상대적으로 단발적이며 예상치 못했던 새로운 현상이나 실재의 발견으로 이어지거나, 이론이 그저 수정되는 게 아니라 대체되는 거대한 혁명을 촉발할 수도 있다."[35] 다시 말해서, 과학의 심판(패러다임)이 운동장의 행동을 판결할 수 없을 때, 안경이 왜곡되어 보이는 경우, 자연이 프로크루스테스의 침대에 순응하기를 거부하는 상황이 발생한다. 그런 사건은 다가오는 변화의 전조다. 쿤의 두 번째 핵심 주제가 이것이다. 과학 혁명은 패러다임 전환이다. 물론 서양의 위대한 과학 혁명은 코페르니쿠스와 뉴턴, 라부아지에, 다윈, 보어, 아인슈타인과 같은 인물을 연상시킨다. 하지만 이들이 성취한 업적에 대한 실증주의적 해석과 후기실증주의적 해석은 매우 다르다. 전자는 과학의 변화가 실재에 대한 덜 적합한 설명을 더 정확한 설명으로 대체하는 것으로 이뤄진다고 주장한다. 후자, 즉 쿤의 관점에서는 수많은 비정상성의 존재가 지배적인 과학 패러다임의 위기를 초래하며, 따라서 위기가 확증되었을 때 옛 모형을 대신하는 새로운 모형 추구를 촉발한다고 주장한다. 그렇다면 과학의 진보는 패러다임 혁명의 한 기능이며, 선형적인 과학 발전의 결과가 아니다. 쿤은 《구조》의 여러 핵심 구절에서 과학 혁명의 두드러진 특징을 설명한다.

> 각각의 과학 혁명이 발생하기 위해서는 한동안 존중받던 과학 이론에 대한 공동체의 거부와 그와 양립할 수 없는 또 다른 이론에 대한 지지가 필요하다. 이어서 과학적 연구의 대상이 될 수 있는 문제의 전환과 전문가 집단이 무엇이 허용되는 문제나 정당한 문제 해법으로 간주해야 하는가를 결정하

기 위한 기준에도 전환이 일어났다. 그리고 각각은 과학 작업이 수행되었던 세계의 변화라고 부를 수밖에 없는 방식으로 과학적 상상력을 바꾸어 놓았다. 이런 변화가 거의 언제나 그에 수반되는 논란과 더불어 과학 혁명을 규정하는 특징이다.[36]

과학 혁명은 옛 패러다임의 폐기, 과학이 다룰 문제를 확정하기 위한 새로운 지침의 채택, 제안된 해법을 평가하기 위한 혁신적 기준을 확립을 비롯해 중대한 변화를 일으킨다. 마찬가지로 중요한 것은 상상력을 사용해 과학 작업이 이루어질 변화된 세계를 만들어 낸다는 것이다. 이뿐 아니라 새로운 패러다임은 강화된 설명 능력과 문제 해결 능력을 지닌다. 이런 발전에도 불구하고, 쿤이 명확히 밝히듯이 과학 혁명은 그 신봉자들을 진리에 더 가까이 다가가게 해 주지 못한다. 그가 주장하듯이, "이론과 별개로 '정말로 존재하는'과 같은 구절을 재구성하는 방식은 없다고 나는 생각한다. 나에게는 이론의 존재론과 자연 속에 '실재하는' 그것의 대응물 사이의 조화라는 생각은 원칙적으로 환영에 불과해 보인다"(Kuhn, *Structure*, 206쪽).

진리는 패러다임에 의존한다. 그뿐만 아니라 모든 과학적 기준과 관찰의 언어 역시 마찬가지다. 기준에 관해 쿤은 패러다임이 전환될 때 "대개는 문제와 제안된 해법의 정당성을 결정하는 기준에도 중대한 전환이 일어난다"라고 단언한다(109쪽). 그는 관찰 언어에 관해서도 마찬가지로 단호하게 주장한다. "따라서 미리 완전히 알려진 세계에 대해 보고하도록 제한된 언어는 결코 '주어진 것'에 관한 중립적이며 객관적인 보고를 할 수 없다"(127쪽). '진리'와 '기준', '의미'의 빈틈없고 재귀적인 집합체로서 과학적 패러다임은 혁명 이전이든, 와중이든, 이후이든 측정불가능하다. 쿤에 따르면 이 논제는 적어도 세 가지 방식으로 입증된다. 첫째, 경쟁하는 패러다임을 지지하는 이들은 각 패러다임이 어떤 종류의 문제를 해결해야 하는가에 관해 의견을 달리한다. 둘째, 새로운 패러다임이 옛 패러다임의 어휘와 장치를 흡수한다는 사실에도 불구하고 이 언어의 의미와 도구의 사용은 동일하지 않다. 이 책의 목적에 관련해서는 세 번째가 가장 중요하다. 쿤은 "경쟁하는 패러다임을 지지하는 이들은 **다른 세계** 안에서 자신들의 직업을 수행한다고 믿는다(150쪽). 쿤에게 이것은 매우 중요한 생각이며, 그는 10장 전체에서 과학 혁명이 "세계관의 변화"에서 정점에 이른다고 주장한다(111~135쪽). 이 장의 첫머리에서 그는 현대과학의 역사 서술에서 간추려 낸 증거에 기초해 "패러다임이 변할 때 그와 더불어 세계 자체가 변한다"라고 주장할 수 있다고 말한다. 더 나아가 그는 "혁명 이후 과학자는 다른 세계에 대해 반응"하며, "새로운 패러다임을 지닌 과학자는 이전과는 다른 방식으로 본다"라고 주장한다(111, 115쪽). 예를 들어, 그는 코페르니쿠스 혁명 이후 "천문학자들이 다른 세계 속에서 살았으며"(117쪽), 산소의 발견 이후 "라부아지에는 다른 세계 안에서 일했다"(118쪽). 쿤은 이런 주장을 통해 그가 어떤 의미에서 "패러다임의 변화와 더불어 세계 [자체가] 변하는 것은 아니지만 과학자는 이제 다른 세계 안에서 작업한다"라고 말했는가를 명확히 밝힌다(121쪽). 쿤은 어떤 의미에서 이런 말이나 그와 비슷한 말을 했을까(6, 53, 102, 116~120, 122, 124, 144쪽)?

이런 주장을 칸트주의적 의미에서 설명할 수 있다. 두 가지 "세계"가 존재한다. 첫째는 그 자체로 존재하는 대로의 세계, 본체의 세계, 즉 물자체(*Ding an sich*)다. 두 번째 세계는 관찰자에게 나타나는 대로의 세계, 즉 현상적 세계다. 물론 현상적 세계로서 관찰자에게 나타나는 것은 선험적 감각 형식과 이해의 범주가 만들어 낸 산물이다. 이러한 형식과 범주가 세계에 대한 인식을 가능하게 하지만, 이는 예지계(*noumena*)로서가 아니라 인간 지성에 의해 구조화된 현상계(*phenomena*)로서 인식하는 것을 가능하게 한다는 뜻이다. 그와 비슷하게 쿤은 그 자체로서 존재하는 세계가 있지만, 이것은 그대로 알려질 수 없으며, 칸트가 말하는 범주의 구성물이 아니라 쿤이 말하는 패러다임의 구성물로서만 알려질 수 있다. 따라서 한 과학자의 패러다임이 바뀔 때, 엄밀히 말해 본체의 세계는 바뀌지 않고, 그 과학자 세상을 바라보는 틀이 바뀔 뿐이다. 변화는 객체가 아니라 주체 안에서, 더 정확히 말하면 세계 자체를 구성하는 주체의 패러다임 장치 안에서 일어난다. 호이닝언-휘네는 쿤이 뜻하는 바를 이렇게 설명한다. "따라서 세계-그-자체의 일관성에도 불구하고 현상적 세계 안에서 변화의 가능성이 열린다. 패러다임이라고 불리는, 인식하는 주체 안에 자리 잡은 세계를 구성하는 운동이 바뀔 때 바로 이런 변화가 일어난다. 이런 변화는 세계를 구성하는 기능을 상실하는 방식으로가 아니라 다른 현상적 세계가 나타나게 하는 방식으로 일어난다."[37]

따라서 쿤에게 패러다임은 세계를 구성한다. 그가 이 점을 가장 명확하게 설명한 구절은 다음과 같다. "패러다임이 인종과 문화, 직업의 경험을 구현한 결과로써 과학자의 세계는 행성과 진자, 압축기와 복합적인 광물 원석, 그 밖의 다른 물체로 이뤄진다."[38] 과학자를 위해, 그 부류 전체를 위해 존재하는 것들은 실재론적 차원에서 발견과 명료한 설명을 기다리는 본성이나 본질을 지닌 채 존재하는 것은 아니다. 오히려 존 설(John Searle)이 비판적으로 말하듯이, "거칠게 말해 쿤은 과학이 우리에게 독립적으로 존재하는 실재를 설명해 주지 않으며, 과학자는 객관적 진리를 찾는 것과는 실질적 연관성이 없는 이유로 한 패러다임을 떠나 다른 패러다임으로 재빨리 옮겨 가는 비이성적인 무리일 뿐임을 보여 주고자 한다."[39] 따라서 쿤의 논제는 합리성 자체를 겨냥한다기보다는 실재론의 뿌리를 겨냥한다.[40] 쿤이 말하는 통약불가능한 패러다임은 모든 형이상학적 토대와 단절된 것처럼 보이기 때문에 그의 사상이 급진적인 상대주의를 암시한다는 헤시의 주장이 타당해 보인다. "극단적 형태의 상대주의에서 이론은 내적으로 연결된 명제적 체계 혹은 '언어놀이'로 간주될 뿐이다. 이론은 그 자체로서 의미를 부여받는 세계관이다. '진리'는 이론적 체계와의 정합성으로 정의되며, '지식'은 사회적으로 제도화된 신념이 된다. 이 관점은 신념에 대한 교차 이론적 기준도, 이론의 영역에서 보편적으로 공유되는 타당한 지식을 향한 점진적 접근도 부인한다는 의미에서 '상대주의적'이다."[41]

물론 쿤은 이런 비판에 반대하며 반론을 제기한다.[42] 어떤 이들은 그의 사상의 함의를 확장해 과학사회학 분야에 적용하기도 했으며, 다른 이들은 그것을 철저한 반실재론적 구성주의로 발전시켰다.[43] 어떤 이들은 그에게 정면으로 반대하며 합리적 토대 위에 과학을 재확립하려고 노력했다.[44] 또 다른 이들은 그의 패러다임 개념에 영감을 받아 그것을 재구성했다. 예를 들어, 러커토시(Lakatos)는 그가 "과학 연구 프로그램의 방법론"이라고 부른 것을 통해 쿤과 포퍼를 화해시키려고 노력했다. 쿤의 패러다임과 러커토시의 연구 프로그램을 발전시키려 했던 래리 로던(Larry Laudan)은 그가 "연구 전통"이라 부르는 것을 고안했다.[45] 이런 시도는 쿤 이후 과학철학에서 과학이 분명히 합리적인 작업이지만, 인간이 하는 일이기도 하며 그 나름의 역사를 지닌다는 것을 인정할 수밖에 없었음을 보여 준다. 이러한 역사적 서술은 과학자로서의 인간과 인간으로서의 과학자가 패러다임과 전문분야 행렬이라는 영향력 아래서 자기 일을 수행해 왔음을 드러낸다. 더 나아가 과학적 작업은 사회심리적, 심지어는 정치적 요인의 영향력을 벗어날 수 없다. 지식으로서의 과학은 지배 집단의 권력과 이익에 복무했다고 말할 수도 있다(따라서 푸코처럼 주장하는 이들이 있다). 모든 지식 추구 활동은 자연과학을 비롯해 크든 작든 역사에 영향을 받기 마련이다. 지식은 의식적이든 무의식적이든 특정한 맥락 안에서 태어나고 자라며, 특정한 관점에서 진술된다. 순전히 인간적인 논리란 존재하지 않는다. 신의 눈으로 바라보는 관점은 없다. 좁게 이해하든 폭넓게 이해하든 과학(그리고 삶의) 실천의 배후에는 일종의 세계관이 자리 잡고 있다. 이는 과학이(그리고 삶이) 인간이 하는 일이기 때문이다.

패러다임에 관해 말하든, 연구 프로그램에 관해 말하든, 연구 전통에 관해 말하든, 한 가지 사실은 그대로 남아 있다. 토마스 쿤의 세계관(*Weltanschauung*) 혁명은 과학철학 분야에 지울 수 없는 흔적을 남겼다. 패러다임과 세계관에 관한 쿤의 사상이 이룬 몇 가지 중요한 공헌과 결과에 대해 간략히 언급해 둘 필요가 있다.

첫째, 토마스 쿤은 자연과학을 비롯한 인간의 삶과 사상 전반이 패러다임이나 세계관이란 맥락 속에서, 그것의 지배 아래서 이뤄진다는 것을 20세기 후반에 어쩌면 다른 누구보다 더 강조했다. 물론 쿤에 앞서 키에르케고어(실존주의)와 딜타이(역사주의), 니체(관점주의), 비트겐슈타인(언어놀이와 삶의 양식), 폴라니(암묵적, 인격적 지식)를 비롯해 이 점을 인식했던 초기의 세계관 사상가들이 있었다. 그럼에도 쿤은 패러다임과 그 함의로서 세계관을 드러낸 현대 사상가다. 그는 자연과학의 맥락에서 세계관(*Weltanschauung*) 역사에 중대한 공헌을 했다.

둘째, 쿤은 패러다임이 과학 작업을 지배한다는 것을 강조했을 뿐 아니라 패러다임 사이의 측량 불가능성이란 문제를 전면에 드러냈다. 패러다임 사이의 소통과 상호 이해가 어느 정도까지 가능할까? 패러다임을 가로지르는 소통이 가능하다면, 그것은 어떻게 이뤄질까? 최종 분석에서 세계관은 상호 작용의 외형만을 지닌 창이 없는 원자일까?

셋째, 쿤의 패러다임 이론은, 합리성의 규범이 초월적이지 않고 추론하는 사람이 추론하는 세계관의 맥락 안에 뿌리를 내리고 생각하고 살며 그 맥락 자체의 표현이라고 주장함으로써 상대주의를 초래했다는 비판을 받았다. 모든 논리와 논증이 패러다임에 의존하며 순환 모형 안에 갇혀 있다. 모든 추론 행위는 체제 안에서 내부적으로 사용되든지, 변증과 옹호를 위해 사용되든지 패러다임에 대한 믿음을 암묵적으로 전제한다. 쿤의 사상은 사람들을 (일종의 복구된 데카르트적 기획을 통해 탈출을 시도해 보지만) 탈출 불가능한 패러다임의 감옥 안에 가두는 것처럼 보인다. 이 문제는 네 번째 사안과 직결된다. 그것은 쿤의 이론의 맥락에서 지식의 본질이다.

패러다임과 세계관의 인식론적 함의는 무엇인가? 칸트주의자로서 쿤은 물자체에 대해 작별을 고한다. 따라서 실재론, 적어도 순진한 형태의 실재론은 배제된 것처럼 보인다. 쿤의 주장은 관점주의나 구성주의, 반실재론으로 귀결될 가능성이 있다. 그렇다면 지식이란 사회적으로 제도화된 신념에 불과한가? 순진한 실재론과 반실재론이란 극단 사이를 중재적인 입장이 가능할까? 이 네 논점으로부터 쿤의 패러다임이 측량불가능하며, 상대적이고, 합리성과 무관하며(arational), 반실재론적이라는 점이 명백해진다. 이런 극단적 결론에 동의하든 안 하든, 역사적 사례의 무게와 인간적 요인의 존재는 객관주의적 과학이란 근대적 개념이 감당하기에는 너무 큰 비정상성을 만들어 낸다. 토마스 쿤 자신의 세계관(*Weltanschauung*) 혁명의 구조는 과학 연구에서 패러다임이 얼마나 강력한 역할을 하는지를 보여 주었고, 과학철학 분야에서 가장 강력한 전환을 만들어 냈다.[46]

한 번 더 생각해 보기

자연과학에서 '세계관'의 역할은 주목할 만하며, 이 간략한 개관은 성경적 신앙의 관점에서 세계관이란 주제를 깊이 생각해 보기 원하는 그리스도인들에게 질문과 흥미로운 논점을 제기한다. 이 장을 마무리하면서 이러한 다양한 함의를 살펴보고자 한다.

마이클 폴라니는 현대 인식론과 과학철학 분야에서 선구자 역할을 한 포스트모던 사상가다.[47] 과학자로서 자신의 경험을 원천으로 삼아, 또 자신의 유대교 전통의 **암묵적** 영향을 받아 그는 인간의 인식의 과정을 이해하는 기존 방식에 이의를 제기하는 관점, 곧 이 방정식에 독특한 인간적인 요소를 주입하는 관점을 만들어냈다. 폴라니주의는 **암묵적으로** 유대-기독교적인가? 인격적 지식에 대한 그의 성찰에 영향을 미치고 그것을 통해 표현된 성경적 인간학과 인식론의 요소가 존재하는 것처럼 보인다. 정말로 그렇다면, 이는 근대적 인식론과 성경적 인식론 사이에는 근원적 차이가 존재함을 암시한다. 암묵적 지식이란 폴라니의 개념은 개인이 세계를 알고 세계 안에서 존재하는 방식을 지배하는, 의식적 자각이라는 "수면" 아래에 자리 잡은 일군의 전제로서의 세계관의 기능에 대한 통상적 이해와 통하지 않을까? 보조 의식과 초점 의식에 대한 그의 구별은 이론 이전의 세계관(*Weltanschauung*)과, 세계를 설명하고 알고자 하는 의식적 노력으로서 이론 만들기 행위 사이의 전형적인 구별과 유사해 보인다. 더 나아가 폴라니의 주장처럼 믿음과 신념은 인식의 과정의 불가피한 출발점이라는 것이 옳지 않을까? 이것은 폴라니의 체계 안에서 두드러지는 성경적 요소 중 하나다. 그는 믿음을 이해하는 성경적, 고대 아우구스티누스적, 종교개혁적 전통이 우주를 개념화하는 근대의 객관주의적이며, 궁극적으로 도덕과 무관하고 비인간화하는 방식에 대한 역사적이며 논리적 대안이 될 수 있음을 보여 주었다. 이러한 맥락에서 폴라니의 체계와, 신앙적 헌신을 알고 변호하는 방식으로서의 기독교적 혹은 성경적 전제주의 사이에는 어떤 유사성이 존재하는가? 추론 과정의 순환적 성격에 관한 그의 사상은 비기독교 사상가와 기독교 사상가 모두에게서 역사적, 동시대적 지지를 받지 않는가? 마지막으로, 장인-도제 관계나 전통이 보존되고 전수되는, 함께 살아가며 서로를 지지하고 기쁨을 나누는 공동체의 중요성에 대한 폴라니의 성찰 역시 기독교 전통 자체의 보존과 지속이라는 견지에서 기독교 공동체에 중요한 방식으로 적용될 수 있는 성경적 지향성을 지닌 논제가 될 수 있지 않을까? 이런 질문과 논점, 그리고 그 밖의 많은 질문과 논점은 폴라니의 사상이 세계관(*Weltanschauung*)이나 연관된 문제에 관한 현대의 기독교적 사유에 폭넓게 적용될 수 있음을 보여 준다.

토마스 쿤은 과학철학 분야의 패러다임 혁명을 통해 지성사를 만들고 근대 사상의 경로를 바꿔 놓았다. 그는 모든 과학 활동이 (함의를 따른다면, 모든 이론적 사고와 학문 활동이) 다양한 학문 전통과 수많은 막연한 역사적, 인간적 요인의 제한을 받는다고 주장했다. 이런 깨달음을 통해 많은 이들은 순수하며 과학적인 객관성이라는 근대적 전망이 비현실적이라고 결론 내렸다. 세계관 사유에 대해 호의적인 그리스도인들, 특히 아우구스티누스와 칼뱅, 카이퍼로부터 유래한 신학 전통에 깊이 영향을 받은 그리스도인들은 그의 주장에 동의할 것이다. 과학 활동과 학문 활동은 언제나 이론을 이끄는 일군의 영향력 있는 전제에 기초해서 수행된다. 이뿐 아니라 세계관과 유사한 패러다임에 관한 쿤의 사상에 대해 니콜라스 월터스토프(Nicholas Wolterstorff)와 같은 반응을 보일 것이다. "처음 … 《과학 혁명의 구조》를 읽었을 때, 나의 주된 반응은 '물론 그렇고 말고'였다"고 그는 말한다.[48] 신앙은 언제나 이해를 선행하며 지배하고(아우구스티누스), 원죄가 인지에 영향을 미치고(칼뱅), 영적 중생 혹은 그것의 결여가 인격체 전체에 영향을 미치기 때문에(카이퍼), 이런 신학 전통에서는 이론적 자율성을 부인하며 그것이 '세계관'에 의존한다고 주장한다. 엄밀히 말해 쿤의 패러다임과 철학적 세계관은 다른 종(種)일지도 모르지만, 같은 속(屬)에 속하며 가족 유사성을 지닌다. 이처럼 쿤의 혁명적 과학철학은 인간의 의식을 형성하고 자연과학을 포함한 이론적 활동에 영향을 미치는 다양한 세계관의 역할을 인정하는 기독교 사상의 학파에 일종의 정당성과 확증을 제공한다. 이것이 참이라면 학문적 의견 차이들, 혹은 적어도 그중 일부는 이론화 과정을 감독하고 그 결론을 장악하는 서로 다른 패러다임들이나 경쟁하는 세계관들에서 기인한 것일지도 모른다. 그러므로 그리스도인인 과학자나 학자는 성경적 세계관의 기본 전제를 충분히 인식해야 하며, 모든 형태의 이론적 사고에 있어서 그 전제에 적합하며 광범위한 역할을 부여해야 한다.

우리는 이렇게 물어야 한다. 패러다임과 세계관이 정말로 **모든 것**을 설명하는가? 패러다임이 강력하지만 과학적으로 전능한가? 세계관이 권위를 갖지만 인식적 영향력에 있어서 폭압적인가? 모든 이론적 활동이 내적 성향의 표현이라고 주장하는 '낭만적 표현주의'와 연관된 함정을 피하려면, 모든 학문 활동이 영적으로 규정된다는 '종교적 전체주의'와 연관된 함정을 피하려면(월터스토프가 이런 위험에 대해 경고한 바 있다), 패러다임의 통약불가능성이라는 쿤의 이론의 문제점을 피하려면, 질문을 던져야 한다. 과학자와 사상가들이 다양한 행렬 안에서 작업하며 서로 다른 철학적 전망을 받아들이더라도 일종의 공통 기반을 공유하며 방법과 결론에 있어서 어떤 접촉점을 찾는 것이 가능하지 않을까? 의심할 나위 없이 세계관은 학문에 결정적인 영향을 미치지만, 세계관의 역할은 과학자의 특성과 그의 세계관(*Weltanschauung*)에 따른 입장, 연구 대상의 본질 사이의 역동적 관계에 따라 달라질 수 있다.

세계관의 학제적 역사 II

사회과학

8

명칭이 암시하듯이, 사회과학은 언제나 인간과 관련된 사안에 관심을 기울여 왔다. 인간 주체가 인간 주체를 연구한다는 모호함 때문에 자연과학의 성과와 비교하면 사회과학의 발견과 법칙에는 그만큼의 권위를 부여하기 어려웠다. 더 유연한 해석학 분과에 종사하는 이들은 언제나 '과학'에 대한 일종의 질투를 느껴 왔고, 자신이 한 발견의 정당성과 자신이 하는 일의 가치에 대해 걱정하고 염려해 왔다. 이 점과 관련해, 임마누엘 칸트가 자연과학(*Naturwissenschaften*)을 위해 이미 성취한 바를 정신과학(*Geisteswissenschaften*)을 위해 인식론적으로 성취하려고 노력했던 빌헬름 딜타이의 작업을 떠올려 보라. 물론, 마이클 폴라니와 토마스 쿤의 사상이 이 모든 상황을 바꾸어 놓았다. 앞에서 살펴보았듯이, 쿤은 정상 과학의 수행뿐 아니라 과학 혁명에서도 패러다임과 세계관, 다른 인간적, 역사적 요인들이 중요한 역할을 한다고 주장했다. 예상할 수 있는 것처럼, 이는 사회과학에도 그대로 적용될 수 있다.[1] 물론 다루는 주제는 각각 물리적 세계와 사회적 세계로 분명히 다르지만, 이를 수행하는 이들의 관점에서 보면 두 종류의 과학 모두 세계관을 비롯한 인간적 요인에 의해 구성되며 통제된다. 이런 맥락에서 전에는 충돌했던 두 지적 문화 사이에 일종의 동등성이 만들어졌고, 따라서 이 두 문화가 움직이는 장이 더 평평해진 것처럼 보인다.[2]

그러나 차이점이 있다. 자연과학 연구는 패러다임의 지배를 받지만, 이러한 지적 모형들은 (과학철학자들은 예외지만) 과학자의 연구 대상이나 관심사가 결코 아니다. 자연과학자들은 인간 세계가 아니라 물리 세계를 연구한다. 다른 한편, 사회과학자들은 그들 자신의 분과의 실천을 뒷받침할 뿐 아니라 인간의 정신(심리학)과 사회(사회학), 문화(인류학)에 근원적 영향을 미치며 그것의 중요한 구성요소를 이루는 세계관과 같은 강력한 인지적 힘을 분석하고 이해하는 데 초점을 맞춘다. 따라서 자연과학에서 세계관과 패러다임은 기껏해야 간접적인 관심사나 영향력에 불과하지만, 사회과학에서는 명시적인 관심사이며 연구 대상이다.[3]

이 사실에 대한 증거로 "세계관과 사회과학"이란 주제를 다뤘던 1985년 7월 미시간주 그랜드 래피즈의 캘빈대학에서 열린 토론회에 대해 생각해 보라. 이 모임의 명시적 목적은 "사회과학 안에서 세계관의 문제"를 살펴보는 것이었다.[4] 만연한 다원주의로 인한 문제의 복잡성을 인식했던 이 토론회의 의장들은 세계관이 현대 사회와 과학의 다양성이라는 밀려오는 물 위에서 항해하는 데 도움을 줄 분석체계가 될 수 있다고 생각했다. 토론회 강연록의 편집자들은 약간의 역사적 배경에 비추어 삶과 그것의 과학을 이해하는 데 세계관(*Weltanschauung*)이 어떤 역할을 하는지 설명한다.

> 세계관 연구가 사회 이론들이 다원주의에 대처하는 방법에 관한 실마리를 제공할 것으로 기대할 수 있다. 이 세기의 첫 10년 동안 빌헬름 딜타이는 근대의 곤경을 세계관의 충돌(*Streit der Weltanschauung*)로 묘사했다. 또한, 토마스 쿤은 과학 혁명의 계측 불가능성(*imponderabilia*)을 설명하면서 세계관 개념에 특별한 지위를 부여했다. 쿤의 혁명 직후 세계관의 형성적 영향력을 인

정하는 태도가 놀라울 정도로 광범위하게 자리 잡은 듯하다. 제임스 올타이스(James Olthuis)는 이렇게 요약한다. "삶과 과학에서 갈등은 기초에 자리 잡은 세계관의 차이에서 기인한다는 것을 우리는 깨닫고 있다."[5]

기초에 자리 잡은 토대, 분석 방법, 연구의 대상으로서 세계관은 철학과 이론, 사회과학 연구와 깊이 얽혀 있다.[6] 심리학부터 시작될 우리의 조사를 통해 이 점은 점점 더 명확해질 것이다.

심리학에서의 '세계관'

트라우마 관리, 정체성 발달, 결혼 생활의 만족, 삶의 목적 추구와 관련해 세계관이 미칠 수 있는 영향을 제외해 본다면[7], 여기서 우리의 일차적 목표는 20세기의 가장 저명한 두 정신분석학자인 지그문트 프로이트와 칼 융이 쓴 세계관(*Weltanschauung*)에 관한 두 논문의 내용을 살펴보는 것이 될 것이다. 두 사람은 이 개념이 대단히 중요하다고 생각했으며, 서로 다른 목표를 염두에 두고 논문 전체에서 이 주제를 다뤘다.

융은 심리 치료와 세계관 사이의 관계에 집중했지만, 프로이트는 정신분석이 독립적 세계관을 이루는지 아닌지를 결정하는 것 안에서의 세계관(*Weltanschauung*) 문제를 연구했다. 먼저 프로이트의 공헌을 '분석'해 보자.

지그문트 프로이트: 세계관이란 물음

흥미진진한 한 논문에서 지그문트 프로이트(Sigmund Freud, 1856~1939)는 자신의 동료들이 자신의 사상을 받아들여 "정신분석학적 세계관을 위한 초석"으로 만드는 경향을 드러낸다고 지적한다.[8] 놀랍게도 프로이트는 이 제안에 반대하며, 그 이유를 다음과 같이 설명한다.

> 나는 세계관(*Weltanschauung*)을 만드는 것을 전혀 좋아하지 않는다고 고백해야겠다. 그런 활동은 모든 주제에 관해 정보를 제공해 주는 일종의 배데커[Baedeker, 여행 안내서를 펴내는 독일 출판사]가 없이는 삶의 여정을 헤쳐 나갈 수 없다고 솔직히 인정하는 철학자들에게 맡겨 두면 된다. 우리는 우월한 위치에서 우리를 얕보는 그들의 경멸을 겸손히 받아들이자. 하지만 우리도 자기도취의 교만을 포기할 수는 없으므로 그런 종류의 '삶의 지침서'가 곧 시대에 뒤처질 것이고, 우리의 근시안적이고 편협하며 까다로운 작업 때문에 이런 지침서의 개정판을 낼 수밖에 없을 것이고, 심지어는 가장 최근에 나온 지침서조차도 오래전에 나온 유용하고 충분한 교회의 교리문답서를 대체할 책을 찾으려는 시도에 불과하다는 성찰에서 위로를 얻을 것이다. 우리는 과학이 지금까지 우리를 둘러싼 문제에 관해 별 도움을 줄 수 없었다는 사실을 잘 알고 있다. 하지만 철학자들이 아무리 법석을 떨어도 그들은 상황을 바꿀 수 없다. 모든 것이 확실성이라는 하나의 요구 사항에 종속되는, 꾸준하고 끈질긴 연구만이 점진적으로 변화를 일으킬 수 있다. 어리석은 여행

> 자는 자신의 두려움을 부인하기 위해 어둠 속에서 노래를 부를 것이다. 하지만 결국 그는 한 치 앞도 볼 수 없다.[9]

매우 경멸하는 말투로 프로이트는 세계관을 만드는 것이 교회의 가르치는 역할을 대체할, 삶 전체에 관한 정보를 제공하는 지침서가 필요한 심약한 철학자들한테나 어울리는, 본질적으로 쓸데없는 일이라고 주장한다. 하지만 안내체계로서의 세계관은 과학의 발전, 특히 정신분석학자들에 의한 발전 때문에 자주 수정되어야 한다. 거짓된 실존적 위안을 제공할 뿐 참된 통찰을 제공하지 못하는 세계관의 발전이 아니라, 확실한 과학 지식만이 꾸준히 추구할 가치가 있다. 과학주의가 사상의 왕국을 다스려야 한다.

76세에 "세계관에 대하여"[10]라는 제목의 또 다른 강연에서 프로이트는 정신분석학적 세계관의 제안을 거부한 이유를 밝힌다. 그는 먼저 이렇게 묻는다. "정신분석학은 특정한 세계관으로 귀결되는가? 그렇다면 어떤 세계관으로 귀결되는가?"(158쪽). 이 물음에 답하기 위해 그는 먼저 "대단히 독일적인" 이 개념에 대한 정의를 제시한다.

> 세계관(*Weltanschauung*)은 하나의 지배적인 가설에 기초해 우리 실존의 모든 문제를 한결같이 해결하는 지적 체계로서, 이에 따라 모든 질문에 대한 답이 제시되며 우리가 관심을 기울이는 모든 것이 그 안에서 고정된 자리를 지닌다. 이런 종류의 세계관을 소유하는 것이 인간의 이상적 바람 중 하나라는 것을 쉽게 이해할 수 있을 것이다. 그것을 믿을 때 삶에서 안정감을 느낄 수 있으며, 무엇을 추구하는지, 어떻게 해야 자신의 감정과 관심에 가장 적절하게 대처할 수 있는지를 알 수 있다.

프로이트에 따르면, 세계 “가설”은 모든 문제를 해결하고 모든 의문을 만족시킬 수 있으며 모든 것을 제자리에 둘 수 있어야 한다. 궁극적인 인간의 이상으로서 사람들이 신뢰하는 세계관(*Weltanschauung*)은 최고의 선(*summum bonum*)이 무엇인지 명확히 말해 주고 실용적으로 삶에 대처하는 방식을 알려 줌으로써 마음의 평화나 안정을 제공해야 한다. 정신분석학이 이런 기준을 충족할 수 있을까? 프로이트는 “아니다. 오직 과학만이 할 수 있다”라고 단호하게 말한다. “만약 이것이 세계관(*Weltanschauung*)의 본질이라면, 정신분석학에 관해서 쉽게 답할 수 있다. 전문적 과학으로서, 심리학의 한 분과(심층 심리학 혹은 무의식의 심리학)로서 정신분석학은 그 나름의 세계관(*Weltanschauung*)을 구축하기에 매우 부적합하다. 그것은 과학적 세계관을 받아들여야 한다”라고 프로이트는 말한다(158쪽). 논문의 결론부에서 프로이트는 정신분석학과 세계관의 관계에 관한 이런 확신을 되풀이한다. “내 생각에 정신분석학은 그 나름의 세계관을 만들어낼 수 없다. 그런 세계관이 필요하지도 않다. 정신분석학은 과학의 일부이며 과학적 세계관(*Weltanschauung*)에 충실할 수 있다”(181쪽). 과학은 지식을 위한 인류의 마지막이자 최선의 희망이며, 정신분석학은 과학의 한 부분을 형성한다. 프로이트가 생각하기에 정신분석학은 유사 과학이 아니라 정당한 지위를 획득한 더 광범위한 과학 공동체의 정식 일원이다.

논문의 나머지 부분에서 프로이트는 두 가지 기본적인 주장을 한다. 첫째, 특유의 제약을 고려할 때 과학조차도 프로이트가 정의한 그런 유의 이상적이며 광범위한 토대를 지닌 세계관을 제공할 수 없다. 둘째, 다른 어떤 지적 원천도 이런 책무에 적합하지 않다. 통전적 세계관 구축을 위한 잠재적 저장소로서 과학의 주된 경쟁 상대인 종교나 예술, 철학, 지적 허무주의, 마르크스주의도 이 일을 해낼 수 없다. 사실 프로이트의 주장은, **과학을 비롯해 인간이 활용할 수 있는 그 어떤 인식 체계**도 인류에 꼭 필요한 종류의 포괄적인 세계관을 만들어 낼 수 없다는 것이다. 하지만 근대 과학은 그 한계에도 불구하고 최선의 선택, 심지어는 유일한 선택이다. 그것은 경쟁 상대를 수월하게 뛰어넘는다. 따라서 프로이트는 다른 모든 대안, 특히 종교에 대한 삶을 과학적으로 접근하는 방식의 우월성을 옹호한다.[11] 과학이, 그리고 과학만이 인류에 주어진 유일하게 참된 인식적 희망이다. 이러한 더 광범위한 맥락에서 과학의 한 분야로서 정신분석학은 기여한다. 그것이 자체로서 하나의 세계관인 것은 아니다.

그렇다면 프로이트는 정신분석학이 그 일부를 이루는 과학적 세계관을 어떻게 묘사하는가? 세 가지 기본 특징을 논하고자 한다. 첫째, 근대 과학은 형이상학적 혹은 적어도 방법론적 자연주의에 기초한다. "과학의 태도"는 초자연적, 계시적, 직관적 원천의 공헌을 허용하지 않으며, 이를 허용한다면 참된 과학이란 명칭을 몰수당할 것이다. 프로이트가 주장하듯이, 과학의 특징은 "그것에 대해 외래적인 특정 요소에 대한 격렬한 거부"다. 과학에서는 "세심히 조사하고 관찰한 자료를 지적으로 철저히 검토하는 것, 다시 말해 우리가 연구라고 부르는 것 말고는 우주를 알 수 있는 자료가 없으며, 계시나 직관, 점술(占術)로부터 얻은 지식을 인정하지 않는다고 주장한다"(159쪽). 이런 요소들은 환상에 불과하며, 부질없는 충동의 표현이고, 감정에 기초한다. 이를 정당하다고 간주할 이유가 전혀 없다. 그러나 이런 것들이 존재한다는 사실 자체가 "환영이자 감정적 요구의 결과물에 불과한 모든 것으로부터 [과학적] 지식을 분리해야" 한다는 경고 역할을 한다고 프로이트는 말한다. 따라서 과학이 과학이 되기 위해서는 자연주의에 철저히 기초해야 한다.

둘째, 이러한 과학적 자연주의가 음울하게도 인간 지성의 주장과 필요를 부인하는 것처럼 보일 수도 있지만, 프로이트는 정신분석학에서 인간 삶의 정신적 측면이 비인간적 혹은 물리적인 것과 똑같이 과학적 연구의 대상이라고 주장한다. 정신분석학은 과학이 심각한 누락의 오류를 범하지 않도록 해 주며, 과학을 다시 매료시킨다는 것이다. "정신분석학은 이 점에서 과학적 세계관을 변호할 특별한 권리를 지닌다. 우주의 그림에서 정신적인 것을 무시했다는 비난을 피할 수 있기 때문이다. 과학에 대한 정신분석학의 공헌은 바로 정신적 영역까지 연구를 확장했다는 것이다. 그러한 심리학이 없었다면 과학은 대단히 불완전했을 것이다"라고 프로이트는 말한다(159쪽). 많은 이들은 '정신'이 분자와 동일한 방식으로 연구 대상이 될 수 있다는 주장에 이의를 제기하고 싶을 것이다. 그들은 정신분석학이 유사 과학이며 다른 범주에 속한다고 말할 것이다. 흥미롭게도 프로이트는 그것이 물리학이나 화학, 생물학과 같은 범주에 속하는 분과이며, 따라서 경성 과학(hard sciences: 물리학, 화학, 생물학, 천문학 등의 자연 과학을 가리키는 말로 사회 과학을 지칭하는 연성 과학과 대비되는 개념-역주)을 완전하게 해 준다고 확신한다.

셋째, 프로이트의 과학적 세계관(*Weltanschauung*)은 실증주의적이며 순전히 근대적이다. 아마도 이 점이 가장 중요할 것이다. 과학은 미래를 위한 인류의 최선의 희망이다. 길게 인용할 만한 과학 활동에 대한 그의 묘사는 독립적 세계, 인간의 객관성, 엄격한 실험, 진리 대응설 등 낯익은 근대적 주제들을 포함하고 있다.

과학적 사유는 본질상 통상적 사고 활동과 다르지 않다. 우리는 모두 일상적

> 삶에서 우리 자신을 돌보기 위해 이러한 활동을 한다. 과학적 사유가 어떤 특징을 지니고 있을 뿐이다. 그것은 즉각적이며 구체적인 쓸모가 없는 사물에도 관심을 기울인다. 개인적 요인과 정서적 영향력을 피하기 위해 세심한 주의를 기울인다. 일상적 수단으로 획득할 수 없는 지각의 신뢰성을 더 엄격히 조사하며, 의도적으로 차이를 부여한 실험을 통해 이러한 새로운 경험의 결정 요인을 확인한다. 목표는 실재, 다시 말해 우리 외부에 우리와 독립적으로 존재하고 경험이 우리에게 가르쳐 주듯이, 우리 소망의 성취나 실망에 대해 결정적인 영향을 미치는 것과의 대응에 도달하는 것이다. 이처럼 실재하는 외부 세계와의 대응을 우리는 '진리'라고 부른다. 우리가 실용적 가치를 고려 대상에서 배제할 때조차도 이것은 과학 활동의 목적이다(170쪽).

과학에 관한 이런 진술은 분명히 폴라니와 칸트 이전의 관점을 드러낸다. 인격적, 정서적 영향력이 과학 활동을 훼손하지 않는다는 것이다. 더 나아가 외부 세계에 대한 정확한 지식, 프로이트의 말처럼 인간 소망의 성취나 실망에 결정적 영향을 미치는 실재를 조작할 수 있는 능력을 제공하는 지식이 과학의 목적이다. 따라서 프로이트가 인류의 종말론적 희망이 과학적 세계관이란 합리적 정신의 승리에 기초한다고 믿는 것도 놀랍지 않다. "미래를 위한 우리의 최선의 희망은 지성(과학적 정신, 이성)이 시간이 지나면 인간의 정신적 삶을 지배하리라는 것이다. 이성의 본질은 이성이 앞으로 일어날 인간의 감정적 충동들과 이런 충동들에 의해 결정된 모든 것에 그것들이 마땅히 받아야 할 위상(position)에 관심을 기울일 것이라는 사실을 보장하는 것이다. 하지만 이성의 지배에 의한 보편적 강제력은 사람들을 결속하는 가장 강력한 줄이며 더 심화된 연합을 가능하게 할 것이다"(171쪽).

프로이트는 과학적 합리성이 인간들 사이에서 가장 우위를 차지할 것을 간절히 바라고 소망한다. 그는 이성의 지배가 인간 삶의 정서적 차원에 적절한 위치를 보장해 줄 것이며, 인류의 일치를 위한 결집의 계기가 될 것이라고 믿는다.

따라서 프로이트는 정신분석학이 세계관이 되기를 동경할 필요가 없다고 본다. 그것은 떠오르는 과학적 세계관(*Weltanschauung*)의 필수 구성 요소이기 때문이다. 이 과학적 세계관은 철저한 형이상학적 자연주의와 또는 방법론적 자연주의에 기초한다. 정신분석학 덕분에 과학은 인간 정신과 지성에 대한 엄격한 연구를 아우름으로써 완전해진다. 마지막으로, 프로이트는 과학을 전적으로 실증주의적, 근대주의적 관점에서 바라본다. 그는 자신의 분과가 그 필수 요소를 구성하는 이러한 과학적 세계관이 합리성으로 인류를 결속시켜 장차 인류의 진보를 보장해 줄 것이라는 낙관적인 태도를 가지고 있었다.

여기서 우리는 한두 가지 질문을 던질 필요가 있다. 프로이트 자신의 항변에도 불구하고, 몇몇 이론가들이 최근에 주장하듯이 정신분석학은 하나의 독립적 세계관으로, 아이러니하게도 일종의 종교로 귀결되지 않는가?[12] 로런스(D. H. Lawrence)는 아이러니를 약간 섞어서 그렇게 생각했다. "정신분석학자들은 결말이 어떨지 알고 있다. 그들은 치료자와 의사로 우리 사이에 잠입했다. 점점 대담해진 그들은 과학자로서의 권위를 주장하기 시작했다. 2분 후에는 그들이 사도로 보일 것이다. 우리는 융의 성좌 선언(*ex cathedra*: 천주교에서 교황이 성좌에서 선언한 신앙과 도덕에 관한 교리가 무류하다는 견해-역주)을 보고 듣지 않았는가? 그렇다면 프로이트가 하나의 세계관(*Weltanschauung*)이 되기 직전이라는 것을 이해하기 위해서 굳이 예언자가 필요하겠는가?"라고 그는 썼다.[13]

앞의 분석에서 분명히 밝히듯이, "프로이트의 세계관(*Weltanschauung*)이 하나의 신앙고백으로서 19세기의 과학적 방법론으로 널리 인정받는 원리들을 고수할 뿐"이라는 것을 깨닫기 위해서 굳이 로켓 과학자나 예언자가 필요하지는 않다.[14] 즉 "철학적으로 말해, 정신분석학은 고전적 경험주의와 계몽주의 전통의 영향력을 반영한다. … 프로이트는 자신의 모형의 배경으로서 유물론적 혹은 자연주의적 세계관을 채택했다."[15] 이뿐 아니라 앨버트 리바이(Albert Levi)가 주장하듯이, 프로이트 기획의 인간론은 하나의 세계관을 만들어 낼 수밖에 없다.

> 경험적 과학의 방법론 이외의 세계관(*Weltanschauung*)을 거부했던 프로이트의 초기 입장은 아마도 성급했던 것 같다. … 분명히 프로이트에게는 의식적인 형이상학적 야심이나 헤겔이나 스피노자 같은 고전적 모형으로 세계상(*Weltbild*)을 구축하려는 의도가 없었다. 그러나 어떤 의미에서 그는 이것을 피할 수 없었다. 정신분석학은 인간에 대한 이론, 가장 엄격한 의미에서 **영혼의 논리학**에 기초한다. 어떤 시대든 인간에 대한 새로운 이미지가 나타날 때마다 그것을 제시하는 이론은 철학적 전통의 일부가 된다.[16]

따라서 프로이트의 세계관은 형이상학적 자연주의와 과학적 경험주의 혹은 실증주의와 정신분석학의 독특한 인간학을 수반했다. 이것은 객관적 방식으로 추론한 중립적 입장이 아니다. 오히려 선택된 신념, 심지어는 신조 혹은 신앙고백이다. 프로이트는 정신분석을 통해 독립적인 세계관을 만들려고 하지 않았을 수도 있다. 하지만 그것은 분명히 하나의 세계관에 기초해 있으며, 따라서 그것의 근본 가르침 안에 구현된 본질적 신념을 전파한다.

융:
심리 치료와 삶의 철학

1942년 칼 융(Carl G. Jung, 1875~1961)은 "심리 치료와 세계관"(Psychotherapie und *Weltanschauung*)이란 제목으로 심리 치료와 세계관의 관계를 분석한 강연을 했다. 이 강연이 영어로는 "심리 치료와 삶의 철학"(Psychotherapy and a Philosophy of Life)으로 번역되었다.[17] "복잡하고 비밀스러우며 모호하다"라고 여겨지는 그의 사상 체계 전반처럼[18] 이 강연도 이해하기가 어렵다. 아마도 이는 자신의 이론의 과학적 엄밀성을 주장했던 프로이트와 달리 융은 심리 치료 수행의 눈에 보이지 않는 요소에 훨씬 더 관심을 기울였기 때문일 것이다. 존스(Jones)와 버트먼(Butman)은 이렇게 설명한다. "분석심리학이라는 융의 접근 방식은 사람을 돕는 일과 관련해서 다른 어떤 접근 방식보다도 형언 불가능한 것과 불가사의한 세계에 훨씬 더 편견 없이 접근한다. 그것은 과학적 접근 방식의 측면들을 받아들이지만, 과학적 접근 방식이 채택하는 객관화와 환원론이라는 태도는 거부한다. 융의 분석심리학은 현재 인간의 이해와 지식을 뛰어넘은 불가사의한 세계가 있음을 우리에게 거듭 상기시켜 준다."[19]

융은 인문학과 그것과 관련된 활동에서는 계량화할 수 없는 요소가 중요한 역할을 한다는 사실을 인식했는데, 이에 대한 증거는 그가 "심리 치료와 삶의 철학"이라는 논문에서 심리 치료 "자체의 지적 토대"를 추구하는 데 관심을 쏟았다는 사실이다(76쪽). 융은 분석적 심리학이 본질적으로 지적 전제에 의존한다는 것을 인정할 뿐 아니라 심리 치료 과정에서 치료자와 환자 모두에게 영향을 미치는 세계관(*Weltanschauung*)의 역학을 예리하게 인식하고 있다. 이런 역학이 이 논문에서 융의 성찰의 주된 초점이다. 곳곳에 복잡한 내용이 들어 있음에도 그의 논의의 핵심에 자리 잡은 몇몇 핵심 주제를 소개하고자 한다.

첫째, 융은 심리 치료 과정에서 영혼의 치유(*cura animarum*)를 목표로 하는 효과적인 치료는, 인격체와 세계 전체의 의미에 관한 더 심층적 문제를 고려해야 함을 이해한다. 치료자와 환자 모두 세심한 주의를 기울여야 할, 삶과 현실에 관한 더 광범위한 전망에 기초해 있다. 모든 형태의 환원론을 피하기 위해서는 심리 치료 과정 전반에 영향을 미치는 더 광범위한 확신을 무시해서는 안 된다. 이상적으로는 환자를 완전한 인격체로 대해야 하며, 그들의 삶의 철학을 고려해야 한다. 융은 이렇게 설명한다. "언젠가는 궁극적이며 가장 심층적인 문제를 비롯해 사람과 삶 전체를 건드리지 않고서는 정신을 치료할 수 없다는 것이 명백해질 것이기 때문이다. 이는 몸의 기능의 총체성을 고려하지 않고서는, 혹은 근대 의학의 일부 대표자들이 주장하듯이, 아픈 사람의 총체성을 고려하지 않고서는 아픈 몸을 치료할 수 없는 것과 마찬가지다"(76쪽).

그러므로 융에게 통전성은 대단히 중요하다. 의학과 마찬가지로 심리 치료에서도 그렇다. 치료할 때 삶의 철학을 비롯해 총체적 인격체를 고려해야 한다. 그가 말하듯이, "상황이 더 '심리적'일수록, 더 복잡해지며 삶 전체와 더 깊이 연관된다."

총체성을 다루기 위해 융은 자신의 치료 모형에서는 영혼의 전반적 상태가 하나가 아니라 두 요인, 즉 육체적 요인과 정신적 요인에 영향을 받는다고 주장함으로써 두 번째 중요한 논점을 제시한다. "생리적 요인이 정신적 우주의 적어도 한 극단을 이룬다는 점은 전혀 의심할 나위가 없다"라고 인정한다. 하지만 육체적 기초가 있다고 과학적으로 증명할 수 없는 특정한 정신적 현상(합리적, 윤리적, 심미적, 종교적, 혹은 다른 전통적 관념)은 육체적 현상보다 훨씬 더 중요하다. 융이 말하듯이, "이처럼 지극히 복잡한 지배적 요인이 정신의 다른 한 극단을 이룬다." 그리고 경험이 말해 주듯이, 이 극단은 생리적 극단보다 영혼에 훨씬 더 강력한 영향을 미친다(77쪽). 따라서 삶의 철학이나 세계관은 심리 치료 과정의 중요한 부분을 이룬다.

셋째, 융은 심리 치료자가 어떤 사람의 삶의 철학에 관한 계시와 논의를 "정반대의 문제", 즉 영혼의 변증법적 혹은 대위법적 구조를 통해 드러낼 것으로 기대한다. 예를 들어, 억압된 본능의 사례에서 억압이 제거될 때 본능이 해방된다. 그런 다음, 마음대로 행동하기 바라는 새롭게 해방된 본능의 통제에 관한 질문이 떠오른다. 본능은 어떻게 수정되거나 승화되어야 하는가? 인간이 반드시 합리적 동물인 것은 아니기에 이성으로는 이 문제를 해결할 수 없다. 이성만으로 본능을 수정하거나 그것이 합리적 질서를 따르게 만들 수 없다. 따라서 이런 딜레마 속에서 모든 종류의 도덕적, 철학적, 종교적 문제가 생겨난다. 융에 따르면 본능의 문제에 대응하기 위해 치료자는 "자신과 환자 모두의 삶의 철학에 대해 논의할 수밖에 없을 것이다." 그러므로 세계관은 해방된 충동을 규제하는 데 중요한 역할을 하며, 심리 치료 과정에서 다른 역동들과 밀접한 관련이 있다.

이것은 치료자/환자 관계에서 철학적 논의가 발생하는 유일한 방식은 아니다. 융의 네 번째 주장은 환자가 제1의 원리들에 대한 설명을 요구할 때 "철학적 논의는 심리 치료가 반드시 수행해야 할 과제"라는 의미다. 모든 환자가 그런 요구를 하지는 않겠지만, 치료자는 자신의 추천과 조언을 결정하는 철학적 토대를 설명할 준비가 되어 있어야 한다. 융이 말하듯, "측량줄, 즉 우리의 행동을 결정하는 윤리적 기준에 관한 질문에 대해 대답해야 한다. 왜냐하면, 환자는 우리가 우리의 판단과 결정을 설명할 수 있기를 기대할 것이기 때문이다." 따라서 융은 치료자가 믿을 만한 일군의 신념을 명확히 진술하고 자신의 경험으로 이를 증명해야 한다고 주장한다. 그가 말하듯이, "심리 치료에서 치료자는 자신의 신경적 분열을 해소하거나 신경적 분열의 발생을 예방함으로써 그 가능성이 입증하는, 공언할 수 있고 믿을 만하며, 방어할 수 있는 신념을 가지고 있어야만 한다"(78쪽). 따라서 수행되는 심리 치료를 환자에게 설명하기 위해서는 삶의 철학이 필수적이다. 그와 더불어 융은 인간의 삶과 심리 치료에서 세계관이 엄청나게 중요한 이유를 설명한다. 이 다섯째 논점을 제시하면서 융은 세계관의 다양한 특징과 기능, 부침을 설명한다.

> 가장 복합적인 심리 구조로서 한 사람의 삶의 철학(세계관)은 생리적 조건에 제약을 받는 정신과 대조를 이루는 극단을 형성하며, 정신을 지배하는 최고 요인으로서 후자의 운명을 궁극적으로 결정한다. 그것은 치료자의 삶을 안내하며 그가 행하는 치료의 분위기를 형성한다. 가장 엄격한 객관성에도 불구하고 그것은 본질적으로 주체적인 체계이기 때문에 환자의 진리와 충돌해서 반복적으로 부서질 수 있으며 그럴 가능성이 크다. 하지만 경험에 의해 활력을 얻어 다시 일어난다. 확신은 자기변호로 쉽게 변질되며 경직성에 빠지기 쉬운데, 이는 삶에 해로운 영향을 미친다. 굳은 확신을 시험해 볼 수 있는 잣대는 탄력성과 유연성이다. 다른 모든 고귀한 진리와 마찬가지로 그것은 오류를 받아들일 때 가장 잘 발전한다.

이처럼 매우 놀라운 말로 융은 세계관의 중요한 특징을 언급한다. 첫째, 세계관은 그것을 지닌 사람의 삶의 운명을 결정한다. 둘째, 치료자의 삶을 안내한다. 셋째, 치료 자체의 윤곽을 형성한다. 넷째, 합리성을 추구하지만 본질적으로 주관적인 사상 체계다. 다섯째, 환자와 대면할 때 부서질 수도 있지만 경험의 결과로 이 위기를 이겨내고 심지어는 더 강해질 것이다. 여섯째, 죽음과 같은 경직성으로 굳어질 수도 있다. 일곱째, 굽히는 능력을 개발해야 한다. 여덟째, 실수를 받아들이고 실수로부터 배워야 한다. 그때 삶과 심리 치료의 중심에는 모든 것을 결정하는 세계관(*Weltanschauung*)이 자리 잡고 있다.

심리 치료 과정에서 세계관이 중심 역할을 하므로 융은 심리 치료와 철학, 종교 사이의 차이를 해소하는 마지막 주장을 한다. 심리 치료자는 철학자 역할을 해야 하며 삶의 가장 심층적 차원에서 철학과 종교의 유사성을 인식해야 한다고 주장한다. 그의 말을 직접 들어보자. "심리 치료자인 우리가 철학자 혹은 철학적 의사가 되어야 한다는 사실(혹은 우리가 하는 일과 대학에서 철학으로 받아들여지는 것 사이의 명백한 차이 때문에 이를 받아들이기를 꺼린다고 해도 우리는 이미 철학자라는 사실)을 나는 숨길 수 없다. 우리는 이것을 이제 막 탄생의 상태에 있는(*in statu nascendi*) 종교로 부를 수도 있다. 삶의 뿌리를 지배하는 거대한 혼란에는 철학과 종교 사이 구분이 없기 때문이다"(79쪽).

"우주의 병"(세계관적 혹은 철학적 장애)으로 고통받는 환자에게는 자신의 철학적, 종교적 통찰을 활용해 실재와 더 조화를 이루는 새로운 정신적 시각을 제공하는 "우주를 보는 눈을 치료하는 의사"(cosmophthalmologist)인 심리 치료자가 필요하다.[20] 다시 말해, 세계관과 연관된 이미지는 실재와 심각한 차이를 지닐 수 있으며, 그 세계관을 지닌 사람이 실재에 제대로 적응하지 못하게 할 수도 있다. 그런 환자에게는 중대한 인식적 재정향이 필요하다. 철학적이든 아니든 다양한 신경증을 지닌 환자를 치료하기 위해 치료자는 동일한 정신적 질병에 걸리지 않도록 조심해야 하며, 치료에 대한 환자의 반응에 따라서 환자의 정서적 필요를 가장 잘 충족해 줄 수 있는 종교적, 철학적 원리를 찾도록 도와주어야 할지도 모른다.

결론적으로, 프로이트와 융은 세계관(*Weltanschauung*) 개념과 관련해 다른 문제에 관심이 있었다. 프로이트는 정신분석학이 자율적인 세계관이란 관념을 억누르고자 했다. 그는 이 분과가 근대에 적합한, 유일한 세계관에 자랑스럽게 동참하며, 과학의 한 분야임을 증명하고 싶어 한다. 하지만 프로이트가 정신분석학이 세계관임을 성공적으로 부인했는가에 관해 의문을 제기할 타당한 이유가 있다. 왜냐하면, 그는 중립적, 과학적 객관성의 범위를 넘어서는 실재에 대한 관점을 받아들였고, 그의 이론이 그런 관점을 구현하기 때문이다. 반면에 융은 분석 심리학과 근본적인 삶의 철학 사이의 중요한 연관성을 지적하는 데 관심을 기울였다. 세계관은 심리 치료의 관계라는 맥락에서 고려되어야 하며 그 맥락 속에서 떠오른다. 치료자는 자신의 중요한 역할을 인식할 뿐 아니라 자신의 신념을 표현할 수 있어야 하며, 환자가 치료 과정에 이로울 근본적인 철학적 원리를 발견하도록 도울 수 있어야 한다. 이처럼 프로이트와 융의 저작을 통해 세계관 개념은 심리학 안에서 의미 있는 주목을 받아왔다. 이들에 대한 논의를 통해 두 가지가 명백해 보인다. 모든 심리 치료 프로그램(프로이트적이든, 융적이든, 다른 어떤 종류든)은 근본적인 세계관의 전제 위에 구축되었으며, 이러한 철학적 토대는 심리 치료 과정 전체에서 대단히 중요한 요인으로 작용한다.[21]

사회학에서의 '세계관'

이제 우리는 세계관의 학제적 역사에 몇몇 사회학자들이 어떤 기여를 했는지 살펴보고자 한다. 카를 만하임과 피터 버거, 토마스 루크만, 카를 마르크스, 프리드리히 엥겔스는 각각 이 중요한 주제에 관해 중요한 주장을 했다. 만하임의 성찰은 한 시기의 총체적인 전망을 결정하는 방법론에 초점을 맞춘다. 사회학자들은 어떻게 객관적, 과학적 방법으로 세계관을 확인하고 전달할 수 있을까? 버거와 루크만은 지식사회학이란 개념을 공식화하는 데 선구적 역할을 했다. 지식사회학에서는 사회적 역학이 인식의 구성에서 어떤 작용을 하는지를 논증하고자 하며, 이는 분명히 세계관의 공식화에 관해서도 명백한 함의를 지닌다. 마지막으로 사회주의 사상의 틀 안에서 카를 마르크스와 프리드리히 엥겔스의 저작에서 '세계관'과 '이데올로기'가 어떻게 사용되는지 간략히 살펴볼 것이다. 먼저 카를 만하임에 대해 알아보자.[22]

카를 만하임 : 세계관의 해석에 관하여

사회과학에서 세계관(*Weltanschauung*)은 무엇이며, 이 분야에서 이 개념을 분석할 수 있는 적합한 방법론은 무엇일까? 카를 만하임(Karl Mannheim, 1893~1947)은 "세계관의 해석에 관하여"(On the Interpretation of *Weltanschauung*)라는 제목의 긴 논문을 통해 이런 물음에 답하고자 했다.[23] 그의 주장에는 '세계관'에 대한 철학적 정의가 수반될 수밖에 없지만, 그는 그런 정의를 제시하는 데는 관심이 없고, 오히려 사회과학자들과 다른 이들이 특정한 시기나 문화의 기초를 이루는 세계관을 발견하도록 도와줄 수 있는 방법론의 문제에 관심을 기울인다. "한 시대의 총체적인 전망(세계관[*Weltanschauung*])을 결정하거나 모든 것을 아우르는 이런 실체의 단편적 표현을 추적할 때, 문화와 역사 분야 연구자(예술사가, 종교사가, 아마도 사회학자까지도)는 어떤 종류의 과제를 수행해야 하는가? 세계관(*Weltanschauung*)이란 개념이 지칭하는 실체가 우리 모두에게 주어져 있는가? 그렇다면 그것은 어떻게 주어지는가? 그것의 소여성(所與性)은 문화와 역사 분과의 다른 자료의 소여성과 어떻게 비교할 수 있는가?"(8쪽).

일단 총체적인 전망이나 세계관 같은 것이 존재하며 그것이 특정한 문화의 하부구조로서 파악되어 왔다고 가정할 때, 여전히 남는 의문은 이것이다. "그것을 학문적, 이론적 용어로 번역해 낼 방법이 존재하는가? 그런 '소여'가 유효하며 입증 가능한 학문적 지식의 대상이 될 수 있는가? … 한 시대의 총체적 전망을 객관적, 학문적 방법으로 결정하는 것이 가능한가? 혹은 이런 총체적 전망의 모든 특징은 공허하며 불필요한 억측일 수밖에 없을까?"(8, 9쪽). 다시 말해서, 인간의 인식과 문화의 가장 근본적 차원에 자리 잡은 것을 어떻게 학문적으로 이해하고 이론적으로 표현해 낼 수 있을까? 세계관은 학문적 조사의 대상이 될 수 있을까? 존 함스(John Harms)에 따르면, 만하임은 이런 물음에 답하고자 했으며, 사회 이론의 교육이 "다른 세계관들(*Weltanschauungen*) 사이의 소통"을 장려하고 … "사회 전체를 더 잘 파악하고 이해할 수 있게" 해 줄 것으로 기대하며 연구를 수행했다.[24]

먼저 만하임은 사회과학이 자연과학을 본받아서 원자론적인 연구 기획에 거의 전적으로 노력을 집중했다고 지적한다. 그러나 부분, 즉 분리된 개별적인 것들에 관한 연구에 초점을 맞춤으로써 인문학에서는 구체적인 경험의 종합과 문화의 총체성을 무시했다. 그 결과 근본적인 연구 의무 중 하나를 놓치고 말았다. 그럼에도 불구하고, 최근에 문화 연구 내의 전문화된 한 분과조차도 "그 대상의 과학 이전의 총체성"을 포기할 수 없음을 인식하게 되었으며, 그 결과 "종합"과 "전체를 조망하는 접근 방식"으로의 전환이 이뤄졌다(9~11쪽). 만하임은 "종합을 지향하는 현재의 추세는 무엇보다도 세계관(*Weltanschauung*) 문제, 즉 역사적 종합을 위한 노력이 도달할 수 있는 가장 발전된 지점을 가리키는 문제에 대한 새로운 관심에 의해 분명히 드러난다"라고 주장한다(11~12쪽). 따라서 전체를 조망하는 분위기는 이 중요한 개념과 그것의 종합하는 능력을 조사하는 데 도움을 준다. 하지만 그렇게 하려면 사회과학은 그런 관심사를 금하는 자연과학의 지배적 패러다임을 포기해야 한다. 만하임은 이런 기획을 수행하기 위한 신뢰할 만한 방법을 제공하려고 한다.

만하임에 따르면, 종합적 개념으로서의 세계관(*Weltanschauung*)의 연구와 관련된 핵심 문제는 그것이 이론적 성찰의 영역 외부에 존재하고 그보다 선행한다는 것이다. 다시 말해, 세계관은 이론적 현상이 아니라 이론 이전의 현상이다. 그것은 추상적 사고보다 선행하며 그것을 규정한다. 정반대로 세계관을 철학적이든, 과학적이든, 종교적이든, 문화의 합리적 구성물과 동일시하는 강력한 전통이 존재한다. 이 분야의 집합적 선언이 문화의 본질적 철학, 즉 세계관(*Weltanschauung*)을 구성했다. 만하임이 독창적으로 이 관점을 수용했지만, 세계관이 이론적 체계와 동일하지 않고 그것의 선험적 기초로서 그것보다 선행함을 최초로 논증한 인물은 빌헬름 딜타이다. 만하임은 "세계관들(*Weltanschauungen*)이 사유에 의해", 즉 이론적으로 만들어지지 않는다는 딜타이의 말을 인용한다. 만약 그렇다면 만하임이 말하는 "이론 이전의" "비합리적" 세계관(*Weltanschauung*)과 그로부터 생겨난 이론적 관계망 사이에 일정한 지적 격차가 존재하는 셈이다. 만하임은 이 관계를 이렇게 설명한다. "이런 의미에서 우리가 세계관(*Weltanschauung*)이라고 부르는 이 총체성을 이론 이전의 무엇임과 동시에 종교와 **관습**, 예술, 철학과 같은 모든 문화적 객관화를 위한 토대로 이해한다면, 더 나아가 이런 객관화가 비합리적 세계관과의 거리에 따라 위계적으로 배치될 수 있음을 받아들인다면, 이론적 세계관은 이 근본 실체의 가장 동떨어진 표현 중 하나인 것처럼 보일 것이다"(13쪽).

세계관을 문화적 객관화를 촉진하는 근본 실체로 이해할 때, 몇 가지 이유로 문화 연구가 강화된다. 첫째, 종합의 추구는 문화의 모든 분야를 아우르며, 그 각각은 그 기저에 자리 잡은 지각의 틀을 반영한다. 둘째, 세계관이 사물이 명제화되기 이전의 토대임을 인정할 때 사회 연구자들은 "문화의 자연 발생적, 비의도적, 기초적 충동"에 훨씬 더 가까워질 수 있을 것이다(14쪽). 분명히 이는 다양한 분과 안에 자리 잡은 명백한 이론적 선언으로부터 하나의 세계관을 확인하려고 노력했던 연구자들에게 큰 이점이 될 것이다. 만하임의 분석의 주된 논점은 세계관(*Weltanschauung*)이 가장 근원적인 방식으로 시원적 영역에 속한다는 것이다.

> 그것[세계관(*Weltanschauung*)]을 결코 논리와 이론의 문제로 이해할 수 없을 뿐 아니라 철학적 주장 혹은 어떤 종류의 이론적 수단을 통해서도 온전히 표현해 낼 수 없다. 사실 그와 비교할 때, 예술 작품, 윤리 규범, 종교 체계와 같은 비이론적 실현에는 여전히 합리성과 명시적으로 해석 가능한 의미가 부여된다. 반면에 포괄적 단위로서의 세계관(*Weltanschauung*)은 더 심층적인 무엇, 여전히 형성되지 않은 발달 초기의 실재다(16쪽).

그러므로 만하임에게 세계관은 자발적, 비의도적으로 일어나는 거의 무의식적 현상이다. 심층적이며 형성되지 않고 미발달된 실체로서 세계관은 이를 수용하는 이들에게는 당연하게 받아들여지지만, 생각과 행동의 일차적 동인이다. 세계관은 사회적 삶과 문화적 구조를 뒷받침하는 조용한, 무언(無言)의 전제다.

이 논문에서 만하임의 일차적 목적은 특정 시기의 총체적 전망이 무엇인지를 결정할 방법론적 원리를 해명하는 것임을 기억해야 한다. 앞에서 설명했듯이 세계관이 일차적 문화적 층위라면, 처음에 제기했던 물음이 다시 떠오른다. 그것은 과학적 연구와 발견을 위한 정당한 후보가 될 수 있을까? 이러한 시원적 영역을 과학적으로 연구하고 이론적으로 설명해 낼 수 있을까?

이런 물음에 대해 만하임은 가능하다고 답하고 나서, 세계관(*Weltan-schauung*)을 과학적으로 연구하고 이론적으로 이해하는 방법을 길게 논한다. 여기서는 그의 주장의 큰 줄기만 살펴보고자 한다. 먼저 그는 문화적 산물이 지닐 수 있는 세 종류의 의미(객관적 의미와 표현적 의미, 기록적 혹은 증거로서의 의미)를 검토한다. 객관적 의미는 그 대상 자체에 **즉각적으로** 기초해 있다. 표현적 의미는 주체가 뜻하는 바에 **매개적으로** 기초해 있다. 기록적 혹은 증거로서의 의미는 주체의 본질적 성격, 전체를 조망하는 평가, 총체적 지향성에 역시 **매개적으로** 기초해 있다(18~22쪽). 만하임은 이 세 종류의 의미 중 마지막을 통해 세계관에 대한 학문적 지식이 가능하다고 이해한다. 그는 이렇게 말한다. "우리가 (한 시대의) '정수'나 '정신'이라고 부르는 총체성은 이러한 '기록적' 의미를 통해 우리에게 주어진다. 이것은 창의적 개인이나 한 시대의 총체적 전망을 구성하는 요소들을 이해하는 관점이다"(23쪽). 이렇게 만하임은 문화적 산물이 사실은 기록적 의미를 지닌다는 것을 보여 준다(24~28쪽). 그의 다음 단계는 문화적 산물의 이런 기록적 의미가 이론 이전의 직접적 경험을 통해 파악된다고 설명하는 것이다(38~45쪽). 마지막으로, 그는 모든 문화적 산물 안에 총체적 전망을 반영하는 기록적 의미가 주어져 있음을 보여 준다. 정말로 그러하다면, 만하임은 세계관(*Weltanschauung*)과 기록적 의미를 과학적으로 연구하고 이론적으로 설명할 수 있음을 논증할 수 있는 셈이다(45~57쪽).

만하임이 논문에서 방법론을 다루며 씨름하는 "핵심 질문"은 "우리가 어떻게 한 시대의 다양한 [문화적] 객관화로부터 그 시대의 정신, 세계관(*Weltanschauung*)이라 부르는 총체성을 정제해 내며, 이를 어떻게 이론적으로 설명할 수 있는가"이다(48쪽). 달리 말하면, 그는 이렇게 묻는다. "어떻게 우리는 통제하고 입증할 수 있는 과학적 용어로 같은 시기에 속하는 모든 문화적 산물 안에서 감지해 낸 [세계관의] 통일성을 설명할 수 있을까?" 한 시대의 세계관을 입증할 수 있는, 학문적으로 건전한 방법론을 제공하려는 그의 노력에 걸림돌이 되는 악명 높은 한 가지 문제는 해석학적 순환의 문제다. 만하임은 자신의 체계가 지닌 문제점을 이렇게 설명한다. "우리는 기록을 이루는 개별적 표현으로부터 '시대정신'을 추론하며, 그 시대의 정신에 관해 우리가 아는 바에 기초해 기록을 이루는 개별적 표현을 해석한다. 이 모든 것은 문화학에서 부분과 전체가 동시에 주어진다는 … 주장을 입증한다"(49쪽).

그는 이 문제를 해결하지 않지만(아마도 해결할 수 없지만), 자신의 기록적 방법이 학문을 신뢰하는 시대정신을 확인할 수 있음을 증명해 보려고 한다. 그의 말처럼 "기록적 해석을 위한 모든 노력은 연구 대상인 문화적 장에 따라 '예술적 동기', … '경제적 기풍', … '세계관(*Weltanschauung*)', … '정신' 등으로 다양하게 지칭되는 일반적 개념으로 기록적 의미를 지닌 산발적 항목을 묶어 낸다"(33쪽). 결론에서 주장하듯이 그의 야심은 "이론 이전의 자료의 의미와 형식으로 학문의 궤도 안으로 끌어들이고" 그렇게 함으로써 세계관(*Weltanschauung*)을 추구하는 사회과학자들에게 전적으로 자연과학에서 유래한 방법론으로부터 해방되는 경험을 제공하는 것이다(57쪽).

요약하면, 만하임은 적어도 두 가지 점에서 빌헬름 딜타이의 정신을 후대에 부활시킨 것 같다. 첫째는 방법론에 대한 그의 관심이다. 딜타이가 사회과학을 위한 확고한 학문적 기초를 세우고자 했듯이, 만하임도 시대정신(*Zeitgeist*)을 파악하는 방법을 설계함으로써 비슷한 시도를 한다. 종합을 향한 최근의 경향에 자극을 받아, 문화적 산물을 개별적 혹은 독립적으로는 이해할 수 없다는 인식에 기초한 방법을 통해, 만하임은 세계관에 대한 타당하며 입증 가능한 학문적 지식을 얻게 해 주는 접근 방식을 추구했다. 그 작업의 성공 여부는 다른 문제다. 둘째, 만하임은 세계관(*Weltanschauung*)을 이론 이전의 차원에 배치함으로써 딜타이를 떠올리게 한다. 딜타이는 그가 분류한 세 근본적 세계관(자연주의, 자유의 관념론, 객관적 관념론)이 공식인 이론 활동의 출발점이라고 주장했다. 의식의 시원적 층위(혹은 무의식), 세계에 대한 근본 태도가 공적 활동을 추동한다. 만하임은 세계관을 동일한 인식 장소에 배치한다. 즉 이론적, 문화적 구조를 구축하기 위한 태도로 본다. 딜타이는 세계관을 우주와 연결하고 만하임은 이를 "사회적 총체성"과 연결하지만, 둘 모두에게 세계관은 *Urstoff*, 즉 사상의 주요 본질을 이룬다. 물론 이것은 만하임이 방법론 문제에 관심을 기울이게 한 요소다. 여담으로, 딜타이와 만하임이 제시한, 세계관(*Weltanschauung*)을 지식 활동과 문화 현상의 전제로서 이해하는 입장이 만하임의 견해가 제임스 오어와 아브라함 카이퍼, 네덜란드 신칼뱅주의자, 다양한 복음주의 사상가들이 채택한 세계관에 관한 입장인 것처럼 보인다.

피터 버거와 토마스 루크만 : 지식사회학과 거룩한 덮개

지식사회학에서 다루는 핵심 문제는 파스칼의 유명한 말을 통해 명확히 드러난다. "우리는 그 어떤 정의도, 그리고 부정의도 기후의 변화에 따라 그 본질이 변하는 것을 안다. 위도 3도에 의해 모든 법률이 뒤바뀐다. 하나의 자오선이 진리를 결정한다. 몇 년 후 소유권에 관한 기본법이 바뀐다. 권리도 다 때가 있다. 우리는 토성이 사자자리로 들어가는 것으로 어떤 범죄의 원인을 안다. 한 줄기 강으로 경계선이 만들어지는 이런 정의는 얼마나 괴상한가! 피레네산맥 이편의 진리가 건너편에서는 오류가 된다."[25]

왜 정의와 법, 옳음, 진리, 오류의 개념은 지리와 시대, 사회적 환경의 변화에 따라 변하는가? 무엇이 '진리'와 '실재'를 궁극적으로 규정하는가? 이를 규정하는 것이 사회적, 실존적 요인과 밀접하게 연결되어 있지 않은가? 영적, 인식적 구조의 차이가 사회적, 역사적 맥락의 다양성의 원인이 아니겠는가? 이론 이전의 실재로서든, 더 형식적인 개념적 모형으로서든, 세계관은 어떻게 한 사회적 집단에 의해 만들어지고 유포되고 유지되며, 그 안의 개인들에 의해 받아들여지는가? 지식과 의식, 우주에 대한 전망에 관해 각 문화는 왜 이렇게 두드러지게 다른가? 이런 것들이 지식사회학에서 연구하는 문제다. 사회학의 이 하위 분과는 대략 "지적 삶과 인식의 양식과 관련된 사회적 과정과 구조의 규칙성에 대한 분석(셸러[Scheler]) 혹은 사상의 실존적 연관성에 대한 이론(만하임)"으로 정의할 수 있다.[26] 물론 '세계관' 개념을 사회 안에서 찾고자 한다면 (이데올로기, 사회적 틀, 배경 전제, 패러다임 등으로부터 상당한 도전을 받기는 하겠지만) 이런 활동의 맥락 안에서 나타날 가능성이 크다. 하지만 세계관은 이런 학문적 배경 속에 자연스럽게 자리 잡고 있다.[27] 찰스 스미스(Charles Smith)가 주장하듯이, 지식사회학의 지침이 되는 원리는 사람들이 세계를 바라보는 방식이 그들의 사회적 위치에 의해 결정되는 정도는 아니더라도 영향을 받는다는 것이다. 그는 "지식사회학자는 '특정한 세계관을 생겨나게 한 사회적 조건에 근거해 그 특정한 세계관의 내재적 편견을 이해하고자 한다"고 주장한다.[28] 카를 만하임 같은 인물도 동의했을 것이다. 왜냐하면, 피터 해밀턴(Peter Hamilton)에 따르면, 그에게 지식사회학은 "특정한 세계관들(*Weltanschauungen*)이 나타나는 사회적 조건에 관한 연구"이기 때문이다.[29] 막스 셸러는 그가 "비교적 자연적인 세계관(*Weltanschauung*)"이라고 부른 것의 확립을 지배하는 법칙을 발견해 내는 것이 지식사회학의 주된 목적 중 하나라고 주장하면서 이 관점을 지지한다. 그가 주장하듯이, 한 공동체나 문화가 받아들이는, 입증되지 않고 입증될 수 없는 사고방식으로서의 세계관을 발견한 것이 지식사회학의 주된 공헌 중 하나다.

> 지식사회학이 우리에게 제공하는 가장 신뢰할 만한 통찰은, 이른바 원시인들, 아동의 생태형태적(biomorphic) 세계관, 근대 이전의 서양 문명 전체에 관해 지식 사회학이 우리에게 제공하는 가장 신뢰할 만한 통찰 중 하나는 거대 문명권과 상대적으로 … 자연적인 세계관과 비교함으로써 얻을 수도 있는 통찰이다. 즉 인간에게 속하는 하나의 변함없는 자연적 세계관이란 존재하지 않는다. 오히려 세계에 대한 다양한 이미지들이 이미 주어진 범주적 구조에 내려

가 닿을 뿐이다.[30]

이런 논평을 보면, 세계관과 지식사회학이란 분과 사이의 연관성에 대해서는 의심할 나위가 없는 것처럼 보인다. 그리고 둘 사이 관계의 계보학은 매우 흥미진진하다. 사회적 배경과 인간 지성의 지적 의식 사이의 관계를 보여 주는 사례는 고대까지 거슬러 올라간다.[31] 예를 들어, 플라톤의 *doxa*(속견)이라는 개념은 민중(철학자가 아닌 사람들과 하층 계급)의 견해, 더 나아가 영혼 자체가 생성 중인 경험적 세계와의 만남에 의해, 기계적 기술에 의해 형성된다는 관점이다. 중세에 삶과 사상의 고정된 유형이라고 보았던 것이 결국에는 사회적으로 영향을 받은 것임을 인정하게 되었다는 사실은, 왕궁의 생각과 시장의 생각은 전혀 다르다는 마키아벨리의 경구를 통해 드러난다. 근대의 합리주의자와 경험주의의 교리 역시 이 유산에 기여한다. 수학의 알고리즘처럼 진리가 하나여야 한다는 신념 때문에 합리주의자들은 오류가 이토록 많은 까닭이 사회문화적 삶에 기초하기 때문이라고 설명했다. 경험주의자들은 인식을 실재론적으로 설명하려고 노력했음에도 불구하고, 감각 안에 존재하지 않는다면 정신 안에는 아무것도 존재하지 않는다는 그들의 신념 때문에 다른 경험과 감각 자료는 실재에 대한 다른 관념과 심지어는 회의주의로 귀결될 수밖에 없었다. "정신의 우상"이 기만의 원천이라는 프랜시스 베이컨(Francis Bacon)의 논제는 인간의 지식이 종족과 시장, 극장, 동굴에 의해 만들어진다는 것을 보여 준다. 인간 정신의 선험적 범주 안에서 지식을 확립하고자 했던 임마누엘 칸트의 시도조차도 '사회적으로' 비판을 받아 왔다. 특히, "칸트의 범주표가 유럽인의 정신에 따른 범주표에 불과하다"라는 것이다.[32] 서양 사상의 이런 모든 특징이 지식을 사회학적으로 분석하기 위한 길을 예비했다.

카를 마르크스는 지식사회학의 "근거 명제"를 제시했다. 자주 인용되는 《정치경제학 비판에 부치는 서문》(*A Contribution to the Critique of Political Economy*)에서 그는 이렇게 말했다. "물질적 삶의 생산 양식이 사회적, 정치적, 지적 삶의 과정 전반을 규정한다. 인간들의 의식이 그들의 존재를 결정하는 것이 아니라 그 반대로 그들의 사회적 존재가 그들의 의식을 결정한다."[33] 마르크스는 두 가지 문화적인 근본 층위, 즉 일군의 경제적 관계로 구성된 "하부 구조"(*Unterbau*)와 그것에 의해 결정되는 의식과 지성이란 "상부 구조"(*Überbau*)가 있다고 본다. 지식은 (계시를 믿는 이들이 말하듯이) 하늘로부터 떨어지거나 (합리론자나 관념론자들이 생각하듯이) 순수하게 인간 정신으로부터 나온 것도 아니다. 오히려 그것은 유물론자들이 주장하듯이, 삶의 사회경제적 조건의 결과다. 이 근거 명제가 지식사회학이란 근대 학문의 출발점이 되었다. 세계관을 비롯해 지식을 위한 근본적, 사회적 결정 요인은 무엇인가?

피터 버거와 토마스 루크만은 동료들과 자신들을 구별하는 지식사회학 이론을 제시한다. 그들은 흔히 이 학문 분과와 연관시키는 인식론적, 방법론적 문제를 괄호 안에 넣고, 이 분과를 일반적인 경험적 사회학, 혹은 평범한 사람들의 사회학의 범위 안에 자리 잡게 한다. 이것은 분과 자체의 재정의로 이어진다. 지식사회학은 지성사와 이론적 사상, 관념 체계 등의 사회적 자극에 일차적으로 관심을 기울여 왔다. 버거와 루크만은 이것이 이 분과에서 마땅히 다룰 만한 **부분**임을 인정한다. 하지만 전체가 되어서는 안 된다고 주장한다. 고전적 방법과 모형에서는 이론과 사상, 이데올로기의 사회적 계보학을 다룰 때 지성사를 강조한다. 하지만 그들은 지식사회학이 그물을 훨씬 더 넓게 던져야 한다고 제안한다. "지식사회학은 사회 안에서 '지식'으로 통하는 모든 것에 관심을 기울여야 한다"라고 그들은 주장한다.[34] 이 책의 논의와 관련이 있는 결과는, 버거와 루크만이 이 분과의 핵심적 관심사와 연구 대상으로서의 세계관의 중요성을 축소했다는 것이다. 왜냐하면 그들은 세계관이 강력한 이론적 지향성을 지니고 있다고 보았기 때문이다. 대신 그들은 알프레트 슈츠(Alfred Schutz)의 영향을 받아 인지적 지각의 일차적 원천으로서 평범한 사람들의 역사적, 사회문화적 "생활세계"(*Lebenswelt*)의 중요성을 강조한다. 그들은 이렇게 주장한다. "이론적 사상, '관념', 세계관들(*Weltanschauungen*)은 사회에서 그다지 중요하지 않다. 모든 사회에 이런 현상이 존재하지만, '지식'으로 통하는 것의 총합 중 일부에 불과하다. 어떤 사회에서든 매우 제한된 집단에 속한 사람들만이 이론화와 '관념'에 관련된 일, 세계관(*Weltanschauung*) 구축에 참여한다. 하지만 사회 안의 모든 사람은 이런저런 방식으로 그 사회의 '지식'에 참여한다."[35]

어떤 사회든 이론적으로 정교한 사람들은 별로 없다. 하지만 사회 안의 모든 사람이 특정한 상징 '세계'를 점유하므로 지식사회학에서 다수가 아니라 소수에 초점을 맞추는 것은 너무 제한적이어서 부적합하다. 지식사회학자들과 같은 이론가들이야 당연히 이론의 중요성을 강조한다. 하지만 이것은 "주지주의적 오류"다. 종교적이든, 과학적이든, 철학적이든, 정교한 인식 체계가 한 사회의 지식 공급 전체를 구성하지는 못한다. 그러므로 버거와 루크만은 이렇게 결론 내린다. "그러므로 지식사회학에서는 무엇보다도 먼저 사람들이 일상적이며 비이론적 혹은 선이론적 삶 속에서 '현실'이라고 '알고' 있는 바에 관심을 기울여야 한다. 다시 말해서, '사상'보다는 상식적인 '지식'이 지식사회학의 핵심이 되어야 한다. 어떤 사회도 그것이 없이 존재할 수 없는 의미의 구조를 이루는 것은 바로 이런 '지식'이다."[36]

버거와 루크만은 세계관과 같은 이론적 진술이 여전히 그들의 관심사의 일부라고 분명히 말한다. 하지만 그것이 그들의 주된 관심사는 아니다. 그들의 주요 관심사는 모든 이론화보다 선행하며 당연히 받아들여지는 지식의 층위이다. 그들은 형식적, 이론적 구성물로서의 세계관을 만들어 내는 의식 이전의 인식적 하부 구조에 관심을 기울인다. 물론, 딜타이와 만하임처럼 어떤 이들은 세계관이 바로 그런 층위에 자리 잡고 있다고 이해한다. 그렇게 정의할 때 세계관도 틀림없이 버거와 루크만이 규정한 방식으로 사회학적으로 연구할 만한 후보가 될 것이다. 다시 말해서, 인식하든 못하든, 세계관은 "사람들이 일상적이며 비이론적 혹은 선이론적 삶 속에서 '실재'라고 '알고' 있는 바"일 것이다. 그러나 버거와 루크만은 세계관을 그렇게 정의하지 않는다. 그래서 세계관에 관심을 기울이지 않는다. 간단히 말해서, 그들은 엘리트주의적인 학문이었던 지식사회학을 평등주의적인 학문으로 바꾸려 한다. 그들은 자신들의 입장을 이렇게 요약한다.

> 따라서 우리의 주장은 지식사회학이 그런 '지식'이 … 궁극적으로 타당하든지 그렇지 않든지 한 사회 안에서 '지식'으로 통하는 모든 것에 관심을 기울여야 한다는 것이다. 그리고 모든 인간의 '지식'이 사회적 조건 안에서 발전되고 전파되고 유지되는 한, 지식사회학은 이를 통해 당연히 받아들여진 '실재'가 평범한 사람에게 지식으로 굳어지는 과정을 이해하려고 노력해야 한다. 다시 말해서, 우리는 **지식사회학이 실재의 사회적 구성을 분석하는 데 관심을 기울인다**고 주장한다.[37]

버거와 루크만의 책 《실재의 사회적 구성》(*The Social Construction of Reality*)의 세 부분은 바로 이 논제를 발전시키는 데 초점을 맞춘다. 1부는 서론에 해당하며, 이어지는 2부에서는 "객관적 실재로서의 사회"에 대한 분석에 집중한다. 여기서 그들은 특히 제도화와 정당화라는 관점에서 어떻게 '실재'가 평범한 사람에게 지식으로 굳어지거나 '물화'되는가에 초점을 맞춘다. 3부에서는 "주관적 실재로서의 사회"에 대해 논하면서 사회화 과정을 통한 '실재의' 내면화를 분석한다. 사회적으로 만들어진 이 세계는 객관적, 주관적 타당성을 지니며, 모든 실재를 지배하는 법칙(*nomos*)인 것처럼 작동한다. 그것은 일상생활 속에서 마주하는 것들을 이해할 수 있게 해 주는, 지적이며 일관되고 규범적인 관점이다. 사실 그들은 이런 관점을 '세계관'이라고 부르기를 주저한다. 하지만 그들이 묘사하는 바는 분명히 세계관처럼 들린다. 이렇게 더 일반적으로 정의할 때 '세계관'은 바로 버거와 루크만이 사회학적 이해의 목표물로 삼았던 바가 된다.

버거가 보기에, 상징적이며 법을 지키는 세계를 반드시 창조하도록 요구하는 생물학적, 심리학적 명령이 인간의 심리 안에 깊이 배어 있다. 인간은 낯설고 무의미한 우주가 될 수도 있는 것으로부터 자신을 보호해 줄 관념적 방패를 만들어 내야 한다. 그가 말하듯이, 그것은 항상 존재하는 혼돈의 위협으로부터 문화 전체와 개인을 보호하는 "거룩한 덮개" 역할을 한다. 《거룩한 덮개》(*The Sacred Canopy*)라는 책에서 버거는 단독 저자로서 세계에 구조 혹은 질서를 부여하는 노모스(*nomos*)에 초점을 맞춰 자신이 제시한 이 개념의 의미를 설명한다. "사회의 관점에서 볼 때, 모든 노모스는 무의미함이란 거대한 덩어리에서 잘라 낸 의미의 영역, 형태가 없고 어두우며 언제나 불길한 정글 안에 있는 명쾌함이란 작은 개간지다. 개인의 관점에서 볼 때, 모든 노모스는 '밤'의 불길한 그림자에 맞서 끈질기게 저항하는 삶의 밝은 '양지'를 상징한다. 두 관점 모두에서 모든 노모스는 혼돈이란 강력하고 낯선 힘에 맞서 세워진 구조물이다. 어떤 대가를 치르더라도 이 혼돈을 막아 내야만 한다."[38]

따라서 대재앙으로부터 그 창조자들을 지켜내기 위해 법과 질서의 포괄적인 체계가 만들어진다. 하나의 얇은 인식의 선이 개인과 사회를 허무주의와의 직접 조우로부터 격리한다. 이 선이 지워지거나 이 덮개가 무너진다면, 가장 강력한 위기가 찾아와 절대적 무(無)에 노출되고 말 것이다.

오래전 구약 전도서 기자는 "해 아래" 인간 실존의 적나라한 특징을 헛되고 헛된 것으로, 바람을 뒤쫓는 것처럼 절망적인 노력이라고 냉정하게 묘사했다. 그는 태어나는 날보다 죽는 날이 더 낫다고 비관적으로 말했다(전 7:1). 더 최근에는 실존철학자들이 우주 안에서의 삶을 "전염병"(카뮈)이나 누그러지지 않은 "구토"(사르트르)의 경험으로 음울하게 묘사한 바 있다. 절망과 불안, 권태는 삶의 정서적 동반자다. 몇 년의 간격으로 떨어져 있지만, 하나는 성경적이며 하나는 그렇지 않은 이 두 관점은, 적어도 타락한 상태의 우주에 만연해 있는 것처럼 보이는 본질적 허무주의를 통렬하게 상기시킨다. 실재의 딱딱하고 차가우며 잔인한 사실로부터 자비롭게 그들을 보호해 줄 예방 장치가 없다면 인간은 이런 혼돈의 상황 속에서 번영하기는커녕 살아남을 수도 없다. 그런 점에서 갈등과 고통, 죄책, 죽음으로 이뤄진 삶의 "궁극적 상황"이란 카를 야스퍼스의 개념이 떠오른다. 그가 말하는 이러한 "한계" 혹은 "경계" 상황 때문에 거의 모든 곳에 존재하는 고통과 광기에 맞서기 위한 필수적인 방식으로서 다양한 인식적, 신앙적 "껍데기"가 만들어진다. 야스퍼스가 지적한 것처럼, 조개가 껍데기 없이 살 수 없듯이 인간도 이런 "껍데기" 없이 살 수 없다.

이런 이유로 우리는 버거가 "거룩한 덮개"라고 부른 것을 만든다. 우리는 허무주의를 그대로 견디며 살 수 없다. 혼돈을 막기 위한 예방 조치로서 인류는 비개념화된 세계의 궁극적 공포로부터 자신을 보호해 줄 안정된 상징적 우주를 만들어 내기 위해 모든 노력을 다한다. 사물의 본질에 관한 일정한 '진리'는 인식적, 실존적 집 없음의 상태를 벌충하는 데 필요한 근본적인 인간적, 사회적 필수품이다. 우리가 세계관이 정말로 진리인가에 관한 문제를 다루는 것을 잠시 유보한다면, 세계관은 다음과 같은 기능을 인간 실존에서 담당하는 것처럼 보인다. 즉 그것은 꼭 잘 발전된 개념체계는 아니더라도 (그럴 수도 있지만) 적어도 우주와 그 안에서 삶의 본질에 관한 일반적 인상으로서, 넘치는 혼돈 속에서 일정한 질서를 만들어 내는 법이나 틀, 패러다임이다. 정말로 세계관은 일종의 "거룩한 덮개"다. 어떤 이들이 세계관을 신봉한다면, 세계관은 그들에게 최고의 가치를 지니고 있기에 "거룩하며", 상존하는 허무주의의 위협을 막아 주는 방패 역할을 하기에 "덮개"다. 버거와 루크만은 지적 체계로서의 세계관을 인식적 고려에서 사실상 배제했다. 하지만 세계관을 덜 학문적인 용어를 사용해 명제 이전의 구성물로 재정의하고 거룩한 덮개라는 개념과 연결한다면, 세계관 역시 사회학적 분석에 적합한 후보가 될 수 있을 것이다. 세계관이 실재의 본질에 대한 개인이나 사회의 이해에 관해 중요한 것을 말해 준다면, 세계관의 생산과 분배, 영향력을 이해하는 열쇠를 지식사회학에서 찾을 수 있다는 주장은 충분히 가능성이 있다.

카를 마르크스와 프리드리히 엥겔스: 세계관과 이데올로기

세계를 만드는 인간의 본질적 활동의 중요성 때문에, 사회적으로 구성된 실재가 "이데올로기"로 굳어져서 사상이 "사회적 이익을 위한 무기"로 사용될 수도 있다.[39] "거룩한 덮개"는 딱딱해져서 금세 곤봉으로 사용될 수도 있다. 카를 마르크스와 프리드리히 엥겔스는 이를 이해했으며, 부르주아 계급이 자신들의 이익을 위해 이데올로기를 활용한다는 것을 알아차렸다. "마르크스주의 세계관" 혹은 "마르크스-레닌주의" 세계관(*Weltanschauung*)이란 표현이 자주 사용되지만[40], 엄밀히 말해서 세계관, 특히 유물론적 세계관에 관심을 기울인 사람은 카를 마르크스(Karl Marx, 1818~1883)라기보다는 프리드리히 엥겔스(Friedrich Engels, 1820~1895)였다. "혁명"의 형이상학에 대해 성찰하면서 엥겔스는 그것의 기본적인 철학적 가설이 정신과 물질 사이의 관계를 다룬다고 주장한다. 정신은 존재론적으로, 또한 인식론적으로 물질의 기능이다. 다시 말해서, 자연이 ('루이스'의 용어를 사용하자면) "전부"다. 엥겔스가 말하는 변증법적 유물론이라는 "일반적"이며 "단순한" 세계관이 참으로 학문적인 철학이다. 그것은 객관성과 합리성, 보편성, 확실성에 대한 학문의 전통적 주장으로 특징지어진다. 공산주의권에서는 엥겔스의 영향 때문에 이 지정학적 영역을 차지하는 사람들 대부분이 과학적, 변증법적 유물론이 실재를 인식하는 규범적 방식이란 그의 선언을 받아들인다.[41] 공산주의 세계관(*Weltanschauung*)에 대한 이러한 견해는 단순한 선전 이상을 담고 있는 《소비에트 대백과사전》(*Great Soviet Encyclopedia*)의 항목에 도 분명히 드러나 있다.

> 부르주아 세계관과 달리, 과학과 사회적 실천의 진보를 간추린 공산주의 세계관은 일관되게 과학적이며 국제주의적이고 인본주의적이다. 그 기원은 노동자들에 의한 혁명 운동의 출현과 시기가 같다. 마르크스-레닌주의 철학(변증법적, 역사적 유물론)이 공산주의 세계관의 핵심을 이룬다. 마르크스-레닌주의 세계관은 세계를 혁명적으로 변화시키는 강력한 도구다. 그것은 사회주의와 공산주의를 위한 투쟁에서 사람들을 조직화하는 결정적인 힘 중 하나다. 현대 세계에는 두 대립하는 세계관(공산주의 세계관과 부르주아 세계관) 사이의 격렬한 투쟁이 존재한다. 이런 투쟁이 벌어지는 동안 진리의 힘과 일관되게 과학적인 전제의 유효성을 통해 승리한 마르크스-레닌주의의 영향력이 점점 더 커지고 있다.[42]

마르크스-레닌주의 세계관은 사회주의 사회에서 지배 이데올로기가 되었고, 삶에서 의미를 위한 맥락을 제공하며 모든 인간사를 규정하고 해석하는 가늠자를 공급했다. "광범위한 노동자 대중 사이에서 공산주의 세계관을 형성하는 것이 이데올로기 교육을 위한 당의 모든 노력의 핵심이다."[43]

이 세계관(*Weltanschauung*)의 함의는 총체적이며, 사상과 삶, 문화의 모든 영역에 영향을 미친다. "공산당은 모든 사람이 공산주의의 이상의 실천적 구현을 위한 투쟁 속에서 삶의 의미를 발견하고, 세계에서 일어나는 사건들의 과정과 전망을 명확히 이해하고, 사회정치적 사건을 바르게 분석하고, 새로운 사회를 의식적으로 건설하도록 만들기 위해 노력한다. 당의 매우 중요한 책무는 사람들이 노동에 대한 공산주의적 [세계관] 태도와 공산주의 도덕, 참된 인본주의, 애국심, 국제주의를 지니도록 길러 내는 것이다."[44]

엥겔스는 마르크스주의가 모든 중요한 지식의 분야를 위한 유물론적 세계관의 함의를 가장 잘 구현한다고 믿었다. 마르크스는 과학을 자신의 체계의 관점으로 변형하는 것에 큰 관심이 없었지만, 엥겔스는 달랐다. 엥겔스는 노동자 대중(프롤레타리아)이 마르크스주의의 과학적 유물론이란 틀 안에서 삶의 총체성과 그 신비를 이해하기를 열망한다는 것을 인식했다. 따라서 그는 이 지적 체계(*intellectus*)의 세부사항을 포괄적인 방식으로 설명함으로써, 그 함의를 확장해 여러 학문에 적용하고 당의 인식적 중심 역할을 할 삶에 대한 전망을 형성하려고 했다.[45]

마르크스는 자신의 세계관(*Weltanschauung*)이 다른 학문 분과에 관해 갖는 더 광범위한 함의에는 상대적으로 무관심했을지도 모른다. 하지만 그것과 가까운 이데올로기 개념에 대해서는 관심이 있었다.[46] 《소비에트 대백과사전》에 따르면, "세계관 개념은 이데올로기 개념과 연관이 있지만, 그것과 일치하는 것은 아니다. 세계관은 이데올로기보다 더 광범위한 개념이다. 이데올로기는 사회적 현상과 계급 관계만을 지향하는 세계관의 요소만을 포함하기 때문이다. 대조적으로 세계관은 모든 객관적 실재에 적용된다."[47] 마르크스는 세계관(*Weltanschauung*)의 하부 단위 혹은 한 종류인 이데올로기가 혁명적이든 반동적이든, 진보적이든 보수적이든, 자유주의적이든 급진적이든, 국제주의적이든 민족주의적이든, 인식적 무기로 사용되어 계급적 이익에 복무할 수 있다고 지적했다.

마르크스의 이데올로기 개념은, 프랑스 철학자들이 몰두했지만 만족스럽게 대답할 수 없었던 질문과 관련해 이해할 수 있다. "사회와 인간 본성에 관한 거짓 신념들이 왜 이토록 많을까?"[48] 계몽주의 이론가들은 지적 한계와 선동가들의 수사 때문이라고 답한다. 하지만 마르크스는 이런 요인으로는 그런 차이를 충분히 설명하지 못한다고 보았다. 마르크스는 이데올로기라는 주제를 강조하는 대안적 설명을 제안했다. "계급적으로 분열된 사회에 관한 한, 마르크스의 주된 대답은 계급 사회에서 이데올로기는 불가피하다는 것이다. 왜냐하면, 경제적인 지배 계급에게는 자신들의 지배를 지속하기 위해 거짓 신념의 존재가 필요하며, 자신들에게 이익이 되는 신념을 영속화할 자원을 소유하고 있기 때문이다"[49] 부르주아와 프롤레타리아, 정신노동과 육체노동의 분업으로 이뤄진 사회에서 다수 노동 계급의 구성원들은 자신들의 노동으로부터의 소외를 경험하고, 그 결과 비인간화와 불안감이 발생한다. 그러나 생산 수단을 소유한 이들은 자신들에게 이로운 상황에 대한 통제력을 상실해서는 안 된다고 생각한다. 지배와 특권의 상태를 보존하기 위해 지배 계급은 궁극적 관심(하나님, 우주, 인간성, 도덕 등)에 관한 신념 체계를 구축하고, 대중을 계속 제압하기 위해 이 신념 체계를 그들에게 설득력 있게 제시해야 한다. 이런 물화에 의해 마비된 노동 계급은 거짓 의식을 발전시키며, 현재의 사회경제적 질서가 자연적 질서나 영원한 질서에 의해 승인된 것이라고 확신하기에 이른다. 계속되는 계급 투쟁 속에서 부르주아 자본가들은 프롤레타리아를 억압하는 이데올로기적 상부 구조를 만들어 낸다. 마르크스는 《독일 이데올로기》(*The German Ideology*)에서 이 과정을 묘사한다. 이 책에는 이 주제에 관한 그의 성찰이 많이 담겨 있다. "어느 시대에나 지배 계급의 사상이 지배적 사상이다. 즉 사회의 지배적인 물질적 힘인 계급이 동시에 그 사회의 지배적인 지적 힘이기도 하다. 물질적 생산 수단을 마음대로 쓸 수 있는 계급은 동시에 정신적 생산 수단도 장악하고 있으며, 따라서 일반적으로 말해 정신적 생산 수단이 없는 이들의 사상은 지배 계급에 종속된다."[50]

마르크스는 인간들이 그 자신들의 사상과 관념의 설계자들이며, 그 사상과 관념은 삶의 물질적, 사회적 조건으로부터 만들어진다고 믿는다. 그는 인간 의식의 기원에 관한 그의 핵심 주장을 통해 이 점을 분명히 밝힌다. "삶이 의식에 의해 결정되는 것이 아니라, 삶에 의해 의식이 결정된다."[51] 지배적인 지적 패러다임은 지배 계급의 의식의 표현에 지나지 않으며, 이것은 기존의 물질적 조건으로부터 기인한다. 이러한 지배적 사상은 우주의 구조 안에 새겨진 무시간적이며 보편적인 법칙으로 받아들여진다. 따라서 지배 계급의 관념이 그들이 지배하는 시대의 지적 지형을 결정한다. "그러므로 그들이 계급으로서 지배하고 한 시대의 범위와 공간을 결정하는 한, 그들이 전면적으로 이를 행하며, 따라서 무엇보다도 사상가로서, 사상의 생산자로서 지배하고, 그 시대 사상의 생산과 분배를 규제한다는 것은 자명하다. 따라서 그들의 사상은 그 시대의 지배적 사상이다."[52]

마르크스와 엥겔스의 야심은 노동 계급의 허위의식을 제거해 그들의 압제에 맞서는 혁명을 위해 그들을 해방하는 것이었다. 과거에 "철학자들은 세계를 다르게 **해석**하기만 했다." 하지만 마르크스는 분명히 말한다. "핵심은 세계를 **변혁**하는 것이다."[53] 이런 변화는 이데올로기적 예속으로부터의 해방에서 시작된다. 따라서 마르크스와 엥겔스는 그들의 의제를 기탄없이 밝힌다. "키메라로부터, 그들을 초췌하게 만드는 멍에인 사상과 교의와 상상의 존재로부터 그들을 해방하자."[54]

물론 마르크스와 엥겔스는 자신들의 사상 체계를 물화나 이데올로기로 보지는 않는다. 그것이 시간의 늪에 빠지거나 상대주의에 갇힌 것처럼 보이지는 않는다. 그들은 어떻게 인식론적 탈출에 성공하는가? 대답은 매우 간단하다. 그들은 자신들의 체계를 참된 철학이자 유일하게 과학적인 세계관(*Weltanschauung*)으로 본다. 모든 이데올로기와 경쟁하는 세계관들은 마르크스주의만이 지닌 과학적, 형이상학적 신뢰성이 없다. 변증법적 유물론에 기초한 그것의 과학성이 마르크스주의에 억압적인 사회경제적 구조와 자기를 보존하고자 하는 그 구조의 이데올로기를 비판하는 데 필수적인 기준을 제공한다. 명백히 전형적인 근대주의자들인 마르크스와 엥겔스는 이성과 과학에 계몽주의의 확신을 공유했다. 이 시대의 인식론의 화신으로서 그들은 자신들의 체계가 진리의 시금석, 세계를 판단하고 옮길 수 있는, 모두가 탐내는 아르키메데스의 점이라고 생각했다. 따라서 마르크스와 엥겔스는 모든 이데올로기와 대조적으로 자신들의 과학적 세계관은 진리와 객관성을 지닌다고 생각했다.[55]

요약하자면, 마르크스와 엥겔스는 각각 이데올로기와 세계관에 관한 사상에 중요한 공헌을 했다. 마르크스는 자신의 철학적 틀의 이론적 함의를 추적하지는 않았다. 하지만 그 핵심 제안으로부터 이데올로기에 관한 설득력 있는 개념을 추론했으며 이를 통해 문화적 기만과 지배의 역학을 설명했다. 이데올로기는 물질적 생산성과 사회적 관계의 파생물이며, 언제나 지배 계급을 뒷받침한다. 그것은 사물의 질서에 대한, 신비화하는 해석으로서 더 강한 집단의 이익에 복무하는 권력의 도구다. 엥겔스는 변증법적 유물론의 형이상학을 취해 그것을 마르크스주의와 결합했으며, 이를 확장해 모든 관련 학문에 적용했다. 그의 손에서 마르크스주의는 인간 실존 전체에 영향을 미치는, 모든 것을 아우르는 세계관(*Weltanschauung*)이 되었다. 엄밀히 말하면 마르크스주의 사상에서 세계관과 이데올로기를 구별할 수는 있다. 하지만 이 둘은 모두 사물의 본질을 이해하는 근본 방식이며, 후자는 지배적인 경제 계급의 헤게모니를 뒷받침하는 데 활용될 수 있다.

문화인류학에서의 '세계관'

이 부분에서는 문화인류학 안의 '세계관 전통'이라고 부를 수 있는 것을 살펴볼 것이며, 특히 이 전통이 미국 내에서 어떻게 발전되었는지에 초점을 맞출 것이다.[56] 세계관에 입각해 인류학에 대한 자신의 열정을 표현한 브로니슬라브 말리노프스키(Bronislaw Malinowski)의 말은 이 세계관 전통의 '에토스'를 잘 포착한 바 있다.

> 원주민 연구에서 나에게 가장 흥미로운 점은 사물에 대한 그의 전망, 그의 세계관(*Weltanschauung*), 그가 숨 쉬며 살아가는 삶과 실재의 너비다. 모든 인간 문화는 그 구성원들에게 세계에 대한 명확한 전망, 분명한 삶의 재미를 제공한다. 인간 역사와 지구 위를 두루 돌아다닐 때 나를 가장 매혹하고, 나에게 다른 문화 속으로 들어가 보고 다른 삶의 유형을 이해해 보고 싶다는 진정한 욕망을 불러일으켰던 것은 언제나 삶과 세계를 다양한 시각에서, 문화마다 고유한 방식으로 바라보는 가능성이 있다는 사실이었다.[57]

세계관의 중요성에도 불구하고, 불행히도 이 주제에 대한 이론적 성찰은 부족한 상황이다. 마이클 키어니(Michael Kearney)의 주장처럼, "세계관은 미국 문화인류학의 핵심 주제 중 하나지만, 놀랍게도 이를 이론적으로 다룬 글은 거의 없다."[58] 틀림없이 현대 인류학에서 세계관 개념의 인기는 급속히 약해졌다. 이는 대체로 사회 이론 내에서의 '언어학적 전회'의 결과로 기호학과 언어 연구의 다른 분야가 문화 현상에 대해 사유하고 이를 해석하기 위한 패러다임을 제공해 주기 때문이다. 대략 동의어이기는 하지만, '세계관' 대신 '상징적 질서'나 '문화 규범'이란 용어가 사용되고 있으며, 이제는 후자가 우세해졌다.[59] 앞으로 살펴보겠지만, 이런 최근의 경향에도 불구하고 세계관 개념은 인류학의 이론과 역사 안에서 두드러진 위치를 차지하고 있다. 먼저 세계관에 관한 책을 써서 독특하게 마르크스주의적인 관점에서 세계관 개념에 대한 이론을 제시했던 마이클 키어니에 대해 살펴볼 것이다.

마이클 키어니:
세계관

자신의 책 첫머리에서 마이클 키어니(Michael Kearney)는 이 책에서 이미 논증한 바를 주장한다. 즉 "세계관은 사회과학과 철학에서 엄청나게 중요한 주제다." 그는 "세계관에 대한 일관된 이론이 존재하지 않는다"라는 점을 안타까워하면서, 그래서 자신의 책의 주된 목적 중 하나가 이론적으로 그리고 실천적으로 "세계관 연구를 진전시키는 것"이라고 밝힌다.[60] 그의 접근 방식은 속성상 과학적이며 다양한 마르크주의적 전제에 기초한다(1, 53쪽과 그 외 여러 곳). 첫째, 키어니는 세계관이 "사회적으로 구성된 인간 의식의 후미진 곳을 탐험하는 데 강력하게 사용될 가능성이 있는 도구이며, 따라서 모든 의미에서 해방을 위한 잠재력(대체로 아직은 실현되지 않은)을 지니고 있다"라고 생각한다(ix쪽). 다시 말해서, 세계관을 사회적으로 구성된 실재의 원인이나 결과로 이해할 때, 이는 다양한 신념 혹은 의미 체계의 재정의에 중대한 기여를 할 수 있으며, 그런 체계에 사로잡혀 있는 이들의 탈출을 촉진할 수 있다. 이것은 분명히 마르크스주의의 관심사다.

둘째, 키어니는 세계관과 이데올로기 사이에 깊은 연관성이 있다고 본다.[61] (복수의) 세계관이 계급 이익에 복무할 뿐 아니라 개념으로서의 '세계관'에 관한 사유나 이론화조차도 이데올로기에 (특히 문화적 관념론 혹은 역사적 유물론 전통에) 기초해 있다. 키어니가 말하듯이, "여기서 전제는 모든 일반적 세계관뿐 아니라 세계관 이론도 다른 것과의 대립 관계 속에서 정의된, 한 집단이나 계급의 전망인 경우가 많으며, 따라서 속성상 이데올로기적인 경향이 있다는 것이다. 즉 그것은 그 견해를 지지하는 이들의 사회적 지위를 높이거나 영속화하는 역할을 하며, 그들이 경쟁자들과 어떤 관계를 맺고 있는가에 달려 있다"(2쪽). 키어니는 현대 세계관 이론의 이데올로기적 원천이 "일반적으로는 미국의 자유주의적 부르주아 문화"이며, 구체적으로는 "자유주의적 인류학의 암묵적 전제"라고 주장한다(x쪽). 그의 목적은 대안적 모형(마르크스주의적 성향에 대해 공감하는, "진보적이며, 진정으로 해방적인 세계관 모형)을 만드는 것이다(x쪽). 키어니는 "세계관 이론의 사회학적 상대성"에 대해 분명히 자각하고 있다(2쪽). 그는 세계관 이론을 만들거나 주창하거나 비판할 때 취할 수 있는, 가치를 배제한 중립적 근거는 존재하지 않는다는 것을 알고 있다. 실증주의도 빈약한 철학이며 나쁜 과학일 뿐 아니라 이데올로기적 편견이다. 세계관을 논하는 모든 이론가는 이러저러한 특정 관점에서 세계관을 다룬다. 그런 이론화의 결과는 당연히 그 이론가의 이데올로기적 관점을 드러낸다. 다시 말해서, 모든 '세계관' 이론의 기저에는 하나의 세계관이 자리 잡고 있다!

이는 키어니의 책의 가장 중요한 공헌, 즉 세계관 이론 자체에 영향을 미치는 이데올로기적 편견에 대한 인식의 촉구로 이어진다. 필요한 것은 세계관과 세계관들에 대한 특정한 관점을 만들어 내는 이데올로기적 배경을 폭로하는 "세계관의 반성적 인류학" 혹은 "메타-세계관 이론"이다(x, 2쪽). 세계관 모형과 이론은 전제가 없는 사유의 산물이 아니다.

키어니는 이 중요한 기여를 조금 더 진전시키며 세계관 이론을 추진하는 가장 두드러진 두 가지 이데올로기적 지향이 문화적 관념론과 역사적 유물론이라고 선언한다. 전자의 관점은 미국의 문화인류학을 지배해 왔으며 보수적이다. 반면, 후자는 지향에 있어 마르크스주의적이며 진보적이다. 두 진영은 익숙한 질문을 놓고 논쟁을 벌이고 있다. 의식 안의 관념이 사회적 조건의 원인인가? 아니면 사회적 조건이 의식 안의 관념의 원인인가? 문화적 관념론은 관념이 우월한 실재라고 믿기에 "물질적 조건은 본질적으로 물질에 대해 독립적으로 작동하는 어떤 비물질적 힘에 의해 형성되며 물질적 현상의 원인이라고 전제한다"(11쪽). 이러한 인류학 모형에 따르면, 문화는 암묵적으로 습득된, 공유된 지식으로 이뤄지며, 인류학자의 목표는 한 공동체의 구성원들의 정신 안에 자리 잡은 관념의 산물인 문화를 연구하는 것이다. 그 점에서 세계관은 머릿속 어딘가에서 만들어지거나 관념이나 상징을 만들어 내는 정신의 독립적 작용에 의해 만들어지고, 결국에는 삶의 물질적 조건을 형성한다. 키어니는 이러한 관념론적 접근 방식이 미국의 문화인류학을 지배해 온 일차적 원인 중 하나는, 영향력 있는 인류학자 대부분이 상대적으로 부유하며 (프란츠 보아스[Franz Boas]로부터 시작된 전통을 포함해) 유럽과 미국의 상위 계층과 연관이 있기 때문이라고 주장한다.[62] 그는 다음과 같은 흥미롭고 도발적인 논평을 한다. "오늘날까지도 대부분의 인류학자는 생존 수준의 삶과 연관된 기아와 빈곤을 개인적으로 경험한 적이 없다. 따라서 관념의 세계 속에서 사는 그들은 이러한 정신적 현상에 대한 몰두가 자신들의 인류학 이론을 규정하도록 내버려 두며 관념이 그들이 연구하는 사람들의 삶에서 똑같이 중요하다고 가정하는 경향이 있다"(16쪽).

역사적 유물론 학파는 이러한 실존적 무관심과 대조를 이룬다. 물질성을 최종적 실재로 받아들이는 이 관점은, 모든 특정한 자의식과 일반적 지식의 기원으로서의 물질적, 사회적 조건에 일차적 중요성을 부여한다. … 이 관점에서 인간 지식의 문제는 인간의 실천이나 인류사와 분리될 수 없다”(14쪽). “역사적 유물론”이란 명칭은 정확하다. 인간 사유의 내용은 물질세계와 불가결하게 연관된 역사 흐름의 산물이기 때문이다. 키어니의 생생한 은유를 사용하면, 역사적 유물론의 하부 구조는 의식이란 상부 구조에 꼬리를 흔드는 강아지다(문화적 관념론자들은 이 관계를 역전시킨다). 인간의 의식이 역사적, 물질적 삶을 흡수한 결과물이라면, 이 관점을 옹호하는 이들이 관념론자들을 향해 “그들이 관심을 두는 사회적 혹은 문화적 현상을 형성하는 주요한(대개는 가장 중요한) 조건인 토대에 기초해서 이를 분석하지 않고 사회의 상부 구조 속에서” 배회한다고 비판하는 것은 당연하다(16쪽). 세계관에 관심을 가진 이론가들이 유물론자인가 관념론자인가에 따라 그들이 이 주제에 접근하는 방식과 그들의 사유의 결과물이 크게 달라진다. 그들은 중립을 유지할 수 없고, 한 학파나 다른 학파를 선택해야만 한다. 키어니 자신의 선호를 고려할 때, 이 논문에서 그의 주된 목표는 “세계관을 관념론 진영에서 구해내 그것을 마땅히 머물러야 할 집, 즉 역사적 유물론으로 데려가는 것이다”(16쪽).

따라서 그는 모든 발전 단계에서 이 근본적 지향에 대한 그의 헌신에 의해 인도된 ‘세계관’ 이론을 제시한다. 여기에는 ‘세계관’에 대한 키어니의 정의도 포함된다. 그는 세계관이 “세계에 관한 일군의 이미지와 전제”라고 말한다(10쪽). 그는 이 정의를 다음과 같이 풀어서 설명한다. “한 민족의 세계관은 그들이 실재를 바라보는 방식이다. 이것은 세계에 관해서 생각하는, 대체로 일관되지만 반드시 정확하지는 않은 방식을 제공하는 기본 전제와 이미지로 구성된다. 한 세계관은 자아와 비자아로 인식되는 모든 것에 대한 이미지, 그들 사이의 관계에 대한 관념, 그 밖의 다른 관념으로 이뤄진다"(41쪽).

'세계관'에 대한 이러한 작업 정의에 기초해 키어니는 일관된 세계관 이론을 발전시키기 위해 다뤄야 할 세 개의 주요 문제를 제시한다(10, 65, 109, 207쪽).[63] 첫 번째 문제는 모든 세계관의 일부를 이루는 이미지와 전제의 필수적이며 보편적 유형과 관계가 있다. 어떤 보편적, 인지적 범주가 진화 과정의 결과물로서 인간 정신을 구성하며 지구상 어느 곳에서나 세계관 형성의 필수 요소가 되는가? 어떤 주제나 이미지가 모든 세계관에 내재되어 있어서 비교나 문화 상호간의 소통을 가능하게 하는가? 이것은 키어니의 모형의 중요한 특징이며, 칸트주의의 경향을 띤다. 그는 인간의 해부학과 생리학에 보편적인 특징이 존재하기 때문에 의사가 어디에서나 언제든지 의학적으로 환자를 진단하고 치료할 수 있는 것과 마찬가지로, "세계관을 묘사하는 일군의 보편적 진단의 범주"가 존재한다고 주장한다(65쪽). 이런 보편적 범주의 **실재** 혹은 내용은 다를 수 있으며 실제로 다르다. 하지만 이것은 그 나름의 독립된 범주로서 존재한다. 이것은 세계관을 이루는 보편적인 선험적 요소다. 키어니는 다섯 가지 범주, 즉 자아와 타자, 관계, 분류, 인과성, 시간과 공간을 열거한다.[64] 정신의 이러한 차원들은 시간과 상황, 문화에 따라 그 내용이 달라지지만, 삶과 실재에 관한 인간의 사유를 결정한다. 이런 범주들은 하나의 "논리적-구조적 연쇄"로 통합되며 말하자면, 모든 세계관은 뼈대에 해당하는 이 연쇄에 살을 붙인 것이다(65~107쪽).

키어니의 모형에서 두 번째 문제는 이러한 보편적 요소와 범주의 형성과 관계가 있다. 이들은 이들이 재현한다고 여겨지는 세계와 어떤 연결 혹은 관계를 유지하는가? 어떤 종류의 힘이 이 다양한 범주의 내용을 결정하거나 형성하는가? 세계관 사이에 차이가 존재하는 이유는 무엇인가? 키어니는 두 기본적 요인을 언급한다. 첫째는 "외부적 원인"으로서, 그는 이것을 자연환경, 삶의 물질적 조건, 사회적 조직, 기술, 역사적 사건을 비롯해 사고에 영향을 미치며 사고를 형성하는 비인지적, 환경적 힘과 조건으로 이해한다. 둘째는 "내부적 원인"으로서 키어니는 이것이 "논리적-구조적 통합"을 성취하고자 할 때, 세계관의 전제들 사이의 내적 역학 관계 혹은 "다툼"과 관계가 있다고 말한다. 관념과 삶의 물질적 조건에 의해 형성된 인지적 범주들 사이에 어떤 종류의 내적 정합성과 실존적 조화가 형성되어야 한다. 키어니가 다른 곳에서 주장하듯이, "예를 들어, 인과성에 관한 관념은 사물의 분류와 연관이 있다. 마술적 인과성에 대한 관념은 동물의 형태를 취할 수 있는 마녀처럼 자신의 정체성을 변형할 수 있는 존재가 있다는 전제와 조화를 이룬다."[65] 또한, 키어니는 그리스적 우주론의 내적 역학 관계나 과학적 세계관과 성경적 세계관의 지적 구조를 예로 들면서 세계관 형성의 이러한 양상을 설명한다(109~145쪽). 또한, 키어니는 세계관이 우주로 **투사**되고 **물화**되는 경우가 많다고 지적한다. 그는 그 이유를 이렇게 설명한다. "인간은 삶과 죽음, 병, 우주론, 자신의 운명과 같은 기본적인 관심사에 대한 답을 가지고 있지 못한 것을 불편해하는 것 같다. 따라서 인간은 무의식적으로 그가 설명하고자 하는 것들에 대해 직접적인 관계가 거의 없는 대답을 제공하고 그것으로 만족하는 경향이 있다"(117쪽). 키어니의 모형의 이 두 특징(외부적 원인과 내부적 원인)을 통해 그는 보편적인 세계관의 범주들이 어떻게 실재에 대한 하나의 포괄적 관점으로 형성되고 통합되는지를 설명하려고 노력한다. 이 과정이 세계관의 다양성에 대한 키어니의 설명이며, 패러다임 사이의 비교와 소통의 근거가 되기도 한다.

이것은 세 번째이자 가장 중요한 문제, 즉 세계관이 실제로 일상적인 삶과 행위에 미치는 영향에 관한 문제로 이어진다. 세계관 범주의 내용과 사회문화적 행위 사이에는 어떤 관계가 존재하는가? 세계관은 삶에 어떤 종류의 영향을 미치는가? 이런 물음에 답하기 위해 키어니는 두 가지 민속지학적 사례를 든다. 첫째는 한 세계관 전체의 통합성을 예증하는, (유럽인들과 접촉하기 전의) 캘리포니아의 아메리카 원주민에 관한 그의 연구다. 둘째로, 그는 멕시코 농민들, 특히 익스테페히(Ixtepeji) 농민들의 세계관의 보편적 범주들이 가난의 경험을 통해 역사적으로 형성되었으며, 이 세계관이 다시 그들의 사회문화적-문화적 행위에 영향을 미친다는 것을 보여 준다.[66] 여기서 그의 주된 주장은, "농민 공동체가 그 일부를 이루는 더 큰 세계와의 경제적, 정치적, 인구 통계적 관계를 아우르는 역사적 관점을 통해서만" 농민의 세계관을 이해할 수 있다는 것이다(7쪽). 이처럼 세계관이 인간 행위에 미치는 영향력을 예증하는 두 사례를 통해 키어니의 모형의 본질적 요소가 구체적으로 드러난다.

마이클 키어니는 특히 문화인류학적 맥락에서 세계관 이론에 결핍된 것을 보충하려고 노력한다. 그는 세계관 개념이 사회적으로 구성된 인간 의식의 본질을 이해하는 것을 도와주고 그것의 해방을 도와줄 수 있음을 인식하고 있다. 또한, 그는 세계관과 이데올로기의 관계를 간략히 설명한다. 키어니는 세계관이 이데올로기 역할을 할 수 있을 뿐 아니라 특정한 이데올로기적 토대가 세계관의 본질과 내용, 기능에 관한 이론에도 영향을 미친다고 논증한다. 키어니의 모형은 세 기본 요소로 이뤄져 있다. 첫째는 구조주의나 칸트주의에 입각한 보편적 범주의 확정이다. 둘째는 외부적, 내부적 원인을 통한 이 보편적 범주의 형성과 발전이다. 세 번째 양상은 외부적, 내부적 원인에 의해 형성된 세계관 범주들이 일상적 삶과 사회문화적-문화적 행위에 미치는 영향이다. 키어니의 마르크스주의적 세계관 모형은 풍성하고 비옥하여 더 많은 사상과 통찰을 낳게 한다. 이는 그 자체로서 모든 분과에서 현재까지 제시된 가장 완전한 세계관 모형 중 하나다.

로버트 레드필드: 원시적 세계관과 근대적 세계관

로버트 레드필드(Robert Redfield, 1897~1958)는 세계관이 인류만큼 오래되었다고 생각한다. 그가 말하듯이, "어떤 종류의 세계관은 똑같이 인간적이며 세계관과 더불어 발전한 다른 것들, 즉 문화와 인간 본성, 인격만큼이나 오래된 것이다."[67] 아마도 세계관을 본질적으로 "인류학적인" 무엇으로 보기에, 그는 이 주제를 자신의 연구 프로그램의 핵심 주제 중 하나로 삼았을 것이다. 레드필드는 1950년대 시카고대학교를 중심으로 '세계관'을 주요한 연구 주제로 삼았던 일군의 학자들을 이끄는 지도자였다. 레드필드는 초기 저작인 《유카탄의 민속 문화》(*The Folk Culture of Yucatan*, 1941)에서 이 주제에 관한 관심을 처음으로 드러냈다.[68] 그의 사유가 발전함에 따라 그는 이 주제에 관한 중요한 글을 몇 편 써 냈다. 첫 번째는 1952년에 발표된 "원시적 세계관"이란 제목의 논문이며, 이어서 《원시 세계와 그 세계의 변화》(*The Primitive World and Its Transformations*, 1953)에 실린 "원시적 세계관과 문명"(The Primitive World View and Civilization)이란 제목을 붙인 장에서도 비슷한 내용을 다뤘다.[69] 1955년과 1956년에 출간된 두 권의 연구서에서는 이전 주장보다 약간 진전된 견해를 내놓을 뿐이다.[70] 이 책의 논의를 위해서 나는 이 개념 자체에 대한 레드필드의 본질적 사유를 담고 있는 1953년의 글 "원시적 세계관과 문명"을 살펴보고, 원시적 세계관으로부터 근대적 세계관으로의 전환에 대해 논하면서 그가 "세계관의 대변화"라고 부른 것을 설명하

고자 한다.[71]

레드필드는 '세계관'이 사람에 관해 가장 일반적이며 영속적인 것들 중 하나를 가리킨다고 믿는다. 세계관은 문화와 에토스, 민족적 특징, 성격 유형과 같은 인간에 대한 수많은 관념 사이에 자리 잡고 있다. 레드필드에 따르면, 세계관은 "한 민족이 우주를 특징적으로 바라보는 방식"으로 정의해야 한다(85쪽). 예를 들어, 문화는 한 민족이 인류학자에게 보이는 방식을 지칭하지만, "'세계관'은 모든 것이 사람들에게 보이는 방식, '실존하는 전체에 대한 명칭'을 가리킨다." '세계관'은 다양한 문제, 즉 무엇이 사상과 태도, 시간, 감정 등의 유형과 형식이며, 그런 유형과 형식이어야 하는가 하는 문제와 연관되는 경우가 많다. 그러나 레드필드는 이 용어가 구체적인 의미의 차이를 가지고 있으며, "인간이 지각하는 사물의 구조"를 가리킨다고 말한다. "우리는 그것에 따라 우리 자신과 다른 모든 것과의 관계를 이해한다"(86쪽). 세계관은 각 사람이 하나의 등장인물로서 자신을 바라보고 자신의 대사를 말하고 다른 모든 것을 바라보는 무대와 같다. 그것은 많은 요소[자연과 보이지 않는 것들(존재, 원칙, 유행, 운명), 역사 등]를 아우른다. 레드필드에 따르면, 가장 중요한 것은 이 모든 것이 세계관에 의해 조직되고 구조화된다는 사실이다. 그가 설명하듯이, "세계관이 문화나 에토스, 민족적 성격과 다른 점은 그것이 인식된 것들의 배열, 존재한다고 인식된 것들의 배치라는 사실이다. 그것은 한계나 '한계 없음', 사람들이 그것과 더불어, 그것 안에서, 그것에 의지해 살아가는 것들을 사람들이 인식하는 방식이다(87쪽). 따라서 세계관은 패러다임에 따라 우주와 그 안에 있는 모든 것을 분류해 실재에 대한 인식을 가능하게 한다.

같은 사회 안에 있는 모든 사람이 같은 세계관을 지니는가? 레드필드는 그렇게 생각하지 않는다. 한 민족을 분류하는 매우 일반적인 방식이 존재할 수도 있다. 예를 들어, 매우 일반적인 차원에서 미국인들은 자유와 평등, 국민 주권을 믿는다고 말할 수 있다. 동시에, 한 문화 안에서 더 성찰적이며 더 이론적인 유형의 사람들은 덜 철학적인 이웃과는 세계를 다르게 바라본다. 원시 사회에서도 활동적인 유형과 관조적 유형 사이에 세계관의 차이가 존재하며, 과학적인 사회에서는 그 차이가 훨씬 더 두드러진다. 세계관은 문화 안에서도 차이가 나는 것처럼 보인다 (87~89쪽).

레드필드는 모든 인간에게 적용되는 것, 모든 세계관에 적용되는 것을 알고 싶어 한다. 그는 세계관이란 개념이 인간 본성 안에 있는 보편적인 것을 확인할 한 방법이라고 믿는다. 한 가지는 분명해 보인다. 모든 사람이 같은 세계를 바라보며 공유한다. 세계를 해석하는 방법이 아무리 다양해도 하나의 세계가 존재할 뿐이다. 또한, 세계관이란 개념도 보편적인 것처럼 보인다. 모든 사람이 예외 없이 세계관을 가지고 있다. 그렇다면, 모든 세계관이 다루는 공통 주제와 범주를 식별해 낼 수 있다고 레드필드는 믿는다. 첫째, '자아'와 '타자'가 존재한다. 자아는 '내가'와 '나를'로 나뉠 수 있다. 자아가 아닌 것, '타자'를 다시 두 범주, 즉 '인간'과 '비인간'으로 나눌 수 있다. '인간 타자'는 '젊은이'와 '노인,' '남자'와 '여자,' '우리'와 '그들'로 구분할 수 있다. '비인간적 타자'는 두 영역, 즉 '신'과 '자연'으로 나눌 수 있다. 마지막으로, 레드필드가 말하는 "모든 사람의 세계관"에는 공간과 시간뿐 아니라 탄생과 죽음이 포함된다.

각 문화적 맥락에서 근본적으로 다른 방식으로 채워지기는 하지만, 모든 세계관이 이러한 보편적 범주를 다룬다. "각각의 독특한 세계관의 탁월성"을 강조하기 위해 레드필드는 세계관에서 다루는 이러한 보편적인 주제에 기초해 네 가지 질문을 던진다. 무엇과 마주하는가? 인간이 아닌 것의 본질은 무엇인가? 인간은 무엇을 하도록 요청을 받는가? 사물의 질서의 원천은 무엇인가? 그는 아라페시(Arapesh) 산족, 주니(Zuni)족, 고대 메소포타미아인들을 비롯한 몇몇 문화적 집단이 이런 물음에 어떻게 대답하는지를 비교하며, 이를 통해 이들이 공유하는 관심사에도 불구하고 분명한 차이가 존재한다는 것을 논증한다. 따라서 세계관 문제에서 보편적인 요소에 관해서는 두드러진 일치가 존재하며 내용에 관해서는 큰 다양성이 존재한다.

이 논의는 원시적 세계관이 과학이 지배하는 근대 문명과의 만남에 의해 어떻게 변형되는가에 관한 문제로 이어진다. 레드필드는 원시적인 문명 이전의 세계관에 관해 세 가지를 말할 수 있다고 주장한다. 첫 번째 특징은 그 안에서 인간과 자연, 신이 하나인 우주의 일원론적 성격이다. 이런 통일성 속에서 우주는 거룩하고 인격적인 것으로 인식된다. 두 번째 속성은 인간과 비인간 사이에 존재하는 상호성과 협력에 대한 감각이다. 신과 자연, 인간은 상호 의존과 상호 지원이란 일관된 체계 안에 공존한다. 원시적 세계관의 세 번째 특징은 인간과 비인간이 하나의 도덕적 질서 안에 결속되어 있다는 사실이다. 우주 안의 생명은 옳음과 그름의 확립된 체계에 지배되며 결과의 기제에 의해 견제를 받는다.

이제 레드필드는 이러한 원시적 세계관과 "문명화된" 세계관을 비교한다면, 인간 정신의 구조 안에서 일어난 가장 큰 변화를 확인할 수 있다고 말한다. 문명과 도시의 발전에 의해 원시적 세계관의 세 특징이 전복되지는 않더라도 약화되기는 했다. 인간이 상호 의존적이며 도덕적인 우주의 통일된 질서로부터 자신을 분리하고, 이해하고 지배해야 할 무언가로서 그것에 맞섰을 때, 변화가 시작되었다. 이런 새로운 환경에서 우주는 객관적, 물리적 속성을 지닌 체계로 인식되면서 거룩한 특징을 상실했으며, 우주의 도덕적 질서가 사라졌다. 세계는 인간의 행복에 대해 무관심한, 냉담하고 사실상 적대적인 질서로 인식되기 시작했다. 거대한 변화란 세계관이 바뀌고, 서양이 인간과 신, 자연의 관계를 이해하는 방식이 바뀌었다는 것이다. 레드필드는 관점의 전환을 이렇게 설명한다. "[원시적 세계관에서] 인간은 자연과 신의 일부였으며 이러한 참여 의식을 바탕으로 행동했다. 하지만 점차 인간은 비켜서서 신-자연을 바라보게 되었으며, 그런 다음 히브리인들이 자연-없이-신을 바라보게 되었고, 그런 다음 이오니아 철학자로부터 시작해 … 신 없이 자연을 바라보게 되었다"(109쪽).

원시적 세계관으로부터 근대적 세계관으로의 전환은 몇 단계로 나뉜다. 1단계에서 인류와 신, 자연은 통합되어 있다(원시주의). 2단계에서 인간이 따로 떨어져 나와 신과 자연을 하나로 묶어서 바라본다. 3단계에서 인간은 자연과 독립된 신만을 바라본다(유일신론). 4단계에서 인간은 신과 독립된 자연만을 바라본다(유물론). 인간과 신 모두가 자연으로부터 분리된 후대의 발전 단계에서는 "물질적 자연에 대한 착취가 가장 중요한 태도가 된다"(109~110쪽). 미국의 인류학자 솔 탁스(Sol Tax)를 인용하면서 레드필드가 지적하듯이, 원시적 세계관과의 이러한 급진적 결별이 서양의 독특한 "문화적 발명"이다. 레드필드는 세계의 다른 어떤 곳에서도 이런 종류의 급진적인 관점 전환이 일어난 적이 없었다고 암시하는 듯하다. 이는 통일되고 성스러우며 거룩한 우주를 상실했고, 그것을 철저히 파편화되고 탈주술화되고 도덕과 무관한 우주로 대체했음을 뜻한다. 레드필드는 이 거대한 패러다임 전환에 대한 이야기가 어떻게 완결되었는지를 설명한다.

> 17세기에 이르면 유럽 철학에서 신은 단순한 시계공으로부터 체계의 바깥에 존재한다. 초기 미국인들은 자연이란 인간이 착취하도록 신이 공급해 주신 것으로 생각했다. … 모든 용도를 위해 물질을 철저히 착취하는 것이 인간의 의무라는 원리를 선언한 사람은 바로 데카르트였다. 이제는 동양도 모방하고 있는 현대 서양 세계에서는 인간과 자연의 관계를 인간과 물질 사이의 관계로 바라보며, 자연과학을 적용해 인간의 안락함을 추구하는 것을 인간의 지상 과제로 여기는 경향이 있다. (110쪽)

물론 신을 우주적 시계공으로 보는 견해는 이신론으로 불리며, 여기에는 자연을 인간의 필요를 충족하기 위해 과학을 통해 착취할 대상으로 바라보는 태도가 포함된다. 본질적으로 이것이 데카르트의 (혹은 적어도 그의 제자들의) 서양 세계를 위한 거대한 철학적, 과학적 전망이었다. 이는 인간의 소명을 이해하는 특정 방식을 수반한다. 최고의 소명과 추구해야 할 가장 고귀한 목표는 과학을 통해 다루기 어려운 지구를 제압해 인간의 성취와 위안이란 목적에 부응하게 하는 것이다. 다시 말해서, 거대한 세계관의 변화는 세속화된 근대성에서 정점에 이른다.

원시적 세계관으로부터 근대 문명에 이르는 이 매혹적 여정에서는 매우 긴 거리를 이동해야 한다. 레드필드는 원시 문화를 높이 평가하며, 그것의 긍정적 측면을 강조하고 그런 전망으로부터의 이탈을 부정적이며 파괴적인 것으로 본다. "농촌의 농민 문화를 경유해 근대 도시 문화에 접근하면서 레드필드는 민속 문화의 순수성을 재발견하고, 좋은 삶에 대한 관심과 민족 사이의 평화와 이해라는 대의에 대한 관심을 긍정적으로 재평가하려고 했다."[72] 따라서 레드필드의 '세계관' 이론은 사회정치적 대의에 복무하며 일종의 개혁 프로그램이 되었다. 근대성은 우주와 그 안의 삶에 대한 우리의 관념을 타락시켰으며, 구속(救贖)이 절실하게 필요하다. 마치 일종의 복음처럼 서양이 내버렸던 원시적 세계관은 긍정적인 문화적 대안을 제공하며, 철저하게 세속화된 이 시대에 다시 도입되어야 한다. 따라서 레드필드는 일종의 초창기 포스트모더니스트로서 자신의 인류학적 연구를 통해 추론해 낸 원시적 세계관에 기초해 근대의 형이상학적, 인식론적, 도덕적 대재앙에 대한 문화적 해독제의 필요성을 주장했다.

레드필드의 공헌을 정리해 보면, 그는 세계관 형성을 인간 본성의 특징으로 보았다. 모든 사람이 동일한 세계를 공유하며, 모든 사람이 그것에 대한 관점을 지니고 있지만 이런 관점들은 서로 다르다. 그는 '세계관'이란 용어가 구체적인 무언가를 의미한다고 이해했다. 즉 그것은 사람들이 우주를 바라보고 이해하는 방식, 특히 총체성의 관점에서 우주를 이해하는 방식이다. 세계관은 인간 관찰자를 중심에 두고 우주 안에 있는 것들을 조직화하고 그것들에 대한 인식을 가능하게 한다. 그것은 인간이 다른 모든 것에 대해 자신을 정향하는 방식이기도 하다. 레드필드는 모든 인간과 그들이 세계관에 적용되는 것, 즉 모든 사람이 우주를 분석할 때 사용하는 공통된 범주들을 알기 원했다. 따라서 그는 자아와 타자(인간과 비인간), 공간과 시간, 삶과 죽음으로 이뤄진 보편적 유형론을 제시했다. 이들 영역은 각각 다르게 이해될 수 있으므로, 세계관은 대단히 다양할 수 있다. 특히 원시적 세계관과 문명화된 세계관은 두드러진 대조를 이룬다. 레드필드는 원시적 전망이 통일되고 상호 의존적이며 도덕적인 세계관이라는 도발적인 설명을 제시한다. 근대에 이르러 이 관점은 희미해졌고, 신과 인간, 자연이 소외된, 파편화되고 도덕과 무관한 우주관으로 대체되었다. 레드필드는 원시적 세계관에 대한 자신의 이론을 비판 근거로 사용하며, 그것을 근대적 삶의 비극에 대한 건설적이며 '포스트모던적' 대안으로 제안한다.

한 번 더 생각해 보기

심리학 분야에서 프로이트는 정신분석학의 세계관으로서의 지위에 대해 논했다. 그는 정신분석학이 근대적 자연주의와 과학주의라는 우산 아래 넉넉히 들어가기 때문에 독립적 세계관(*Weltanschauung*)을 구성하지 않는다고 보았다. 프로이트는 이것이 인류가 선택할 수 있는 유일한 철학이며 인식적 가능성이라고 생각했다. 그러나 기독교적 관점에서 이 입장은 형이상학적으로(자연이 전부다), 인식론적으로(궁극적 가치는 존재하지 않으며 과학적 사실이 존재할 뿐이다) 심각한 환원론에 불과하다. 그와 반대로 기독교적 유신론에서는 우주의 창조주이시며, 따라서 모든 사실과 가치의, 더 정확히는 가치를 지닌 모든 사실과 사실에 기초한 모든 가치의 궁극적 원천이신, 초월적이신 하나님을 토대로 삼는 포괄적인 대안적 세계관을 제시한다. 실재에 대한 이 전망은 그 범위에 관해 환원론적이지 않으며 통전적이며, 가시적인 것과 비가시적인 것을 통합하고 이성과 신앙을 아우른다. 기독교 세계관(*Weltanschauung*)은 창조된 실존의 놀라운 다양성과 모든 인간 경험을 통일되고 일관된 방식으로 풍성하고도 만족스럽게 설명할 수 있으므로 설득력이 있다.

융은 다른 방향으로 논의를 이끈다. 그는 인간관계, 특히 심리 치료적 인간관계에서 세계관의 역학에 관심이 있다. 기본적인 철학적 전제가 치료자와 환자 모두를 추동하며, 숨김없이 공개되어야 하고, 진단과 치료의 근거가 되며, 필요한 경우에는 그것에 대해 이의를 제기하고 그것을 개혁해야 한다. 구체적으로, 치료자나 환자 혹은 두 사람 모두의 기독교 세계관이 그들의 관계나 치료의 질에 어떤 영향을 미치는지 생각해 볼 수 있다. 성경에 기초한 인생관은, 특히 그것이 의사와 환자를 실재의 객관적 질서와 바르게 연결할 때, 정신 건강에 어떻게 긍정적 영향을 미칠 수 있을까? 물론 모든 고용 관계에서 관계는 전문가와 고객이 대변하는 다양한 관점에 큰 영향을 받는다. 물론 교회 안에서 실재에 대한 기독교적 전망에 대한 공유된 헌신(키에르케고어의 말처럼 "인생관의 통일성")은 그리스도인의 우정을 위한 토대이며, 진정한 "공동생활"을 추구하는 그리스도인 공동체의 사귐 혹은 코이노니아(*koinonia*)를 위한 토대를 제공한다.[73] 심리 치료에서의 세계관(*Weltanschauung*)의 역할에 관한 융의 이론은 이 맥락에서, 다른 전문적 상황에서, 기독교 공동체 안에서 기독교 세계관의 함의에 대해 생각해 볼 수 있는 다양한 가능성을 만들어 낸다.

사회학에서 만하임은 다양한 문화적, 역사적 맥락 속에서 이론 이전의 인지적 층위로서의 다양한 세계관을 객관적으로 식별해 낼 과학적 방법을 만들어 내려고 노력했다. 그의 방법론적 성찰도 흥미롭지만, 더 중요한 것은 그가 '세계관'을 명백한 "기록적 의미"를 통해 지각될 수 있는 기초를 이루는 현상으로 정의했다는 것이다. 세계관을 (폴라니의 용어를 사용하면) 암묵적 차원에 자리 잡은 구조로 보는 이 견해를 많은 기독교 사상가들, 특히 신칼뱅주의 전통에 속한 이들이 받아들여 왔다. 그러나 이렇게 인간 인식의 기저를 이루는 암묵적 차원을 지닌 세계관을 식별해 낼 논리적 근거는 무엇인가? 그런 이해에 대한 성경적 근거가 존재하는가? 기독교적 맥락에서 세계관을 다르게, 어쩌면 하나의 대중적 용어와 다름없는 것으로, 더 나아가 기독교의 가르침과 신학의 본질적 요소를 가리키는 것으로 이해할 수도 있지 않을까? 만하임의 논의는 인간 인식에서 세계관의 역할에 대한 성찰을 촉구한다.

지식사회학의 핵심 개념과 거룩한 덮개에 대한 버거와 루크만의 설명 역시 고려해 보아야 할 중요한 논점을 제기한다. 인간 지식 대부분이 사회적으로 생성된다는 점은 그런 맥락에서 신적 계획을 이해하는 것에 대해서도 통찰을 제공할 수 있다. 즉 어쩌면 인간이 일상적 삶 속에서 관계를 맺는 이들의 영향을 받아 사물에 대한 관점을 습득하게 하는 것은 하나님이 의도하신 바일지도 모른다. 좋든 나쁘든 문화적 몰입과 또래의 압력이 대부분 사람이 믿는 바의 원천이다. 기독교적 인생관의 수용도 예외가 아니다. 그것이 사회학적으로 기원한 것이 아니더라도(그것은 계시로부터 유래했다), 사회학적으로 전달되는 것은 분명하다. 사회적 집단이 인식론적으로 중요하므로 교회는 그리스도인의 의식을 형성하는 기독교 공동체의 힘을 무시해서는 안 된다. 그렇다면 기독교적 인생관의 함양은 그러한 사회적 역학과 역사적 경험의 의도적 산물이 아니겠는가? 또 그런 산물이어야 하지 않겠는가? 실재에 대한 기독교적 관점이 효과적으로 전달되고 흡수되게 해주는 어떤 내용과 조건이 가정과 공동체, 교회, 문화 등에 존재하는가? 교회와 교회의 예전은 이 과정에서 어떤 역할을 해야 하는가? 사회적으로 흡수된 거룩한 덮개로서 세계관은 질서를 부여하고 공포로부터 보호하고 목적을 제공하고 삶 속의 활동을 안내하는 인간적 구성 개념의 역할을 한다. 기독교 역시 이런 세계관 중 하나라고 말할 수 있지만, 최종적인 종교적, 철학적 진실성을 주장한다는 점에서 경쟁 관계에 있는 다른 '덮개들'과 구별된다.

마르크스와 엥겔스는 변증법적 유물론이 참된 과학적 세계관(*Weltanschauung*)이라고 주장하며, 계급 투쟁과 문화 전투에서 이데올로기의 역할을 지적한다. 엥겔스가 변증법적 유물론의 함의를 확장해 공산주의적 사상과 삶의 모든 양상에 적용하는 모습을 보면서, 기독교 사상가들은 모든 것을 아우르시는 하나님의 주권 아래서 성경적 전망이 지닌 총체적 함의를 인식해야 한다. 기독교는 하나의 교회 정체(政體)나 신학 체계, 경건 프로그램에 그치지 않으며, 우주 전체를 바라보는 관점으로써 모든 것에 관해 중요한 할 말이 있다. 지배 계급에 봉사하는 이데올로기의 기만적이고 억압적인 힘을 인식했던 마르크스를 보면서 그리스도인들은 기독교 신앙을 이데올로기화하는 것을 경계해야 한다. 교회는 과거 언제 이런 일이 벌어졌는지(십자군, 종교 재판, 근본주의 등)를 깨닫고, 적합한 영적 무기에 의존해 거룩한 힘을 행사함으로써 하나님 나라와 그 세계관을 전하기 위해 노력해야 한다. 그렇게 하지 않으면, 즉 그리스도인들이 정치적으로 억압적이고 사회적, 경제적으로 이기적인 방식으로 세계관을 곤봉처럼 휘두른다면, 비그리스도인들이 신앙에 대해 응답하리라고 어떻게 기대할 수 있겠는가?

인류학에서 마이클 키어니는 '세계관'의 의미에 관한 논의에 대단히 중요한 공헌을 했다. 그의 접근 방식은 앞서 다룬 세계관과 이데올로기에 관한 마르크스와 엥겔스의 논의에 등장하는 주제들을 반향한다. 그는 그리스도인들이 이 주제에 관해 성찰하고자 할 때 도움이 될 만한 중요한 세 가지 관념을 제시한다. 첫째, 그는 세계관 이론 자체의 사회학적 상대성을 잘 알고 있다. 즉 '세계관'에 대한 한 사상가의 견해는 그 자신의 사회적 위치와 기본적인 세계관 관련 전제에 의해 결정된다. 그리스도인들에게 그 함의는 분명하다. 기독교(혹은 기독교 세계관)의 내용은 세계관(*Weltanschauung*) 이론의 공식화에 어떤 영향을 미치며, 미쳐야 하는가? 키어니의 마르크스주의가 그의 이론적 추론에 직접 영향을 미치는 것과 마찬가지로 그리스도인의 교리적 헌신은 그가 세계관 모형을 고안하는 데 개념적 영향을 미쳐야 한다.[74] 둘째, 키어니는 우주에 대한 모든 묘사에 나타나는 다섯 개의 보편적인 세계관 범주가 있다고 말한다. 물론 그는 이 범주가 시대마다 상황에 따라 다른 내용으로 채워진다고 말한다. 이 보편적 범주가 하나님이 세우신 창조 질서에 근거할 수 있을까? 이러한 세계관 범주와 다른 범주를 해명하는 데 자연신학은 어느 정도까지 도움이 될까? 일단 기본 주제가 확인된 다음에는 어떻게 이 주제들이 자연 계시와 특별 계시에서 유래한, 유일무이한 기독교적인 내용으로 채워질 수 있을까? 셋째, 키어니는 세계관과 행동 사이의 필수적이며 중요한 관계를 추적한다. 의식 안에 자리 잡은 개념적 틀이 어떻게 실천을 통해 표현되는가? 세계관이 발생하는 맥락인 사회적, 문화적 조건은 행동에 어떤 영향을 미치는가? 특히 그리스도인들과 관련해, 기독교 세계관의 신념과 행동은 어떻게 연결되어야 하는가? 성경에 기초한 세계에 대한 전망을 습득하는 사회적, 문화적, 정치적 상황은 어느 정도까지 그리스도인의 선택에 영향을 미치고 그들로 하여금 신실함이나 불순종을 향해 움직이게 하는가? 세계관 이론과 범주, 행동에 대한 키어니의 성찰은 기독교적 관점에서 세계관(*Weltanschauung*)의 본질에 관해 중요한 통찰을 제공하는 촉매제가 될 수 있다.

마지막으로, 로버트 레드필드는 인간이 세계관을 추구하지 않을 수 없음을 강조하는 동시에, 키어니처럼 삶에 대한 모든 해석이 다루는 본질적인 범주들을 제시한다. 그러나 특히 중요한 것은 현대의 삶을 위해 원시적 세계관을 회복하고자 하는 그의 기획이다. 레드필드는 인류학적 연구를 통해 "문명화되지 않은" 사람들의 세계관 내용이 근대적 삶의 파편화와 도덕과 무관한 성격에 대한 해독제를 제공한다고 결론 내렸다.

그러나 기독교 세계관은 어떠한가? 왜 기독교 세계관을 대안으로 삼지 않는가? 우주에 대한 통합된 전망, 신과 인간, 자연의 상호 의존성을 주창하는 일관된 체계, 확고한 도덕적 질서(레드필드가 높이 평가하는 원시적 세계관의 특징)를 지닌 기독교는 참신한 종교적, 철학적 대안으로서 다른 모든 이교적 세계관을 능가하지 않는가? 제임스 오어와 아브라함 카이퍼, 칼 헨리, 프랜시스 쉐퍼와 같은 최근의 기독교 사상가들은 분명히 그렇게 생각했다. 문화적 자각과 영적 감수성을 지닌 기독교 교회는 위기에 처한 세계의 필요를 충족하기 위해 예언자적 열정과 사도적 권위를 가지고 우주에 대한 기독교의 영광스러운 전망을 널리 알려야 한다.

세계관에 대한 신학적 고찰

9

이 책의 첫 여덟 장에서 우리는 종교와 철학, 학문 분과의 맥락 속에서 세계관 개념의 지성사를 살펴보았다. 하지만 이 장과 다음 장에서는 역사에서 이론으로 우리의 관심을 전환할 것이다. 여기서 나는 '세계관'에 대한 모든 이론이나 정의가 그 이론이나 정의를 제시하는 사람의 실제 세계관이 행하는 기능이라는 것을 보여 줄 것이다. 다양한 이유로, 특히 상대주의라는 함의를 지니므로 이 개념의 사용에 대해 복음주의 기독교 공동체에서 진지한 관심을 기울여왔기에, 나는 여기서 기독교 세계관이 세계관 이론에 대해 어떤 의미가 있는지를 신학적으로 논할 것이다. 다시 말해서, 하나의 세계관(*Weltanschauung*)으로서 기독교 유신론은 세계관(*Weltanschauung*)이란 개념 자체에 어떤 미묘한 차이를 부여하는가? 다음 장에서는 이 논의에 입각한 철학적 성찰을 통해 세계관이 추론하기, 해석하기, 인식하기라는 인간의 근본 활동에 중대한 영향을 미치는 서사 기호들의 기호학적 체계임을 논증하기 위해 노력할 것이다. 여기서는 먼저 어떻게 '세계관'에 대한 모든 견해가 세계관에 의존하고 있는지를 살펴보도록 하자.

세계관들과 '세계관'

계몽주의의 전성기에는 편견에 맞서는 편견이 지배했다.[1] 이 기획을 지지한 이들은 개인적 선입관과 문화적 전제라는 병원균에서 기인하는 인식론적 감염에 대해 우려했다. 따라서 그들은 수학적 정확성에 의해 특징지어지는, 오염되지 않은 형태의 지식을 만들어 내기 위해 모든 진지한 이론적 작업에 객관적, 과학적 합리성이라는 항생제를 사용하고자 했다. 이러한 비인간화된 인식론 프로그램을 촉진했던 이들의 용맹한 노력에도 불구하고, 최근에는 가치에서 자유로운 인식의 방법이란 교의가 어려움을 겪고 있다. 편견에 맞서는 편견 역시 하나의 편견임을 인식하게 되었으며, 계몽주의 기획의 이러한 자기방어적 성격이 폭로되었다. 이러한 '포스트모던' 시대에 많은 사상가는, 사상을 검역소에 격리하고 개인적, 모든 개념적 활동에서 문화적 우연성의 침투를 제거하려는 시도가 사실상 불가능하며 심지어는 건전하지도 않다는 것을 깨닫고 있다. 이론은 처음부터 다양한 전통과 가치, 이론가 자신의 태도에 영향을 받을 수밖에 없다. 최근에 이뤄진 지적 과정의 이러한 재인간화는 누구든지 자기 세계관의 제약에서 벗어나 주제에 접근하는 것이 불가능함을 말해 준다.

여기에는 "독일 철학자들이 세계관(*Weltanschauung*)이라고 명명했던 불가사의한 실체"에 관한 모든 이론도 포함된다.[2] 이 개념에 관한 주장을 개발하거나 옹호하거나 비판하고자 할 때 발 딛고 설 수 있는 공정한 토대는 존재하지 않는다. '세계관'에 관한 정의와 의미, 모형은 전제가 없는 사유의 결과물이 아니라 이를 만들어 낸 이들의 관점과 이익을 반영한다. 앞 장의 논의에서 인류학자 마이클 키어니가 "세계관 이론의 사회학적 상대성"에 관해 논하면서 모든 사상가가 특정한 이데올로기적 관점에서 이 문제를 다룬다는 점을 지적했다는 것을 기억할 것이다.[3] 따라서 우리가 언급했듯이 '세계관'에 대한 한 사람의 관점은 그 사람의 세계관에 의해 좌우된다! 이 주장을 뒷받침하는 두 사례를 생각해 보자.

철학사가 존스(W. T. Jones)는 1968년 8월 유럽에서 열린, 세계관의 본질과 문화 안에서의 역할에 관한 인류학 학회의 회의록을 요약하는 업무를 부탁 받았다. 이 모임의 주요 목표는 '세계관'이란 용어를 정의하고 이에 관해 논하는 것이다. 이 학회에 참여한 이들의 관점은 다양했고, 그들 사이에 합의하는 의견은 적었으며, 타협도 대체로 성공적이지 못했다. 이 문제에 관해 진전이 이뤄지지 못한 데는 간단한 이유가 있었다. 존스가 보고서에서 말하듯이, 회의에 참여한 이들이 '세계관'에 대해 **공개적으로 토론할** 때, 그들은 **암묵적으로** 자신의 세계관을 **드러냈다.** 표면적으로 드러난 '세계관'을 둘러싼 논쟁은 참가자들이 가지고 있던 드러나지 않는 다양한 세계관을 반영하고 있었다. 존스는 이 문제를 다음과 같이 간명하게 설명한다. "세계관에 관한 견해의 차이는 우리 자신이 가지고 있는 세계관의 차이를 반영한다."[4] 따라서 존스는 이 학회의 교착 상태를 설명할 최선의 방법은, 문제의 원인을 세계관(*Weltanschauung*)에 관한 각 참자가의 견해에 영향을 미치는 그들의 다양한 이데올로기적 틀에서 찾는 것이었다.[5]

두 번째 예는 제임스 사이어(James Sire)의 책 《기독교 세계관과 현대 사상》(*The Universe Next Door: A Basic Worldview Catalog*)의 3판이다. 그의

책은 일곱 개의 거대한 철학적 질문에 대해 여덟 개의 다른 세계관이 제시하는 답을 중심으로 구성되어 있다. 먼저 궁극적 실재나 존재의 본질에 관한 형이상학적 혹은 존재론적 물음을 제기하며, 그런 다음 우주와 인간, 죽음, 지식, 에토스에 관한 질문으로 이어지고, 역사에 관한 물음으로 마무리된다.[6] 그러나 특별한 순서에 따라 제시된 이 질문들은 세계관에 대한 사이어의 견해에 관해 무언가를 드러낸다. 비판자들은 그가 이 책의 첫머리에서 연구할 문제를 제시하는 방식이 그의 분석의 범위를 결정한다고 지적했다. 현대가 속성상 자기 반성적이라는 앤서니 기든스(Anthony Giddens)의 논평에 자극을 받았던 사이어는 뒤로 물러나 자신의 일곱 질문과 '세계관'에 대한 관점이 어떤 전제에 근거를 두고 있는지를 밝힐 필요가 있다고 느꼈다. 그의 "메타 분석"은 그가 던지는 질문의 순서가 전근대적이며 유신론적이라는 것을 드러낸다. 따라서 그는 일차적이며 모든 것을 결정하는 범주로서의 형이상학과 존재론으로부터 질문을 시작하며, 인간과 지식, 역사 등에 관한 다른 관심사는 거기에 종속된다. 사이어의 관점에서 보기에 세계관은 궁극적인 존재나 실재에 대한 견해로부터 생겨나며, 여기에 기초해 다른 모든 질문에 대한 대답이 이뤄지며 다른 모든 세계관이 평가를 받는다. 이를 간결하게 표현하자면, 사이어의 존재론, 특히 기독교 유신론에 대한 그의 헌신이 세계관(*Weltanschauung*)에 대한 그의 이해를 위한 근거 역할을 했다. 그리스도인이자 '전근대주의자'로서 그는 존재로부터 논의를 시작했지만, 만약 그가 근대주의자였다면 그의 분석은 인식론에서 시작되었을 가능성이 크다. 만약 그가 포스트모더니스트였다면 아마도 언어와 의미로부터 논의를 시작했을 것이다. 하지만 그가 그렇듯이 세계관 역시 마찬가지다. 사이어의 기독교가 세계관(*Weltanschauung*)에 대한 그의 견해를 결정

했다.[7]

물론 사이어만 그런 것은 아니다. 앞에서 다루었듯이 역사를 살펴보면, 헤겔의 관념론과 키에르케고어의 유신론, 딜타이의 역사주의, 니체의 무신론, 후설의 현상학, 야스퍼스의 실존주의, 하이데거의 존재론, 비트겐슈타인의 언어주의, 포스트모더니스트들의 회의주의가 '세계관'에 대한 그들의 가설에 깊은 영향을 미쳤다는 점은 의심의 여지가 거의 없다. 이 모든 것은 우리의 논의와 관련된 중요한 논점으로 귀결된다. 정말로 특정한 세계관이 세계관 이론을 위한 틀을 제공한다면, 우리는 성경에 기초한 **기독교** 세계관이 이 개념의 본질에 어떤 영향을 미치는가에 대해 물어보아야 한다.

이것은 중요한 과제다. 몇몇 기독교 사상가들, 특히 개혁주의 전통에 속한 이들은 교회 안에서 '세계관'이란 말이 사용되는 방식에 관해 이 말이 위협적인 의미를 지닐 수도 있다고 염려해 왔다. 윌리엄 로우(William Rowe)는 생생한 은유를 사용해 이 위험을 드러내면서, '세계관'이 본래의 문화적 맥락에서 기독교 공동체 안으로 옮겨올 때 개념으로 가득 차 있는 보따리를 가지고 들어온다고 주장한 바 있다. 기독교에 적합하게 사용하기 위해서는 그 보따리를 압수해서 알맞은 성경적 내용으로 대체해야 한다고 그는 말한다.

> 세계관이란 개념이 본래 기독교 안에서 생겨난 것이 아니라 기독교의 지적 영토 안으로 이주해 온 것임을 우리에게 상기시키거나 경고하는 사람들이 있었다. 모든 이민자처럼 이 개념은 보따리를 손에 들고 국경을 넘었다. 일종의 국경 수색을 하고 세계관 사상의 언어적 옷 가방을 열어 의미론적 밀수품이 될 만한 내용을 점검할 수도 있다. 그리스도인들은 자신들의 사유의 일관성을 유

지하기 위해 그런 밀수품을 압수해 그리스도께 포로로 데리고 가야 한다. 하지만 나는 세계관 사상의 특정 양상을 몰수하는 것만으로 충분하다고 생각하지 않는다. 그 사상이 하나님 나라 안에 정착하고 번성하기를 바란다면, 부당한 내용을 성경적으로 합당한 내용으로 대체해야 한다.[8]

제임스 오어와 아브라함 카이퍼가 19세기 말에 세계관 개념을 전유해 복음적 목적을 위해 사용하기 시작했을 때, 이 개념은 이미 근대적 함의로 가득 차 있었다. 유럽의 관념론과 낭만주의라는 틀 안에서 이 개념은 철저한 주관주의, 개인과 연관되거나 문화와 연관된 실재에 대한 관점이라는 특징을 띠고 있었다. 예를 들어, 얀 페르흐호이트(Jan Verhoogt)는 "낭만주의에서는 데카르트와 칸트로 대표되는 고전적 합리주의 철학의 균일화하는 영향력에 맞서기 위해, 인간 역사 안에서 문화의 풍성한 다양성을 정당화하기 위해 세계관 개념을 내세웠다"라고 주장한다.[9] '세계관'은 문화를 단순화하려는 합리주의적 시도에 맞서는 낭만주의의 반란의 일환이었을 뿐 아니라, 삶의 구체적인 특성과 역사적 경험의 흐름에 대한 세계관의 관심 때문에 철학이 보편적 본질에 관심을 기울이는 합리적, 과학적 학문이라는 고전적 견해와도 거리가 있다.[10] 그래서 후설은 세계관을 거부하고 철학이 "강력한 학문"이라는 입장을 지지한다. 그 결과 세계관이란 용어는 역사주의, 주관주의, 관점주의, 상대주의와 연관된 의미를 갖게 되었다. 따라서 근대에 세계관은 '사실'이 아니라 '가치'로 간주되었으며, 사적 삶의 영역에 할당되었다.

근시안적 자아나 문화의 개인적이고 시대에 뒤처진 개념으로 취급받는 '세계관'의 지위는 포스트모던의 맥락 안에서 훨씬 더 취약해졌다. "거대 서사(metanarrative)에 대한 불신"으로 특징지어지는 시대에 세계관은 개인적인 이야기라는 지위로 전락하고 말았다.[11] "의심의 해석학"으로 인해 세계에 대한 모든 최종적 해석이 의심을 받는다. "자아의 죽음"으로 인해 인간 주체가 삶에 대한 일관된 견해를 형성할 수 있다는 믿음이 사라졌다. "부재의 형이상학"은 실재에 대한 접근을 부인하며 모든 '진리' 체계는 사회적으로 구성되고 인식적으로 물화된 것일 뿐이라고 주장한다. "폭력의 형이상학"은 문화적 지배를 갈망하는 실재에 대한 관점 안에는 움터서는 안 될 억압의 씨앗이 들어 있음을 암시한다. 급진적 다원주의 시대에 "관용"이 최고의 가치이므로 삶에 대한 모든 전망이 용인되어야 한다. 대부분의 전망은 흥미롭지만, 그 어떤 것도 참된 것은 아니다. 경쟁하는 거대 서사로서 세계관은 철저히 "해체"되며, 이제는 공적 권위를 거의 지니고 있지 않은 사사화된 미시 서사로 간주될 뿐이다.[12]

이런 배경을 고려할 때, '세계관'이란 용어를 사용하는 복음주의자들이 이 용어의 역사적 발전과 근대와 포스트모던 담론에서 그것이 획득한 의미를 무시하거나 부정한다면 이는 무책임한 일일 것이다. 그러므로 기독교 공동체는 몇 가지 중요한 물음에 답할 준비를 해야 한다. 첫째, 오랜 시간에 걸쳐 '세계관'이 획득한 상대주의적이며 사사화된 함의에 대해 그리스도인들이 알고 있는가? 둘째, 이런 함의들 때문에 이 용어를 기독교적으로 사용해서는 안 되는가? 셋째, '세계관'이란 용어가 거듭나서 성경적인 물로 세례를 받을 수 있는가? 근대적, 포스트모던적 독소를 제거하고 기독교적 목적에 맞게 사용될 수 있는가?[13] 나는 그렇다고 믿는다.

사실 최근의 문화 담론에서 세계관(*Weltanschauung*)이란 개념을 꺼내서 기독교적 목적을 위해 사용하는 것은 이교의 개념을 전유해 교회 안에서 알맞게 사용했던 성 아우구스티누스의 오래된 전략과 비교해 볼 수 있다. 그는 모든 진리가 하나님의 진리라고 믿었다. 그는 《그리스도교 교양》(*De doctrina Christiana*)에 등장하는 유명한 "이집트의 금" 비유를 사용하면서 출애굽기 11~12장 이야기에 기초해 그리스도인들이 진리를 재발견해 더 우월한 방식으로 사용할 수 있다고 설명한다.

> 그러나 철학자라고 불리는 이들, 무엇보다도 플라톤주의자들이 참되고 우리의 신앙과 일치하는 바를 말했다면, 우리는 그들을 두려워하지 말아야 할 뿐 아니라 마치 불의하게 그것을 소유한 이들한테서 되찾아 오듯이 그들이 말한 바를 되찾아 와 우리 목적에 맞게 사용해야 한다. 이것은 마치 이집트인들의 우상과 무거운 짐을 이스라엘 백성이 가증하게 여기고 그로부터 도망쳤지만, 그들이 가지고 있던 금과 은으로 만든 그릇과 장신구, 좋은 옷은 그 백성이 자신들을 위해 은밀히 사용했을 뿐 아니라 이집트를 탈출할 때 가지고 나와 사용했던 것과 같다. 또한 그들은 마음대로 그렇게 한 것이 아니라 하나님이 명령하신 대로 한 것이다. 따라서 자기도 모르는 사이에 이집트인들은 자신들이 잘 사용하지 않던 것들을 백성에게 빌려 준 셈이다.

아우구스티누스는 이 비교를 정교하게 다듬으면서 먼저 경고의 말을 제시한 다음 비그리스도인들이 일반 은총으로 획득한 지적 개념의 담대하고 당당한 수용을 옹호한다.

> 그와 마찬가지로, 우리가 이교도 친구들을 떠나 그리스도의 이끄심을 따르고자 할 때 이교도들의 모든 가르침 속에 자리 잡은 기만적이고 미신적인 허구와 전적으로 불필요한 노동이라는 무거운 짐을 우리 모두는 가증하게 여기고 피해야 한다. 하지만 그들의 가르침에는 진리를 추구하기에 적합한 교양 학문

과 수많은 유익한 윤리적 원리, 오직 한 분이신 하나님을 예배하는 것에 관한 진리도 포함되어 있다. 이 모든 것은 그들의 금이나 은과 같으며, 그들이 직접 만들어 낸 것이 아니라 어디에서나 발견할 수 있는 그 광맥을 하나님의 섭리라는 원석에서 캐낸 것이다. 그들은 이것을 왜곡하고 귀신을 섬기기 위해 불의하게 사용하지만, 그리스도인들은 불행한 친구들로부터 자신을 영적으로 분리할 때 그들한테서 이런 것들을 빼앗아서 복음 선포를 위해 바르게 사용해야 한다. 그들의 좋은 옷, 즉 그들의 인간적 제도, 인간 사회에 적합한 것, 이생에서 우리에게 없어서는 안 되는 것 역시 우리가 취해 기독교적으로 사용하기에 적합한 것으로 바꾸는 것이 마땅하다.[14]

여기서 나는 세계관이란 개념이 "이집트의 금"으로 만든 귀중한 물건이라고 주장한다. 아우구스티누스의 논리를 따른다면, 그리스도인들이 그것을 자기 것으로 삼아서 기독교적으로 사용하기에 적합하도록 바꾸어야 한다고 주장할 수 있다. 그러나 그렇게 할 때 이교적 연관성을 제거하고, 그것을 성경적으로 개혁하고, 그리스도께 복종하는 개념으로 만들어야 한다. 사도 바울이 고린도후서 10장 5절 하반절에서 말하듯이, 우리는 "모든 생각을 사로잡아 그리스도에게 복종"시켜야 한다.[15] 이 장의 나머지 부분에서는 이 일을 하고자 한다.

기독교 세계관과 '세계관'

이 논의에서 교회와 관련해서도 관심을 기울이지 **않는** 부분은 '세계관'의 통상적인 '사전적' 정의다. 사실 이 용어의 의미(그것이 실제로 **지칭하는** 것)가 명확하며 관련된 모든 사람에게 비교적 논란의 여지가 없다. 대략적으로 말해, 세계관은 실재에 대한 한 사람의 해석과 삶에 대한 기본적 관점을 가리킨다. 다양한 교회적 관심사와 더불어 논쟁이 발생하는 것은 그것의 **함의**나 **미묘한 차이**, 즉 그것이 실제로 **암시하는** 것에 대해 논할 때와 그것과 이론적 혹은 과학적 사상의 관계를 탐구할 때다. 후자에 관한 논의는 다음 장으로 미룰 것이다. 여기서는 성경적 관점에서 검토했을 때 '세계관'이 지닌 함의를 해명하려고 노력할 것이다. 이를 위해서 나는 (1) 객관성의 문제, (2) 주관성의 문제, (3) 죄와 영적 전쟁의 문제, (4) 은총과 구속의 문제를 다룰 것이다. 세계관의 세속적 의미와 비교할 때 성경적 기독교는 이 용어에 매우 다른 의미를 가미한다. 성경적 기독교에서는 '세계관'이 우상숭배와 사탄의 기만과 죄의 맹목성이 만들어 낸 거짓 인생관으로부터 사람들의 마음을 해방하는 하나님의 은혜로운 구속으로 이어지고, 그들이 예수 그리스도를 믿어 하나님에 대한 지식과 그분의 피조물과 실재의 모든 양상에 관한 진리에 이르게 한다고 주장하기 때문이다.

객관성의 문제

기독교적 관점에서 '세계관'은 그분의 본질적 성품으로 우주의 도덕적 질서를 세우시며 그분의 말씀과 지혜, 법으로 창조된 실존의 모든 양상을 정의하고 지배하시는 삼위일체 하나님의 객관적 존재를 암시한다.

'세계관'이란 용어가 2백 년 이상 상대주의, 즉 "세계에 관한 보편적 진리는 존재하지 않으며, 세계는 아무런 본원적 특징도 갖고 있지 않고, 그것을 해석하는 다른 방식들이 존재할 뿐"이라는 생각[16]의 색조로 물들어 (혹은 오염되어) 있었음을 고려할 때, 이렇게 하나님을 근거로 삼는 객관성을 주장하는 것이 해독제가 될 수 있다. 하나님의 존재와 본성은 모든 것을 위한 독립된 원천이며 초월적 기준이다. 결국, 성경의 기본 전제는 영원하신 하나님이 계시다는 것이다. 그리고 기독교 신학의 핵심 교리에 따르면, 그분은 동등하며 함께 영원하신 세 위격(성부, 성자, 성령)으로 계시는 하나의 신적 본질로서 존재하신다. 삼위일체의 신비를 나타내는 동방과 서방의 모형, 고대와 현대의 모형이 다르지만, 성 아우구스티누스의 《삼위일체론》(*De Trinitatae*)에 제시된 이 고전적 진술보다 더 나은 설명을 내놓기는 어렵다. "따라서 이 문제에 관해서는 성부와 성자, 성령께서 한 하나님, 모든 피조물을 창조하고 다스리시는 분이시며, 성부께서 성자가 아니시고 성령께서도 성부나 성자가 아니시지만, 서로 연결된 위격들의 삼위일체이자 동등한 본질의 통일이심을 믿자."[17]

그분의 본성에 관해 하나님은 다양성 안의 통일성이자 통일성 안의 다양성, 세 위격 안의 한 하나님, 한 하나님 안의 세 위격(삼위일체적, 유일신론적, 인격적 하나님)이시다. 따라서 그분은 우주 안의 통일성과 다양성, 궁극적으로 인격적인 우주의 성격의 원천이시며, 모든 것 안에서 그분의 본성과 영광을 계시하신다. "이는 만물이 주에게서 나오고 주로 말미암고 주에게로 돌아감이라"(롬 11:36). 그분은 초월적인 왕이시며, 성품으로는 삼중적으로 거룩하시며(사 6:3), 의에 있어 완벽하시고(신 32:4) 사랑에 있어 완벽하시다(요일 4:8). 그분은 인자하심과 준엄하심에 있어 순수하시다(롬 11:22). 참으로 그분은 "그분보다 더 위대한 것을 생각해 낼 수 없는" 분이시다.[18] 그분의 일에 관해 말하자면, 창조(창 1:31)와 심판(시 51:4), 구속(계 5:9)에서 그분의 일은 결코 흠이 없다. 그분의 섭리는 모든 것을 아우른다. "여호와께서 그의 보좌를 하늘에 세우시고 그의 왕권으로 만유를 다스리시도다"(시 103:19). 그분은 모든 일을 완벽히 행하신다(막 7:37). "하나님은 복되시고 유일하신 주권자이시며 만왕의 왕이시며 만주의 주시요, 오직 그에게만 죽지 아니함이 있고 가까이 가지 못할 빛에 거하시고 어떤 사람도 보지 못하였고 또 볼 수 없는 이시니 그에게 존귀와 영원한 권능을 돌릴지어다! 아멘"(딤전 6:15~16).

그러므로 하나님은 그분의 삼위일체적 본성과 인격적 성품, 도덕적 탁월함, 놀라운 일, 주권적 통치가 모든 실재를 위한 객관적 준거점이 되는 바로 그 궁극적 실재이시다. 성경적 관점에서 우주는 중립적이지 않으며, 하나님 안에 본질적 의미의 뿌리를 두고 있다. 그분은 아무것도 존재하지 않는 대신 여기에 무언가가 존재하는 이유이시다. 또한, 그분은 사물이 다른 방식이 아니라 (악한 방식을 제외하고) 지금 존재하는 방식대로 존재하는 이유이시다. 실재는 유신론적 근거를 지니므로 인간이 우주에 대해 독립적인 의미를 만들고 부여할 자유가 없고, 그렇게 하는 것이 정당화될 수도 없으며, 심지어 그럴 능력도 없다. 하나님이 이미 그 일을 하셨기에 그럴 자유가 없다. 피조물로서의 종속적 지위를 위반하는 행위이므로 인간이 그렇게 하는 것이 정당화될 수 없다. 또 그들의 한계 때문에 그럴 능력이 없다. 반역하는 이들과 교만한 이들, 속아 넘어간 이들만이, 즉 타락한 인간 본성만이 그런 터무니없는 시도를 할 것이다. 우주의 의미와 그것을 결정할 권위는 하나님의 존재와 성품 안에 확정되어 있으므로 열린 질문이 아니다. 따라서 상대주의와 주관주의는 배제된다. 그러므로 기독교 유신론의 하나님에 대한 교리가 그분 안에 뿌리를 내린 강력한 **신학적 객관성**을 위한 근거를 확립한다.

더 나아가 하나님의 거룩하심과 공의, 사랑은 우주의 도덕적 질서가 견고하게 뿌리를 내리고 있는 초월적이며 권위 있는 기준이다. 이처럼 하나님에 근거를 둔 도덕적 구조(모든 인간의 생각과 믿음과 행동의 외부에 존재하는)가 인간 성품을 위한 덕의 규정이자 인간 행동을 지배하는 법이다. 인간 실존이 유신론적 원천 안에 고정된 초월적 덕과 법에 의해 질서 지어진다는 사실은, 행동의 특정한 성향과 형태가 본질적으로 옳거나 그르고, 좋거나 나쁘다는 뜻이다. 또한, 하나님이 세우신 지혜롭고 어리석은 행동의 적합한 결과의 체계가 존재한다. 도덕적 경험에 대한 하나님의 의도는 이생과 심판의 날에 사람들이 뿌린 대로 거두게 하는 것이다(갈 6:7; 롬 2:5~10).

하나님은 자연 계시와 특별 계시를 통해 은혜롭게 인간 실존의 윤리적 본보기에 대한 통찰을 제공하신다. 바울이 로마서에서 분명히 말하듯이, 영적 상태와 상관없이 모든 사람은 그들의 마음에 새겨져 있으며 그들의 양심에 의해 강화되는, 하나님의 기본적인 도덕적 기대에 대해 태어날 때부터 알고 있다. "(율법 없는 이방인이 본성으로 율법의 일을 행할 때에는 이 사람은 율법이 없어도 자기가 자기에게 율법이 되나니 이런 이들은 그 양심이 증거가 되어 그 생각들이 서로 혹은 고발하며 혹은 변명하여 그 마음에 새긴 율법의 행위를 나타내느니라) 곧 나의 복음에 이른 바와 같이 하나님이 예수 그리스도로 말미암아 사람들의 은밀한 것을 심판하시는 그 날이라"(롬 2:14~16).

더 나아가 구속된 이들의 공동체는 자연 계시로서 마음에 기록된 하나님의 일반적인 법에 대해 알고 있을 뿐 아니라, 특별 계시로서 성경에 기록된 그분의 구체적인 계명에 대해서도 알고 있다. 모세 율법, 복음서에 기록된 예수의 윤리적 가르침, 신약 서신의 권면에 담긴 하나님의 명령은 구속의 언약이란 틀 안에서 하나님의 도덕적인 뜻을 표현한다. 따라서 자연 계시와 특별 계시라는 수단을 통해 하나님의 거룩한 성품에 굳게 뿌리를 내리고 있는 그분의 결의론적 기대가 모든 인간에게 계시되어 있다.

C. S. 루이스는 서양의 객관적, 도덕적 전통을 약화하던 힘에 대해 그 어떤 20세기 사상가보다 예리하게 인식하고 있었을 것이다. 고전으로 자리 잡은 그의 책 《인간 폐지》(*The Abolition of Man*)에서 그는 이 전통에 대해 적대적인 도덕적 상대주의의 원천에 대해 논한다. 예를 들어, 루이스에 따르면 이러한 윤리적 입장에 기초한 교육 체계를 받아들일 때 (그가 "바지를 입은 유인원," "도시의 멍청이," "가슴이 없는 사람"이라고 적나라하게 묘사했던) 도덕적으로 방탕한 이들을 만들어 낼 뿐 아니라 결국에는 "그것을 받아들이는 사회를 파괴하고 말 것이다."[19] 하지만 서양과 동양의 주요한 지적, 종교적 전통(플라톤적, 아리스토텔레스적, 스토아주의적, 기독교적, 동양적 전통)을 분석하고 나서 그는 우주적인 도덕적 질서의 타당

성에 대해 확신하게 되었으며, 그는 이 질서가 유신론적 태도를 지닌다고 보았다. 루이스는 이 질서를 "도"라고 부르면서 이 용어를 이렇게 설명한다. "그것은 객관적 가치에 대한 교리, 우주의 본질과 우리의 본질에 비추어 어떤 태도는 정말로 옳고 다른 태도는 정말로 그르다는 믿음이다."[20] 비슷한 내용을 다룬 글인 "주관주의라는 독"에서 루이스는 저명한 사상가 중 그 어떤 사람도 도덕적 가치의 객관성이나 그에 대한 도덕적 판단의 합리성을 의심한 적이 없다고 주장한다. 그러나 근대에 이르면 도덕적 "판단"은 판단이 아닌 것으로 간주한다. 대신 그것은 속성상 정서적이며, 사회적 조건에 의해 만들어진 것이며, 문화적으로 다양하고, 무한히 바꿀 수 있는 "감정이나 강박 관념, 태도"에 불과한 것으로 여겨진다.[21] 그러나 루이스는 이 관점을 강력히 비판하면서 "진압되지 않는다면 반드시 우리 종족을 멸망시킬 (그리고 [그가] 보기에는 우리 영혼을 망칠) 질병, 인간이 가치를 창조한다는 치명적인 미신, 인간이 옷을 선택하듯이 '이데올로기'를 선택할 수 있다는 치명적인 미신"이라고 불렀다.[22] 이 관점이 초래하는 위험 때문에 루이스는 서양에 범람하며 그것을 파괴하겠다고 위협하는 상대주의라는 오염된 물을 막을 수 있는 유일하게 효과적인 방법으로서 객관주의적 도덕 전통의 부흥을 촉구했다. 따라서 절대적 가치에 대한 루이스의 변증이 뒷받침하는 성경의 윤리적 전망은 기독교 전통 안에 있는 도덕적 객관주의의 요소를 확증해 준다.

기독교는 신학적, 도덕적 진실성에 의해 특징지어질 뿐 아니라 성경적 창조 교리에 기초한 객관적, 우주론적 구조에 의해서도 구별된다. 독립적인 '소여성'이 우주를 특징짓는다. 실재의 모든 양상은 세 가지 신학적 혹은 성경적 자료에서 기원을 찾을 수 있는 본질적 통일성과 내적 일관성을 드러낸다. 첫째, 성경은 우리가 하나님의 피조물이 그분의 말씀

(*logos*)의 산물로서 '우주론적으로'(cosmo*logically*) 존재함을 이해해야 한다고 주장한다. 하나님은 무로부터(*ex nihilo*) 우주를 창조하셨을 뿐 아니라 그분의 신적 목소리로(*per verbum*) 그렇게 하셨다. 형태가 없고 텅 빈 지구 앞에서 하나님이 말씀하셨고, 여섯째 '날' 여덟 차례의 창조 행위를 통해(창 1:3, 6, 9, 11, 14, 20, 24, 26) 혼돈이 질서에 항복했고 우주의 공허가 채워졌다. 하나님이 신적 명령을 말씀하셨고, 아주 좋은 세계가 나타났으며, 그분의 창조적 뜻이 이뤄졌다. 그에 대해 시편 기자는 이렇게 말했다.

> 여호와의 말씀으로 하늘이 지음이 되었으며
> 그 만상을 그의 입 기운으로 이루었도다 …
> 그가 말씀하시매 이루어졌으며
> 명령하시매 견고히 섰도다.
> (시 33:6, 9; 참고. 시 148:1~6)

물론 신약에서 창조는 기독론적 주제다. 제4복음서의 서문에서 요한은 예수 그리스도께서 하나님의 말씀(요 1:1)이자 창조의 주체라고 말한다. "만물이 그로 말미암아 지은 바 되었으니 지은 것이 하나도 그가 없이는 된 것이 없느니라"라고 그는 말한다(요 1:3). 사도 바울의 생각도 같다. 골로새서에서 그는 예수를 우주의 창조자, "만물보다 먼저 계신" 분(골 1:17상)으로 설명하며, "만물이 그에게서 창조되되 하늘과 땅에서 보이는 것들과 보이지 않는 것들과 혹은 왕권들이나 주권들이나 통치자들이나 권세들이나 만물이 다 그로 말미암고 그를 위하여 창조되었고"라고 말한다(골 1:16). 히브리서의 저자도 동의하면서 하나님이 그분의 아들을 통해 세계를 만드셨다고 말한다(히 1:2). 하나님의 말씀이신 예수는 우주를 창조하신 분일 뿐 아니라 우주를 유지하고 보존하는 분이시기도 하다. 사도 바울은 "만물이 그 안에 함께 섰느니라"라고 말한다(골 1:17 하). 따라서 그 존재와 본질, 유지에 있어서 온 우주는 하나님의 말씀이시며 창조의 주체이신 예수 그리스도의 작품이다.

둘째, 성경은 우리가 하나님의 창조 의도를 그분의 지혜(*sophia*)의 성취로서, "우주 지혜로서"(cosmo*sophically*) 이해해야 한다고 말한다. 우주는 하나님의 말씀으로 창조되었을 뿐 아니라 "흔들리는 나무의 잎사귀에 이르기까지 온 세계를 다스리시는" 하나님의 솜씨에 의해 잘 설계되었다.[23] 잠언 3장 19~20절은 이렇게 말한다.

> 여호와께서는 지혜로 땅에 터를 놓으셨으며
> 명철로 하늘을 견고히 세우셨고
> 그의 지식으로 깊은 바다를 갈라지게 하셨으며
> 공중에서 이슬이 내리게 하셨느니라.

예레미야 10장 12절에서도 이렇게 주장한다.

> 여호와께서 그의 권능으로 땅을 지으셨고
> 그의 지혜로 세계를 세우셨고
> 그의 명철로 하늘을 펴셨으며
> (참고. 욥 28:23~28)

따라서 초대 교회에서 기독론적으로 해석했던 잠언 8장 22~31절의 지혜를 찬양하는 노래는 한 주석가가 지적하듯이 "지혜 없이는 가장 작은 물질 하나도 … 최소한의 질서조차도 … 생겨나지 않았다. … 지혜 없이는 하나님이 아무것도 만들지 않고 아무것도 행하지 않으셨다."[24] 그러므로 시편 기자의 말은 전혀 놀랍지 않다. 피조물의 경이와 그 놀라운 다양성을 살펴본 후 그는 강력히 선포한다.

> 여호와여, 주께서 하신 일이 어찌 그리 많은지요!
> 주께서 지혜로 그들을 다 지으셨으니
> 주께서 지으신 것들이 땅에 가득하니이다.
> (시 104:24)

셋째, 성경은 우리가 하나님의 피조물의 섭리적 운행을 그분의 법의 결과로서, "우주의 법으로서"(cosmo*nomically*) 이해해야 한다고 말한다.[25] 구약과 신약이 보여 주듯이, 하나님의 법은 물리적 우주에, 종교적, 도덕적 삶에, 인간 실존의 기본 영역에 두루 적용된다는 점에서 총체적이다. 하나님은 그분의 법을 수단으로 만물을 다스리신다. 시편 148편은 하늘과 땅이 하나님의 명령에 의해 창조되었고, 그분의 명령에 의해 다스림을 받으며, 그분을 찬양하도록 부르심을 받았다고 말한다. 시편 19편은 하늘과 성경을 묵상하면서 하나님의 법이 모든 것을 아우른다고 말한다. 이 시편은 창조를 통한 자연 계시에 초점을 맞추면서 하나님을 예배하는 이에게 율법이 어떤 영적, 지적 유익을 주는지를 설명한다. 시편 119편에서 다윗은 모든 것을 포함하는 하나님의 율법에 대한 사랑을 선언하며, 그것을 묵상하기를 기뻐하고, 그것에 순종하겠다고 선포하며, 그것을 저버리는 이들을 미워한다고 주장한다. 물론 모세의 율법은 유대인의 삶의 모든 측면을 지배했으며, 성경과 인간의 마음판에 기록된 그리스도 안의 새 언약의 법은 그리스도인의 삶에서 온전한 도덕적 권위를 지닌다. 물리적 우주와 종교적 삶을 규제하는 법 외에도 인류의 삶 전체를 지배하는 신적 원리가 있다. 성경은 하나님의 교훈이 예술(출 35:30~35)과 농사(사 28:23~29), 결혼(마 19:1~12), 일(골 3:22~4:1), 정부(롬 13:1~7) 등 다양한 분야에 질서를 부여한다고 명시적으로 가르친다. 이를 단순히 확장하기만 해도 교육, 정치, 가정생활, 기업, 외교, 스포츠 등 다른 영역도 마찬가지임을 알 수 있다. 하나님의 원리는 피조물에 스며들어 있으며, 주의 깊은 연구와 영적 조명을 통해 그 원리가 피조물을 어떻게 지배하는지를 깨닫고 이해할 수 있다. 그 원리가 우주의 질서 안에서는 자동으로 작동하는 반면, 인간에 관한 모든 것에 있어서는 그 원리의 작동이 인간의 순종 혹은 불순종에 영향을 받는다. 그 원리에 어떤 반응을 보이는가에 따라 삶 전체가 바른 방향을 지향할 수도 있고 잘못된 방향을 지향할 수도 있으며, 존중 받을 수도 있고 더럽혀질 수도 있으며, 복된 것일 수도 있고 저주 받은 것일 수도 있다.[26] 그러므로 피조물의 소여성과 그것의 본래적 탁월성을 설명하는 것은 그것의 "우주론적"(cosmologic), "우주 지혜적"(cosmosophic), "우주율적"(cosmonomic) 성격이다. 따라서 기독교 전통의 핵심에는 하나님의 말씀과 지혜, 법의 산물인 **피조물의 객관성**이 자리 잡고 있다.

신학적 객관성, 도덕적 객관성, 피조물의 객관성에 의해 구별되는, 성경에 기초한 세계관은 세계관(*Weltanschauung*)에 대한 기독교적 이해에 중요한 함의를 지닌다. 삼위일체 하나님이 존재하시며, 우주에는 유신론에 기초한 도덕적 질서가 존재하고, 모든 창조된 실재는 하나님의 솜씨를 반영한다. 따라서 성경의 틀 안에서 '세계관'은 상대주의와 주관주의라는 옷을 벗고 객관주의라는 새로운 옷을 입는다. 하나님의 존재와 성품이 우주 안에서 절대적 가치를 이룬다. 그분이 의미를 확립하시며 모든 것에 의미를 부여하신다. 기독교의 관점에서 세계관(*Weltanschauung*)은 이런 진리를 고려 대상으로 삼고, 그 의미 안에는 그 진리가 내포되어 있다. 달리 말하면, '기독교적' 혹은 '성경적'이란 말이 '세계관'이란 명사를 꾸미는 형용사로 사용될 때 그와 연관된 객관주의적 함의가 엄청난 차이를 만들어 낸다. 그러므로 '기독교적 혹은 성경적 세계관'이란 표현은 그저 종교적 가능성이나 철학적 선택을 암시하는 것이 아니라, 실재하며 참되고 선한 삶에 대한 절대적 관점을 뜻한다. 하나님이 사물에 대한 이 체계 전체의 토대이기 때문이다. 성 아우구스티누스보다 이를 더 잘 표현한 사람은 없다.

> 따라서 하나님은 그분의 말씀, 성령(하나이신 세 위격)과 더불어 최고의 실재이시다. 그분은 전능하신 하나님이시며 모든 영혼과 모든 육체를 창조하고 만드신 분이시다. … 모든 존재 양식, 모든 종(種), 모든 질서, 모든 기준, 수, 무게가 그분에게서 나온다. 종류와 가치를 막론하고 자연에 존재하는 모든 것이 그분에게서 나온다. 형상의 씨앗, 씨앗의 형상, 씨앗과 형상의 움직임이 그분에게서 나온다. 또한 그분은 기원과 아름다움, 건강, 번식 능력, 신체 기관들의 질서, 그 지체들의 성향과 건전한 조화를 육체에 부여하셨다. 그분은 비합리적인 피조물의 영혼에도 기억과 감각, 식욕을 부여하셨지만, 무엇보다도 합리적인 영혼에 생각과 지성, 의지를 부여하셨다. 그분은 (하늘과 땅, 천사와 인간은 말할 것도 없고) 가장 작고 비천한 피조물의 내장 기관이나 새의 깃털까지도 포기하지 않으셨다. 그분은 이것들을 이루는 구성요소들 사이의 조화, 즉 일종의 평화가 없는 상태로 그들을 내버려 두지 않으셨다. 그분이 인간의

> 나라, 인간의 지배와 예속을 그분의 섭리 법칙으로부터 배제하기로 작정하셨을 것이라고는 결코 믿을 수 없다.[27]

하나님은 그분 자체로 모든 피조물을 창조하시는 방식에서, 인류에 대한 위엄 있는 다스리심에 있어서 참으로 위대하시다. 그러나 우리는 '세계관'에 대한 기독교적 접근 방식의 이러한 객관주의적 요소에 대해 균형을 맞추기 위해 그것의 주관주의적 요소도 고려해야 한다. 모든 것을 잘 행하시는 하나님이 우주를 특정한 방식으로 만드셨을 뿐 아니라 마음의 능력으로 세계에 대해 생각하고 반응할 능력을 지닌 의식적인 피조물인 인간을 창조하기도 하셨기 때문이다.

주관성의 문제

기독교적 관점에서 '세계관'은, 하나님의 형상과 모양을 따라 창조된 인간이 삶에 대한 전망을 형성하고 세계관(Weltanschauung) 개념과 연관된 것으로 간주되는 기능을 완수하는 데 결정적 영향을 미치는 의식이라는 주관적 영역으로서의 마음에 고정되고 결합되어 있음을 암시한다.

하나님의 형상과 모양으로서 인간의 존재 전체를 중심으로부터 주관적으로 생동하게 하는 것은 성경에서 "마음"이라고 부르는, 사고와 감정, 의지의 일차적 기능이다. 고든 스피크먼(Gordon Spykman)의 주장처럼, "하나님의 형상(*imago dei*)은 다양한 기능을 지니고 있지만, 마음을 중심으로 통일된 우리의 자아 전체를 포함한다."[28] 그와 비슷하게 카를 바르트(Karl Barth)는 "마음은 온 영혼과 온 육체로 이뤄진 인간의 **한** 실체가 아니라 **유일한** 실체"라고 주장한다.[29] 의심할 나위 없이, 성경적 인간론의 핵심을 이루는 모든 단어 중에서 "마음"이란 말이 가장 중요하다. 이 용어는 '중심성'이라는 뜻이 있다. 성경에서 이 말은 문자적으로 나무(삼하 18:14)와 바다(출 15:8; 시 46:2; 욘 2:3), 하늘(신 4:11), 땅(마 12:40)을 비롯해 사물의 가장 내밀한 부분을 가리킨다. 몇몇 본문에서 "마음(heart)"은 피를 흘리기도 하고(삼하 18:14; 왕하 9:24; 시 37:15; 렘 4:19) 먹고 마시는 음식에 의해 튼실해질 수도 있다는(창 18:5; 삿 19:5, 8; 왕상 21:7; 시 104:15; 행 14:17; 약 5:5), 신체 기관을 지칭하는 생리학적 의미를 포함한다. 그러나 압도적 다수의 성경 본문에서는 인간의 핵심적이며 결정적 요소인 "마음"에 관해 말한다. 히브리어에서 "마음"(**레브, 레바브**)이란 말은 '두근거림'을 뜻하는 고대 셈어의 어근에서 유래했을 가능성이 크다. 이것은 이 말의 본래 의미가 감정과 연관되어 있음을 암시한다. 구약에서 약 855차례 등장하는 이 말은 "한 사람의 모든 양상"을 상징한다.[30] 히브리 사상에서 마음은 지성(예를 들어, 잠 2:10상, 14:33; 단 10:12)과 감정(예를 들어, 출 4:14; 시 13:2; 렘 15:16), 의지(예를 들어, 삿 5:15; 대상 29:18; 잠 16:1), 인간의 종교적 삶(예를 들어, 신 6:5; 대하 16:9; 겔 6:9; 14:3)의 자리로 포괄적 기능을 한다. 이런 궁극적이며 핵심적 역할 때문에 한 사람의 마음을 안다는 것은 실제로 그 사람을 아는 것을 뜻한다. 마음은 거울에 비친 그 사람의 모습이다. 잠언 27장 19절은 이렇게 말한다.

> 물에 비치면 얼굴이 서로 같은 것 같이
> 사람의 마음도 서로 비치느니라.

마음이 한 사람의 본질의 핵심 요소이기에 그 내용과 조건을 주기적으로 점검해야 한다. 잠언 4장 23절에서 현자는 "모든 지킬 만한 것 중에 더욱 네 마음을 지키라 생명의 근원이 이에서 남이니라"라고 충고한다. 따라서 다른 이들은 외모를 자랑하고 겉모습에 주목할지 모르지만, 하나님은 인간의 본질적 자아를 이루는 바로 그것을 아시며 마음에 꿰뚫어 보신다(삼상 16:7; 참고. 요 7:24; 8:15; 고후 5:12).

신약과 예수의 가르침에서도 이 관점을 발전시킨다. 마태복음부터 계시록까지 약 150차례 사용된 "마음"(**카르디아**)이란 말은 "정신적, 영적 삶의 주된 기관, 하나님이 자신을 드러내시는 인간 안의 장소, … 인간의 외면과 대조되는 내적 존재 전체, … 하나님이 주목하시며 종교적 삶이 뿌리를 내리고 있고 도덕적 행위를 결정하는 인간의 중심"을 뜻한다.[31] 다양한 신약 저자에 따르면 마음은 인간 감정의 심리적 중심(마 22:37~39; 요 14:1, 27; 고전 2:4)이자 영적 삶의 근원(행 8:21; 롬 2:29; 고후 3:3), 지성과 의지의 자리(롬 1:21; 고후 9:7; 히 4:12)다. 예수께서도 같은 관점을 갖고 계시며, 마음이란 삶 전체가 그것을 중심으로 선회하는 인간의 영적 중심이라고 가르치신다. 그분은 산상 설교에서 이러한 인간학을 말씀하신다. 예수께서는 인간이 삶 속에서 근원적으로 추구하는 것에 관한 대조적인 선택 사항으로서 지상의 보물과 천상의 보물에 대해, 이를테면 최고 선(*summum bonum*)의 선택에 관해 경고하신다. 그분은 땅의 보물은 썩거나 도둑맞기 쉽지만, 하늘의 보물은 영원히 지속된다고 말씀하신다. 어떤 보물을 선택하는가가 모든 것을 결정하며, 그 때문에 예수께서는 이것을 통합하는 능력과 삶의 중심과 연결해 "네 보물 있는 그 곳에는 네 마음도 있느니라"라고 말씀하신다(마 6:21; 참고. 눅 12:33~34). 한 사람의 보물이 확인되면, 마음도 금세 알 수 있다. 특정한 삶의 방식 역시 마찬가지다. 예수께서는 말과 행동의 성향을 통해 어떤 보물이 한 사람의 마음을 차지하고 있는가가 실천적으로 드러날 것을 아셨다. 또한, 그분은 나무에 관한 은유를 사용해 이 점을 설명하셨다. 여러 복음서에서 그분은 삶의 문제가 마음에서 나온다는 것을 가르치기 위해 "나무"와 "보물"을 모두 사용하셨다. "못된 열매 맺는 좋은 나무가 없고 또 좋은 열매 맺는 못된 나무가 없느니라 나무는 각각 그 열매로 아나니 가시나무에서 무화과를, 또는 찔레에서 포도를 따지 못하느니라 선한 사람은 마음에 쌓은 선에서 선을 내고 악한 자는 그 쌓은 악에서 악을 내나니 이는 마음에 가득한 것을 입으로 말함이니라"(눅 6:43~45; 참고. 마 7:17~20; 12:33-35; 15:18~20; 막 7:21~23).

따라서 예수께서는 보물이 마음 안에 자리 잡고 있으며, 그로부터 열매가 만들어지고, 그로부터 말과 행동이 나온다고 이해하셨다. (나무이든 보물이든) 어떤 은유를 사용하시든지, 그분은 한 인간의 근본, 인간 삶의 기초가 마음에 있다고 확신하셨다.

신구약과 예수의 가르침에 제시된 이러한 인간론의 관점에 기초해 나는 '세계관'에 대한 성경적 접근 방식에 관해 세 가지 제안을 하고자 한다. 첫째는 마음에 대한 성경적 교리에 비추어 세계관이란 현상 자체를 이해해야 한다. 다시 말해서, 세계관 문제의 핵심은 세계관이 마음의 문제라는 것이다. 물론 세계관이 삶을 결정하는 실재에 대한 전망이란 개념은 성경과 무관하게 서양 철학의 전통에서 생성되고 발전되었으며, 매우 실제적이며 대단히 인간적인 무엇을 직관적으로 표현하는 것처럼 보인다. 그러나 개념으로서의 정당성과 가치를 고려할 때 그 본질을 성경적 관점에서 설명해야 한다. '세계관'이란 말을 처음 사용한 이들이 우연히 마주친 것은 무엇이었는가? 이 개념을 발명했을 때 그들이 의도하지 않게 발견한 인간에 관한 진리는 무엇인가? 나는 그들이 인간 실존에서 마음의 중요성과 기능에 대한 성경적 이해를, 적합하지만 불완전한 방식으로 발전시키기 시작했다고 주장한다. 철학자들은 '세계관'이란 용어를 만들어 낼 때, 성경적으로 볼 때 마음이 무엇이며 무엇을 하는가를 무의식적으로 이해하기 시작했다. 아우구스티누스가 이집트의 금을 예로 들어 말했듯이, 그들은 자신도 모르게 하나님의 섭리라는 원석에서 통찰을 채굴해 내고 있었다. 귀중한 돌멩이로서 그것은 기독교적 제련(製鍊)의 과정을 거쳐 세공하는 장인에게 유용한 그릇으로 변형되어야 한다(참고. 잠 25:4). 따라서 마음에 관한 교리에 비추어 '세계관'을 재해석할 때, 그것의 참된 원천을 확인할 수 있을 뿐 아니라 철학적인 세계관 개념보다 풍성한 개념이 될 것이다. 그것은 실재에 관한 추상적인 주장에 그치지 않고 인격체 전체의 실존적 상태에 대한 히브리적 표현이 될 것이다.[32] 철학적 충동에서 벗어난 명민한 해석자라면, 성경에 나타난 "마음"이란 용어에 대한 주의 깊고 귀납적인 연구에 기초한 세계관 개념을 만들어 낼 수 있었을 것이다(어쩌면 만들어 냈어야 했을 것이다). 왜냐하면, 그는 우리가 지금까지 살펴본 것, 즉 마음이 인간의 종교적, 지적, 정서적, 의지적 중심이라는 것을 발견했을 것이기 때문이다. 믿기와 생각하기, 느끼기, 행하기가 모두 그 안에서 이뤄진다. 마음은 궁극적인 선으로서의 특정한 보물에 관심을 기울인다. 그것은 한 사람이 말하는 방식과 사는 방식의 원천이다. 그것은 인격체 전체의 반영이다. 그것은 삶의 근원을 이룬다. 따라서 인간 실존은 마음의 전망에 기초해 "심시각적으로"(kardioptically) 드러난다. 마음이 그것의 특정한 성향에 따라서 세계를 바라보는 렌즈를 갈아서 만들기 때문이다. 그러므로 성경에 따라서 나는 마음과 인간 의식의 중심인 그 마음의 내용이 우리가 흔히 세계관(*Weltanschauung*)이라고 부르는 것을 만들어 내고 구성한다고 주장한다.

둘째, 삶의 문제는 마음**속으로** 들어간다.[33] 삶의 원천이 마음**으로부터** 흘러나오기 전에 먼저 무언가가 **그 안으로** 들어가고 계속해서 흘러들어가야 한다. 마음은 그 안에 있는 삶을 표현할 뿐 아니라 밖으로부터 그것을 받아들이기도 한다. 사물은 외면화되기 **전에** 내면화된다. 삶을 형성하는 마음의 내용은 본성이나 유기적 성향에 의해 결정될 뿐 아니라 양육에 의해 정해지기도 한다. 분명히 한 사람의 유전적 특징과 기본적 성격, 타고난 통찰이 마음의 구조의 핵심 요소다. 그러나 그것은 삶의 다중적 경험을 통해 바깥으로부터 들어온 것에 깊이 영향을 받기도 한다. 그래서 플라톤과 아우구스티누스는 모두 젊은이의 교육에 큰 관심을 기울였다. 아우구스티누스는 아직 형성되지 않은 지성 안으로 베르길리우스(Virgil)의 많은 시를 받아들이는 어린이들에 대해 크게 우려했다. 한 번은 "새로 만든 그릇은 그 안에 처음 담긴 음식의 맛을 오랫동안 간직한다"라는 호라티우스(Horace: 라틴어로 Horatius)의 말을 인용하기도 했다.[34] 어렸을 때부터 거의 무제한인 것처럼 보이는 수원지로부터 일부는 순수하지만 일부는 오염된 내용이 홍수처럼 마음의 저수지에 쏟아져 들어간다. 마음을 형성하는 다양한 영향력에는 종교적, 철학적, 문화적 전통, 사회경제적 상황, 결혼과 가장, 교육과 같은 다양한 제도, 인간관계와 우정, 직업 선택과 노동 경험, 심리적, 육체적 건강, 성적 경험, 전쟁 등이 포함된다. 이런 요인들의 결과물이 그대로 남아 삶의 원천을 형성하기에 잠언의 지혜로운 교사는 듣는 이들에게 열심히 마음을 살피라고 충고한다(잠 4:23). 따라서 마음의 중심과 내용(본질적인 종교적 자세, 사고 유형, 기본적 감정, 의지적 행위), 즉 내가 '세계관'이라 부르는 것이 외부 세계와의 **상호작용의** 관계 혹은 **주고받는** 관계를 뒷받침한다. 개인이 인간 발전의 다양한 단계를 거쳐 갈 때 마음은 정확히 이를 설명할 수 없을지라도 실재에 대한 전망을 획득한다.[35] 시간이 흐르면서 한 개인은 죽을 때까지 첫째나 둘째 전망 혹은 훨씬 더 '순진한' 것을 고수하면서 이 전망을 발견하기도 하고, 따르기도 하고, 그것을 인정하기도 하고, 그것에 대해 도전하기도 하고, 그것이 위기에 빠지기도 하고, 그것을 재확증하거나 대체하기도 하고, 강화하기도 할 것이다. 세계관은 언제나 진행 중인 작업이다. 그러므로 평생 마음은 줄 뿐 아니라 받기도

하며, 외부 세계로부터 마음속으로 흘러 들어가는 것이 결국 삶의 과정에 거기서부터 흘러나오는 것을 결정한다.

셋째, 마음**으로부터** 삶의 문제가 나온다. 일단 개인의 마음이 본성과 양육이란 강력한 힘에 의해 형성되고 나면 그것은 삶의 전제를 이루는 토대가 된다. 전제란 대부분 사람이 당연히 받아들이는 제일 원리다. 전제는 속성상 다층적이며, 함께 결합해 삶의 가장 기본적인 심리적 층위를 이룬다. 그것은 모든 사유와 행동의 배경을 이루는 논리를 구성한다. 그것은 다른 원리에 의존하지 않으며, 다른 원리도 그것에 의존하지 않는다. 그것은 논쟁의 목표점이 아니라 논쟁의 출발점이다. 그것은 세계가 어떤 모습으로 보이며, 삶을 어떻게 사는지를 설명해 준다. 테드 피터스(Ted Peters)가 말하듯이, "그것은 실재에 대한 우리의 근본적 전망과 우리가 이해하고 주장하는 모든 것 안에서 암묵적으로 인정된 자명한 진리를 가리킨다."[36] 그것은 모든 인간의 표현과 경험을 위한 토대를 확립하는 마음의 일이다. 대부분은 숨겨져 있으며 무시되는 경우도 많지만, 이러한 가장 기초적인 직관은 삶의 전부까지는 아니더라도 대부분을 안내하고 지휘한다. 그것은 나침반이나 밤하늘의 북극성과 같다. 그것은 많은 불균형 속에서 균형을 잡아 주는 회전축의 중심, 또는 삶의 미로 안에서 길을 잃지 않게 해 주는 실과 같다. 새에게 둥지가, 거미에게 거미줄이 꼭 필요하듯이, 기준이 되는 이런 신념은 인간에게 너무나도 중요하다. 마이클 폴라니가 주장하듯이, 일군의 전제를 삶을 위한 해석 틀로 받아들일 때 "우리가 몸 안에서 살아가듯이 그 안에서 살아간다고 말할 수 있다."[37] 그러므로 누군가를 (어쩌면 당신 자신을) 주의 깊게 살펴보라. 그가 하는 말을 듣고, 그가 하는 행동을 지켜보고, 그의 태도를 관찰하고, 그의 신념을 찾아내라. 그러면 이내 삶에 대한 관념을 제공하는 그의 마음의 전제 안에 자리 잡은 삶의 원뿌리가 무엇인지 알 수 있을 것이다.

그러므로 성경적 관점에서 마음은 한 사람이 세계를 바라보는 방식의 원천이다. 외부 세계로부터 마음속으로 들어간 것은 결국 그 마음의 근본 성향을 형성하고 삶의 원천이 된다. 따라서 마음은 삶의 근본 전제를 확립하며, 삶을 결정하는 영향력 때문에 언제나 주의 깊게 지켜야 한다.

서양 사상과 신학 전통 안에는 마음과 그 내용, 혹은 내가 '세계관'이라 부르는 것이 인간 실존에 대해 결정적이라고 주장하는 강력한 전통이 있다. 성경에서도 내적 삶이 우주의 질서를 규정하는 하나님의 지혜에 대한 통찰을 받아들이려면 하나님을 향해 바르게 정향되어 있어야 하며 그분을 경외하는 적절한 태도를 지녀야 한다고 주장한다(잠 1:7, 9:10, 15:33; 욥 28:28; 시 111:10; 골 2:2~3). 플라톤은 자신의 일곱 번째 편지에서 덕을 이해하는 능력이 지능 지수와 상관없이 덕을 갖춘 품성에 달려 있다고 주장했다.[38] 성 아우구스티누스는 기독교의 진리를 이해하는 것은 단순한 지적 활동이 아니라 **먼저** 믿음에 의해 다시 만들어져야 하는 마음의 행위임을 깨달았다.[39] 장 칼뱅은 아우구스티누스가 말했던 인식의 순서를 받아들이면서 경건, 즉 "하나님에 대한 사랑과 결합된 경외"가 그분에 대한 지식의 전제 조건이라는 원리를 재천명했다. "믿음을 통해 하나님의 계시의 빛을 받지 않는다면" 사람들에게는 그분을 볼 눈이 없다고 그는 말했다.[40] 블레즈 파스칼은 진리가 "이성을 통해서만이 아니라 마음을 통해서도" 알려진다고 믿었다. 그의 가장 유명한 경구를 통해 그는 "하나님을 느끼는 것은 이성이 아니라 마음이다. 이것이 믿음의 본질이다. 마음은 이성이 알지 못하는 그 나름의 이성을 지니고 있다."[41] 조너선 에드워즈(Jonathan Edwards)는 삶, 특히 종교가 한 연구자의 말처럼 "인간 전체를 표현하고 그의 삶이 근본적으로 지향하는 바에 대한 통찰을 제공하는" 마음의 "감정"의 한 기능이라고 믿었다.[42] 마지막으로 우울한 덴마크인 쇠렌 키에르케고어는 진리의 원천으로서의 주관성과 내면성의 역할을 지나치게 강조한 것 같다.[43] 성경에서 말하는 경외든, 플라톤이 말하는 성품이든, 아우구스티누스가 말하는 믿음이든, 칼뱅이 말하는 경건이든, 파스칼이 말하는 마음이든, 에드워즈가 말하는 감정이든, 키에르케고어가 말하는 실존적 주관성이든, 이 위대한 전통에 기여한 이런 사상들은 모두 마음이 인간의 삶을 지배한다고 증언한다. 미국의 실용주의 철학자 윌리엄 제임스(William James)의 주장처럼, 마음은 "사물의 본질과 연결된 우리의 가장 심층적인 기관"이다.[44]

그러므로 기독교의 세계관 이해를 구성하는 주관적 요소를 이해하고자 할 때, 기억해야 할 명제는, 하나님의 형상과 모양을 지닌 존재로서의 인간이 기본적 지향성에 따라 삶의 전망을 형성하는 데 결정적인 영향을 미치는 의식의 주관적 영역인 마음에 뿌리를 내리고 있으며, 그 마음 안에 통합되어 있다는 것이다. 마음은 철학자들이 전통적으로 세계관(*Weltanschauung*)의 기능으로 간주했던 기능을 수행한다. 그러나 안타깝게도 대단히 불행한 일이 일어났다. 실재에 대한 마음의 관점이 죄에 의해 근본적으로 바뀌었으며, 세계에 대한 관점이 선과 악의 세력 사이의 영적 싸움에서 사탄의 주된 목표물이 되고 말았다.

죄와 영적 전쟁의 문제

기독교적 관점에서 '세계관'은 죄가 인간의 마음과 정신에 파멸적인 영향을 미쳤으며, 그 결과 인간이 하나님을 대신할 우상숭배적인 신념 체계를 만들고 실재에 관한 진리와 삶의 의미를 두고 벌이는 우주적인 영적 전쟁에 말려들었음을 암시한다.

성경 전체에서 죄의 인지적 영향력을 가장 잘 표현한 로마서 1장 18~32절은 '세계관'에 관한 기독교적 이론에 대해서도 직접적인 함의를 지니고 있다. 이 본문에서는 모든 사람에게 하나님에 대한 자연적인 지식이 주어져 있지만, 인간은 엄청난 교만과 반역의 태도로 이 계시를 즉시 거부한다고, 정확히 말하면 억누른다고 말한다. 본문에서는 이에 따른 영적 진공 상태에서 인간의 정신이 허무함과 어둠 속에서 하나님을 대신할 우상숭배적인 신념 체계를(본질적으로 세계관을) 만들려고 한다고 설명한다. 이 본문은 거짓 신과 자기 마음의 어리석은 추론으로 하나님의 진리를 대체한 이들이 심판의 한 형태로서 도덕적 타락에 넘겨진다고 묘사하면서 마무리된다. 따라서 죄와 세계관 개념에 관련된 문제에서 로마서 1장 18~32절은 표준적 전거(*locus classicus*)다. 카를 바르트는 이 구절에 "밤"이란 적절한 이름을 붙이기도 했다.[45]

먼저 사도 바울은 우상에 대한 예배와 비도덕적 행위를 통해 하나님에 관한 진리를 억누르는 이들 때문에 세상 안에 하나님의 진노가 나타났다고 지적한다. 하나님에 대한 지식이 이미 모든 사람에게 주어져 있으며 그분의 능력과 신성에 대한 통찰을 제공한다. 하지만 이 계시가 불의하게 억압되고 있으며, 따라서 그분의 진노를 초래한다. 바르트는 "사람들이 자기 기준에 맞춰 그것을 잘라 냈으며, 이로써 그것의 중요성과 의미를 박탈했다"라고 말한다.[46] 사도 바울이 설명하듯이, 그 결과 우리에게는 영적으로 변명의 여지가 없다. "하나님의 진노가 불의로 진리를 막는 사람들의 모든 경건하지 않음과 불의에 대하여 하늘로부터 나타나나니 이는 하나님을 알 만한 것이 그들 속에 보임이라 하나님께서 이를 그들에게 보이셨느니라 창세로부터 그의 보이지 아니하는 것들 곧 그의 영원하신 능력과 신성이 그가 만드신 만물에 분명히 보여 알려졌나니 그러므로 그들이 핑계하지 못할지니라"(롬 1:18~20).

인간은 참 하나님을 거부했지만 어쩔 수 없이 종교적 존재다. 성경을 근거로 볼 때, 사람들이 이처럼 본질적으로 종교적인 성향을 지니며 어떤 궁극적 관심을 중심으로 자기 삶을 지향하는 타고난 성향을 지니고 있다는 것은 이해하기 어렵지 않다. 사람들은 하나님의 형상과 모양이며(창 1:26~27), 죄로 인해 손상된 후에도 여전히 그들의 의식 속에 그들의 본성에 대한 기억을 지닌 것처럼 보인다. 바로 이를 근거로 칼뱅은 하나님이 "신성에 대한 자각"(*Divinitatis sensum*)을 부여했을 뿐 아니라 인간의 마음속에 "종교의 씨앗"(*semen religionis*)을 심어 주셨다고 주장했을 것이다.[47] 혹은 알렉산더 슈메만이 말했듯이, "**'호모 사피엔스'**(지혜로운 인간), **'호모 파베르'**(도구를 만드는 인간),… 그렇다. 하지만 무엇보다도 먼저 **'호모 아도란스'**(예배하는 인간)이다.[48] 물론 사람들은 생각하고 만드는 존재다. 그러나 이런 존재이기에 앞서, 아니 다른 모든 존재이기에 앞서 사람들은 숭배하는 본성을 지닌 예배하는 존재다. 따라서 아무리 그렇지 않다고 항의하더라도 정말로 **비**-종교적이거나 믿지 **않는** 사람은 없다. 하나님이 인간을 창조할 때 의도하신 바를 생각해 보면 인간의 마음은 자연과 마찬가지로 진공 상태를 매우 싫어한다. 마음의 공허함은 채워져야 하며, 갈망은 충족되어야 하고, 질문은 대답되어야 하며, 불안함은 달래져야 한다. 마음은 끊임없이 평화와 진리, 만족, 완성을 추구한다.

그러므로 문제는 어떤 사람이 종교적인가, 그리스도인인가가 아니라, 어떻게 종교적이며 무엇을 믿는가이다. 랭든 길키(Langdon Gilkey)의 말처럼, "원하든 원하지 않든 자유로운 피조물로서 인간은 어떤 선택된 궁극적 목적에 따라 삶을 살아간다. 따라서 인간은 우연적으로가 아니라 본질적으로 종교적이다. 의존적이지만 자유로운 그의 근본 구조로 인해서 궁극적인 무엇을 근거로 삼고 살아갈 수밖에 없기 때문이다."[49] 이 근본적인 종교적 본능이 어떻게 지향되는가가 개인적으로는 한 인간에 관해, 집단적으로는 한 문화에 관해 가장 중요한 사실이다. 결국, 오직 두 가지 선택밖에 없다. 인간의 마음은 하나님을 예배하거나 우상을 예배하며, 이 둘 중 어느 쪽에 대한 헌신의 힘과 조명으로부터 흘러나오는 삶에 대한 관점을 발전시킨다. 한 사람의 마음이 섬기는 신이, 그 사람의 삶의 빛과 방향을 결정한다. 헨리 자일스트라(Henry Zylstra)의 말처럼, "실재에 대한 지식과 그 수용에 관해 어떤 인간도 종교적으로 중립적이지 않다."[50]

이것이 바로 로마서 1장의 논리다. 사람들은 죄인이기에 종교적으로 하나님에 대해 적대적이며, 그분에 대한 지식을 거짓 신으로 대체했고, 실재에 대한 잘못된 설명을 꾸며 냈다. 그러므로 세계관의 다양성과 상대성은 그 기원을 우상숭배와 죄가 인간의 마음에 미친 인지적 영향력에서 찾아야 한다. 인간은 죄인이므로 하나님을 거부한다. 죄가 곧 하나님에 대한 반역이기 때문이다. 그리고 인간이 하나님을 거부함으로써 그분을 우상으로 대체한다. 종교적 본성을 지닌 인간은 헌신의 대상 없이 살 수 없기 때문이다. 하나님을 우상으로 대체했으므로 인간은 실재를 재해석한다. 우상숭배는 우주에 다른 의미를 부여하기 때문이다. 하나님을 대체하고 실재를 재구성했으므로 인간은 자율적으로 살기를 추구한다. 그가 따르는 유일한 법은 자신이 만든 법이기 때문이다. 하나님과 그분의 진리를 떠나 자율적으로 살기를 추구하므로 인간은 죄 가운데 자신을 하나님의 심판에 내어 주었고, 하나님의 심판이 인간에게 닥쳤다. 간단히 말해서, 예배의 **교환**은 진리의 **교환**을 뜻하며, 이는 다시 생명의 **교환**을 뜻하고, 이는 다시 하나님의 심판을 뜻한다. 사도 바울은 이런 비극적인 인간의 상태를 이렇게 설명한다.

> 하나님을 알되 하나님을 영화롭게도 아니하며 감사하지도 아니하고 오히려 그 생각이 허망하여지며 미련한 마음이 어두워졌나니 스스로 지혜 있다 하나 어리석게 되어 썩어지지 아니하는 하나님의 영광을 썩어질 사람과 새와 짐승과 기어다니는 동물 모양의 우상으로 바꾸었느니라 그러므로 하나님께서 그들을 마음의 정욕대로 더러움에 내버려 두사 그들의 몸을 서로 욕되게 하게 하셨으니 이는 그들이 하나님의 진리를 거짓 것으로 바꾸어 피조물을 조물주보다 더 경배하고 섬김이라 주는 곧 영원히 찬송할 이시로다 아멘.(롬 1:21~25)

이 본문에 따르면, 타락한 인간의 마음은 하나님을 거부하는 데 그치지 않고, 자신의 욕망과 일치하는 수많은 새로운 신과 사상을 만들어 낸다. 이에 관해 칼뱅은 "우리 각자는 자신만의 독특한 오류를 만들어 내며," 또 "한 분 참 하나님을 버리고 우상들을 택한다." 놀라운 통찰을 담고 있는 구절에서 개혁자 칼뱅은 영적으로 눈이 먼 인간의 마음을 오류와 우상을 만드는 공장으로 묘사한다. 그것은 수많은 미신과 거짓을 만들어 내며 이로 인해 지구에 홍수가 나고 길을 잃을 지경이다.

> 따라서 온 지구를 채우고 덮을 정도로 많은 더러운 오류의 진창이 생겨난다. 각 사람의 마음은 미로와 같기에 민족마다 다양한 거짓에 빠져드는 것도 전혀 놀랍지 않다. 그뿐 아니라 거의 모든 사람이 저마다 자신의 신들을 가지고 있다. 무모함과 피상성이 무지와 어둠과 결합할 때, 하나님을 대신할 우상이나 유령을 직접 만들지 않는 사람은 한사람도 없었다. 마치 가득 찬 거대한 샘에서 물이 끓어오르듯이 거대한 무리의 신들이 인간의 마음에서 흘러나오며, 각 사람은 지나친 방종으로 방황하면서 하나님에 관해 이런저런 잘못된 것을 만들어 낸다. 그러나 여기서 세상을 얽어맨 미신들의 목록을 열거할 필요는 없다. 그 목록이 끝이 없기 때문이다. 굳이 목록을 작성하지 않아도 수많은 부패의 증거가 눈이 먼 인간 마음의 상태가 얼마나 끔찍한지 분명히 보여 준다.[51]

칼뱅이 여기서는 세계의 미신을 나열하지 않지만, 근접한 구절에서 '자연주의'와 '범신론'(비록 이 명칭을 사용하지는 않지만)에 대해 논하면서 눈이 먼 인간의 마음이 만들어 낸 끔찍한 결과를 보여 준다. 그는 에피쿠로스주의자들과 같은 사상가들이 '자연'으로 하나님을 대체하며 그것을 만물의 원천이라고 말하고 가능한 한 하나님의 이름을 억누르려고 한다고 지적한다. 그는 베르길리우스를 인용하면서 고대의 '범신론'을 "내적 영혼"이 우주 전체를 부양하고 "정신"이 우주 전체에 가득 퍼져 있다는 관점이라고 설명한다. 그러나 칼뱅은 우주를 살아 움직이게 만든다는 이 비밀스러운 영감이나 보편적 정신이란 "우리가 경외하고 경배해야 할 참 하나님을 몰아내기 위해 만들어 낸 환상의 신"에 불과하다고 비판한다.[52] 그러므로 자연주의와 범신론은, 마음이 하나님을 대안적인 종교적 전망과 신념 체계로 대체하고자 하는 성향이 있음을 보여 주는 많은 수많은 사례 중 두 가지에 불과하다고 칼뱅은 생각한다. 하나님을 자연으로 대체하거나 자연과 동일시함으로써 자연주의자와 범신론자들은 각각 전적으로 비종교적 방식으로, 혹은 종교적인 방식으로 피조물을 우상으로 만든다. 각각의 경우 우상을 숭배하는 마음은 다른 방식으로, 즉 영적인 관점이나 지적인 관점에서 우주를 이해한다. 비그리스도인의 마음은 이러한 새로운 세계관을 만들어 냄으로써 자신의 불의함으로 하나님과 그분의 피조물에 관한 진리를 굴절시킬 방법을 찾는다.

하지만 하나님과 진리를 가지고 장난치는 것은 대단히 심각한 일이다. 로마서 1장 본문으로 돌아가 보면, 바울이 성경적 하나님과 그분의 진리를 거짓 신과 거짓말로 바꾸는 과정에 대해 4중적으로 평가하고 있음을 알 수 있다. 의심할 나위 없이 그의 비판의 배경은 시편 115편과 시편 135편, 예레미야 10장 등에 나타난 우상 숭배와 우상 숭배자의 어리석음에 대해 저주하는 구약의 고전적 본문이다. 첫째, 바울은 하나님과 진리를 대체하는 신념 체계는 **허망한 생각**일 뿐이라고 말한다(21절 중). 둘째, 그는 이러한 새로운 우상 숭배의 관점을 부추기는 이들에 대해 **그들의 미련한 마음이 어두워졌다**고 주장한다(21절 하; 참고. 엡 4:18). 셋째, 그는 이런 새로운 종교와 철학을 신봉하는 이들은 **지혜로운 척하지만 사실은 바보들일 뿐**이므로 속고 있다고 말한다(22절). 넷째, 바울은 하나님이 이 "엄청난 교환"의 죄를 범한 이들이 더러움(24절) 속에서, 부끄러운 욕심(26~27절)과 상실의 마음(28~32절)으로 도덕적으로 타락하도록 내버려 두셔서 심판을 받게 하신다고 경고한다. 거짓 신과 꾸며 낸 신념에 관한 이 네 요인은 고린도인들에 대한 바울의 경고에 대단히 적절하게 적용된다. "아무도 자신을 속이지 말라 너희 중에 누구든지 이 세상에서 지혜 있는 줄로 생각하거든 어리석은 자가 되라. 그리하여야 지혜로운 자가 되리라. 이 세상 지혜는 하나님께 어리석은 것이니 기록된 바 하나님은 지혜 있는 자들로 하여금 자기 꾀에 빠지게 하시는 이라 하였고 또 주께서 지혜 있는 자들의 생각을 헛것으로 아신다 하셨느니라"(고전 3:18~20).[53]

로마서 1장은 충격적인 그림을 그리고 있지만 사실적으로 보인다. 바울이 보기에 인간의 마음은 하나님과 그분이 손수 만드신 것 안에 나타난 그분의 능력과 능력을 직관적으로 알고 있다. 그러나 죄가 일으킨 타락 때문에 인간의 마음은 이 직관적인 인식을 무시한다. 그럼에도 타고난 종교적 충동 때문에 마음은 하나님과 진리를 대신할 신앙과 철학을 만들어 낸다. 마음은 열심히 종교에 대해 다시 생각하고 실재를 다시 발명해 낸다. 이 때문에 모든 시기와 모든 문화에 수많은 거짓 세계관이 존재한다. 그러나 사도 바울은 이렇게 마음이 만들어 낸 가짜 전망을 정면으로 비판한다. 그것은 허망한 생각의 결과물일 뿐이다. 그것은 사람들을 심각한 영적 무지에 빠지게 만든다. 사람들은 그것을 지혜로 착각한다(또한 지혜를 거짓 세계관으로 착각한다). 그것은 결국 하나님의 심판으로서의 도덕적 타락으로 귀결된다. 무익하며 어둡고 어리석으며 타락에 빠지게 만드는 우상 숭배에 기초한 이러한 신념 체계가 신약에서 '세속성'이라고 부르는 것을 이룬다. 크레이그 게이(Craig Gay)가 묻듯이, '세속성'은 개인이 직면하는 욕정에 대한 유혹에 기초하기보다는 본질적으로 하나님이란 실재를 삶에서 배제하는 **"실재에 대한 해석"**에 자리 잡고 있다고 말하는 것이 옳지 않을까?[54] 다시 말하면, 세속적 행위는 문화적 풍경을 그리는 세속적 관점의 궁극적 결과물이다. 그러므로 로마서 1장의 신학이 설명하듯이 상대주의적 세계관의 기원과 다양성은 인간 마음의 타락에 뿌리를 내리고 있다.

인간이 처한 상황에 대한 이런 묘사는, 성경이 피조물 전체와 피조물의 청지기인 인간이 우주적 차원의 영적 전쟁에 휘말려 있다고 계시한다는 사실에 의해 한층 더 강화된다. 이 전쟁에서 하나님과 선의 세력은 사탄과 악의 세력과 맞서 싸우고 있다. 무한하신 하나님께 반대하는 이 유한한 세력은 본디 그분에 의해 창조되었으며 그분이 선하시듯 선해야 했다. 로마서 8장 38~39절에서는 천사들과 권세자들이 하나님의 "피조물"에 속한다고 말한다. 골로새서 1장 16절에서는 창조의 주체이신 그리스도께서 "왕권들이나 주권들이나 통치자들이나 권세들"을 포함해 우주 전체의 존재를 책임지고 계신다고 가르친다. 간단히 말해서, 하나님은 그리스도를 통해 천사들은 비롯해 실재의 영역 전체를 창조하셨다. 이 영적 피조물들은 그들의 존재와 목적, 능력을 하나님으로부터 받았지만, 불가사의하고도 기괴한 교만과 반역의 행위를 통해 그분께 맞섰다(예를 들어, 사 14:12~14; 겔 28:11~19; 벧후 2:4; 유 1:6). 강한 적개심에 자극을 받아 그들은 그분께 반대하기로 굳게 결심한 원수가 되었으며, 그분의 신적 권위를 전복하고 그분이 만드신 모든 것을 파괴하려고 한다. 그들은 나쁘게 변한 선한 피조물이며, 이제는 자신들의 자율성을 증명하기 위해 우주의 지배권을 놓고 하나님과 빛의 천사들에 맞서 격렬한 싸움을 벌이고 있다. 하나님의 창조 사역의 절정인 인류는 이 오래된 싸움에 직접적으로 관련되어 있다. 모든 사람이 이 싸움에 영향을 받을(이를테면 그 십자포화 안에 갇혀 있을) 뿐 아니라 그들 역시 이 싸움에 참여하고 있다. 의식적이든 무의식적이든, 그들이 영적으로 지향하는 바에 따라 어느 한편과 연합해 그 편을 위해서 싸운다. 따라서 인류는 물려받은 내적 타락과 씨름할 뿐 아니라 그들의 타락된 상태를 더욱 단단하게 하는 유혹과 공격과도 씨름해야 한다. 그러니 하나님을 알고 바르게 세계를 바라보기가 얼마나 어려운가![55]

근대 자연주의와 과학주의의 이른바, 마법에서 풀린 세계관의 악한 지배력 아래서 많은 사람이 천사와 사탄, 귀신, 영적 전쟁에 대한 성경의 묘사를 "미신이란 쓰레기통"에 던져 버렸다.[56] 그러나 그레고리 보이드(Gregory Boyd)가 "전쟁의 세계관"이라고 적절하게 명명한 내용이 성경 계시 전체에 가득하며, 성경 메시지의 토대를 차지하고, 교회사 전체를 통해 기독교 신학에 필수적이었다는 것은 의심할 나위가 없다. 보이는 세계 곳곳의 문화에서 취한 인상적인 증거를 열거하면서 서양의 세속주의가 "전쟁의 세계관", 특히 성경에 나타난 전쟁의 세계관을 문화적 의식에서 제거했다는 점에서 지독히도 특이하다고 주장한다. 그는 성경의 세계관을 이렇게 설명한다. "하나님의 선한 피조물이 우주에 대한 하나님의 선하신 계획을 파괴하려는 적대적이며 악하고 우주적인 세력에 사로잡혀 있다. 그러나 하나님은 이런 세력에 맞서 전쟁을 벌이시며, 예수 그리스도의 인격을 통해 이 악한 우주의 군대에 대한 전복을 확보하셨다. 그리스도의 몸인 교회는 이 최종적 전복을 실행할 결정적 수단이 되도록 부르심을 받았다."[57]

"세상은 전쟁터"이며 그래서 전쟁터처럼 보인다고 보이드는 말한다.[58] 나는 이 관점이 옳다고 생각한다. 성경이 말하는 "전쟁의 세계관"의 핵심에는 "세계관 전쟁"이 자리 잡고 있다. 세계관 전쟁은 세계관을 놓고 벌이는 전쟁이다. 즉 우주의 정체성이나 정의를 놓고 벌어지는 빛의 세력과 어둠의 세력 사이의 대전투다. 거짓말이 아비(요 8:44)인 사탄의 핵심 전략은 인간 마음의 맹목성을 유지하고 궁극적으로 그것이 영적 파멸에 이르게 만들기 위해 다양한 우주적 거짓을 확신시킴으로써 사물의 참된 본질을 숨기는 것이다(고후 4:3~4). 우주를 집어삼킨 대화재 속에서 실재에 관한 진리는 사탄에 의해 어둠에 둘러싸여 있으며, 수많은 우상숭배와 삶에 대한 그릇된 관념이 지혜와 계몽을 가장해 그 자리를 차지하고 있다. 하나님과 창조, 타락, 구속에 관한 진리는 인간 의식에서 영원히 추방되어야 한다. 사탄이 진리의 빛을 굴절시키고자 할 때 이 빛을 타락시키고 이를 문화적 풍경을 지배하는 실재에 대한 거짓 전망으로 대체하는 것보다 더 나은 전략이 어디 있겠는가? 시대정신, 즉 그 시대의 지적, 영적 분위기를 통제하는 것은 사람들의 마음속으로 들어가 그들의 관심을 형성하고 그들의 삶을 지배하는 것을 통제하는 대단히 효과적인 수단이다. 세계관은 시대정신을 위한 기초이며 이 과정의 핵심에 자리 잡고 있다. 이러한 전체적인 전략이 성공한다면 개인에 대해서는 죄를 짓도록 가끔 유혹하기만 하면 된다. 이미 사람들의 마음을 사로잡아 잘못된 방향으로 이끌고 있다면 사탄은 그들이 신나게 놀도록 만드는 데에는 별로 관심을 기울이지 않을 것이다.

하인리히 슐리어(Heinrich Schlier)는 "세계관 전쟁"이 성경에서 말하는 "전쟁의 세계관"의 핵심적 구성요소라는 주장을 지지한다. 그는 에베소서 2장 2절에 기초해 세계관, 혹은 그가 한 문화의 "영적 분위기"라고 부른 것이 "그의[사탄의] 지배의 주된 원천"이라고 주장한다. 그는 이 본문에서 "공중의 권세 잡은 자"라는 구절 속의 "공중"이란 말의 의미를, 이어지는 구절 "지금 불순종의 아들들 가운데서 역사하는 영"을 통해서 해석하는 것이 가장 적절하다고 생각한다. 따라서 그는 "공중"은 사탄이 그 권세를 행사는 문자적인 영역일 뿐 아니라 맥락상 비그리스도인들의 반역을 부추기는 보편적인 영을 지칭하기도 한다고 주장한다. 그러므로 슐리어는 이 말이 중요한 사회문화적 의미가 있다고 생각한다. "그것은 인류에 영향을 미치며, 그 안에서 사람들이 살아가고, 그들이 숨쉬며, 그들의 생각과 열망, 행위를 지배하는 일반적인 영적 분위기다. 그는 자신이 지배하며 자신의 권세의 매개체로 사용하는 영적 분위를 통해 사람들에 대한 그의 '영향력'을 행사한다. 그는 자신의 영역, 즉 그의 권세가 미치는 영역이 내뿜는 분위기를 통해 사람들을 지배하는 권세를 얻고 사람들 안으로 파고든다. 이 분위기에 노출될 때 사람들은 그것의 담지자가 되고 이로써 그것의 확장에 기여한다."[59]

"통치자들과 권세들과 이 어둠의 세상 주관자들과 하늘에 있는 악의 영들"에 대한 싸움에 대해 언급하는 에베소서 6장 12절 역시 이런 해석을 강화하는 것처럼 보인다. 또한, 고린도전서 2장 6절에서 바울은 그가 선포하는 그리스도 안에 있는 하나님의 지혜와 극명한 대조를 이루는, 이 시대와 이 시대의 지배자들의 지혜가 존재한다고 말한다. 그러나 슐리어는 이것이 사탄의 유일한 통제 수단은 아니라고 지적한다. 그는 모든 차원에서 자연의 삶을 공격하며 사회적, 영적 관심사와 별개로 물리적 유해를 가할 수도 있기 때문이다. 하지만 그는 사도 바울의 권위에 기초해 "영적 분위기"가 사탄의 주된 지배 전략이며, 이것은 세계관(*Weltanschauung*)과 대단히 비슷한 기능을 하는 관념이라고 확신한다.

> 사도 바울은 이것을 권세자들이 그들의 지배권을 행사하는 주된 수단으로 여긴다. 이 지배는 대개 세계의 일반적인 정신이나 특정한 시대나 태도, 민족, 지역의 정신에서 시작된다. 세상을 지배하는 이 정신은 자유롭게 떠다니는

데 그치지 않는다. 사람들은 그것을 들이마시며, 따라서 그것이 제도와 다양한 상황으로 들어간다. 특정한 상황에서 그것은 너무나도 강렬하고 강력해서 어떤 개인도 이를 피할 수 없다. 그것은 규범 역할을 하며 당연히 받아들여진다. 이 정신에 맞서 행동하거나 생각하거나 말하는 것은 비상식적이거나 심지어 틀린 것이며 범죄에 해당하는 것으로 간주된다. 사람들은 바로 이 정신 '안'에서 세계와 삶을 마주하며, 이는 곧 그들이 세계를 이 정신이 제시하는 대로, 그것의 사상과 가치와 더불어, 그가 원하는 형태로 받아들인다는 뜻이다. 이 세계의 지배자는, 분위기에 대해 행사하는 지배권은 세계와 세계의 일과 관계, 상황, 심지어는 그 존재 자체가 그에게 속한 것처럼 보이게 만든다. 이것은 그의 가치 판단을 모든 것에 강요한다.[60]

슐리어는 이렇게 실재를 재구성하려는 노력 때문에 개인은 자신과 세계를 오해하게 되며, 결국 그는 완전히 파멸되고 만다고 생각한다. 결국 사탄과 권세자들의 목적은 "왜곡과 훼방, 파괴, 멸절, 창조의 무효화"를 추구하는 거짓과 죽음의 문화를 만들어 내는 것이다.[61] 개인이 이런 환경에 몰두한다면 그는 자신의 파멸을 재촉할 뿐이다.

루이스의 작품 속 등장인물 스크루테이프(Screwtape) 역시 이에 동의하는 것처럼 보인다. 노련한 사탄의 지도자인 그는 유혹자 양성 대학의 연례 만찬에서 젊은 악마들에게 행한 연설에서 문화적 분위기를 통한 지배와 파괴 전략을 제안한다. 인간이란 "해충"은 "생각이 너무나도 뒤죽박죽이며 환경에 너무나도 수동적으로 반응하기" 때문에, 또 "그들의 의식이 그들을 둘러싼 사회적 분위기와 동떨어져서는 거의 존재할 수 없기" 때문에 이 전략은 쉽게 실행될 수 있다고 말한다. 이 과정을 통해 유혹자들은 개인으로 하여금 "견고하고 철저한 거짓말이 그의 삶의 중심에 자리 잡도록" 유도할 수 있다. 이것이 그들의 수단이며, 그들의 궁극적 목적은 사악하다. 그것은 "개인의 파괴"다. "오직 개인만이 구원을 받거나 저주를 받을 수 있으며, 오직 개인만이 원수[하나님]의 아들이 되거나 우리[악마]의 먹이가 될 수도 있기 때문이다. 우리[악마]에게 모든 혁명이나 전쟁, 기근의 궁극적 가치는 그것이 만들어 내는 개인의 고통과 배신, 증오, 분노, 절망에 있다."[62]

사탄과 귀신들은 사람들이 속는 만큼만 그들을 조작할 수 있다. 그러니 아무도 벗어날 수 없는 시대의 정신이란 통로를 통해 실재에 대한 거짓된 관념을 퍼뜨리는 것보다 이 목적을 이루는 데 더 좋은 방법이 어디 있겠는가? 이 계략을 완성하기 위해 통치자들과 권세들은 사탄의 통제를 받아 그들의 흔적을 교묘히 덮고서 자신들이 존재하지 않는다고 주장할 수 있을 정도로 은밀한 방식으로 활동한다. "그들은 시야에서 사라져 사람들과 물질, 제도 안으로 숨어 들고, 이를 통해 그들의 권세가 느껴지게 한다. 나타나지 않는 것처럼 보이는 것이 그들의 본질적 속성 중 하나다."[63]

따라서 사탄은 그의 귀신들을 통해 그의 신민을 영적으로, 그리고 지적으로 살해하는 전문가이며, 그의 귀신들은 사람들이 그 안에서 살아가고 움직이며 존재하는 사상과 전통, 관습을 통해 수많은 사람을 기만하는 데서 기쁨을 누린다. "화 있으리라, 수많은 인간의 관습이여! '누가 너에게 맞설 수 있을까?'(시 75:8)" 젊은이들을 형성하는 관습의 힘을 인식했던 성 아우구스티누스는 이렇게 탄식했다. "언제 네가 말라 버릴까? 언제까지 너의 급류는 하와의 아들들[과 딸들]을 십자가 나무에 오른 이들만 힘겹게 건널 수 있는 크고 무서운 바다로 몰아넣을까(지혜서 14:7)?"[64] 최근 인간의 관습이란 급류는 다윈주의와 마르크스주의, 프로이트주의, 세속적 인본주의, 실존주의, 허무주의, 포스트모더니즘과 같은 자연주의 세계관이라는 물에 발원했다. 이 강력한 강물이 서양과 다른 곳에서 많은 사람이 익사하고 있는, 기만이라는 "크고 무서운 바다"로 흘러들어 가고 있다. 훨씬 더 최근에는 범신론과 만유재신론 사상이 역시 많은 이들이 탄 배를 전복시켰다. 새 천 년이 시작된 지금 앞으로 어떤 '분위기'의 압력이 나타날지 누가 정확히 예측할 수 있겠는가?

하지만 확실한 것은 타락한 상태에 있는 인간의 마음은 계속해서 불의로 진리를 억압하고 대리할 신들과 세계에 대한 잘못된 관점을 만들어 낼 것이란 사실이다. 인간의 마음은 종교적으로 불안하기에 믿을 만한 무언가를, 그것을 통해 삶을 이해할 무언가를 가지고 있어야만 하기 때문이다. 또한, 확실한 것은 영적 전쟁이 계속될 것이고 이 전쟁은 여전히 세계관을 중심으로 벌어질 것이란 사실이다. 사탄의 나라는 우상숭배와 오류의 원천인 인간의 교만과 자기충족성을 수단으로 삼아, 세계의 종교적, 철학적 환경이 기만을 지속하고 사람들을 하나님과 진리로부터 떼어놓는 거짓 관념에 지배를 당하도록 만들 것이다. 그러므로 죄와 영적 전쟁이란 교리는 기독교적 관점에서 세계관을 이해하는 데 핵심 역할을 한다. 거짓 세계관은 죄의 인지적 영향력의 산물이며 하나님에 맞서는 영적 전쟁에서 사탄에게 없어서는 안 될 무기다. 하나님의 은총 외에는 이러한 영적, 지적, 도덕적 결핍에서 벗어날 수 있는 방법이 없다.

은총과 구속의 문제

기독교적 관점에서 '세계관'은 죄를 속하시고, 통치자들과 권세들을 무너뜨리시고, 그분을 믿는 이들이 참 하나님에 대한 지식과 그분의 피조물로서의 세계에 대한 바른 이해를 얻을 수 있게 하시는 예수 그리스도의 인격과 사역을 통해 하나님 나라가 인간의 역사 안으로 은혜롭게 파입(破入)했음을 말한다.

은총을 베푸시는 하나님의 속성과 성육신하신 하나님께서 성취하신 구원의 역사적 사역이 세계관(*Weltanschauung*) 이론에 등장할 것으로 예상한 이들은 드물었을 것이다. 물론 이 책에서 살펴본 세계관의 철학적 역사나 학제적 역사에서 이런 내용은 나타난 적이 없다. 그러나 성경적 관점에서 이것은 완벽히 이치에 맞다. 구원론 교리에 관한 몇몇 언급이나 칼뱅과 에드워즈의 통찰을 살펴봄으로써 은총과 구속이 '세계관'에 대한 기독교적 관점에 어떤 영향을 미치는지 이해하기 위한 토대를 마련할 수 있을 것이다.

죄로 인해 망가진 피조물을 구하는 것은 성경의 핵심이다.[65] 창세기의 첫 두 장은 창조에 대해 이야기하고, 3장은 타락에 대해 이야기하며, 나머지 성경은 구속의 이야기를 다룬다. 구원의 역사는 성경의 중심 주제다. 구약에서 하나님이 뱀을 박살내고, 악을 파괴할 여자의 후손에 관해 그분의 백성에게 주신 약속이 신약에서 예수 그리스도의 인격 안에서 성취되고 완성되었다. 그분 안에서, 그리고 그분의 사역과 죽음, 부활, 하나님 우편으로의 승천을 통해서 하나님 나라가 인간의 역사 안으로 파입했으며 악의 세력으로부터(죄와 사탄, 죽음으로부터) 온 우주를 구속했다. 그분은 속죄를 성취하셨으며, 십자가의 피로 하늘과 땅의 만물이 하나님과 화목하게 하셨다(마 1:21; 요 1:29; 행 10:43; 엡 1:7~10; 골 1:14, 20; 히 9:26). 그분은 사탄을 결박하고 심판하셨으며, 통치자들과 권세들을 무너뜨리셨다(마 12:28~29와 병행 본문 요 12:31, 16:11; 골 2:15; 히 2:14~15; 요일 3:8; 벧전 3:22). 그분은 부활의 승리를 통해 죽음을 정복하셨다(마 28:6과 병행 본문 행 2:22~32; 고전 15장). 그분은 승천하신 주로서 하나님 오른편에 앉아 계시며, 하나님은 그분에게 하늘과 땅의 모든 통치권과 권위, 능력을 주셨다(시 110편; 마 28:16~20; 고전 15:20~28; 엡 1:20~23; 3:10; 빌 2:9~11; 골 2:10; 히 1:3~4, 13, 10:12~13; 계 1:5, 17~18; 20:6). 그분은 천상의 보좌로부터 그분이 약속하셨던 성령을 교회 위에 부어 주셨다(요 14:16~18, 26, 15:26~27, 16:7~14; 행 2:1~21). 언젠가 그분은 계시록에서 말하는 능력과 영광 가운데 이 땅에 다시 오셔서 그분의 구속 사역을 완성하시고 그분의 백성과 온 피조물을 다스리시는 만왕의 왕, 만주의 주로서 마땅히 취할 자리를 차지하실 것이다(마 24~25장과 병행 본문 요 14:1~3; 행 1:6~11; 고전 15:20~28, 50~58; 살전 4:13~18; 살후 2:1~12; 딛 2:11~14; 히 12:26~29; 벧후 3:10~13; 계 19~22장). 하지만 그때까지 모든 곳에서 사람들은 회개하고(막 1:14~15; 눅 24:46~47; 행 17:30, 26:20; 벧후 3:9), 예수 그리스도를 구주로 믿고(요 3:16; 행 16:31; 롬 3:21~5:1, 10:8~15; 갈 3:5~14; 엡 2:8~10; 히 11장), 시간 안에서 그리고 영원히 하나님의 구속적 통치가 제공하는 포괄적인 복을 받으라고 권면을 받는다(마 5:3~12와 병행 본문 엡 1:3). 이 구원은 인간의 행위가 아니라 구원하시는 동시에 지켜내시는 하나님의 완전한 은총에 의해 획득된다

(요 1:14~18; 행 15:11; 롬 3:24, 4:16; 고후 12:7~10; 엡 2:5, 8~9; 딤후 1:9; 딛 2:11, 3:7). 하나님이 예수 그리스도 안에서 성령을 통해 성취하신 것은 본질상 전적으로 종말론적이다. 신약 신학은 하나님 나라의 현재적 양상과 미래적 양상 사이의 긴장, 이미와 아직 사이의 긴장에 의해 규정된다. 조지 래드(George E. Ladd)보다 이를 더 명확히 표현한 사람은 없었다. "우리의 핵심 주장은 하나님 나라가 인간 사이에서 그분의 통치를 확립하기 위해 역동적으로 일하시는 하나님의 구속적 다스리심이며, 장차 종말에 묵시론적 행위로 나타날 이 나라가 예수의 인격과 사역 가운데 인간의 역사 안으로 이미 들어와서 악을 정복하고 사람들을 그 권세로부터 구원하고, 그들을 하나님의 복된 통치 안으로 이끈다는 것이다. 하나님의 나라는 두 위대한 순간, 즉 역사 안에서의 성취와 역사의 종말에서의 완성을 아우른다."[66]

악을 정복하신 분이신 그리스도를 가리키는 적절한 명칭이 승리자 그리스도(*Christus Victor*)이다.[67] 그분의 승리가 모든 것을 바꾼다. 믿음으로 그분과 관계를 맺은 이들에게 우상 숭배의 악과 죄의 인지적 영향력, 사탄의 기만은 이미 파괴되었다. 처음으로 모든 것이 명확해진다. 이것은 모든 것이 마땅히 그래야 해야 하는 바다. 그리스도께서는 "나는 세상의 빛이니 나를 따르는 자는 어둠에 다니지 아니하고 생명의 빛을 얻으리라"라고 말씀하셨다(요 8:12). "우상을 버리고 … 살아 계시고 참되신 하나님을 섬기는"(살전 1:9) 그리스도인들은 그분을 알게 되며(혹은 그분께 알려지게 되며, 갈 4:9), 그분의 탁월하심과 위대하심, 그분의 놀라운 행위를 알게 된다(시 150:2; 고후 4:6; 갈 4:9; 엡 1:17; 골 1:10; 벧후 1:2). 그들 마음의 어둠은 그리스도의 마음으로 대체된다(고전 2:16). 창조 때 "어두운 데 빛이 비치라" 말씀하셨고, 새 창조 때 "그리스도의 얼굴에 있는 하나님의 영광을 아는 빛"을 주기 위해 마음속에 그분이 빛을 비추신 그 하나님이, 사탄의 유혹이 초래한 맹목성 안에 파고들어 오신다(고후 4:6).

그 결과 완전히 새로운 세계와 세계관이 열린다. 이제 모든 것을 하나님의 빛 안에서 보고 명확히 해석할 수 있게 된다. 그분에 대한 온전한 사랑과 순종, 섬김 안에서 참된 행복을 찾는다. 세계는 그분의 피조물이다. 그분은 그분의 지혜로 세상을 만드셨고, 그분의 법으로 그것을 운행하셨으며, 그분의 영광의 표현인 그것 안에 자신을 계시하신다. 인간은 하나님의 형상과 모양으로 창조된 유한하고 의존적인 피조물로서 타고난 위엄과 가치를 소유하며, 자신을 사랑하는 것처럼 사랑받을 자격이 있다. 인간의 소명은 가족에 대한 책임, 인류를 복되게 하고 하나님께 영광을 돌리는 방식으로 수행해야 할 문화적 책무로 이뤄진다. 죄는 대단히 악하며, 하나님의 본성에 근거한 도덕법은 인간의 성품과 행동과 문화를 형성하므로 이를 존중하고 지켜야 한다. 교회는 그리스도의 몸이자 그분의 신부이며, 하나님을 예배하고 성례전을 집례하고 말씀이 선포되고 그리스도인들을 제자로 기르고 공동체를 세우고 하나님의 갑주와 힘으로 아직 힘이 남아 있는 사탄의 세력과 맞서 싸워야 하는 성령의 전이다. 인류 역사에는 구원론적, 송영적 목적이 있으며, 하나님은 마지막 심판과 공의가 넘치는 새 하늘과 새 땅의 창조로 마무리되는, 그분의 백성과 우주의 구속을 통해 자신을 영화롭게 하신다. 이런 진리와 다른 진리를 알게 될 때, 하나님과 세계를 새롭게 보게 될 때, 정신이 깨달음을 얻을 뿐 아니라 마음이 변화된다. 아우구스티누스의 말처럼, 참으로 그리스도를 따르는 이들은 "신성 모독과 멸망의 밤을 지나 구원과 참 경건의 낮으로 들어간다."[68]

하지만 하나님과 세계에 대한 이런 종류의 관점을 발전시키고자 할 때 신학은 어떤 역할을 할까? 칼뱅과 에드워즈는 모든 것(하나님과 우주, 인류)에 대한 바른 종합적 이해는 심층적으로 영적인 문제임을 깨달았으며 이 문제 전체에 관해 적절한 통찰을 제공한다. 나는 그들의 통찰에 이의를 제기하기 어렵다고 생각한다. 이미 살펴보았듯이 칼뱅은 인간의 마음속에서 미쳐 날뛰는 미신과 전적인 무지 때문에 창조주 하나님에 대한 바른 이해, 즉 하나님과 그분의 피조물을 바르게 아는 것이 불가능하다고 본다. 거듭나지 않은 이들은 우상 숭배와 거짓의 저장고로서 철저한 영적 어둠 속에서 살아간다. 무엇이 이 어둠을 꿰뚫고 그들의 마음을 열어 전에는 상상도 해 본 적이 없는 진리를 바라볼 수 있게 할까? 칼뱅은 성경에 대한 진실한 개방성과 그에 대한 믿음을 통해서만 거짓을 갈아엎고 진리를 심을 수 있다고 이해한다. 그는 유명한 비유를 통해 성경을 전에는 흐리고 초점이 맞지 않아서 제대로 보지 못했던 하나님을 뚜렷하고 분명하게 이해할 수 있게 해주는 안경이라고 말했다. "나이가 많은 사람과 시력이 약한 사람은 자기 앞에 놓인 아름다운 책을 보고 그것이 글이란 것을 알기는 하지만 두 단어도 이해할 수 없다. 하지만 안경의 도움을 받으면 분명하게 읽기 시작할 것이다. 마찬가지로 성경은 그것이 없었다면 혼란스러울 뿐이었을 우리 마음속에 있는 하나님에 대한 지식을 모으고 우리의 아둔함을 일소하여 우리에게 참 하나님을 명확하게 보여 준다."[69]

이런 맥락에서 칼뱅은 하나님이 그분의 말씀 안에 그분에 관한 믿을 만한 계시를 공급하셨으며, 이 계시는 사람들이 그들을 당혹스럽게 하는 미로를 통과해 신학적 명료성(perspicuity)에 이를 수 있도록 도와주는 "실타래" 역할을 한다고 말하기도 했다.[70] 그러므로 그 마음이 믿음으로 바르게 준비된 사람들은 성경이란 교정 렌즈의 도움을 받고 성경이란 실타래의 안내를 받아 처음으로 창조주 하나님에 대한 지식을 얻게 된다. 이러한 새로운 신학적 계시는 즉각적인 우주론적 함의를 지니며 우주를 하나님의 탁월한 능력이 표현된 무대로 인식할 수 있게 해 준다. 그리스도인은 피조물의 성례전적 성격을 놀랍게 발견하며 그것을 하나님의 영광이 나타난 눈부신 극장으로 바라본다. 전에는 억압되고 오염되었던 하나님과 그분의 솜씨에 관한 진리가 마침내 명확하고 선명하게 드러난다! 마음의 눈이 바뀌고 사물을 정말로 있는 그대로 볼 수 있게 된다. 이 놀라운 구속의 결과가 사람을 변화시킨다. 칼뱅에 따르면, 그리스도인은 마음속에 "결코 논박할 수 없는 진리"를 지니고 있음을 온전히 의식하게 된다. 그들의 마음 가장 깊은 곳과 골수를 관통하는 이 말씀에 너무나도 철저히 감화되어 그것의 신적 능력과 위엄에 의해 "의식적으로 또한 의지적으로 그분[하나님]께 순종하고자 하는 마음이 불일 듯이 일어난다."[71] 이는 그리스도인의 마음과 믿음, 지식, 감정, 행동에 얼마나 큰 변화가 일어난다는 말인가! 하나님의 말씀에 기초한 이 변화는 하나님의 은총과 구속을 통해 전적으로 새로운 성경적 세계관이 생겨남을 뜻한다.

조너선 에드워즈도 같은 생각일 것이다. 그는 참된 그리스도인, 즉 거룩한 감정에 사로잡힌 사람의 마음속에는 하나님을 이해하고 그분의 거룩함을 음미할 새로운 영적 감각, 혹은 맛보는 능력이 심어진다고 확신했다. 여기에는 존재의 핵심에서 일어나는 변화도 포함된다. 그는 이러한 새로운 영적 통찰의 능력이 "마음의 감각, 하나님의 것들의 거룩함이나 도덕적 완전함이 지닌 최고의 아름다움과 달콤함에 대한 감각, 이런 감각에 의존하며 그로부터 흘러나오는, 신앙에 대한 분별과 지식으로 이뤄져 있다"고 설명한다.[72] 따라서 거듭난 그리스도인이 본래 지녔던 인지 능력이 그들 안에 주입된 새로운 근본 원리에 의해 새로워지며, 그 결과 재정향되어서 인간의 지각이 영적으로 완전히 재정비된다.

> 따라서 거듭남에서 하나님의 성령의 사역은 성경에서 흔히 새로운 감각을 주는 것, 볼 수 있는 눈과 들을 수 있는 귀를 주는 것, 듣지 못하는 이의 귀가 열리는 것, 날 때부터 눈먼 이들의 눈이 열리는 것, 어둠에서 빛으로 바뀌는 것에 비유된다. 그리고 이러한 영적 감각은 가장 고귀하고 탁월한 감각이며 그것 없이는 다른 모든 지각의 원리와 우리의 능력이 쓸모없고 무익한 것이기 때문에, 이런 감각을 주고 그와 더불어 영혼 안에 그 감각의 복된 열매와 영향이 나타나게 하는 것은 죽은 사람을 일으켜 새로운 피조물이 되게 하는 것에 비교할 수 있다.[73]

새로운 감각, 새로운 눈, 새로운 귀, 새로운 빛, 새로운 삶, 새로운 피조물! 에드워즈는 이 모든 것은, 마음속에 있는 이 강력하고 권위 있는 영적 능력이 새로워진 결과라고 생각했다. 그가 하나님의 것에 관해 그것이 "새로운 세계를 열어 볼 수 있게 하며"[74] "한 사람 안에 놀라운 변화"는 날 때부터 눈이 멀었던 사람이 갑자기 시력을 선물로 받는 것보다 훨씬 더 놀라운 변화를 일으킨다고 말한 것도 전혀 놀랍지 않다. "시각이 다른 모든 외적 감각보다 더 귀하지만, 이 영적 감각은 … 그보다 혹은 인간이 자연적으로 지닌 다른 어떤 분별의 원리보다 무한하게 더 귀하며, 이 감각의 대상[하나님]은 무한하게 더 위대하고 중요하다."[75] 그러므로 에드워즈는 새로운 영적 감각이란 이 선물의 중요성을 아무리 강조해도 지나치지 않다고 생각한다. 그것은 "마음의 눈"(엡 1:18)을 밝히고, 그 결과 하나님과 그분과 관계된 모든 것에 대한 그리스도인의 인식이 하나님의 은총과 구속을 통해 전적으로 변화된다.

그렇다면 세계관은 어떻게 형성될까? 기독교적 관점에서 본성이나 양육 모두에 대해 부차적이지 않으며, 그 둘이 한 사람의 삶을 형성하는 데 부정적 영향을 미쳤다면 그 부정적 영향을 극복할 원천이 존재한다. 그 사람이 어떤 사람이든지, 어떻게 자랐든지, 무엇을 경험했든지, 죄에 얼마나 깊이 얽혀 있었든지, 사탄의 속임수 때문에 얼마나 철저하게 눈이 멀어 있었든지, 하나님은 한 사람의 삶 속으로 파고들어 오셔서 그 마음속에 교두보를 세우고, 그분의 말씀의 진리로 그 마음을 부드럽게 하시고, 예수 그리스도를 믿는 믿음을 통해 그분의 복음의 능력으로 그를 구원하실 수 있다. 순전히 은총으로 사람들을 그들 자신의 성품과 배경의 해로운 영향력으로부터 구하시며, 우상 숭배와 거짓이란 감옥에서 그들을 건져 내실 수 있는 삼위 하나님 안의 구원자가 계시다. 이 사역의 결과가 사람을 완전히 변화시키며, 그로 하여금 참 하나님을 예배하게 하고 진리로 그의 마음과 생각을 새롭게 한다. 그러므로 성경적 관점에서 기독교 세계관의 형성은 궁극적으로 하나님의 은총과 구속의 기능이다.

한 번 더 생각해 보기

복음주의 기독교 공동체, 특히 개혁주의 전통에서는 세계관 개념이 기독교에 적합한 개념인가에 관한 심각한 우려를 표해 왔다. 이 개념은 처음부터 상대주의라는 받아들일 수 없는 의미를 연상시켰기 때문에 '기독교 세계관' 혹은 '성경적 세계관'이란 표현이 적절하지 않고 역사적 기독교의 진실성을 약화한다는 질문이 제기되어 왔다. '세계관'이 철학적 담론의 영역에서 기독교 영역으로 이주해 왔으며 그때 옷가방 안에 세속적 어휘들이 몰려들어왔다는 윌리엄 로우의 주장을 기억할 것이다. 이 장에서 진지하게 받아들였던 그의 충고는 세계관의 불법적인 내용을 압수하고 그것을 성경적으로 합법적인 내용으로 대체해야 한다는 것이다. 세계관(*Weltanschauung*)을 사로잡아 그리스도께 순종하게 해야 한다(고후 10:5). 그럴 때만 이 관념은 하나님 나라의 영역 안에 합법적으로 정착하고 번성할 수 있을 것이며, 어쩌면 이미 그래 왔을 것이다.[76]

'세계관'의 기독교적 귀화라는 이 책무를 완수하기 위해 지금까지 나는 이 개념을 성경적으로 고찰하기 위한 네 가지 구체적인 방법을 제시했다. 첫째, 우리는 이 개념이 하나님의 존재와 본성, 도덕적 삶과 우주의 구조를 위한 그분의 질서에 기초한 강력한 객관주의적 함의를 지니고 있음을 살펴보았다. 둘째, 주관주의의 문제에 관해 우리는 마음이 세계 안에서 한 사람의 삶의 방식을 결정하는 본질적 영적 지향성과, 실재에 대한 전망으로 이뤄진 인간 의식의 본질적 능력이란 성경적 교리에 비추어 세계관 개념을 이해해야 한다고 주장했다. 셋째, 우리는 실재에 대한 우상 숭배적 해석이 이토록 다양하며 인간의 마음이 하나님과 그분의 피조물에 관한 진리를 보지 못하는 이유는 영적 전쟁에서 죄와 사탄의 전략 때문이라는 것을 살펴보았다. 넷째, 우리는 하나님을 바르게 알고 우주를 바르게 인식할 유일한 희망은 하나님의 은총과 예수 그리스도를 통한 구속 안에서 발견된다고 결론 내렸다. 이러한 성경적 틀 안에서 *Weltanschauung*, 즉 세계관이란 용어는 적합한 기독교적 의미를 지니며, 역사적으로 이 말과 연관된 모든 해로운 함의가 소거된다. 이러한 기독교적 귀화의 과정을 통해 이 개념은 귀중한 '이집트의 금' 조각으로서 새로운 정체성을 얻고 교회를 섬기기에 유익하며 주께서 기뻐 받으시는 개념이 될 수 있다.

세계관에 대한 철학적 고찰

10

세계관이 본질적 작용에 있어서 일차적으로 인간 마음의 일이라서, 그 사람을 규정하고, 삶의 토대를 이루는 근본 전제를 제공한다면, 우리는 한 걸음 더 나아가 이 개념의 본질에 관한 철학적 성찰을 촉구하는 몇 가지 질문을 던져야 한다. 그 본질이나 속성상 세계관은 어떤 종류의 것인가? 기본적 구성에 관해 세계관은 무엇으로 이뤄져 있는가? 세계관이 '심시각', 즉 마음의 전망이라고 주장하는 것과 그것이 어떤 방식으로 존재하며 어떤 종류의 재료로 구성되며 인간 실천의 어떤 영역에 어떤 종류의 영향을 미친다고 주장하는 것은 별개의 문제다. 따라서 이 장에서 나는 세계관을 **기호학적 현상**으로 이해하는 것이 가장 적절하다고 주장할 것이다. 사람들은 특히 입말과 글말의 형태로 기호를 만들고 관리하는 피조물이고, 인간의 사상과 문화의 전부는 아니더라도 대부분의 양상이 기호학적으로 구성되어 있기에 세계관(*Weltanschauung*) 개념을 이 범주에 포함해 상징적 세계를 만들어 내는 기호의 체계로 이해하는 것도 가능해 보인다. 특히 기호학적 구조로서의 세계관이 일차적으로 실재에 대한 해석을 제공하는 **서사 기호**의 연결망으로 이뤄지며 삶을 위한 포괄적인 틀을 확립한다고 주장할 것이다. 사람들은 서사의 방식으로 자신과 우주를 규정하는 이야기를 하는 피조물이다. 따라서 세계관의 내용이 인간 본성에 가장 부합하는 이 활동과 연관되어 있다고 보는 것이 가장 적절할 것이다. 마지막으로, 나는 세계를 해석하는 이야기의 기호학적 체계인 세계관이, 그것에 기초해, 그것을 통해 사람들이 생각하고 해석하고 아는 토대 혹은 통제하는 틀을 제공한다고 주장할 것이다. 인간이 처한 상황의 모습이 다양한 합리적, 해석적, 인식적 활동의 산물이므로 나는 이처럼 마음에 자리 잡은 세계관(*Weltanschauung*)이 어떻게 일상적인 인간의 실천 영역에 영향을 미치는지 살펴볼 것이다. 따라서 우리는 하나님에 근거를 둔 객관적 실재, 인간 마음의 핵심적 중요성, 죄와 영적 전쟁의 역학, 기독교적 은총과 구속의 소망 등 이전 장에서 논한 내용을 배경으로 삼을 것이다. 또한 철학적 성찰을 통해 세계관과 그것이 인간에 관련된 모든 것에 미치는 영향을 더 깊이 이해하려고 노력할 것이다.

세계관과 기호학

《일반 기호학 이론》(*A Theory of Semiotics*)에서 움베르토 에코(Umberto Eco)는 인간 문화의 구조 전체를 기호학 분야에 포함시킨다. 그의 두 전제는 "(1) 문화 전체를 기호학적 현상으로 연구**해야 하며**, (2) 문화의 모든 양상을 기호학적 활동의 내용으로 연구**할 수 있다**"는 것이다. 조금 다른 표현을 사용해 그는 "문화 전체를 의미화 체계에 기초한 의사소통 현상으로 연구**해야 하며**" "그것을 이런 방식으로 연구해야만 그 근본적인 작동 방식을 명확히 이해할 수 있다"고 주장한다.[1] 다시 말해서, 기호학은 일반적인 문화 이론으로 이해하는 것이 가장 적절하고, 기호학을 통해서 모든 문화적 실체를 가장 잘 설명하고 이해할 수 있다. 여기에는 세계관(*Weltanschauung*)의 문화적 실체와 근본적 작동 방식도 포함된다. 따라서 기호학에 입각해(*sub specie semiotica*) 인간 문화의 근본적 구성요소인 세계관의 본질과 기능을 검토하는 것은 전적으로 타당하다.

따라서 우리는 기호에 관한 학문인 기호학을, 그것을 대단히 많이 사용하는 인간 주체와 연결해야 한다. 기호를 [일부는 지배적 세계관(*Weltanschauung*)의 형태로] 만들고 관리하는 이 자연스러워 보이는 활동의 본질은 무엇인가? 인간이 지닌 본질적으로 기호학적인 속성에서 답을 찾을 수 있다. **로고스**(*logos*)를 지닌 인격체로서 인간을 규정하는 특징은, 하나를 사용해 다른 하나를 상징하는(*aliquid stans pro aliquo*: 문자적으로는 '무언가가 다른 무언가를 상징한다'라는 뜻–역주) 능력, 실재의 한 부분을 잘라 내 실재의 다른 부분을 지칭하거나 뜻하거나 상징하는 능력이다. 특히 인간은 발화의 형태로 소리를 사용해 사람과 장소, 세계 안에 있는 사물뿐 아니라 생각과 감정, 관념을 나타낸다. 또한, 같은 것을 상징하기 위해 글자와 단어, 글말 담론의 상징체계를 개발해 왔다. 이런 일차적인 기호학적 활동을 통해 인간은 우주를 분석하고 실재의 지도를 만들어 낼 수 있었다.[2] 신학적으로 말하면, 하나님의 형상(*imago Dei*)으로서의 인간의 인지적 구조를 통해 인간이 이처럼 기호화 상징체계를 만든다는 사실을 설명할 수 있다. 인간 자신이 삼위일체 하나님의 기호 혹은 형상이며, 그 하나님의 인격적 본성과 관계도 기호학적으로 이해할 수 있다. 즉 자존하시며 상상할 수 없는 성부는 영원히 나셨으며 지음 받지 않으신 성자(고후 4:4; 골 1:15; 히 1:3) 안에 있는 그분의 형상을 바라봄으로써 오직 그분 자신에게만 알려지시며, 성자께서는 성부와 더불어 성령의 능력 안에 계시되었고, 성령께서는 성부와 성자로부터 영원히 발출되셔서 세 위격이 동등하고 똑같이 영원한 관계 안에 계신다(요 15:26).[3] 기호와 상징을 통해 강력히 의미를 주장하는 인간의 의사소통 행위는 그분의 위격적 관계가 기호학적으로 파악될 수 있는 삼위일체 하나님의 형상으로 인간이 창조되었음을 입증한다. 따라서 인간의 기호 현상의 원천은 삼위일체의 흔적(*vestigium trinitatis*)일 수도 있다.

여기에 덧붙여서 나는 인간이 하나님의 형상(*imago Dei*)으로서 말과 글을 통해 존재-기호학적 삼위일체를 드러낼 뿐 아니라 성례전적 신학에 따라 온 우주를 하나님과 그분의 영광과 능력의 기호로 범-기호학적으로 이해하고 해석해야 한다고 주장한다. 시편 기자는 "하늘이 하나님의 영광을 선포하고 궁창이 그의 손으로 하신 일을 나타내는도다"라고 선언한다(시 19:1). 예언자 이사야는 "만군의 여호와여 그의 영광이 온 땅에 충만하도다"라고 선포한다(사 6:3). 사도 바울은 "창세로부터 그의 보이지 아니하는 것들 곧 그의 영원하신 능력과 신성이 그가 만드신 만물에 분명히 보여 알려졌나니 그러므로 그들이 핑계하지 못할지니라"라고 말한다(롬 1:20). 하나님의 피조물인 세계는 바로 "하나님의 현현, 그분의 계시와 임재, 능력의 수단"이다.[4] (보석과 동물에 관한 중세의 책이 예증하듯) 하나님의 책(*codex Dei*)인 우주 안의 모든 자연적 사물은 영적 의미를 지닌다. 피조물 전체는 하나님을 보는 안경(*speculum Dei*)으로서 하나님을 가리키는 성상이다. 이처럼 마법에 걸려 있으며 성례전적이고 상징 친화적인 우주 안에서 모든 것이 **거룩한** 기호로 흠뻑 젖어 있다.

성 아우구스티누스는 우주와 인간 삶의 기호학적 성격을 분명히 인식했다. 《그리스도교 교양》(*De doctrina Christiana*)에서 지칠 줄 모르는 히포의 주교는 의사소통과 지식 습득 과정에서 기호의 역할과 힘을 대단히 심층적으로 논증한다. 그가 단호하게 주장하듯이 우리는 "기호를 통해 사물을 배운다."[5] 그리고 그는 일차적으로 하나님과 그분의 일에 관해 말하는 성경의 기호나 말을 통해 그분에 관해 배우기 원한다. 아우구스티누스는 하나님이 인간에게 가장 위대한 선이시며, 바르게 질서 잡힌 사랑의 관계 속에서 그분을 아는 것이 참된 행복의 유일한 원천이며, 역사의 과정을 결정적으로 규정하는 요소라고 생각한다. 성경의 기호-말을 하나님의 자기 계시로 해석하고 선포하는 중대한 기호학적 과정에 모든 것이 달려 있다. 성경은 궁극적인 상징 세계를 보여 주므로, 정기적으로 그 진리를 다루는 이들은 해석학과 설교학 훈련을 잘 받은 사람들이어야 한다. 아우구스티누스가 이 책을 쓴 일차적 이유는 이 분야의 훈련 때문이다. "성경을 읽고 연구할 때 우리는 두 가지에 초점을 맞춰야 한다. 즉 이해해야 하는 바를 발견하는 방법과 이해한 바를 다른 이들에게 전달하는 방법이다"라고 그는 주장한다.[6] 따라서 《그리스도교 교양》의 첫 3권에서 아우구스티누스는 성경 해석의 문제에 대한 지침을 제시한다. 1권에서 그는 사물과 기호를 구별하며, 어떤 것들은 이용해야 하고 다른 것들은 사랑해야 한다고 주장한다. 삼위일체이신 하나님은 그분을 위해 사랑해야 할 대상이며, 다른 모든 것은 하나님을 위해, 즉 그분 안에서 사랑해야 할 대상이다. 그분은 성경의 기호를 통해 가르치고 배워야 할 일차적 대상이다. 2권과 3권에서 아우구스티누스는 알려지지 않은 모호한 성경의 기호를 해석하는 것에 관해 논하며, 성경을 주의 깊게 정확히 이해하기 위해 필수적인 다른 종류의 기호를 다루는 교육 과정(특히, 자유 학예)에 대해 설명한다. 성경을 바르게 해석한 다음에는 이를 잘 전달해야 한다. 따라서 이 교부는 4권에서 설교학, 즉 성경적 기호의 진리를 효과적으로 선포하는 문제에 대해 논한다. 그는 "듣는 이들이 참되지 않은 것을 믿게 만들려고 하는 … 연설자도 그들을 자기편으로 만드는 법을 알아야 하는데, 진리를 명확히 변호하는 이들이 그런 방법을 몰라도 된다고" 누가 감히 주장할 수 있겠느냐고 수사적으로 묻는다.[7] 본질적으로 키케로적인 입장에서 성경적 설교를 논하는 마지막 4권은 이 질문에 대한 그의 웅변 같은 답변이다. 성경 해석과 선포의 텔로스, 즉 목적은 사랑(*caritas*)으로 제1과 제2의 위대한 계명에 대한 성취로서 하나님을 그분 자체로 사랑하고 하나님을 위해 인간을 사랑하는 것(참고. 마 22:37~39)이다. 그러므로 제대로 이뤄졌을 때 모든 해석과 설교 활동은 "사랑의 왕국으로" 직결되어야 한다.[8]

그렇다면 아우구스티누스의 이 논문에는 기호학적 체계와 상징 세계가 인간 드라마의 핵심에 자리 잡은 탁월한 인식이 담겨 있다. 기호학적 체계와 상징 세계는 의미의 기초적 도구이며 삶을 통제하는 능력을 지닌다. 그 자체가 기호인 말은 "탁월하며 귀중한 그릇"으로서 그 안에 진리의 포도주를 부을 수도 있고 거짓의 포도주를 부을 수도 있다. 어떤 것을 들이키는가 그렇지 않은가에 따라 마음은 빛과 자유로 취할 수도 있고 어둠과 예속으로 취할 수도 있다.[9] 그러므로 아우구스티누스는 잘 준비되고 바르게 제공된 성경의 기호라는 그릇을 깊이 들이마시는 것이 대단히 중요하다고 보았다.

이러한 고대의 논의가 배경을 이루는 가운데 더 최근의 사상가들 역시 인간 실존의 기호학적 성격을 강조한 바 있다. 예를 들어, 많은 이들이 근대 기호학의 창설자로 인정하는 찰스 샌더스 퍼스(Charles Sanders Peirce, 1839~1914)는 모든 사고와 인식, 인간 자체는 그 기본적 속성상 철저히 기호학적이라는 관념에 기초해 자신의 기호 이론을 확립했다. 그는 "모든 생각이 삶이 생각의 연쇄라는 사실과 결합해 있는 기호라는 사실이 인간이 하나의 기호임을 증명한다"라고 말한다.[10] 더 나아가 퍼스는 '기호학적 세계관'이라고 부를 수 있는 것, 즉 우주를 기호가 많은 비기호적 사물 중 하나의 부류로 간주되는 곳으로 볼 뿐 아니라 "우주 전체가 기호만으로 이뤄져 있는 것은 아니지만 기호로 가득 차 있다"라고 보는 범-기호학적 우주관을 채택했다.[11] 따라서 퍼스는 기호학이 우주를 특징 지을 뿐 아니라 본질적으로 기호를 만들고 기호에 속박되는 피조물인 인간을 특징짓는다고 생각한다.

비슷한 방식으로 에른스트 카시러(Ernst Cassirer, 1874~1945)는 《상징 형식의 철학》(*Philosophy of Symbolic Forms*)에서 인간이 일차적으로 상징을 만드는 동물(*animal symbolicum*)이며, 실재의 이해는 기호학적 수단을 통해서만 가능하다고 주장한다.[12] 따라서 카시르는 범-기호학적 인식론을 주장하며, 의미를 지닌 모든 것이 "상징 형식"으로 이뤄진다고 주장한다. 여기에는 언어와 신화, 종교, 과학, 역사 등이 포함되며, 각각은 그 나름의 상징 법칙에 기초하고 자연과 독립되어 있다. 카시러는 기호 체계가 실재를 베끼거나 모방하지 않고 실재를 창조한다고 생각한다. 그러나 그에 따르면, 지식에 이를 수 있는 유일한 길은 기호 체계다.[13]

따라서 실재와 인간 실존의 전 영역에 나타나는 기호와 상징의 힘에 주목하라. 기호 상징은 물리적 우주에 충만하며, 문화의 모든 양상과 밀접한 관련이 있고, 인간의 사고와 인지, 의사소통에 필수적이며, 진리나 거짓의 유효한 도구이고, 사람들이 그 안에서 살고 움직이고 존재하는 상징 세계를 만들어 낸다. 특정한 일련의 상징들은 독특한 문화적 힘을 소유하며 삶의 의미를 결정한다. 나는 이 상징들을 세계관으로 부르고자 한다. 개인이나 문화의 토대이자 지시하는 기호의 체계로서 이것들은 수많은 의사소통 수단을 통해 전파되며 신비하게도 마음의 가장 내밀한 영역까지 스며든다. 그리고 거기서 삶의 토대와 해석을 제공한다. 이것들은 의식의 범주를 제시한다. 이를 어떻게 이해하든지, 믿음의 대상이자 소망의 근거가 된다. 이것들은 참된 것으로 받아들여지고 삶의 방식을 제공한다. 개인적, 사회문화적 안정의 필수적 원천이다. 이것들은 인간 실존을 규정하는 개인적, 문화적 구조다. 따라서 이것들이 위기에 처하거나 도전을 받을 때, 사람들은 불안한 반응을 보이고 심지어 적대적 반응을 보인다. 예를 들어, 플라톤의 동굴 유비에서 해방된 수감자가 새로운 실재의 영역의 발견을 통해 자신의 기호 체계가 바뀐 것에 대해 저항하는 모습이나 그가 자신의 동굴로 돌아와 이전의 동굴 거주자들의 상징 세계를 재형성하려고 할 때 마주치는 적대감은 기호학적으로 구성된 세계관(*Weltanschauung*) 안에 자리 잡은 힘을 보여 준다.[14] 마찬가지로 예수에 대한 적대감과 그분이 십자가형을 당하신 주된 이유는 그분이 사역하시는 동안 제2성전기 유대교의 세계관의 거룩한 상징을 직간접적으로 공격하셨기 때문이다. 실제로 그분의 사역의 기호학적 체계는 대단히 도발적이었으며, 그분은 하나님 나라의 신비를 선포하심으로써 유대교의 신학 전통 전체를 사실상 재조직화하셨다. 따라서 그분을 향한 분노가 그렇게 커져서 그분을 죽음에 이르게 했다는 사실도 전혀 놀랍지 않다.[15] 플라톤 철학의 예증으로서든, 1세기 팔레스타인에서 일어난 역사적 사건으로서든, 삶의 의미를 결정하는 오늘날의 구성 개념으로서든, 세계관은 인간의 마음속 내밀한 공간을 차지하며, 사람들의 생각과 행동을 결정하고, 좋든 나쁘든 지역 문화와 문명 전체의 경로를 설정하는 기호 현상의 강력한 체계다. 모든 문화 현상이 기호학적으로 설명될 수 있고 설명되어야 한다면, 세계관 역시 예외가 아니다. 세계관을 구성하는 기호들이 개인적으로나 문화적으로 이토록 강력한 이유는 그것들이 취하는 특정한 형태 때문이다. 즉 이 기호들은 삶에 대한 특정한 전망을 확립하는 일군의 서사 혹은 이야기로서 공식화되고 내면화된다.

세계관과 서사

기호학적으로 구성된 인간은 우주의 수수께끼에 대한 해답이 없기에, 사람들이 그것을 위해 살고 심지어는 죽는 경향이 있는 상징적 세계를 형성하는 이야기를 하는 인간 특유의 행위를 통해, 이런 결핍을 충족하려고 한다. 인간은 이야기가 삶을 위한 맥락을 확립하는 힘을 지니고 있음을 먼 옛날부터 인식해 왔다. 그 중에서도 고대 소크라테스와 플라톤보다 이를 더 분명히 이해했던 사람은 없다.[16] 그들은 이상적인 공화국의 미래 지도자들이 특히 어린 시절에 듣는 이야기들이 인지적으로나 도덕적으로 특히 영향력이 크고 궁극적으로는 공적이며, 정치적 함의를 지닌다는 것을 잘 알고 있었다. 소크라테스와 플라톤, 그리고 후에는 아리스토텔레스도 젊은이들을 위한 서사적 교육의 중요성을 인식했다. 동화 전문가인 브루노 베텔하임(Bruno Bettelheim)은 이렇게 설명한다. "그들의 자녀들이 '현실의' 사람들과 일상적인 사건에만 노출되기 원하는 일부 동시대인들보다 무엇이 인간의 마음을 형성하는지를 더 잘 이해했을 수도 있는 플라톤은 어떤 지적 경험이 참된 인간성에 도움이 되는지 알고 있었다. 그는 자신의 이상적 공화국의 미래 시민들이 단순한 사실이나 이른바 합리적 가르침이 아니라 신화 이야기를 통해 문학 교육을 시작해야 한다고 주장했다. 순수한 이성의 교사인 아리스토텔레스조차도 '지혜의 친구는 신화의 친구이기도 하다'라고 말했다."[17]

따라서 소크라테스와 플라톤, 아리스토텔레스까지 거슬러 올라가는 오래된 지혜는 이야기와 그것의 줄거리, 등장인물, 대단원, 상황에 대한 전반적 설명이 수행하는 기능을 통해 인간의 정신과 의식이 발전한다고 주장하는 셈이다. 이런 관점을 지지하는 베텔하임은 동화와 신화가 어린이들이 그들의 세계를 형성하고 재형성하는 기본적 수단이라고 주장했다. 이는 대체로 옳다. 그가 보기에 이런 이야기와 신화가 삶의 근본 물음을 다루기 때문이다. "나는 누구인가? 나는 어디에서 왔는가? 세상은 어떻게 존재하게 되었는가? 누가 사람과 온갖 동물을 창조했는가? 삶의 목적은 무엇인가? 그러나 그는 아이들이 이 문제를 철학적으로 생각하지 않고 구체적인 한 소년이나 소녀와 그의 개인적 행복과 연관시키는 어린이다운 방식으로 생각한다고 확신한다. "아이는 각 사람을 위한 정의가 존재하는지 걱정하지 않고, **그**가 정의롭게 다뤄질지 걱정한다. 그는 누구 혹은 무엇이 그를 역경에 처하게 만드는지, 어떻게 이를 막을 수 있는지를 궁금해 한다. 그의 부모 말고도 선한 세력이 존재할까? 어떻게 그는 자아를 형성해야 하며, 왜 그래야 하는가? 그가 잘못했더라도 그에게 여전히 희망이 있을까? 왜 이 모든 일이 그에게 일어났을까? 이것은 그의 미래에 어떤 의미가 있을까?"[18]

베틀하임은 신화와 동화가 이런 긴급한 물음에 대한 답을 제공하며, 아이들이 이런 이야기에 노출되고 그 줄거리를 끝까지 따라갈 때만 그 답을 알게 된다고 말한다. 신화가 주는 답은 확정적이지만, 동화의 대답은 암시적이라고 베틀하임은 말한다. 동화의 내용은 어린이들의 속성과 세계에 대한 그들의 어린이다운 전망과 특히 잘 맞다. 그래서 그들에게 설득력 있으며 위로가 된다. 동화는 그들의 세계를 반영하고 그 세계에 질서를 부여한다.[19]

롤로 메이(Rollo May)도 비슷한 주장을 할 뿐 아니라 이를 성인에게 적용한다. 그는 집의 드러나지 않는 틀에 비유할 수 있는 신화가 삶에 의미를 부여하고 이로써 삶을 지탱해 주는 구조라고 믿는다. "신화는 무의미한 세계에서 의미를 만드는 방식이다. 신화는 우리의 존재에 의미를 부여하는 서사 유형이다. 존재의 의미가 우리가 개인적인 인내심으로 삶에 쏟아 붓는 것이든 … 우리가 발견해야 할 의미가 존재하는 것이든 … 결과는 동일하다. 신화는 우리가 이 의미와 의의를 발견하는 방식이다. 신화는 집안의 대들보와 같다. 외관으로 드러나지는 않지만 집을 지탱해 그 안에서 사람들이 살아갈 수 있게 해주는 구조다."[20]

세계관과 서사가 교차하는 또 다른 지점은 민간 설화의 맥락이다. 린다 데그(Linda Dégh)는 '세계관'이란 용어가 다소 모호하며, 민간 설화 연구에서 주요한 연구 목표로 등장하는 경우가 드물지만, "이야기와 이야기꾼에 대한 모든 서술적, 분석적 연구에서 그것이 이런저런 방식으로 다뤄진다"라고 지적한다.[21] 그는 민간 설화 연구자들이 세계관(*Weltanschauung*)에 관해 말할 때 그들이 의미하는 바는 실재의 총체성이 인식되고 경험되는 방식에 따라 그것을 주관적, 개인적으로 해석하는 것이라고 말한다. 그는 인간의 모든 생각과 행동이 세계관 이해와 해석에 영향을 받는다고 믿는다. 따라서 그는 세계관이 "민간 설화를 비롯한 모든 문화적 실천에 스며들어 있다"라고 주장한다. "특히 서사는 세계관의 표현으로 가득 차 있다. 그것은 공동체와 개인이 물려받은 인간 행동에 대한 견해를 드러내는데, 이것이 서사의 일반적 목표다. 서사 전통의 전수자들은 농담이나 예화, 노래를 했을 때 그것이 세계를 어떤 모습으로 그려낼 지를 노련한 연구자들만큼이나 잘 알고 이를 예상하지만, 한 유형의 세계관을 식별해 내거나 한 서사나 하나의 이야기에 표현된 모든 것을 다룰 수는 없다."[22]

데그는 세계관이 모든 인간의 태도와 행동을 추동하고 규정하며, 그것 없이는 인간의 행동을 이해할 수 없다고 주장한다. 그래서 그는 "인간이 만든 산물"로서의 민간 설화와 "개인적 창조 행위로서의 설화의 개별적 판본"에 대한 연구를 통해 "이 장르가 세계를 어떻게 특징적으로 묘사하는지"를 알 수 있다고 주장한다. "이 장르가 묘사하는 세계의 구체적인 이미지는 무엇인가?"[23]

플라톤 때부터 지금까지 서사 장르가 삶을 규정하는 힘을 지니고 있음은 자명해 보인다고 인정해 왔다. 그러나 모든 시대와 장소에서 이야기가 인간이 안정된 인지적 집(스티븐 크라이츠(Stephen Crites)가 "경험의 서사적 성격"[24]이라고 부른 것)으로 삼는 상징적 세계의 담지자임을 인정하고 있음에도 불구하고, 근대적 기획의 설계자들은 이야기하는 인간(*homo narrator*)한테서 성가신 이야기를 제거하고 이야기의 문화적 중요성을 박탈하기 위해 최선을 다했다. 경쟁하는 신화들의 존재와 영향력이 엄청난 사회문화적 갈등과 심지어는 전쟁을, 특히 종교적인 성격을 띤 전쟁을 초래했기 때문에, 이들의 해법은 서사가 만연한 폴리스(polis)를 멸절시키고 그것을 합리적, 과학적 객관화로 채우는 것이었다. 그들의 목표는 서사의 범주를 사적인 삶과 가치의 영역으로 강등시켜서 공적 삶을 통제하는 이른바 중립적이며 적대감이 없는 방식을 제공하는 것이었다. 새로운 과학적 토대 위에 확립된 인간 실존은, 더는 이미 지나간 종교적 혹은 형이상학적 시대의 원시적인 신화가 필요하지 않은 성인이 된 근대인을 상정했다.

그러나 서사를 제거하고자 했던 계몽주의 때문에 인간이 치러야 했던 비용은 적지 않았다. 프리드리히 니체는 이 비용을 그 누구보다도 잘 이해했다. 《비극의 탄생》(*The Birth of Tragedy*)에서 그는 이렇게 말한다. "하지만 신화가 없을 때 모든 문화는 그 창의성의 건전하고 자연스러운 힘을 상실한다. 신화가 규정하는 지평만이 문화 운동 전체를 완성하고 통합한다."[25] 그러나 니체는 서양 세계가 과학적 합리주의에 취해 그것의 서사적 원천을 파괴하는 일종의 "신화파괴주의"(mythoclasm)[26] 방향으로 서서히 움직여 왔다고 지적한다. 그 결과 "신화의 가르침을 받지 못한" 근대인들은 굶주려 있으며, 현대의 삶의 열광적인 행위와 충동이 보여주듯이 주린 배를 채울 서사의 부스러기를 찾아 헤매고 있다. "이제 신화가 없는 인간은 다 지나 버린 시대에 둘러싸여 영원히 굶주릴 수밖에 없으며, 뿌리를 찾아 헤맨다. 뿌리를 찾기 위해 가장 먼 고대의 신화를 파헤쳐야 할 수도 있다. 만족스럽지 않은 우리 근대 문화의 엄청난 역사적 결핍과 수많은 다른 문화에 대한 관심, 지식에 대한 불타는 욕망?이 모든 것이 신화의 상실, 신화적 집과 신화라는 어머니의 자궁의 상실을 가리키지 않는다면 무엇을 가리키겠는가?"

니체는 근대 문화의 "열정적이며 묘한 흥분"(그칠 줄 모르는 속도, 이국적인 전통의 추구, 지식에 대한 열정)을 바로 신화에 대한 갈망, 즉 "굶주린 사람이 탐욕스럽게 음식을 낚아채려고 하는 모습"으로 해석해야 한다고 말한다.[27] 물질주의적으로 혹은 다른 방식으로 아무리 많이 집어삼키더라도 이야기 없는 세상과 신화 없는 문화는 절대로 만족할 수 없고 만족하지 않을 것이다. 서사의 굶주림에 대한 유일한 해결책은 신화에 대한 인간의 갈망을 키우고 만족시키는, 시원을 설명해 주는 이야기를 준비하고 소비하는 것이다.

최근의 문화사는 인간 영혼에 처음부터 자리 잡은 서사에 대한 불가피한 욕구 때문에 서사를 제거하고자 하는 근대의 시도가 어리석고 헛된 일이었음을 증명했다. 실제로 서사를 제거하려는 이 운동의 특징은 심층적인 아이러니였다. 이 운동은 영웅적인 인간 이성이 과학의 힘으로 세계를 차지하겠다는 거대한 계획의 주인공으로 등장하는 무의식적인 데카르트적 이야기에 기초해 있기 때문이다. 리처드 미들턴과 브라이언 왈쉬가 지적하듯이, "근대에 우리가 신화적 사고라는 유치한 과학 이전의 단계를 넘어서서 과학적 이성과 기술적 정복의 성숙한 단계로 진보했다는 개념 자체가 하나의 **이야기**다. 그러므로 근대성은 그 나름의 '거짓말 같은 이야기'를 통해서만 이야기의 필요성을 극복했다고 주장할 수 있다."[28] 다시 말해서, 계몽주의적 근대의 반서사성은 자기 참조적 모순일 뿐이다.

아마도 다른 어떤 현대 사상사보다 알래스데어 맥킨타이어(Alasdair MacIntyre)는 인간 실존의 서사적 토대를 회복해야 한다고 더 설득력 있게 주장해 왔을 것이다. 잘 알려진 그의 책 《덕의 상실》(*After Virtue*)에서 그는 근대의 맥락 속에서 사회적, 철학적 힘 때문에 삶 혹은 한 개인의 삶의 서사적 통일성이 파괴되었다고 지적한다.[29] 맥킨타이어의 일차적 관심은 비서사적으로 바라볼 때 인간의 자아는 아리스토텔레스적 덕의 담지자가 될 수 없다는 것이다. 오히려 덕 있는 삶은 하나의 총체로서 인식되고 통합되고 평가될 때만 가능하다. 따라서 맥킨타이어는 탄생과 삶, 죽음 혹은 시작과 중간, 끝을 공동체적으로 수용되는 단일하고 일관된 이야기 속으로 결합하는 서사의 통일성에 기초한 통합된 인간 실존이란 개념을 회복하려고 노력한다. 맥킨타이어는 서사 양식을 통해 자아를 생각하는 것이 자연스러우며, 모든 인간의 대화와 행동은 "재연된 서사"로 이해하는 것이 가장 적합하다고 주장한다(211쪽). 가장 기초적인 범주는 자유롭게 떠다니는 독립적인 자아가 아니라 서서다. 한 사람이 자신의 삶과 다른 이들의 삶을 이해하기 위해서는 이야기가 필수적이다. 맥킨타이어는 삶의 전통의 이야기에 초점을 맞추지만, 이런 이야기의 근원이 더 심층적이며 신화적인 차원에 자리 잡고 있다는 것도 인식하고 있다. "따라서 그것의 기원이 되는 극적 원천을 이루는 이야기를 통하지 않고서는 우리 자신의 사회를 비롯해 어떤 사회도 이해할 방법이 없다. 신화가 그 본래적 의미에서 모든 것의 중심에 자리 잡고 있다"(216쪽). 다시 말해서, 인간 경험의 세계 속에서 실천되는 서사는 본질적으로 세계관을 구성하는 근본적이며 일차적인 신화의 산물이다. 아리스토텔레스주의적인 덕의 전통을 되살리고자 하는 맥킨타이어의 기획에서 필수적인 근본 주장은 이것이다. "따라서 핵심 논제가 나타나기 시작한다. 즉 인간은 기능에서만 아니라 행동과 실천에서도 본질적으로 이야기하는 동물이다. 본질적으로 인간이 진리를 열망하는 이야기를 하는 존재는 아니지만, 역사를 통해서 그런 존재가 된다. 하지만 인간의 핵심 질문은 그 자신이 이야기의 저자인가에 관한 질문이 아니다. 먼저 '나는 나 자신이 어떤 이야기 혹은 이야기들의 일부인가?'라는 물음에 답할 수 있어야 비로소 '내가 무엇을 해야 하는가?'라는 물음에 답할 수 있다"(216쪽).

따라서 맥킨타이어는 인간 삶이 이야기에 의해 지배된다고 생각한다. 사람들이 하는 역할, 자신과 다른 이들을 이해하는 방식, 세계가 구성되고 작동하는 방식은 한 인간 공동체를 지배하는 서사 구조의 기능이다. 맥킨타이어는 전통에 기반을 둔 덕의 윤리를 회복하기 위해 이 주장을 적용한다. 하지만 이 책의 논의와 관련해 그의 사상은 우주 안에서 삶을 이해하기 위해 인간이 사용하는 이야기의 역할과 중요성을 강조한다.

그러므로 지금까지의 논의에 비추어 세계관이 명백하며 환원 불가능한 서사적 구성요소를 포함한다고 말할 수 있다.[30] 플라톤이 지적했듯이, 사람들은 "하늘과 신적, 인간적 존재에 대한 전체 이야기"에 대해 관심이 있다.[31] 따라서 인간은 기호학적 피조물이자 타고난 이야기꾼으로서 삶에 대한 기본적 전망을 형성하는 서사 기호의 체계인 세계관의 형성을 통해, 자신과 우주 안에서 사는 삶의 본질을 파악한다. 이것은 신적인 영역과 우주의 본질, 인간의 정체성, 고통과 아픔의 문제에 대한 해결책 등에 관한 근본적인 물음에 대한 서사적 해답을 제공한다. 서사적이지 않은 것처럼 보이는 세계관(*Weltanschauung*)의 양상(그것의 교리적, 윤리적, 의례적 차원)조차도 근본적인 서사의 내용을 통해 설명될 수 있다. 미들턴과 왈쉬는 사실상 전 세계의 모든 신앙과 철학에 서사가 포함되어 있음을 인정하면서 이 주장을 지지한다.

> 유대교와 이슬람교 모두 … 하나님의 의도를 계시하는 역사의 운명에 호소하며 그들의 세계관을 서사적 형식으로 진술한다. 흔히 역사에 대해 의심을 품고 있다고 생각하는 힌두교나 불교 같은 동양 종교도 … 영웅 서사시 마하바라타(그 일부가 바가바드 기타다)를 포함해 이야기 형태로 된 신화를 풍성한 유산으로 전해 주고 있다. 선과 악, 구속을 다룬 신화와 민담은 그리스, 로마, 이집트, 메소포타미아의 고전적 종교뿐 아니라 아프리카와 북미, 남미, 오스트레일리아의 현대 토속 종교에서도 필수 요소다. 각각의 경우에 윤리적 행동을 위한 지침을 제공하고 그 한계를 설정하는 이야기를 통해 세계와 인간, 악, 구원에 관한 궁극적 진리를 전달한다.[32]

하나의 상징 세계를 확립하는 이런 이야기들이 실제로 모든 형태의 인간 행위에 대한 지침이 된다. 세계관 서사가 특정한 종류의 "정신"을 만들어 내고, 규범적인 방식으로 "통제 서사" 역할을 한다.[33] 세계관

(*Weltanschauung*)과 연관된 가장 근본적인 이야기들(그것의 형이상학적, 인식론적, 윤리적 중심과 가장 가까운 이야기들)은 실재의 모든 다층적 양상에서 실재의 궁극적 해석으로서 일종의 최종성을 지닌다. 이런 이야기들은 성스럽다고 여겨지며, 이를 믿는 사람들을 공유된 관점과 공통된 생활 방식으로 특징지어지는 사회 안으로 통합하고 결속시킨다. 또한, 경쟁하는 서사와 대안적인 진리 주장을 판단하는 강력한 기준을 제공한다. 그러므로 통제 서사는 긍정적이든 부정적이든 규제하는 방식으로 작동하며, 이를 받아들이는 사람들을 하나의 지적, 혹은 영적 공동체 안으로 묶어 낼 수 있다. 따라서 추론하기, 해석하기, 알기 등의 중요한 활동을 포함해 인간 실천 대부분은 세계관의 관할 안에 들어가는 것처럼 보인다.

세계관과 이성

인간 이성의 능력은 서양 사상사에서 중요한 자리를 차지해 왔다. 이것은 바로 인간을 짐승과 구별하는 능력이었다. 이 능력을 통해 생각하는 존재(**호모 사피엔스**)인 인간은 자신과 주변, 그 너머에 대한 지식을 제공할 수 있다고 확신해 왔다. 파스칼이 《팡세》(*Pensées*)에서 말하듯이, "인간은 생각하는 갈대다. … 사람이 우주를 이해할 수 있는 것은 … 생각을 통해서다."[34] 하지만 합리적 사고의 본질은 무엇이며, 이성 자체는 어떻게 작동하는가? 특히 우리의 논의와 관련해, 우주에 대한 특정한 관념, 즉 세계관(*Weltanschauung*)은 합리성의 실천과 내용과 어떤 관계가 있는가? 세계관은 이성이 작동하는 방식과 그것이 말하는 바에 어떤 영향을 미치는가? 합리성은 기호적, 혹은 서사적 맥락에 의존하는가, 아니면 그로부터 자유로운가? 세계관들을 초월하는 동질적이며 모두에도 동일하게 적용되는 "제일의" 혹은 "올림포스의" 합리성이 존재하는가?[35] 다음의 세 가지 예가 세계관과 합리성의 관계에 관한 이 논의의 핵심을 예증한다.

첫째, 원시적인 과학 이전의 문화의 신념은 근대 서양의 신념보다 덜 '합리적'일까? 피터 윈치(Peter Winch)의 유명한 글 "원시 사회의 이해"(Understanding a Primitive Society, 1964)에 따르면, 그 대답은 반드시 '아니오'다. 그는 아프리카 아잔데(Azande) 부족을 예로 들면서, 그들은 "특정 부족민이 마녀이며 다른 이들의 삶에 악한 마술적 영향력을 행한다고 믿는다"라고 지적한다. "그들은 마술에 대항하는 의례에 참여하며, 해로부터 자신을 보호하기 위해 신탁을 구하고 마법의 약을 사용한다."[36] 인류학적 맥락에서 윈치는 원시인들이 비합리적이지는 않더라도 논리 이전의 심성을 지닌다고 주장하는 뤼시앙 레비-브륄(Lucien Lévy-Bruhl)에 반대하며, 서양인들이 마술을 버리게 만든 원인과 결과에 대한 서양의 과학적 이해가 합리적으로 더 우월하다는 증거가 없다고 주장하는 에반스-프리처드(E. E. Evans-Pritchard)를 지지한다.[37] 사실상 윈치는 "합리적"이라고 여겨지는 것이 문화마다 다른 것처럼 보이며, 어떤 한 문화가 합리성에 대한 자신의 기준이 더 우월하거나 교정된 것처럼 다른 문화에 강요하는 것을 경계해야 한다고 주장하는 셈이다.

둘째, 신약 복음서의 신빙성과 관련된 유대인과 이방인, 그리스도인 사이의 갈등에서 합리성은 어느 쪽 편을 드는가? 나사렛 예수께서 성육신하신 하나님이며 이스라엘의 메시아적 소망의 성취라고 믿는 것이 합당할까? 로마의 십자가에 달려 예수께서 죽으시고 죽은 자 가운데서 부활하신 것은 죄에 대한 속죄이며 세상의 영적 소망이라고 생각하는 것이 합리적일까? 신약에서는 유대인과 이방인에게 **케리그마**(*kerygma*)가 각각 걸림돌이자 어리석음이었으며, 따라서 지성의 희생(*sacrificium intellectum*)이었다고 말한다. 반면에 믿는 그리스도인은 그것이 온전한 합리성 혹은 하나님의 지혜이며, 오히려 세상의 억압된 지혜나 합리성이 사실은 순전한 어리석음일 뿐이라고 생각한다. 사도 바울은 고린도전서 1장 20~25절에서 이렇게 설명한다.

> 지혜 있는 자가 어디 있느냐 선비가 어디 있느냐 이 세대에 변론가가 어디 있느냐 하나님께서 이 세상의 지혜를 미련하게 하신 것이 아니냐 하나님의 지혜

에 있어서는 이 세상이 자기 지혜로 하나님을 알지 못하므로 하나님께서 전도의 미련한 것으로 믿는 자들을 구원하시기를 기뻐하셨도다 유대인은 표적을 구하고 헬라인은 지혜를 찾으나 우리는 십자가에 못 박힌 그리스도를 전하니 유대인에게는 거리끼는 것이요 이방인에게는 미련한 것이로되 오직 부르심을 받은 자들에게는 유대인이나 헬라인이나 그리스도는 하나님의 능력이요 하나님의 지혜니라 하나님의 어리석음이 사람보다 지혜롭고 하나님의 약하심이 사람보다 강하니라.

이 독특한 복음 전도의 메시지는 분명히 그 본질적 내용의 건전함에 관해 전혀 다른 판단을 불러일으킬 수 있다. 한 사람의 어리석음이나 걸림돌이 다른 사람에게는 지혜이며, 그 반대일 수도 있다.

셋째, 인간은 한 명제가 참이 되기 위해 그것이 자명하거나 감각에 대해 분명하거나 수정의 여지가 없다고 의심의 여지없이 알려진, 하나 이상의 진술로 이뤄진 인식론적 토대의 일부나 그 토대에 바르게 기초해야만 한다고 주장할 때 최고의 합리적 미덕을 드러내는 것일까? 이성의 집은 든든하게 못질로 결합되어 있으며 견고한 인지적 콘크리트라는 흔들리지 않는 토대 위에 확립되어 있는 인식의 널빤지로 이뤄져 있는가? 아마도 인간이 아는 존재로서 의도적으로 모든 해로운 편견과 전제를 배제하고, 모든 거추장스러운 서사와 전통을 버리고, 다양한 충성과 역사적, 사회적 상황에서 기인하는 주관적 영향력을 제거할 때만 지식의 구조를 이해할 수 있을 것이다. 아마도 순전히 객관적인 인식의 방식에서는 모든 명제를 냉정한 이성의 심판대 앞에 세우고, 모든 진리 주장에 대해 경험적인 시험을 통과할 것을 요구하고, 증거에 따라 모든 인식적 판단을 내리고, 모든 가능한 지식이 가능한 최고의 과학적 기준에 일치

되도록 요구할 것이다. 물론 이것은 근대주의자의 합리성 모형이며, 계몽주의의 독특한 산물이다. 알래스데어 맥킨타이어가 설명하듯이, "이성이 권위와 전통을 대체하기를 바랐다. 합리적 정당화는 어떤 합리적 인간도 부인할 수 없으며, 따라서 계몽주의 사상가들이 특정한 시대와 장소에 이성이 그저 우연히 입고 있는 옷이라고 생각했던 모든 사회적, 문화적 특수성과 무관한 원리에 호소하는 것이었다."[38] 그러나 근대적인 합리성이 참으로 합리적일까?

비판자들은 이성에 대한 이러한 정초주의적(foundationalist) 설명이 지닌 두 가지 중요한 문제를 지적한다. 첫 번째 문제는 그것이 특정한 역사적 시기에 제한된 소수 서유럽 사상들이 만들어 낸 특이한 개념으로 보인다는 것이다. 실제로 합리성에 대한 그들의 사상은 흥미롭게도 인류의 압도적 다수가 가진 생각과 조화를 이루지 않는 것처럼 보인다. 즉 그들에게 이해하는 인식의 방식은 전통을 배제하지도 않으며, 과학적으로나 철학적으로 엄밀하지도 않으며, 본질상 세속적이거나 비종교적이지도 않다.[39] 두 번째 문제는 계몽주의 인식론이 어떤 명제가 의심할 나위 없는 정초를 이루는지에 관해 합의를 이루지 못하며, 보편적으로 받아들여지는 형태의 지식(예를 들어, 기억 신념과 다른 생각)을 논리적이지 않다고 배제하고, 문화적이며 인식적인 합의를 확립하지 못한다(따라서, 사회적 파편화)는 점이다. 어쩌면 근대적 합리성 모형의 가장 큰 아이러니는, 인식의 과정에서 서사적 전통을 삭제하려 했음에도 그 자신의 인식 모형과 전망은 대부분의 후기 계몽주의 지식인에 의해 수용되었고 그 자체가 "[공유된 합리성이라는] 그러한 원리에 대한 논쟁의 결정 불가능성에 의해 부분적으로 규정되는 연속성을 지닌 전통으로 변형"되었다는 점일 것이다.[40] 따라서 편견에 대한 계몽주의의 편견과 반전통주의는 (적어도 최근까지는) 압도적인 근대의 편견이자 새로운 문화적, 지적 전통이 되고 말았다! 이 세 가지 예에 관해, 즉 무엇이 문화적 합리성을 구성하는가에 관해 인류학자들 사이에, 구원론적 합리성에 관해 유대인과 이방인, 그리스도인들 사이에, 인식적 합리성의 문제에 관해 근대적 철학자들과 포스트모던적 철학자들 사이에 열띤 논쟁이 존재한다. 아프리카 아잔데 부족과 복음, 정초주의를 둘러싼 이런 차이를 통해 한 가지는 매우 분명해진다. 즉 합리성은 맥락과 헌신에 의존한다. 한 사람이 합리적이거나 비합리적이라고 생각하는 것은 그 사람이 지닌 세계관의 기능인 것처럼 보인다. 마음속에 뿌리를 내리고 있는 실재에 대한 한 사람의 관념을 이루는 서사 기호의 체계가 그 사람이 생각하는 방식도 지배하며 합리적 사고의 기준도 결정한다. 이성은 벌거벗음을 당혹스러워하며 언제나 서사에 기초한 세계관 전통이란 옷을 입고 싶어한다.[41]

헌신에 근거를 둔 합리성의 사상에 기여한 두 사상가는 콜링우드(R. G. Collingwood)와 알래스데어 맥킨타이어다. 콜링우드는 합리성의 본질이 일련의 상대적이며 절대적인 전제와 연관된 "물음과 대답의 논리"라는 견해를 제시했다. 상대적 전제는, 다시 다음 질문을 위한 기초가 되는 앞선 질문에 대한 대답으로 이뤄진다. 그리고 물음과 답의 체계 전체는 애초에 사상 체계를 만들게 했던 일군의 절대적 전제로부터 시작되고 거기에 의존한다. 콜링우드는 《형이상학론》(*Essay on Metaphysics*, 1940)에서 절대적 전제에 관한 그의 가르침 대부분을 설명한다. 이 책에서 그는 수많은 근본적 주장을 제기하지만, 여기서는 특히 한 가지가 중요하다. 콜링우드에 따르면, 절대적 전제들은, "논리적으로 모순되지 않는"(consupponible) 일군의 전제들이든, 그 자체로서든 증명이나 반증의 대상이 아니다. 이것들은 명제가 아니기 때문에(콜링우드의 관점에서는 명제만이 입증되거나 반증될 수 있다), 전제는 참일 수도 거짓일 수도 없다. 결국, 증거가 절대적 전제들에 "의존하는 것이지, 그것들이 증거에 의존하는 것은 아니다"라고 그는 말한다.[42] 다시 말해서, 사람들은 전제를 향해서가 아니라 전제로부터 주장한다. 또한, 만약 한 절대적 전제가 다른 무엇에 의해 증명될 수 있다면, 그것은 절대적이지 않을 것이며 그것을 증명하기 위한 출발점이 되는 것이 절대적일 것이다. 따라서 절대적 전제의 논리적 유효성은 그것의 인식론적 진실성이나 심지어는 그것이 참인 것으로 믿어진다는 사실에 의존하지 않으며 오직 그것이 절대적이라고 가정된다는 사실에만 의존한다. 특정한 사고 체계의 합리성(물음과 답의 논리)은 이러한 논박할 수 없는 근본적 출발점에서 유래한다. 세계관(*Weltanschauung*)의 기능과 비슷한 절대적 전제에 관한 콜링우드의 이론은 합리성이 추상적으로 작동하지 않고 헌신에 의해, 이 경우에는 일군의 절대적 전제에 대한 헌신에 의해 작동한다는 주장을 뒷받침한다.[43]

이미 그의 작업을 유익하게 활용했던 알래스데어 맥킨타이어는 약간 다른 제안을 하지만, 최종적 분석에서는 그의 제안도 콜링우드의 주장과 거의 똑같다. 《누구의 정의인가? 어떤 합리성인가?》(*Whose Justice? Which Rationality?*)에서 그의 관심사는 물론 도덕의 문제, 특히 정의에 대한 관념이다. 그의 연구를 통해 그는 정의에 대해 경쟁적인 관념이 합리성에 대한 경쟁하는 관념을 전제한다는 것을 깨달았다. 그가 말하듯이, "무엇이 정의인지 알기 위해서 … 우리는 먼저 합리성이 실제로 우리에게 무엇을 요구하는지를 배워야 한다. 하지만 이것을 배우려고 하는 사람은 즉시 일반적으로는 합리성의 성격과 특수하게는 실천적 합리성에 관한 논쟁이 정의에 관한 논쟁만큼이나 다중적이며 다루기 어렵다는 사실에 직면한다."[44] 따라서 맥킨타이어는 근대성의 옹호자들이 만들어 낸 이성의 성격과 특징을 검토하기 시작하며 이것이 불충분하다고 지적한다. 예를 들어, 인식론적 정초주의를 통해 표현된 계몽주의의 합리성은 그의 말처럼 "이론적이든, 실천적이든 모든 합리성의 원리들이 불가피하게 역사적, 사회적 맥락에 구속된 성격을 지닐 수밖에 없음을 무시한다"(4쪽). 이러한 부인 때문에 특수한 문제(도덕적이든 혹은 다른 것이든)에 대한 논쟁이 처음에 이견이 발생했던 양립 불가능한 전제라는 맥락과 분리되었다. 계몽주의 사고에서는 합리성을 고등한 이론적 차원에 두었기 때문에, 논의가 근본적인 세계관의 전제까지 파고들어가지 못하도록 막았다. 따라서 맥킨타이어는 "계몽주의의 유산은 획득할 수 없다고 증명된 합리적 정당화라는 이상을 제공하는 것이었다"(6쪽)고 설명한다. 그는 논의를 더 심층적인 차원으로 거슬러 내려가 근원까지 이끌기를 원하며, 따라서 전통 안에 구현된 합리적 연구라는 개념을 주장한다. 그가 말하듯이, "전통으로 구성되고 전통을 구성하는 연구라는 관점에서 특수한 교리가 주장하는 것[즉 그것의 합리성]은 언제나 그것이 얼마나 정확히 발전되었는가의 문제, 그 공식화의 언어적 특수성의 문제, 그 시간과 공간에서 무엇이 부인되어야 하는가의 문제, 그것을 주장하고자 한다면 그 주장이 그 시간과 장소에서 무엇을 전제하는가 등등의 문제다." 다시 말해서, 교리의 합리성은 역사적 맥락에서 이해되어야 하며, 그래서 맥킨타이어는 "[하나의] 합리성이 아니라 합리성들"이 존재한다고 주장한다(9쪽). 그렇다면 모든 실천적 목적에도 불구하고 맥킨타이어는 "누구의 정의"와 "어떤 합리성"에 관한 심층적인 질문들이 세계관과 밀접히 연관된 문제라고 말하는 것처럼 보인다. 그는 이 책의 거의 마지막 부분에서 이 문제에 관해 최종적인 선언을 한다.

> 정의와 실천적 합리성에 관한 연구는 처음부터 정의에 대한 각각의 특수한 관념은 그와 짝을 이루는, 실천적 합리성에 대한 특수한 관념을 요구한다는 확신에 영향을 받았다. 그런 확신이 연구 결과에 의해 강화되었을 뿐 아니라, **정의와 실천적 합리성에 대한 관념이 인간의 삶과 자연 속에서 인간 삶의 위치에 관한, 더 크고 비교적 잘 진술된 전반적인 관점과 밀접하게 연관된 양상으로 우리 앞에 일반적으로 그리고 특징적으로 제시된다는 점이 자명해졌다.** 이러한 전반적 관점은 우리의 합리적 충성을 요구하는 한 연구의 전통을 표현하며, 동시에 이 전통은 특수한 유형의 사회적 관계 안에 구현된 전통이기도 하다(389쪽).

콜링우드처럼 합리적 사고의 구조를 해명하기 위해 "절대적 전제"라는 훨씬 더 추상적인 개념을 주장하든지, 맥킨타이어처럼 "역사적 전통"이라는 더 설득력이 있는 개념에 호소하든지, 일반적인 결론은 다시 한 번 확증된다. 즉 합리성의 특징과 내용은 세계관(*Weltanschauung*)에 의존한다. 토마스 쿤이 과학적 추론이 "패러다임", 즉 전문분야 행렬이란 틀 안에서 수행된다고 주장한 것처럼, 알래스데어 맥킨타이어 역시 덕을 이해하기 위해서는 그것을 서사적-역사적 전통이란 맥락 안에서 바라보아야 한다는 관념을 옹호했다.

한 사람이 자신의 절대적 전제나 자신이 속한 서사적-역사적 세계관 전통을 발견할 때, 몇 가지 결과가 뒤따른다. 그는 자신에 대해 더 깊이 알게 될 뿐 아니라 주변 사람들을 움직이게 만드는 전통과 맥락을 더 깊이 이해하게 된다. 또한, 그는 이성과 정의에 대한 자신의 특수한 이해를 분명히 발언하고 실천하거나 그렇지 않으면 침묵해야 함을 깨닫는다(349~395, 401쪽). 이 점에 관해 마르틴 루터는 좋은 예가 된다. 칭의에 대한 자신의 새로운 종교개혁적 견해와 신학적 합리성에 대한 자신의 이해라는 맥락 속에서 그는 그의 전망을 받아들이지 않는 적대적인 교권 세력에 부닥쳤다. 새로운 견해를 설명하라는 요구를 받았을 때, 그는 침묵하기를 거부하고 1521년 보름스 회의에 참석해 그 자리에 모인 로마 교회의 고위 성직자들 앞에서 이렇게 선언했다.

> 황제 폐하와 제후, 각하들께서는 간단한 대답을 요구하십니다. 이제 명료하고 꾸밈없이 말씀드리겠습니다. 저는 성경의 증언이나 … 명백한 논증으로 … 오류임을 확신하지 않는 한 … 아무것도 철회할 수 없고 철회하지 않겠습니다. 우리의 양심에 반해 행동하는 것은 우리에게 안전하지도 않고 옳지도 않기 때문입니다. 저는 이 견해를 고수하겠습니다. 달리 방도가 없습니다. 하나님, 저를 도우소서. 아멘.[45]

"명백한 논증"이라고 말할 때 루터가 뜻한 바는, 그의 성경 해석과 언젠가 그의 이름으로 불릴 개신교적 전망과 분명히 연관되어 있었다. 그의 행동 방향과 정의에 대한 이해, 논증 절차는 그의 도덕적 상상력을 철저히 사로잡아서 큰 희생이 예상되는 상황에서도 자기 견해를 고수할 수밖에 없게 만들었던, 새롭고 혁명적인 서사 전통과 직결되어 있었다. 루터의 심문자들이 공유한 추론 유형은 그와 반대되는 신념의 지평과 직결되어 있었다. 각자 다른 세계관에 근거한 양쪽의 합리성의 궤도가 그들을 서로 충돌할 수밖에 없게 만들었다. 역사의 경로를 바꿀 정도의 잠재력을 지닌 이러한 역사적 대결을 설득력 있게 설명하기 위해서는, 합리성이 형식적이며 시간의 영향을 받지 않는 과정이 아니라 역사적 전통과 연관된 서사 기호의 체계에 대한 헌신에 근거한 사유의 방식

임을 깨달아야 한다. 즉 이성은 세계관에 근거한다. 그리고 해석의 행위도 마찬가지다.[46]

세계관과 해석학

사실상 극복할 수 없는 난제가 아주 오래 전부터 지식을 추구하는 이들과 텍스트를 해석하는 이들을 괴롭혀 온 것 같다. 아직 알지 못하는 바를 발견하려는 시도와 아직 이해하지 못한 바를 해석하려는 이들과 해설하는 이들을, 벗어날 수 없는 것처럼 보이는 '배우는 사람'의 역설에 가둔다. 플라톤의 대화편 중 하나에서 메논과 소크라테스가 나눈 짧은 대화는 이 딜레마를 잘 포착하고 있다. 소크라테스에게 질문하는 메논이 이 글의 제목이다.

> **메논:** 소크라테스 선생님, 선생님은 어떻게 알지 못하는 바를 조사할 수 있습니까? 선생님은 알지도 못하는 것에 대해 어떻게 물을 수 있습니까? 그리고 원하시는 바를 발견했을 때, 이것이 알지 못했던 바로 그것이라는 것을 선생님은 어떻게 아십니까?
>
> **소크라테스:** … 당신은 한 사람이 자신이 아는 바에 관해서나 자신이 알지 못하는 바에 관해서 물을 수 없다고 주장합니다. 왜냐하면 안다면 물을 필요가 없고, 알지 못한다면 물을 수 없기 때문입니다. 그는 자신이 묻고자 하는 바로 그 주제에 대해 모르고 있기 때문입니다.[47]

아리스토텔레스 역시 이 난제를 논했다. 그는 《분석론 후서》(*Posterior Analytics*)의 첫 장에서 앞의 대화를 인용하면서 "논증을 통해 주거나 받은 교육은 모두 그 이전에 존재하는 지식으로부터 나온다"라고 주장했다.[48] 해석할 때도 비슷한 원칙이 적용되는 것처럼 보인다. 텍스트의 해석은 언제나 다양한 전이해와 통제 신념에 기초해 이뤄진다. 이런 명백한 사실이 지닌 함의와 그와 연관된 어려움은 이중적이다. 첫째, 텍스트의 의미는 해석자가 미리 갖고 있던 지식에 기초해 미리 결정된다. 둘째, 해석자가 지닌 전제의 영향력 때문에 해석은 다분히 주관적이며 순수한 과학의 영역으로부터 영원히 배제된다. 모든 해석 행위가 미리 결정되고 주관적이라는 점에 대한 반응은 흔히 이중적으로 나타난다. (1) 그것을 해석의 불가피한 조건으로 받아들이고 모든 해석 행위에 수반되는 불가피한 편견을 인식하라. 혹은 (2) 이 문제를 우회하고 객관적인 해석 결과를 보증할 수 있는 과학적 해석 방법을 만들려고 노력하라. 전자의 입장은 (차이가 있기는 하지만) 전근대와 포스트모던에서 받아들이는 접근 방식을 대략적으로 묘사하며, 후자는 근대의 발명품이다.

많은 점에서 계몽주의의 지적 궁수들은 이 핵심 목표물, 즉 순환 논리의 문제에 화살을 겨냥했다. 해석학에 관해 마르틴 하이데거는 이 곤경을 이렇게 설명한다. "하지만 만약 해석이 어떤 경우든 이해된 바 안에서 작동되어야 한다면, 그리고 거기에서 자양분을 끌어와야 한다면, 특히 더 나아가 전제된 이해가 인간과 세계에 관한 우리의 공통된 정보[즉 세계관] 안에서 여전히 작동한다면, 어떻게 순환 고리 안에서 움직이지 않으면서 학문적 결과물을 성숙시킬 수 있겠는가?"[49]

근대주의자들이 평가하기에 서양 문화의 혼돈은 선결 문제 요구의 오류(*petitio principii*), 즉 끈질기게 고수하고 환기하는 종교적 전통과 철학에 대한 헌신을 그 시대의 모든 중요한 문제를 이해하고 그에 대해 반응하기 위한 근거로 삼는 태도에서 기인했다. 개인의 편견(특히 종교적 편견)

에 기초해 증명되지 않은 바를 참인 것으로 가정하는 사고와 삶이 유럽 문명의 구조를 무너뜨리고 있었다. 다시 한번, 이 문제를 해결하고 출혈을 멈추는 방법은 다양한 신앙 전통을 우회하고 지능을 조금이라도 가지고 생각할 수 있는 모든 사람이 받아들일 수 있는, 진리를 알기 위한 순수하게 합리적인 방법을 만들어 내는 것이라고 생각했다. 이 접근 방식이 순환 논증(*circulus vitiosus*)의 문제를 피하고 객관적인 인식의 결과를 보증할 수 있다는 것이다. 해석학의 차원에서 이는 모든 해석 행위가 똑같이 객관적이거나 해석의 필요성이 전혀 없다는 뜻이 된다. 톰 로크모어(Tom Rockmore)는 플라톤의 범주를 가져와 흔들리지 않으며 자명한 토대에 기초한 학문적 지식(**에피스테메**)과 편견과 의견에 기초한 해석(**독사**)을 날카롭게 구별해야 한다고 설명한다. "**에피스테메**와 **독사**, 지식과 의견, 진리와 믿음을 구별하는 이러한 [계몽주의의] 지식관에서는 해석을 배제하고, 이를 신념의 차원으로 국한시켰다. 같은 주장을 달리 표현하자면, 이 견해에서는 우리가 무언가를 알 때 해석은 불필요하다. 그리고 해석할 때 이는 우리가 알지 못한다는 뜻이다. 따라서 지식과 해석은 상호 배타적인 범주다."[50]

그러나 이러한 범주의 분리는 순진하고 비현실적이며 자기 참조로서 모순적이다. 인간 본성의 복잡성에 관한 견해에 있어서 순진하며, 자아를 빼앗긴 객관성을 기대한다는 점에서 비현실적이고, 편견에 대한 편견을 확립한다는 점에서 모순적이다. 가다머가 지적했듯이, "계몽주의의 본질을 규정하는 편견이 하나 있다. 계몽주의의 근본적 편견은 편견 자체에 대한 편견으로서, 이는 전통이 지닌 힘을 부인한다."[51] 계몽주의에서는 편견과 전통이 인식과 해석 과정에서 아무런 역할도 하지 않는다고 주장하지만, 아이러니컬하게도 결국에는 이 둘 모두가 불가피함을 논증하고 말았다. 증명되지 않은 바를 참된 것으로 가정하는 전통을 진압하고자 하는 노력이, 증명되지 않은 바를 참된 것으로 가정하는 새로운 근대성의 전통이 되고 말았다. 인간의 신념과 가치 지향성, 마음에 뿌리를 내리고 있는 인간의 본질적인 종교성을 감안할 때, 이미 전제된 헌신을 제거하기는 불가능하다. 계몽주의 사상가들은 역시 이러한 결정적인 인간적 속성에 대해 그들 스스로도 예외가 아님을 증명했으며, 그들이 증명하려고 노력했던 새로운 지적 전통을 그들 스스로도 전제하고 있음을 깨달았다. 과학의 객관성을 통해 순환 고리의 주관성을 탈피하려고 했던 계획은 실패했다. 따라서 포스트모던 비판자들이 신나게 지적하듯이, 계몽주의와 순환 논리 사이의 대결에서 후자가 전자에 대해 승리를 거뒀다. 이성과 마찬가지로 해석 과정도 편견의 안내를 받으며 전통의 제약을 받는다. 이 주장에 따르면, 해석 과정은 궁극적으로 세계관에 의존한다.[52]

이것이 세계관(*Weltanschauung*)과 해석 사이의 관계를 규정하는 일차적 논점이다. 신약신학자 루돌프 불트만(Rudolf Bultmann, 1884~1976)이 주장하듯이, "전제 없는 주석 같은 것은 존재할 수 없다."[53] 세계관(*Weltanschauung*)은 실재에 대한 전망을 서술하며 개인과 공동체의 삶의 기저에 자리 잡고 있는 서사 기호의 일차적 체계로서, 해석이 작동되는 근거에 대한 가장 중요한 전제들의 모음이다. 특권적인 기호들(세계관)은 다른 기호들(발화 행위, 텍스트, 인공물)을 이해하기 위한 토대와 틀을 제공한다. 그러므로 해석학은 다른 기호를 해석하는 기호의 문제, 삶의 근본적 전망과 형식에 근거해 구체적인 맥락과 전통의 한계 안에서 작동되는 해석 행위의 문제다. 사회적, 자연적 세계에 대한 모든 설명은 언제나 세계관(*Weltanschauung*)의 제약을 받으며, 세계관의 존재는 계몽주의의 설계자들이 옹호했던, [전통에] 영향을 받지 않으며 순환적이지 않은 과학적 지식의 요구를 상대화시킨다. 마르틴 하이데거와 한스-게오르크 가다머 모두 인간을 존재, 역사, 세계에 다시 연결시킴으로써 이러한 계몽주의의 입장을 비판했다. 이처럼 인간 경험의 물줄기에 다시 젖어 들어 갈 때 사물의 본질을 객관적으로 설명하려는 모든 시도에서 상정하는 '하나님의 관점'의 가능성이 사실상 제거된다. 따라서 하이데거와 가다머가 인간의 상황을 재구성했을 때 해석학은 이 각자의 목적을 이루는 데 핵심적인 분과가 되었다. 이해의 선(先)구조에 관한 하이데거의 통찰과 선입관과 지평이, 해석에서 행하는 역할에 대한 가다머의 성찰이, 세계관(*Weltanschauung*)이 해석학에 미친 영향력에 관한 주장을 발전시키는 데 기여했다.

하이데거는 과학적 객관화가 비인격화로 귀결되며, 무엇보다도 존재의 망각으로 귀결된다고 생각했다. 따라서 그는 존재의 의미를 회복하고자 했다. 이를 위해 그는 인간 혹은 현존재의 "현상학적 분석"을 제시했다. 현존재(거기 있음)는 모든 존재들 중에서 존재를 주된 관심사로 삼는 유일한 존재다. 현존재는 존재 자체에 관한 질문을 하는 유일한 실체이며, 그의 안에서 그를 통해서 존재의 의미가 드러나는 유일한 존재다. 따라서 하이데거의 과제는 철저히 해석학적이다. 즉 "거기 있음"(현존재)의 예비적 현상학적 이해를 통해 존재를 이해하는 것이다.

> 우리의 연구는 방법으로서의 현상적 묘사의 의미가 **해석**에 자리 잡고 있음을 보여 줄 것이다. 현존재의 현상학의 로고스(λόγος)는 해석의 성격을 띠며, 이를 통해 존재의 참된 의미와 현존재가 소유한 존재의 기본적 구조가 존재에 대한 현존재의 이해에 **알려진다**. 현존재의 현상학은 그 말의 시원적 의미에서 **해석**

학이며, 이 의미에서 해석학은 이러한 해석의 작업을 가리킨다.[54]

현존재가 세계 안에서 존재하는 방식인 해석의 경험에 관한 하이데거의 논의는 풍성하며, 여기서 이 논의를 본격적으로 다루기는 불가능하다. 하지만 이 논의의 한 측면, 즉 이해의 선구조는 우리가 가지고 있는 목적과 특히 관련이 깊다. 하이데거는 해석이 언제나 "무언가를 무언가로서" 이해하고자 하는 시도라고 주장했다. 즉 해석은 언제나 그가 "앞서 가짐," "앞서 봄," "앞서 잡음"이라고 부른 것을 통해 이뤄진다고 주장한다. 앞에서 인용한 불트만의 해석학적 원리를 예상하게 만드는 말로 하이데거는 이렇게 주장한다. "해석은 결코 우리 앞에 제시된 무언가를 전제 없이 이해하는 것이 아니다"(191~192쪽). 이것은 텍스트의 주석을 비롯해 모든 유형의 해석에 적용된다.

> 한 사람이 본문의 정확한 해석이라는 의미에서 특정하며 구체적인 종류의 해석에 참여할 때 "거기 서 있는" 바에 호소[*beruft*]하고자 한다면, 그는 애초에 "거기 서 있는" 바가 해석을 하는 사람의 명백하지만 논의되지 않은 전제[*Vormeinung*]에 지나지 않는다는 것을 알게 된다. 해석의 접근 방식에는 해석 자체와 더불어 "당연하게 받아들여지는" 것(다시 말해서 우리의 앞서 가짐과 앞서 봄, 앞서 잡음 안에 제시된 것)으로서 이런 전제가 자리 잡고 있다(192쪽).

하이데거는 "앞서 가짐"이란 모든 해석 행위가 전제된 "연관성의 총체"를 토대로, 이해 행위를 통제하고 감독하는 전제된 "관점"을 통해 수행된다는 뜻이라고 설명한다(191쪽). 더 나아가 그는 해석이 "우리가 미리 가지고 있는 무언가"에 기초할 뿐 아니라 "우리가 미리 보는 무언가",

즉 “앞서 가짐”에 근거해 수집한 원래의 통찰인 “앞서 봄”에 기초해 이뤄진다고 주장한다. 그는 이렇게 말한다. “모든 경우에 해석은 우리가 **미리 보는 무언가**(앞서 봄)에 기초한다. 이러한 미리 봄은 ‘우리의 미리 가짐’으로 받아들인 것 중에서 ‘처음 잘라 낸 것을 취하며,’ 이것이 해석될 수 있는 명확한 방식을 염두에 두고 그렇게 한다.” 해석의 행위에서 대상은 개념화지만, 개념화에 이르는 해석은 대상 자체의 본질과 일치할 수도 있고 반대될 수도 있다. 사물의 이해는 대상으로부터 유래한 주석(exegesis)일 수도 있고, 해석을 대상에 강요하는 자의적 해석(eisegesis)일 수도 있다. 그러나 어떤 경우든 그 결과는 미리 파악하고 있는 일군의 관념, 즉 하이데거가 “앞서 잡음”이라고 부른 것에 의해 미리 정해져 있다(191쪽).

따라서 하이데거는 이러한 이해의 삼중적 선구조가 해석학적 순환의 딜레마의 원인이라고 본다. “이뿐 아니라 모든 해석은 선구조 안에서 작동된다”라고 하이데거는 주장한다. “이해에 기여하는 모든 해석은 무엇이 해석되어야 하는가를 이미 이해하고 있다”(194쪽). 그러나 그는 이 순환 고리가 모든 종류의 지식이 움직이는 궤도에 불과한 것이 아니라고 서둘러 지적한다. 오히려 이것은 현존재 자체의 실존적 선구조의 표현이며, 그에 대해 필수적이다. “이해에서 ‘순환 고리’는 의미의 구조에 속하며, 후자의 현상은 현존재의 실존적 구성, 즉 해석하는 이해에 뿌리를 내리고 있다”(195쪽). 따라서 이 순환을 악한 것, 혹은 그저 용인해야 할 것, 심지어는 가능하면 제거해야 할 것이라고 생각해서는 안 된다. 이것이 한 사람의 사고 방식이라면, 현존재의 본질과 해석 행위를 철저히 오해한 것이라고 하이데거는 말한다. 오히려 이 순환 자체가 현존재를 위해 “가장 시원적인 종류의 인식의 긍정적 가능성”을 만들어 준다(195쪽).

중요한 것은 이 순환의 가치를 이해하고 그것에 대해 바르게 접근하는 것이다.

> **하지만 이 순환을 악한 것으로 보고 그것을 피할 방법을 찾으려 한다면, 혹은 그것을 그저 불가피한 불완전성이라고 "느낀다면," 우리는 이해 행위를 철저히 오해하고 있는 셈이다.** 여기서 문제는 이해와 해석을 어떤 명확한 인식의 이상과 일치시키는 것이 아니다. 그런 이상은 이해의 변종[본질적으로 불가해한(*Unverständlichkeit*) 눈앞에 있는 것(前在性, *Vorhandenheit*)을 파악하는 정당한 일로 잘못 들어선 것]일 뿐이다. 해석을 가능하게 만드는 기본 조건이 충족되기를 원한다면, 이것은 해석이 수행될 수 있는 본질적 조건을 미리 인식하지 못함으로써만 이뤄진다. 결정적인 것은 순환에서 벗어나는 것이 아니라 그 안으로 바르게 들어가는 것이다(194~195쪽).

하이데거는 해석학적 순환을 피하려는 계몽주의의 시도가 현존재, 즉 거기 있는 존재에 대한 철저한 오해에 기초한 심각한 오류였다고 생각한다. 현존재 혹은 인간은 우주를 분석하고 통제하려고 그것을 바라보는 초연한 관찰자가 아니다. 오히려 인간은 철저히 존재와 시간에 뿌리를 내리고 있으며, 이러한 실존적 참여가 세계를 해석하는 수단이 되는 이해의 선구조를 확립한다. 이것은 해석의 과정에서 세계관(*Weltanschauung*)이 작동하는 방식과 비슷하다. 그것은 해석 행위를 감독하는 일군의 전제를 확립한다. 해석학적 순환은 세계관에서 기인한다. 궁극적으로는 세계관의 근본적 기호와 범주에 입각해 모든 것을 이해하기 때문이다. 이러한 기호와 범주가 지식과 진리의 문을 여는 열쇠 기능을 하는 특수한 인지적 입장을 구성한다. 그것 없이는 그 문을 열고 들어갈 수 없으며, 인간은 이해의 순환으로부터 배제된다.[55] 하이데거는 아마도 이런 의미에서 해석자가 그 순환 속으로 바르게 들어가야 한다고 말했을 것이다. 그는 이 순환이 제공하는 기회와 한계를 모두 인식했다. 어쨌든 해석학적 순환에 대한 하이데거의 설명은 해석이 세계관에 의존한다는 개념과 밀접한 연관이 있다.

한스-게오르크 가다머는 《진리와 방법》(*Truth and Method*)에서 자신만의 해석 프로그램을 제시하는데, 그 역시 객관성에 대한 데카르트적 전망에 영향을 받아 해석학에 반감을 드러내는 계몽주의의 입장을 거부한다. 그는 역사의 중요성을 제대로 평가하기 위해 에드문트 후설과 특히 마르틴 하이데거의 현상학적 연구에 입각한 존재론에 기초한 해석학을 창안했다. 그는 선입관과 지평이란 개념에 초점을 맞추며, 이 두 개념을 통해 해석학적 순환에 대해 재평가하고 해석 과정에서 세계관(*Weltanschauung*)이 어떤 역할을 하는지를 설명한다. 하이델베르크의 철학자 가다머는 자신의 프로그램을 이렇게 설명한다. "하이데거는 존재론을 염두에 두고 단지 이해의 선구조를 해명하기 위해 역사적 해석학과 비판의 문제를 다뤘다. 반면에 우리의 물음은, 해석학이 객관성의 과학적 개념이란 존재론적 장애물로부터 자유로워진 후에 어떻게 이해의 역사성에 정당한 지위를 부여할 수 있는가이다."[56]

가다머에게 해석학은 인간 삶의 본원적 특징이자 양식이며, 해석 경험의 본질은 해석자의 선입관과 해석될 텍스트 사이의 변증법적 만남에 자리 잡고 있다. 이 과제는 사물에 대해, 텍스트에 접근할 때 가지고 가는 전이해에 대해, 해석자에게 전해지는 텍스트의 의미에 대해 질문하는 것이다. 가다머가 해석학적 순환이 만들어 낸 역학을 가장 분명히 설명한 아래 글에는 이러한 상호 작용이 매우 잘 드러나 있다.

> 텍스트를 해석하고자 하는 사람은 그것이 말하는 것을 예상하고 있어야 한다. 그렇기 때문에 해석학적으로 훈련된 의식은 처음부터 텍스트의 타자성에 민감해야 한다. 하지만 이런 종류의 감수성은 내용에 관한 중립성이나 자아의 소멸과 무관하며, 그 사람의 선-의미(fore-meanings)와 선입관을 전경(前景)으로 삼고 전유하는 것을 말한다. 중요한 것은 자신의 편견을 자각하여 텍스트가 온전한 타자성 속에서 자신을 드러내고 그 사람의 선-의미와 대비되는 그 나름의 진리를 주장하게 하는 것이다(269쪽, 참고. 293쪽).

이것이 가다머가 "바르게 그 순환 안으로 들어가는" 방식이다. 그는 전통과 **편견에도 불구하고** 텍스트를 이해하는 것이 아니라 본문과 상호작용하는 적절한 선-투사 **때문에** 텍스트를 이해한다고 주장한다. 자기모순적인 계몽주의 편견에 대한 편견이 해석학 전체에 해로운 영향을 미쳤다. 전통의 힘과 핵심적 역할을 부인하려고 했기 때문이다. 하지만 가다머가 논증하듯이 선입관과 전통이 해석학 문제의 핵심이다. 그렇기 때문에 그는 권위의 선입관과 전통을 회복해야 할 뿐 아니라 이를 해석학에 대한 자신의 성찰의 핵심으로 삼아야 한다고 생각했다.

따라서 가다머는 계몽주의의 방법론적 요구가 모순적일 뿐 아니라 역사 안에 자리 잡고 있으며 전통의 영향력 아래 있는 유한한 인간에 대해 비현실적 기대를 드러낸다고 지적한다. 역사는 언제나 개인보다 선행하며, 인간 의식의 발전과 해석의 과정에 필수적인 이러한 선입관의 형성에 근원적인 영향을 미친다. "사실 역사는 우리에게 속해 있지 않다. 우리가 역사에 속해 있다. 우리가 자기 성찰의 과정을 거쳐 우리 자신을 이해하기 오래 전부터, 우리가 속한 가정과 사회, 국가 안에서 우리는 자명한 방식으로 우리 자신을 이해한다. 주관성은 언제든 초점이 왜곡된 거울처럼 될 수 있다. 개인의 자의식은 역사적 삶의 폐쇄 회로 안에서 깜박거림에 불과하다. **그렇기 때문에 개인의 선입관이 그의 판단보다 훨씬 더 중요한 방식으로 그의 존재의 역사적 실재를 구성한다**"(276~277쪽).

이것은 가다머의 선입관 개념을 세계관 및 해석학과 연결시킨다는 점에서 특히나 대단히 중요한 진술이다. 그는 이론 이전의 개념으로서의 선입관이 이론적 판단보다 인간의 역사적 실재를 구성하는 데 더 큰 역할을 한다고 주장하는 것처럼 보인다. 역사는 암묵적인 방식으로 사람들을 형성하며 그들의 선입관을 이루는 내용으로 그들의 정신을 채우고, 이런 선입관은 다시 해석 과정에서 핵심적 역할을 한다. 이에 근거해 가다머는 그가 "해석의 문제를 위한 출발점"이라고 부른 것에 접근한다. 그는 이렇게 말한다. "이성의 절대적 자기 구성의 관점에서 볼 때 제약을 가하는 선입관처럼 보이는 것은 사실 역사적 실재 자체에 속한다. 인간의 유한하며 역사적인 존재 양식을 제대로 설명하고자 한다면, 선입관 개념을 근본적으로 복원시키고 합당한 선입관이 존재한다는 사실을 인정해야만 한다"(277쪽). 물론 어떤 전통이나 권위(종교적 혹은 철학적)가 "합당한 선입관"의 원천이 될 수 있는가는 여전히 명시되지 않은 채로 남아 있지만, 중요한 것은 이런 선입관이 존재하며 그것이 역사적으로 생성되었고 정당하며 해석에 영향을 미친다는 사실이다.

이것은 가다머가 자신의 해석학 모형의 또 다른 핵심을 이루는 "지평" 개념과 선입관 개념을 밀접하게 연결시키는 점과도 관련이 있다. 선입관 개념은 지평이란 개념의 윤곽을 설정하고 뼈대를 세우는 것처럼 보인다. 가다머는 "해석학적 상황은 우리가 지닌 선입관에 의해 결정된다. 따라서 선입관은 특정 시점의 지평을 이룬다"라고 설명한다(306쪽). 지평이 해석자가 자리잡은 관점을 이룬다는 사실로부터, 그리고 이 관점이 해석자의 선입관에 의해 규정되는 한, 지평은 세계관과 비슷한 구조를 나타내는 유용한 은유로 사용될 수 있다고 가정할 수 있다. 다시 말해서, 해석은 세계관과 비슷한 선입관 혹은 지평에 의해 지배된다.

물론 가다머와 그의 지평 이론(*Horizontlehre*)에서 핵심 질문은 해석 과정에서 지평이 정확히 어떤 역할을 하는가에 관한 것이다. 한 가지는 분명하다. 한 사람이 자신의 지평을 탈피하여 경험적으로나 주관적으로, 심리학적으로 해석 대상의 지평으로 도약하려고 해서는 안 된다는 것이다. 이것은 계몽주의/낭만주의의 해석학이며, 언제나 단일한 역사-존재론적 상황에 기초해 있다는 가다머의 제일 법칙을 거스른다. 따라서 해석학적 상황을 해결한다는 것은 "그 자체로 존재한다고 여겨지는 이런 지평들의 융합"을 성취하려고 노력하는 것이다(306쪽). 이런 용어를 오해하기 쉽다. 이것은 하나의 거대한 역사적 지평 안에 자리 잡고 있는 공유된 진리 이해를 한데 모으고, 이런 경험을 통해 해석자 자신의 지평이 풍성해지고 확장된다는 뜻이다. 지평 융합에서 선입관은 위태로워지거나 시험을 받거나 확증되거나 폐기된다. 다른 삶의 형식에서 배움으로써 자신의 자기 이해가 확장된다. 이해는 바로 이런 역동적 과정 속에서 일어난다. 따라서 가다머가 말하는 선입관과 지평 개념은 하이데거가 제시한 이해의 선구조와 해석학적 순환 개념과 마찬가지로 해석이 결코 독립적, 객관적 과정이 아니라 해석자의 역사적 실존과 원래부터 지니던 신념에 근거해 이뤄지는 행위라는 주장을 뒷받침한다. 간단히 말해서, 가다머의 성찰은 해석학이 해석자의 세계관(*Weltanschauung*)과 필수적으로 연결되며 그것에 영향을 받는다는 것을 뜻한다.

그러므로 그 어떤 사람도 순수하게 합리적인 해석학적 단위로서 독립적으로 존재하는 해석의 섬이 아니다. 방법론적인 과학적 이성에 기초해 모든 것에 "의심의 해석학"을 적용했던, 급진적으로 개인주의적인 근대의 해석학 모형은 전근대와 포스트모던의 공동체주의적 이상과 날카로운 대조를 이룬다. 이 두 시기에는 역사적 의식을 형성하는 서사적 전통의 힘과 그것의 해석학적 함의를 인정했다. 하지만 중요한 차이가 있기도 하다.[57]

예를 들어, 전근대의 기독교 공동체에서는 실재에 대한 최종적 설명으로 간주되는 일군의 이야기를 공유했다. 전반적인 세계관(*Weltanschauung*)은 우주를 상징하며 신적 로고스에 의해 확증된 명확한 기호의 체계로 구성되었다. 해석의 공동체로서 그들의 교리적 신념과 실천은 예전과 공동체의 기억에 의해 유지되었으며, 그리스도인들을 위해 해석의 한계를 설정하는 "신뢰의 해석학"으로 기능하는 전통을 이룬다. 죽는 한이 있더라도 그것은 안전하게 보호되어야 한다.

마르크스와 니체, 프로이트 이후 포스트모던 세계에서 인간 공동체가 매우 달라졌다. 공동체는 의심해 보아야 할 관습과 폭로해야 할 이익, 폭파해야 할 신화, 차단해야 할 권력 관계, 해체해야 할 의미로 이뤄진 자기 반성적인 사회적, 언어적 구성물이다. 이런 맥락에서 세계를 규정하는 기호학적 체계는 모든 "초월적 기표"와 분리되며 끝없이 흘러다닌다. 따라서 이 체계는 명확한 해석의 경계를 전혀 제공하지 않으며, 어떤 실질적인 공동체의 전통이나 기억에 의해서도 지탱되지 않는다. 그것은 신뢰를 파괴하며, 그 본질적인 해석 원리는 "의심의 해석학"이다.

이런 사례에 비추어, 지식과 해석의 문제에서 신뢰의 해석학에 한 사람이 속한 전통과의 관계에 있어 적당한 양의 의심을 섞는 것이 건전하다고 주장할 수 있을 것이다. 너무 많은 신뢰는 맹목적 순종을 초래할 수 있으며, 너무 많은 의심은 허무주의로 귀결될 수 있다. 두 방향 모두 오류에 빠질 수 있지만, 확신과 비판의 균형을 이룰 때 공동체 소속의 가능성이 만들어진다. 하지만 순진한 방식으로 해서는 안 된다. 처음에 사람은 이해하기 위해 믿어야 하지만(신뢰), 이해가 깊어지고 처음 가졌던 신념에 대한 비판을 만날 때(의심) 계속 믿기 위해 새로운 이해를 구해야 한다(신뢰). 그렇지 않으면 의심이 신뢰를 압도할 것이다.

하지만 해석학과 세계관의 관계에 관한 문제에서 가장 중요한 질문은 최종적 의미가 가능한지의 여부에 관한 것이다. 모든 텍스트 해석의 최종적 지평을 형성하는 해석의 만능 체계가 존재하는가? 적합한 확실성으로 다른 모든 기호의 의미를 결정하는 최종적인 기호의 체계가 존재하는가? 다른 모든 세계관을 설명하는 메타서사, 궁극적 세계관(*Weltanschauung*)이 존재하는가? 해석학은 결국에는 그리고 사실상 우주로부터 의미를 추방하는 기호와 상징의 끝없는 교환으로 귀결될 뿐인가? 대답은 그 사람의 세계관에 달려 있는 것처럼 보인다! 기본적으로 다른 세계관에 입각해 위의 물음에 답하는 스탠리 로즌(Stanley Rosen)과 조지 스타이너(George Steiner)의 글을 인용함으로써 세계관(*Weltanschauung*)과 해석학에 관한 이 논의를 마무리하고자 한다. 먼저, 스탠리 로즌은 이렇게 말한다.

> 해석학의 역사에 대한 이 논의를 다음과 같이 결론 내릴 수 있다. 처음에 해석학의 목적은 하나님의 말씀을 설명하는 것이었다. 이 목적으로 결국 인간의 말을 설명하는 과정을 규제하려는 시도로 확장되었다. 19세기에 우리는 먼저 헤겔로부터, 그런 다음 니체로부터 더 효과적으로 하나님이 죽었다는 것을 배웠다. 20세기에 코제브(Kojève)와 푸코와 같은 그의 제자들은 우리에게 인간이

> 죽었음을 알려 주었고, 이로써 후기인간학적 해체라는 심연으로 들어가는 문이 열렸다. 그런 다음 해석학의 범위가 확장됨에 따라 해석학적 의미의 두 본래적 원천인 하나님과 인간이 소멸되었으며 그와 더불어 우주나 세계 역시 사라졌고, 결국 우리가 언어철학이나 언어적 철학, 혹은 그 동의어로 부르기로 작정한 우리 자신의 수다 말고는 아무것도 남지 않게 되었다. 아무것도 실재적이지 않다면, 실재적인 것은 아무것도 아니다. 텍스트에서 글이 써진 줄과 그 사이의 여백 사이에 아무런 차이가 없다.[58]

이제 "하나님이 우리의 문화에, 우리의 일상적 담론에 붙어 있는 곳에서 그는 문법의 유령, 합리적 언설의 유아기에 흔적처럼 남아 있는 화석일 뿐이다"라는 니체(와 그와 비슷한 다른 이들)의 주장에 대한 조지 스타이너의 반응을 살펴보자. 언어와 의미의 가능성, 특히 미학적 의미의 가능성에 관한 논문의 서론에서 그는 정반대의 주장을 펼친다.

> 이 책에서는 언어가 무엇이며 언어가 어떻게 작동하는가에 대한 모든 논리적 이해와 의미를 전달하는 인간 언설(言說)의 능력에 대한 모든 논리적 설명은, 최종적 분석에 있어서 하나님의 임재에 대한 전제에 의해 보증된다. 나는 특히 문학과 미술, 음악에서 미학적 의미의 경험이 이러한 "실재적 임재"의 필수적 가능성을 암시한다는 주장을 제시할 것이다. 역설처럼 들리는 "필수적 가능성"이란 이 말은 시와 회화, 음악이 자유롭게 탐구하고 재현하는 바를 정확히 가리킨다. 이 연구서에서는 의미의 의미에 대한 내기가 … 초월성에 대한 내기라고 주장할 것이다.[59]

따라서 해석의 기술이나 과학이 세계관에 영향을 받을 뿐 아니라 의미의 가능성에 관한 질문 자체도 세계관에 의존한다. 서양에서 이 물음에 대한 답은 무신론과 유신론이란 정반대의 세계관 사이의 선택에 달려 있다. 하나님이 계시지 않는다면 최종적 의미도 존재하지 않지만, 하나님이 계신다면 이 사실은 세상의 모든 것에 영향을 미치기 때문이다.

세계관과 인식학

세계관의 힘이 추론과 해석에 중대한 영향을 미친다면, 인식의 과정에는 어떤 영향을 미칠까? 세계관(Weltanschauung)에 관해 이를 신봉하는 이들은 세계 자체와 연결되어 있을까, 아니면 세계에 대한 그들의 관점과 연결되어 있을까? 아니면 양쪽 모두와 조금씩 연결되어 있을까? 존 페이퍼(John Peifer)는 이 문제를 이렇게 잘 설명한 바 있다.

> 무언가를 알 때 우리는 사고 안에 있는 것을 통해 사고의 외부에 물리적 실존으로서 독립해 있는 실재에 도달하는가, 아니면 인식으로써 사고 안에 있는 것에 도달할 뿐인가? … 따라서 이 물음은 인간 사고의 대상, 주로 지적 사고의 대상과 관계가 있다. 이 대상은 실재인가, 아니면 사고인가? 사고하기는 사물에서 종결되는가, 아니면 사고에서 종결되는가? 분명히 이것은 인간 지식의 문제 전체와 연관이 있다. 무언가를 알 때 초월적, 객관적 실재에 대해 생각하는지, 아니면 내재적, 주관적 사고에 대해 생각하는지는 대단히 중요하다.[60]

야구 심판들이 경기 후 자신들의 심판 철학을 비교하는 모습에 관한 농담은, 실재에 관한 사실에 접근할 수 있는지에 관한 서로 다른 입장들을 설명하는 적절한 예다. "그들은 맥주를 마시며 이야기를 나누고 있다. 한 심판이 '볼일 때도 있고 스트라이크일 때도 있어. 난 있는 그대로 판정해'라고 말한다. 또 다른 심판은 '볼일 때도 있고 스트라이크일 때도 있어. 나는 내가 본 그대로 판정해'라고 말한다. 세 번째 심판은 '볼일 때도 있고 스트라이크일 때도 있어. 내가 판정할 때까지 그 공은 **아무것도 아니야**'라고 말한다."[61] 이들 각각은 우리가 무언가를 어떻게 아는가에 관한 입장을 반영한다. 첫 번째 심판은 순진한, 직접적인 혹은 상식적인 실재론을 대변한다. 두 번째는 비판적 실재론을, 세 번째는 반실재론을 드러낸다. 첫 번째 경우에 인식을 매개하는 요소로서 세계관은 아무 역할도 하지 않으며, 두 번째 경우에는 제약하는 역할을, 세 번째 경우에는 전적인 역할을 한다. 첫째 모형에서는 모든 것이 흑백으로 나뉘는 철저한 객관주의를 드러내며, 두 번째는 회색의 그림자로 이뤄진 주관주의와 객관주의의 조합이며, 세 번째는 참된 지식이 어둠 속에 가려진 철저한 주관주의다. 이제 나는 인식의 과정과 세계관(*Weltanschauung*)의 관계를 진술하는 이 세 입장을 간략히 묘사하고자 한다. 비교를 위해서 비판적 실재론을 살펴보기 전에 상식적 실재론과 반실재론을 먼저 검토할 것이다.[62]

대략 **순진한, 직접적인 혹은 상식적인 실재론**으로 부를 수 있는 첫 번째 입장에서는 세계관의 전제나 다른 어떤 주관적 요소에도 영향을 받지 않은 채 우주를 직접 정확히 이해할 수 있다고 주장한다. 이 입장은 적어도 네 가지 기본 전제 위에 확립되어 있다. (1) 객관적, 독립적 실재가 존재한다. (2) 이 실재의 성격은 고정되어 있으며 모든 관찰자로부터 독립적이다. (3) 아는 존재인 인간은 개인적 편견이나 전통에 얽매이지 않은 채 이 고정된 실재를 이해할 수 있는, 신뢰할 만한 인식 능력을 지닌다. (4) 세계에 관한 진리와 지식은 발명되는 것, 상대적인 것이 아니라 발견되는 것, 확실한 것이다. 간단히 말해, 이 유형의 실재론자는 지각하는 사람과 물리적 대상 사이에 어떤 종류의 심적 실체도 개입될 수 없다고 생각한다. 비전문가의 수준에서 이 입장은 **순진한 실재론**으로 부르는 것이 옳다. 이것은 자신들의 인식 능력을 통해 객관적이며 직접적인 방식으로 실재하는 세계가 어떤 모습인지 알 수 있다고 암묵적으로 믿는 평범한 사람들의 견해다. 18세기 스코틀랜드 철학자 토마스 리드(Thomas Reid)는 정교한 형태의 상식 실재론(commonsense realism)을 제시한 바 있으며, 몇몇 현대 인식론자들 역시 다른 입장들의 어려움을 지적하며 이 입장을 복권시켰다.[63] 아무튼 리처드 로티(Richard Rorty)의 말을 비틀어서 표현하자면, 이러한 인식론적 전망의 최종적 결과는 "잘 발견된" 세계다.[64]

두 번째 입장은 **창조적 반실재론**으로, 이 이론은 존재하는 것과 그것에 대한 복수의 견해를 급진적으로 분리해야 한다고 주장한다. 이 맥락에서 세계관은 존재하는 모든 것, 물화되고 우주와 아무런 실재적 연관성도 유지하지 않는 신념 체계다. 실재는 그야말로 부재한다. 이 입장은 네 가지 논제로 요약될 수 있다. (1) 외부 세계가 존재할지도 모르고 아마 정말로 존재하겠지만, 그 객관적 성격은 영원히 모호하게 남아 있을 것이다. (2) 아는 존재로서의 인간에게 세계를 있는 그대로 파악하고 인식할 방법이 없다. (3) 실재로서 제시된 것은 언어적으로 구성된 것이며 인간 정신의 관념적 산물이다. (4) 따라서 세계에 관한 진리와 지식은 발견되는 것, 확실한 것이 아니라 발명되는 것, 상대적인 것이다. 이 관점의 주된 특징은 이른바 '소여'(所與)의 공허함, 정신의 창조 능력, 기호 체계의 다양성과 형성적 기능, 상징 세계의 복수성이다.[65] 이 이론은, 플라톤의 《테아이테토스》(*Theaetetus*)를 통해 "인간이 만물의 척도"(*homo mensura*)이며 "사물이 당신에게는 당신에게 보이는 대로이고, 나에게는 나에게 보이는 대로다"라고 주장했다고 알려진 프로타고라스(Protagoras)

에서 기원했다.[66] 이뿐 아니라 같은 대화에서 플라톤이 묘사하는 소크라테스는 프로타고라스의 상대주의가 "한 사람에게 그렇게 보이는 것이 그에게는 [참되다]는 견해"와 다름없다고 주장한다.[67] 최근에는 창조적 반실재론은 임마누엘 칸트의 선험적 관념론으로부터 자극을 받았으며, 그의 철학적 후예들은 고전적인 객관주의 인식론을 전복했던 그의 작업을 계승하고 완성했다. 현대적 포스트모던 사상을 통해 칸트의 코페르니쿠스 혁명은 기호와 상징이 전부라는 급진적 관점주의로 진화했다. 언어에 의해 무언가가 되기 전까지 세계는 아무것도 아니다. 반실재론에서는 실재의 윤곽을 철저히 파악할 수 있는 인간 이성을 신뢰하지 않는다. 대신 무의미함의 심연으로부터 인간을 보호해 줄 "유용한 허구"나 "거룩한 덮개"를 옹호한다. 관점과 견해만 존재할 뿐이다. 이번에는 로티의 말을 그대로 인용하자면, 세계는 "완전히 상실되었기" 때문이다. 인간이 자신의 특수한 삶의 양식과 연관된 다양한 언어놀이 안에서 추정에 입각한 믿음을 가지고 살아가는 것 외에 다른 대안은 없다.

세 번째이자 마지막 입장은 **비판적 실재론**이다. 여기서는 객관적으로 존재하는 세계와 그것에 대한 신뢰한 지식을 얻을 가능성을 상정하지만, 동시에 인간의 인식에 불가피하게 편견이 수반되므로 한 사람의 전망의 필수 요소에 관한 비판적 대화를 계속할 필요가 있다고 인정한다. 이 관점은 네 가지 기본 전제로 요약할 수 있다. (1) 객관적, 독립적 실재가 존재한다. (2) 이 실재의 성격은 고정되어 있으며 모든 관찰자로부터 독립적이다. (3) 아는 존재로서 인간은 이 고정된 실재를 이해할 믿을 만한 인식 능력이 있지만, 개인적 선입관과 세계관 전통의 영향력은 인식의 과정에 제약을 가하거나 이 과정을 상대화한다. (4) 그러므로 세계에 관한 진리와 지식이 부분적으로는 발견되는 것, 확실한 것이며, 부분적으로는 발명되는 것, 상대적인 것이다. 톰 라이트(N. T. Wright)가 이 입장을 적절하게 요약한 바 있다.

> 이것[비판적 실재론]은 **알려지는 것의 실재를 인식하는 사람이 아닌 무언가**로 인정하는(따라서, '실재론') 동시에, 이 실재에 접근하는 유일한 방법은 **인식하는 사람과 알려지는 것 사이의 적절한 대화**라는 나선형의 경로를 따르는 것뿐임을 인정하는(따라서, '비판적') 방식으로 '인식'의 과정을 설명하는 이론이다. 이 경로는 '실재'에 대한 탐구의 결과물에 대한 비판적 성찰로 이어지며, 따라서 '실재'에 대한 우리의 주장이 잠재적임을 인정한다. 다시 말해서, 지식은 원칙상 실재에 관련해서는 인식하는 사람으로부터 독립적이지만, 그 자체로는 인식하는 사람으로부터 결코 독립적이지 않다.[68]

이 설명을 통해 이 관점이 상식적 실재론과 창조적 반실재론이란 두 극단을 피하고자 하는 일종의 중도적 인식론임을 분명히 알 수 있다. 이것은 객관주의와 주관주의의 혼합물로서, 실재하는 세계와 자신들의 특수성 속에서 그것을 알려고 노력하는 실재하는 인간 모두를 인정한다. 인간 이성에 대해 너무 많이 신뢰하지도, 너무 적게 신뢰하지도 않으며, 인간의 인지 능력이 할 수 있는 바와 할 수 없는 바를 다 인정한다. 이 입장에서는 근대성의 오만과 포스트모더니티의 절망을 피하고, 그 대신 인식적 겸손에 의해 특징지어지는 온건하고 절제된 지식관을 견지한다. 비판적 실재론에서는 "나는 있는 그대로 판정한다"라는 말을 삼간다. "사물들은 내가 그것들을 판정한 그대로이다"라고 단언하기를 거부한다. 대신 이 접근 방식에서는 "나는 내가 본 대로 판정한다"라고 선언한다. 사도 바울과 함께 이렇게 신중히 말한다. "나는 본다. 하지만 거울로 보는 것처럼 희미하게 본다"(고전 13:12). 비판적 실재론의 결과는 교조주의도 아니며 회의주의도 아니다. 그것의 분위기는 지나치게 낙관적이지도 냉소적이지도 않다. 각 범주에서 균형 잡힌 실재론을 주장한다. 로티의 표현을 마지막으로 한 번 더 사용해 말한다면, 이 모형에 따르면 세계는 완전히 발견되지도, 완전히 상실되지도 않았고, 어느 정도 상실된 동시에 발견되었다. 기호학적 구성물로서 그것의 기호와 상징은 오류와 진리 모두를 진술하므로 모호하기도 하고 명확하기도 하다. 그러므로 사물의 본질에 대한 개인의 지식에 도전하거나 이를 확증해 주는 다른 이들 혹은 다른 관점들과 계속해서 상호작용을 해야만 한다.

그러므로 입장 없는 관점이란 존재하지 않는다! 모든 것은 어딘가로부터 알려진다! 한 사람이 서 있는 곳이 사물이 모호해지는지, 아니면 명확해지는지를 결정한다.[69] 약간 다른 목적을 위해 사용했던 루이스의 이미지가 도움이 될 수 있다. "공구실에서 한 생각"(Meditation in a Toolshed)이란 짧지만 탁월한 글에서 그가 말했듯이, 서서 문의 갈라진 틈을 뚫고 어둠 속으로 파고들어오는 밝은 햇빛을 바라보는 것과 그 빛 안에서 서서 그 빛으로 다른 것들을 바라보는 것은 전혀 다르다. 그의 말처럼 "그 빛을 따라 보는 것과 그 빛을 보는 것은 전혀 다른 경험이다."[70] 공구실 안에 있을 때 빛의 관점으로부터 보지 않는다면 어둠에 관해 아무것도 알 수 없고, 어둠의 관점으로부터 보지 않는다면 빛에 관해 아무것도 알 수 없다. 루이스가 지적하듯이, "또 다른 경험 속으로 걸어 들어가야만 하나의 경험 밖으로 걸어 나올 수 있다." 우리가 아는 바는 언제나 이런저런 경험의 내부로부터 나오며, 이 경험의 내용은 무엇을 알고 어떻게 아는가에 영향을 미친다. 그런 다음 그는 자신의 분석에 이런 냉정한 반실재론적 생각을 덧붙인다. "그러므로 모든 내부의 경험[존재하는 모든 것인]이 오해를 초래한다면 우리는 언제나 오해하고 있는 셈이다."[71]

하지만 우리가 정말 언제나 오해하고 있을까? 참된 경험의 가능성을 인정할 근거가 존재하지 않을까? 루이스와 더불어 나는 그 가능성이 존재하며, 그것은 살아 계신 하나님에 대한 경험 속에서 발견되어야 한다고 주장한다. 의미의 의미에 대한 내기가 초월성에 대한 내기인 것과 마찬가지로(스타이너) 지식의 가능성에 대한 내기도 마찬가지다. 하나님이 존재하시며 그분이 하늘과 땅을 만드신 분이라면, 그분이 말씀으로 만물을 창조하시고 그분의 지혜와 법으로 만물을 설계하셨다면, 그분이 인간 지성과 그것의 인지 능력을 설계하신 분이시라면, 그분이 사람들을 만드실 때 그들의 삶과 관점이 인간 마음의 신념 내용(믿음으로 받아들이고 그런 다음에는 마음을 지배하는 기호 현상의 체계 혹은 서사적 틀)으로 이뤄지게 하셨다면, 비록 인간의 유한성과 죄인됨, 구속의 경험에 의해 언제나 제약을 받지만, 우주에 대한 지식이 가능하다고 가정하는 것이 합리적이다. 언제나 인식적 한계와 비판 및 개선의 필요성이 존재한다. 하지만 실재하는 세계를 알 수 있다. 하나님이 이를 가능하게 만드셨기 때문이다. 그러나 이런 지식은 언제나 비판에 의해 단련되어야 한다.

이런 맥락에서 러시아의 문학 이론가 미하일 바흐친(Mikhail Bakhtin)은 "대화적 상상력"이 인식의 과정의 핵심이라고 강조하는 관점을 옹호했다. 그는 공감을 통해 다른 이들을 이해하려고 노력하는 대신 그가 "창조적 이해"라고 부른 것을 제안했다. 이에 따르면 거대하고 비판적인 대화에서 모든 당사자가 자신의 독특한 정체성을 유지하지만, 다른 이들한테서 홀로 배울 수 없는 것을 배운다.

> 창조적 이해는 그 자체와 시간 안에서 그것의 위치, 그것의 문화를 부인하지 않는다. 그것은 아무것도 잊어버리지 않는다. 이해하기 위해서는 이해하는 사람이(시간과 공간, 문화에 있어서) 자신의 창조적 이해의 대상 **외부에 자리 잡는 것이 대단히 중요하다**[외부인들은 그들 자신의 문화 내부에 있는 내부자들을 이해하기 위해 외부자로 남아 있어야 한다]. 사람은 자신의 외부를 보고 그 전체를 이해할 수 없으며, 거울이나 사진조차 도움이 되지 않기 때문이다[내부자들은 내부자들이 자신을 바라보도록 도와줄 수 없다]. 다른 사람들만이 우리의 진정한 외부를 보고 이해할 수 있다. 왜냐하면, 그들은 공간에 있어서 우리의 외부에 존재하는 **타자**이기 때문이다.[72]

바흐친이 말하는 이 과정에는 네 가지 비판의 경로가 있다. 대화에서 각 사람은 개인적으로 그리고 타자에 대해 기여할 무언가를 가지고 있다. 나는 나의 틀 안에서 당신이 보지 못하는 것을 본다. 당신은 당신의 틀 안에서 내가 보지 못하는 것을 본다. 나는 당신이 볼 수 없는 당신의 틀이 지닌 약점을 보고 지적한다. 당신은 내가 볼 수 없는 나의 틀이 지닌 약점을 보고 지적한다. 이처럼 각자의 기여와 상호 비판을 통해, 이러한 "대화적 상상력"을 실행함으로써 실재에 대한 이해를 계속해서 확장하고자 한다. 따라서 루이스의 공구실 성찰에 대한 결론을 가져와 보면, "사람은 모든 것에 따라서 모든 것을 바라보아야 한다."[73]

세계관에 따라서 혹은 세계관을 볼 때, 어떤 세계관이 다른 세계관보다 인식적으로 우월하다고 결론 내리는 것이 합리적인 것처럼 보인다. 어떻게 이것을 결정할 수 있을까? 여러 다른 패러다임의 지적, 실천적 효력을 검토하는 최선의 방법은 무엇일까? 이런 물음에 대한 답이 비판적 실재론에 관한 대화의 핵심을 이뤄야 한다.

자신의 관점을 검토하든, 다른 이들의 관점을 검토하든, 다양한 개념의 강점과 약점을 확인하기 위해 이 과정에서 세 가지 '시험'을 제안해 볼 수 있다. 세계관을 평가하는 이 세 기준은 진리에 대한 정합설, 대응성, 실용주의 이론에 대체로 상응한다. 간략히 말해, 세계관은 합리적이며 경험적이고 실존적인 차원에서 점검을 받아야 한다.

합리성의 시험은 정합성의 시험이다. 세계관(*Weltanschauung*)을 이루는 명제들이 서로 일치하는가? 합리적 일관성을 지니며 모순이 없는가? 이 체계를 구성하는 문장들은 논리적인 방식으로 전체적으로 통일성을 갖추고 있는가? 서로 일치하는 진술들이 꼭 한 세계관의 진실성을 입증하는 것은 아니지만, 명백하게 서로 모순된 명제들은 그 세계관 혹은 적어도 그 안에 담긴 특정한 주장들이 그릇된 것임을 증명한다. 따라서 유효한 세계관은 합리적 일관성을 지녀야 한다.

경험의 시험은 대응의 시험이다. 세계관이 실재와 조화를 이루며, 사물의 총체성에 대한 설득력 있는 설명이나 해석을 제공하는가? 세계관이 모든 자료를 적절하게 다루고 설명하는가? 약간 다른 용어를 사용하자면, 세계관이 사물의 본질에 부합하는가? 삶 전체를 적절한 방식으로 다루고 있는가? 세계관이 인간 경험의 많은 부분을 무시하거나 부인한다면, 인간 경험과 우주의 중요한 영역을 개방하고 해명할 수 없는 것처럼 보인다면, 세계관 혹은 그것의 양상들은 의심스러운 것으로 간주된다. 한 세계관(*Weltanschauung*)이 설득력이 있으려면, 다루는 범위에 있어서 경험적으로 포괄적이며 설명에 있어서 강력해야 한다.

세 번째이자 마지막 시험은 실존적 혹은 실용적이다. 세계관이 제대로 작동하는가? 실제 삶에 적용할 수 있는가? '현금 가치'를 지니는가? 인간 삶과 경험의 가장 중요한 영역에 유익하게 적용될 수 있는가? 인간의 근본적 관심사와 문제에 관해 의미 있는 무언가를 말할 수 있는가? 그 이름에 합당한 세계관은 실용적일 뿐 아니라 개인적으로도 만족스러워야 한다. 인간의 내면적 필요를 충족하고 평화와 행복의 감각을 제공해야 한다. 그렇다면 건전한 세계관은 유용하며 실존적으로 만족스러워야 한다. 따라서 더 좋은 세계관들은 합리적, 경험적, 실용적 기준을 통과한 세계관들이다. 이런 자격을 충족하는 패러다임만이 수용되기에 적합한 철학적 완결성을 지닌다.[74]

비판적 실재론의 특징을 강조할 때 마지막으로 다뤄야 할 문제가 하나 더 있다. 그것은 바로 인간 지식의 특정한 영역에서는 실재론의 요소가 우세한 것처럼 보이지만, 다른 영역에서는 비판의 필요성이 지배적이라는 사실이다. 세계관(*Weltanschauung*)을 이루는 서사 기호의 체계는 모든 지식 활동을 관통하지만, 일부 분과는 다른 분과에 비해 세계관의 영향을 더 직접 받는다는 점이 명백해 보인다. 다시 말해서, 세계관의 인식적 함의는 분과에 따라 다르다. 이른바 정확하며 공식적인 과학에 대해서는 세계관의 영향력이 가장 약하다(영향력이 전혀 없다는 말이 아니다). 하지만 인문학과 사회과학, 예술에는 훨씬 더 큰 영향을 미친다. 예를 들어, 세계관 전제의 영향력은 역사보다 화학 분야에서 훨씬 더 약하고, 철학보다는 수학에서 훨씬 더 제한적인 것처럼 보인다. 화학이나 수학의 철학에 대해 논하지 않는 한 이 점은 직관적인 것처럼 보인다. 화학이나 수학의 철학에 대해 논한다면 이들 분과에 관한 논의에서 이들 분과의 제일 원리에 관한 논의로 슬그머니 전환될 것이기 때문이다. 이런 일이 일어날 때 세계관의 요인이 매우 중요해진다. 따라서 세계관이 '연성 과학'을 건드릴 때, 이들 분과의 방법과 연구 결과에 관한 비판적 대화의 필요성도 그만큼 증가한다. 세계관이 '경성 과학'에 미치는 영향이 적을수록 실재론의 요소는 그만큼 증가하고 비판적 대화의 필요성은 감소한다. 경성 과학 분야의 연구자들 사이에 존재하는 이견은 세계관의 차이**에도 불구하고** 더 적을 것이며, 연성 과학의 연구자들 사이의 이견은 세계관의 차이 **때문에** 더 많을 것이다.

왜 그럴까? 아마도 세계관은 근본적 실재와 우주의 의미에 대한 더 근원적인 질문과 관계가 있으므로 어떤 분과가 이런 실재와 의미에 대한 질문과 더 가까울수록 그 분과의 이론화에 세계관이 영향을 미칠 가능성이 더 크기 때문일 것이다. 에밀 브루너(Emil Brunner)는 (신학의 맥락에서) 이것을 "관계 인접성의 법칙"이라고 불렀다.[75] 한 분과가 실존의 중심, 즉 신적인 것에 더 가까울수록 궁극적 헌신이 삶의 그 영역에 미치는 영향력이 더 크다는 뜻이다. 따라서 신학이 (적어도 유신론자들에게는) 일차적이며, 철학, 인문학, 예술, 사회과학이 그 뒤를 잇고, 자연과학은 그 다음이며, 수학과 과학, 논리학 등 기초적이고 상징적인 학문이 마지막에 자리를 잡고 있을 것이다. 이 분석이 설득력을 갖고 있다면, 어떤 분야의 경우 다른 분야보다 세계관의 영향력이 더 큰 이유를 이해할 수 있을 것이다. 따라서 세계관의 영향력에 대한 비판적 평가의 필요성은 분야마다 다양하다.

한 번 더 생각해 보기

엄청난 영향력을 지닌 개념인 세계관에 대해 사유하는 창의적인 방식은 그것을 기호학적으로 바라보는 것이다. 모든 인간의 삶과 문화는 개인과 집단의 의식을 장악하고 있는 특정한 기호 혹은 기호 집합의 관할권 아래에 있다. 이 내면화된 기호학적 구조는 교리나 명제의 형식을 띨 수도 있지만, 궁극적으로는 개인의 '핵심'과 일차적인 문화적 '소여'를 제공하는 세계를 해석하는 일련의 서사들로 이뤄지며 그 서사에서 유래한다. 의식적으로든, 무의식적으로든 이 이야기들은 인간의 마음속 깊이 새겨진 "잘 패인 생각의 홈"[76]을 형성한다. 따라서 여기에는 "의심할 나위 없는 진리의 고요한 공기"[77]가 담겨 있다. 그렇다면 세계관은 삶을 규정하는 인간의 다양한 실천을 형성하는 확정적인 상징적 우주를 만들어 내는 서사 기호의 기호학적 체계다. 그것은 이성의 물이 흐르는 통로를 만들어 낸다. 그것은 해석자의 관점의 지평을 확립하며, 해석자는 그 지평을 통해 모든 유형의 텍스트를 이해한다. 바로 그 심적 매개체를 통해 우리는 세계를 안다. 인간의 마음은 그것의 집이며, 그것은 인간의 마음을 위한 집을 제공한다. 결국, 이론적으로든 실천적으로든, 세계관을 이루는 서사 기호의 기호학적 체계보다 더 중요한 인간적 혹은 문화적 실재를 상상하기가 어렵다.

결론적 고찰

11

4장부터 8장까지 이미 살펴보았듯이 세계관 개념에 대한 평가가 철학적, 학제적 흐름 속에서 이어져 왔다. 더 나아가 9장에서는 다양한 개혁주의 사상가들이 '세계관'이 연상시키는 상대주의적 함의에 관해 제기한 우려에 대한 성경적, 신학적 반응을 다뤘으며, 이를 통해 이 개념을 독특하게 기독교적인 용어로 재개념화하려고 시도했다. 하지만 이 책을 마무리하면서 세계관 개념에 관해 부정적으로 또 긍정적으로 할 말이 조금 더 남아 있다. 이 장에서는 이 개념의 사용과 연관된 철학적, 신학적, 영적 위험과 유익에 대해 살펴볼 것이다. 이런 고찰은 기독교 공동체, 구체적으로는 종교개혁적 세계관을 염두에 두고 있다. 그런 다음 마지막 결론을 제시할 것이다.

세계관의 위험

어느 정도까지 세계관은 상대주의의 함의를 지닐 뿐 아니라 역설적으로 피조물과 인류, 둘 사이의 관계에 대한 역사적, 기독교적 이해와 대립하는 철저한 객관주의를 담고 있는 근대주의적 개념일까? 더 나아가, 세계관 형성, 심지어는 기독교 세계관의 형성이 하나님의 계시로서의 하나님의 말씀을 듣고 그에 반응하는 과정을 왜곡할 수도 있지 않을까? 마지막으로, 일관되며 성경에 기초한 세계관과 그에 수반되는 문화 변혁을 위한 전망이 하나님 사랑과 이웃 사랑에 근거한 모든 기독교적 활동의 최종 목적을 대체할 수 있을까? 이 세 질문은 기독교 신앙을 이해하는 수단으로서의 세계관(*Weltanschauung*)과 연관된 철학적, 신학적, 영적 위험을 드러낸다. 그런 부분을 아래에서 각각을 간략히 다루고자 한다.

철학적 위험

근대성의 맥락에서 '세계관'이란 용어는 개인이나 문화에 따라 달라지는 상대주의의 함의를 지닐 뿐 아니라, 일부 사상가들은 그것이 **실재에 대한 급진적 객관화**를 암시했다고(그리고 계속해서 암시하고 있다고) 믿었다. 예를 들어, 마르틴 하이데거는 데카르트의 기획과 근대 과학의 대두에 근거해 인간을 우주의 중심에 자리 잡고 있으며 인식하고 하나의 그림으로서 객관적으로 파악해야 할 실체인 세계를 마주하고 서 있는, 인식의 주체로 보았다고 생각한다. 그는 계몽주의를 이상적 세계의 시대로 이해했으며, 따라서 세계관 개념은 독특하게 근대적이다. 이 틀에서 자연 자체는 알려지고 재현되고 사용되고 필요에 따라 폐기될 것이다. 분명히 근대에 이뤄진 우주의 탈신성화와 세속적 인간중심주의의 대두는 인류와 우주의 중대한 재개념화를 뜻했다. 인간은 신격화되어 "존재하는 모든 것에 대한 척도를 제공하며 지침을 설계하는 그 특수한 존재"가 될 수 있는 지위를 추구했다.[1] 실재의 정점으로서 서양인들은 세계를 해석하고 원하는 대로, 특히 학문적으로 조작하기를 갈망했다. 이것은 철저한 객관주의의 탄생이었으며, 세계관(*Weltanschauung*)은 이를 상징하는 표현이었다.

이러한 근대적 사고방식의 결과로서 '세계관'은 용어 자체가 암시하듯이 실재에 대한 시각적 접근 방식을 강조했다. 하이데거처럼 월터 옹(Walter Ong)은 이 개념이 문화에 결속된 개념, 우주를 바라보아야 할 무엇으로 간주하는 기술 사회의 독특한 산물일 가능성이 크다고 생각한다. 따라서 이것은 비서양의 상황에서 더 두드러지게 사용되는 다른 감각 및 인지 능력을 무시하고 '시각'이라는 감각에만 과도하게 의존하는 것일지도 모른다고 그는 주장한다.

> 개념과 용어로서 '세계관'은 유용하지만 이따금 오해를 유발한다. 그것은 실재를 본질적으로 기를 수 있는 무엇으로 생각하며, 지식 자체를 다른 감각을 배제한 시각 활동에 빗대어 생각하는, 기술적 인간의 두드러진 경향을 반영한다. 구술 혹은 비문자 문화에서는 음성과 화성처럼 포괄적인 청각의 차원에서 실재를 이해하는 경향이 훨씬 더 강하다. 그들의 '세계'는 하나의 '관점'으로서 눈 앞에 펼쳐진 무엇이라기보다는 역동적이며 상대적으로 예측 불가능한 무엇이며, 객체-세계라기보다는 대단히 인격적이며 명백히 논쟁적인 사건-세계이고, 기술화된 인간의 인격 구조보다 덜 내면화되고 덜 유아론(唯我論)인 소리 지향적이며 전통주의적인 인격 구조를 촉진한다. 세계관 개념은 이런 문화를 이해하기 위해 필수적인 공감에 방해가 될 뿐 아니라 그 자체로서 시대에 뒤처질 수도 있다. 근대의 기술적 인간은 소리와 새로운 전자적 협약을 맺었기 때문이다.[2]

하이데거의 성찰과 옹의 비판이 설득력을 지닌다면, 계몽주의의 에토스에 매혹되어 세계관 개념을 자주 사용하는 그리스도인들은 이 용어에 여전히 남아 있을 수 있는, 소외를 야기하는 객관주의의 함의에 대해, 그리고 널리 인정되고 자주 비판을 받고 있듯이 모든 것을 바라보는 능력을 강조한다는 점에 대해 경계해야만 한다. 의심할 나위 없이 근대 전성기의 객관주의는 인간이 그분의 피조물 안에서 살아가는 하나님의 피조물로서, 우주를 성례전적으로 인식하고 사물의 본질과 통합적인, 심지어는 거룩한 연관성을 유지하는 역사적 기독교의 우주관과 상반된다. 존스(W. T. Jones)는 "아우구스티누스와 아퀴나스, 다른 중세 사상가들이 이처럼 근본적으로 비슷해 보이는 까닭은 그들이 이러한 [성례전적] 전망을 공유하기 때문이다"라고 말한다. 근대의 정신과 중세의 정신이 이토록 선명하게 구별되는 까닭은 근대인들이 이 전망을 대체로 상실하고 말았으며 그리스인들의 기본적으로 세속적인 관점을 공유하기 때문이다. 따라서 우리에게(그리고 그리스인들에게) 세계는 대체로 그것이 그렇게 보이는 바를 의미할 뿐이지만, 중세인들에게는 그 자체를 넘어서며 그보다 헤아릴 수 없을 정도로 더 나은 무엇을 의미했다."[3] 역사적 기독교의 세계관으로 우주와 인간과 우주의 관계를 해석할 때, 더 나은 이 무엇, 너머에 있는 이 무엇을 반드시 명심해야 한다. 인간과 인간, 인간과 피조물의 관계는 유신론적으로 이해한 연대와 공동체의 관계이며, 여기에서는 각 실재의 탁월성이 하나님의 영광을 반영하는 우주 안에서 그 지위를 인정받고 존중받는다. 성경에 근거한 일종의 성례전적, 인격주의적 실재론을 교회의 의식 안에 다시 삽입해, 20세기를 특징지었던 근대 과학의 부작용으로 생태계를 황폐하게 했을 뿐 아니라, 권위주의적 인간성, 정치적 전체주의, 심각한 비인간화를 초래했던 객관주의적인 정신의 습관을 대체해야 한다.[4] 사랑에 의해 특징지어지는 상호 연결된 관계의 망으로서의 실재에 대한 참된 기독교적 관점은 이처럼 매우 바람직하지 않은 경향을 역전시킬 수 있다.

더 나아가, 그리스도인들은 하나님이 주신 시각과 정신의 속성을 제대로 활용해 실재의 총체성을 풍성하고 다양하며 온전히 이해하기 위해 시각과 정신의 능력을 보완해 주는, 세계를 아는 방식을 받아들여야 한다. 이를 위해 영성 작가인 파커 팔머(Parker Palmer)는 그가 "온전한 시각"(wholesight)이라고 부른 것을 주창했다. 이것은 감각 작용과 합리성을 상상력, 직관, 공감, 감정, 특히 믿음과 같은 자주 무시되는 다른 인식의 방식들과 결합한 능력을 말한다.[5] 하나님은 인식을 위한 은총 가운데 창조된 실재의 다양한 양식을 파악하는 데 적합하며 이를 위해 사용해야 할 다양한 인식 능력을 주셨다. 이것은 적합성(adaequatio)으로 알려진 오래된 관념이다. 하나님과 인류, 우주에 관한 진리를 이해하고자 할 때 모든 능력을 잘 활용해야 하며, 그렇지 않으면 슈마허(E. F. Schumacher)가 설명하듯이 형이상학적 빈곤에 빠지게 된다.

> "인간이 자신의 외부에 있는 세계를 아는 수단은 무엇일까?"라는 물음에 대한 답은 … 이것일 수밖에 없다. "그가 가진 모든 것", 즉 살아 있는 그의 몸, 그의 정신, 자기를 의식하는 영혼. … 인간이 많은 인식 도구를 가지고 있다는 말조차 오해의 소지가 있다. 사실 **온 인간**이 하나의 도구이기 때문이다. … 적합성(adaequatio)이란 위대한 진리가 인식 도구를 제한적으로 사용할 때 실재를 협소하게 만들고 빈약하게 만드는 결과를 낳을 수밖에 없음을 우리에게 가르쳐 준다.[6]

따라서 그 의미에 걸맞게 기독교 세계관의 핵심에는 모든 형태의 인식적 근시안을 보완하며, 인간 주체와 창조된 객체를 다시 연결해 다양성과 통일성, 실재의 모든 양상의 거룩한 속성을 바르게 존중하는 공감적 관계를 이루게 하는 통전성이라는 북극성이 자리 잡고 있어야 한다.

신학적 위험

세계관, 특히 기독교 세계관 개념에 대한 카를 바르트의 반감은 유명하다. 기본적으로 철학을 거부하고 계시의 우선성을 강조하는 입장을 비롯해 다양한 이유 때문에, 그는 세계관(*Weltanschauung*)을 통해 기독교 신앙에 접근하는 것을 못마땅하게 여겼다. 그가 말했듯이, "참 하나님과 그분의 행위를 일반적 철학의 틀로는 절대로 이해할 수 없다."[7] 그는 우주의 과정에 관한 개념을 형성하는 것이 인간의 본성에 속한다는 것을 인정했지만, 세계관은 인간 의식의 주체성에 근거를 두고 있으며 "기독교적임을 가정할 때조차도 하나의 의견, 가정, 가설" 이상의 지위를 부여해서는 안 된다고 생각했다.[8] 또한 그는 세계관의 이론적 지향, 실용주의적 성격, 무오류 주장 때문에 세계관 개념에 반감을 보였다. 간단히 말해서, 그는 하나님의 자기 계시와 살아 계신 주를 만나기 위한 유일한 원천으로서의 순수한 하나님의 말씀에 대한 참된 믿음을 방해하거나 대체할 수 있는 인간의 믿음과 사상의 표현인 세계관(*Weltanschauung*)은 필요 없다고 생각했다. 그의 말에 따르면, "따라서 사람이 하나님의 말씀을 받아들일 때 그는 우주의 과정을 자기 스스로 혹은 다른 이들이 그에게 준 양식을 따라 옳음과 가치, 취향에 대한 자신의 주장과 판단에 기초해 해석할 필요가 없다. 하지만 그렇게 할 때조차도 그는 결코 오류가 없는 주의 음성을 듣고 붙잡을 수 있다."[9] 철학 자체와 세계관, 심지어는 기독교 세계관을 공식화하는 기획을 신랄하게 비판했음에도, 바르트는 아이러니하게도 자신의 교의학을 뒷받침하기 위해 철학적 대화에 참여했으며, "그 자신도 은밀하게(그리고 때로는 그다지 은밀하지 않게) 그 나름의 세계관을", 특히 실존주의 사상의 우물에서 길어 올린 세계관을 소중히 여겼다.[10] 그럼에도 그의 주장에는 타당성이 있다. 즉 비기독교적 사고 양식과 이를 수단으로 성경을 이해하려는 시도에 위험이 도사리고 있다. 교회사 전체에서 수많은 철학적 관점, 즉 플라톤주의, 아리스토텔레스주의, 합리주의, 경험주의, 과학주의, 이신론, 상식 실재론, 진화론, 관념론, 역사주의, 실존주의, 낭만주의, 현상학, 논리 실증주의, 마르크스주의, 프로이트주의, 정신분석학, 뉴에이지 범신론, 포스트모더니즘, 대중문화주의 등등의 관점에 입각해 사람들이 삶을 살고 성경을 해석해 왔음을 감안할 때, 바르트의 우려는 충분히 이해할 수 있다. 그는 성경 본문 안에서 혹은 성경 본문을 통해 순수한 하나님의 말씀을 듣는 것이 절대적으로 우선한다고 생각했다.

비록 그는 신정통주의와 위기 신학에 근거해서 이렇게 말했지만, 그의 말은 복음주의 그리스도인들에게 하나님의 말씀으로서의 성경의 중요성과 기독교 사상과 실천에서 성경의 중심성을 다시 한번 일깨워 준다. 그것은 하나님의 계시의 알파와 오메가다. 그러므로 교회는 성경으로부터 인생관을 취해야 한다. 마르틴 루터가 아마도 '오직 성경으로'(*sola Scriptura*)라는 개념을 염두에 두고 지적했듯이, "하나님의 것에 관해 말할 때 그분이 사용하신 것과 다른 방법, 다른 용어로 말하는 것보다 더 큰 위험은 없다."[11] 성경에는 하나님과 인간, 실재의 총합에 대한 독특한 전망이 들어 있어서, "참된 복음적 유신론은 미리 공식화된 철학적 관념을 하나님의 계시의 내용에 강요하는 태도에 대해 저항한다."[12] 철학이 세계관의 수립을 도울 수 있고 실제로 돕지만, 세계관의 자리를 찬탈해서는 안 된다. 성경과 성경적 세계관 사이에 완전한 일치는 절대 존재하지 않겠지만, 성경의 가르침에 의해 우주에 대한 기독교적 관점을 형성하기 위한 모든 노력을 다해야 한다. 간단히 말해서, 참된 기독교 세계관(*Weltanschauung*)은 언제나 하나님의 말씀인 성경에 의해 형성되고 다시 형성되어야 한다.

따라서 바르트의 경고를 들은 그리스도인들은 자신들이 낯선 기준과 틀에 따라 살고 있으며 성경을 그 틀 안에 끼워 맞추고 있지는 않은지 살펴야 한다. 기독교 세계관이 어느 정도까지 참으로 성경적인가? 한 사람의 신앙관이 철학적으로 오염되어 있을 가능성이 있을까? 한 그리스도인의 세계관(*Weltanschauung*)이 고전문화 혹은 현대문화, 고급문화나 중급문화, 하급문화의 세력에 흡수되어 버린 것은 아닐까? 실제로 많은 사람이 신앙과 성경의 순수성이 낯선 세계관에 의해 교묘히 오염될 수 있음을 인식하지 못해서 속고 말았다.

영적 위험

흥미진진한 소설《천국과 지옥의 이혼》(*The Great Divorce*)의 중반부에서 C. S. 루이스는 자신이 "지옥에서 휴가를 받아"(레프리게리움 [*refrigerium*]이라고 불리는) 어린 시절 자신에게 문학적 영감을 주었던 조지 맥도널드(George MacDonald)를 만난다. 맥도널드는 루이스에게 왜 천상의 낙원을 자유롭게 방문할 수 있는 유령들이 그 누구도 거기에 머무르려고 하지 않는지를 설명한다. 그 이유는 그들이 오류를 인정하고 삶에서 절대선으로 선택했던 것(애국심과 예술, 자존심, 어머니의 사랑 등)을 포기해야 하기 때문이다. 하지만 그들은 교만 때문에 이를 인정하거나 희생시킬 수가 없다. 사실 그들이 삶의 목적으로 삼았던 것은 상대적인 선이었다. 인간 유령들이 살아 있던 동안 그들은 모든 경우에 이 상대적인 선을 신으로 만들고 그것을 위해 다른 모든 것을 희생시켰다. 그리고 이제 그들은 죽음 이후 천국의 가능성마저 희생시켰다. 예를 들어, 아치볼드 경(Sir Archibald)은 "생존"을 자기 삶의 절대적 목표로 삼았다. 하지만 그런 다음 죽었고, 중간 휴식처(**레프리게리움**)에 있는 동안 천국에 있는 사람 중 그 누구도 이 문제에 더 관심을 기울이지 않는다는 것을 발견했다. 그의 삶의 결정적인 주제가 잘못되고 헛된 것으로 판명되었다. 맥도널드가 설명하듯이, "물론, 자신이 **수단을 목적으로 착각했음**을 인정하고 자신을 향해 한바탕 웃어넘기기만 했다면 다시 어린아이처럼 시작하고 기쁨으로 들어갈 수 있었을 것이다. 하지만 그는 그렇게 하지 않았다. 그는 기쁨에 전혀 관심이 없었다. 결국, 그는 떠나고 말았다."[13] 그는 잘못된 것에 우선성을 부여했지만, 교만 때문에 이를 인정하지 못했다. 그는 오만함 때문에 천국에 들어가지 못하고 계속 지옥에 남아 있었다.

불행히도 아치볼드 경을 지옥에 머무르게 했던 그의 교만은 말할 것도 없고 삶의 수단을 궁극적 목적으로 착각하는 그의 모습은 예외적이지 않다. 대단히 경건한 이들을 비롯해 많은 사람이 심지어 기독교 전통 안에서 같은 실수를 저지를 수 있다. 사람들은 자신의 행동이 가려는 최종 목적지에서 빗나가고 만다. 《천국과 지옥의 이혼》에서는 맥도널드의 설득력 있는 통찰이 이어진다.

> 하나님의 존재를 증명하는 데 너무나도 관심이 커져서 … 마치 선하신 주께서 **존재**하는 것 말고는 아무것도 하지 않으시는 것처럼 … 정작 하나님에 대해서는 아무런 관심도 두지 않게 된 사람들이 있었다! 기독교를 전파하는 데 너무나도 몰두해서 그리스도에 대해서는 전혀 생각도 하지 않는 사람들도 있었다. 이런! 더 사소한 문제에 몰두하는 사람들도 있다. 초판과 저자 서명본을 모으는 데 열을 올리다가 정작 책 읽는 법을 잊어버린 애서가를 알지 못하는가? 혹은 가난한 이들에 대한 사랑을 잃어버린 자선 단체 조직가를 알지 못하는가? 이것은 모든 덫 중에서 가장 교묘한 덫이다.[14]

이런 종류의 전도된 강조, 즉 수단과 목적을 바꾸는 태도가 기독교 세계관 개념과 연관된 영적 위험의 핵심에 자리 잡고 있다. 종교철학자나 복음전도자가 하나님이나 예수보다 자신들의 증거나 설교에 더 흥분할 수 있는 것처럼, 성경을 사랑하는 이들과 자선가들이 성경 읽기나 가난한 이들보다 성경책 모으기와 자신들의 대의에 더 열정적일 수 있는 것처럼, 기독교 세계관 옹호자들이 문화적, 변증론적 잠재력을 지닌 성경적 체계에 지나치게 열정을 쏟다가 그 뒤에 서 계신 하나님을 잊어버릴 수도 있다. 기독교 세계관(*Weltanschauung*)을 만들고 보급하는 일을 하나님과의 올바른 관계로 착각하거나 그분과의 관계를 대신으로 삼는 것은 중대한 실수다. 이 둘이 효과적으로 결합해 하나님과의 관계가 올바른 세계관을 촉진하고, 올바른 세계관을 통해 그분과의 관계가 깊어진다면 좋을 것이다. 하지만 세계관 형성 과정을 기독교 사역의 수단으로 절대화해 그것 자체를 목적으로 변형해 하나의 지적, 영적 우상으로 삼기가 쉽다. 그러나 다른 모든 인간의 활동처럼, 성경적 세계관을 개발하고 효과적으로 적용하고자 하는 활동은 교회가 하나님과 이웃을 더 효과적으로 사랑하고자 하는 궁극적 목적을 성취하는 또 하나의 수단으로 여겨야 한다(참고. 마 22:37~40; 딤전 1:5). 바르게 질서 잡힌 하나님과 인간에 대한 사랑이 성경적 세계관의 개발을 비롯해 우리가 하는 모든 행동의 궁극적 결과물이 되어야 한다. 그러므로 기독교 세계관(*Weltanschauung*)의 지식과 지혜가 깊어지는 것은 참된 영성과 진정한 거룩함에 이르는 또 하나의 중요한 수단이다. 아우구스티누스의 어리고 조숙한 아들 아데오다투스(Adeodatus)가 《교사론》(*The Teacher*)에서 말하듯이, "그분의 도움으로 배움에 정진할수록 나는 그분을 더욱 열심히 사랑하게 될 것이다."[15]

이런 맥락에서 그레고리 클락(Gregory Clark)은 복음주의권에서 세계관이라는 근대적 사상을 강조한 결과 불행히도 더 본질적인 신념을 놓치고 말았다고 생각한다. "회심의 본질: 세계관 철학의 수사는 어떻게 복음주의자들을 배신하는가"(The Nature of Conversion: How the Rhetoric of

Worldview Philosophy Can Betray Evangelicals)라는 글에서 클락은 성경 외적이며 이질적인 준거틀인 이 개념을 사용할 때, 기독교 신앙의 본질적 요소를 왜곡하고 이를 대안적 형태의 영성으로 대체하는 결과를 낳지 않는지 묻는다. 그는 다른 세계관들 사이에서 기독교의 합리적 우월성을 입증함으로써 순진한 교조주의와 몽매한 신앙주의를 종식한다면, 이 개념의 사용은 칭찬받을 만한 일이라고 말한다. 그러나 독일 관념론에 근거를 둔 세계관(*Weltanschauung*)은 특히 기독교 회심의 본질에 대한 이해에 있어서 신앙을 심각하게 망가뜨릴 수도 있다. 예를 들어, 정경의 복음서에서는 예수 그리스도의 인격이 구원 과정의 핵심이라고 분명히 말한다. 그러나 그가 보기에 세계관 철학은 이 문제에서 예수의 자리를 찬탈하고, 적합한 신념 체계를 조사하고 선택하는 활동으로 그분을 대체한다. 다시 말해서, 세계관은 규범의 역할을 하는 일군의 논리적 명제로 인격적 구원자를 대체하려고 한다.

> 세계관 철학은 이를 실천하는 이들이 신앙주의와 순진함을 탈피하게 하지만, 성경은 우리가 죽음과 어둠, 불신앙, 거짓으로부터 건져 내신 그분을 향하게 한다. 그리스도를 따르는 이들은 다른 세계관이 아니라 이러한 영적 세력에 반대한다. 기독교 회심의 핵심에는 십자가에 달려 죽으시고 부활하신 예수, 우리가 더불어 죽는 바로 그분, 우리 부활의 보증이 되신 그분과의 만남이 자리 잡고 있다. 세계관 철학에서 회심은 세계관 극장으로 들어가는 입장권을 얻는 것으로 귀결된다. 한 사람이 예수께로 회심할 때, 그는 지옥문을 파괴하신 그분보다 더 실재적인 것은 없음을 깨닫지만, 세계관 철학에서는 자신의 세계관과 실재 사이의 거리를 예리하게 자각한다. 예수와의 접촉은 예배하고 싶은 마음을 불러일으키며, 우리가 하나님의 마음에 접근할 수 있게 하고, 우

리에게 순교를 견딜 수 있을 정도의 확신을 준다. 반면에 세계관 철학은 우리를 교조주의에서 꺼내 주기는 하지만 회의주의로 향하는 경향을 띤다. 따라서 기독교 안에서의 회심은 세계관 철학 안에서의 회심과 전혀 다르다.[16]

클락의 주장은 다소 과장되었으며 양자택일의 오류를 드러낼지도 모른다. 하지만 그의 주장에는 타당성이 있다. 세계관의 형태로 일관된 경향의 성경적 명제를 만드는 것과 연관된 영성은 진리이신 예수 그리스도(요 14:6)의 인격 및 사역과 연관된 영성의 유효한 대체물이 결코 아니라고 그는 주장한다. 진리는 인격적이며, 그분을 계시하는 성경적 명제가 있다. 그러나 그런 명제들을 일관되게 조직하는 데 너무 집중한 나머지, 그 명제들이 나타내는 인격적인 하나님을 무시하는 것은 잘못이다. 아무리 체계적이며 성경적인 세계관(*Weltanschauung*)이라도 진리의 우선성과 아가페 사랑이라는 궁극적 목적을 찬탈해서는 안 된다.

세계관의 유익

이런 위험에 더해, 다음의 세 가지 물음은 기독교 신앙의 내용에 세계관의 옷을 입힐 때 어떤 철학적, 신학적, 영적 유익이 있는지에 관한 성찰을 촉발한다. 첫째, 어떻게 모든 신념 체계의 가치를 시험하는 데 사용된 세 기준이 성경에 기초한 세계관의 철학적 통일성과 우월한 신뢰성을 논증할 수 있는가? 다음으로, 어떤 점에서 세계관 개념은 삶에 대한 성경적 해석의 핵심에 자리 잡고 있는 근본적 교리의 모든 것을 포괄적으로 이해하는 데 도움이 되는 개념적 공간을 제공하는가? 마지막으로, 어떤 점에서 세계관에 입각해 이해한 기독교는 개인과 문화의 변혁을 일구는 데 독보적인 효과를 나타낼 수 있는가? 지금부터 이 문제를 간략히 다룰 것이다.

철학적 유익

처음부터 많은 세계관 사상가들의 궁극적 관심사는, 철학자들이 고안하고 모든 신념의 관계망(종교적, 철학적, 정치적)에 적용하는 진리에 대한 표준적 시험을 기독교가 유일하게 충족시킬 수 있음을 보여 주는 것이었다. 기독교 신앙의 지적 정합성과 경험적, 초경험적 포괄성, 실천 가능성을 가장 탁월한 방식으로 드러내고자 하는 바람이 있었다. 특히 계몽주의 이후 위대한 비기독교적 사상 체계들은 진리를 주장하고 문화적 지배를 추구하면서 하나의 체계화된 총체임을 자랑하는, 인간 경험의 총체성에 대한 관점을 제공해 왔다. 교회가 똑같이 인상적인 인생관으로 교회의 지적, 영적 경쟁자들에 맞설 수 없었다면, 어떻게 사물에 대한 자신의 관점을 확신하고, 극심한 열등감에 굴복하는 것을 피할 수 있었을까? 교회가 그저 특수한 교리에 대한 변호에만 의존하고, 기독교를 일관되며 모든 것을 아우르고 실용적인 삶의 체계로 제시하지 못했다면, 어떻게 격렬한 문화와 변증 전쟁에서 승리의 소망을 지닐 수 있었을까?

거대한 규모의 기독교 해석을 제시하고자 하는 모든 시도에는 역사적 선례가 분명히 존재한다. 아우구스티누스의 《하나님의 도성》과 토마스의 《신학 대전》, 칼뱅의 《기독교 강요》가 이런 활동의 선구자였다. 이 책들은 상상할 수 있는 모든 점에서 기독교 신앙의 위엄과 영광을 논증한 대가들의 걸작이다. 그러므로 19세기 말 제임스 오어가 기독교에 대한 공격이 전면적 세계관의 힘에서 시작되었으므로 기독교를 하나의 일관된 총체로 제시하는 포괄적 방법을 통해 기독교를 설명하고 방어해야 한다고 주장했을 때, 그는 굳건한 토대 위에 서 있었다.[17] 마찬가지로 아브라함 카이퍼는 근대에 기독교가 "모든 것을 아우르는 삶-체계의 거대한 에너지"의 공격을 받고 있으며, 예수 그리스도의 교회는 "똑같이 포괄적이며 광범위한 힘을 지닌 삶-체계"를 통해 그에 맞서야 한다고 생각했다.[18] 이 싸움에 실재에 대한 정의 자체가 걸려 있으므로, 그는 그리스도인들에게 그 당시의 포괄적 신념 체계와 맞서 **"똑같이 명료하게 만들어지고, 똑같이 논리적 일관성으로 반짝거리는 당신 자신의 원리에 굳건히 기초한 당신 자신의 인생관과 세계관"**을 제시하라고 권고했다.[19]

그러므로 오어와 카이퍼, 다른 이들이 권하는 대로 기독교를 총체적 세계관(*Weltanschauung*)으로 이해할 때, 앞에서 언급한 세 가지 철학적 시험은 이것이 지적, 경험적, 실존적으로 최상의 자질을 갖추고 있음을 입증한다. 기독교는 삼위일체와 위격의 연합, 하나님의 주권과 인간의 책임이라는 신비와 같은 초합리적 문제를 비롯해, 놀라운 내적 일관성을 갖추고 있다. 또한, 하나님과 천사, 인간, 동물의 영역, 자연의 영역을 비롯해 존재하는 실재 전부에 대한 설득력 있는 설명을 제공할 수 있다. 그리고 신실하게 순종할 때 주관적으로 만족스러우며, 사적으로도 공적으로도 대단히 효과적인 삶의 방식을 제공한다.

따라서 철학적으로 정교한 하나님 중심적인 기독교 세계관 개념은 그리스도인들이 순진한 신앙주의, 반지성주의의 스캔들, 문화적 반계몽을 벗어날 수 있게 해준다. 또한, 그들에게 하나님의 더 큰 이야기라는 일관된 그림 안에서 인지적 확신과 변증 전략, 문화적 적실성, 삶을 위한 건전하고 영적인 토대를 제공한다.[20]

신학적 유익

다양한 이유 때문에, 아마도 단편적으로 성경을 읽는 태도, 구약과 신약을 신학적으로 연결하는 능력의 결핍, 삶을 성속으로 철저히 분리하는 파괴적인 이원론으로 오늘날 평범한 그리스도인들의 성경 이해는 극단적인 형태의 환원론에 치우치는 경향이 있다. 너무나도 많은 복음주의 그리스도인들이 성경 전체의 이야기와 이를 이루는 구성요소를 이해하지 못하고 있다. 성경의 더 폭넓은 지평에 대한 이해는 매우 소중하다. 그런데 이런 이해를 가진 그리스도인들은 드물다. 예를 들어, 창조는 진화론에 맞서 방어해야 할 교리일 뿐이며, 죄는 사람들에게만 영향을 미치고, 구속은 인간 영혼에만 적용된다고 생각한다. 믿음에 관해서 많은 선량한 성도들은 제한된 시각에서 교회관이나 성경관, 교리관, 목회관, 영성관, 종교관, 신관으로 이해할 뿐 포괄적이며 모든 것을 아우르는 통전적인 세계관과 인생관으로 이해하지는 않는다.[21]

그러나 세계관 개념은 신비롭게도 성경을 보는 시야를 열어서 그리스도인들이 어항처럼 작은 기독교를 벗어나 대양처럼 드넓은 신앙관을 가질 수 있게 해준다. 그것은 그리스도인들을 속박하고 교회의 사역을 훼방하는 인지적 눈가리개를 제거하고 영적 사슬을 끊어서 그들을 해방시킨다. 아마도 두 단어로 이뤄진 이 복합어의 첫 단어에 강조점을 두는 '세계관'이라는 말 자체를 통해 그런 힘을 설명할 수 있을 것이다. 세계관은 익숙한 신앙의 교리를 새롭고 우주적인 맥락 안에 배치하고 그것을 개방해 그 포괄적 범위와 더 심층적 의미, 영적 힘이 분출되게 한다. 물론 이 범위와 의미, 힘은 이러한 성경적 교리 자체에 담겨 있다. 그런데 세계관이 제공하는 틀을 통해 참 빛 안에서 더 명확히 드러난다. 따라서 그리스도인이 모든 것을 아우르는 창조 교리의 의미를 깨달을 때, 창조된 실존의 모든 영역에 죄가 근원적인 영향을 미친다는 것을 인식할 때, 주 예수 그리스도를 우주를 창조하고 만물을 구속하시는 분으로 이해할 때, 단편적인 교리들이 결합되어 하나의 총체성을 이루고, 구약과 신약이 서사적으로 연결되며, 이원론의 위험이 단번에 파괴될 수 있다. 세계관은 통일되고 일관되며 통전적인 큰 그림에 초점을 맞추는 성경적 기독교 이해를 위한 촉매제 역할을 한다. 신앙을 이런 식으로 이해할 때 역사적인 성경적 신앙의 참된 본질에 근거한 참신한 전망과 가능성이 열린다. 세계관 개념의 도움을 받아 기독교는 우주 전체에 대한 심오한 신학적 전망으로서 그 진가를 발휘한다.

영적 유익

아마도 이것은 여러 요인(그것의 성경적 통전성과 지적 정합성, 경험적, 초경험적 포괄성, 해석하는 능력, 실천적 성격)이 결합된 결과일 테지만 세계관에 입각해 이해한 기독교는 그리스도인의 삶에서 인격을 변화시키고 긍정적인 영적 변화를 이루는 놀라운 힘을 지닌 것처럼 보인다. 그리고 세계관은 이렇게 변화된 그리스도인들을 통해 교회에서, 또한 더 광범위한 문화 안에서 변혁과 변화를 촉진할 놀라운 잠재력을 지닌다. 이것이 세계관의 주된 영적 유익이다. 그것이 무엇이든 변혁과 변화가 일어난다면 이는 구속된 사람들의 삶 속에서 일하시는 성령의 능력으로 만들어진 하나님의 은혜로운 사역이다. 구체적으로 설명하기는 매우 까다롭다. 그런데 그것은 일반적으로 하나님의 형상(*imago Dei*)으로서의 인간을 포괄적으로 회복시키고 성경의 진리와 관점으로 그들의 마음을 본질적으로 다시 빚어 내는 일과 관계가 있다. 그것은 삼위일체 하나님에 대한 확장된 이해로부터 출발한다. 삼위일체 하나님의 존재와 본질, 주권이 우주를 설명하고 통합하는 원리를 이룬다. 여기에는 피조물의 순전한 선함, 인간을 위한 하나님의 목적, 타락이라는 재앙, 새로운 창조의 주체이신 주 예수 그리스도의 인격과 사역에서 절정에 이르는 구속사로 이뤄진 성경의 전반적인 서사 유형에 대한 인식이 포함된다. 이처럼 더 폭넓은 성경 이야기는 구약과 신약을 연결하며, 성경 신학에 통일성을 부여하고, 구체적인 기독교 교리와 실천에 대한 배경을 제시하며, 그리스도인들이 자신의 정체성을 확립하고 자신의 삶을 이해하고 세계 안에서 자신의 위치를 발견할 수 있는 서사적 맥락을 제공한다. 여기에는 근본적 영성과 독특한 인지 능력, 피조물의 청지기가 되어 인간을 위한 축복과 하나님의 영광을 위해 피조물을 가꾸라는 독특한 문화적 소명을 지닌, 하나님의 형상과 모양으로 창조된 인간의 존엄성에 대한 이해에 기초한 심오한 기독교 인본주의도 포함된다. 이 이야기는 수많은 해로운 이원론과 환원론을 깨뜨리고, 시간과 영원, 몸과 영혼, 신앙과 이성, 성과 속, 하늘과 땅을 바르게 통합하는 성경에 근거한 통전성으로 이를 대체하며, 이로써 내적인 심리적 일관성, 영적 자유, 피조물로 인해 기뻐하며 삶의 총체성을 누릴 수 있는 능력을 갖추게 해준다. 그것은 인간의 마음에 뿌리를 내린 암묵적 혹은 명시적 신앙의 헌신에 기초한 삶의 전제적 토대가 존재함을 깨닫게 한다. 이런 전제는 개인적, 공동체적으로 모든 형태의 인간 삶을 위한 출발점 역할을 하며, 사람들이 이 세계 안에서 생각하고 말하고 행동하는 방식을 만들어 낸다. 이런 주제들이 성경적 세계관의 핵심에 자리 잡고 있으며, 의미 있는 개인적, 교회적, 문화적 변혁을 위한 토대를 이룬다.

많은 그리스도인, 특히 내가 알고 있는 학생들이 성경적 세계관을 만난 후 그들의 삶이 어떻게 바뀌었는지를 증언한다는 사실은 전혀 놀랍지 않다. 크리스털은 성경적 세계관을 통해 그리스도인의 참된 자유를 이해하고 온전히 살아 있는 인간이 되는 자유를 누리게 되었다. 앤지에게 대학에서 발견한 가장 중요한 것은 바로 성경적 세계관이다. 켄드라는 이를 통해 삶에 대한 통전적 관점을 갖게 되었다. 맷에게 이것은 하나님과 다른 사람들에 대한 더 깊은 사랑을 뜻한다. 그는 이를 통해 하나님께 영광을 돌리는 모든 직업의 가치를 깨닫게 되었으며 그리스도인으로 사회에 참여하라는 도전을 인식하게 되었다. 레이첼은 세계관이 진리를 이해하는 틀이며 이를 통해 문화를 새롭게 하고 자신의 믿음을 나누고 인간으로서 풍성한 삶을 살 수 있음을 알게 되었다. 데이스프링에게 이것은 모든 실재에 대한 준거점과 세계에 관한 명확한 시각을 제공해 주었다. 케빈은 이를 통해 구속의 놀라운 범위를 새롭게 이해하게 되었다. 제니퍼는 세계관 덕분에 이원론을 극복하고 학문을 깊이 사랑할 수 있게 되었다. 요약하자면, 이들은 그들의 마음을 새롭게 하고 새로운 종류의 기독교 지성을 형성하는 성경적 세계관과의 만남을 통해 중요한 영적 변화를 경험했다.

따라서 세계관 개념을 평가해 보면, 이런 방식으로 기독교 신앙에 접근할 때 위험과 유익이 모두 존재한다. 실재를 객관화하고, 성경 안에 있는 하나님의 목소리를 희미하게 만들고, 하나님 사랑과 이웃 사랑보다 세계관 형성을 더 중시하는 태도는 기독교 세계관(*Weltanschauung*) 사상과 연관된 위험이다. 반대로, 그것이 지닌 철학적 역량, 신학적 너비, 영적 힘 때문에 세계관 개념은 성경적 종교의 본질을 명확히 진술하는 데 도움을 주는 장치가 될 수 있다. 각각의 그리스도인과 교회 전체는 이런 위험과 유익을 인식하고 통찰과 지혜를 가지고 기독교 세계관 형성이라는 과업을 추구해야 한다.

글을 마치면서

지금까지 개신교 복음주의와 로마 가톨릭, 동방 정교회 안에서 세계관의 역할에 대해, 이 개념의 방대한 문헌학적, 철학적 역사에 대해, 자연과학과 사회과학에서 이 개념의 두드러진 사용에 대해, 이 개념의 신학적 유용성에 대해, 서사 기호의 기호학적 체계로서 이성과 해석학, 인식론에 미치는 영향에 대해 살펴보았다. 이 모든 논의는 세 가지 단순한 결론으로 귀결된다. 첫째, 세계관은 근대 사상과 기독교 사상에서 특별한 역할을 해왔다. 둘째, 이것은 최근의 핵심적인 지적 관념 중 하나다. 셋째, 이것은 최종적이지는 않더라도 대단히 중요한 인간적, 문화적, 기독교적 의미를 지닌 개념이다. 사실 이 세 번째 결론이 앞의 두 결론을 설명해 준다. 체스터턴(G. K. Chesterton)이 말했듯이, "한 사람에 관해 가장 실질적이며 중요한 요소는 여전히 그의 우주관이다." 계속해서 그는 이렇게 말했다. "우리는 '우주에 대한 이론이 중요한가?'라고 묻기보다는 '다른 어떤 것이 중요한가?'라고 물어야 한다고 생각한다."[22] 무엇이 한 개인이나 한 가정, 한 공동체, 한 나라, 한 문화 전체가 실재를 개념화하는 방식보다 더 중요하거나 영향력이 클 수 있겠는가? 인간 의식의 형태와 내용과 사물의 본질에 대한 그것의 일차적 해석보다 더 심오하거나 강력한 것이 있을까? 인간 삶과 실존의 가장 심층적인 질문에 관해, 한 사람의 본질적 세계관(*Weltanschauung*)이 제공하는 대답의 최종적 함의를 능가하는 것이 있을까? 하나님이 설계하신 인간 본성 때문에 모든 사람은 날 때부터 종교를 추구하며 삶의 비밀을 이해하고자 하는, 만족할 줄 모르는 욕망을 지니고 있다. 우리는 우주의 수수께끼를 풀고자 하는 굶주림과 갈증을 가지고 있다. 아니, 이 욕망은 불처럼 활활 타오르고 있다. 인간이 처한 상황의 알파와 오메가를 이해함으로써 쉼을 얻고자 하는 열망이 마음속 한가운데 자리 잡고 있다. 매튜 아놀드의 시 "감춰진 삶"의 시구보다 이런 갈망을 더 효과적으로 표현한 글은 없다.

> 하지만 종종 세상의 가장 번화한 거리에서
> 소란한 싸움 속에서
> 우리의 감춰진 삶을 알고 싶어하는
> 형언할 수 없는 욕망이 솟구친다.
> 우리의 불같은 열정을 쏟아부어
> 우리의 참된 근원적 경로를 추적하고 싶은 갈증,
> 우리 삶이 어디에서 왔고
> 어디로 가는지를 알기 위해
> 우리 안에 이토록 사납게, 이토록 깊은 곳에서
> 요동치는 이 마음의 신비를
> 탐구하고자 하는 갈망이 솟구친다.[23]

마음의 신비는 그 마음이 품은 세계관(*Weltanschauung*)의 신비다. 세계관(*Weltanschauung*)의 신비는 마음의 신비다. 마음에 묶인 세계관과 세계관에 묶인 마음은 삶이 오고 가는 방식을 결정하는 내재된 힘의 근원이다. 그것이 시간과 영원을 결정한다. 그러므로 솔로몬이 이런 귀한 충고를 할 만한 합당한 이유가 있었다.

모든 지킬 만한 것 중에 더욱 네 마음을 지키라

생명의 근원이 이에서 남이니라. (잠 4:23)

에필로그

C. S. 루이스의 《새벽 출정호의 항해》 속 유스터스

《새벽 출정호의 항해》[1]에서 가장 기억에 남을 만한 일화 중 하나는 인간의 마음이 삶의 방향을 결정하며 마음이 변화되어야만 한다는 사실을 생생하게 보여 준다. 이 이야기에는 에드먼드(Edmund)와 루시(Lucy)의 무뚝뚝한 사촌인 유스터스 클래런스 스크러브(Eustace Clarence Scrubb)가 등장한다. 유스터스는 진취적인 사고를 지닌 부모에 의해 진보적인 학교에서 교육을 받았지만, 불행히도 "제대로 된 책은 한 권도 읽지" 않았다(69쪽). 세 아이는 루이의 침실에 걸려 있는 바이킹의 배처럼 보이는 배 그림을 통해 순식간에 나니아로 들어간다. 그들은 곧 캐스피언 왕과 함께 새벽 출정호에 타고 있음을 깨닫는다. 캐스피언 왕은 왕위를 찬탈했던 미라즈(Miraz)가 나니아의 동쪽 해안 너머 땅을 탐험하라고 보냈던 나니아의 일곱 영주를 찾아 나선 상태였다. 역시 배에 타고 있던 작지만 용맹한 쥐 리피치프(Reepicheep)는 해가 뜨는 땅을 향해 가는 이번 여정에서 아슬란의 나라를 찾기를 바랐다. 하지만 유스터스는 이 모든 경험을 불쾌하게 생각했으며, 동료들, 특히 이 대담한 설치류와 사이좋게 지내지 못했다. 전반적으로 유스터스는 "정말로 성가신 존재"였으며(85쪽), 심지어 "심술꾸러기"였다(91쪽).

한 섬에서 제멋대로인 유스터스는 무리를 이탈해 혼자 모험을 하던 중 예상치도 못하게 불을 내뿜는 용의 죽음을 목격한다. 비가 억수로 쏟아지자 유스터스는 비를 피하기 위해 비어 있던 그 용의 굴로 들어갔다. 들어가자마자 그는 글을 아는 사람이라면 누구나 용의 동굴 안에 있을 것이라고 기대하는 바로 그것, 보물을 발견했다. 거기에는 "왕관과 … 금화, 금반지, 금팔찌, 금괴, 금잔, 금접시, 그리고 아름다운 보석들"이 있었다(71쪽). 유스터스는 금세 탐욕에 사로잡혔다. 이 보물을 차지한다면 이제 막 발견한 이 신세계에서 부자가 될 수 있을 것이기 때문이다. 왼쪽 팔꿈치에 금팔찌를 찬 유스터스는 깊은 잠에 빠졌다. 여행 때문에 꽤나 지쳐 있었기 때문이다. 팔찌를 찬 부분의 심한 통증 때문에 잠에서 깨어난 유스터스는 이윽고 자신이 "잠을 자는 동안 용으로 변했음"을 깨달았다. "탐욕스러운 용과 같은 생각을 품고 용이 모아 둔 보물 위에서 자다가 자신도 그만 용이 되고 말았다"(75쪽). 그는 자신의 마음속에 있는 바로 그것이 그의 외면이 되었다. "하지만 이런 생각을 하는 순간 자신이 그렇게 하고 싶어 하지 않는다는 사실을 깨달았다. 그는 친구가 되고 싶었다. 사람들한테로 돌아가 이야기하고 웃고 그들과 나누고 싶었다. 자신이 인류 전체한테서 떨어져 나온 괴물이라는 것을 깨닫자 오싹한 외로움에 휩싸였다. 그는 다른 사람들이 결코 악마가 아니라는 것을 깨닫기 시작했다. 항상 상상한 것처럼 자신이 그렇게 좋은 사람이었던가 하는 의문이 생겨났다. 유스터스는 그들의 목소리가 너무나 그리웠다. 이제는 리피치프가 하는 친절한 말 한마디만 들어도 더없이 고마울 것만 같았다"(75~76쪽).

어디에선가 사자 한 마리가 유스터스에게 나타나 그를 산꼭대기 정원으로 데려갔다. 거기에는 맑은 물이 있는 우물이 하나 있었고, 그는 이 물을 마시면 금팔찌를 한 앞발의 통증이 사라질 것으로 생각했다. 하지만 사자는 그에게 먼저 옷을 벗어야 한다고 말했다. 아마도 비늘로 된

용의 피부를 제거하라는 말이었을 것이다. 그는 세 번이나 비늘로 된 용의 피부를 벗으려고 했지만 실패하고 말았다. 그러자 사자는 자신이 그 옷을 벗겨야 한다고 말했다. 유스터스는 사자의 거대한 발톱이 두려웠지만, 등을 바닥에 대고 가만히 누워 사자가 마음대로 하게 내버려 두었다. 그는 자신의 변신 과정을 이렇게 묘사한다. "처음 그의 발톱이 너무 깊이 파고들어서 나는 내 심장까지 파고드는 줄 알았어. 그리고 피부를 벗기기 시작했을 때는 지금까지 한 번도 느껴보지 못했을 정도로 아팠어. … 그렇게 사자는 그 징그러운 껍데기를 단번에 벗겨 냈어. 세 번 껍데기를 벗기려고 했을 때 나는 혼자서 할 수 있을 거라 생각했는데 말이야. 내가 할 땐 아프지 않았지. 그리고 풀 위에는 다른 껍데기보다 훨씬 더 두껍고 더 어둡고 더 울퉁불퉁한 껍데기가 널려 있었어. 그리고 나는 껍데기를 벗겨 낸 어린 가지처럼 매끈하고 부드러웠고 전보다 더 작아져 있었어"(90쪽).

그렇게 용의 껍데기를 벗긴 다음 사자는 유스터스를 물에 집어넣었고, 그러자 팔의 통증도 사라져 버렸다. 그런 다음 사자는 그에게 새 옷을 입혀 주었다. 유스터스는 "용의 모습을 벗고"(un-dragoned, 91쪽) 다시 소년으로 돌아왔다! 그는 전에 했던 자신의 행동에 대해 사과해야 한다고 느꼈다. 회복된 유스터스가 진영에 있는 동료들에게 돌아왔을 때 모두 그의 귀환을 "크게 기뻐했다"(92쪽). 유스터스는 애초에 그를 곤경에 빠뜨렸던 보물을 잃어버렸지만, 다시 돌아가 더 많이 얻겠다는 마음이 전혀 들지 않았다. 그는 변화되었다. "'그 후로 유스터스는 다른 아이가 되었다.' 아주 정확히 말하면, 그는 다른 아이가 되기 시작했다. 다시 예전의 모습으로 돌아갈 때도 있었다. 앞으로도 성가시게 굴 때가 있을 터였다. 하지만 그런 모습 대부분은 내가 눈치채지 못할 것이다. 치유는 이미 시작되었다"(93쪽).

에드먼드의 말이 유스터스에게 일어난 일을 가장 잘 설명해 준다. "내 생각엔 네가 아슬란을 만난 것 같아"(91쪽). 정말로 유스터스는 그분을 만났다. 구속하시는 사자의 발톱이 그의 마음속을 파고들어 그런 변화를 이끌어 냈기 때문이다. 유스터스는 혼자서 해 보려고 했지만 스스로 새로워질 수 없었다. 그에게는 그분의 은총과 능력으로 그 일을 하실 사자가 필요했으며, 그분은 순전한 찬양을 받기에 합당한 그 일을 하셨다!

부록

복음주의적 세계관에 기여한 연구 문헌 소개

제임스 올타이스

브라이언 왈쉬와 리처드 미들턴

알버트 월터스

아더 홈즈

제임스 사이어

찰스 콜슨과 낸시 피어시

제임스 올타이스

James Olthuis, "On Worldviews," *Christian Scholars Review* 14 (1985): 153~164. 이 논문은 *Stained Glass: Worldviews and Social Science*, ed. Paul A. Marshall, Sander Griffioen, and Richard J. Mouw, Christian Studies Today (Lanham, Md.: University Press of America, 1989), pp. 26~40에 같은 제목으로 게재되기도 했다. 인용문은 이 책을 따른다.

이 논문에서 제임스 올타이스는 세계관의 원천과 구조, 기능에 대해 논하며 아브라함 카이퍼와 그의 후예들을 연상시키는 방식으로 이 개념을 정의한다.

세계관(혹은 삶에 대한 전망)은 그것을 통해 우리가 세계와 그 안에서 우리의 소명과 미래를 바라보는 근본 신념들의 틀 혹은 집합이다. 이 전망이 완벽히 진술될 필요는 없다. 그것은 철저히 내면화되어 거의 의심을 받지 않을 수도 있다. 체계적인 삶에 대한 관념으로 명시적으로 발전되지 않을 수도 있다. 철학이 될 정도로 이론이 심화되지 않을 수도 있다. 교리의 형식으로 성문화되지 않을 수도 있다. 문화적, 역사적 발전을 통해 대단히 정교해질 수도 있다. 그럼에도 이 전망은 삶에 방향과 의미를 부여하는 궁극적 신념을 위한 통로다. 그것은 질서와 무질서를 판단하는 통합적, 해석적 틀이다. 실재를 관리하고 추구하는 기준이다. 우리의 일상적 생각과 행동을 좌우하는 일군의 중심점들이다(29쪽).

올타이스는 세계관은 기술(記述)적 기능과 규범적 기능을 모두 수행하며, 믿음으로부터 생겨나고 경험에 의해 형성된다고 주장한다. 그는 정서적 건강과 사회적 지위가 좋든 나쁘든 어떤 종류의 세계관을 채택하는가에 깊이 영향을 미친다고 주장한다. 그는 사람들이 경험하는 세계관의 신념들과 실재 사이의 간격이 벌어져서 한계점에 이르게 될 때 발생하는 "세계관의 위기"를 분석한다. 그는 세계관은 언제나 발전하는 중이고 수정과 개선에 대해 열려 있어야 한다고 주장한다. 마지막으로 그는 세계관과 실천 사이의 연관성을 지적하며, 신앙과 삶을 통합시키는 세계관은 다음의 책무를 완수한다고 주장한다.

- 고백된 궁극적 확실성을 삶의 기초로 삼게 한다.
- 삶을 보편적인 실존의 질서와 연결한다.
- 삶 전체를 위한 해석적, 통합적 틀의 역할을 한다.
- 결합하며 동기를 부여하고 두루 영향력을 미치는 '지성'으로서 신봉자들을 공동체와 결속시킨다.
- 상징으로 표현된다.
- 개인의 정체성을 형성하는 데 필수적이다.
- 깊은 만족감, 내면적 기쁨, 평화 등 깊이 간직한 정서적 태도와 분위기를 환기하고 야기한다.
- 지적 동의와 깊은 개념적 성찰을 유도한다.
- 그것을 위한 희생을 공인한다.
- 그것이 흔들릴 때 그것을 신봉하는 사람은 그 중심까지 흔들린다.
- 삶의 방식 안에 성육신을 유도하고 초대한다(38쪽).

이 개관을 통해 두 기본적 사상을 지적할 수 있다. 첫째, 올타이스는 일차적으로 암묵적 차원에서 '세계관'을 정의하지만, 동시에 세계관이 이론적으로 굳어져서 명시적인 것이 될 가능성도 인정한다. 둘째, 세계관은 인간 경험에서 무소불위인 것처럼 보인다. 만약 세계관이 올타이스가 말하는 모든 것을 성취한다면, 그 영향력과 힘은 다른 경쟁하는 영향력과 견줄 수 없을 정도로 커 보인다.

브라이언 왈쉬와 리처드 미들턴

Brian Walsh and J. Richard Middleton, *The Transforming Vision: Shaping a Christian Worldview*, foreword by Nicholas Wolterstorff (Downers Grove, Ill.: InterVarsity, 1984). _《그리스도인의 비전: 기독교 세계관과 문화 변혁》(IVP 역간).

1984년에 출간된 이 대중적인 책은 크게 네 부분으로 나뉜다. 첫 부분에서는 세계관의 본질과 그것이 문화적으로 어떻게 구현되는지를 설명한다. 두 번째 부분에서는 기독교 세계관을 해설하는데, 저자들은 그것이 성경의 세 가지 근본 주제, 즉 창조 교리, 죄에 빠진 인류의 타락, 그리스도의 구속을 통한 변혁에 대한 진술로 이뤄진다고 믿는다. 이 세 가지 성경적 주제가 모든 세계관의 핵심에 자리 잡고 있는 세계관과 관련된 네 개의 근본 질문에 대해 답한다. "(1) **나는 누구인가? 즉 인간의 본질과 책무, 목적이 무엇인가?** (2) **나는 어디에 있는가? 즉 내가 살고 있는 세계와 우주의 본질은 무엇인가?** (3) **무엇이 잘못되어 있는가?** 즉 내가 성취를 이루지 못하게 막는 근본 문제 혹은 걸림돌은 무엇인가? (4) **이를 바로잡을 방법은 무엇인가?** 즉 나의 성취를 방해하는 이 걸림돌을 어떻게 극복할 수 있을까? 다시 말해서, 나는 어떻게 구원을 찾을 수 있을까?"(35쪽).

성경적 세계관은 정체성과 위치, 악, 구원에 관한 이러한 근본적 물음에 대해 일관되며 포괄적이고 실천 가능한 대답을 제공한다고 저자들은 주장한다. 기독교적이든 아니든, 이 네 물음에 답하는 모든 세계관은 하나의 신앙적 헌신으로 간주되어야 한다.

세 번째 부분에서 왈쉬와 미들턴은 기독교적 전망에 대한 주된 경쟁자로 떠오른 "근대적 세계관"에 대해 논한다. 이들은 근대성의 대두를, 성과 속의 범주로 실재를 완벽하게 분리시키는 비성경적 '이원론'의 문제점이나 그것의 발전과 연결시킨다. (교회 자체도 그에 대해 부분적으로 책임이 있는) 이런 불행한 구별 때문에, 서양의 역사에서 세속적 사고 방식이 삶의 거룩한 양상보다 우세해졌으며, 인간의 자율과 과학적 이성을 강조하는 근대적 세계관이 생겨났다고 저자들은 주장한다. 그러나 이러한 근대적 세계관의 장기적 결과는 끔찍했다. 저자들은 과학과 기술, 경제라는 우상으로 화육(化肉)한 "우리 시대의 신들"에 대해 설명한다. 근대성이 몰락하기 직전인 상황에서 그들은 "현재 작동 중인 기독교 세계관"의 대안을 제시한다. 그들의 접근법은 그저 부흥의 요청에 그치지 않고 정교하다. 기독교의 문화적 반응에 초점을 맞추고, 세계관과 학문의 관계를 설명하며, 마지막으로 기독교적 관점에서 창조 질서의 구조에 관해 깊이 사유하기 위한 철학적 틀을 제시한다. 이 작업은 칼뱅주의 전통에 든든히 뿌리를 내리고 있으며, 곳곳에서 카이퍼와 특히 도여베르트의 영향을 확인할 수 있다.

미들턴과 왈쉬는 포스트모던적 감수성에 비추어 성경 본문을 주의 깊고도 창의적으로 읽어 냄으로써 기독교 세계관과 포스트모더니티의 관계를 검토한 후속작을 출간하기도 했다. *Truth Is Stranger Than It Used to Be: Biblical Faith in a Postmodern Age* (Downers Grove, Ill.: InterVarsity, 1995)을 보라. 《포스트모던 시대의 기독교 세계관》(살림 역간).

알버트 월터스

Albert Wolters, *Creation Regained: Biblical Basics for a Reformational Worldview* (Grand Rapids: Eerdmans, 1985). _《창조 타락 구속》(IVP 역간).

앞의 책과 마찬가지로 월터스의 책도 의식적으로 카이퍼 전통에 입각해 저술되었다. 먼저 세계관이 무엇인가에 관한 논의로 이 책을 시작하며 그것을 "사물에 관한 한 사람의 기본적 신념의 포괄적 틀"이라고 매우 간단히 정의한다(2쪽). 저자에 따르면, 다른 기독교 세계관으로부터 종교개혁 세계관을 구별시켜 주는 특징은 그 우주적인 범위, 성과 속이라는 이원론적 범주에 대한 기피, 기독교 구원이 창조 질서 전체의 포괄적 회복을 위한 것이라는 사상이다("은총이 자연을 회복시킨다"라는 표현이 자주 사용된다). 월터스는 다음 세 장에서 창조, 타락, 구속이라는 성경의 근본 주제를 심층적으로 논한다. 마지막 5장에서 그는 "창조-타락-구속의 구도"를 사회적, 개인적 갱신의 중요한 영역에 적용한다. 후자의 범주에서 그는 공격성으로부터 영적 은사, 성, 그리스도인의 삶에서 춤의 위치에 이르기까지 다양한 문제에 관한 유익한 논평을 제공한다. 그는 "구조와 방향"을 구별할 필요가 있다고 말한다. 개혁주의 세계관에서는 하나님이 창조하신 모든 것이 **구조적으로** 선하며 이를 선물로 받고 누려야 한다. 하지만 인간의 죄가 이런 선물을 영적으로 잘못된 **방향**으로 이끌었다. 기독교 구원의 목적은 인간 삶과 문화의 근본적 영역들을 거부하는 것이 아니라 하나님이 원래 의도하신 참 목적에 부합하도록 이 영역들을 회복하는 것이다. 제목이 말해 주듯이 그 결과는 피조물의 회복(*Creation Regained*), 즉 삶과 사상, 문화의 모든 영역이 회복되어 하나님을 섬기는 것이다. 이 책에서는 널리 퍼진 인식과 달리 칼뱅주의 기독교가 인간 번영과 하나님의 영광을 위해 삶의 총체성의 갱신을 추구하는 삶을 긍정하는 신앙임을 논증한다.

아더 홈즈

Arthur F. Holmes, *Contours of a World View, Studies in a Christian World View*, ed. Carl F. H. Henry (Grand Rapids: Eerdmans, 1983).
_《기독교 세계관》(엠마오 역간).

홈즈는 이 책의 첫 부분에서 실존적인 문제를 다루면서 인간에게 세계관이 필요한 네 가지 이유에 대해 말한다. 즉 "생각과 삶을 통일해야 할 필요성, 좋은 삶을 정의하고 삶 속에서 희망과 의미를 찾아야 할 필요성, 생각을 안내할 필요성, 행동을 안내할 필요성"이 있다고 말한다(5쪽). 그는 개인적인 차원에서뿐 아니라 문화적 차원에서도, 특히 현대의 인본주의와 가치의 세속화에 직면한 후기 기독교 시대에 유효한 세계관(*Weltanschauung*), 구체적으로는 기독교적 세계관이 절실하게 필요하다고 주장한다.

계속해서 홈즈는 빌헬름 딜타이와 헤르만 도여베르트의 도움을 받아 하나의 개념으로서 세계관의 "자율성" 혹은 본질에 대해 논한다. 딜타이에 따르면 세계관은 이론 이전의 차원에서 시작되며, 이처럼 "이론 이전에 시작된 것을 세계상(*Weltbild*)이라고 부른다"라고 그는 지적한다. 또한, 그것이 "한 사람의 생활세계(*Lebenswelt*)로부터 기원하며, 시간이 흐름에 따라 공식화된 세계관(*Weltanschauung*)을 출현시킨다"라는 것이 딜타이의 주장이라고 말한다(32쪽). 홈즈는 도여베르트가 인간의 인격성 속에서 통합시키는 요소를 찾고자 했으며, 종교적 요인이 우세하고 필요한 구심력을 제공한다고 보았다고 설명한다. 구체적인 내용과 상관없이, 세계관은 종교적으로 생성되며, "의미를 부여하는 방식으로 삶과 생각의 모든 영역을 효과적으로 통합할" 수 있다(34쪽).

홈즈는 신학과 철학, 과학, 그 밖의 다른 영향력의 기여에 초점을 맞춰 세계관의 내용이 어디에서 기원했는가를 면밀히 검토한다. 먼저 세계상(*Weltbild*)이 공식화된 기독교 세계관(*Weltanschauung*)으로 발전해 갈 때 신학의 기여는 조직신학의 전 영역, 특히 하나님 및 그분과 우주의 관계에 대한 관념과 연관이 있다. 홈즈가 "세계관적 신학"이라고 부르는 것을 통해 신학은 실용적으로도 기여하고 있다. 신학적 다원성, 특히 기독교와 문화 사이의 관계를 설명하는 다양한 방식은 그 역시 다원적인 기독교 세계관의 다양한 공식화에도 큰 영향을 미치고 있다.

철학은 활동과 역사라는 측면에서 세계관에 영향을 미친다. 철학을 연구하는 활동에서는 개념과 주장의 분석에 초점을 맞추며, 모든 학문의 기저에 자리 잡고 있는 근본 문제를 검토한다. 철학적 탐구의 역사는 거의 모든 주제와 유신론적이든, 자연주의적이든 다른 어떤 것이든, 거의 모든 유형의 세계관에 대한 일군의 개념과 논거를 제공한다. 또한 철학은 홈즈가 "세계관적 철학"이라고 부르는 것을 통해 실용적으로도 기여한다.

마지막으로 과학, 특히 쿤의 관점에서 본 과학사는 피타고라스와 아리스토텔레스, 뉴턴, 아인슈타인의 우주 모형이 세계관의 내용에 어떤 영향을 미쳤는지 보여 줌으로써 세계관 형성에 기여한다. 홈즈의 말처럼, "자연에 대한 과학적 관념은 모든 자연적 과정과 인간의 활동에 관한 우리의 사유에 영향을 미치며, 이런 관념은 하나님에 대한 유비를 통해 확장된다"(43쪽). 과학은 세계관에 영향을 미쳤지만, 홈즈가 지적하듯이 그 반대 역시 참이다. 즉 세계관도 패러다임의 차원에서(쿤), 그리고 인격적 차원에서(폴라니) 과학에 영향을 미친다.

주관주의의 문제, 세계관의 다원성, 진리에 대한 물음이 떠오르며, 이에 대해 답해야 한다. 홈즈는 신앙주의, 토대주의, 정합주의에 초점을 맞춰 이 과정의 세 "단계"를 검토한다. 홈즈는 "진리가 전체로서 서로 연결되어 있고 일관된 하나의 총체라는 뜻에서 **진리의 통일성**"에 기초해 셋 중에서 정합주의를 선호한다(51쪽). 이러한 인식적 통일성을 드러내는 모든 체계를 다른 경쟁적 세계관 보다 선호해야 하지만, 동시에 이런 내적 정합성은 형이상학적 객관성과의 접촉을 유지해야 한다.

이 시점부터 홈즈는 기독교 세계관(*Weltanschauung*)의 윤곽을 방대하게 그려 나간다. 그는 다섯 개의 근본적 구성요소(하나님, 인간, 진리, 가치, 사회와 역사)를 검토하며, 신학과 철학, 과학의 자료를 활용해 각각을 설명한다. 그러고 나서 이런 성찰에 비추어 이 기본적 틀을 인간의 창의성, 과학과 기술, 일, 놀이 등 네 영역의 실천적 활동에 적용하고, 각각을 통해 기독교적 관점을 표현한다. 홈즈는 자신의 연구를 통해 인간 삶과 경험의 모든 영역에서 기독교 세계관이 정합성과 활력, 적실성을 지니고 있음을 알 수 있다고 주장한다.

제임스 사이어

James W. Sire, *The Universe Next Door: A Basic Worldview Catalog*, 3rd ed. (Downers Grove, Ill.: InterVarsity, 1997). _《기독교 세계관과 현대 사상》(IVP 역간).

3판의 판권지에 따르면 이 책은 10만 권 이상이 팔렸다. 사이어는 이 책이 다음과 같은 네 가지 기본 목적이 있다고 말한다. 즉 (1) 서양에서 사람들이 실재를 인식하는 방식의 토대에 자리 잡고 있는 근본적 세계관을 간략히 설명하고, (2) 이 세계관이 역사적으로 어떻게 발전해 왔는지를 추적하며, (3) 포스트모더니즘이 모든 세계관에 새로운 "뒤틀림"을 가해 왔음을 보여 주고, (4) 독자들이 세계관적으로 사유하는 법을 배우도록 권면하는 것이다. 세계관적으로 사유하는 법을 배울 때, "우리 자신의 사고방식뿐 아니라 다른 이들의 사고방식도 의식함으로써 다원적인 사회 속에서 우리가 먼저 다른 이들을 이해하고 그들과 진정한 소통을 할 수 있다"라고 그는 말한다(15쪽).

제임스 사이어는 세계관을 "모든 생각과 행동을 위한 어느 정도 일관된 준거틀을 제공하는, 말과 개념으로 만들어진" 관념적 "우주"로 정의한다. 또한, 세계관을 "우리가 사는 세계의 기본적 구성요소에 관해 우리가 (의식적으로든, 잠재의식적으로든, 일관된 방식이든 일관되지 않은 방식이든) 가지고 있는 일군의 전제(참일 수도 있고, 부분적으로 참일 수도 있고, 전적으로 거짓일 수도 있는 가정들)"라고 부르기도 한다(16쪽). 마지막으로 그는 문답법의 접근 방식을 취하면서 세계관이란 다음 일곱 가지 질문에 대한 한 사람의 본질적인, "가장 기초적인" 대답이라고 주장한다(18쪽).

1. 무엇이 가장 중요한 실재(진정한 실재)인가?

2. 외부적 실재, 즉 우리 주변 세계의 본질은 무엇인가?
3. 인간이란 무엇인가?
4. 한 사람이 죽었을 때 그에게 무슨 일이 일어나는가?
5. 무언가를 아는 것이 어떻게 가능한가?
6. 우리는 무엇이 옳고 그른지 어떻게 아는가?
7. 역사의 의미는 무엇인가?

사이어에 따르면, 사람들은 이런 물음에 어떤 식으로든 대답하지 않을 수 없다. 그는 자신의 세계관을 발견하는 것이 "자의식과 자각, 자기 이해를 향해 나아가는 중요한 한 걸음"이라고 말한다(16쪽).

책의 균형을 맞추면서 앞에서 인용한 일곱 개의 근본 질문에 대해 여덟 가지 다른 세계관이 제시하는 대답을 살펴본다. 역사적인 순서에 따라 기독교 유신론에서 시작해서 이신론, 자연주의, 허무주의, 실존주의, 동양의 범신론적 일원론, 뉴에이지 사상, 포스트모더니즘을 검토한다. 마지막 장에서 그는 "점검된 삶"을 논하며 독자들에게 네 가지 필수적 기준에 기초해서 세계관을 선택하는 중대한 결정을 내리라고 권면한다. 신뢰할 만한 세계관은 (1) "내적인 지적 정합성"을 지녀야 하며, (2) "실재에 대한 자료를 포함해야 하고", (3) "설명할 수 있다고 주장하는 바를 제대로 설명할" 수 있어야 하며, (4) "주관적으로 만족스러워야 한다"(195~198쪽). 사이어는 기독교 유신론을 추천하면서 이 세계관이 "살 만한 충분한 가치가 있는 점검된 삶"에 이르게 한다고 주장한다(200쪽).

찰스 콜슨과 낸시 피어시

Charles Colson and Nancy Pearcey, *How Now Shall We Live?* (Wheaton, Ill.: Tyndale House, 1999). _《그리스도인, 이제 어떻게 살 것인가?》(요단 역간).

대중적이지만 중요한 내용을 담고 있는 이 책은 흥미로운 이야기로 가득 차 있다. 그러나 이 책의 목적은 진지하며 두 저자는 그 목적을 이렇게 설명한다. "우리의 목적은 그리스도인들이 기독교를 총체적인 세계관과 삶의 체계로 제시하고, 새로운 천 년의 기회를 놓치지 않고 새로운 기독교 문화를 건설하는 하나님의 일꾼으로 살게 하는 것이다"(xii–xiii). 이 과제를 망각하는 것은 모든 실재에 대한 하나님의 주권이라는 교리를 부인하는 것이며, 역사적 기독교의 돌파를 위해 무르익은 문화적 기회라는 창을 놓쳐 버리는 것과 다름없다. 저자들은 그리스도인들이 그리스도인을 구속하시는 하나님의 구원의 은총뿐 아니라 문화를 새롭게 하고 보존하는 그분의 일반 은총도 인식하기를 바란다. 그러나 이것이 가능하기 위해서는 그리스도인들이 기독교를 경건주의적으로 해석해서는 안 되고 모든 것을 아우르는 세계관으로 해석해야 한다. 따라서 이 책의 1부에서는 세계관의 개념과 그것이 왜 중요한지를 논한다. 2부에서 4부까지 그들은 우리의 위치와 정체성에 관한 물음에 대한 근본적 대답으로서 창조, 타락, 구속이라는 익숙한 주제를 제시하고, 이 세상에서 무엇이 잘못되었으며 이를 고치기 위해 무엇을 할 수 있는지를 설명한다. 많은 점에서 이 책은 회복을 다루는 네 번째 부분에 초점을 맞추고 있다. 이를테면 이 부분에서 이 책의 제목인 "이제 우리는 어떻게 살 것인가?"라는 물음에 대해 답한다. 그들은 기독교가 거의 모든 중요한 삶의 양상에 적용될 수 있다고 설명한다. 콜슨과 피어시의 말처럼, "기독교만이 삶과 사상의 모든 영역, 피조물의 모든 양상을 다루는 포괄적인 세계관을 제시한다. 기독교만이 실재하는 세계와 조화를 이루며 살 수 있는 방식을 제시한다"(xi쪽). 신앙에 대한 이처럼 풍성한 이해는 주목할 만한 인격적, 전도 지향적, 문화적, 변증적 가치를 지닌다. 그러나 저자들이 지적하듯이, 그들의 목표는 독창적인 무언가를 주장하는 것이 아니라, 루이스가 말했듯이, 오래된 진리를 지금 세대가 이해할 수 있는 형태로 제시하는 것이다. 다른 방식으로는 이 주제에 대해 연구해 볼 생각을 하지 않을, 더 광범위한 그리스도인들에게 이 주제를 소개할 수 있는 탁월한 책이다.

이 책에 언급 안 된 세계관 관련 도서 목록

Baldwin, J. F. *The Deadliest Monster: A Christian Introduction to Worldviews*. Eagle Creek, Oreg.: Coffee House Ink, 1998.

Barcus, Nancy. *Developing a Christian Mind*. Downers Grove, Ill.: InterVarsity, 1977.

Blamires, Harry. *The Christian Mind: How Should a Christian Think?* Ann Arbor: Servant, 1978. 《그리스도인은 어떻게 사고해야 하는가?》(두란노서원 역간).

________. *The Post Christian Mind: Exposing Its Destructive Agenda*. Foreword by J. I. Packer. Ann Arbor: Servant, Vine Books, 1999.

________. *Recovering the Christian Mind: Meeting the Challenge of Secularism*. Downers Grove, Ill.: InterVarsity, 1988.

Borthwick, Paul. *Six Dangerous Questions to Transform Your View of the World*. Downers Grove, Ill.: InterVarsity, 1996. 《(당신의 세계관을 바꾸어 놓을) 위험천만한 6가지 질문》(예영커뮤니케이션 역간).

Cook, Stuart. *Universe Lost: Reclaiming a Christian World View*. Joplin, Mo.: College Press, 1992.

Doran, Robert. *Birth of a Worldview: Early Christianity in Its Jewish and Pagan Context*. Boulder, Colo.: Westview Press, 1995.

Frey, Bradshaw, et al. *All of Life Redeemed: Biblical Insight for Daily Obedience*. Jordan Station, Ont.: Paideia Press, 1983.

________. *At Work and Play: Biblical Insight for Daily Obedience*. Foreword by Anthony Campolo. Jordan Station, Ont.: Paideia Press, 1986.

Garber, Steven. *The Fabric of Faithfulness: Weaving Together Belief and Behavior during the University Years*. Downers Grove, Ill.: InterVarsity, 1996.

Geisler, Norman L., and William D. Watkins. *Worlds Apart: A Handbook on World Views*.

2nd ed. Grand Rapids: Baker, 1989.

Gill, David W. *The Opening of the Christian Mind: Taking Every Thought Captive to Christ*. Downers Grove, Ill.: InterVarsity, 1989.

Gnuse, Robert. *Heilsgeschichte as a Model for Biblical Theology: The Debate concerning the Uniqueness and Significance of Israel's Worldview*. Lanham, Md.: University Press of America, 1989.

Hart, Hendrik. *Understanding Our World: An Integral Ontology*. Christian Studies Today. Lanham, Md.: University Press of America, 1984.

Hesselgrave, David J. *Communicating Christ Cross-Culturally*. Grand Rapids: Zondervan, 1978. 특히 pp. 190~285를 보라. 《선교 커뮤니케이션론》(생명의말씀사 역간).

Hiebert, Paul G. *Anthropological Insights for Missionaries*. Grand Rapids: Baker, 1985. 특히 5장을 보라. 《선교와 문화인류학》(죠이선교회출판부 역간).

Hoffecker, W. Andrew, ed., and Gary Scott Smith, assoc. ed. *Building a Christian Worldview: God, Man, and Knowledge*, vol. 1. *The Universe, Society, and Ethics*, vol. 2. Phillipsburg, N.J.: Presbyterian and Reformed, 1986 and 1988. 《기독교 세계관 1: 하나님, 인간, 지식》, 《기독교 세계관 2: 우주, 사회, 윤리》(이상 생명의말씀사 역간).

Holmes, Arthur F. *All Truth Is God's Truth*. Grand Rapids: Eerdmans, 1977. 《모든 진리는 하나님의 진리다》(크리스천다이제스트 역간).

________. *Faith Seeks Understanding*. Grand Rapids: Eerdmans, 1971.

Jordon, James B. *Through New Eyes: Developing a Biblical View of the World*. Brentwood, Tenn.: Wolgemuth and Hyatt, 1988. 《새로운 시각으로 본 성경적 세계관》(로고스 역간).

Kraft, Charles H. *Christianity in Culture: A Study in Dynamic Biblical Theologizing in Cross-Cultural Perspective*. Maryknoll, N.Y.: Orbis, 1979. 《기독교 문화인류학》(CLC 역간).

________. *Christianity with Power: Your Worldview and Your Experience of the Supernatural*. Ann Arbor: Servant, Vine Books, 1989. 《능력 그리스도교 : 세계관의 변화와 하나님의 능력의 체험》(나단 역간).

Kraft, Marguerite G. *Understanding Spiritual Power: A Forgotten Dimension of Cross-Cultural Mission and Ministry. American Society of Missiology*, no. 22. Maryknoll, N.Y.: Orbis, 1995. 세계관에 관한 내용으로 넘치는 책이다.

Lugo, Luis E. *Religion, Pluralism, and Public Life: Abraham Kuyper's Legacy for the Twenty-first Century*. Grand Rapids: Eerdmans, 2000.

Marshall, Paul, with Lela Gilbert. *Heaven Is Not My Home: Living in the Now of God's*

Creation. Nashville: Word, 1998. 《천국만이 내 집은 아닙니다》(IVP 역간).

Nash, Ronald H. *Worldviews in Conflict: Choosing Christianity in a World of Ideas*. Grand Rapids: Zondervan, 1992.

Newport, John P. *Life's Ultimate Questions: A Contemporary Philosophy of Religion*. Dallas: Word, 1989.

________. *The New Age Movement and the Biblical Worldview: Conflict and Dialogue*. Grand Rapids: Eerdmans, 1998.

Niebuhr, H. Richard. *Christ and Culture*. New York: Harper and Row, 1951. 《그리스도와 문화》(IVP 역간).

Noebel, David A. *Understanding the Times: The Story of the Biblical Christian, Marxist/Leninist, and Secular Humanist Worldviews*. Manitou Springs, Colo.: Summit Press, 1991.

Olasky, Marvin. *Whirled Views: Tracking Today's Culture Storms*. Wheaton, Ill.: Crossway, 1997.

Palmer, Michael D., comp. and ed. *Elements of a Christian Worldview*. Foreword by Russell P. Spittler. Springfield, Mo.: Logion Press, 1998.

Richardson, Alan. *Genesis 1—11: The Creation Stories and the Modern Worldview*. London: SCM Press, 1953.

Schlossberg, Herbert, and Marvin Olasky. *Turning Point: A Christian Worldview Declaration*. Turning Point Christian Worldview Series, edited by Marvin Olasky. Wheaton, Ill.: Goodnews Publishers, Crossway, 1987. 《전환점에 선 기독교: 도전받는 기독교 세계관》(바울 역간). 언론, 가난하고 억압받는 이들, 정치, 경제, 영화, 대중문화, 국제정치, 인구, 육아, 문학, 예술, 기독교 교육, 포스트모더니즘 등을 다룬 이 시리즈의 다른 책들도 보라.

Schweiker, William, and Per M. Anderson, eds. *Worldviews and Warrants: Plurality and Authority in Theology*. Lanham, Md.: University Press of America, 1987.

Senn, Frank C. *New Creation: A Liturgical Worldview*. Minneapolis: Fortress, 2000.

Simkins, Ronald A. *Creator and Creation: Nature in the Worldview of Ancient Israel*. Peabody, Mass.: Hendrickson, 1994.

Snyder, Howard A. *EarthCurrents: The Struggle for the World's Soul*. Nashville: Abingdon, 1995. 《2000년대 지구동향》(아가페 역간).

Sproul, R. C. *Lifeviews: Making a Christian Impact on Culture and Society*. Old Tappan, N.J.: Revell, Power Books, 1986.

Tracy, David. *Blessed Rage for Order*. New York: Seabury Press, 1975.

Van Til, Henry R. *The Calvinistic Concept of Culture*. Grand Rapids: Baker, 1959. 《칼빈주의 문화관》(성암사 역간).

Veith, Gene E. *Modern Fascism: Liquidating the Judeo-Christian Worldview*. St. Louis: Concordia, 1993.

Weerstra, Hans M. "Worldview, Missions and Theology." *International Journal of Frontier Missions* 14, nos. 1 and 2 (1997). 이 두 권의 학술지에는 세계관과 선교 활동의 다양한 양상을 연결시키는 논문들이 실려 있다.

Wolterstorff, Nicholas. *Reason within the Bounds of Religion*. 2nd ed. Grand Rapids: Eerdmans, 1984. 《종교의 한계 내에서의 이성》(성광문화사 역간).

인용된 문헌 목록

Anderson, Walter Truett. *Reality Isn't What It Used to Be: Theatrical Politics, Ready-to-Wear Religion, Global Myths, Primitive Chic, and Other Wonders of the Postmodern World*. San Francisco: Harper and Row, 1990.

________. ed. *The Truth about the Truth: De-Confusing and Re-Constructing the Postmodern World*. New York: Putnam, a Jeremy P. Tarcher/Putnam Book, 1995.

Anselm. *Proslogion*. In *Anselm of Canterbury: The Major Works*, edited and introduction by Brian Davies and G. R. Evans. Oxford World's Classics. New York: Oxford University Press, 1998. 《프로슬로기온》(한들출판사 역간).

Aristotle. *Posterior Analytics*. Translated by G. R. G. Mure. In *The Great Books of the Western World*, edited by Robert Maynard Hutchins, vol. 8. Chicago: Encyclopaedia Britannica, 1952.

Arnold, Matthew. "The Buried Life." In *The Norton Anthology of English Literature, 2*:1021. Rev. ed. M. H. Abrams, general editor. New York: Norton, 1968.

Augustine. *"Against the Academicians" and "The Teacher."* Translated, introduction, and notes by Peter King. Indianapolis: Hackett, 1995. 《교사론》(소망사 역간).

________. *City of God*. Translated by Henry Bettenson. Introduction by John O'Meara. Penguin Classics, advisory editor Betty Radice. New York: Penguin Books, 1984. 《신국론》(분도출판사 역간).

________. *Confessions*. Translated, introduction, and notes by Henry Chadwick. Oxford World's Classics. New York: Oxford University Press, 1991.

________. *Confessions*. Translated by F. J. Sheed. Introduction by Peter Brown. Indianapolis: Hackett, 1992. 《고백록》(대한기독교서회 역간).

________. *On the Holy Trinity*. Translated by Arthur W. Haddan. In Nicene and Post-

Nicene Fathers, edited by Philip Schaff, vol. 3. Peabody, Mass.: Hendrickson, 1994. 《삼위일체론》(분도출판사 역간).

________. *Teaching Christianity – "De Doctrina Christiana."* Introduction, translation, and notes by Edmund Hill, O.P. In *The Works of Saint Augustine: A Translation for the Twenty-first Century*, edited by John E. Rotelle, O.S.A., vol. 11. Hyde Park, N.Y.: New City Press, 1996. 《그리스도교 교양》(분도출판사 역간).

Bakhtin, Mikhail M. *Speech Genres and Other Late Essays*. Edited by Caryl Emerson and Michael Holquist. Translated by Vern W. McGee. Austin: University of Texas Press, 1986. 《말의 미학》(길 역간).

Barbour, Ian. "Paradigms in Science and Religion." In *Paradigms and Revolutions: Appraisals and Applications of Thomas Kuhn's Philosophy of Science*, edited by Gary Gutting, pp. 223–245. Notre Dame, Ind.: University of Notre Dame Press, 1980.

Barth, Karl. *Church Dogmatics*, III/2, *The Doctrine of Creation*, Part 2. Edited by G. W. Bromiley and T. F. Torrance. Translated by Harold Knight, J. K. S. Reid, and R. H. Fuller. Edinburgh: T. & T. Clark, 1960.

________. *Church Dogmatics*, III/3, *The Doctrine of Creation*, Part 3. Edited by G. W. Bromiley and T. F. Torrance. Translated by G. W. Bromiley and R. J. Ehrlich. Edinburgh: T. & T. Clark, 1960. 《교회 교의학 III/3: 창조에 관한 교의》(대한기독교서회 역간).

________. *The Epistle to the Romans*. Translated by Edwyn C. Hoskyns. London: Oxford University Press, 1968. 《로마서 강해》(한들출판사 역간).

Berger, Peter L. *The Sacred Canopy: Elements of a Sociological Theory of Religion.* New York: Doubleday, Anchor Books, 1967. 《종교와 사회》(종로서적 역간).

Berger, Peter L., and Thomas Luckmann. *The Social Construction of Reality: A Treatise in the Sociology of Knowledge*. New York: Doubleday, 1966; Anchor Books, 1967. 《실재의 사회적 구성》(문학과지성사 역간).

Betanzos, Ramon J. *Introduction to Introduction to the Human Sciences: An Attempt to Lay a Foundation for the Study of Society and History,* by Wilhelm Dilthey. Translated by Ramon J. Betanzos. Detroit: Wayne State University Press, 1988.

Bettelheim, Bruno. *The Uses of Enchantment: The Meaning and Importance of Fairy Tales.* New York: Random House, Vintage Books, 1977. 《옛 이야기의 매력 1, 2》(시공주니어 역간).

Bettenson, Henry, ed. *Documents of the Christian Church.* New York: Oxford University Press, 1947.

Betz, Werner. "Zur Geschichte des Wortes '*Weltanschauung*.'" In *Kursbuch der Weltanschauungen*, Schriften der Carl Friedrich von Siemens Stiftung, pp. 18–28. Frankfurt: Verlag Ullstein, 1980.

Biemel, Walter. "Introduction to the Dilthey–Husserl Correspondence." Translated by Jeffner Allen. In *Husserl: Shorter Works*, edited by Peter McCormick and Frederick A. Elliston, translated by Jeffner Allen, pp. 198–202. Notre Dame, Ind.: University of Notre Dame Press; Brighton, England: Harvester Press, 1981.

Boyd, Gregory A. *God at War: The Bible and Spiritual Conflict*. Downers Grove, Ill.: InterVarsity, 1997.

Bratt, James D., ed. *Abraham Kuyper: A Centennial Reader*. Grand Rapids: Eerdmans, 1998.

Bruner, Jerome S. "Myth and Identity." In *Myth and Mythmaking*, edited by Henry A. Murray, pp. 276–287. New York: George Braziller, 1960.

Brunner, Emil. *Revelation and Reason*. Translated by Olive Wyon. Philadelphia: Westminster, 1946.

Bulhof, Ilse N. *Wilhelm Dilthey: A Hermeneutic Approach to the Study of History and Culture*. Martinus Nijhoff Philosophy Library, vol. 2. Boston: Martinus Nijhoff, 1980.

Bultmann, Rudolf. "Is Exegesis without Presuppositions Possible?" In *New Testament and Mythology and Other Basic Writings*, selected, edited, and translated by Schubert M. Ogden, pp. 145~153. Philadelphia: Fortress, 1984. "전제 없는 주석이 가능한가?," 《학문과 실존: 논문집 제1권》 수록.

Buttiglione, Rocco. *Karol Wojtyla: The Thought of the Man Who Became Pope John Paul II*. Grand Rapids: Eerdmans, 1997.

Calvin, John. *Institutes of the Christian Religion*. Edited by John T. McNeill. Translated and indexed by Ford Lewis Battles. Library of Christian Classics, edited by John Baillie, John T. McNeill, and Henry P. Van Dusen, vol. 20. Philadelphia: Westminster, 1960. 《기독교 강요》(생명의말씀사 역간).

Carr, David. "Husserl's Problematic Concept of the Life–World." In *Husserl: Expositions and Appraisals,* edited and introduction by Frederick A. Elliston and Peter McCormick, pp. 202~212. Notre Dame, Ind.: University of Notre Dame Press, 1977.

________. *Interpreting Husserl: Critical and Comparative Studies*. Boston/Dordrecht: Martinus Nijhoff, 1987.

________. *Phenomenology and the Problem of History: A Study of Husserl's Transcendental*

Philosophy. Evanston, Ill.: Northwestern University Press, 1974.

Catechism of the Catholic Church. Liguori, Mo.: Liguori Publications, 1994. 《가톨릭 교회 교리서》(한국천주교주교회의 역간).

Chesterton, G. K. *Heretics*. In *The Complete Works of G. K. Chesterton*, , vol. 1. San Francisco: Ignatius, 1986.

Clark, Gordon H. *A Christian Philosophy of Education*. Grand Rapids: Eerdmans, 1946.

________. *A Christian View of Men and Things: An Introduction to Philosophy*. Grand Rapids: Eerdmans, 1951. Reprint, Grand Rapids: Baker, 1981.

Clark, Gregory A. "The Nature of Conversion: How the Rhetoric of Worldview Philosophy Can Betray Evangelicals." In *The Nature of Confession: Evangelicals and Postliberals in Conversation*, edited by Timothy R. Phillips and Dennis L. Okholm, pp. 201~218. Downers Grove, Ill.: InterVarsity, 1996.

Clendenin, Daniel B., ed. *Eastern Orthodox Theology: A Contemporary Reader*. Grand Rapids: Baker, 1995. 《동방 정교회 신학》(은성 역간).

Collingwood, R. G. *Essay on Metaphysics*. Oxford: Clarendon, 1940.

Colson, Charles. "The Common Cultural Task: The Culture War from a Protestant Perspective." In *Evangelicals and Catholics Together: Toward a Common Mission*, edited by Charles Colson and Richard John Neuhaus, pp. 1–44. Dallas: Word, 1995. Conway, Gertrude D. *Wittgenstein on Foundations*. Atlantic Highlands, N.J.: Humanities Press, 1989.

Copleston, Frederick, S.J. *A History of Philosophy*. Vol. 7, *Modern Philosophy from the Post-Kantian Idealists to Marx, Kierkegaard, and Nietzsche*. New York: Doubleday, Image Books, 1994. 《18 · 19세기 독일철학: 피히테에서 니체까지》(서광사 역간).

Counelis, James Steve. "Relevance and the Orthodox Christian Theological Enterprise: A Symbolic Paradigm on *Weltanschauung*." *Greek Orthodox Theological Review* 18 (spring–fall 1973): pp. 35~46.

Crites, Stephen. "The Narrative Quality of Experience." In *Why Narrative? Readings in Narrative Theology*, edited by Stanley Hauerwas and L. Gregory Jones, pp. 65–88. Grand Rapids: Eerdmans, 1989.

Cunningham, Lawrence S. *The Catholic Faith: An Introduction*. New York: Paulist, 1987.

Danto, Arthur C. *Nietzsche as Philosopher*. New York: Macmillan, 1965.

Davidson, Donald. "The Myth of the Subjective." In *Relativism: Interpretation and Confrontation*, edited and introduction by Michael Krausz, pp. 159~172. Notre Dame,

Ind.: University of Notre Dame Press, 1989.

________. "On the Very Idea of a Conceptual Scheme." In *Inquiries into Truth and Interpretation*, pp. 183~198. Oxford: Clarendon, 1984. 《진리와 해석에 관한 탐구》(나남 출판 역간).

Dégh, Linda. "The Approach to Worldview in Folk Narrative Study." *Western Folklore* 53 (July 1994): pp. 243~252.

Derrida, Jacques. *Margins of Philosophy*. Translated by Alan Bass. Chicago: University of Chicago Press, 1982.

________. *Of Grammatology*. Translated by Gayatri Chakravorty Spivak. Baltimore: Johns Hopkins University Press, 1976. 《그라마톨로지》(민음사 역간).

________. *Writing and Difference*. Translated by Alan Bass. Chicago: University of Chicago Press, 1976. 《글쓰기와 차이》(동문선 역간).

Deutsches Wörterbuch von Jacob Grimm und Wilhelm Grimm. Vierzehnter Band, I. Abreilung. 1 Teil. Bearbeitet von Alfred Götze und der Arbeitsstelle des Deutschen Wörterbuches zu Berlin. Leipzig: Verlag von S. Hirzel, 1955.

De Vries, John Hendrick. Biographical note to *Lectures on Calvinism*, by Abraham Kuyper. 1931. Reprint, Grand Rapids: Eerdmans, 1994. 《칼빈주의 강연》(크리스천다이제스트 역간).

Dilthey, Wilhelm. *Dilthey's Philosophy of Existence: Introduction to Weltanschauungslehre*. Translated and introduction by William Kluback and Martin Weinbaum. New York: Bookman Associates, 1957. Reprint, Westport, Conn.: Greenwood Press, 1978.

Dittberner, Job L. *The End of Ideology and American Social Thought: 1930–1960*. Studies in American History and Culture, no. 1. Ann Arbor: UMI Research Press, 1979.

Dooyeweerd, Herman. *A New Critique of Theoretical Thought*. Translated by David H. Freeman, William S. Young, and H. De Jongste. 4 vols. Jordan Station, Ont.: Paideia Press, 1984.

Dornseiff, Franz. "Weltanschauung. Kurzgefasste Wortgeschichte." *Die Wandlung: Eine Monatsschrift* 1 (1945~1946): pp. 1086~1088.

Dulles, Avery, S.J. "The Unity for Which We Hope." In *Evangelicals and Catholics Together: Toward a Common Mission*, edited by Charles Colson and Richard John Neuhaus, pp. 115~146. Dallas: Word, 1995.

Eagleton, Terry. *Literary Theory*. Minneapolis: University of Minnesota Press, 1983. 《문학이론입문》(창작과비평사 역간).

Eco, Umberto. *A Theory of Semiotics*. Advances in Semiotics, edited by Thomas A. Sebeok.

Bloomington: Indiana University Press, 1976. 《일반 기호학 이론》(열린책들 역간).

Edwards, James C. *Ethics without Philosophy: Wittgenstein and the Moral Life.* Tampa: University Presses of Florida, 1982.

Edwards, Jonathan. *Religious Affections.* Edited by John E. Smith. The Works of Jonathan Edwards, vol. 2. New Haven: Yale University Press, 1959. 《신앙 감정론》(부흥과개혁사 역간).

Edwards, Steven D. *Relativism, Conceptual Schemes, and Categorical Frameworks.* Avebury Series in Philosophy of Science. Brookfield, Vt.: Gower, 1990.

Emerson, Ralph Waldo. *Selected Essays*. Illustrated by Walter S. Oschman. Chicago: People's Book Club, 1949.

Ermarth, Michael. *Wilhelm Dilthey: The Critique of Historical Reason.* Chicago: University of Chicago Press, 1978.

Farrell, Frank B. *Subjectivity, Realism, and Postmodernism – the Recovery of the World.* Cambridge: Cambridge University Press, 1994.

Fichte, Johann Gottlieb. *Attempt at a Critique of All Revelation.* Translated and introduction by Garrett Green. Cambridge: Cambridge University Press, 1978.

Finch, Henry LeRoy. *Wittgenstein: The Later Philosophy – an Exposition of the "Philosophical Investigations."* Atlantic Highlands, N.J.: Humanities Press, 1977.

Flannery, Austin P., ed. *Documents of Vatican II*. Rev. ed. Grand Rapids: Eerdmans, 1984.

Foucault, Michel. *Afterword to Michel Foucault: Beyond Structuralism and Hermeneutics,* by Hubert L. Dreyfus and Paul Rabinow, pp. 208~226. Chicago: University of Chicago Press, 1982.

________. *The Archaeology of Knowledge.* Translated by A. M. Sheridan Smith. New York: Random House, Pantheon Books, 1972. 《지식의 고고학》(민음사 역간).

________. *Discipline and Punish: The Birth of the Prison.* Translated by Alan Sheridan. New York: Random House, Vintage Books, 1995. 《감시와 처벌: 감옥의 탄생》(나남 역간).

________. *The Order of Things: An Archaeology of the Human Sciences.* New York: Random House, 1970; Vintage Books, 1973. 《말과 사물》(민음사).

________. *Power/Knowledge: Selected Interviews and Other Writings, 1972–1977.* Edited by Colin Gordon. Translated by Colin Gordon, Leo Marshall, John Mepham, and Kate Soper. New York: Pantheon Books, 1980. 《권력과 지식: 미셸 푸코와의 대담》(나남 역간).

Freud, Sigmund. *"Inhibitions, Symptoms and Anxiety."* In *"An Autobiographical Study," "Inhibitions, Symptoms and Anxiety," "The Question of Lay Analysis," and Other Works.*

Vol. 20 of *The Standard Edition of the Complete Psychological Works of Sigmund Freud*, translated by James Strachey. London: Hogarth Press and the Institute of Psycho-Analysis, 1962. "억압, 증상 그리고 불안", 《정신병리학의 문제들: 프로이트 전집 10》(열린책들 역간).

________. "The Question of a *Weltanschauung*." In *New Introductory Lectures on Psycho-Analysis and Other Works.* Vol. 22 of *The Standard Edition of the Complete Psychological Works of Sigmund Freud,* translated by James Strachey. London: Hogarth Press and the Institute of Psycho-Analysis, 1964. "세계관에 대하여," 《새로운 정신분석 강의: 프로이트 전집 2》(열린책들 역간).

Gadamer, Hans-Georg. *Truth and Method.* 2nd rev. ed. Translation revised by Joel Weinsheimer and Donald G. Marshall. New York: Continuum, 1993. 《진리와 방법》(문학동네 역간).

Gay, Craig. *The Way of the (Modern) World; or, Why It's Tempting to Live As If God Doesn't Exist.* Foreword by J. I. Packer. Grand Rapids: Eerdmans, 1998.

Geehan, E. R., ed. *Jerusalem and Athens: Critical Discussions on the Philosophy and Apologetics of Cornelius Van Til.* Phillipsburg, N.J.: Presbyterian and Reformed, 1980.

Gelwick, Richard. *The Way of Discovery: An Introduction to the Thought of Michael Polanyi.* New York: Oxford University Press, 1977.

Genova, Judith. *Wittgenstein: A Way of Seeing.* New York: Routledge, 1995.

Gier, Nicholas F. *Wittgenstein and Phenomenology: A Comparative Study of the Later Wittgenstein, Husserl, Heidegger, and Merleau-Ponty.* SUNY Series in Philosophy, edited by Robert C. Neville. Albany: State University of New York Press, 1981.

Gilkey, Langdon. *Maker of Heaven and Earth: A Study of the Christian Doctrine of Creation.* Christian Faith Series, consulting editor Reinhold Niebuhr. Garden City, N.Y.: Doubleday, 1959.

Gombert, Albert. "Besprechungen von R. M. Meyer's 'Vierhundert Schlagworte.'" *Zeitschrift für deutsche Wortforschung* 3 (1902): pp. 144~158.

________. "Kleine Bemerkungen zur Wortgeschichte." *Zeitschrift für deutsche Wortforschung* 8 (1907): pp. 121~140.

Goodman, Nelson. *Ways of Worldmaking.* Indianapolis: Hackett, 1978.

________. "Words, Works, Worlds." In *Starmaking: Realism, Anti-Realism, and Irrealism,* edited by Peter J. McCormick, pp. 61~77. Cambridge: MIT Press, Bradford, 1996.

Götze, Alfred. "*Weltanschauung*." *Euphorion: Zeitschrift für Literaturgeschichte* 25 (1924):

pp. 42~51.

Granier, Jean. "Perspectivism and Interpretation." In *The New Nietzsche,* edited by David B. Allison, pp. 190~200. Cambridge: MIT Press, 1985.

Griffioen, Sander. "The Worldview Approach to Social Theory: Hazards and Benefits." In *Stained Glass: Worldviews and Social Science,* edited by Paul A. Marshall, Sander Griffioen, and Richard J. Mouw, pp. 81~118. Lanham, Md.: University Press of America, 1989.

Gutting, Gary. Introduction to *The Cambridge Companion to Foucault,* edited by Gary Gutting, pp. 1~27. Cambridge: Cambridge University Press, 1994.

________. Introduction to *Paradigms and Revolutions: Appraisals and Applications of Thomas Kuhn's Philosophy of Science,* edited by Gary Gutting. Notre Dame, Ind.: University of Notre Dame Press, 1980.

Habermas, Jürgen. "Work and Weltanschauung: The Heidegger Controversy from a German Perspective." In *Heidegger: A Critical Reader,* edited by Hubert L. Dreyfus and Harrison Hall, pp. 186−208. Oxford/Cambridge, Mass.: Basil Blackwell, 1992.

Hacking, Ian. "Language, Truth and Reason." In *Rationality and Relativism,* edited by Martin Hollis and Steven Lukes, pp. 48~66. Cambridge: MIT Press, 1982.

Hamilton, Peter. *Knowledge and Social Structure: An Introduction to the Classical Argument in the Sociology of Knowledge.* London: Routledge and Kegan Paul, 1974.

Harms, John B. "Mannheim's Sociology of Knowledge and the Interpretation of *Weltanschauungen*." *Social Science Journal* 21 (April 1984): pp. 33~48.

Hegel, G. W. F. *Aesthetics: Lectures on Fine Art.* Translated by T. M. Knox. 2 vols. Oxford: At the Clarendon Press, 1975. 《헤겔 미학》(나남출판 역간).

________. *The Difference between Fichte's and Schelling's System of Philosophy.* Translated by H. S. Harris and Walter Cerf. Albany: State University of New York Press, 1977.

________. *Lectures on the History of Philosophy.* Translated by E. S. Haldane and Frances H. Simson. 3 vols. Lincoln: University of Nebraska Press, 1995.

________. *Lectures on the Philosophy of Religion Together with a Work on the Proofs of the Existence of God.* Translated by Rev. E. B. Speirs and J. Burdon Sanderson. Vol. 1. New York: Humanities Press, 1962.

________. *The Phenomenology of Mind.* Translated with introduction and notes by J. B. Baillie. 2nd ed. London: George Allen and Unwin, 1961. 《정신현상학》(한길사 역간).

________. *The Philosophy of History.* Translated by J. Sibree. In *The Great Books of the*

Western World, edited by Robert Maynard Hutchins, vol. 46. Chicago: Encyclopaedia Britannica, 1952. 《철학사》(지식산업사 역간).

Heidegger, Martin. "The Age of the World Picture." In *The Question concerning Technology and Other Essays,* translated and introduction by William Lovitt, pp. 115~154. New York: Harper and Row, Harper Torchbooks, 1977. 《세계상의 시대》(서광사 역간).

________. "Anmerkungen zu Karl Jaspers' *Psychologie der Weltanschauungen.*" In *Karl Jaspers in der Diskussion,* edited by Hans Saner, pp. 70~100. Munich: R. Piper, 1973.

________. *The Basic Problems of Phenomenology*. Translation, introduction, and lexicon by Albert Hofstadter. Studies in Phenomenology and Existential Philosophy. Bloomington: Indiana University Press, 1982. 《현상학의 근본문제들》(문예출판사 역간).

________. *Being and Time.* Translated by John Macquarrie and Edward Robinson. New York: Harper and Row, 1962. 《존재와 시간》(까치 역간).

________. *Being and Time: A Translation of "Sein und Zeit."* Translated by Joan Stambaugh. SUNY Series in Contemporary Continental Philosophy, edited by Dennis J. Schmidt. Albany: State University of New York Press, 1996.

________. *Die Grundproblem der Phänomenologie*. In Gesamtausgabe, edited by F.-W. von Herrmann, vol. 24. Frankfurt: Klostermann, 1975, 1989.

________. "Die Idee der Philosophie und das *Weltanschauungs* problem." In *Zur Bestimmung der Philosophie,* in *Gesamtausgabe,* edited by Bernd Heimbüchel, vol. 56/57, pp. 3~117. Frankfurt: Klostermann, 1987.

________. *The Metaphysical Foundations of Logic.* Translated by Michael Heim. Bloomington: Indiana University Press, 1984.

________. *Metaphysische Anfangsgründe der Logik im Ausgang von Leibniz.* In *Gesamtausgabe*, edited by Klaus Held, vol. 26. Frankfurt: Klostermann, 1978.

________. "'Only a God Can Save Us': The Spiegel Interview (1966)." In *Heidegger: The Man and the Thinker*, edited by Thomas Sheehan, pp. 45~72. Chicago: Precedent Publishing, n.d.

________. *Wegmarken*. In *Gesamtausgabe,* edited by F.-W. von Herrmann, 9:1~44. Frankfurt: Klostermann, 1976. 《이정표》(한길사 역간).

________. "Die Zeit des Weltbildes." In *Holzwege,* in *Gesamtausgabe,* edited by F.-W. von Herrmann, 5:75~113. Frankfurt: Klostermann, 1977.

Hempel, Carl G. "Thomas Kuhn, Colleague and Friend." In *World Changes: Thomas Kuhn and the Nature of Science*, edited by Paul Horwich, pp. 7~8. Cambridge: MIT Press,

1993.

Henderson, R. D. "How Abraham Kuyper Became a Kuyperian." *Christian Scholars Review* 22 (1992): pp. 22~35.

Henry, Carl F. H. *Confessions of a Theologian: An Autobiography*. Waco, Tex.: Word, 1986.

________. "Fortunes of the Christian World View." *Trinity Journal*, n.s., 19 (1998): pp. 163~176.

Heslam, Peter S. *Creating a Christian Worldview: Abraham Kuyper's Lectures on Calvinism*. Grand Rapids: Eerdmans, 1998.

Hesse, Mary. *Revolutions and Reconstructions in the Philosophy of Science*. Bloomington: Indiana University Press, 1980.

Hodges, H. A. *Wilhelm Dilthey: An Introduction*. New York: Howard Fertig, 1969.

Holmes, Arthur. "Phenomenology and the Relativity of World-Views." *Personalist* 48 (summer 1967): pp. 328~344.

Hoyningen-Huene, Paul. *Reconstructing Scientific Revolutions: Thomas S. Kuhn's Philosophy of Science*. Translated by Alexander T. Levine. Foreword by Thomas S. Kuhn. Chicago: University of Chicago Press, 1993.

Hung, Edwin. *The Nature of Science: Problems and Perspectives*. Belmont, Calif.: Wadsworth, 1997.

Hunnings, Gordon. *The World and Language in Wittgenstein's Philosophy*. Albany: State University of New York Press, 1988.

Husserl, Edmund. *The Crisis of European Sciences and Transcendental Phenomenology: An Introduction to Phenomenological Philosophy*. Translated and introduction by David Carr. Northwestern University Studies in Phenomenology and Existential Philosophy, general editor John Wild. Evanston, Ill.: Northwestern University Press, 1970. 《유럽학문의 위기와 선험적 현상학》(한길사 역간).

________. "Philosophie als strenge Wissenschaften." *Logos* 1 (1910~1911): pp. 289~341.

________. "Philosophy as Rigorous Science." In *Husserl: Shorter Works*, edited by Peter McCormick and Frederick A. Elliston, pp. 185~197. Notre Dame, Ind.: University of Notre Dame Press; Brighton, England: Harvester Press, 1981.

Husserl, Edmund, and Wilhelm Dilthey. "The Dilthey-Husserl Correspondence." Edited by Walter Biemel. Translated by Jeffner Allen. In *Husserl: Shorter Works*, edited by Peter McCormick and Frederick A. Elliston, pp. 203~209. Notre Dame, Ind.: University of

Notre Dame Press; Brighton, England: Harvester Press, 1981.

Hyppolite, Jean. *Genesis and Structure of Hegel's Phenomenology of Spirit.* Translated by Samuel Cherniak and John Heckman. Northwestern University Studies in Phenomenology and Existential Philosophy, edited by James M. Edie. Evanston, Ill.: Northwestern University Press, 1974. 《헤겔의 정신현상학》(문예출판사 역간).

James, William. "Is Life Worth Living?" In *The Will to Believe and Other Essays in Popular Philosophy*, pp. 32~62. New York, ca. 1896. Reprint, New York: Dover, 1956.

________. *A Pluralistic Universe.* New York: Longmans, Green, and Co., 1925. Jaspers, Karl. *Basic Philosophical Writings*. Edited, translated, and introduction by Edith Ehrlich, Leonard H. Ehrlich, and George B. Pepper. Atlantic Highlands, N.J.: Humanities Press, 1986.

________. "Philosophical Autobiography." In *The Philosophy of Karl Jaspers,* edited by Paul Arthur Schlipp, pp. 5~94. Augmented edition. Library of Living Philosophers. La Salle, Ill.: Open Court, 1981. 《야스퍼스의 철학 사상》(서문당 역간).

________. *Psychologie der Weltanschauungen.* Berlin: Verlag von Julius Springer, 1919.

John Paul II, Pope (Wojtyla, Karol을 보라).

Jones, Stanton L., and Richard E. Butman. *Modern Psycho-Therapies: A Comprehensive Christian Appraisal.* Downers Grove, Ill.: InterVarsity, 1991. 《현재 심리치료와 기독교적 평가》(대서 역간).

Jones, W. T. *A History of Western Philosophy.* Vol. 2, *The Medieval Mind*. 2nd ed. New York: Harcourt, Brace and World, 1969.

________. "World Views: Their Nature and Their Function." *Current Anthropology* 13 (February 1972): pp. 79~109.

Jung, C. G. "Psychotherapy and a Philosophy of Life." In *The Practice of Psychotherapy: Essays on the Psychology of the Transference and Other Subjects,* translated by R. F. C. Hull, pp. 76~83. Bollingen Series, vol. 20. 2nd ed. New York: Pantheon Books, 1966. "정신 치료와 세계관," 《심성 연구》 3(1) : pp. 43~50.

Kant, Immanuel. *Critique of Judgment: Including the First Introduction.* Translated and introduction by Werner S. Pluhar. Foreword by Mary J. Gregor. Indianapolis: Hackett, 1987. 《판단력 비판》(아카넷 역간).

Kantzer, Kenneth S. "Carl Ferdinand Howard Henry: An Appreciation." In *God and Culture: Essays in Honor of Carl F. H. Henry,* edited by D. A. Carson and John D. Woodbridge, pp. 369~377. Grand Rapids: Eerdmans, 1993.

Kaufmann, Walter. "Jaspers' Relation to Nietzsche." In *The Philosophy of Karl Jaspers*, pp. 407~436. Library of Living Philosophers, edited by Paul Arthur Schlipp. Augmented edition. La Salle, Ill.: Open Court, 1981.

Kearney, Michael. *Worldview*. Novato, Calif.: Chandler and Sharp, 1984.

Kidner, Derek. *The Proverbs: An Introduction and Commentary*. Tyndale Old Testament Commentaries, edited by D. J. Wiseman. Downers Grove, Ill.: InterVarsity, 1977. 《잠언: 틴델 구약주석 시리즈 12》(CLC 역간).

Kierkegaard, Søren. *Attack upon "Christendom."* Translated, introduction, and notes by Walter Lowrie. New introduction by Howard A. Johnson. Princeton: Princeton University Press, 1968. 《그리스도교의 훈련》(다산글방 역간).

________. *Concluding Unscientific Postscript*. Translated by David F. Swenson. Completed, with introduction and notes by Walter Lowrie. Princeton: Princeton University Press, 1941. (이 책의 일부가 《주체적으로 되는 것》(지식을만드는지식 역간]이라는 제목으로 발췌 번역됨)

________. *Either/Or*. Edited and translated with introduction and notes by Howard V. Hong and Edna H. Hong. 2 vols. Princeton: Princeton University Press, 1987. 《이것이냐 저것이냐》(다산글방 역간).

________. *Journals and Papers*. Edited and translated by Howard V. Hong and Edna H. Hong. Assisted by Gregor Malantschuk. Vol. 3, L–R. Bloomington: Indiana University Press, 1975

________. *The Journals of Kierkegaard, 1834–1854*. Translated and edited by Alexander Dru. London: Oxford University Press, 1938.

________. *On Authority and Revelation*. Translated with an introduction and notes by Walter Lowrie. Introduction by Frederick Sontag. New York: Harper and Row, Harper Torchbooks, 1966.

________. *Stages on Life's Way: Studies by Various Persons*. Edited and translated with introduction and notes by Howard V. Hong and Edna H. Hong. Princeton: Princeton University Press, 1988.

Kisiel, Theodore. *The Genesis of Heidegger's "Being and Time."* Berkeley: University of California Press, 1993.

Klapwijk, Jacob. "On Worldviews and Philosophy." In *Stained Glass: Worldviews and Social Science*, edited by Paul A. Marshall, Sander Griffioen, and Richard J. Mouw, pp. 41~55. Christian Studies Today. Lanham, Md.: University Press of America, 1989.

Kovacs, George. "Philosophy as Primordial Science in Heidegger's Courses of 1919." In

Reading Heidegger from the Start: Essays in His Earliest Thought, edited by Theodore Kisiel and John van Buren, pp. 91~110. SUNY Series in Contemporary Continental Philosophy, edited by Dennis J. Schmidt. Albany: State University of New York Press, 1994.

Kraut, Robert. "The Third Dogma." In *Truth and Interpretation: Perspectives on the Philosophy of Donald Davidson*, edited by Ernest LePore, pp. 398~416. Cambridge, Mass.: Basil Blackwell, 1986.

Kreeft, Peter. *Three Philosophies of Life*. San Francisco: Ignatius, 1989.

Krell, David Farrell. *Intimations of Mortality: Time, Truth, and Finitude in Heidegger's Thinking of Being*. University Park: Pennsylvania State University Press, 1986.

Kuhn, Thomas S. *The Essential Tension: Selected Studies in Scientific Tradition and Change*. Chicago: University of Chicago Press, 1977.

________. "Reflections on My Critics." In *Criticism and the Growth of Knowledge*, edited by I. Lakatos and A. Musgrave, pp. 231~278. Cambridge: Cambridge University Press, 1970. 《현대 과학철학 논쟁: 비판과 과학적 지식의 성장》(민음사 역간).

________. *The Structure of Scientific Revolutions*. International Encyclopedia of Unified Science, edited by Otto Neurath. 2nd enlarged edition. Vol. 2. Chicago: University of Chicago Press, 1970. 《과학 혁명의 구조》(까치 역간).

Kuyper, Abraham. *Lectures on Calvinism: Six Lectures Delivered at Princeton University under Auspices of the L. P. Stone Foundation*. 1931. Reprint, Grand Rapids: Eerdmans, 1994. 《칼빈주의 강연》(크리스천다이제스트 역간).

________. *Principles of Sacred Theology*. Translated by J. Hendrik De Vries. Introduction by Benjamin B. Warfield. Grand Rapids: Baker, 1980.

________. "Sphere Sovereignty." In *Abraham Kuyper: A Centennial Reader*, edited by James D. Bratt. Grand Rapids: Eerdmans, 1998.

Ladd, George Eldon. *A Theology of the New Testament*. Edited by Donald A. Hagner. Rev. ed. Grand Rapids: Eerdmans, 1993. 《신약 신학》(대한기독교출판사 역간).

Lakoff, George, and Mark Johnson. *Metaphors We Live By*. Chicago: University of Chicago Press, 1980. 《삶으로서의 은유》(박이정 역간).

Latzel, Edwin. "The Concept of 'Ultimate Situation' in Jaspers' Philosophy." In *The Philosophy of Karl Jaspers*, pp. 177~208. Library of Living Philosophers, edited by Paul Arthur Schlipp. Augmented edition. La Salle, Ill.: Open Court, 1981.

Lefebre, Ludwig B. "The Psychology of Karl Jaspers." In *The Philosophy of Karl Jaspers*, pp.

467~497. Library of Living Philosophers, edited by Paul Arthur Schlipp. Augmented edition. La Salle, Ill.: Open Court, 1981.

Levi, Albert William. *Philosophy and the Modern World.* Bloomington: Indiana University Press, 1959.

Levine, Peter. *Nietzsche and the Modern Crisis of the Humanities.* Albany: State University of New York Press, 1995.

Lewis, C. I. *Mind and the World Order.* New York: Scribner, 1929.

Lewis, C. S. *The Abolition of Man*. New York: Macmillan, 1944; New York: Simon and Schuster, Touchstone, 1996. 《인간 폐지》(홍성사 역간).

________. "De Descriptione Temporum." In *Selected Literary Essays,* edited by Walter Hooper, pp. 1~14. Cambridge: At the University Press, 1969.

________. *The Great Divorce.* New York: Macmillan, 1946. 《천국과 지옥의 이혼》(홍성사 역간).

________. "In Praise of Solid People." In *Poems,* edited by Walter Hooper, pp. 199~200. London: Harper Collins, Fount Paperbacks, 1994.

________. "Meditation in a Toolshed." *In God in the Dock: Essays on Theology and Ethics,* edited by Walter Hooper, pp. 212~215. Grand Rapids: Eerdmans, 1970. "공구실에서 한 생각," 《피고석의 하나님》(홍성사 역간).

________. "The Poison of Subjectivism." In *Christian Reflections,* edited by Walter Hooper, pp. 72~81. Grand Rapids: Eerdmans, 1967. "주관주의의 독," 《기독교적 숙고》(홍성사 역간).

________. *The Screwtape Letters and Screwtape Proposes a Toast.* New York: Macmillan, 1961. 《스크루테이프의 편지》(홍성사 역간).

Loewenberg, Jacob, ed. Introduction to *Hegel: Selections,* by G. W. F. Hegel. New York: Scribner, 1929.

Lubac, Henri de. *At the Service of the Church.* San Francisco: Ignatius, 1993.

Luther, Martin. "To the Councilmen of All Cities in Germany That They Establish and Maintain Christian Schools." In *The Christian in Society II,* edited by Walther I. Brandt, translated by A. T. W. Steinhauser and revised by W. I. Brandt, pp. 347~378. Vol. 45 of Luther's Works, general editor Helmut T. Lehmann. Philadelphia: Muhlenberg, n.d.

Lyotard, Jean-François. *The Postmodern Condition: A Report on Knowledge.* Translated by Geoff Bennington and Brian Massumi. Foreword by Fredric Jameson. Theory and History of Literature, edited by Wlad Godzich and JochenSchulte-Sasse, vol. 10. Minneapolis:

University of Minnesota Press, 1984. 《포스트모던적 조건: 정보사회에서의 지식의 위상》(서광사 역간).

MacIntyre, Alasdair. *After Virtue: A Study in Moral Theory*. 2nd ed. Notre Dame, Ind.: University of Notre Dame Press, 1984. 《덕의 상실》(문예출판사 역간).

________. "Epistemological Crises, Dramatic Narrative, and the Philosophy of Science." In *Why Narrative? Readings in Narrative Theology*, edited by Stanley Hauerwas and L. Gregory Jones, pp. 138~157. Grand Rapids: Eerdmans, 1989.

________. *Whose Justice? Which Rationality?* Notre Dame, Ind.: University of Notre Dame Press, 1988.

Major-Poetzl, Pamela. *Michel Foucault's Archaeology of Western Culture*. Chapel Hill: University of North Carolina Press, 1983.

Malcomb, Norman. "Wittgenstein's Philosophical Investigations." In *Wittgenstein: The Philosophical Investigations*, edited by George Pitcher, pp. 65~103. Garden City, N.Y.: Anchor Books, 1966.

Malinowski, Bronislaw. *Argonauts of the Western Pacific*. London: Routledge and Kegan Paul, 1922. 《서태평양의 항해자들》(전남대학교출판부 역간).

Malpas, J. E. *Donald Davidson and the Mirror of Meaning: Holism, Truth, Interpretation*. Cambridge: Cambridge University Press, 1992.

Mannheim, Karl. "On the Interpretation of Weltanschauung." In *From Karl Mannheim*, edited and introduction by Kurt H. Wolff, pp. 8-58. New York: Oxford University Press, 1971.

Marsden, George M. "The State of Evangelical Christian Scholarship." *Reformed Journal* 37 (1987): pp. 12~16.

Marshall, Paul A., Sander Griffioen, and Richard J. Mouw, eds. Introduction to *Stained Glass: Worldviews and Social Science*, pp. 8~13. Christian Studies Today. Lanham, Md.: University Press of America, 1989.

Marx, Karl. "Preface to A Contribution to the Critique of Political Economy." In *The Marx-Engels Reader*, edited by Robert C. Tucker, pp. 3~6. 2nd ed. New York: Norton, 1978. "정치경제학 비판을 위하여. 서문," 《칼 맑스 프리드리히 엥겔스 저작 선집 2》(박종철출판사 역간).

Marx, Karl, and Friedrich Engels. *The German Ideology*. Edited and introduction by R. Pascal. New York: International Publishers, 1947. 《독일 이데올로기》(두레 역간).

Masterson, Margaret. "The Nature of a Paradigm." In *Criticism and the Growth of*

Knowledge, edited by I. Lakatos and A. Musgrave, pp. 59~89. Cambridge: Cambridge University Press, 1970.

May, Rollo. *The Cry for Myth*. New York: Bantam Doubleday Dell, Delta, 1991. McBrien, Richard P. Catholicism. 2 vols. Minneapolis: Winston Press, 1980. 《신화를 찾는 인간》(문예출판사 역간).

McCarthy, Vincent A. *The Phenomenology of Moods in Kierkegaard*. The Hague and Boston: Martinus Nijhoff, 1978.

McDermott, John M., S.J., ed. *The Thought of Pope John Paul II: A Collection of Essays and Studies*. Rome: Editrice Pontifica Universit? Gregoriana, 1993.

McMullin, Ernan. "Rationality and Paradigm Change in Science." In *World Changes: Thomas Kuhn and the Nature of Science*, edited by Paul Horwich, pp. 55~78. Cambridge: MIT Press, 1993.

Meier, Andreas. "Die Geburt der '*Weltanschauung*' im 19. Jahrhundert." *Theologische Rundschau* 62 (1997): pp. 414~420.

Meier, Helmut G. "'Weltanschauung': Studien zu einer Geschichte und Theorie des Begriffs." Ph.D. diss., Westfälischen Wilhelms-Universitüt zu Mänster, 1967.

Middleton, J. Richard, and Brian J. Walsh. *Truth Is Stranger Than It Used to Be: Biblical Faith in a Postmodern Age*. Downers Grove, Ill.: InterVarsity, 1995. 《포스트모던 시대의 기독교 세계관》(살림 역간).

Miller, Richard W. "Social and Political Theory: Class, State, Revolution." In *The Cambridge Companion to Marx*, edited by Terrell Carver, pp. 55~105. Cambridge: Cambridge University Press, 1991.

Mouw, Richard J. "Dutch Calvinist Philosophical Influences in North America." *Calvin Theological Journal* 24 (April 1989): pp. 93~120.

Nash, Ronald H. "The Life of the Mind and the Way of Life." In *Francis A. Schaeffer: Portraits of the Man and His Work*, edited by Lane T. Dennis, pp. 53-69. Westchester, Ill.: Crossway, 1986. 《프란시스 쉐퍼의 생애와 사상》(한국로고스연구원 역간).

________. *Preface to The Philosophy of Gordon H. Clark: A Festschrift*. Edited by Ronald H. Nash. Philadelphia: Presbyterian and Reformed, 1968.

Nassif, Bradley. "New Dimensions in Eastern Orthodox Theology." In *New Dimensions in Evangelical Thought: Essays in Honor of Millard J. Erickson*, edited by David S. Dockery, pp. 92-117. Downers Grove, Ill.: InterVarsity, 1998.

Neuhaus, Richard John. Foreword to *Springtime of Evangelization: The Complete Texts of the Holy Father's 1998 ad Limina Addresses to the Bishops of the United States,* by Pope John Paul II. Edited and introduction by Rev. Thomas D. Williams, L.C. Preface by Francis Cardinal George, O.M.I. San Francisco: Ignatius, 1999.

Niebuhr, H. Richard. *Christ and Culture.* New York: Harper and Row, 1951. 《그리스도와 문화》(IVP 역간).

Nietzsche, Friedrich. *Basic Writings of Friedrich Nietzsche.* Translated, edited, and commentaries by Walter Kaufmann. New York: Modern Library, 1968.

________. *Beyond Good and Evil.* In Basic Writings of Friedrich Nietzsche, translated, edited, and commentaries by Walter Kaufmann. New York: Modern Library, 1968. 《선악의 저편, 도덕의 계보》(책세상 역간).

________. *The Birth of Tragedy and the Case of Wagner.* Translated and commentary by Walter Kaufmann. New York: Random House, Vintage Books, 1967. 《비극의 탄생》(아카넷 역간).

________. *The Complete Works of Friedrich Nietzsche.* Edited by Dr. Oscar Levy. 16 vols. New York: Russell and Russell, 1964.

________. *The Gay Science, with a Prelude in Rhymes and an Appendix of Songs.* Translated with commentary by Walter Kaufmann. New York: Random House, Vintage Books, 1974. 《즐거운 학문, 메시나에서의 전원시 유고》(1881년 봄~1882년 여름)(책세상 역간).

________. *The Genealogy of Morals.* Translated by Horace B. Samuel. In *The Complete Works of Friedrich Nietzsche*, edited by Oscar Levy, vol. 13. New York: Russell and Russell, 1964. 《선악의 저편, 도덕의 계보》(책세상 역간).

________. *Human, All Too Human: A Book for Free Spirits.* Translated by R. J. Hollingdale. Introduction by Erich Heller. Texts in German Philosophy, general editor Charles Taylor. New York: Cambridge University Press, 1986. 《인간적인 너무나 인간적인》(책세상 역간).

________. *The Joyful Wisdom.* Translated by Thomas Common. In *The Complete Works of Friedrich Nietzsche*, edited by Oscar Levy, vol. 10. New York: Russell and Russell, 1964. 《즐거운 학문, 메시나에서의 전원시 유고》(1881년 봄~1882년 여름)(책세상 역간).

________. *On the Advantage and Disadvantage of History for Life.* Translated and introduction by Peter Preuss. Indianapolis: Hackett, 1980.

________. *On the Genealogy of Morals.* Translated, edited, and commentaries by Walter Kaufmann. New York: Modern Library, 1968. 《선악의 저편, 도덕의 계보》(책세상 역간).

________. "On Truth and Lie in an Extra-Moral Sense." *In The Portable Nietzsche,* edited and translated by Walter Kaufmann, pp. 42~47. New York: Penguin Books, 1982.

________. *Thus Spoke Zarathustra.* In *The Portable Nietzsche,* edited and translated by Walter Kaufmann. New York: Penguin Books, 1982. 《차라투스트라는 이렇게 말했다》(민음사 역간).

________. *Twilight of the Idols.* In *The Portable Nietzsche,* edited and translated by Walter Kaufmann. New York: Penguin Books, 1982. 《우상의 황혼: 니체전집 15》(책세상 역간).

________. *The Will to Power.* Translated by Anthony M. Ludovici. In The Complete Works of Friedrich Nietzsche, edited by Oscar Levy, vol. 15. New York: Russell and Russell, 1964. 《권력에의 의지》(청하 역간).

Novak, Michael. Foreword to *Karol Wojtyla: The Thought of the Man Who Became Pope John Paul II,* by Rocco Buttiglione. Translated by Paolo Guietti and Francesca Murphy. Grand Rapids: Eerdmans, 1997.

Ong, Walter. "World as View and World as Event." *American Anthropologist* 71 (August 1969): pp. 634~647.

Orr, James. *The Christian View of God and the World as Centering in the Incarnation.* New York: Scribner, 1887. Reprint, with a foreword by Vernon C. Grounds, Grand Rapids: Kregel, 1989.

Ortega y Gassett, José. *Concord and Liberty.* Translated by Helene Weyl. New York: Norton, Norton Library, 1946. 《인간과 기술: 잘사는 것이란 무엇인가》(이문출판사 역간).

Paci, Enzo. *The Function of the Sciences and the Meaning of Man.* Translated with an introduction by Paul Piccone and James E. Hansen. Northwestern University Studies in Phenomenology and Existential Philosophy, general editor John Wild. Evanston, Ill.: Northwestern University Press, 1972.

Packer, J. I. "On from Orr: Cultural Crisis, Rational Realism and Incarnational Ontology." In *Reclaiming the Great Tradition: Evangelicals, Catholics, and Orthodox in Dialogue,* edited by James S. Cutsinger, pp. 155~176. Downers Grove, Ill.: InterVarsity, 1997.

Palmer, Parker J. *To Know as We Are Known: A Spirituality of Education.* San Francisco: Harper San Francisco, 1983.

Pascal, Blaise. *The Mind on Fire: An Anthology of the Writings of Blaise Pascal.* Edited by James M. Houston. Introduction by Os Guinness. Portland, Oreg.: Multnomah, 1989. 《쉽게 읽는 팡세》(생명의말씀사 역간).

________. Pensées. Translated by W. F. Trotter. In *The Great Books of the Western World,* edited by Robert Maynard Hutchins, vol. 33. Chicago: William Benton and

Encyclopaedia Britannica, 1952. 《팡세》(민음사 역간).

________. *Pensées and Other Writings.* Translated by Honor Levi. Oxford World's Classics. New York: Oxford University Press, 1995.

Peifer, John. *The Mystery of Knowledge.* Albany, N.Y.: Magi Books, 1964.

Peirce, Charles Sanders. *Collected Papers.* Edited by Charles Hartshorne and Paul Weiss. Vol. 5. Cambridge: Harvard University Press, 1931~1958.

Peters, Ted. "The Nature and Role of Presupposition: An Inquiry into Contemporary Hermeneutics." *International Philosophical Quarterly* 14 (June 1974): pp. 209~222.

Plantinga, Theodore. *Historical Understanding in the Thought of Wilhelm Dilthey.* Toronto: University of Toronto Press, 1980.

Plato. *Meno.* Translated by Benjamin Jowett. In *The Great Books of the Western World,* edited by Robert Maynard Hutchins, vol. 7. Chicago: Encyclopædia Britannica, 1952. 《메논》(이제이북스 역간).

________. *Phaedrus.* Translated and introduction by Walter Hamilton. New York: Penguin Books, 1973. 《파이드로스》(문예출판사 역간)

________. *Plato's Epistles.* Translated, essays, and notes by Glenn R. Morrow. Library of Liberal Arts. Indianapolis: Bobbs-Merrill, 1962. 《편지들》(이제이북스 역간).

________. *Theaetetus.* Translated by Benjamin Jowett. In *The Great Books of the Western World,* edited by Robert Maynard Hutchins, vol. 7. Chicago: Encyclopaedia Britannica, 1952. 《테아이테토스》(이제이북스 역간).

Polanyi, Michael. *Personal Knowledge: Towards a Post-Critical Philosophy.* Chicago: University of Chicago Press, 1958. 《개인적 지식: 후기비판적 철학을 위하여》(아카넷 역간).

________. *The Tacit Dimension.* Garden City, N.Y.: Doubleday, 1966. 《암묵적 영역》(박영사 역간).

________. "Why Did We Destroy Europe?" *Studium Generale* 23 (1970): pp. 909~916.

________. "Works of Art." From unpublished lectures at the University of Texas and the University of Chicago, February-May 1969, p. 30.

Prosch, Harry. *Michael Polanyi: A Critical Exposition.* Albany: State University of New York Press, 1986.

Quine, W. V. O. "Two Dogmas of Empiricism." In *From a Logical Point of View,* pp. 20~46. Cambridge: Harvard University Press, 1953.

Redfield, Robert. *The Primitive World and Its Transformations.* Ithaca, N.Y.: Cornell University Press, Cornell Paperbacks, 1953.

Rescher, Nicholas. "Conceptual Schemes." In *Midwest Studies in Philosophy,* vol. 5, edited by Peter A. French, Theodore E. Uehling, Jr., and Howard K. Wettstein, pp. 323~345. Minneapolis: University of Minnesota Press, 1980.

Rockmore, Tom. "Epistemology as Hermeneutics: Antifoundationalist Relativism." *Monist* 73 (1990): pp. 115~133.

Rorty, Richard. *Consequences of Pragmatism: Essays: 1972–1980.* Minneapolis: University of Minnesota Press, 1982. 《실용주의의 결과》(민음사 역간).

Rosen, Stanley. *Hermeneutics as Politics.* Odéon, edited by Josué V. Harari and Vincent Descombes. New York: Oxford University Press, 1987.

Rowe, William V. "Society after the Subject, Philosophy after the Worldview." In *Stained Glass: Worldviews and Social Science,* edited by Paul A. Marshall, Sander Griffioen, and Richard Mouw, pp. 156~183. Christian Studies Today. Lanham, Md.: University Press of America, 1989.

Runzo, Joseph. *World Views and Perceiving God.* New York: St. Martin's Press, 1993.

Ryckman, Richard M. *Theories of Personality.* 3rd ed. Monterey, Calif.: Brooks/Cole, 1985. 《성격 심리학》(박학사 역간).

Said, Edward W. "Michael Foucault: 1926~1984." In *After Foucault: Humanistic Knowledge, Postmodern Challenges,* edited by Jonathan Arac, pp. 1~11. New Brunswick, N.J.: Rutgers University Press, 1988.

Sarna, Jan W. "On Some Presuppositions of Husserl's 'Presuppositionless' Philosophy." *Analecta Husserliana* 27 (1989): pp. 239~250.

Sayers, Dorothy L. *The Letters of Dorothy L. Sayers.* Vol. 2, *1937–1943: From Novelist to Playwright.* Edited by Barbara Reynolds. New York: St. Martin's Press, 1998.

________. "Toward a Christian Esthetic." In *The Whimsical Christian: Eighteen Essays by Dorothy L. Sayers,* pp. 73~91. New York: Macmillan, Collier Books, 1987. "기독교 미학을 정립하기 위해," 《기독교 교리를 다시 생각한다》(IVP 역간)에 수록됨.

Scanlon, John. "The Manifold Meanings of 'Life World' in Husserl's Crisis." *American Catholic Philosophical Quarterly* 66 (spring 1992): pp. 229~239.

Schaeffer, Francis A. *Art and the Bible.* L'Abri Pamphlets. Downers Grove, Ill.: InterVarsity, 1973. 《예술과 성경》(생명의말씀사 역간).

________. *The Complete Works of Francis A. Schaeffer: A Christian Worldview.* 2nd ed. 5 vols. Wheaton, Ill.: Crossway, 1982. 《프란시스 쉐퍼 전집》(5권, 크리스천다이제스트 역간).

Scheler, Max. *Problems of a Sociology of Knowledge.* Translated by Manfred S. Frings.

Edited and introduction by Kenneth W. Stikkers. Boston: Routledge and Kegan Paul, 1980. "지식사회학의 문제들," 《지식의 형태와 사회 1》(한길사 역간)에 수록됨.

________. "The Sociology of Knowledge: Formal Problems." In *The Sociology of Knowledge: A Reader,* edited by James E. Curtis and John W. Petras, pp. 170~186. New York: Praeger, 1970. "형식적인 문제들," 《지식의 형태와 사회 1》(한길사 역간)에 수록됨.

Schlier, Heinrich. *Principalities and Powers in the New Testament.* New York: Herder and Herder, 1961.

Schmemann, Alexander. *Church, World, Mission.* Crestwood, N.Y.: St. Vladimir's Seminary Press, 1979.

________. *For the Life of the World: Sacraments and Orthodoxy.* Crestwood, N.Y.: St. Vladimir's Seminary Press, 1973. 《세상에 생명을 주는 예배》(복있는사람 역간).

Schrag, Oswald O. *An Introduction to Existence, Existenz, and Transcendence: The Philosophy of Karl Jaspers.* Pittsburgh: Duquesne University Press, 1971.

Schumacher, E. F. *A Guide for the Perplexed.* New York: Harper and Row, 1977. 《당혹한 이들을 위한 안내서: 신을 찾아가는 철학적 사색에의 길》(따님 역간).

Scorgie, Glen G. *A Call for Continuity: The Theological Contribution of James Orr.* Macon, Ga.: Mercer University Press, 1988.

________. "James Orr." In *Handbook of Evangelical Theologians,* edited by Walter A. Elwell, pp. 12–25. Grand Rapids: Baker, 1993.

Searle, John. "Is There a Crisis in American Higher Education?" *Bulletin of the American Academy of Arts and Sciences* 46 (n.d.): pp. 24~47.

Simon, Herbert A. *Reason in Human Affairs.* Stanford: Stanford University Press, 1983.

Sire, James W. *The Universe Next Door: A Basic Worldview Catalog.* 3rd ed. Downers Grove, Ill.: InterVarsity, 1997. 《기독교 세계관과 현대 사상》(IVP 역간).

Small, Robin. "Nietzsche and a Platonist Idea of the Cosmos: Center Everywhere and Circumference Nowhere." *Journal of the History of Ideas* 44 (January–March 1983): pp. 89~104.

Smart, Ninian. *Worldviews: Crosscultural Explorations of Human Beliefs.* 2nd ed. Englewood Cliffs, N.J.: Prentice–Hall, 1995. 《종교와 세계관》(이학사 역간).

Smith, Charles W. *A Critique of Sociological Reasoning: An Essay in Philosophical Sociology.* Oxford: Basil Blackwell, 1979.

Smith, John E. *Introduction to Religious Affections,* by Jonathan Edwards. The Works of

Jonathan Edwards, vol. 2. New Haven: Yale University Press, 1959. "편집자 서문," 《신앙 감정론》(부흥과개혁사 역간).

Solomon, Robert C.. *Continental Philosophy Since 1750: The Rise and Fall of the Self.* A History of Western Philosophy, vol. 7. Oxford: Oxford University Press, 1988.

Spykman, Gordon J. *Reformational Theology: A New Paradigm for Doing Dogmatics.* Grand Rapids: Eerdmans, 1992. 《개혁주의 신학》(CLC 역간).

Stack, George J. *Nietzsche: Man, Knowledge, and Will to Power.* Durango, Colo.: Hollowbrook Publishing, 1994.

Steiner, George. *Real Presences.* Chicago: University of Chicago Press, 1989.

Strawser, Michael. *Both/And: Reading Kierkegaard from Irony to Edification.* New York: Fordham University Press, 1997.

Thiselton, Anthony C. *New Horizons in Hermeneutics: The Theory and Practice of Transforming Biblical Reading.* Grand Rapids: Zondervan, 1992. 《해석의 새로운 지평 : 변혁적 성경읽기의 이론과 실제》(학생신앙운동출판부 역간).

Thompson, Josiah. *The Lonely Labyrinth: Kierkegaard's Pseudonymous Works.* Foreword by George Kimball Plochman. Carbondale: Southern Illinois University Press, 1967.

Van Til, Henry R. *The Calvinistic Concept of Culture.* Grand Rapids: Baker, 1959. 《칼빈주의 문화관》(성암사 역간).

Verhoogt, Jan. "Sociology and Progress: Worldview Analysis of Modern Sociology." In *Stained Glass: Worldviews and Social Science,* edited by Paul A. Marshall, Sander Griffioen, and Richard J. Mouw, pp. 119~139. Lanham, Md.: University Press of America, 1989.

Wallraff, Charles F. *Karl Jaspers: An Introduction to His Philosophy.* Princeton: Princeton University Press, 1970.

Ware, Timothy (Bishop Kallistos of Diokleia). *The Orthodox Church.* New York: Penguin Books, 1963, 1964. 《동방 정교회의 역사와 신학》(한국장로교출판사 역간).

Warnock, Mary. "Nietzsche's Conception of Truth." In *Nietzsche's Imagery and Thought: A Collection of Essays*, edited by Malcolm Pasley, pp. 33~63. Berkeley: University of California Press, 1978.

Weigel, George. *Witness to Hope: The Biography of Pope John Paul II.* New York: Harper Collins, Cliff Street Books, 1999.

Winch, Peter. "Understanding a Primitive Society." In *Rationality,* edited by Bryan R. Wilson, pp. 78~111. New York: Harper and Row, First Torchbook Library Edition,

1970.

Windelband, Wilhelm. *A History of Philosophy*. Edited and translated by James H. Tufts. 2nd ed. New York: Macmillan, 1901.

Wink, Walter. *Engaging the Powers: Discernment and Resistance in a World of Domination.* Power Series. Minneapolis: Fortress, 1992. 《사탄의 체제와 예수의 비폭력》(한국기독교연구소 역간).

Wittgenstein, Ludwig. *Culture and Value.* Edited by G. H. von Wright in collaboration with Heikki Nyman. Translated by Peter Winch. Chicago: University of Chicago Press; Oxford: Basil Blackwell, 1980. 《문화와 가치》(책세상 역간).

________. *Notebooks, 1914~1916.* Edited by G. H. von Wright and G. E. M. Anscombe. Translated by G. E. M. Anscombe. New York: Harper and Row, Harper Torchbooks, 1969. 《비트겐슈타인 철학 일기》(책세상 역간).

________. *On Certainty.* Edited by G. E. M. Anscombe and G. H. von Wright. Translated by Denis Paul and G. E. M. Anscombe. New York: Harper and Row, Harper Torchbooks, 1972. 《확실성에 관하여》(책세상 역간).

________. *Philosophical Investigations.* Translated by G. E. M. Anscombe. New York: Macmillan, 1953, 1966, 1968. 《철학적 탐구》(아카넷 역간).

________. *Remarks on Frazer's "Golden Bough."* Edited by Rush Rhees. Translated by A. C. Miles and revised by Rush Rhees. Atlantic Highlands, N.J.: Humanities Press, 1979. "프레이저의 〈황금 가지〉에 관한 소견들," 《소품집》(책세상 역간)에 수록됨.

________. *Tractatus Logico-Philosophicus.* Translated by D. F. Pears and B. F. McGuinness. Introduction by Bertrand Russell. London: Routledge and Kegan Paul, 1961. 《논리-철학 논고》(책세상 역간).

________. *Zettel.* Edited by G. E. M. Anscombe and G. H. von Wright. Translated by G. E. M. Anscombe. Los Angeles: University of California Press, 1970. 《쪽지》(책세상 역간).

Wojtyla, Karol (Pope John Paul II). *Crossing the Threshold of Hope.* Edited by Vittorio Messori. Translated by Jenny McPhee and Martha McPhee. New York: Knopf, 1994. 《희망의 문턱을 넘어》(시공사 역간).

________. *Fides et Ratio: On the Relationship between Faith and Reason.* Encyclical letter. Boston: Pauline Books and Media, 1998. 《신앙과 이성: 교황 요한 바오로 2세의 회칙》(한국천주교중앙협의회 역간).

________. *The Redeemer of Man: Redemptor Hominis.* Encyclical letter. Boston: Pauline Books and Media, 1979. 《인간의 구원자: 교황 요한 바오로 2세의 회칙》(한국천주교중앙협의

회 역간).

________. *Sources of Renewal: The Implementation of the Second Vatican Council*. Translated by P. S. Falla. San Francisco: Harper and Row, 1980.

________. *Springtime of Evangelization: The Complete Texts of the Holy Father's 1998 ad Limina Addresses to the Bishops of the United States*. Edited and introduction by Rev. Thomas D. Williams, L.C. Preface by Francis Cardinal George, O.M.I. Fore- word by Rev. Richard John Neuhaus. San Francisco: Ignatius, 1999.

Wolin, Richard. *The Politics of Being: The Political Thought of Martin Heidegger*. New York: Columbia University Press, 1990.

Wolin, Sheldon S. "On the Theory and Practice of Power." In *After Foucault: Humanistic Knowledge, Postmodern Challenges*, edited by Jonathan Arac, pp. 179~201. New Brunswick, N.J.: Rutgers University Press, 1988.

Wolters, Albert M. *Creation Regained: Biblical Basics for a Reformational Worldview*. Grand Rapids: Eerdmans, 1985. 《창조 타락 구속》(IVP 역간).

________. "Dutch Neo-Calvinism: Worldview, Philosophy and Rationality." In *Rationality in the Calvinian Tradition*, edited by Hendrik Hart, Johan Van Der Hoeven, and Nicholas Wolterstorff, pp. 113~131. Christian Studies Today. Lanham, Md.: University Press of America, 1983.

________. "The Intellectual Milieu of Herman Dooyeweerd." In *The Legacy of Herman Dooyeweerd: Reflections on Critical Philosophy in the Christian Tradition*, edited by C. T. McIntire, pp. 4-10. Lanham, Md.: University Press of America, 1985.

________. "On the Idea of Worldview and Its Relation to Philosophy." In *Stained Glass: Worldviews and Social Science*, edited by Paul A. Marshall, Sander Griffioen, and Richard J. Mouw, pp. 14~25. Christian Studies Today. Lanham, Md.: University Press of America, 1989.

________. "'Weltanschauung' in the History of Ideas: Preliminary Notes." N.d. Photocopy.

Wolterstorff, Nicholas. "The Grace That Shaped My Life." In *Philosophers Who Believe: The Spiritual Journeys of Eleven Leading Thinkers*, edited by Kelly James Clark, pp. 259~275. Downers Grove, Ill.: InterVarsity, 1993. 《(기독교 철학자들의) 고백 : 세계의 석학 11인이 들려주는 영적 자서전》(살림 역간).

________. "On Christian Learning." In *Stained Glass: Worldviews and Social Science*, edited by Paul A. Marshall, Sander Griffioen, and Richard J. Mouw, pp. 56-80. Christian Studies Today. Lanham, Md.: University Press of America, 1989.

Wright, N. T. *The New Testament and the People of God.* Christian Origins and the Question of God, vol. 1. Minneapolis: Fortress, 1992. 《신약성서와 하나님의 백성》(크리스천다이제스트 역간).

________. *Jesus and the Victory of God*. Vol. 2 of Christian Origins and the Question of God. Minneapolis: Fortress, 1996. 《예수와 하나님의 승리》(크리스천다이제스트 역간).

Young-Bruehl, Elisabeth. *Freedom and Karl Jaspers' Philosophy.* New Haven: Yale University Press, 1981.

Zylstra, Henry. *Testament of Vision.* Grand Rapids: Eerdmans, 1958.

주

저자 서문

1. 한 조사의 결과가 옳은 것이라면, 세계관에 대한 폭발적 관심은 비교적 소수의 복음주의 그리스도인들에게만 영향을 미쳤다. *Touchstone: A Journal of Mere Christianity* 12 (November/December 1999): 45에서 찰스 콜슨이 인용한 조지 바나(George Barna)의 조사 결과에 따르면, 복음주의자 중 12%만이 세계관이 무엇인지 알고 있다고 답했으며, 12%만이 이를 적합한 방식으로 정의할 수 있었고, 4%만이 이에 관해 알아야 할 필요가 있다고 말했다. 그렇다면 이 책은 이 개념에 대한 배경 지식을 제공할 뿐 아니라 이에 대한 관심을 촉발하는 이중적인 목적으로 활용될 수 있을 것이다.
2. *Planned Parenthood v. Casey*, 505 U.S. 833 (1992).
3. Samuel P. Huntington, "Clash of Civilizations?" *Foreign Affairs* 72 (Summer 1993): pp. 22~49; *The Clash of Civilizations and the Remaking of World Order* (New York: Simon & Schuster, A Touchstone Book, 1996).
4. Huntington, *The Clash of Civilizations*, p. 21. 《문명의 충돌》(김영사 역간).
5. 기독교 세계관이나 다른 세계관에 관한 책들은 이 책 마지막에 있는 부록을 참고하라.
6. Albert M. Wolters, "On the Idea of Worldview and Its Relation to Philosophy," in *Stained Glass: Worldviews and Social Science*, ed. Paul A. Marshall, Sander Griffioen, and Richard J. Mouw, Christian Studies Today (Lanham, Md.: University Press of America, 1989), pp. 14~25.

프롤로그

1. C. S. Lewis, *The Magician's Nephew* (New York: Macmillan, Collier Books, 1955, 1970), p. 114. 《마법사의 조카》(시공주니어 역간). 아래 본문에서 인용문의 쪽 번호는 이 책을 따른다.

1장_ 세계관의 경이 I : 개신교 복음주의

1. 'worldview'(세계관)라는 영어 단어는 유명한 독일어 용어 *Weltanschauung*에서 유래했다. 이 책 전체에서는 두 단어를 교환 가능한 방식으로 사용할 것이다.
2. Carl F. H. Henry, "Fortunes of the Christian World View," *Trinity Journal*, n.s., 19 (1998): 163.
3. Dorothy L. Sayers, *1937–1943: From Novelist to Playwright*, vol. 2 of *The Letters of Dorothy L. Sayers, ed. Barbara Reynolds* (New York: St. Martin's Press, 1998), p. 158. 프리드리히 니체(Friedrich Nietzsche)조차도 기독교 신앙이 모든 것을 아우르며 일관된 성격을 지님을 인정했다. 그는 "기독교는 하나의 체계, 통일성을 갖춘 사물에 대한 **총체적** 관점이다"라고 말한다. *Twilight of the Idols*, in *The Portable Nietzsche,* ed. and trans. Walter Kaufmann (New York: Penguin Books, 1988), p. 515를 보라. 《우상의 황혼: 니체전집 15》(책세상 역간).
4. 분명히 칼뱅은 자신의 신학 체계가 기독교 세계관과 대체로 유사한 하나의 "기독교 철학"을 위한 토대를 이루고 있음을 인식했다. 그는《기독교 강요》의 주제를 소개하면서 독자들에게 하나님이 무지한 사람들이 "그분의 말씀을 통해 그들에게 가르치시고자 했던 바의 골자"를 발견하도록 돕기 위해 지침을 제공하신다고 말한다. 그런 다음 그는 그렇게 하기 위해서 "기독교 철학의 으뜸되며 가장 중대한 문제를 다루는" 것보다 더 나은 방법이 없다고 말한다. 칼뱅이 성경과 성경에 대한 그의 성찰이 사물에 대한 포괄적 관점을 이룬다고 이해했음은 명백해 보인다. *Institutes of the Christian Religion*, ed. John T. McNeill, translated and indexed by Ford Lewis Battles, Library of Christian Classics, vol. 20 (Philadelphia: Westminster, 1960), p. 6을 보라. 또한 교회사에서 기독교 철학이라는 관념이 어떻게 발전해 왔는가에 관한 광범위한 참고 자료로는 같은 쪽 n. 8을 보라. 《기독교 강요》(생명의말씀사 역간).
5. J. I. Packer, "On from Orr: Cultural Crisis, Rational Realism and Incarnational Ontology," in *Reclaiming the Great Tradition: Evangelicals, Catholics, and Orthodox in Dialogue,* ed. James S. Cutsinger (Downers Grove, Ill.: InterVarsity, 1997), pp. 163, 161.
6. Glen G. Scorgie, *A Call for Continuity: The Theological Contribution of James Orr* (Macon, Ga.: Mercer University Press, 1988), p. 2. 이 주장을 강조하기 위해 스코지는 오어의 말을 인용한다. "'근대 사상의 요청 앞에서 복음주의 신앙의 교리 중에서 어떤 것과 결별할 준비가 되어 있는가?'라는 질문을 받을 때면, 나는 자신 있게 '그 어떤 것과도 결별하지 않겠다'라고 대답한다." 첫 문장에 포함된 오어에 대한 묘사는 39, 57쪽에서 가져왔다. 오어에 대한 스코지의 논의를 요약한 글로는 그가 쓴 "James Orr," in *Handbook of*

Evangelical Theologians, ed. Walter A. Elwell (Grand Rapids: Baker, 1993), pp. 12~25를 보라. 오어에 대한 추가적인 논의는 Alan P. F. Sell, *Defending and Declaring the Faith: Some Scottish Examples, 1860~1920*, foreword by James B. Torrance (Colorado Springs: Helmers and Howard, 1987), pp. 137~171을 보라.

7. C. S. Lewis, "De Descriptione Temporum," in *Selected Literary Essays*, ed. Walter Hooper (Cambridge: At the University Press, 1969), pp. 4~5, 12.
8. *Proceedings of the Synod of the United Presbyterian Church* (1887), pp. 489-490, Scorgie, *A Call for Continuity*, p. 47에서 재인용.
9. James Orr, *The Christian View of God and the World as Centering in the Incarnation* (Edinburgh: Andrew Eliot, 1893). 이 책은 많은 개정판이 나왔고 재판되기도 했다. 가장 최근에 나온 판본은 *The Christian View of God and the World*, foreword by Vernon C. Grounds (Grand Rapids: Kregel, 1989)이다.
10. Orr, *The Christian View*, p. 3.
11. Orr, *The Christian View*, p. 4.
12. Orr, *The Christian View*, p. 4.
13. 오어는 *The Christian View*, pp. 367~370의 "노트 B"에서 "세계관의 분류"에 사용되는 몇몇 기본 원리를 제시한다.
14. Orr, *The Christian View*, p. 365.
15. Orr, *The Christian View*, p. 6.
16. "무의식적 형이상학"(Unconscious Metaphysic)이라는 개념에 대해서는 Orr, "Note C," *The Christian View*, p. 370을 보라.
17. 카넬(E. J. Carnell)은 아마도 오어의 영향을 받아 "실천적인 인간의 곤경"(The *Practical* Human Predicament)과 "이론적인 인간의 곤경"(The *Theoretical* Human Predicament.) 이라는 제목 아래 인간 본성의 두 특징을 살펴봄으로써 기독교 변증학자들에 대한 자신의 연구서를 시작한다. 실제로 신앙에 대한 그의 변론 전체가 세계관 개념에 초점을 맞추고 있다. 그의 책 *An Introduction to Christian Apologetics: A Philosophic Defense of the Trinitarian-Theistic Faith* (1948; reprint, Grand Rapids: Eerdmans, 1981)에서 1부는 "기독교 세계관의 필요성"을, 2부는 "기독교 세계관의 대두"를, 3부는 "기독교 세계관의 함의"를 다룬다. 《기독교 변증학 원론: 삼위일체론적 유신론 신앙을 위한 원리적 변호》(성지출판사 역간). 초판 서문에서 그는 자신의 책의 목적이 "기독교가 다른 모든 세계관보다 더 적절하게는 아니더라도, 다른 세계관만큼 적절하게 삶의 근본 물음에 대해 대답할 수 있음을 보여 주는 것"이라고 명시한다(10쪽).
18. Orr, *The Christian View*, p. 7.

19. Orr, *The Christian View*, p. 8.

20. Orr, *The Christian View*, p. 9.

21. Orr, *The Christian View*, p. 16.

22. 오어는 "Note D," *The Christian View*, pp. 370~372에서 "기독교 세계관과 근대적 세계관의 대립—후자의 반초자연주의"(Antagonism of Christian and Modern Views of the World – Antisupernaturalism of the Latter)에 대해 더 자세히 논한다.

23. 오어는 "Note F," *The Christian View*, pp. 376~378에서 "구약 관점의 독특성"(Uniqueness of the Old Testament View)에 대해 자세히 다룬다.

24. Orr, *The Christian View*, pp. 9~15.

25. 오어는 "Note H," *The Christian View*, pp. 380~385에서 "자연과 종교의 정의"(Nature and Definition of Religion)에 대해 논한다.

26. Orr, *The Christian View*, pp. 20~21.

27. Orr, *The Christian View*, p. 30.

28. Orr, *The Christian View*, p. 31.

29. Scorgie, *A Call for Continuity*, p. 163과 Packer, p. 161을 보라. 어떤 이들은 그의 주장이 설득력이 부족하며, 그의 전투적 자세가 불쾌하고, 그의 반근대주의적 정서가 무지를 드러내며, 그의 문체가 지루하다고 생각한다. 아마도 이런 불평 중 일부는 옳을지도 모르지만, 다른 불평들은 그의 세계관과 철저히 모순된 그의 비판자들의 근대적 세계관(*Weltanschauung*)에서 기인했음이 분명하다.

30. Packer, p. 165.

31. Ronald H. Nash, *The Philosophy of Gordon H. Clark: A Festschrift*, ed. Ronald H. Nash (Philadelphia: Presbyterian and Reformed, 1968), p. 5. 또한 클락은 그의 책 *A Christian Philosophy of Education* (Grand Rapids: Eerdmans, 1946)의 첫 두 장에서 세계관의 필요성, 특히 유신론적 세계관의 필요성에 대해 자세히 논한다.

32. Gordon H. Clark, *A Christian View of Men and Things: An Introduction to Philosophy* (Grand Rapids: Eerdmans, 1951; reprint, Grand Rapids: Baker, 1981).

33. Clark, *A Christian View*, p. 25.

34. Clark, *A Christian View*, p. 34.

35. Scorgie, *A Call for Continuity*, p. 156 n. 4.

36. Carl F. H. Henry, *Confessions of a Theologian: An Autobiography* (Waco, Tex.: Word, 1986), p. 75.

37. Kenneth S. Kantzer, "Carl Ferdinand Howard Henry: An Appreciation," in *God and Culture: Essays in Honor of Carl F. H. Henry*, ed. D. A. Carson and John D. Woodbridge

(Grand Rapids: Eerdmans, 1993), p. 372.

38. 특히 Carl F. H. Henry, *God Who Speaks and Shows: Preliminary Considerations,* vol. 1 of *God, Revelation, and Authority* (Waco, Tex.: Word, 1976)을 보라. 《신, 계시, 권위》(생명의 말씀사 역간). 세계관 주제에 초점을 맞추는 헨리의 다른 저서로는 *Remaking the Modern Mind* (Grand Rapids: Eerdmans, 1946); *The Christian Mindset in a Secular Society: Promoting Evangelical Renewal and National Righteousness* (Portland, Oreg.: Multnomah, 1984); *Christian Countermoves in a Decadent Culture* (Portland, Oreg.: Multnomah, 1986); *Toward a Recovery of Christian Belief: The Rutherford Lectures* (Wheaton, Ill.: Crossway, 1990), 《현대사조와 신앙회복》(기독교문사 역간); *Gods of This Age or God of the Ages?* (Nashville: Broadman and Holman, 1994) 등이 있다.

39. Henry, "Fortunes," pp. 163~176. 세계관 개념을 옹호하면서 헨리가 반론의 대상으로 삼았던 그의 비판자들은 세계관이 근대주의적 구성 개념이며 속성상 너무 합리주의적이거나 사변적이라고 주장했다. 혹은 세계관 자체가 내용에 있어서 신화적이거나 전적으로 문화에 의해 조건 지워진다고 주장한다. 세계관 개념의 강점과 약점, 그리스도인들에 의한 이 개념의 사용에 대한 비판적인 논의를 위해서는 이 책의 9장과 11장을 보라.

40. 존 헨드릭 드 브리스(John Hendrik De Vries)가 카이퍼의 생애를 소개하는 각주, *Lectures on Calvinism: Six Lectures Delivered at Princeton University under Auspices of the L. P. Stone Foundation*, by Abraham Kuyper (1931; reprint, Grand Rapids: Eerdmans, 1994), p. iii. 《칼빈주의 강연》(크리스천다이제스트 역간).

41. Abraham Kuyper, "Sphere Sovereignty," *Abraham Kuyper: A Centennial Reader,* ed. James D. Bratt (Grand Rapids: Eerdmans, 1998), p. 488.

42. *De Vries*, p. iii에서 재인용.

43. R. D. Henderson, "How Abraham Kuyper Became a Kuyperian," *Christian Scholars Review* 22 (1992): pp. 22, 34~35.

44. 카이퍼의 스톤 강연에 관한 탁월한 연구로는 Peter S. Heslam, *Creating a Christian Worldview: Abraham Kuyper's Lectures on Calvinism* (Grand Rapids: Eerdmans, 1998)을 보라.

45. 오어 역시 1903~1904학년도에 스톤 강연에 초청을 받았으며, 이 강연 내용은 *God's Image in Man, and Its Defacement, in the Light of Modern Denials* (London: Hodder and Stoughton, 1905)으로 출간되었다.

46. 헤슬람은 오어와 카이퍼 모두가 각각 커(Kerr) 강연과 스톤 강연에서 명확한 기독교 세계관(*Weltanschauung*)이 존재함을 보여 주고자 했다고 주장한다. 그는 카이퍼와 오어 사이의 다른 유사점에 대해 이렇게 설명한다. "오어는 기독교가 핵심 신념이나 원리에서 끌어낸

독립적이며 통합적이고 일관된 세계관을 지니고 있다고 주장했으며, 이 주장은 칼뱅주의에 대한 카이퍼의 주장과 사실상 동일하다. 카이퍼 역시 오어와 비슷하게 근대 세계관들이 통일된 사고 체계 안에서 표현되며, 이런 세계관들이 단일한 원리로부터 도출되어 삶과 행동의 특정한 형태 안에 구현되고, 기독교와 대립된다고 주장한다. 마찬가지로 근대주의에 맞서 칼뱅주의를 옹호하는 유일한 방법은 똑같이 포괄적인 세계관을 개발하여 원리에 맞서는 원리를 제시하는 것이라는 카이퍼의 주장은 기독교에 관한 오어의 주장과 거의 차이가 없다." Heslam, pp. 93~94을 보라.

47. Heslam, p. 96.

48. Kuyper, *Lectures on Calvinism*, p. 11. 카이퍼는 11쪽 각주에서 오어의 《기독교적 관점》에 담긴 "귀중한 강연"을 언급하면서 세계관(*Weltanschauung*)을 영어로 번역하기가 어렵다고 지적하고 "삶의 체계"라는 용어를 사용한다. 그는 "인생관과 세계관"이라는 더 명확한 표현을 선호하지만, 오어는 "세계에 대한 관점"이라는 문자적 번역어를 사용했다고 지적한다. 그럼에도 미국의 동료들은 "삶의 체계"라는 표현이 미국에서 널리 사용되는 적합한 동의어라고 그를 설득했다. 그는 첫 장 제목("삶의 체계로서의 칼뱅주의")으로는 이 번역어를 선택했다. 하지만 강연에서는 자신의 주장의 문맥과 미묘한 어감의 차이를 감안해 두 표현을 혼용한다.

49. Kuyper, *Lectures on Calvinism*, pp. 11, 135~136.

50. Kuyper, *Lectures on Calvinism*, pp. 11~12.

51. Kuyper, *Lectures on Calvinism*, pp. 189~190.

52. Kuyper, *Lectures on Calvinism*, p. 12.

53. 나는 이 지점에서 카이퍼와 오어의 목적이 갈린다고 생각한다. 한편으로 오어의 관심은 자신의 성육신 이해에 초점을 맞춰 기독교 세계관의 본질을 신학적으로 규명하는 것이었다. 반면에 카이퍼는 칼뱅주의 세계관의 함의를 문화적으로 논증하고 삶의 모든 영역에 대한 개혁신학의 적용 가능성을 보여 주는 데 관심이 있었다. 칼뱅주의 신학의 문화적 함의에 대한 자세한 논의로는 Henry R. Van Til, *The Calvinistic Concept of Culture* (Grand Rapids: Baker, 1959)을 보라.

54. Kuyper, *Lectures on Calvinism*, p. 31.

55. Kuyper, *Lectures on Calvinism*, p. 32. 알버트 월터스(Albert Wolters)는 세계관으로서 칼뱅주의는 그 포괄성에 있어서, 모든 문화 현상과 지적 관심사에 대한 직접적 적용 가능성에 있어서 마르크스주의에 비견된다고 지적한 바 있다. 그의 글 "Dutch Neo-Calvinism: Worldview, Philosophy and Rationality," in *Rationality in the Calvinian Tradition*, ed. Hendrick Hart, Johan Van Der Hoeven, and Nicholas Wolterstorff, *Christian Studies Today* (Lanham, Md.: University Press of America, 1983), p. 117을 보라.

56. Kuyper, *Lectures on Calvinism*, pp. 130~136.

57. Kuyper, *Lectures on Calvinism*, p. 138, 강조는 추가됨.

58. Abraham Kuyper, *Principles of Sacred Theology*, trans. J. Hendrik De Vries, introduction by Benjamin B. Warfield (Grand Rapids: Baker, 1980), p. 154.

59. 과학적 이론화에 대한 이런 이해는 분명히 종교적이지만 카이퍼의 주장은 70, 80년 후에 나올 토마스 쿤(Thomas Kuhn)의 포스트모던적 패러다임 논제의 여러 양상을 예상하게 해 준다. 자세한 논의는 7장을 보라. 니콜라스 월터스토프(Nicholas Wolterstorff)는 "On Christian Learning," in *Stained Glass: Worldviews and Social Science,* ed. Paul A. Marshall, Sander Griffioen, and Richard J. Mouw, Christian Studies Today (Lanham, Md.: University Press of America, 1989), pp. 56~80에서 카이퍼의 두 사람/두 과학 개념을 신랄하게 비판하면서 그가 "종교적 전체주의"라고 부르는 것을 반박한다.

60. Albert M. Wolters, "The Intellectual Milieu of Herman Dooyeweerd," in *The Legacy of Herman Dooyeweerd: Reflections on Critical Philosophy in the Christian* Tradition, ed. C. T. McIntire (Lanham, Md.: University Press of America, 1985), pp. 4~10.

61. 이 문제를 해명하는 탁월한 논의로는 George M. Marsden, *Understanding Fundamentalism and Evangelicalism* (Grand Rapids: Eerdmans, 1991), pp. 122~152을 보라. 《미국의 근본주의와 복음주의 이해》(성광문화사 역간). 변증학에 관한 논쟁을 다룬 최근의 책으로는 R. C. Sproul, John Gerstner, and Arthur Lindsley, *Classical Apologetics: A Rational Defense of the Christian Faith and a Critique of Presuppositional Apologetics* (Grand Rapids: Zondervan, Academie Books, 1984); Timothy R. Phillips and Dennis L. Okholm, eds., *Christian Apologetics in the Postmodern World* (Downers Grove, Ill.: InterVarsity, 1995); Steven B. Cowan, ed., *Five Views on Apologetics,* Counterpoints Series (Grand Rapids: Zondervan, 2000). 등이 있다.

62. 앨빈 플랜팅가와 니콜라스 월터스토프 모두 카이퍼주의 전통의 이 양상을 확장시켰다. 플랜팅가는 *Faith and Philosophy* 1 (1984): pp. 253~271에 실린 유명한 연설문 "기독교 철학자들을 위한 조언"(Advice to Christian Philosophers)에서 그리스도인 학자들(특히 철학자들)에게 특정한 성경적 교리를 자신의 철학 작업의 전제로 삼을 것을 권했다. 비슷하게 월터스토프는 마찬가지로 영향력이 컸던 저작인 《종교의 한계 내에서의 이성》 *Reason within the Bounds of Religion*, 2nd ed. (Grand Rapids: Eerdmans, 1984, 성광문화사 역간)에서 그리스도인 학자가 이론을 만들고 검토할 때 그의 종교적 헌신이 "통제 신념"(control beliefs) 역할을 해야 한다고 주장했다. 학계에서 카이퍼주의적 전망이 거둔 성공에 대해 대중 언론에서도 주목한 바 있다. Alan Wolfe, "The Opening of the Evangelical Mind," *Atlantic Monthly* 286 (October 2000): pp. 55~76을 보라.

63. George Marsden, "The State of Evangelical Christian Scholarship," *Reformed Journal* 37 (1987): 14. 또한 Richard J. Mouw, "Dutch Calvinist Philosophical Influences in North America," *Calvin Theological Journal* 24 (April 1989): pp. 93~120을 보라.

64. Mouw, "Dutch Calvinist Philosophical Influences in North America"를 보라.

65. 1904년에 저술한 소책자 《기독교 세계관》(*Christelijke Wereldbeschouwing*)에서 바빙크는 아우구스티누스와 아퀴나스의 신플라톤주의 전통에 입각한 기독교 신앙을 제시한다. 몇 년 후인 1908년에 프린스턴에서 스톤 강연에 초대를 받았을 때 바빙크는 카이퍼와 비슷한 세계관 개념을 제시하면서 이것이 모든 형태의 이론적 사상에 대한 이론 이전의 하부구조(pretheoretical substructure)라고 설명했다. 이 강연에서 그는 세계관(*Weltanschauung*)을 학문의 지하 수원이라고 불렀던 빌헬름 딜타이(Wilhelm Dilthey)의 책을 언급했다. Albert M. Wolters, "On the Idea of Worldview and Its Relation to Philosophy," in *Stained Glass*, p. 21에서 인용.

66. 1926년부터 1963년까지 자유대학교에서 철학 교수로 재직한 폴런호번(D. H. T. Vollenhoven)은 칼뱅주의 철학이 세계관 및 인생관과 동일하지 않고 "후자를 과학적으로 정교하게 표현한 것"이라고 주장했다. Wolters, "Idea of Worldview," p. 22을 보라.

67. 반 틸 자신이 증언하듯이, 그는 전통적 변증학을 거부하고 기독교적 유신론 체계를 그의 사상의 근본 전제로 삼는 입장을 견지하면서 언제나 "카이퍼의 노선"에서 작업하려고 노력했다. 그는 이렇게 말한다. "칼뱅이 옳았다. 우리는 그리스인들이나 그들을 추종했던 스콜라주의자들처럼 하나님의 본질에 관한 공허한 사색에 잠겨서는 안 된다. 데카르트처럼 인간을 판단의 최종적 준거점으로 삼고 인간으로부터 시작해서는 안 된다. 우리는 하나님이 성서 안에서 우리의 창조자—구속자이신 그리스도를 통해 자신에 관해, 우리에 관해, 우리와 그분의 관계에 관해 말씀하신 바에 귀를 기울여야 한다." 반 틸의 인용문은 그의 변증학에 관해 헤르만 도여베르트가 쓴 글에 대한 대답으로 쓴 글에서 가져왔다. . R. Geehan, ed., *Jerusalem and Athens: Critical Discussions on the Philosophy and Apologetics of Cornelius Van Til* (Phillipsburg, N.J.: Presbyterian and Reformed, 1980), p. 92.

68. Herman Dooyeweerd, *A New Critique of Theoretical Thought*, trans. David H. Freeman, William S. Young, and H. De Jongste, 4 vols. (Jordan Station, Ont.: Paideia Press, 1984).

69. Jacob Klapwijk, "On Worldviews and Philosophy," in *Stained Glass*, p. 51.

70. Klapwijk, p. 51.

71. Dooyeweerd, 1:v.

72. Dooyeweerd, 1:v.

73. 로이 클로우저는 *The Myth of Religious Neutrality: An Essay on the Hidden Role of*

Religious Belief in Theories (Notre Dame, Ind.: University of Notre Dame Press, 1991)에서 이 주제를 자세히 논한 바 있다.

74. Dooyeweerd, 1:61.

75. Dooyeweerd, 1:128.

76. Dooyeweerd, 1:157~158.

77. Francis A. Schaeffer, *He Is There and He Is Not Silent,* in vol. 1 of *The Complete Works of Francis A. Schaeffer: A Christian Worldview*, 2nd ed. (Wheaton, Ill.: Crossway, 1982), pp. 279~280. 《거기 계시며 말씀하시는 하나님》(생명의말씀사 역간).

78. 최근 제임스 사이어는 다섯 가지 "열정," 즉 "살아 계시는 하나님에 대한 열정, 진리에 대한 열정, 사람들에 대한 열정, 적절하고 정직한 의사 소통에 대한 열정, 성경에 대한 열정"이 쉐퍼의 삶을 특징 짓는다고 주장했다. *The God Who Is There,* by Francis A. Schaeffer, Thirtieth Anniversary Edition (Downers Grove, Ill.: InterVarsity, 1998), pp. 15~16에 부치는 그의 서문을 보라.

79. Francis A. Schaeffer, *Escape from Reason,* in vol. 1 of Complete Works, p. 221. 《이성에서의 도피》(생명의말씀사 역간).

80. Francis A. Schaeffer, *The God Who Is There,* in vol. 1 of Complete Works, p. 178. 《거기 계시는 하나님》(생명의말씀사 역간).

81. Ronald Nash, "The Life of the Mind and the Way of Life," in *Francis A. Schaeffer: Portraits of the Man and His Work,* ed. Lane T. Dennis (Westchester, Ill.: Crossway, 1986), p. 68. 《프란시스 쉐퍼의 생애와 사상》(한국로고스연구원 역간).

82. 쉐퍼 《전집》(*Complete Works*)은 "기독교 세계관"이라는 적절한 부제를 달고 있다. 기독교 철학관을 다루는 1권에는 앞에서 언급한 세 책이 포함되어 있다. 2권에서는 진리인 성경에 대한 기독교적 관점을 다룬다. 3권에서는 영성에 대한 기독교적 관점을 다룬다. 4권에서는 교회에 대한 기독교적 관점을 다룬다. 5권에서는 서양에 대한 기독교적 관점을 다룬다.

83. 세계관 사유에 공헌한 복음주의자들을 간략히 소개한 부록 A를 보라.

84. 이들 각 분야를 다룬 기독교 세계관 관련 책은 부록 B를 보라.

85. Heslam, p. ix.

86. 여기서 제기하는 물음을 이 책의 9, 10, 11장에서 다루고 있다.

2장_ 세계관의 경이 II: 로마 가톨릭과 동방 정교회

1. *Handbook of Catholic Theology* (1995), "worldview" 항목, p. 748. 이런 사실에도 불구하고 로마 가톨릭에서 이 주제를 알고 있다는 점은 이를 다루는 다양한 가톨릭 참고 도서를 통

해 확인된다. 대표적으로 *Sacramentum Mundi*, edited by Karl Rahner, S.J. (1968~1970), vol. 6, pp. 385~390에는 "세계상"(world picture)과 "세계에 대한 관점"(views of the world)에 관한 유익한 글이 실려 있다.

2. 아브라함 카이퍼는 "로마주의"를 "관념과 말의 세계에서 그것의 삶-사상"을 구현하는 "인간 삶에 관한 거대한 **복합 관념**" 중 하나라고 부른다. 그에게 "로마가 이룬 삶-체계의 통일성의 결실"은 그가 칼뱅주의를 완전하고 삶을 형성하는 세계관으로 구축하고자 하는 데 본보기가 되었다. 그의 책 *Lectures on Calvinism: Six Lectures Delivered at Princeton University under Auspices of the L. P. Stone Foundation* (1931; reprint, Grand Rapids: Eerdmans, 1994), pp. 17~18을 보라.
3. 3. Lawrence S. Cunningham, *The Catholic Faith: An Introduction* (New York: Paulist, 1987), p. 111.
4. Cunningham, p. 119.
5. Cunningham, pp. 111~115.
6. Cunningham, p. 115.
7. Cunningham, p. 117.
8. 커닝엄은 "기독교 현실주의"에 대한 자신의 설명이 버나드 로너건(Bernard Lonergan)의 기독교 현실주의에 영향을 받았지만 로너건의 입장과는 다르다고 지적한다. "The Origins of Christian Realism," in *A Second Collection,* ed. William Ryan and Bernard Terrell (Philadelphia: Westminster, 1974), pp. 239~261에 제시된 로너건의 현실주의는 세상에 대한 근본적인 인식론적 접근 방식이다. 이것은 순진한 현실주의/경험주의와 이상주의적 반현실주의 사이에서 균형을 유지하려고 노력하며, 검토되지 않은 경험이나 사상 체계뿐 아니라, 역사적으로 조건 지어지지만, 실재와 결속된 판단과 신념에 의해 사물의 본질을 전달하는 비판적 현실주의를 주창한다.
9. Cunningham, p. 123.
10. Richard P. McBrien, *Catholicism*, 2 vols. (Minneapolis: Winston Press, 1980), 1:135-137에서는 가톨릭 지성을 다른 방식으로 요약해서 제시한다. 하나는 다양한 역사적 문헌에 기초한 것이며 다른 하나는 제2차 바티칸공의회에서 발표한 *Pastoral Constitution on the Church in the Modern World*에서 간추려 낸 것이다(1965). 《현대 세계의 교회에 관한 사목 헌장: 기쁨과 희망》(한국천주교중앙협의회 역간).
11. *Catechism of the Catholic Church* (Liguori, Mo.: Liguori Publications, 1994), p. 28 (§ 90). 《가톨릭 교회 교리서》(한국천주교주교회의 역간).
12. *Catechism*, p. 62 (§234). 가톨릭 세계관의 이 중요한 측면을 지적해 준 팀 머호니(Tim Mahoney)에게 고마움을 전한다.

13. J. I. Packer, "On from Orr: Cultural Crisis, Rational Realism and Incarnational Ontology," in *Reclaiming the Great Tradition: Evangelicals, Catholics, and Orthodox in Dialogue,* ed. James S. Cutsinger (Downers Grove, Ill.: InterVarsity, 1997), pp. 166~167.

14. Michael Novak, foreword to *Karol Wojtyla: The Thought of the Man Who Became Pope John Paul II,* by Rocco Buttiglione, trans. Paolo Guietti and Francesca Murphy (Grand Rapids: Eerdmans, 1997), p. xi.

15. 교황에 관한 이런 성찰은 George Weigel, *Witness to Hope: The Biography of Pope John Paul II* (New York: Harper Collins, Cliff Street Books, 1999), pp. 4, 9, 10, 855에서 가져왔다.

16. Henri de Lubac, *At the Service of the Church* (San Francisco: Ignatius, 1993), pp. 171~172, Weigel, p. 174에서 재인용. 인격체의 형이상학과 신비에 관한 보이티와의 책은 영어로 번역된 그의 중요한 철학서인 *The Acting Person* (Dordrecht: D. Reidel, 1979)이다.

17. Pope John Paul II, *Fides et Ratio: On the Relationship between Faith and Reason,* encyclical letter (Boston: Pauline Books and Media, 1998), p. 43. 《신앙과 이성: 교황 요한 바오로 2세의 회칙》(한국천주교중앙협의회 역간).

18. Pope John Paul II, *Fides et Ratio*, p. 41.

19. Pope John Paul II, *Fides et Ratio,* p. 100. *Fides et Ratio,* pp. 45~46 n. 28에서 그는 신앙이 이성을 완전하게 한다는 전통적 가톨릭 신앙의 틀 안에서 철학적 형성에 대한 자신의 꾸준한 관심을 드러낸다. "'인간은 무엇인가, 무슨 가치가 있는가? 그의 선함은 무엇이고 악함은 무엇인가?'(집회서 18:8) … 모든 시대와 모든 사람의 시적 재능이 보여 주듯이 모든 인간의 마음속에 이런 물음이 자리 잡고 있으며, 인간을 인간으로 만드는 **진지한 질문**을 – 거의 인류의 예언자적 목소리처럼 – 반복해서 제기한다. 이것은 모든 순간에, 삶의 가장 중요하고 결정적일 때뿐 아니라 더 일상적일 때에도 실존의 이유를 찾아야 할 시급한 필요성을 드러내는 물음이다. 그러므로 이런 물음은 인간 본성에 대한 최고의 표현이다. 그래서 이 물음에 대한 답은 자신의 실존에 관한 한 사람의 관심의 깊이를 보여 주는 가늠자다. 특히 **사물의 존재 이유에 관한 물음**이 궁극적 해답에 대한 추구와 온전히 조화를 이룰 때, 인간의 이성은 그 절정에 이르며 종교적 충동으로 이어진다. 종교적 충동은 합리적 본성의 최고점이기 때문에 인격체의 최고의 표현이다. 그것은 진리에 대한 인간의 심층적인 동경으로부터 나오며, 인간이 신적인 것을 자유롭고 인격적으로 추구할 수 있게 해 주는 기초다." 이 인용문은 *General Audience* (19 October 1983): 1~2; Insegnamenti 6 (1983): pp. 814~815에도 포함되어 있다.

20. Richard John Neuhaus, foreword to *Springtime of Evangelization: The Complete Texts*

of the Holy Father's 1998 ad Limina Addresses to the Bishops of the United States, by Pope John Paul II (San Francisco: Ignatius, 1999), p. 14.

21. Pope John Paul II, *The Redeemer of Man: Redemptor Hominis*, encyclical letter (Boston: Pauline Books and Media, 1979), pp. 20~21. 《인간의 구원자: 교황 요한 바오로 2세의 회칙》(한국천주교중앙협의회 역간). 기독교 인본주의에 대한 교황의 전망에 대한 논의는 Andrew N. Woznicki, *The Dignity of Man as a Person: Essays on the Christian Humanism of His Holiness John Paul II* (San Francisco: Society of Christ Publications, 1987)을 보라.

22. 제2차 바티칸공의회에서 보이티와가 했던 중요한 역할과 인격체의 본질에 대한 그의 끈질긴 관심, 기독교 인본주의 전망을 전파하기 위한 그의 노력에 관한 와이글(Weigel)의 논의를 보라(pp. 145~180). 1965년 12월 7일에 비준되었으며 《기쁨과 희망》(*Gaudium et Spes*)로도 알려진 현대 세계의 교회에 관한 사목 헌장은 "인간의 더 심층적인 질문"을 다루며, 예수 그리스도 안에 있는 해답에 기초해, 인격체의 존엄성에 대한 긍정을 시작으로 수많은 사회적, 문화적 문제에 대한 교회의 이해를 제시한다. Austin P. Flannery, ed., *Documents of Vatican II*, rev. ed. (Grand Rapids: Eerdmans, 1984), pp. 903~1014를 보라.

23. Cardinal Karol Wojtyla, *Sources of Renewal: The Implementation of the Second Vatican Council*, trans. P. S. Falla (San Francisco: Harper and Row, 1980)을 보라. 이 책은 제2차 바티칸공의회의 가톨릭 세계관을 형성하기 위한 예비 작업처럼 보인다.

24. 보이티와가 자신의 교황직의 지배적 주제로 삼은 내용을 담고 있는 이 회칙은 기독교 인본주의에 대한 그의 실천 방안을 담고 있는 글이다.

25. Pope John Paul II, *Springtime of Evangelization*.

26. Virgil Elizondo and Jon Sobrino, eds., *2000: Reality and Hope* (Maryknoll, N.Y.: Orbis, 1999), 특히 pp. 59~65를 보라. 또한, 바티칸 웹사이트에서는 기독교 인본주의 관점과 인격체의 존엄성과 같은 27개의 핵심 주제를 다루는 연속 회의에 관한 자세한 내용을 포함해 2000년 대희년(Jubilee Year 2000)에 관해 많은 정보를 제공하고 있다. 이 회의에는 예술가와 장인, 과학자, 언론인, 대학교수, 가족, 운동선수, 군대와 경찰의 대표, 장애인 등의 모임이 포함되었다. http://www.vatican.va/jubilee_2000/jubilee_year/novomillennio_en.htm 을 보라. 2002년 3월 16일 접속.

27. 삶에 대한 가톨릭의 관점에 대한 교황의 대중적인 선언과 21세기를 위한 기독교적 선언을 담은 Pope John Paul II, *Crossing the Threshold of Hope*, ed. Vittorio Messori, trans. Jenny McPhee and Martha McPhee (New York: Knopf, 1994)을 보라. 《희망의 문턱을 넘어》(시공사 역간).

28. Weigel, p. 864.

29. Alexander Schmemann, *Church, World, Mission* (Crestwood, N.Y.: St. Vladimir's

Seminary Press, 1979), p. 25.

30. James Steve Counelis, "Relevance and the Orthodox Christian Theological Enterprise: A Symbolic Paradigm on Weltanschauung," *Greek Orthodox Theological Review* 18 (spring–fall 1973): p. 35. 정교회의 세계관에 관한 추가적인 논의는 John Chryssavgis, "The World as Sacrament: Insights into an Orthodox Worldview," *Pacifica* 10 (1997): pp. 1~24.을 보라.

31. Schmemann, *Church, World, Mission*, p. 48.

32. Bradley Nassif, "New Dimensions in Eastern Orthodox Theology," in *New Dimensions in Evangelical Thought: Essays in Honor of Millard J. Erickson*, ed. David S. Dockery (Downers Grove, Ill.: InterVarsity, 1998), pp. 106~108.

33. Daniel B. Clendenin, ed., introduction to *Eastern Orthodox Theology: A Contemporary Reader* (Grand Rapids: Baker, 1995), pp. 7~8. 《동방 정교회 신학》(은성 역간). 또한 *Eastern Orthodox Christianity* (Grand Rapids: Baker, 1994)에 실린 클렌데닌의 정교회에 관한 해설을 보라. 《동방 정교회 개론》(은성 역간).

34. Timothy Ware, *The Orthodox Church* (New York: Penguin Books, 1964), p. 271. 《동방 정교회의 역사와 신학》(한국장로교출판사 역간).

35. Alexander Schmemann, *For the Life of the World: Sacraments and Orthodoxy* (Crestwood, N.Y.: St. Vladimir's Theological Seminary Press, 1973), p. 7. 《세상에 생명을 주는 예배》(복있는사람 역간). 다음의 분석에서 괄호 안의 쪽수는 이 책의 쪽수를 가리킨다.

36. 여기서 슈메만은 '성례전'이라는 말을 일반적인 방식으로, 사실상 '계시'와 동의로 사용한다.

37. 크리사브기스(Chryssavgis)는 6~8쪽에서 정교회 세계관에 대한 슈메만의 삼중적 분석에 전적으로 동의한다. 그는 "기독교적 전망의 핵심은 창조에 관한 세 근본적 직관을 하나로 결합한다"고 주장한 다음, 선한 세상, 악한 세상, 구속된 세상이라는 주제를 논한다. 그는 "이 중 하나가 고립되거나 침해되면, 그 결과는 균형 잡히지 않고 파괴적인 세계관이다"라고 말함으로써 이 논의를 요약한다(6쪽).

38. H. Richard Niebuhr, *Christ and Culture* (New York: Harper and Row, 1951), pp. 116~120. 《그리스도와 문화》(IVP 역간).

39. Richard J. Foster, *Streams of Living Water: Celebrating the Great Traditions of Christian Faith, foreword by Martin Marty* (New York: HarperCollinsPublishers, HarperSanFrancisco, 1998). 《생수의 강》(두란노 역간).

40. Avery Dulles, S.J., "The Unity for Which We Hope," in *Evangelicals and Catholics Together: Toward a Common Mission*, ed. Charles Colson and Richard John Neuhaus (Dallas: Word, 1995), p. 141.

41. Charles Colson, "The Common Cultural Task: The Culture War from a Protestant Perspective," in *Evangelicals and Catholics Together*, p. 37.

3장_ 세계관의 문헌학적 역사

1. James Orr, *The Christian View of God and the World as Centering in the Incarnation* (New York: Scribner, 1887), reprinted as *The Christian View of God and the World*, with a foreword by Vernon C. Grounds (Grand Rapids: Kregel, 1989), p. 365. 불만을 표하면서도 오어는 세계관(*Weltanschauung*)의 역사를 다루는 몇몇 독일어 저작을 인용한다.
2. Orr, *The Christian View of God and the World*, p. 365.
3. 아서 러브조이(Arthur O. Lovejoy)는 영미권에서 정당한 학문 분과로서 사상사를 연구할 필요성을 주창해 왔다. 그 중요한 특징으로는 그의 책 *The Great Chain of Being: A Study of the History of an Idea* (Cambridge: Harvard University Press, 1964)과 *Essays in the History of Ideas* (New York: George Braziller, 1955) 1장을 보라. 《존재의 대연쇄: 한 관념의 역사에 대한 연구》(탐구당 역간).
4. Albert Gombert, "Besprechungen von R. M. Meyer's 'Vierhundert Schlagworte," *Zeitschrift für deutsche Wortforschung* 3 (1902): pp. 144~158; "Kleine Bemerkungen zur Wortgeschichte," *Zeitschrift für deutsche Wortforschung* 8 (1907): pp. 121~140.
5. Alfred Götze, "Weltanschauung," Euphorion: *Zeitschrift für Literatur-geschichte* 25 (1924): pp. 42~51; Franz Dornseiff, "Weltanschauung. Kurzgefasste Wortgeschichte," *Die Wandlung: Eine Monatsschrift* 1 (1945~1946): 1086~1088; *Deutsches Wörterbuch von Jacob Grimm und Wilhelm Grimm*, Vierzehnter Band, 1 Teil, Bearbeitet von Alfred Götze und der Arbeitsstelle des Deutschen Wörterbuches zu Berlin (Leipzig: Verlag von S. Hirzel, 1955), pp. 1530~1538. 후자에는 *Weltanschauulich, Weltanschauungslehre, Weltanschauungsweise, Weltansicht, Weltbild*의 연구에 관한 유익한 연구도 포함되어 있다.
6. Helmut G. Meier, "'Weltanschauung': Studien zu einer Geschichte und Theorie des Begriffs" (Ph.D. diss., Westfälischen Wilhelms-Universität zu Münster, 1967).
7. Werner Betz, "Zur Geschichte des Wortes '*Weltanschauung*,'" in *Kursbuch der Weltanschauungen*, Schriften der Carl Friedrich von Siemens Stiftung (Frankfurt: Verlag Ullstein, 1980), pp. 18~28.
8. Armin Mohler, "Bibliographie," in *Kursbuch der Weltanschauungen*, pp. 401~433.
9. Andreas Meier, "Die Geburt der 'Weltanschauung' im 19. Jahrhundert," *Theologische*

Rundschau 62 (1997): pp. 414~420.

10. Albert M. Wolters, "'Weltanschauung' in the History of Ideas: Preliminary Notes" (날짜 표시 없음, 복사본).

11. Albert M. Wolters, "On the Idea of Worldview and Its Relation to Philosophy," in *Stained Glass: Worldviews and Social Science,* ed. Paul A. Marshall, Sander Griffioen, and Richard J. Mouw, *Christian Studies Today* (Lanham, Md.: University Press of America, 1989), pp. 14~25.

12. Wolters, "Idea of Worldview," pp. 16~17.

13. Hans-Georg Gadamer, *Truth and Method*, 2nd rev. ed., translation revised by Joel Weinsheimer and Donald G. Marshall (New York: Continuum, 1993), 9. 《진리와 방법》, 1 · 2권 (문학동네). 그는 "세계관" 외에 예술, 역사, 창의성, 경험, 천재성, 외부 세계, 내면성, 표현, 양식, 상징 등을 길게 지속된 이 시대의 핵심 개념으로 강조한다.

14. 예를 들어, Betz, 18에서는 "세계관(Weltanschauung)이라는 말이 1790년 칸트의 책 《판단력 비판》에서 처음 등장했다"고 지적한다. *Deutsches Wörterbuch*, col. 1530에서는 그저 세계관(*Weltanschauung*)이 "칸트의 글에 처음"으로 등장한다고 지적한다. 헬무트 마이어(Helmut Meier), 71쪽에서는 "세계관(Weltanschauung)이라는 말을 만든 사람은 칸트"라고 주장한다. *Lexikon für Theologie und Kirche* (1938)에 "Weltanschauung" 항목에서 호네커(M. Honecker)는 이런 평가에 동의하지만 세계관(*Weltanschauung*)이 더 이상 칸트가 본래 의도했던 의미를 담고 있지 않다고 덧붙인다. "지금까지 이 단어는 무엇보다도 먼저 칸트(《판단력 비판》, 1790, 1부, 2장, 26절)로부터 유래한 것으로 여겨졌지만, 현재 이 말이 가지고 있는 의미와 같은 의미로 이 말이 사용된 것은 아니었다." 그러나 가다머, 98쪽에서는, "헤겔이 《정신현상학》에서" 칸트와 피히테가 기본적 도덕 경험을 도덕적 세계질서로 공리적으로 확대하는 것을 가리키는 용어로서 세계관(*Weltanschauung*)이라는 말을 처음으로 사용했다"는 흥미로운 주장을 한다. 그러나 1807년에 이 용어를 사용했던 헤겔보다 칸트가 17년 먼저 1790년에 이 용어를 사용했다는 사실을 고려하면 가다머의 주장은 명백한 오류다.

15. Immanuel Kant, *Critique of Judgment: Including the First Introduction,* translated and introduction by Werner S. Pluhar, with a foreword by Mary J. Gregor (Indianapolis: Hackett, 1987), pp. 111~112, 강조는 칸트의 것. 《판단력 비판》(아카넷 역간).

16. Wolters, "Weltanschauung," p. 1.

17. Martin Heidegger, *The Basic Problems of Phenomenology,* translation, introduction, and lexicon by Albert Hofstadter, Studies in Phenomenology and Existential Philosophy (Bloomington: Indiana University Press, 1982), p. 4. 《현상학의 근본문제들》(문예출판사

역간).

18. 피히테의 세계관 사상에 관한 논의로는 Hartmut Traub, "Vollendung der Lebensform: Fichte's Lehre vom seligen Leben als Theorie der Weltanschauung und des Lebensgefühls," *Fichte-Studien* 8 (1995): pp. 161~191을 보라.
19. Johann Gottlieb Fichte, *Attempt at a Critique of All Revelation*, translated and introduction by Garrett Green (Cambridge: Cambridge University Press, 1978), p. 119, 강조는 추가됨.
20. Fichte, p. 120, 강조는 추가됨.
21. Heidegger, p. 4.
22. Friedrich Schelling, *Werke*, ed. M. Schröter, vol. 1 (Munich, 1927-1928), p. 237, Frederick Copleston, S.J., A History of Philosophy, vol. 7, Modern Philosophy from the Post-Kantian Idealists to Marx, Kierkegaard, and Nietzsche (New York: Doubleday, Image Books, 1994), p. 100. 《18 · 19세기 독일철학: 피히테에서 니체까지》(서광사 역간).
23. *The Encyclopedia of Philosophy* (1967), "Schelling, Friedrich Wilhelm Joseph von" 항목.
24. Helmut Meier, p. 327 n. 147에서 재인용(번역은 저자가 함).
25. Wolters, "Weltanschauung," p. 1. 또한 이들 독일 사상가들이 초기에 세계관(*Weltanschauung*)이라는 용어를 어떻게 사용했는가에 관한 추가적인 논의는 Betz, pp. 19~25과 Helmut Meier, pp. 78~107을 보라.
26. Wolters, "Weltanschauung," pp. 1~2. 폰 훔볼트의 인용문은 *Handbook of Metaphysics and Ontology* (1991), s.v. "grammar-history"에서 가져옴.
27. Orr, *The Christian View of God and the World*, p. 365.
28. Wolters, "Weltanschauung," p. 3.
29. Helmut Meier, pp. 368~390.
30. Wolters, "Weltanschauung," p. 2.
31. Wolters, "Weltanschauung," p. 4.
32. Wolters, "Weltanschauung," p. 5.
33. Betz, p. 25.
34. Wolters, "Weltanschauung," p. 28 n. 26. 또한 월터스는 괴체(Götze)와 *Deutsches Wörterbuch*에 등장하는 세계관에 해당하는 네덜란드어에 관해 오류를 바로잡는다(베츠[Betz] 역시 이 오류를 답습하고 있다). 그는 세계관(*Weltanschauung*)에 해당하는 통상적인 네덜란드어는 (네덜란드어에서 통용된 적이 없는 19세기 독일어 표현인) *wereldaanschouwing*이 아니라 *wereldbeschouwing*라고 지적한다. 또한 후자의 네덜란드어 단어는 칸트가 *Weltanschauung*라는 말을 만든 때보다 사실 약 75년 앞서 등장했

다고 지적한다. *wereldbeschouwing*은 1715년 암스테르담에서 출간된 베르나르트 니우벤테이트(Bernard Nieuwentijdt)의 책 《세계관의 바른 사용》(*Het gebruik der werelt beschouwingen*)의 제목에 등장한다. 그럼에도 네덜란드어 *wereldbeschouwing*은 독일어 *Weltanschauung*의 영향력 아래서 현재의 의미와 평판을 얻게 되었다고 지적한다.

35. Wolters, "Weltanschauung," p. 28 n. 28a, p. 33 n. 118.마르크스주의 관점에서 세계관, 즉 *mirovozzrenie*를 다룬 흥미로운 논의는 *Great Soviet Encyclopedia*, 3rd ed. (1977), "world view" 항목을 보라. 놀라울 것도 없이 이 글에서는 "특정한 사회의 물질적 조건, 그 물질적 존재가 특정한 세계관을 야기한다"라고 주장한다.

36. *Enciclopedia Filosofica* (1958), "Weltanschauung" 항목 (저자의 번역).

37. *Dictionnaire Alphabétique et Analogique de la Langue Française*, 2nd ed. (1994), "Weltanschauung" 항목 (저자의 번역).

38. 여기서 언급한 프랑스어 철학 사전의 인용문은 Helmut Meier, p. 60에서 가져왔다(짐 넬슨 블랙의 도움을 받아 저자가 번역함). Wolters, "Weltanschauung," p. 27 n. 24에서는 세계관(Weltanschauung)을 정의하고 논하는 다른 프랑스어 철학 사전과 백과사전의 항목도 소개하고 있다.

39. *The Oxford English Dictionary*, 2nd ed. (1989), "Weltanschauung" 항목.

40. *The Oxford English Dictionary*, 2nd ed. (1989), "world" 항목.

41. *Weltanschauung*을 영어로 번역할 때 어떻게 표기할 것인가에 관한 문제가 제기된 바 있다. 한 낱말로('worldview') 써야 할까, 아니면 두 단어로('world view') 적어야 할까? 두 단어로 적는다면 줄표('world–view')를 사용해야 할까? 《옥스퍼드 영어 사전》에서는 줄표를 넣은 형태로('world–view') 표기하며 많은 복합어에서 줄표를 사용하기도 하지만, 최근에는 "복합어를 표기할 때 줄표를 사용하지 않는 경향이 있다"(*The Chicago Manual of Style*, 14th ed. [Chicago: University of Chicago Press, 1993], 6.38). 그렇다면 'world–view'를 제외하고 단일 복합어나 줄표 없이 두 단어로 표기해야 할 것이다. *Weltanschauung* 자체가 원래 독일어 복합어(*Welt* + *Anschauung*)이기 때문에, 이 책에서는 용어 번역에 정확성을 기하기 위해서 한 낱말 복합어로 표기할 것이다. 그럼에도 불구하고 두 형태 모두 등장할 것이며, 어쩌면 분리된 두 단어로 더 자주 등장할지도 모른다.

42. *International Encyclopedia of the Social Sciences* (1968), "world view" 항목과 *Sacramentum Mundi: An Encyclopedia of Theology* (1970),"world, views of the" 항목을 보라.

43. *Encyclopedia of Philosophy* (1967): "political philosophy, nature of" 항목, "Schiller, Friedrich" 항목, "Dilthey, Wilhelm" 항목, "Mauthner, Fritz." 항목을 보라.

44. *The Cambridge Dictionary of Philosophy* (1995), "Dilthey, Wilhelm" 항목.

45. *The Oxford Dictionary of Philosophy* (1994), "*Weltanschauung*" 항목.

46. *A Dictionary of Philosophy*, 2nd ed. (1979), "Weltanschauung" 항목.

47. *Routledge Encyclopedia of Philosophy* (1998) 10권의 색인과 "worldview" 항목, "Weltanschauung" 항목을 보라.

4장_ 세계관의 철학적 역사 : 19세기

1. Wilhelm Windelband, *A History of Philosophy*, ed. and trans. James H. Tufts, 2nd ed. (New York: Macmillan, 1901), p. 529.

2. Frederick Copleston, S.J., *A History of Philosophy, vol. 7, Modern Philosophy from the Post-Kantian Idealists to Marx, Kierkegaard, and Nietzsche* (New York: Doubleday, Image Books, 1994), p. 162.

3. Robert C. Solomon, *Continental Philosophy Since 1750: The Rise and Fall of the Self*, A History of Western Philosophy, vol. 7 (Oxford: Oxford University Press, 1988), p. 59.

4. 헬무트 라이니케(Helmut Reinicke)는 Georg Wilhelm Friedrich Hegel, *Werke*, vol. 21 (Frankfurt: Suhrkamp Verlag, 1979), p. 725에 실린 색인을 통해 헤겔이 자신의 글에서 세계관(*Weltanschauung*)이라는 말을 약 36차례 사용했다고 지적한다. 헤겔이 세계관(*Weltanschauung*)이라는 말을 어떻게 사용했는가에 관한 연구는 Helmut G. Meier, "'*Weltanschauung*': Studien zu einer Geschichte und Theorie des Begriffs" (Ph.D. diss., Westfälischen Wilhelms-Universität zu Münster, 1967), pp. 112~140을 보라.

5. G. W. F. Hegel, *The Difference between Fichte's and Schelling's System of Philosophy*, trans. H. S. Harris and Walter Cerf (Albany: State University of New York Press, 1977), p. 114.

6. Jacob Loewenberg, ed., introduction to *Hegel: Selections* (New York: Scribner, 1929), p. xviii.

7. G. W. F. Hegel, *The Phenomenology of Mind*, translated with introduction and notes by J. B. Baillie, 2nd ed.(London: George Allen and Unwin, 1961), pp. 615~ 616. 《정신현상학》(한길사 역간). 이 외에도 "도덕적 세계관" 개념을 언급하는 625쪽, 644쪽을 보라.

8. Hans-Georg Gadamer, *Truth and Method*, 2nd rev. ed., translation revised by Joel Weinsheimer and Donald G. Marshall (New York: Continuum, 1993), p. 98. 《진리와 방법》(문학동네 역간).

9. Jean Hyppolite, *Genesis and Structure of Hegel's Phenomenology of Spirit*, trans. Samuel Cherniak and John Heckman, Northwestern University Studies in Phenomenology

and Existential Philosophy (Evanston, Ill.: Northwestern University Press, 1974), pp. 469~470. 《헤겔의 정신현상학》(문예출판사 역간).

10. G. W. F. Hegel, *The Philosophy of History,* trans. J. Sibree, in *The Great Books of the Western World,* vol. 46 (Chicago: Encyclopaedia Britannica, 1952), p. 193. 《철학사》(지식산업사 역간).

11. Hegel, *The Philosophy of History,* p. 221.

12. Vincent A. McCarthy, *The Phenomenology of Moods in Kierkegaard* (Boston: Martinus Nijhoff, 1978), p. 136.

13. Georg Wilhelm Friedrich Hegel, *Lectures on the Philosophy of Religion Together with a Work on the Proofs of the Existence of God,* trans. Rev. E. B. Speirs and J. Burdon Sanderson, vol. 1 (New York: Humanities Press, 1962), p. 6.

14. Georg Wilhelm Friedrich Hegel, *Lectures on the History of Philosophy,* trans. E. S. Haldane and Frances H. Simson, 3 vols. (Lincoln: University of Nebraska Press, 1995), 1:37~38; 3:25, 166, 507을 보라.

15. G. W. F. Hegel, *Aesthetics: Lectures on Fine Art,* trans. T. M. Knox, 2 vols. (Oxford: At the Clarendon Press, 1975). 《헤겔 미학》(나남출판 역간). Gadamer, p. 98에서는 헤겔의 "훌륭한 미학 강의"에서 세계관(*Weltanschauung*)이 중요한 비중을 차지한다고 지적한 바 있다.

16. Francis A. Schaeffer, *Art and the Bible,* L'Abri Pamphlets (Downers Grove, Ill.: InterVarsity, 1973), p. 37. 《예술과 성경》(생명의말씀사 역간).

17. Hegel, *Aesthetics,* 1:72.

18. Hegel, *Aesthetics,* 1:72 n. 1.

19. Hegel, *Aesthetics,* 1:517.

20. Hegel, *Aesthetics,* 1:517, 603, 604; 2:613.

21. Hegel, *Aesthetics,* 2:1044, 1090, 1114, 1179.

22. Richard Rorty, "The World Well Lost," in *Consequences of Pragmatism: Essays: 1972–1980* (Minneapolis: University of Minnesota Press, 1982), p. 3. 《실용주의의 결과》(민음사 역간).

23. Michael Ermarth, *Wilhelm Dilthey: The Critique of Historical Reason* (Chicago: University of Chicago Press, 1978), p. 323.

24. McCarthy, pp. 136–137. 키에르케고어가 '인생관'이라는 말을 사용하는 것에 대해 매혹을 느끼는 이 저자는 "인생관의 중요성과 본질, 실존에서의 기능에 대한 언급은 키에르케고어의 책에 수없이 등장한다"라고 말한다(136쪽, 또한 133. 155쪽을 보라). 다른 키에르케고

어 학자들 역시 그의 글에서 세계관, 인생관 개념이 핵심적 역할을 한다는 점을 인정한다. Wolters, " 'Weltanschauung' in the History of Ideas: Preliminary Notes" (연대 미상), 복사본, p. 5에서는 "이것은 그의 사상에서 핵심 범주다"라고 말한다. Michael Strawser, *Both/And: Reading Kierkegaard from Irony to Edification* (New York: Fordham University Press, 1997), p. 20에서도 인생관이 "키에르케고어의 글 전체에서 … 대단히 중요한 관념"이라고 주장한다. Josiah Thompson, *The Lonely Labyrinth: Kierkegaard's Pseudonymous Works,* foreword by George Kimball Plochmann (Carbondale: Southern Illinois University Press, 1967), p. 71에서는 키에르케고어가 대안적인 인생관들이 존재하고 그들 사이에서 자유롭게 왔다갔다 할 수 있음을 인정한 것이 그의 후기 저작에서 "핵심"까지는 아니더라도 적어도 "근본 주제" 중 하나라고 말한다.

25. Fundamental Polyglot, *Konkordans til Kierkegaards Samlede Værker* (Leiden: E. J. Brill, 1971), "verdensanskuelse" 항목. *Index Verborum til Kierkegaards Samlede Værker* (Leiden: E. J. Brill, 1973), "verdensanskuelse" 항목, p. 1250에서는 Konkordans에 인용되지 않은 이형(異形)을 추가해 이 단어가 세 차례 더 사용되었다고 표기한다.

26. *Fundamental Polyglot Konkordans til Kierkegaards Samlede Værker,* "livsanskuelse" 항목. *Index Verborum til Kierkegaards Samlede Værker,* "livs–anskuelse" 항목, p. 668에서는 *Konkordans*에서 *livsanskuelse*가 143차례 사용되었다고 지적하면서, 이전에는 누락된 이 단어의 이형이 사용된 28곳을 추가로 열거한다.

27. 덴마크어 권위자들은 키에르케고어의 글에서 인생관(*livsanskuelse*)과 *verdensanskuelse*가 가장 먼저 사용된 곳을 제대로 파악하지 못한 것처럼 보인다. 월터스가 28쪽 주 33과 34에서 지적하듯이, 탁월한 덴마크어 사전 – Ordbog over det Danske Sprog – 에서는 *livsanskuelse*와 *verdensanskuelse*가 1838년 이후에 처음 사용되었으며, *livsanskuelse*의 경우 그 전에 이미 키에르케고어가 이 말을 만들었음에도 1868년까지도 새로 만들어진 복합어로 간주되었다고 말한다.

28. Kierkegaard의 *On Authority and Revelation,* translated with an introduction and notes by Walter Lowrie, introduction to the Torchbook edition by Frederick Sontag (New York: Harper and Row, Harper Torchbooks, Cloister Library, 1966)을 보라. "결국 세계관, 인생관은 모든 문학 작품의 유일하게 참된 조건이다"(4쪽). "그는 분명한 세계관과 인생관을 가지고 있다."(7쪽).

29. *The Journals of Kierkegaard,* 1834~1854, trans. and ed. Alexander Dru (London: Oxford University Press, 1938), pp. 15~16.

30. McCarthy, p. 140.

31. Strawser, p. 21에서 재인용.

32. Wolters, pp. 6~7과 McCarthy, p. 145.

33. McCarthy, p. 144에서 재인용.

34. McCarthy, p. 146.

35. Søren Kierkegaard, *Either/Or*, edited and translated with introduction and notes by Howard V. Hong and Edna H. Hong, 2 vols. (Princeton: Princeton University Press, 1987), 1:13. 《이것이냐 저것이냐》(다산글방 역간).

36. Kierkegaard, *Either/Or*, 2:179~180.

37. Kierkegaard, *Either/Or*, 2:319~321.

38. Søren Kierkegaard, *Journals and Papers*, vol. 3, L-R, ed. and trans. Howard V. Hong and Edna H. Hong, assisted by Gregor Malantschuk (Bloomington: Indiana University Press, 1975), p. 140.

39. Søren Kierkegaard, *Attack upon "Christendom,"* translated, introduction, and notes by Walter Lowrie, new introduction by Howard A. Johnson (Princeton: Princeton University Press, 1968), p. 223. 《그리스도교의 훈련》(다산글방 역간).

40. Kierkegaard, *Either/Or*, 2:181.

41. Kierkegaard, *Either/Or*, 2:182~183.

42. Kierkegaard, *Either/Or*, 2:190, 195, 204, 232, 235.

43. Kierkegaard, *Either/Or*, 2:202.

44. Søren Kierkegaard, *Stages on Life's Way: Studies by Various Persons*, edited and translated with introduction and notes by Howard V. Hong and Edna H. Hong (Princeton: Princeton University Press, 1988).

45. Kierkegaard, *Stages on Life's Way*, p. 162. (이 책에 실린 "Reflections on Marriage"은 《결혼에 관한 약간의 성찰》(지식을만드는 지식 역간)이라는 제목으로 발췌 번역됨-역주).

46. Søren Kierkegaard, *Concluding Unscientific Postscript*, trans. David F. Swenson, completed after his death with introduction and notes by Walter Lowrie (Princeton: Princeton University Press, 1941), p. 315.(이 책의 일부가 《주체적으로 되는 것》(지식을만드는지식 역간)]이라는 제목으로 발췌 번역됨-역주).

47. Kierkegaard, *Concluding Unscientific Postscript*, p. 315.

48. McCarthy, p. 139.

49. 키에르케고어에게 깊은 영향을 받았던 또 다른 덴마크 철학자 하랄드 회프딩(Harald Høffding)은 세계관과 인생관의 의미와 함의를 성찰하는 데 많은 에너지를 쏟아부었다. 두 권으로 이뤄진 《근대 철학사》(*History of Modern Philosophy*, 1894~1895)로 잘 알려진 회프딩은 1910년, 67세의 나이로 그의 체계를 요약한 책 《인간 사상》(*Den Menneskelige*

Tanke)을 출판했다. 독일어와 프랑스어로 번역된 이 책에서는 세계관 분석에 약 40쪽을 할애하고 있다. 회프딩의 세계관과 인생관 이론은 그의 책 《철학의 제 문제》(*The Problems of Philosophy*, 1905년에 영역본 출간)에서도 다뤄진다. 회프딩에 관해서는 Wolters, pp. 9~10 nn. 41~50을 보라.

50. José Ortega y Gasset, *Concord and Liberty*, trans. Helene Weyl (New York: Norton, 1946), p. 131. 《인간과 기술: 잘사는 것이란 무엇인가》(이문출판사 역간). 오르테가 이 가세트는 "사상사의 한 장-빌헬름 딜타이와 삶이라는 관념"(129~182쪽)이라는 글로 이 책을 마무리한다. 여기서 그는 딜타이의 세계 전망 이론(혹은 세계관)에 대해 논한다. 특히 오르테가 이 가세트의 연구 때문에 에스파냐어권에서 딜타이는 상당히 널리 알려지게 되었다. 예를 들어, 에우헤니오 이마스(Eugenio Ímaz)는 딜타이의 세계관 이론을 소개한 바 있다. 그의 책 *Orbas de Wilhelm Dilthey: Teoria de la Conception Del Mundo* (Mexico and Buenos Aires: Fondo de Cultura Económica, 1945)을 보라.

51. *Ermarth*, p. 324. 어마스 역시 자신의 글 첫머리에서 "세계관"이 "딜타이의 저작을 통해 널리 사용되기 시작"했다고 지적한다(15쪽).

52. Wilhelm Dilthey, *Gesammelte Schriften*, 8:99, Ilse N. Bulhof, *Wilhelm Dilthey: A Hermeneutic Approach to the Study of History and Culture*, Martinus Nijhoff Philosophy Library, vol. 2 (Boston: Martinus Nijhoff, 1980), p. 89에서 재인용.

53. Dilthey, *Gesammelte Schriften*, 8:208~209, *Theodore Plantinga, Historical Understanding in the Thought of Wilhelm Dilthey* (Toronto: University of Toronto Press, 1980), pp. 81~82에서 재인용.

54. Dilthey, *Gesammelte Schriften*, 8:78, Ermath, p. 17에서 재인용.

55. 딜타이 사상에서 역사주의 및 그것과 형이상학 사이의 관계에 관해서는 Plantinga, pp. 122~148을 보라.

56. Dilthey, *Gesammelte Schriften*, 5:406, *Introduction to the Human Sciences: An Attempt to Lay a Foundation for the Study of Society and History*, by Wilhelm Dilthey (Detroit: Wayne State University Press, 1988), p. 29에 부치는 번역자 Ramon J. Betanzos의 서문을 보라. 《정신과학 입문: 사회와 역사 연구의 토대를 구축하기 위한 시도》(지식을만드는지식 역간).

57. 딜타이의 세계관 이론이 그의 해석학적 철학에 미친 영향에 관해서는 Thomas J. Young, "The Hermeneutical Significance of Dilthey's Theory of World-Views" (Ph. D. diss., Bryn Mawr College, 1985)을 보라. 또한 영이 자신의 논문을 간추려 기고한 글 "The Hermeneutical Significance of Dilthey's Theory of World Views," *International Philosophical Quarterly* 23 (June 1983): pp. 125~140을 보라.

58. 세계관에 관한 딜타이의 기본적 논의는 그의 《선집》(*Gesammelte Schriften*)에 실린 아래 글에 담겨 있다. (1) "The Essence of Philosophy" (5:378~416), (2) 7권 여기저기에서 언급, (3) 8권 전체.

59. Wilhelm Dilthey, *Dilthey's Philosophy of Existence: Introduction to Weltanschauunglehre,* translated and introduction by William Kluback and Martin Weinbaum (New York: Bookman Associates, 1957), pp. 17~174. W. Dilthey, *Selected Writings,* edited, translated, and introduction by H. P. Rickman (New York: Cambridge University Press, 1976), pp. 133~154에는 같은 글의 축약본이 실려 있다. 인용문 쪽수는 Bookman Associates 판본을 따른다.

60. 오래 전 Augustine, *De doctrina Christiana,* in *The Works of St. Augustine* – a Translation for the Twenty-first Century, vol. 11 (Hyde Park, N.Y.: New City Press, 1996), p. 109 (§1.7)에서도 대단히 비슷한 지적을 한 바 있다. 《그리스도교 교양》(분도출판사 역간).

61. 딜타이의 유형론과 피티림 소로킨(Pitirim Sorokin)이 *Social and Cultural Outlook* (New York: Dutton, 1945), pp. 13-29에서 제시하고 논했던 세 "참 실재 가치"를 비교해 보면 흥미로울 것이다. 소로킨의 "관념적" 실재 가치는 딜타이의 "자유의 관념론"과 동일시할 수 있고, 그의 "이상적" 실재 가치는 딜타이의 "객관적 관념론"에 해당하며, 그의 "감각적" 실재 가치는 딜타이의 "자연주의"와 견줄 만하다. 최근 해럴드 브라운(Harold O. J. Brown)은 *The Sensate Culture: Western Civilization between Chaos and Transformation* (Dallas: Word, 1996)에서 소로킨의 범주를 되살리고 보완한 바 있다.

62. Ermath, p. 334에서는 다양한 이유로 딜타이가 일반적으로는 객관적 관념론자로 분류되지만, 꼭 그런 분류가 합당한 것은 아닐 수도 있다고 말한다. "딜타이를 그 자신의 유형론에 가두고자 한다면, 그를 객관적 관념론과 주관적 관념론을 주된 구성요소로 삼지만, 자연주의도 상당 부분 받아들이며 이 셋 모두를 결합하는 인물로 간주할 수 있다"라고 주장한다. 하지만 세계관 이론가로서 딜타이는 이 모든 것을 넘어서기 때문에 이런 식의 분류는 기껏해야 제한적인 가치만을 지닐 뿐이다. 혹은 그의 해석적 입장은 내재적 비판의 입장이라고 말하는 편이 더 적합할지도 모른다. 그는 이런 입장들에 대해 내재적인 동시에 초월적이다" 라고 그는 주장한다.

63. *Gesammelte Schriften,* 7:233, Ermath, p. 289에서 재인용.

64. H. A. Hodges, *Wilhelm Dilthey: An Introduction* (New York: Howard Fertig, 1969), p. 104. 상대주의와 회의주의라는 비판에 맞서 딜타이를 옹호하는 입장으로는 Ermath, pp. 334~338을 보라.

65. Peter Levine, *Nietzsche and the Modern Crisis of the Humanities* (Albany: State

University of New York Press, 1995), p. xiii. George J. Stack, *Nietzsche: Man, Knowledge, and Will to Power* (Durango, Colo.: Hollowbrook Publishing, 1994), p. 96에서는 니체가 문헌학을 공부했기 때문에 "실존의 다양한 영역, 철학과 과학에서 진리의 물음, 세계에 대한 우리의 지식이라는 일반적인 문제에까지 확장되는 경향을 띠는 텍스트 해석이라는 [역사에 관련된] 문제에 대해 민감해졌다"고 지적한다.

66. Friedrich Nietzsche, *Beyond Good and Evil,* in *Basic Writings of Friedrich Nietzsche,* translated and edited with commentaries by Walter Kaufmann (New York: Modern Library, 1968), p. 209 (§11). 《선악의 저편, 도덕의 계보》(책세상 역간).

67. Mary Warnock, "Nietzsche's Conception of Truth," in *Nietzsche's Imagery and Thought: A Collection of Essays,* ed. Malcolm Pasley (Berkeley: University of California Press, 1978), p. 38.

68. Friedrich Nietzsche, *Human, All Too Human: A Book for Free Spirits,* trans. R. J. Hollingdale, introduction by Erich Heller, Texts in German Philosophy, gen. ed. Charles Taylor (New York: Cambridge University Press, 1986), p. 20 (§17). 《인간적인 너무나 인간적인》(책세상 역간).

69. Stack, pp. 97–98.

70. Ralph Waldo Emerson, "Experience," in *Selected Essays* (Chicago: People's Book Club, 1949), p. 285. 《정중한 초대》(하늘아래 역간)에 수록됨.

71. Emerson, p. 300.

72. Emerson, p. 303.

73. Levine, p. xv.

74. Friedrich Nietzsche database in "Past Masters in Philosophy," InteLex Corporation.

75. *Sämtliche Werke: Kritische Studienausgabe in 15 Bänden,* herausgegeben von Giorgio Colli und Mazzino Montinari (New York and Berlin: Walter de Gruyter, 1980)에서 니체가 *Weltanschauung*이라는 단어를 사용한 구절은 다음과 같다. "the dionysian worldview," 1:551, 598; 15:23, 25, 26, 27; "the Christian worldview," 7:13; "worldview of the Hegelian epoch," 7:61; "in the worldview from Sophocles to Apollo," 7:67; "Hellenic worldview," 7:75; "the tragic worldview," 7:79, 118, 123, 288; "the musical worldview," 7:116; "the mystical worldview," 7:123; "a mechanistic worldview," 2:200; "metaphysical worldview," 15:102; "the Nietzschean worldview," 15:197.

76. Friedrich Nietzsche, *On the Advantage and Disadvantage of History for Life,* translated and introduction by Peter Preuss (Indianapolis: Hackett, 1980), p. 10 (§1). Gadamer, p. 301에서는 지평의 개념을 설명하며 니체와 후설이 이 용어를 어떤 의미로 사용했는지를 논

한다. 가다머는 "지평은 특정한 관점에서 보이는 모든 것을 아우르는 전망의 범위다. 이것을 사유하는 정신에 적용할 때 우리는 지평의 편협함, 지평의 확장 가능성, 새 지평의 열림 등에 관해 말한다. 니체와 후설 이후 철학에서 이 용어는 사상이 유한한 결정성과 결합되는 방식과 한 사람의 전망의 범위가 점점 확장되는 방식을 묘사하기 위해 사용되고 있다"라고 말한다.

77. Friedrich Nietzsche, "On Truth and Lie in an Extra-Moral Sense," in *The Portable Nietzsche*, ed. and trans. Walter Kaufmann (New York: Penguin Books, 1982), pp. 46~47.

78. Friedrich Nietzsche, *The Will to Power*, trans. Anthony M. Ludovici, in *The Complete Works of Friedrich Nietzsche*, ed. Oscar Levy, vol. 15 (New York: Russell and Russell, 1964), p. 13 (§493). 《권력에의 의지》(청하 역간).

79. Robin Small, "Nietzsche and a Platonist Idea of the Cosmos: Center Everywhere and Circumference Nowhere," *Journal of the History of Ideas* 44 (January-March 1983): p. 99.

80. Friedrich Nietzsche, *The Genealogy of Morals*, in *The Complete Works of Friedrich Nietzsche*, ed. Oscar Levy, vol. 13 (New York: Russell and Russell, 1964), p. 153 (§12). 《선악의 저편, 도덕의 계보》(책세상 역간).

81. Friedrich Nietzsche, *Nachlaß*, in *Nietzsche's Werke in Drei Bände, ed. Karl Schlechta* (Munich: Carl Hanser Verlag, 1958), p. 903, Arthur C. Danto, *Nietzsche as Philosopher* (New York: Macmillan, 1965), p. 76에서 재인용.

82. Nietzsche, *The Will to Power*, p. 13 (§481).

83. Nietzsche, *The Will to Power*, p. 150 (§677).

84. Friedrich Nietzsche, *Thus Spoke Zarathustra*, in *The Portable Nietzsche*, p. 233. 《차라투스트라는 이렇게 말했다》(민음사 역간).

85. Jean Granier, "Perspectivism and Interpretation," in *The New Nietzsche*, edited with an introduction by David B. Allison (Cambridge: MIT Press, 1985), p. 197에서 재인용.

86. Friedrich Nietzsche, *On the Genealogy of Morals*, trans. and ed. Walter Kaufmann (New York: Modern Library, 1968), p. 452 (§2). 《선악의 저편, 도덕의 계보》(책세상 역간).

87. Friedrich Nietzsche, *The Joyful Wisdom*, trans. Thomas Common, in *The Complete Works of Friedrich Nietzsche*, ed. Oscar Levy, vol. 10 (New York: Russell and Russell, 1964), p. 340 (§374). 《즐거운 학문, 메시나에서의 전원시 유고 (1881년 봄~1882년 여름)》(책세상 역간).

88. Friedrich Nietzsche, *The Gay Science, with a Prelude in Rhymes and an Appendix of*

Songs, translated with commentary by Walter Kaufmann (New York: Random House, Vintage Books, 1974), pp. 180~181 (§124). 《즐거운 학문, 메시나에서의 전원시 유고(1881년 봄~1882년 여름)》(책세상 역간).

5장_ 세계관의 철학적 역사 : 20세기 I

1. Edmund Husserl, "Philosophie als strenge Wissenschaften," *Logos* 1 (1910~1911): pp. 289~341. 영역본으로는 Edmund Husserl, "Philosophy as Rigorous Science," in *Husserl: Shorter Works*, ed. Peter McCormick and Frederick A. Elliston (Notre Dame, Ind.: University of Notre Dame Press; Brighton, England: Harvester Press, 1981), pp. 185~197을 보라. 《엄밀한 학문으로서의 철학》(지식을만드는지식 역간). 다음 본문에 게재된 쪽 번호는 이 논문의 쪽 번호다. 여러 해가 지나서 발표된 Heinrich Rickert, "Wissenschaftliche Philosophie und *Weltanschauung*," *Logos* 22 (1933): p. 37 이후에서도 비슷한 논의를 전개한다.
2. Walter Biemel, "Introduction to the Dilthey-Husserl Correspondence," ed. Walter Biemel, trans. Jeffner Allen, in *Husserl: Shorter Works*, pp. 199, 201.
3. Edmund Husserl and Wilhelm Dilthey, "The Dilthey-Husserl Correspondence," in *Husserl: Shorter Works*, p. 204. 딜타이의 편지는 1911년 6월 29일자다.
4. Biemel, p. 199. 학문적 철학과 세계관 철학에 관한 후설의 추가적인 논의로는 Michael J. Seidler, "Philosophy as a Rigorous Science: An Introduction to Husserlian Phenomenology," *Philosophy Today* 21 (1977): 306-326과 Wayne F. Buck, "Husserl's Conception of Philosophy," *Kinesis* 8 (1977): 8, 10-25을 보라.
5. Biemel, p. 199.
6. 막스 베버(Max Weber)가 1918년에 행한 유명한 연설 "직업으로서의 학문"(*Science as a Vocation*)에서도 이와 동일한 사실/가치의 이분법을 전개한다. 그는 엄격한 학문적 용어로 교수직의 본질을 설명한다. 베버는 어떤 학생도 자신의 직무를 수행하는 교수가 "세계관(*Weltanschauung*)이나 행위 규범을 선전할 것"이라고 예상해서는 안 된다고 말한다. 이것은 가르치는 이가 할 일이 아니다. 그렇다고 생각하면 그 교수는 교과 과정에 포함되지 않는 활동을 하고 있을 뿐이다. "그리고 세계관과 당파적 견해 사이의 투쟁에 개입하도록 부름을 받았다고 느낀다면, 그는 외부에서, 시장에서, 언론에서, 회의에서, 협회에서, 원하는 곳 어디에서든 그 일을 할 수 있다("Science as a Vocation," in *From Max Weber: Essays in Sociology*, translated, edited, and introduction by H. H. Gerth and C. Wright Mills [New York: Oxford University Press, 1946], p. 150). 《직업으로서의 학문》(나남 역간). 후설과 마

찬가지로 베버도 세계관 철학과 참된 학문은 섞일 수 없다고 생각한다. pp. 129~156에 수록된 베버의 글을 보라.

7. Arthur Holmes, "Phenomenology and the Relativity of World-Views," *Personalist* 48 (summer 1967): p. 335.

8. Holmes, p. 332. 또한 David Carr, *Interpreting Husserl: Critical and Comparative Studies* (Boston/Dordrecht: Martinus Nijhoff, 1987), pp. 217~218을 보라. 그는 "개념 상대주의자는 후설이 자신의 후기 저작에서 세계상이라는 관념을 도입했다고 지적하고 싶어할지도 모른다. 후설은 '역사적 존재'로서의 인간과 모든 의식에 속한 '침전된 개념'에 대해 말한다. 사람들은 자연적 태도뿐 아니라 역사적 전통의 선입관까지도 당연히 받아들인다"라고 말한다.

9. Edmund Husserl, *The Crisis of European Sciences and Transcendental Phenomenology: An Introduction to Phenomenological Philosophy,* translated and introduction by David Carr, Northwestern University Studies in Phenomenology and Existential Philosophy (Evanston, Ill.: Northwestern University Press, 1970), p. 389, 강조는 후설의 것. 《유럽학문의 위기와 선험적 현상학》(한길사 역간).

10. Husserl, *Crisis of European Sciences,* p. 390.

11. Husserl, *Crisis of European Sciences,* pp. 389~390, 강조는 추가됨.

12. Enzo Paci, *The Function of the Sciences and the Meaning of Man,* translated with an introduction by Paul Piccone and James E. Hansen, Northwestern University Studies in Phenomenology and Existential Philosophy (Evanston, Ill.: Northwestern University Press, 1972), pp. 240~241.

13. John Scanlon, "The Manifold Meanings of 'Life World' in Husserl's Crisis," *American Catholic Philosophical Quarterly* 66 (spring 1992): p. 229.

14. Carr, *Interpreting Husserl,* pp. 213~215.

15. Husserl, *Crisis of European Sciences,* p. 382, 괄호는 원문의 것.

16. Husserl, *Crisis of European Sciences,* p. 122.

17. Husserl, *Crisis of European Sciences,* p. 134.

18. Husserl, *Crisis of European Sciences,* p. 139.

19. Husserl, *Crisis of European Sciences,* pp. 124, 141.

20. Husserl, *Crisis of European Sciences,* pp. 129~230.

21. Carr, *Interpreting Husserl,* p. 219.

22. David Carr, "Husserl's Problematic Concept of the Life-World," in *Husserl: Expositions and Appraisals,* edited and introduction by Frederick A. Elliston and Peter McCormick

(Notre Dame, Ind.: University of Notre Dame Press, 1977), pp. 206~207.

23. David Carr, *Phenomenology and the Problem of History: A Study of Husserl's Transcendental Philosophy* (Evanston, Ill.: Northwestern University Press, 1974), p. 246. 후설이 주장하는 무전제성에 대한 연구와 비판으로는 Adrian Mirvish, "The Presuppositions of Husserl's Presuppositionless Philosophy," *Journal of the British Society for Phenomenology* 26 (May 1995): pp. 147~170; Teresa Reed-Downing, "Husserl's Presuppositionless Philosophy," *Research in Phenomenology* (1990): pp. 136~151; B. C. Postow, "Husserl's Failure to Establish a Presuppositionless Science," *Southern Journal of Philosophy* 14 (summer 1976): pp. 179~188등을 보라.

24. Jan W. Sarna, "On Some Presuppositions of Husserl's 'Presuppositionless' Philosophy," *Analecta Husserliana* 27 (1989): p. 240.

25. Karl Jaspers, *Psychologie der Weltanschauungen* (Berlin: Verlag von Julius Springer, 1919). 이 책은 독일어로 6판이 출간되었으며 가장 최근에는 1971년에 나왔다. 이 책은 독일어 3판을 이탈리아어로 번역한 *Psicologia Delle Visioni del Mondo*, trans. Vincenzo Loriga (Rome: Astrolabia, 1950)과 독일어 4판을 에스파냐어로 번역한 Psicología de las Concepciones del Mundo, trans. Mariano Marin Casero (Madrid: Gredos, 1967), 일본어 번역본 *Sekaikan no Shinrigaku,* trans. Tadao Uemura and Toshio Maeda (Tokyo: Risôsha, 1971) 등 몇몇 언어로 번역되기도 했다. 불행히도 영어로는 아직 번역되지 않았다.

26. Ludwig B. Lefebre, "The Psychology of Karl Jaspers," in *The Philosophy of Karl Jaspers,* Library of Living Philosophers, augmented edition (La Salle, Ill.: Open Court, 1981), p. 489.

27. Lefebre, p. 489에서 재인용, 강조는 추가됨.

28. Lefebre, p. 489.

29. Lefebre, pp. 489~490. 488쪽의 주 38에서 르페브르는 야스퍼스가 세계관(*Weltanschauung*)이라는 용어를 "삶에 대한 일반적 관점"과 "세계에 대한 관념" 모두를 가리키기 위해 사용하며, 그 의미가 더 구체적인 양상을 강조하는가, 더 관념적인 양상을 강조하는가에 의해 결정되기 때문에 다소 모호하다고 지적한다. 구체적인 양상에 관해서는 *Weltanschauung*을 사용하는 경향이 있고, 관념적인 양상에 관해서는 대체로 *Weltbild*를 사용한다. 또한 그가 개인의 태도와 철학적, 종교적 체계 모두를 지칭해 *Weltanschauung*라는 용어를 사용한다는 점이 문제를 더 복잡하게 만든다.

30. Walter Kaufmann, "Jaspers' Relation to Nietzsche," in *The Philosophy of Karl Jaspers,* p. 414.

31. Kaufmann, pp. 411, 417. 헤겔과 칸트에 대한 야스퍼스의 논의는 각각 그의 책

Psychologie, pp. 323~332과 408~428을 보라.

32. Karl Jaspers, "Philosophical Autobiography," in *The Philosophy of Karl Jaspers*, p. 26.

33. Jaspers, "Philosophical Autobiography," p. 25.

34. Jaspers, "Philosophical Autobiography," p. 26.

35. Jaspers, "Philosophical Autobiography," p. 27.

36. Jaspers, "Philosophical Autobiography," pp. 28~29.

37. Oswald O. Schrag, *An Introduction to Existence, Existenz, and Transcendence: The Philosophy of Karl Jaspers* (Pittsburgh: Duquesne University Press, 1971), p. 99.

38. Schrag, pp. 102-103. Jaspers, *Psychologie*, pp. 202~247을 보라. "궁극적 상황"이라는 개념에 대한 논의로는 Charles F. Wallraff, *Karl Jaspers: An Introduction to His Philosophy* (Princeton: Princeton University Press, 1970), pp. 141~166과 Edwin Latzel, "The Concept of 'Ultimate Situation' in Jaspers' Philosophy," in *The Philosophy of Karl Jaspers*, pp. 177~208을 보라. 《야스퍼스의 철학 사상》(서문당 역간). Latzel의 글 마지막에는 이 주제를 다룬 다른 저작에 대한 간략한 목록이 실려있다. 후에 야스퍼스는 *Philosophy*, vol. 2, trans. E. B. Ashton (Chicago: University of Chicago Press, 1970), pp. 177~218에서 이 주제에 관한 성찰을 심화시킨다.

39. Karl Jaspers, *Basic Philosophical Writings*, edited, translated, and introduction by Edith Ehrlich, Leonard H. Ehrlich, and George B. Pepper (Atlantic Highlands, N.J.: Humanities Press, 1986), p. 96.

40. Schrag, p. 103에서 재인용.

41. Jaspers, *Psychologie*, pp. 252~269.

42. Jaspers, *Psychologie*, pp. 269~388.

43. Schrag, pp. 103~104; Jaspers, *Psychologie*, pp. 289~305을 보라.

44. Latzel, p. 185에서 재인용.

45. Schrag, pp. 104~105; Jaspers, *Psychologie*, pp. 306~381을 보라.

46. Schrag, pp. 105~106; Jaspers, *Psychologie*, pp. 387~407을 보라.

47. Wallraff, p. 150에서 재인용.

48. Jaspers, *Psychologie*, pp. 123~133.

49. Jaspers, *Psychologie*, pp. 133~188.

50. Schrag, p. 102.

51. Jaspers, *Psychologie*, pp. 44~121.

52. Schrag, p. 100에서 재인용.

53. Elisabeth Young-Bruehl, *Freedom and Karl Jaspers' Philosophy* (New Haven: Yale

University Press, 1981), p. 211. 야스퍼스처럼 어니스트 베커(Ernest Becker)도 죽음에 대한 두려움이 대안적 세계관을 만들고자 하는 강력한 무의식적 동기를 부여한다고 주장했다. 이에 관한 논의로는 "Ernest Becker and the Psychology of Worldviews," *Zygon* 33 (1998): pp. 71~86을 보라.

54. Young-Bruehl, p. 211.

55. Martin Heidegger, *The Basic Problems of Phenomenology,* translation, introduction, and lexicon by Albert Hofstadter, Studies in Phenomenology and Existential Philosophy (Bloomington: Indiana University Press, 1982), p. 10.

56. Martin Heidegger, "Anmerkungen zu Karl Jaspers' Psychologie der *Weltanschauungen*," in *Karl Jaspers in der Diskussion,* ed. Hans Saner (Munich: R. Piper, 1973), pp. 70~100을 보라. 이 서평은 Martin Heidegger, *Wegmarken,* in *Gesamtausgabe,* ed. F.-W. von Herrmann (Frankfurt: Klostermann, 1976), 9:1~44에도 실려 있다. 이 글은 아직 영어로 번역되지 않았다. 《이정표 1》(한길사 역간).

57. Theodore Kisiel, *The Genesis of Heidegger's "Being and Time"* (Berkeley: University of California Press, 1993), p. 137. 키실(Kisiel)은 pp. 137~148쪽에서 야스퍼스의 책에 대한 하이데거의 서평을 분석한다.

58. David Farrell Krell, *Intimations of Mortality: Time, Truth, and Finitude in Heidegger's Thinking of Being* (University Park: Pennsylvania State University Press, 1986), pp. 11~12. 크렐의 글은 "Toward Sein und Zeit: Heidegger's Early Review of Jaspers' 'Psychologie der *Weltanschauungen*,'" *Journal of the British Society for Phenomenology* 6 (1975): pp. 147~156에도 게재되었다.

59. Krell, *Intimations of Mortality,* p. 12. 본문의 쪽 번호는 Heidegger, "Anmerkungen zu Karl Jaspers' Psychologie der *Weltanschauungen*"라는 제목으로 출판된 글의 쪽 번호다.

60. Krell, *Intimations of Mortality,* pp. 12~13.

61. Krell, *Intimations of Mortality,* pp. 13~14.

62. Krell, *Intimations of Mortality,* pp. 14~15.

63. Krell, *Intimations of Mortality,* pp. 15~17.

64. Krell, *Intimations of Mortality,* pp. 17~22. 개인적으로 교환한 서신을 통해 야스퍼스는 자신의 책, 특히 방법의 결핍에 관한 하이데거의 효과적인 비판을 인정했다. 그러나 그는 하이데거 역시 자신만의 "적극적인 방법"을 결여하고 있다고 은근히 반박한다. 야스퍼스는 "내 생각에는 내가 읽어 본 모든 서평 중에서 당신의 서평이 내 생각의 뿌리까지 가장 깊게 파고든 것 같습니다. 그럼에도 불구하고 [당신 자신의] 적극적인 방법이 – '나는 누군인가'와 '역사적인' 것에 대한 논의에서 – 빠져 있다고 생각합니다"라고 말한다. Kisiel, *The*

Genesis, p. 527 n. 5에서 재인용.

65. Martin Heidegger, *Being and Time,* trans. John Macquarrie and Edward Robinson (New York: Harper and Row, 1962), p. 497 n. iii. 《존재와 시간》(까치 역간).

66. Heidegger, *Being and Time,* p. 495 n. vi.

67. Heidegger, *Being and Time,* p. 348.

68. Heidegger, Being and Time, p. 496 n. xv.

69. Martin Heidegger, "Die Idee der Philosophie und das *Weltanschauungs* problem," in *Zur Bestimmung der Philosophie, in Gesamtausgabe,* ed. Bernd Heimbüchel, vol. 56/57 (Frankfurt: Klostermann, 1987), pp. 3~117. 이 책은 아직 영어로 번역되지 않았다.

70. Heidegger, *The Basic Problems of Phenomenology.* 독일어 원서는 *Die Grundproblem der Phänomenologie*, in *Gesamtausgabe*, ed. F.-W. von Herrmann, vol. 24 (Frankfurt: Klostermann, 1975, 1989)을 보라.

71. Martin Heidegger, *The Metaphysical Foundations of Logic,* trans. Michael Heim (Bloomington: Indiana University Press, 1984). 독일어 원서는 *Metaphysische Anfangsgründe der Logik im Ausgang von Leibniz,* in *Gesamtausgabe,* ed. Klaus Held, vol. 26 (Frankfurt: Klostermann, 1978)을 보라.

72. 세 번째 글은 분량이 작고 두 번째 논문에 포함된 주제 다수를 되풀이하기 때문에 이 책에서는 분석하지 않을 것이다. 이 글에 대한 논의로는 Robert Bernasconi, *Heidegger in Question: The Art of Existing, Philosophy and Literary Theory* (Atlantic Highlands, N.J.: Humanities Press, 1993), pp. 28~31을 보라. 다른 이들도 학문적 철학과 세계관을 대조한 하이데거의 입장에 대해 연구했다. Ingo Farin, "Heidegger's Early Philosophy between World-View and Science," *Southwest Philosophy Review* 14 (1997): pp. 86~94과 Tom Rockmore, "Philosophy or *Weltanschauung*? Heidegger on Honigswald," *History of Philosophy Quarterly* 16 (1999): pp. 97~115을 보라.

73. Kisiel, The Genesis, p. 39에서 재인용. 키실은 이 강의를 길게 논할 뿐 아니라(38-59쪽) "Why Students of Heidegger Will Have to Read Emil Lask," in *Emil Lask and the Search for Concreteness,* ed. Deborah G. Chaffin (Athens: Ohio University Press, 1993)에서 그 내용을 요약한 바 있다. 또한 "The Genesis of Being and Time," *Man and World* 25 (1992): pp. 21~37에 게재된 그의 논의도 참고하라.

74. George Kovacs, "Philosophy as Primordial Science in Heidegger's Courses of 1919," in *Reading Heidegger from the Start: Essays in His Earliest Thought,* ed. Theodore Kisiel and John van Buren, SUNY Series in Contemporary Continental Philosophy (Albany: State University of New York Press, 1994), p. 94에서 재인용.

75. Kisiel, *The Genesis,* p. 17에서 재인용.

76. Heidegger, *Basic Problems,* p. 4. 본문에서 아래 몇 단락에 기록된 쪽 번호는 이 책의 쪽 번호다.

77. 또한 하이데거는 민주적, 비관적, 중세적 세계관도 언급한다. 그는 슐라이어마허가 세계관이 하나님에 대한 앎을 온전하게 만든다고 말했다고 지적하며, 똑똑한 사람들의 이상한 세계관에 관한 비스마르크(Bismarck)의 논평도 언급한다.

78. 이 강연은 원래 1938년 6월 9일에 "형이상학에 의한 근대적 세계상의 확립"(The Establishing by Metaphysics of the Modern World Picture)이라는 제목으로 행해졌다. 이 강연은 브라이스가우의 프라이부르크에서 미학, 자연 철학, 의학 학회(Society for Aesthetics, Natural Philosophy, and Medicine at Freiburg in Breisgau)에서 행한 것이다. 이 모임의 주제는 근대적 세계관의 확립이었다. 이 글에 수록된 15개의 부록은 원래 강연록의 일부였지만 실제 강연에는 포함되지 않았다. 하이데거의 글은 다음의 출판물을 포함해 여러 차례 출간되었다. "Die Zeit des Weltbildes," in *Holzwege,* in *Gesamtausgabe,* ed. F.- W. von Herrmann, vol. 5 (Frankfurt: Klostermann, 1977), pp. 75~113. 영문 번역본으로는 translations, see "The Age of the World Picture," in *The Question concerning Technology and Other Essays,* translated and introduction by William Lovitt (New York: Harper and Row, Harper Torchbooks, 1977), pp. 115~154 (본문의 쪽 번호는 이 번역본을 따른다); Marjorie Green, trans., "The Age of the World View," *Boundary* 4 (1976): pp. 341~355을 보라. 《세계상의 시대》(서광사 역간). 하이데거의 강연이 야스퍼스의 작업에 대한 "반발"이라는 주장은 Krell, *Intimations of Mortality,* p. 178 n. 6에 등장한다.

79. 하이데거(116~117쪽)는 신들의 상실이 반드시 조야한 무신론으로 번역되는 것은 아니라고 생각한다. 그는 신들의 상실이 세계관(*Weltanschauung*)과 연관된 이유 때문에 대체로 교회의 잘못이라는 흥미로운 지적을 한다. 그는 이렇게 말한다. "신들의 상실은 이중적 과정이다. 한편으로 세계의 원인이 무한하고, 무조건적이며, 절대적이라고 가정하는 한 세계상은 기독교화된다. 다른 한편으로, 기독교 세계(Christendom)는 기독교 교리를 하나의 세계관(기독교 세계관)으로 변형시키며, 그렇게 함으로써 그 자체를 근대적인 것, 최신의 것으로 만든다. 신들의 상실은 하나님과 신들에 관한 우유부단함이 만들어 낸 상황이다. 기독교 세계는 이를 초래한 것에 대해 가장 큰 책임이 있다." 두 이유 중에서 두 번째가 특히 흥미롭다. 기독교는 자신을 세계관으로 변형시켜 근대적인 것이 되려고 하다가 그 본질을 배반하거나 본질적인 무언가를 상실했으며, 신성에 관한 동시대적 불확실성에 기여한 것처럼 보인다. 따라서 적어도 하이데거의 해석에 따르면, "세계관"은 전통적 기독교와 양립 불가능한 것처럼 보일 것이다.

80. 루이스는 그의 예언자적인 책 *The Abolition of Man* (New York: Simon and Schuster,

Touchstone, 1996)의 3장에서 비슷한 주제를 다룬 바 있다. 《인간 폐지》(홍성사 역간).

81. *Jürgen* Habermas, "Work and *Weltanschauung*: The Heidegger Controversy from a German Perspective," in *Heidegger: A Critical Reader,* ed. Hubert L. Dreyfus and Harrison Hall (Cambridge, Mass.: Basil Blackwell, 1992), p. 186. 이 단락의 쪽 번호는 이 책을 따른다.

82. Richard Wolin, *The Politics of Being: The Political Thought of Martin Heidegger* (New York: Columbia University Press, 1990), p. 23. 비슷한 논평으로는 Richard Rorty, "Heidegger, Contingency, and Pragmatism," in *Heidegger: A Critical Reader,* pp. 209~230을 보라.

83. Martin Heidegger, *Being and Time: A Translation of "Sein und Zeit,"* trans. Joan Stambaugh, SUNY Series in Contemporary Continental Philosophy (Albany: State University of New York Press, 1996), p. 286.

84. Kisiel, *The Genesis,* p. 430.

85. Martin Heidegger, "'Only a God Can Save Us': The Spiegel Interview (1966)," in *Heidegger: The Man and the Thinker, ed. Thomas Sheehan* (Chicago: Precedent Publishing, n.d.), p. 57. 이 인터뷰는 *Der Spiegel* 23 (1966): pp. 193~219에 실렸다.

86. 11장에서 나는 하이데거에 관한 이런 물음에 대해 간략히 답할 것이다.

6장_ 세계관의 철학적 역사 : 20세기 II

1. Nicholas F. Gier, *Wittgenstein and Phenomenology: A Comparative Study of the Later Wittgenstein, Husserl, Heidegger, and Merleau-Ponty,* SUNY Series in Philosophy (Albany: State University of New York Press, 1981), p. 48. 가이어는 이 책 여러 곳에서 비트겐슈타인이 생철학과 연관성이 있다는 점과 세계관 철학을 채택한다는 점에 대해 논한다(49~71, 101~102, 113쪽). 그는 이렇게 요약한다. "비트겐슈타인의 철저한 다원주의는 다른 세계관과 세계상의 가능성에 기초하지만 '특수한 상황'의 부인을 단호히 거부하며 실제 삶의 경험의 온전함과 풍부함을 보존한다"(48쪽).

2. James C. Edwards, *Ethics without Philosophy: Wittgenstein and the Moral Life* (Tampa: University Presses of Florida, 1982), pp. 184~185.

3. Ludwig Wittgenstein, *Philosophical Investigations*, trans. G. E. M. Anscombe, 3rd ed. (New York: Macmillan, 1968), §115 (p. 48e). 《철학적 탐구》(아카넷 역간).

4. Wittgenstein, *Philosophical Investigations,* §309 (p. 103e).

5. Ludwig Wittgenstein, *Zettel,* ed. G. E. M. Anscombe and G. H. von Wright, trans. G. E.

M. Anscombe (Los Angeles: University of California Press, 1970), §461 (p. 82e). 《쪽지》(책세상 역간).

6. Henry LeRoy Finch, *Wittgenstein: The Later Philosophy—an Exposition of the "Philosophical Investigations"* (Atlantic Highlands, N.J.: Humanities Press, 1977), p. 246.

7. Ludwig Wittgenstein, *Tractatus Logico-Philosophicus,* trans. D. F. Pears and B. F. McGuinness, introduction by Bertrand Russell (London: Routledge and Kegan Paul, 1961), §§6.371, 6.372 (p. 70). 《논리-철학 논고》(책세상 역간).

8. Ludwig Wittgenstein, *Culture and Value,* ed. G. H. von Wright in collaboration with Heikki Nyman, trans. Peter Winch (Chicago: University of Chicago Press, 1980), p. 78e. 《문화와 가치》(책세상 역간).

9. Gier, p. 62에서 재인용.

10. Ludwig Wittgenstein, *Remarks on Frazer's "Golden Bough,"* ed. Rush Rhees, trans. A. C. Miles, rev. Rush Rhees (Atlantic Highlands, N.J.: Humanities Press, 1979), pp. 8e~9e. 《소품집》(책세상 역간)에 실려 있음.

11. Wittgenstein, *Philosophical Investigations,* §122 (p. 49e).

12. Judith Genova, *Wittgenstein: A Way of Seeing* (New York: Routledge, 1995), p. 50. 비트겐슈타인의 글에 세계관(*Weltanschauung*)이라는 말이 사용된 다른 두 곳은 *Notebooks, 1914~1916*, ed. G. H. von Wright and G. E. M. Anscombe, trans. G. E. M. Anscombe (New York: Harper and Row, Harper Torchbooks, 1969), 05.06과 *On Certainty,* ed. G. E. M. Anscombe and G. H. von Wright, trans. Denis Paul and G. E. M. Anscombe (New York: Harper and Row, Harper Torchbooks, 1972)이다, §§421~422 (p. 54e). 《비트겐슈타인 철학 일기》, 《확실성에 관하여》(이상 책세상 역간).

13. James Edwards, p. 184.

14. Finch, p. 7. 최근에 몇몇 해석자들이 비트겐슈타인의 사상과 생애를 이처럼 예리한 방식으로 구분하는 것에 대해 문제를 제기한 바 있다. 이에 관한 간략한 논의로는 *The Cambridge Dictionary of Philosophy,* 2nd ed. (1999), "Wittgenstein, Ludwig" 항목을 보라.

15. Gordon Hunnings, *The World and Language in Wittgenstein's Philosophy* (Albany: State University of New York Press, 1988), p. 244.

16. Norman Malcomb, "Wittgenstein's Philosophical Investigations," in *Wittgenstein: The Philosophical Investigations,* ed. George Pitcher (Garden City, N.Y.: Anchor Books, 1966), p. 91.

17. Wittgenstein, *Philosophical Investigations,* §19 (p. 8e).

18. Wittgenstein, *Philosophical Investigations,* §23 (p. 11e). 이런 맥락에서 비트겐슈타인은 독자들에게 "다음의 예나 다른 예에서 언어놀이의 복수성을 검토해 볼" 것을 제안한다. "명령 내리기와 명령에 복종하기—대상의 외형 묘사하기나 그것의 치수 측정하기—묘사(그림)을 보고 대상 만들기—사건 보고하기—사건에 관해 추측하기—가설을 만들고 시험하기—표와 도형으로 실험 결과 설명하기—이야기 만들기와 읽기—연극하기—돌림노래 부르기—수수께기 맞히기—농담 만들기, 농담하기—실용적인 상황에서 산수로 문제 풀기—한 언어에서 다른 언어로 전환하기—묻기, 감사하기, 욕하기, 인사하기, 기도하기"(11e~12e쪽).

19. Wittgenstein, *Philosophical Investigations,* §23 (p. 11e), 강조는 추가됨.

20. Finch, p. 90.

21. Wittgenstein, *Philosophical Investigations,* §241 (p. 88e).

22. Wittgenstein, *Philosophical Investigations,* IIi (p. 174e).

23. Wittgenstein, *Philosophical Investigations,* IIxi (p. 226e).

24. Gier, p. 70에서 재인용.

25. Gier, p. 68.

26. James Edwards, pp. 168~174.

27. Finch, pp. 221~222.

28. Finch, p. 222. 비트겐슈타인의 은유에 관해서는 *On Certainty,* §152 (p. 22e), §97 (p. 15e), §211 (p. 29e), §341 (p. 44e)을 보라. 다음 본문에서 출처 표기는 *On Certainty*에 대한 것이다.

29. Genova, p. 208 n. 13.

30. K. Kollenda, "Wittgenstein's *Weltanschauung*," *Rice University Studies* 50 (1961): pp. 23~37; J. F. Miller, "Wittgenstein's *Weltanschauung*," *Philosophical Studies* 13 (1964): pp. 127~140; Wilhelm Baum, "Ludwig Wittgenstein's World View," *Ratio* 22 (June 1980): pp. 64~74을 비롯해 여러 작가들이 비트겐슈타인의 기본적 세계관을 그려 보고자 하는 시도를 한 바 있다.

31. Gertrude D. Conway, *Wittgenstein on Foundations* (Atlantic Highlands, N.J.: Humanities Press, 1989), p. 168.

32. Nelson Goodman, *Ways of Worldmaking* (Indianapolis: Hackett, 1978), p. x.

33. Donald Davidson, "The Myth of the Subjective," in *Relativism: Interpretation and Confrontation,* edited and introduction by Michael Krausz (Notre Dame, Ind.: University of Notre Dame Press, 1989), p. 160.

34. C. I. Lewis, *Mind and the World Order* (New York: Scribner, 1929), p. 38.

35. Lewis, p. 36.

36. Steven D. Edwards, *Relativism, Conceptual Schemes, and Categorical Frameworks,* Avebury Series in Philosophy of Science (Brookfield, Vt.: Gower, 1990), p. 120.

37. Joseph Runzo, *World Views and Perceiving God* (New York: St. Martin's Press, 1993), p. 43 n. 3a.

38. Nicholas Rescher, "Conceptual Schemes," in *Midwest Studies in Philosophy,* vol. 5, ed. Peter A. French, Theodore E. Uehling, Jr., and Howard K. Wettstein (Minneapolis: University of Minnesota Press, 1980), pp. 330–331.

39. 데이비슨의 이 논문은 원래 1973년 12월 28일 조지아 주 애틀랜타에서 열린 미국철학협회 동부 지부의 제7회 연례 회의에서 행한 회장 강연으로 발표되었다. *Proceedings and Addresses of the American Philosophical Association* 47 (November 1973–1974): pp. 5~20에 게재되었으며, 데이비슨의 책 *Inquiries into Truth and Interpretation* (Oxford: Clarendon, 1984), pp. 183~198에도 실려 있다. 13장 "개념적 도식이라는 바로 그 생각에 대하여," 《진리와 해석에 관한 탐구》(나남출판 역간). 또한 *Relativism: Cognitive and Moral,* edited and introduction by Jack W. Meiland and Michael Krausz (Notre Dame, Ind.: University of Notre Dame Press, 1982), pp. 66~79에도 실려 있다. 배리 스트루드(Barry Stroud)는 "Conventionalism and the Indeterminacy of Translation," in *Words and Objections: Essays on the Work of W. V. Quine,* ed. Donald Davidson and J. Hintikka (Dordrecht: Reidel, 1969), pp. 89~96에서 데이비슨과 비슷한 주장을 제시한 바 있다.

40. Davidson, "On the Very Idea of a Conceptual Scheme," in Inquiries into Truth and Interpretation, p. xviii. 본문의 쪽 번호는 이 책을 따른다.

41. 데이비슨의 주장을 사용해 그에게 문제를 제기한 사람 중 하나는 리처드 로티다. Richard Rorty, "The World Well Lost," in *Consequences of Pragmatism: Essays: 1972~1980* (Minneapolis: University of Minnesota Press, 1982), pp. 649~665을 보라. 《실용주의의 결과》(민음사 역간).

42. Davidson, "Myth of the Subjective," pp. 159~160.

43. W. V. O. Quine, "Two Dogmas of Empiricism," in *From a Logical Point of View* (Cambridge: Harvard University Press, 1953), pp. 20~46. "경험주의의 두 가지 도그마," 《논리적 관점에서》(서광사 역간).

44. Quine, "Two Dogmas of Empiricism," p. 41.

45. 데이비슨의 제안에 대한 콰인의 답변으로는 그의 논문 "On the Very Idea of a Third Dogma," in *Theories and Things* (Cambridge: Harvard University Press, 1981), pp. 38~42을 보라.

46. 이 부분은 부분적으로 Robert Kraut, "The Third Dogma," in *Truth and Interpretation: Perspectives on the Philosophy of Donald Davidson,* ed. Ernest LePore (Cambridge, Mass.: Basil Blackwell, 1986), pp. 400~403에 도움을 받았다.

47. Davidson, "Myth of the Subjective," p. 171.

48. Davidson, "Myth of the Subjective," p. 163.

49. J. E. Malpas, *Donald Davidson and the Mirror of Meaning: Holism, Truth, Interpretation* (Cambridge: Cambridge University Press, 1992), p. 197.

50. Frank B. Farrell, *Subjectivity, Realism, and Postmodernism–the Recovery of the World* (Cambridge: Cambridge University Press, 1994), p. 133.

51. 데이비슨에 대한 대표적인 반응으로는 Kraut, pp. 398~416; Quine, "On the Very Idea," pp. 38~42; Rescher, pp.323~345; Chris Swoyer, "True For," in Relativism: Cognitive and Moral, pp. 81~108; Alasdair MacIntyre, "Relativism, Power, and Philosophy," in *Relativism: Interpretation and Confrontation,* pp. 182~204 등이 있다.

52. Kraut, p. 414.

53. Kraut, p. 415.

54. George Lakoff and Mark Johnson, Metaphors We Live By (Chicago: University of Chicago Press, 1980), p. 3. 《삶으로서의 은유》(박이정 역간). 스티븐 페퍼(Stephen C. Pepper)는 *World Hypotheses: A Study in Evidence* (Berkeley: University of California Press, 1970)에서 세계를 바라보는 접근 방식으로서의 "근원적 은유"의 역할에 대해 설명한 바 있다.

55. Rescher, p. 326. 아래 본문의 쪽 번호는 레셔의 논문 "Conceptual Schemes"에 대한 것이다.

56. Jean–François Lyotard, *The Postmodern Condition: A Report on Knowledge,* trans. Geoff Bennington and Brian Massumi, foreword by Fredric Jameson, Theory and History of Literature, vol. 10 (Minneapolis: University of Minnesota Press, 1984), p. xxiv. 《포스트모던적 조건: 정보사회에서의 지식의 위상》(서광사 역간).

57. William Rowe, "Society after the Subject, Philosophy after the Worldview," in *Stained Glass: Worldviews and Social Science,* ed. Paul A. Marshall, Sander Griffioen, and Richard J. Mouw, Christian Studies Today (Lanham, Md.: University Press of America, 1989), p. 174.

58. Marshall, Griffioen, and Mouw, introduction to Stained Glass, p. 12.

59. Howard Snyder, "Postmodernism: The Death of Worldviews?" in *EarthCurrents: The Struggle for the World's Soul* (Nashville: Abingdon, 1995), pp. 213~230. 《2000년대 지

구 동향》(아가페 역간).

60. Walter Truett Anderson, *Reality Isn't What It Used to Be: Theatrical Politics, Ready-to-Wear Religion, Global Myths, Primitive Chic, and Other Wonders of the Postmodern World* (San Francisco: Harper and Row, 1990), p. 90.

61. Terry Eagleton, *Literary Theory* (Minneapolis: University of Minnesota Press, 1983), p. 131. 《문학이론입문》(창작과비평사 역간).

62. J. Richard Middleton and Brian J. Walsh, *Truth Is Stranger Than It Used to Be: Biblical Faith in a Postmodern Age* (Downers Grove, Ill.: InterVarsity, 1995), p. 33. 《포스트모던 시대의 기독교 세계관》(살림 역간).

63. Jacques Derrida, *Writing and Difference,* trans. Alan Bass (Chicago: University of Chicago Press, 1976), p. 158. 《글쓰기와 차이》()(동문선 역간).

64. Jacques Derrida, *Of Grammatology,* trans. Gayatri Chakravorty Spivak (Baltimore: Johns Hopkins University Press, 1976), p. 158. 《그라마톨로지》(민음사 역간).

65. Derrida, *Of Grammatology,* p. 52. 또한 그의 *Margins of Philosophy,* trans. Alan Bass (Chicago: University of Chicago Press, 1982), pp. 1~27을 보라.

66. Derrida, *Writing and Difference,* p. 280.

67. Derrida, *Of Grammatology,* pp. 329~330.

68. Middleton and Walsh, p. 33.

69. Peter L. Berger and Thomas Luckmann, *The Social Construction of Reality: A Treatise in the Sociology of Knowledge* (New York: Doubleday, 1966; Anchor Books, 1967), p. 88. 《실재의 사회적 구성》(문학과지성사 역간).

70. Berger and Luckmann, p. 89.

71. Berger and Luckmann, p. 89.

72. Anderson, *Reality,* p. vi에서 재인용.

73. Berger and Luckmann, pp. 89~90.

74. Walter Truett Anderson, ed., *The Truth about the Truth: De-Confusing and Re-Constructing the Postmodern World* (New York: Putnam, a Jeremy P. Tarcher/Putnam Book, 1995), p. 36.

75. Middleton and Walsh, p. 34.

76. Berger and Luckmann, p. 90.

77. Edward W. Said, "Michel Foucault, 1926~1984," in *After Foucault: Humanistic Knowledge, Postmodern Challenges,* ed. Jonathan Arac (New Brunswick, N.J.: Rutgers University Press, 1988), p. 1.

78. Michel Foucault, afterword to *Michel Foucault: Beyond Structuralism and Hermeneutics,* by Hubert L. Dreyfus and Paul Rabinow (Chicago: University of Chicago Press, 1982), p. 208.

79. Said, pp. 10~11.

80. Said, p. 10.

81. Pamela Major-Poetzl, *Michel Foucault's Archaeology of Western Culture* (Chapel Hill: University of North Carolina Press, 1983), p. 23. David Carr, *Interpreting Husserl: Critical and Comparative Studies* (Dordrecht: Martinus Nijhoff, 1987), pp. 220~221에서는 에피스테메가 개념체계나 세계관과 동일하다고 본다. 그러나 푸코 자신은 이를 세계관이나 문화적 시대정신과 동일시하는 것을 부인한다고 카(Carr)는 인정한다.

82. Michel Foucault, *The Order of Things: An Archaeology of the Human Sciences, World of Man* (New York: Random House, 1970; Vintage Books, 1973), p. 168. 《말과 사물》(민음사 역간).

83. Michel Foucault, *The Archaeology of Knowledge,* trans. A. M. Sheridan Smith (New York: Random House, Pantheon Books, 1972), p. 15. 《지식의 고고학》(민음사 역간).

84. Foucault, *The Archaeology of Knowledge,* p. 16.

85. Foucault, *The Order of Things,* p. x.

86. Foucault, *The Archaeology of Knowledge*, p. 15.

87. Major-Poetzl, p. 21.

88. Michel Foucault, *Power/Knowledge: Selected Interviews and Other Writings, 1972~1977,* ed. Colin Gordon, trans. Colin Gordon, Leo Marshall, John Mepham, and Kate Soper (New York: Pantheon Books, 1980), pp. 83, 85. 《권력과 지식: 미셸 푸코와의 대담》(나남 역간).

89. Foucault, *The Archaeology of Knowledge,* p. 234.

90. Sheldon S. Wolin, "On the Theory and Practice of Power," in *After Foucault,* p. 186.

91. Foucault, *Power/Knowledge,* p. 131.

92. Michel Foucault, *Discipline and Punish: The Birth of the Prison,* trans. Alan Sheridan (New York: Random House, Vintage Books, 1995), pp. 27~28. 《감시와 처벌: 감옥의 탄생》(나남 역간).

93. Foucault, *The Archaeology of Knowledge,* p. 191.

7장_ 세계관의 학제적 역사 I : 자연과학

1. Richard Gelwick, *The Way of Discovery: An Introduction to the Thought of Michael Polanyi* (New York: Oxford University Press, 1977), p. 137.
2. Michael Polanyi, "Why Did We Destroy Europe?" *Studium Generale* 23 (1970): pp. 909~916, Gelwick, p. 160 n. 1에서 재인용.
3. Gelwick, p. 3.
4. Michael Polanyi, "Works of Art" (unpublished lectures at the University of Texas and the University of Chicago, February–May 1969), p. 30, Gelwick, pp. 5~6에서 재인용.
5. Michael Polanyi, *Personal Knowledge: Towards a Post-Critical Philosophy* (Chicago: University of Chicago Press, 1958, 1962), p. vii. 《개인적 지식: 후기비판적 철학을 위하여》(아카넷 역간). 이 책은 1951~1952년에 애버딘대학교에서 행한 폴라니의 기포드 강연(Gifford Lectures)을 기초로 출간되었다.
6. Polanyi, *Personal Knowledge,* p. viii.
7. Polanyi, *Personal Knowledge,* p. 3. 지식에 대한 폴라니의 이해는 인간의 마음이 지성과 감정, 의지를 통합하는 중심이자 좌소(座所)이며, 따라서 삶의 문제를 결정한다는 성경적 사상(잠 4:23)과도 밀접히 연결되는 듯하다.
8. Polanyi, *Personal Knowledge,* p. vii.
9. Gelwick, pp. 65~66.
10. Michael Polanyi, *The Tacit Dimension* (Garden City, N.Y.: Doubleday, 1966), p. 4. 《암묵적 영역》(박영사 역간).
11. Polanyi, *The Tacit Dimension,* p. x.
12. Polanyi, *Personal Knowledge,* pp. vii~viii. 아래 본문의 쪽 번호는 폴라니의 *Personal Knowledge*를 따른다.
13. Gelwick, pp. 139~141.
14. Harry Prosch, *Michael Polanyi: A Critical Exposition* (Albany: State University of New York Press, 1986), p. 124.
15. Thomas Kuhn, *Scientific Change,* ed. A. Crombie (New York: Basic Books, 1963), p. 392, Gelwick, p. 128에서 재인용.
16. Thomas S. Kuhn, *The Structure of Scientific Revolutions,* 2nd enlarged ed., International Encyclopedia of Unified Science, vol. 2, no. 2 (Chicago: University of Chicago Press, 1970). 《과학 혁명의 구조》(까치 역간). 20세기 후반에 출간된 가장 중요한 학술 서적 중 하나인 이 책의 판매 부수는 1990년대 중엽까지 영어판만 약 75만 부에 달했으며, 이 무렵에 아홉 개의 언어로 번역된 상태였다. 이 번역서들의 목록으로는 Paul

Hoyningen-Huene, *Reconstructing Scientific Revolutions: Thomas S. Kuhn's Philosophy of Science*, trans. Alexander T. Levine, foreword by Thomas S. Kuhn (Chicago: University of Chicago Press, 1993), p. xv n. 2을 보라.

17. Gary Gutting, "Introduction," in *Paradigms and Revolutions: Appraisals and Applications of Thomas Kuhn's Philosophy of Science*, ed. Gary Gutting (Notre Dame, Ind.: University of Notre Dame Press, 1980), pp. v, 1.

18. Carl Hempel, *Aspects of Scientific Explanation* (New York: Free Press, 1965); Rudolf Carnap, *Logical Foundations of Probability* (Chicago: University of Chicago Press, 1950); Karl Popper, *The Logic of Scientific Discovery* (London: Hutchison, 1959)을 보라. 《과학적 설명의 여러 측면 1, 2》(나남 역간), 《과학적 발견의 논리》(고려원 역간).

19. Mary Hesse, *Revolutions and Reconstructions in the Philosophy of Science* (Bloomington: Indiana University Press, 1980), p. vii.

20. 쿤의 접근 방식을 지지하고 그들 나름의 방식과 언어로 새로운 과학철학에 대한 그의 주장을 장려한 이들로는 N. R. Hanson, *Patterns of Discovery: An Inquiry into the Conceptual Foundations of Science* (Cambridge: Cambridge University Press, 1958); Paul Feyerabend, *Against Method* (London: New Left Books, 1975); Stephen Toulmin, *Foresight and Understanding* (Bloomington: Indiana University Press, 1961); Imre Lakatos, "Falsification and the Methodology of Scientific Research Programmes," in *Criticism and the Growth of Knowledge*, ed. I. Lakatos and A. Musgrave (Cambridge: Cambridge University Press, 1970), pp. 91~195 등이 있다. 《과학적 발견의 패턴: 과학의 개념적 기초에 대한 탐구》(사이언스북스 역간), 《방법에의 도전》(한겨레 역간), 《현대 과학철학 논쟁: 비판과 과학적 지식의 성장》(민음사 역간). 과학철학 분야의 이러한 발전의 전조로는 과학자가 사실로 받아들이는 것은 그들이 주장하는 이론의 한 기능이라고 주장했던 윌리엄 휴얼과 같은 19세기와 20세기 초의 사상가들이 있다. William Whewell, *The Philosophy of the Inductive Sciences* (London: Parker, [1847], 1945), chap. 2을 보라. Ludwick Fleck, *Genesis and Development of a Scientific Fact*, trans. F. Bradley and T. J. Trenn (Chicago: University of Chicago Press, [1921], 1979)에서는 플렉이 "사고-양식" 혹은 "사고-집합체"라고 부른 것이 존재하며, 이것은 그저 생각하는 방식일 뿐 아니라 과학이 수행되는 맥락을 구성하기도 한다고 주장했다. 마지막으로 R. G. Collingwood, *Essay on Metaphysics* (Oxford: Clarendon, 1940)에서는 과학을 비롯한 모든 지적 활동이 각각의 짝은 다른 짝을 전제로 삼는 일련의 질문과 대답에 기초하며, 전체의 구조가 절대적 전제라는 토대에 근거한다는 관념을 제시했다.

21. Kuhn, *Structure*, p. 1.

22. Carl G. Hempel, "Thomas Kuhn, Colleague and Friend," in *World Changes: Thomas Kuhn and the Nature of Science,* ed. Paul Horwich (Cambridge: MIT Press, 1993), pp. 7~8.

23. James Conant, *Science and Common Sense* (New Haven: Yale University Press, 1951)을 보라. 쿤을 위해 길을 마련한 코넌트의 선구적인 작업을 설명하는 유익한 글으로는 Robert D'Amico, *Historicism and Knowledge* (New York: Routledge, 1989), pp. 32~51을 보라. 쿤은 《과학 혁명의 구조》에 부치는 서문에서 코넌트에게 진 빚을 인정한다(xi쪽).

24. 쿤은 *Structure,* p. 44 n. 1에서 폴라니에게 진 빚을 인정한다. 폴라니의 개인적, 암묵적 지식을 세계관(*Weltanschauung*)이나 과학 연구와 연결시키는 유익한 논의로는 Vladimir A. Zviglyanich, *Scientific Knowledge as a Cultural and Historical Process,* ed. Andrew Blasko and Hilary H. Brandt (Lewiston, N.Y.: Edwin Mellen Press, 1993), pp. 233~244를 보라. "인간 활동과 문화의 맥락 속 과학적 지식"이라는 제목이 붙은 3장에는 "세계관(*Weltanschauung*) 전제와 '암묵적 지식'으로서 그것이 미치는 영향"에 관한 논의가 실려 있다.

25. Edwin Hung, *The Nature of Science: Problems and Perspectives* (Belmont, Calif.: Wadsworth, 1997), pp. 340, 355, 368, 370. 이와 비슷하게 Floyd Merrell, *A Semiotic Theory of Texts* (New York: Mouton de Gruyter, 1985), p. 42에서도 쿤의 제안을 "세계관(*Weltanschauung*) 가설"이라고 부른다. 그는 "이 가설에 따르면 과학 활동은 통전적인 전부 아니면 무의 세계관, 또는 쿤의 용어를 사용하자면 '패러다임'에 의해 통제된다"라고 설명한다.

26. Gutting, p. 12.

27. Hung, p. 368.

28. 이런 특징은 Ian Barbour, "Paradigms in Science and Religion," in *Paradigms and Revolutions,* pp. 223~226에 등장한다.

29. Margaret Masterson, "The Nature of a Paradigm," in *Criticism and the Growth of Knowledge,* pp. 59~89에서는 《구조》 안에서 패러다임에 대한 스물한 개의 미묘하게 다른 설명을 발견했다고 주장한다. 패러다임 개념을 비판하는 이들에게 답하며 쿤 자신은 "이 책(《구조》)을 쓴 후 나의 관점은 전혀 바뀌지 않았다"라고 주장했다. 그의 글 "Reflections on My Critics," in *Criticism and the Growth of Knowledge,* p. 234을 보라.

30. Kuhn, *Structure,* p. viii.

31. Gutting, pp. 1~2.

32. Kuhn, *Structure,* p. 182.

33. Kuhn, *Structure,* p. 24.

34. Hung, p. 370.

35. Hoyningen-Huene, p. 223.

36. Kuhn, *Structure,* p. 6. 또한 57, 94, 150, 151, 199쪽을 보라. 아래 본문의 쪽 번호는《구조》를 따른다.

37. Hoyningen-Huene, p. 36. 또한 Ian Hacking, "Working in a New World: The Taxonomic Solution," in *World Changes,* pp. 275~310에 제시된 이 주제에 대한 유익한 분석을 보라.

38. Kuhn, *Structure,* p. 128.

39. John Searle, "Is There a Crisis in American Higher Education?" *Bulletin of the American Academy of Arts and Sciences* 46 (n.d.): pp. 24~47, Phillip E. Johnson, *Reason in the Balance: The Case against Naturalism in Science, Law, and Education* (Downers Grove, Ill.: InterVarsity, 1995), p. 116에서 재인용.《위기에 처한 이성: 자연주의 세계관에 대한 비판과 분석》(IVP 역간).

40. Ernan McMullin, "Rationality and Paradigm Change in Science," in *World Changes,* p. 71.

41. Hesse, p. xiv. 칸트의 패러다임에서 생겨난 상대주의와 언어놀이의 연관성에 대해서는 A. Maudgil, "World Pictures and Paradigms: Wittgenstein and Kuhn," in *Reports of the Thirteenth International Wittgenstein-Symposium,* ed. P. Weingartner and G. Schurz (Vienna: H?lder-Pichler-Tempsky, 1988), pp. 285~290에서도 논하고 있다.

42. 반론 중 하나는 1970년판《구조》에 부치는 그의 후기다. 또한 그의 논문 "Objectivity, Value Judgment, and Theory Choice," in *The Essential Tension: Selected Studies in Scientific Tradition and Change* (Chicago: University of Chicago Press, 1977), pp. 320~339을 보라.

43. Hung, pp. 434~438, 440~452을 보라.

44. Israel Scheffler, *Science and Subjectivity,* 2nd ed. (Indianapolis: Hackett, 1982); Paul Thagard, *Conceptual Revolutions* (Princeton: Princeton University Press, 1992); Paul R. Gross and Norman Levitt, *Higher Superstition: The Academic Left and Its Quarrels with Science* (Baltimore: Johns Hopkins University Press, 1994).

45. Lakatos, pp. 91~195; Larry Laudan, *Progress and Its Problems* (Berkeley: University of California Press, 1977).

46. 여기에 요약해서 제시한 질문 중 몇 가지는 10장에서 다룰 것이다.

47. 폴라니를 포스트모던 사상가로 보는 논의로서는 Jerry H. Gill, *The Tacit Mode: Michael Polanyi's Postmodern Philosophy* (Albany: SUNY Press, 2000)를 보라.

48. Nicholas Wolterstorff, "The Grace That Shaped My Life," in *Philosophers Who Believe: The Spiritual Journeys of Eleven Leading Thinkers*, ed. Kelly James Clark (Downers Grove, Ill.: InterVarsity, 1993), p.270.

8장_ 세계관의 학제적 역사 II: 사회과학

1. 예를 들어, Barry Barnes, *T. S. Kuhn and Social Science* (New York: Columbia University Press, 1982)을 보라. 《패러다임: 토마스 쿤과 사회과학》(정음사 역간).
2. Mary Hesse, *Revolutions and Reconstructions in the Philosophy of Science* (Bloomington: Indiana University Press, 1980), pp. 169~173에서는 위르겐 하버마스(Jurgen Habermas)의 《인식과 관심》(*Knowledge and Human Interests*, 고려원 역간)을 원용하면서 전기실증주의 과학과 후기실증주의 과학의 교리를 비교하며, 자연과학과 사회과학 사이의 화해를 간략히 설명한다. Charles Taylor, "Interpretation and the Sciences of Man," *Review of Metaphysics* 25 (1971): pp. 3~51에서도 유사한 분석을 전개한다.
3. 이런 맥락에서 Karl Mannheim, "On the Interpretation of *Weltanschauung*," in *From Karl Mannheim*, edited and introduction by Kurt H. Wolff (New York: Oxford University Press, 1971), p. 12에 실린 논평에 주목해 보라. "자연과학의 방법론적 원리로부터 자신을 해방할 준비가 되어 있지 않다면 [사회과학에서 세계관(*Weltanschauung*)에 관해] 떠오르고 있는 이런 물음을 제대로 다룰 수 없다. 이런 종류의 문제가 없어야만 하는 자연과학에서는 문화적 과학의 모든 단계에서 다뤄야만 하는 사고 유형과 희미하게라도 닮은 것을 전혀 만나 볼 수 없기 때문이다."
4. Paul A. Marshall, Sander Griffioen, and Richard J. Mouw, eds., introduction to *Stained Glass: Worldviews and Social Science, Christian Studies Today* (Lanham, Md.: University Press of America, 1989), p. 12. 이런 맥락에서 1996년 8월 캘빈대학 기독교학문연구소(Calvin Center for Christian Scholarship)에서 열린 학회에서는 지리학과 세계관의 관계를 다뤘다. 이 학회의 강연록은 Henk Aay and Sander Griffioen, eds., *Geography and Worldview: A Christian Reconnaissance* (Lanham, Md.: Calvin Center Series and University Press of America, 1998)을 보라. 특히 125~143쪽에 실린, 사회과학과 관련해 세계관의 유익과 위험을 다룬 샌더 그리퓬(Sander Griffioen)의 논문 "관점, 세계관, 구조"(Perspectives, Worldviews, Structures)를 보라.
5. Marshall, Griffioen, and Mouw, p. 11.
6. 이 주제 전반에 대한 나의 논의를 보충하는 자료로는 Sander Griffioen, "The Worldview

Approach to Social Theory: Hazards and Benefits," in *Stained Glass*, pp. 81~118을 보라.

7. 예를 들어, Devora Carmil and Shlomo Brenznitz, "Personal Trauma and World View – Are Extremely Stressful Experiences Related to Political Attitudes, Religious Beliefs, and Future Orientation?" *Journal of Traumatic Stress* 4 (July 1991): pp. 393~406; Anne V. Sutherland, "Worldframes and God–Talk in Trauma and Suffering," *Journal of Pastoral Care* 49 (1995): pp. 280~292; L. J. Myers, "Identity Development and Worldview – toward an Optimal Conceptualiza– tion," *Journal of Counseling and Development* 70 (1991): pp. 54~63; Bryce Bernell Augsberger, "World View, Marital Satisfaction and Stability" (Ph.D. diss., University of Denver, 1986); Carol C. Molcar, "Effects of World View on Purpose in Life," *Journal of Psychology* 122 (July 1988): pp. 365~371.
8. Sigmund Freud, "Inhibitions, Symptoms and Anxiety," in *"An Autobiographical Study," "Inhibitions, Symptoms and Anxiety," "The Question of Lay Analysis," and Other Works*, vol. 20 in *The Standard Edition of the Complete Psychological Works of Sigmund Freud*, trans. James Strachey (London: Hogarth Press and the Institute of Psycho–Analysis, 1962), p. 95. "억압, 증상 그리고 불안," 《정신병리학의 문제들: 프로이트 전집 10》(열린책들 역간).
9. Freud, "Inhibitions, Symptoms and Anxiety," p. 96.
10. Sigmund Freud, "The Question of a *Weltanschauung*," in *New Introductory Lectures on Psycho–Analysis and Other Works*, vol. 22 in *The Standard Edition of the Complete Psychological Works of Sigmund Freud*, pp. 158~182. 아래 본문의 쪽 번호는 이 책을 따른다. "세계관에 대하여," 《새로운 정신분석 강의: 프로이트 전집 2》(열린책들 역간).
11. 종교적 세계관에 대한 과학적 세계관의 우월성을 입증하기 위해 프로이트가 "세계관에 대하여," 161~175쪽에서 펼치는 주장을 간략히 소개하는 것이 도움이 될 것이다. 프로이트가 보기에 종교가, 그리고 종교만이 과학의 진지한 적수다. 종교는 가장 강력한 인간의 감정을 마음대로 활용할 수 있다. 그것은 일관되며 자기충족적인 세계관이기 때문에 오늘날까지 유지되고 있다. 따라서 프로이트는 그것에 대해 대응해야 한다고 생각했다. 그는 종교적 세계관(*Weltanschauung*)이 세 기능을 완수한다고 주장한다. 첫째, 그것은 앎에 대한 인간의 갈증을 충족시킨다. 둘째, 삶의 위험과 부침에 대한 두려움을 달래 준다. 셋째, 교훈을 주며 금지와 제약을 제시한다. 이런 중요한 기능에도 불구하고 자연주의에 기초한 과학은 종교가 인간의 일임을 증명했고, 특히 기적과 우주의 기원, 악의 문제에 관해 비판적 조사를 견뎌 내지 못했다. 더 나아가 정신분석학은 종교적 세계관이 우주 전체에 관해 부모의 보호가 필요한 어린이의 무력함으로부터 기원했음을 보여 준다. 어떤 이들은 과학이 종교처럼 숭고하고 중요한 것을 비판하는 것이 부적절하다고 비판할지도 모르지만, 이에 대

해 프로이트는 종교가 사상을 제한하고 비판적 조사에서 배제될 권리가 없다고 말한다. 여러 개인의 전기가 보여 주듯이 사상에 대한 종교적 제한은 엄청난 피해를 초래한다. 이에 대해 종교인들은 과학의 한계를 지적한다. 그것이 무엇을 성취했으며 성취할 수 있을까? 그것은 위안과 행복을 가져다주지 못한다. 우주(그것의 과거나 현재, 미래)에 대한 일관된 관점을 제시하지 못한다. 그것이 단편적으로 발견해 낸 것들은 내적 일관성을 지니고 있지 않으며, 그것의 법칙과 해석은 잠정적으로만 옳을 뿐이며 빈번히 수정된다. 프로이트의 대응은 최근에 쌓이기 시작한 과학적 성취에 대해 지적하고 그 역사가 얼마 되지 않았음을 부각시키는 것이다. 시간이 흐르면 과학의 길에 놓인 모든 걸림돌은 극복될 것이다. 그의 결론은 "과학계의 사정은 그다지 나빠 보이지 않는다"는 것이다(174쪽). 이런 주장에 비추어 프로이트는 과학이 독점적인 인지적, 문화적 권위라고 선언한다. 종교가 할 수 있는 선택은 더 고등하며 입증할 수 없는 의미에서 '진리'를 선포한다는 것을 인정하는 것뿐이다. 그러나 합리성과 무관하거나 비합리적인 인식론을 택할 때 참된 인식적 무게를 지니지 못한다는 뜻이므로 인류의 다수에 대한 영향력을 상실할 수밖에 없다. 따라서 프로이트는 이런 주장에 기초해 종교적 세계관에 대한 과학적 세계관의 승리를 선언한다. 물론, 종교에 대한 프로이트의 가장 정교한 비판은 《환상의 미래》(*The Future of an Illusion*, 《문명 속의 불만: 프로이트 전집 12》(열린책들 역간]에 수록됨)다.

12. 예를 들어, S. A. Figueira, "Common (Under)Ground in Psychoanalysis—the Question of a *Weltanschauung* Revisited," *International Journal of Psycho-Analysis* 71 (1990): pp. 65~75; P. L. Rudnysky, "A Psychoanalytic *Weltanschauung*," *Psychoanalytic Review* 79 (summer 1992): pp. 289~305; B. Wood, "The Religion of Psychoanalysis," *American Journal of Psychoanalysis* 40 (1980): pp. 13~26을 보라.

13. Albert William Levi, *Philosophy and the Modern World* (Bloomington: Indiana University Press, 1959), p. 151에서 재인용.

14. Levi, p. 153.

15. Stanton L. Jones and Richard E. Butman, *Modern Psycho-Therapies: A Comprehensive Christian Appraisal* (Downers Grove, Ill.: InterVarsity, 1991), p. 67. 《현재 심리치료와 기독교적 평가》(대서 역간).

16. Levi, p. 160.

17. 이 강연은 원래 1942년 9월 26일 취리히에서 열린 심리학 학회(Conference for Psychology)에서 행한 것이다. 이 강연은 "Psychotherapie und *Weltanschauung*," *Schweizerische Zeitschrift für Psychologie und ihre Anwendungen* 1 (1943): pp. 3, 157~164에 발표되었다. 이 부분의 논의는 C. G. Jung, "Psychotherapy and a Philosophy of Life," in *The Practice of Psychotherapy: Essays on the Psychology of the Transference and Other*

Subjects, trans. R. F. C. Hull, Bollingen Series 20, 2nd ed. (New York: Pantheon Books, 1966), pp. 76~83을 기초로 삼고 있다. 다음 본문의 쪽 번호는 이 책을 따른다. "정신 치료와 세계관," 《심성 연구》3(1) : pp. 43~50.

18. Richard M. Ryckman, *Theories of Personality,* 3rd ed. (Monterey, Calif.: Brooks/Cole, 1985), p. 62. 《성격 심리학》(박학사 역간).

19. Jones and Butman, p. 121.

20. "우주를 보는 눈을 치료하는 의사"라는 관념은 William Rowe, "Society after the Subject, Philosophy after the Worldview," in *Stained Glass,* p. 159에 등장한다.

21. 예를 들어, Orlo Strunk, "The World View Factor in Psychotherapy," Journal of Religion and Health 18 (July 1979): pp. 192~197; Armand M. Nicholi, "How Does the World View of the Scientist and the Clinician Influence Their Work?" *Perspectives on Science and the Christian Faith* 41 (1989): pp. 214~220을 보라.

22. 사회학 안에서 세계관의 역할에 관한 논의로는 Jan Verhoogt, "Sociology and Progress: Worldview Analysis of Modern Sociology," in *Stained Glass,* pp. 119~139를 보라. 특히 그는 "사회학자들의 세계관(그들의 개인적 가치와 이익)이 그들의 과학적 사유 안에도 침투해 들어가는가?"라는 쿤의 사상과도 연결되는 질문을 살펴본다(119쪽). 사회학적 관점에서 세계관 개념을 평가한 글로는 Jerome Ashmore, "Three Aspects of *Weltanschauung,*" *Sociological Quarterly* 7 (spring 1966): pp. 215~233을 보라.

23. Karl Mannheim, "On the Interpretation of *Weltanschauung,*" in *From Karl Mannheim,* pp. 8~58. 아래 본문의 쪽 번호는 이 책을 따른다.

24. John B. Harms, "Mannheim's Sociology of Knowledge and the Interpretation of *Weltanschauungen,*" *Social Science Journal* 21 (April 1984): p.44. 함스에 따르면, 만하임은 나중에 이런 희망을 버렸다. 이 논문은 세계관(*Weltanschauung*)을 다룬 만하임의 논문에 대한 본격적인 해설을 담고 있다.

25. Blaise Pascal, *Pensées,* trans. W. F. Trotter, in *The Great Books of the Western World,* vol. 33 (Chicago: William Benton and Encyclopaedia Britannica, 1952), p. 225 (§5.294). 《팡세》(민음사 역간). 파스칼의 말은 피터 버거와 토마스 루크만의 지식사회학에서 다루는 문제를 요약하고 있다. 그들이 쓴 *The Social Construction of Reality: A Treatise in the Sociology of Knowledge* (New York: Doubleday, Anchor Books, 1966), p. 5을 보라. 《실재의 사회적 구성》(문학과지성사 역간).

26. *The Blackwell Dictionary of Twentieth-Century Social Thought* (1993), "sociology of knowledge" 항목.

27. Griffioen, "Worldview Approach," p. 88.

28. Charles W. Smith, *A Critique of Sociological Reasoning: An Essay in Philosophical Sociology* (Oxford: Basil Blackwell, 1979), p. 110, Griffioen, "Worldview Approach," p. 88에서 재인용.

29. Peter Hamilton, *Knowledge and Social Structure: An Introduction to the Classical Argument in the Sociology of Knowledge* (London: Routledge and Kegan Paul, 1974), p. 121, Griffioen, "Worldview Approach," p. 88에서 재인용.

30. Max Scheler, *Problems of a Sociology of Knowledge,* trans. Manfred S. Frings, edited and introduction by Kenneth W. Stikkers (Boston: Routledge and Kegan Paul, 1980), pp. 74~75. "지식사회학의 문제들," 《지식의 형태와 사회 1》(한길사 역간)에 수록됨.

31. *The Encyclopedia of Philosophy* (1967), "sociology of knowledge" 항목.

32. Max Scheler, "The Sociology of Knowledge: Formal Problems," in *The Sociology of Knowledge: A Reader,* ed. James E. Curtis and John W. Petras (New York: Praeger, 1970), p. 178. "형식적인 문제들," 《지식의 형태와 사회 1》(한길사 역간)에 수록됨.

33. Karl Marx, "Preface to A Contribution to the Critique of Political Economy," in *The Marx-Engels Reader,* ed. Robert C. Tucker, 2nd ed. (New York: Norton, 1978), p. 4. "정치경제학 비판을 위하여. 서문," 《칼 맑스 프리드리히 엥겔스 저작 선집 2》(박종철출판사 역간)에 수록됨. 마르크스에게 적용된 "근거 명제"라는 표현의 출처는 Berger and Luckmann, p. 5다.

34. Berger and Luckmann, pp. 14~15, 강조는 버거와 루크만의 것.

35. Berger and Luckmann, p. 15.

36. Berger and Luckmann, p. 15.

37. Berger and Luckmann, p. 3.

38. Peter L. Berger, *The Sacred Canopy: Elements of a Sociological Theory of Religion* (New York: Doubleday, Anchor Books, 1967), pp. 23~24. 《종교와 사회》(종로서적 역간).

39. Berger and Luckmann, p. 6.

40. 예를 들어 John McMurtry, *The Structure of Marx's World-View* (Princeton: Princeton University Press, 1978)을 보라. *Great Soviet Encyclopedia,* 3rd ed. (1977), "world view" 항목에서 "마르크스-레닌주의" 세계관을 언급한 곳을 보라.

41. Griffioen, "Worldview Approach," pp. 86~87.

42. *Great Soviet Encyclopedia,* 3rd ed., "world view" 항목.

43. *Great Soviet Encyclopedia,* 3rd ed., "world view" 항목.

44. *Great Soviet Encyclopedia,* 3rd ed., "world view" 항목.

45. Griffioen, "Worldview Approach," p. 87.

46. 이 주제를 다룬 책으로는 Martin Seliger, *The Marxist Conception of Ideology: A Critical Essay* (Cambridge: Cambridge University Press, 1977)과 Bhikhu Parekh, *Marx's Theory of Ideology* (Baltimore: Johns Hopkins University Press, 1982)을 보라.

47. *Great Soviet Encyclopedia,* 3rd ed., "world view" 항목.

48. Richard W. Miller, "Social and Political Theory: Class, State, Revolution," in *The Cambridge Companion to Marx,* ed. Terrell Carver (Cambridge: Cambridge University Press, 1991), p. 73.

49. Miller, p. 74.

50. Karl Marx and Friedrich Engels, *The German Ideology,* Parts I and II, edited and introduction by R. Pascal (New York: International Publishers, 1947), p. 39. 《독일 이데올로기》(두레 역간).

51. Marx and Engels, p. 15.

52. Marx and Engels, p. 39.

53. Marx and Engels, p. 199. 이것은 유명한 마르크스의 "포이어바흐에 관한 테제" 중 열한 번째 테제다.

54. Marx and Engels, p. 1. 이런 전망에 입각해 파울루 프레이리(Paulo Freire)는 *Pedagogy of the Oppressed,* trans. Myra B. Ramos, new revised twentieth anniversary edition (New York: Continuum, 1994)에서 "의식화"과정을 통해 억압받는 이들 사이에 만연한 지배적인 "침묵의 문화"를 극복하는 것을 목표로 하는 급진적인 교육 철학을 주장을 제시했다. 이런 교육에서는 "사회적, 정치적, 경제적 모순을 지각하고 현실의 억압적 요소에 맞서서 행동하는 법"을 대화를 통해 배운다(17쪽). 《페다고지》(그린비 역간).

55. Job L. Dittberner, *The End of Ideology and American Social Thought: 1930~1960,* Studies in American History and Culture, no. 1 (UMI Research Press, 1979), p. 4.

56. 이 전통에 공헌한 미국 혹은 다른 나라의 인류학자들을 소개한 글로는 *Dictionary of Concepts in Cultural Anthropology* (1991), "world view" 항목과 *International Encyclopedia of the Social Sciences* (1968), "world view" 항목을 보라. 그 외에 참고 할 자료로는 Clifford Geertz, "Ethos, World-view and the Analysis of Sacred Symbols," *Antioch Review* 17 (1957): pp. 421~437, reprinted in *The Interpretation of Cultures* (New York: Basic Books, 1973), pp. 193~233. "에토스, 세계관 그리고 거룩한 상징의 분석," 《문화의 해석》(까치 역간). 이 글에서 기어츠는 에토스와 세계관을 구별하면서, 전자는 문화의 규범적, 평가적 양상을 가리키며 후자는 세계가 구성된 방식의 인지적, 실존적 양상이라고 주장한다. 또한, 1968년 8월 베너-그렌 재단(Wenner-Gren)의 후원으로 부르크 바르텐슈타인(Burg Wartenstein)에서 열린 학회에서 존스(W. T. Jones)가 발표한 글 "World Views:

Their Nature and Their Function," *Current Anthropology* 13 (1972): pp. 79~109을 보라.

57. Bronislaw Malinowski, *Argonauts of the Western Pacific* (London: Routledge and Kegan Paul, 1922), p. 517. 《서태평양의 항해자들》(전남대학교출판부 역간).

58. Michael Kearney, *Worldview* (Novato, Calif.: Chandler and Sharp, 1984), p. 1. 키어니의 지적은 인류학 이론을 다룬 두 권의 중요한 교과서에서 이 주제를 전혀 다루지 않는다는 사실을 통해서도 확인된다. Marvin Harris, *The Rise of Anthropological Theory: A History of Theories of Culture* (New York: Harper Collins, 1968)과 Paul Bohannan and Mark Glazer, eds., *High Points in Anthropology* (New York: McGraw-Hill, 1988)을 살펴보라.

59. Griffioen, "Worldview Approach," p. 90.

60. Kearney, *Worldview,* p. 9. 다음 본문에서 쪽 번호는 이 책을 따른다. 이 책 외에 키어니의 기획에 관한 통찰을 발견할 수 있는 글은 그가 쓴 "World View Theory and Study," *Annual Review of Anthropology* 4 (1975): pp. 247~270이다.

61. 최근의 발표한 글에서 키어니는 세계관을 이데올로기뿐 아니라 '헤게모니'와도 연결한다. 이데올로기와 (특히 인종이나 계급, 성차에 관한) 세계관으로서의 헤게모니는 하나의 눈금자나 연속체 위 어딘가에 위치한다. 한편으로, 계급을 떠받치는 이데올로기는 대개 계급적 목적을 위해 특정한 방식으로 세계를 설명하고 해석하기에 바쁜 지식인들(교사, 정치인, 작가, 사제 등)의 직접적 작업이다. 예를 들어, 다양한 사회적, 정치적 문제에 관한 여론을 관리하는 전문가들이 만들어 낸 선전은 순수한 형태의 이데올로기다. 다른 한편으로, 헤게모니를 장악한 사상은 "영향을 미치는 작용을 하지 않는" 경향이 있으며 사물이 존재하는 방식으로서 상식적으로 받아들여진다. 헤게모니를 장악한 사상은 민담가 비유, 인종, 가치, 물론 세계관 안에 자리 잡고 있다. 결국에는 성공적인 이데올로기적 노력이 헤게모니를 장악하게 될 것이다. 키어니의 글 *Encyclopedia of Cultural Anthropology* (1996), "worldview" 항목을 보라.

62. 키어니는 에드워드 사피어(Edward Sapir)와 루스 베네딕트(Ruth Benedict), 마거릿 미드(Margaret Mead), 모리스 오플러(Morris Opler), 알프레드 크로버(Alfred Kroeber) 등도 문화적 관념론 진영에 속한다고 말한다.

63. 본문에서는 인용된 쪽 번호의 내용을 토대로 이 세 문제를 요약했다.

64. 키어니는 자신의 책의 결론에서 이 다섯 개의 보편적 범주는 "서양의 지적 전통의 산물"이며 "아인슈타인 이전의 물리학"에 대한 성찰이라고 주장한다. 이 범주들은 분명히 사회학적으로 형성되었으며, 따라서 잠정적일 뿐이다(208쪽).

65. *Encyclopedia of Cultural Anthropology,* "worldview" 항목.

66. 멕시코 오악사카 주 익테페히의 세계관과 사회 조직을 다룬 키어니의 책 *The Winds*

of *Ixtepeji: World View and Society in a Zapotec Town,* Case Studies in Cultural Anthropology, ed. George Spindler and Louise Spindler (New York: Holt, Rinehart and Winston, 1972)을 보라.

67. Robert Redfield, *The Primitive World and Its Transformations* (Ithaca, N.Y.: Cornell University Press, Cornell Paperbacks, 1953), p. 103.

68. Robert Redfield, *The Folk Culture of Yucatan* (Chicago: University of Chicago Press, 1941).

69. Robert Redfield, "The Primitive World View," *American Philosophical Society Proceedings* 96 (1952): pp. 30~36.

70. Robert Redfield, *The Little Community: Viewpoints for the Study of a Human Whole* (Chicago: University of Chicago Press, 1955); *Peasant Society and Culture: An Anthropological Approach to Civilization* (Chicago: University of Chicago Press, 1956).

71. 아래 본문의 쪽 번호는 *The Primitive World and Its Transformations*에 대한 것이다.

72. *International Encyclopedia of the Social Sciences,* "world view" 항목.

73. 디트리히 본회퍼가 자신의 책 *Life Together,* translated and introduction by John W. Doberstein (San Francisco: Harper and Row, 1954)에서 논증했듯이. 《신도의 공동생활》(대한기독교서회 역간).

74. 이 점은 기독교적 관점에 입각해 '세계관'에 대해 논하는 다음 장의 핵심 주제가 될 것이다.

9장_ 세계관에 대한 신학적 고찰

1. Hans-Georg Gadamer, *Truth and Method,* 2nd rev. ed., translation revised by Joel Weinsheimer and Donald G. Marshall (New York: Continuum, 1993), pp. 269~277. 《진리와 방법》(문학동네 역간).

2. Jacob Klapwijk, "On Worldviews and Philosophy," in *Stained Glass: Worldviews and Social Science,* ed. Paul A. Marshall, Sander Griffioen, and Richard J. Mouw, Christian Studies To- day (Lanham, Md.: University Press of America, 1989), p. 47.

3. Michael Kearney, *Worldview* (Novato, Calif.: Chandler and Sharp, 1984), p. 2.

4. W. T. Jones, "World Views: Their Nature and Their Function," *Current Anthropology* 13 (Feb. 1972): p. 79. 세계관에 관한 존스의 또 다른 글로는 "Worldviews - West and East," Journal of the Blaisdell Institute 7 (1971): pp. 9~24이 있다.

5. 앞서 썼던 논문 "Philosophical Disagreements and World Views," in *Proceedings and Addresses of the American Philosophical Association* 43 (1971)에서, 존스는 다양한 철학

적 문제에 대해 수없이 많은 관점이 존재한다는 사실도 세계관에 입각해 설명할 수 있다고 주장한다. 그의 주장은 "윤리학이든, 인식론이든, 형이상학이든, 특수한 철학적 문제에 대해 수많은 해법이 제안되는 까닭도 적어도 부분적으로는 철학자들 사이의 세계관의 차이로 설명할 수 있다는 것이다"(24쪽). 또한, 그는 "철학적 의견 차이가 해소 불가능할 정도는 아니더라도 해결되지 않은 채 남아 있는 까닭도 세계관의 차이로 설명할 수 있다"라고 말한다. "그러한 불일치의 기저에는 세계관의 심층적 차이, 세계에 대한 인식 이전의 전망이라고 부를 수 있는 바의 심층적 차이가 자리 잡고 있다"(41쪽). 따라서 존스는 '세계관'에 대한 견해의 차이를 비롯해 철학적 차이가 적어도 부분적으로는 세계관(*Weltanschauung*)의 차이에 의해 설명될 수 있다고 본다.

6. James W. Sire, *The Universe Next Door: A Basic Worldview Catalog,* 3rd ed. (Downers Grover, Ill.: InterVarsity, 1997), pp. 17~18. 《기독교 세계관과 현대 사상》(IVP 역간).

7. Sire, pp. 175~176, 226 n. 7.

8. William V. Rowe, "Society after the Subject, Philosophy after the Worldview," in *Stained Glass,* p. 156.

9. Jan Verhoogt, "Sociology and Progress: Worldview Analysis of Modern Sociology," in *Stained Glass,* p. 120.

10. Albert M. Wolters, "On the Idea of Worldview and Its Relation to Philosophy," in *Stained Glass,* pp. 18~19.

11. Jean-François Lyotard, *The Postmodern Condition: A Report on Knowledge,* trans. Geoff Bennington and Brian Massumi, foreword by Fredric Jameson, Theory and History of Literature, vol. 10 (Minneapolis: University of Minnesota Press, 1984), p. xxiv. 《포스트모던적 조건: 정보사회에서의 지식의 위상》(서광사 역간).

12. Rowe, pp. 156~183을 보라. 또한 Howard Snyder, "Postmodernism: The Death of Worldviews?" in *EarthCurrents: The Struggle for the World's Soul* (Nashville: Abingdon, 1994), pp. 213~230을 보라. 《2000년대 지구 동향》(아가페 역간).

13. Paul A. Marshall, Sander Griffioen, and Richard J. Mouw, introduction to *Stained Glass,* pp. 8, 10. Wolters, "Idea of Worldview," pp. 23~24에서는 이런 질문을 던지고 그에 대해 답한다. 첫째, 그는 기독교적으로 사용하기 위해서는 (아브라함 카이퍼가 시도했듯이) 창조와 계시라는 성경적 사상에 비추어 이 용어를 재정의하거나 개혁해야 한다고 지적한다. 둘째, 그는 "은총이 자연을 회복한다"라는 개혁주의의 원리를 환기하며, 이를 근거로 인간의 지적 전통이 제공하는 개념과 범주들이 기독교적으로 사용되기 위해 수용되고 갱신될 수 있다고 주장한다. 그가 설명하듯이, "주어진 역사적 상황에서 한 용어의 세속적 의미 때문에 그것을 전적으로 거부해야 하는지, 아니면 기독교적 범주의 틀에서 명시적으로 재

정의될 수 있는지는 언제나 영적 판단의 문제다." 나 역시 동의하는 그의 판단에 따르면, 기독교적 맥락 안에서 재정의하는 것이 더 나은 선택이다. 사실 '세계관'은 삶에 대한 관점을 개발하고자 하는 인간의 근원적 갈망을 표현하는 좋은 말이다. 그러나 기독교의 노선에 일치하도록 그것의 방향을 바로잡아야 한다.

14. Augustine, *Teaching Christianity – De Doctrina Christiana,* introduction, translation, and notes by Edmund Hill, O.P., in The Works of St. Augustine for the Twenty-first Century, vol. 11 (Hyde Park, N.Y.: New City Press, 1996), pp. 159~160 (§2.60). 《그리스도 교양》(분도출판사 역간).

15. 이 장에서 인용하는 성경 구절은 개정개역판을 따른다.

16. *The Cambridge Dictionary of Philosophy,* 2nd ed., (1999), "relativism" 항목. "인식적 상대주의"에 대한 이런 정의에 덧붙여 이 글에서는 "윤리적 상대주의"를 "보편적으로 타당한 원리란 존재하지 않으며, 모든 도덕적 원리가 문화나 개인적 선택에 따라 상대적으로 타당하다는 이론"으로 설명한다. 또한, 상대주의에 따르면 어떤 방식으로 진리나 도덕을 인식하든지 특정한 문화나 사회의 **관습** 이상의 지위를 부여할 수 없다고 덧붙인다. 모든 인지적 판단과 모든 도덕적 원리는 개인의 **주관적** 선택으로 거슬러 올라갈 수 있으며 그 선택보다 더 심층적이지 않다. 앞서 지적했듯이, '세계관'은 처음 생겨났을 때부터 이런 식의 상대주의적 개념과 연관이 있었다.

17. Augustine, *On the Holy Trinity,* trans. Arthur W. Haddan, revised and introduction by William G. T. Shedd, Nicene and Post-Nicene Fathers, vol. 3 (Peabody, Mass.: Hendrickson, 1994), p. 125 (§9.1.1). 《삼위일체론》(분도출판사 역간).

18. Anselm, *Proslogion,* in *Anselm of Canterbury: The Major Works,* edited and introduction by Brian Davies and G. R. Evans, Oxford World's Classics (New York: Oxford University Press, 1998), p. 87 (§2). 《프로슬로기온》(한들출판사 역간).

19. C. S. Lewis, *The Abolition of Man* (New York: Macmillan, 1944, 1947; New York: Simon and Schuster, Touchstone, 1996), pp. 25, 41. 《인간 폐지》(홍성사 역간).

20. Lewis, *The Abolition of Man,* p. 31.

21. C. S. Lewis, "The Poison of Subjectivism," in *Christian Reflections,* ed. Walter Hooper (Grand Rapids: Eerdmans, 1967), p. 73. "주관주의의 독," 《기독교적 숙고》(홍성사 역간).

22. Lewis, "The Poison of Subjectivism," p. 73.

23. Augustine, *Confessions,* translated, introduction, and notes by Henry Chadwick, Oxford World's Classics (New York: Oxford University Press, 1991), p. 117 (§7.6). 《고백록》(대한기독교서회 역간).

24. Derek Kidner, *The Proverbs: An Introduction and Commentary,* Tyndale Old Testament

Commentaries, ed. D. J. Wiseman (Downers Grove, Ill.: InterVarsity, 1977), pp. 78~79. 《잠언: 틴델 구약주석 시리즈 12》(CLC 역간).

25. 물론 이 개념은 헤르만 도여베르트(Herman Dooyeweerd)의 것이다. 그의 "우주율(宇宙律, cosmonomic) 사상 철학"에 대한 논의로는 Brian Walsh and Jon Chaplin, "Dooyeweerd's Contribution to a Christian Philosophical Paradigm," *Crux* 19 (1993): pp. 14~18을 보라.

26. 여기서 요약한 의미의 '법'에 대한 심층적 논의로는 Albert Wolters, *Creation Regained: Biblical Basics for a Reformational Worldview* (Grand Rapids: Eerdmans, 1985), 2장을 보라. 《창조 타락 구속》(IVP 역간).

27. Augustine, *City of God,* trans. Henry Bettenson, introduction by John O'Meara (New York: Penguin Books, 1972, 1984), p. 196 (§5.11). 《신국론 제1~10권》(분도출판사 역간).

28. Gordon J. Spykman, *Reformational Theology: A New Paradigm for Doing Dogmatics* (Grand Rapids: Eerdmans, 1992), p. 227. 《개혁주의 신학》(CLC 역간).

29. Karl Barth, *Church Dogmatics,* III/2, trans. Harold Knight, J. K. S. Reid, and R. H. Fuller (Edinburgh: T. & T. Clark, 1960), p. 436.

30. *Theological Dictionary of the Old Testament,* "leb, lebab" 항목.

31. *Theological Dictionary of the New Testament,* "kardia" 항목.

32. 실제로 빌헬름 딜타이는 여기서 내가 주장한 바와 비슷한 주장을 한다. 그는 세계관이 성품의 명령에 따라 형성되며 인간 내면의 심리적 질서, 즉 지성과 감정, 의지를 반영하는 구조를 지닌다고 주장했다. 이런 맥락에서 딜타이의 사유를 해설하고 있는 86~88쪽을 보라.

33. 이 구절의 출처는 Nicholas Wolterstorff, "On Christian Learning," *Stained Glass,* p. 73이다. 나는 마음이 삶이나 세계와 **상호 작용**의 관계를 맺는다는 월터스토프의 주장이 이 단락에 제시된 카이퍼적 표현주의를 바로잡아줄 수 있다고 생각한다.

34. Augustine, *City of God,* p. 8 (§1.3).

35. William James, *A Pluralistic Universe* (New York: Longmans, Green, and Co., 1925), p. 13.

36. Ted Peters, "The Nature and Role of Presupposition: An Inquiry into Contemporary Hermeneutics," *International Philosophical Quarterly* 14 (June 1974): p. 210.

37. Michael Polanyi, *Personal Knowledge: Towards a Post-Critical Philosophy* (Chicago: University of Chicago Press, 1958), p. 60. 《개인적 지식: 후기비판적 철학을 위하여》(아카넷 역간).

38. *Plato's Epistles,* translated, essays, and notes by Glenn R. Morrow, Library of Liberal Arts (Indianapolis: Bobbs-Merrill, 1962), pp. 240~241 (§344). 《편지들》(이제이북스 역간). 같은 원리가 *Republic* 486d, 487a, 494d, 501d에서도 발견된다. 《국가》(서광사 역간).

39. Augustine, *On the Holy Trinity*, p. 200 (§15.2)

40. John Calvin, *Institutes of the Christian Religion*, ed. John T. McNeill, translated and indexed by Ford Lewis Battles, Library of Christian Classics, vol. 20 (Philadelphia: Westminster, 1960), pp. 41 (§1.2.1), 68 (§1.5.14). 칼뱅의 기독교 '인식론'에 대한 심층적인 논의로는 Edward A. Dowey, Jr., *The Knowledge of God in Calvin's Theology* (Grand Rapids: Eerdmans, 1994)을 보라.

41. Blaise Pascal, *Pensées and Other Writings*, trans. Honor Levi, Oxford World's Classics (New York: Oxford University Press, 1995), pp. 35, 157~158 (§§142, 680). 《팡세》(민음사 역간).

42. John E. Smith, introduction to *Religious Affections*, by Jonathan Edwards, in The Works of Jonathan Edwards, vol. 2 (New Haven: Yale University Press, 1959), p. 14. "편집자 서문," 《신앙 감정론》(부흥과개혁사 역간).

43. Søren Kierkegaard, *Concluding Unscientific Postscript to Philosophical Fragments*, translated, edited, introduction, and notes by Howard V. Hong and Edna H. Hong, vol. 1 (Princeton: Princeton University Press, 1992), p. 203. 객관성과 주관성, 신앙과 이성에 관한 키에르케고어의 견해를 균형 있게 다룬 글로는 Stephen Evans, *Passionate Reason: Making Sense of Kierkegaard's Philosophical Fragments* (Bloomington: Indiana University Press, 1992)을 보라.

44. William James, "Is Life Worth Living?" in *The Will to Believe and Other Essays in Popular Philosophy* (New York, ca. 1896; reprint, New York: Dover, 1956), p. 62, William J. Wainwright, *Reason and the Heart: A Prolegomena to Passional Reason* (Ithaca, N.Y.: Cornell University Press, 1995), p. 97에서 재인용. 웨인라이트는 그의 책 1~3장에서 조너선 에드워즈와 존 헨리 뉴먼(John Henry Newman), 윌리엄 제임스의 저작에 나타나 있는, 마음에 기초해서 종교적 지식을 입증하는 접근 방식을 설명한다.

45. Karl Barth, *The Epistle to the Romans*, trans, Edwyn C. Hoskyns (London: Oxford University Press, 1968), pp. 42~54.

46. Barth, *Romans*, p. 45.

47. Calvin, pp. 43~44 (§1.3.1).

48. Alexander Schmemann, *For the Life of the World: Sacraments and Orthodoxy* (Crestwood, N.Y.: St. Vladimir's Seminary Press, 1973), p. 15. 《세상에 생명을 주는 예배》(복있는사람 역간).

49. Langdon Gilkey, *Maker of Heaven and Earth: A Study of the Christian Doctrine of Creation, Christian Faith Series* (Garden City, N.Y.: Doubleday, 1959), p. 193.

50. Henry Zylstra, *Testament of Vision* (Grand Rapids: Eerdmans, 1958), pp. 145~146.

51. Calvin, pp. 64~65 (§1.5.12). 죄의 인지적 영향력에 관한 추가적 논의로는 Merold Westphal, "Taking St. Paul Seriously: Sin as an Epistemological Category," in *Christian Philosophy,* ed. Thomas P. Flint, University of Notre Dame Studies in the Philosophy of Religion, no. 6 (Notre Dame, Ind.: University of Notre Dame Press, 1990), pp. 200~226을 보라. 웨스트팔은 죄의 인지적 영향력에 대한 증거로서 바울 서신을 인용할 뿐 아니라 아우구스티누스, 루터, 칼뱅, 키에르케고어 역시 죄가 인식 능력에 영향을 미친다는 견해를 지지한다고 지적한다. 엘런 채리(Ellen T. Charry)는 *By the Renewing of Your Minds: The Pastoral Function of Christian Doctrine* (New York: Oxford University Press, 1997), 9장에서 죄와 은총에 관련해 칼뱅이 정신을 어떻게 이해했는가에 관한 탁월한 논의를 전개한다.

52. Calvin, pp. 56~58 (§1.5.5~6).

53. 거짓 가르침, 대체하는 철학, 세상 지혜의 어리석음에 대한 신약의 경고로는 고후 11:3~4; 갈 4:8~11; 엡 4:14; 빌 3:2; 골 2:4, 8, 20~23; 딤전 1:3~7; 4:1~5, 7; 6:3~5; 딤후 2:16~18, 23; 4:3~4; 딛 1:1, 14; 히 13:9; 약 3:15~16; 벧후 2:1~3; 요일 2:18~19; 4:1~6; 유 1:3~4을 보라.

54. Craig Gay, *The Way of the (Modern) World; or, Why It's Tempting to Live As If God Doesn't Exist,* foreword by J. I. Packer (Grand Rapids: Eerdmans, 1998), p. 4.

55. 수많은 고전적 저작과 현대적 저작들이 천사론과 영적 전쟁이라는 주제를 다루고 있으며, 이 두 주제는 성경 신학의 필수 요소로 확립되었다. 예를 들어, Clinton E. Arnold, *Powers of Darkness: Principalities and Powers in Paul's Letters* (Downers Grove, Ill.: InterVarsity, 1992), 《바울이 분석한 사탄과 악한 영들》(이레서원 역간); Hendrikus Berkhof, *Christ and the Powers,* trans. John Howard Yoder (Scottdale, Pa.: Herald, 1977), 《그리스도와 권세들》(대장간 역간); Gregory A. Boyd, *God at War: The Bible and Spiritual Conflict* (Downers Grove, Ill.: InterVarsity, 1997); George Caird, *Principalities and Powers: A Study in Pauline Theology* (Oxford: Clarendon, 1956); Anthony Lane, ed., *The Unseen World: Christian Reflections on Angels, Demons, and the Heavenly Realm* (Grand apids: Baker, 1996); Tremper Longman III and Daniel G. Reid, *God Is a Warrior, Studies in Old Testament Biblical Theology* (Grand Rapids: Zondervan, 1995), 《거룩한 용사》(솔로몬 역간) ; Stephen F. Noll, *Angels of Light, Powers of Darkness: Thinking Biblically about Angels, Satan, and Principalities* (Downers Grove, Ill.: InterVarsity, 1998); Peter T. O'Brien, "Principalities and Powers: Opponents of the Church," in *Biblical Interpretation and the Church,* ed. D. A. Carson (Nashville: Nelson, 1984), pp. 110~150, 《성경 해석

과 교회》(CLC 역간) ; Heinrich Schlier, *Principalities and Powers in the New Testament* (New York: Herder and Herder, 1961)를 보라. 월터 윙크는 이 주제를 다룬 3부작 *Naming the Powers: The Language of Power in the New Testament* (Philadelphia: Fortress, 1984); *Unmasking the Powers: The Invisible Forces That Determine Human Existence* (Philadelphia: Fortress, 1986); *Engaging the Powers: Discernment and Resistance in a World of Domination* (Minneapolis: Fortress, 1992)을 쓴 바 있다. 《사탄의 가면을 벗겨라: 인간의 삶을 결정하는 보이지 않는 힘들》, 《사탄의 체제와 예수의 비폭력》(이상 한국기독교연구소 역간).

56. Wink, *Engaging the Powers,* p. 3.

57. Boyd, p. 19.

58. Boyd, p. 17.

59. Schlier, p. 31.

60. Schlier, pp. 31~32. 엡 2:2에 대한 슐리어의 해석은 논쟁을 불러일으켰다. Markus Barth, *Ephesians: Introduction, Translation, and Commentary on Chapters 1~3,* Anchor Bible (Garden City, N.Y.: Doubleday, 1984), p. 215 n. 31에서는 Arnold, pp. 196~197과 마찬가지로 그의 해석에 반대한다. 아놀드는 슐리어의 해석이 지나치게 근대적이며 "1세기 독자로서는 이를 이해할 수 없었을" 것이라고 주장한다. 대신 그는 "바울이 여기서 **정신**이라는 말을 인격적 존재라는 뜻으로 사용한다"라고 주장한다. Andrew T. Lincoln, *Ephesians,* Word Biblical Commentary, vol. 42 (Dallas: Word, 1990), p. 96에서처럼, 다른 주석가들은 슐리어의 관점을 적어도 문법적으로 선택할 수 있는 해석으로 인정한다. 《에베소서》(솔로몬 역간). Caird, p. 51; Klyne Snodgrass, Ephesians, NIV Application Commentary (Grand Rapids: Zondervan, 1996), p. 96, and F. F. Bruce, *The Epistle to the Ephesians* (London: Pickering and Inglis, 1961), p. 48처럼 그의 해석을 전적으로 수용하는 이들도 있다. 《에베소서: NIV 적용주석》(솔로몬 역간). E. K. Simpson (and F. F. Bruce), *Epistles to the Ephesians and Colossians* (Grand Rapids: Eerdmans, 1957)에서는 슐리어의 관점을 열정적으로 지지한다. 심슨은 이 관점을 지지하는 벡(Beck)과 캔들리시(Candlish), 핀들레이(Findlay)를 인용하면서 다음과 같이 설명한다. "공중은 구체적인 장소를 가리킬 수도 있지만, 한 개인이나 공동체가 그 안에서 숨을 쉬거나 움직이는, 널리 퍼져 있는 영향력이나 환경을 상징하기에 적합한 용어이기도 하다. 그런 의미에서 그것은 독일어의 복합어인 시대정신(*Zeitgeist*)이나 영어의 시대정신(*spirit of the age*)와 딱 들어맞는다(48쪽). Wink, *Naming the Powers,* p. 84에서도 슐리어의 해석을 채택한다. "그[바울]는 귀신의 공간뿐 아니라 사탄이 우리를 파괴하기 위해 이용하는 세계의 분위기를 가리키기 위해 '공중의 권세'라는 비유를 사용한다." 슐리어의 구체적인 주석이 틀린 것으로 밝혀지더라도 사탄과 권

세자의 이름과 성격, 활동에 대한 성경 전반의 묘사는 이런 해석을 정당화하는 것처럼 보인다.

61. Schlier, p. 33.

62. C. S. Lewis, *The Screwtape Letters and Screwtape Proposes a Toast* (New York: Macmillan, 1961), pp. 156, 162, 170. 《스크루테이프의 편지》(홍성사 역간).

63. Schlier, p. 29.

64. Augustine, *Confessions*, p. 18 (§1.16.25).

65. Wolters, *Creation Regained*, p. 11.

66. George Eldon Ladd, *A Theology of the New Testament*, ed. Donald A. Hagner, rev. ed. (Grand Rapids: Eerdmans, 1993), pp. 89~90. 《신약 신학》(대한기독교출판사 역간).

67. 이 주제를 잘 다룬 책으로는 Gustaf Aulén, *Christus Victor: An Historical Study of the Three Main Types of the Idea of the Atonement*, trans. A. G. Hebert, foreword by Jaroslav Pelikan (New York: Macmillan, 1969)을 보라. 《승리자 그리스도》(정경사 역간).

68. Augustine, *City of God*, p. 85 (§2.28).

69. Calvin, p. 70 (§1.6.1).

70. Calvin, p. 73 (§1.6.3).

71. Calvin, pp. 78~82 (§§1.7.4~1.8.1).

72. Jonathan Edwards, *Religious Affections*, ed. John E. Smith, The Works of Jonathan Edwards, vol. 2 (New Haven: Yale University Press, 1959), p. 272. 《신앙 감정론》(부흥과 개혁사 역간).

73. Edwards, p. 206.

74. Edwards, p. 273.

75. Edwards, p. 275.

76. Rowe, p. 156.

10장_ 세계관에 대한 철학적 고찰

1. Umberto Eco, *A Theory of Semiotics*, Advances in Semiotics (Bloomington: Indiana University Press, 1976), p. 22. 《일반 기호학 이론》(열린책들 역간).

2. 더 자세한 논의로는 Everett M. Stowe, *Communicating Reality through Symbols* (Philadelphia: Westminster, 1966)를 보라.

3. 출처는 Dorothy L. Sayers, "Toward a Christian Esthetic," in *The Whimsical Christian: Eighteen Essays* by Dorothy L. Sayers (New York: Macmillan, Collier Books, 1987), p.

84. "기독교 미학을 정립하기 위해," 《기독교 교리를 다시 생각한다》(IVP 역간)에 수록됨. 존 밀뱅크(John Milbank)는 하나님의 삼위일체에 입각해 인간의 의사소통의 본질을 설명하려 했다. 그는 성령께서 성자의 증언을 듣고 판단하시며, 성자의 성품 혹은 **에토스**(êthos)가 이 소통의 본질적 요소라고 주장한다. "The Second Difference: For a Trinitarianism without Reserve," *Modern Theology* 2 (April 1986): p. 230에서 그는 이렇게 말한다. "성부와 성자의 차이로부터 발출하시는 성령은 참으로 '두 번째 차이'이시며 이는 다른 한 쪽을 위한 한 쪽의 수사적 탄원을 듣는 사람의 상황이다. 성부께 직접 접근할 수 없으므로 성령께서 성자의 증언('인격의 온전함' 자체가 실재에 대한 증언의 내용이 되는 증언)을 듣고 판단하고 해석하셔야 한다."

4. Alexander Schmemann, *For the Life of the World: Sacraments and Orthodoxy* (Crestwood, N.Y.: St. Vladimir's Seminary Press, 1973), p. 120. 《세상에 생명을 주는 예배》(복있는사람 역간).
5. Augustine, *Teaching Christianity – "De Doctrina Christiana,"* introduction, translation, and notes by Edmund Hill, O.P., in *The Works of Saint Augustine: A Translation for the Twenty-first Century,* ed. John E. Rotelle, O.S.A., vol. 11 (Hyde Park, N.Y.: New City Press, 1996), p. 106 (§1.1). 《그리스도교 교양》(분도출판사 역간).
6. Augustine, *Teaching Christianity,* p. 106 (§1.1).
7. Augustine, *Teaching Christianity,* p. 201 (§4.3).
8. Augustine, *Teaching Christianity,* p. 179 (§3.23).
9. Augustine, *Confessions,* trans. F. J. Sheed, introduction by Peter Brown (Indianapolis: Hackett, 1992), p. 16 (§1.17).
10. Charles Sanders Peirce, *Collected Papers,* ed. Charles Hartshorne and Paul Weiss, vol. 5 (Cambridge: Harvard University Press, 1931–1958), §314, Winfried Nöth, *Handbook of Semiotics,* Advances in Semiotics (Bloomington: Indiana University Press, 1990), p. 41에서 재인용.
11. Peirce, §448 n, Nöth, p. 41에서 재인용.
12. Nöth, p. 35.
13. Nöth, p. 36. 카시러의 반실재론은, 하나님과 법을 규정하는 그분의 창조 사역을 원천으로 삼는 객관적 실재를 부인한다는 점에서 명백히 반기독교적이다.
14. 또한 Plato, *Republic* 514a~517c를 보라.
15. N. T. Wright, *Jesus and the Victory of God,* Christian Origins and the Question of God, vol. 2 (Minneapolis: Fortress, 1996), p. 369. 《예수와 하나님의 승리》(크리스천다이제스트 역간).

16. 이야기의 역할과 힘에 관한 소크라테스와 플라톤의 견해를 위해서는 특히 《국가》의 2, 3, 10권을 보라. 같은 주제에 관한 아리스토텔레스의 고찰로는 《시학》(*Poetics*, 삼성출판사 역간)를 참고하라.

17. Bruno Bettelheim, *The Uses of Enchantment: The Meaning and Importance of Fairy Tales* (New York: Random House, Vintage Books, 1977), p. 35. 《옛 이야기의 매력 1, 2》(시공주니어 역간).

18. Bettelheim, p. 47.

19. Bettelheim, p. 45.

20. Rollo May, *The Cry for Myth* (New York: Bantam Doubleday Dell, Delta, 1991), p. 15. 《신화를 찾는 인간》(문예출판사 역간).

21. Linda Dégh, "The Approach to Worldview in Folk Narrative Study," *Western Folklore* 53 (July 1994): p. 246.

22. Dégh, p. 247.

23. Dégh, p. 250. 또한 Alan Dundes, "Worldview in Folk Narrative: An Addendum," *Western Folklore* 54 (July 1995): pp. 229~232에 실린 데그의 연구에 대한 논평을 보라.

24. Stephen Crites, "The Narrative Quality of Experience," in *Why Narrative? Readings in Narrative Theology*, ed. Stanley Hauerwas and L. Gregory Jones (Grand Rapids: Eerdmans, 1989), pp. 65~88. 크라이츠는 "경험은 철저히 서사 형식을 모형으로 삼으며, 그것의 서사적 특징은 전적으로 원시적"이라고 주장한다(84쪽).

25. Friedrich Nietzsche, *The Birth of Tragedy and the Case of Wagner*, translated and commentary by Walter Kaufmann (New York: Random House, Vintage Books, 1967), p. 135 (§23).

26. Jerome S. Bruner, "Myth and Identity," in *Myth and Mythmaking*, ed. Henry A. Murray (New York: George Braziller, 1960), p. 285, May, p. 16에서 재인용. 《비극의 탄생》(아카넷 역간).

27. Nietzsche, p. 136 (§23).

28. J. Richard Middleton and Brian J. Walsh, *Truth Is Stranger Than It Used to Be: Biblical Faith in a Postmodern Age* (Downers Grove, Ill.: InterVarsity, 1995), p. 67. 《포스트모던 시대의 기독교 세계관》(살림 역간).

29. Alasdair MacIntyre, *After Virtue: A Study in Moral Theory*, 2nd ed. (Notre Dame, Ind.: University of Notre Dame Press, 1984), pp. 204~225. 이 단락의 쪽 번호는 이 책을 따른다. 《덕의 상실》(문예출판사 역간).

30. N. T. Wright, *The New Testament and the People of God*, Christian Origins and the

Question of God, vol. 1 (Minneapolis: Fortress, 1992), p. 38. 《신약성서와 하나님의 백성》(크리스천다이제스트 역간). 이 책의 2부에는 이야기와 세계관의 관계, 세계관과 신약 신학 및 성서학의 관계에 관한 유익한 논의가 포함되어 있다.

31. Plato, *Phaedrus,* translated and introduction by Walter Hamilton (New York: Penguin Books, 1973), p. 70. 《파이드로스》(문예출판사 역간)

32. Middleton and Walsh, pp. 64~65.

33. Wright, *The New Testament,* pp. 41~42. 라이트는 "통제 서사"라는 개념이 니콜라스 월터스토프(Nicholas Wolterstorff)가 *Reason within the Bounds of Religion,* 2nd ed. (Grand Rapids: Eerdmans, 1984), p. 67에서 논한 "통제 신념"에서 유래한 것이라고 인정한다. 《종교의 한계 내에서의 이성》(성광문화사 역간).

34. *The Mind on Fire: An Anthology of the Writings of Blaise Pascal,* ed. James M. Houston, introduction by Os Guinness (Portland, Oreg.: Multnomah, 1989), pp. 82~83 (4.347~348). 《쉽게 읽는 팡세》(생명의말씀사 역간).

35. 절대적 형식의 이성으로서의 "제일의 합리주의"(arch-rationalism)의 출처는 Hacking, "Language, Truth and Reason," in *Rationality and Relativism,* ed. Martin Hollis and Steven Lukes (Cambridge: MIT Press, 1982), pp. 51-53이며, "신의 시각"에서 본 추론 과정으로서의 "올림푸스의 이성"이라는 개념의 출처는 Herbert A. Simon, *Reason in Human Affairs* (Stanford: Stanford University Press, 1983), pp. 34~35이다.

36. Peter Winch, "Understanding a Primitive Society," in *Rationality,* ed. Bryan R. Wilson (New York: Harper and Row, First Torchbook Library Edition, 1970), p. 78. 이 논문은 원래 *American Philosophical Quarterly* 1 (1964): pp. 307~324에 발표된 글이다.

37. Winch, p. 79. Lucien Lévy-Bruhl, *Primitive Mentality,* trans. Lilian A. Clare (London: George Allen and Unwin, 1923)과 E. E. Evans-Pritchard, *Witchcraft, Oracles, and Magic among the Azande,* foreword by G. C. Seligman (Oxford: Clarendon, 1937)을 보라. 《원시인의 정신세계》(나남출판 역간). 제임스 프레이저 경(Sir James Frazer)은 《황금 가지》(*The Golden Bough*, 1890~1915, 을유문화사 역간)에서 인류의 신념과 행위, 제도에 대한 포괄적인 설명을 제시하면서 인간이 비합리적, 마술적, 종교적 단계로부터 궁극적으로 과학적 사고의 차원으로 진보한다고 주장한다.

38. Alasdair MacIntyre, *Whose Justice? Which Rationality?* (Notre Dame, Ind.: University of Notre Dame Press, 1988), p. 6.

39. 예를 들어, 기포드 강연(Gifford Lectures, 1981)을 한 최초의 이슬람교인인 세예드 호세인 나스르(Seyyed Hossein Nasr)는 *Knowledge and the Sacred* (New York: State University of New York Press, 1989)에서 후자의 문제를 다룬다. 그의 주장은 이렇다. 특히 인류 중에서

근대화 과정에서 변형된 집단들에게 지식은 거의 전적으로 외재화되고 탈신성화되었다. 근대성의 영향 때문에 거룩한 것에 대한 지식은 "지구 위를 걷는 이들 절대 다수에게 거의 얻을 수 없으며 붙잡을 수 없는 것이 되고 말았다"고 그는 말한다(1쪽). 그럼에도 불구하고, 그는 위대한 종교 전통(힌두교, 불교, 유대교, 기독교, 이슬람교)을 원용하면서 참된 지식의 근거와 본질이 거룩한 것과 분리될 수 없다고 주장한다. 왜냐하면 참된 지식의 본질은 "최고의 본질, 거룩한 것 그 자체"에 대한 지식이기 때문이다(1쪽). 따라서 계몽주의의 철저한 세속주의와 달리 거룩한 것에 대해 여지를 만드는 전지구적인 인식론적 전통이 존재한다.

40. MacIntyre, *Whose Justice? Which Rationality?* p. 335.

41. 이것은 논리학 법칙 자체가 문화적 맥락이나 철학적 지향에 의해 바뀐다는 말이 아니다. 오히려 그 반대다. 이성의 원리[모순율, 동일률, 배중률(排中律)]는 보편적이다. 예를 들어, 그것을 이용하고 따라서 그것을 긍정하지 않고서는 어떤 상황에서도 모순율을 부인할 수 있는 방법이 없다. 그러나 이런 논리학 법칙이 작동하는 토대와 재료를 이루는 내용은 두드러지게 다르다. 아리스토텔레스의 용어를 사용하면, 합리성의 형상인(形象因)은 동일하지만 질료인(質料因)은 크게 다를 수 있다. 칼뱅주의가 추론 과정에 미친 질료적 영향을 논증하는 일련의 논문으로는 Hendrik Hart, Johan Van Der Hoeven, and Nicholas Wolterstorff, eds., *Rationality in the Calvinian Tradition,* Christian Studies Today (Lanham, Md.: University Press of America, 1983)을 보라.

42. R. G. Collingwood, *Essay on Metaphysics* (Oxford: Clarendon, 1940), p. 173.

43. 비슷한 방식으로 Kenneth Pike, *Talk, Thought, Thing: The Emic Road toward Conscious Knowledge* (Dallas: Summer Institute of Linguistics, 1993), p. 44에서는 이렇게 주장한다. "논리학 그 자체로는 무언가가 궁극적으로 참이라고 절대로 결정할 수 없다. 논리학은 사람들이 참되다고 받아들이는 전제에서 출발해야만 하기 때문이다. 또한 이런 전제 중 일부는 궁극적으로 그 사람에 의해 증명할 수 없다." 전제에 관한 추가적인 논의로는 Ted Peters, "The Nature and Role of Presupposition: An Inquiry into Contemporary Hermeneutics," *International Philosophical Quarterly* 14 (June 1974): pp. 209~222; Nicholas Rescher, "On the Logic of Presuppositions," *Philosophy and Phenomenological Research* 21 (1961): pp. 521~527; Eugene F. Bertoldi, "Absolute Presuppositions and Irrationalism," *Southern Journal of Philosophy* 27 (1989): pp. 157~172를 보라.

44. MacIntyre, *Whose Justice? Which Rationality?* p. 2. 다음 본문의 쪽 번호는 이 책을 따른다.

45. Henry Bettenson, ed., *Documents of the Christian Church* (New York: Oxford University Press, 1947), p. 285에서 인용. 강조는 추가됨.

46. 이 주장을 진리나 최종적 의미 같은 것은 존재하지 않는다는 뜻으로 받아들여서는 안 된

다. 전혀 그렇지 않다. 이것은 우리가 잘 생각하고 바르게 해석하고자 할 때, 세계관에 대한 성찰이 우리의 추론과 해석 과정에 중대한 영향을 미친다는 주장일 뿐이다.

47. Plato, *Meno,* trans. Benjamin Jowett, in The Great Books of the Western World, ed. Robert Maynard Hutchins, vol. 7 (Chicago: Encyclopaedia Britannica, 1952), p. 179 (§ 80). 《메논》(이제이북스 역간).

48. Aristotle, *Posterior Analytics,* trans. G. R. G. Mure, in The Great Books of the Western World, ed. Robert Maynard Hutchins, vol. 8 (Chicago: Encyclopaedia Britannica, 1952), p. 97 (§1.1).

49. Martin Heidegger, *Being and Time,* trans. John Macquarrie and Edward Robinson (New York: Harper and Row, 1962), p. 194. 《존재와 시간》(까치 역간).

50. Tom Rockmore, "Epistemology as Hermeneutics: Antifoundationalist Relativism," *Monist* 73 (1990): p. 116.

51. Hans-Georg Gadamer, *Truth and Method,* 2nd rev. ed., translation revised by Joel Weinsheimer and Donald G. Marshall (New York: Continuum, 1993), p. 270. 《진리와 방법》(문학동네 역간).

52. 이것은 빌헬름 딜타이의 그의 유명한 책인 *Weltanschauungslehre*에서 제기한 주된 주장이다. 계몽주의 이성의 명령에 매혹되었던 딜타이는 인간 과학에 자연 과학에 의해 생산된 증명 종료(Q.E.D.) 지식에 해당하는 것을 제공해줄 해석학을 찾고 있었다. 이론 이전의 세계관이 모든 지식 활동에 해석적 영향력을 미치며 그 결과 모든 지식 활동이 상대주의의 바다에서 출렁거리고 있음을 깨달았을 때 그의 기획은 사실상 실패하고 말았다. 이에 관한 논의로는 Thomas J. Young, "The Hermeneutical Significance of Dilthey's Theory of World Views," *International Philosophical Quarterly* 23 (June 1983): pp. 125~140을 보라.

53. Rudolf Bultmann, "Is Exegesis without Presuppositions Possible?" in *New Testament and Mythology and Other Basic Writings,* selected, edited, and translated by Schubert M. Ogden (Philadelphia: Fortress, 1984), p. 146. "전제 없는 주석이 가능한가?," 《학문과 실존: 논문집 제1권》(성광문화사 역간) 수록.

54. Heidegger, pp. 61~62. 다음 본문에서 쪽 번호는 이 책을 따른다.

55. 공간 및 시간과 연결된 인간이셨던 예수께서도 특정한 문화적, 언어적 맥락을 통해서 사물에 접근하셨다. 그분은 창조자이자 주이시고, 하늘과 땅의 모든 권세를 갖고 계시지만, "사람들 사이에 있는 한 사람으로서 그분의 존재 속속들이 이스라엘 땅에 매여서 사셨다. [그분의] 메시지는 보편적 구원의 메시지였으며 그분은 이 메시지를 인간에게 계시하려고 오셨지만, 특정한 나라와 문명의 언어로 이 메시지를 전하셨다. 어떤 의미에서 팔레스타인의 풍경과 관습이 그것을 창조하신 그분의 상상력을 형성했다." *Dictionary of Biblical*

Theology, rev. ed. (1973), "earth" 항목을 보라.

56. Gadamer, p. 265. 다음 본문에서 쪽 번호는 이 책을 따른다.

57. Anthony C. Thiselton, *New Horizons in Hermeneutics: The Theory and Practice of Transforming Biblical Reading* (Grand Rapids: Zondervan, 1992), p. 143. 《해석의 새로운 지평 : 변혁적 성경읽기의 이론과 실제》(학생신앙운동출판부 역간).

58. Stanley Rosen, *Hermeneutics as Politics,* Odéon (New York: Oxford University Press, 1987), p. 161.

59. George Steiner, *Real Presences* (Chicago: University of Chicago Press, 1989), pp. 3~4.

60. John Peifer, *The Mystery of Knowledge* (Albany, N.Y.: Magi Books, 1964), p. 11.

61. Walter Truett Anderson, *Reality Isn't What It Used to Be: Theatrical Politics, Ready-to-Wear Religion, Global Myths, Primitive Chic, and Other Wonders of the Postmodern World* (San Francisco: Harper and Row, 1990), p. 75. 나는 Middleton and Walsh, p. 31을 통해 이 예화를 알게 되었다.

62. 실재론과 반실재론의 유형에 관한 논의로는 Gerald Vision, *Modern Anti-Realism and Manufactured Truth, International Library of Philosophy,* ed. Ted Honderich (New York: Routledge, 1988); Peter A. Finch, Theodore E. Uehling, Jr., and Howard K. Wettstein, eds., *Realism and Antirealism,* Midwest Studies in Philosophy, vol. 12 (Minneapolis: University of Minnesota Press, 1988)를 보라.

63. 예를 들어, 암스트롱(D. M. Armstrong)과 존 설(John Searle), 윌리엄 앨스턴(William Alston)이 있다.

64. Richard Rorty, "The World Well Lost," in *Consequences of Pragmatism: Essays: 1972-1980* (Minneapolis: University of Minnesota Press, 1982), pp. 649~665. 《실용주의의 결과》(민음사 역간).

65. Nelson Goodman, "Words, Works, Worlds," in *Starmaking: Realism, Anti-Realism, and Irrealism,* ed. Peter J. McCormick (Cambridge: MIT Press, Bradford, 1996), p. 61.

66. Plato, *Theaetetus,* trans. Benjamin Jowett, in *The Great Books of the Western World,* ed. Robert Maynard Hutchins, vol. 7 (Chicago: Encyclopædia Britannica, 1952), p. 517 (§152). 《테아이테토스》(이제이북스 역간).

67. Plato, *Theaetetus,* p. 527 (§170).

68. Wright, *The New Testament,* p. 35.

69. Thomas Nagel, *The View from Nowhere* (New York: Oxford University Press, 1986)에서 주장하는 관점에도 불구하고 그렇다.

70. C. S. Lewis, "Meditation in a Toolshed," in *God in the Dock: Essays on Theology and*

Ethics, ed. Walter Hooper (Grand Rapids: Eerdmans, 1970), p. 212. "공구실에서 한 생각," 《피고석의 하나님》(홍성사 역간).

71. Lewis, "Meditation in a Toolshed," p. 215.

72. Mikhail M. Bakhtin, *Speech Genres and Other Late Essays,* ed. Caryl Emerson and Michael Holquist, trans. Vern W. McGee (Austin: University of Texas Press, 1986), p. 7. 《말의 미학》(길 역간).

73. Lewis, "Meditation in a Toolshed," p. 215.

74. William J. Wainwright, *Philosophy of Religion*, Wadsworth Basic Issues in Philosophy Series, ed. James P. Sterba (Belmont, Calif.: Wadsworth, 1988)의 7장에서는 세계관을 평가하는 열두 가지의 포괄적 기준을 제시한다. 이 간결한 기준은 인용할 만한 가치가 있다. (1) 그 체계가 설명하는 사실들이 실제로 존재해야 한다. (2) 좋은 형이상학 체계는 잘 입증된 사실이나 이론과 양립 가능할 것이다. (3) 논리적으로 일관성이 있어야 한다. (4) 자가당착에 빠지지 말아야 한다. (6) 단순한 체계가 복잡한 체계보다 더 낫다. (7) 임시변통의 가설을 피해야 한다. (8) 정확해야 한다. (9) 적합한 범위를 다뤄야 한다. (10) 적절한 효과를 산출해야 한다. (11) 설명의 범위 안에 들어 있는 현상을 설명하고 해명할 수 있어야 한다. (12) 인간 삶에서의 실효성을 기준으로 판단을 받아야 한다. 《종교 철학의 핵심》(동문선 역간).

75. Emil Brunner, *Revelation and Reason,* trans. Olive Wyon (Philadelphia: Westminster, 1946), p. 383. *The Christian Doctrine of Creation and Redemption, trans. Olive Wyon* (Philadelphia: Westminster, 1952), p. 27에서 그는 이렇게 말한다. "수학과 자연과학은 인문학보다, 인문학은 윤리학과 신학보다 이러한 부정적 요소[죄의 인지적 영향력]에 영향을 훨씬 덜 받는다. 예를 들어, 자연과학 영역에서(자연 철학과 달리) 학자가 그리스도인인지 아닌지는 사실상 아무런 차이가 없다." 브루너를 비판하며 죄와 지성 및 지성의 학문적, 종교적 기능 사이의 관계에 대한 더 포괄적인 모형을 제시하는 Stephen K. Moroney, "How Sin Affects Scholarship: A New Model," *Christian Scholars Review* 28 (spring 1999): pp. 432~451을 보라.

76. C. S. Lewis, "In Praise of Solid People," in *Poems,* ed. Walter Hooper (London: Harper Collins, Fount Paperbacks, 1994), p. 199.

77. Ninian Smart, *Worldviews: Crosscultural Explorations of Human Beliefs,* 2nd ed. (Englewood Cliffs, N.J.: Prentice-Hall, 1995), p. 78. 《종교와 세계관》(이학사 역간).

11장_ 결론적 고찰

1. Martin Heidegger, "The Age of the World Picture," in *The Question concerning Technology and Other Essays,* translated and introduction by William Lovitt (New York: Harper and Row, Harper Torchbooks, 1977), p. 134. 《세계상의 시대》(서광사 역간).
2. Walter Ong, "World as View and World as Event," *American Anthropologist* 71 (1969): p. 634.
3. W. T. Jones, *A History of Western Philosophy,* vol. 2, *The Medieval Mind,* 2nd ed. (New York: Harcourt, Brace and World, 1969), p. xix.
4. Parker J. Palmer, *To Know as We Are Known: A Spirituality of Education* (San Francisco: Harper San Francisco, 1983), p. 66. 이런 걱정 때문에 루이스는 기념비적인 책 《인간 폐지》(*The Abolition of Man*)를 썼으며, 마이클 폴라니는 《개인적 지식》(*Personal Knowledge*)에서 근대적 인식론을 비판했다.
5. Palmer, pp. xi–xii.
6. E. F. Schumacher, *A Guide for the Perplexed* (New York: Harper and Row, 1977), p. 51, Palmer, pp. 52~53에서 재인용. 《당혹한 이들을 위한 안내서: 신을 찾아가는 철학적 사색에의 길》(따님 역간).
7. Karl Barth, *Church Dogmatics* III/3, ed. G. W. Bromiley and T. F. Torrance, trans. G. W. Bromiley and R. J. Ehrlich (Edinburgh: T. & T. Clark, 1960), p. 140 (§49.2). 《교회 교의학 III/3: 창조에 관한 교의》(대한기독교서회 역간).
8. Barth, p. 18 (§48.2).
9. Barth, p. 24 (§48.2).
10. Carl F. H. Henry, "Fortunes of the Christian World View," *Trinity Journal,* n.s., 19 (1998): p. 167. 헨리는 계속해서 이렇게 말한다. "그러나 기독교 세계관 개념을 통렬히 비판하는 학자들이 기독교에서 이른바 비기독교적 신념을 제거하겠다고 공언하면서도 대안적인 세계관을 은밀하게 지지하거나 주창하는 경우가 많다. 바르트는 모든 세계관을 지적 야만이라고 거부하지만 자신만의 세계관을 가지고 있다"(168쪽).
11. Martin Luther, "To the Councilmen of All Cities in Germany That They Establish and Maintain Christian Schools," trans. A. T. W. Steinhauser, rev. W. I. Brandt, in *Luther's Works,* vol. 45 (Philadelphia: Muhlenberg, n.d.), p. 366.
12. Henry, p. 168.
13. C. S. Lewis, *The Great Divorce* (New York: Macmillan, 1946), p. 71. 《천국과 지옥의 이혼》(홍성사 역간).
14. C. S. Lewis, *The Great Divorce,* pp. 71~72.

15. Augustine, "*Against the Academicians*" and "*The Teacher,*" translated, introduction, and notes by Peter King (Indianapolis: Hackett, 1995), p. 146 (§13.46). 《교사론》(소망사 역간).

16. Gregory A. Clark, "The Nature of Conversion: How the Rhetoric of Worldview Philosophy Can Betray Evangelicals," in *The Nature of Confession: Evangelicals and Postliberals in Conversation,* ed. Timothy R. Phillips and Dennis L. Okholm (Downers Grove, Ill.: InterVarsity, 1996), pp. 201~218. 인용문 출처는 217쪽.

17. James Orr, *The Christian View of God and the World,* foreword by Vernon C. Grounds (Grand Rapids: Kregel, 1989), pp. 3~4.

18. Abraham Kuyper, *Lectures on Calvinism: Six Lectures Delivered at Princeton University under Auspices of the L. P. Stone Foundation* (1931; reprint, Grand Rapids: Eerdmans, 1994), p. 11. 《칼빈주의 강연》(크리스천다이제스트 역간).

19. Kuyper, p. 190, 강조는 카이퍼의 것.

20. 이런 맥락에서 알리스터 맥그래스(Alister McGrath)는 예수 그리스도의 독특성과 성경의 권위에 대한 해명을 통해 복음주의의 신학적 전망의 지적 정합성을 논증하는 동시에 가장 가까운 경쟁자들(후기자유주의, 포스트모더니즘, 종교 다원주의)의 한계와 내적 긴장을 폭로하려고 노력한 바 있다. *A Passion for Truth: The Intellectual Coherence of Evangelicalism* (Leicester, England: InterVarsity, Apollos, 1996)을 보라. 《복음주의와 기독교적 지성》(IVP 역간). 그의 말처럼, 그의 "책은 복음주의 지성의 지성에 관한 서문으로 이해하는 것이 가장 적절하다"(23쪽). 그밖에도 여러 시험을 통해 기독교의 신빙성을 입증하고자 했던 이들로는 E. J. Carnell, *An Introduction to Christian Apologetics: A Philosophic Defense of the Trinitarian Christian Faith* (Grand Rapids: Eerdmans, 1948)과 Gordon R. Lewis, *Testing Christianity's Truth Claims: Approaches to Christian Apologetics* (Chicago: Moody, 1976) 등이 있다. 루이스는 카넬의 접근 방식을 지지한다. 《기독교 변증학 원론: 삼위일체적 유신론 신앙을 위한 원리적 변호》(성지출판사 역간).

21. Albert M. Wolters, *Creation Regained: Biblical Basics for a Reformational Worldview* (Grand Rapids: Eerdmans, 1985), p. 7. 《창조 타락 구속》(IVP 역간).

22. G. K. Chesterton, *Heretics,* in *The Complete Works of G. K. Chesterton,* ed. David Dooley, vol. 1 (San Francisco: Ignatius, 1986), p. 41. 같은 맥락에서 체스터턴은 이렇게 말한다. "집주인이 하숙생을 고를 때 그의 수입을 아는 것이 중요하지만, 그의 철학을 아는 것이 더 중요하다"(41쪽).

23. Matthew Arnold, "The Buried Life," in *The Norton Anthology of English Literature,* rev. ed., M. H. Abrams, gen. ed., vol. 2 (New York: Norton, 1968), p. 1021, lines 45~54.

에필로그

1. 괄호 안의 쪽 번호는 C. S. Lewis, *The Voyage of the "Dawn Treader"* (New York: Macmillan, Collier Books, 1952, 1970)을 따른다. 《새벽 출정호의 항해》(시공주니어 역간).

색 인

ㄱ

ㄴ

ㄷ

ㄹ

ㅁ

ㅂ

ㅅ

ㅇ

ㅈ

ㅊ

ㅋ

ㅍ

ㅎ